"博学而笃志，切问而近思。"
　　　　　（《论语·子张》）

博晓古今，可立一家之说；
学贯中西，或成经国之才。

复旦博学·复旦博学·复旦博学·复旦博学·复旦博学·复旦博学

主编简介

潘庆云，男，华东政法大学法律学院法学教授，上海市中信正义律师事务所专职律师，中国法律语言学研究会学术顾问，九三学社上海市委理论和社史研究中心顾问，原上海市法学会法律文书研究会副会长。1968年毕业于复旦大学中国语言文学系，1982年毕业于复旦大学研究生院，获硕士学位。硕士毕业至今在华东政法大学从事法律文书、法律语言、立法技术、律师实务等领域的教学和研究。历年来出版的专著有《法律语言艺术》（1989年）、《法律语体探索》（1991年，"七五"国家教委博士站重点项目）、《跨世纪的中国法律语言》（1997年）、《中国法律语言鉴衡》（2004年）、《法律语言学》（2017年）等；主编或独著的法学教材有《法律文书评论》（1999年）、《法律文书》（2001年）、《法律文书写作》（2004年）、《法律文书》（2008年）等多部；在国内外学术期刊上发表法学、法律语言、法律文书等领域的论文数百篇。

普通高等教育"十一五"国家级规划教材

博学 法学系列

法律文书学教程

（第四版）

潘庆云　主编

复旦大学出版社

内容提要

法律文书是司法公正与效率和社会公平正义的有效载体，具有综合性、实践性和技术性等特点。本书以我国最高司法机关最新制定下发的各类法律文书制作格式样本等规范性文件为依据，总结并吸纳了法学、法律语言学等相关学科以及法律文书改革的最新研究成果。本书从当前司法实践和法律实务对法学毕业生的要求出发，对传统法律文书教材的结构与框架进行了大胆的改革与创新。第一章要言不烦地阐述了法律文书的基础理论。第二章集中讲授公安和检察机关的重要职能文书。第三至五章探讨作为司法公正最后载体的人民法院裁判文书的代表性文种。第六章讲解监狱法律文书。考虑到大多数法学毕业生的就业方向，第七至十章涵盖了律师、公证、仲裁、行政执法等法律文书内容，内容联系实际，十分详尽。第十一章讲解笔录文书。附录一是重要法律文书制作技能培训资料，供读者根据自己的专业方向选用。附录二包括各类重点法律文书的规定格式和优秀案例。希望学生能够通过这门课程的学习，打下坚实的法律文书基础，较快熟悉各种法律业务。

本书既是高校法学本科、研究生法律文书课的理想教材，也是广大法律工作者和案件当事人学习、研究和制作各类法律文书时必备的案头参考书。

主　编　潘庆云

撰稿人　（以撰写章节和参加编写时间先后为序）

　　　　潘庆云　　安秀萍　　刘金华
　　　　卓朝君　　伊晓婷　　奚小玮
　　　　韦　锋　　玉　梅　　侯兴宇
　　　　张　磊　　俞四海

第四版前言

本书首版于2005年,第三版问世至今也已过了6个年头。多年来,在中国共产党的坚强领导下,伟大祖国的各项事业都取得了丰硕成果。印象尤深的是,2014年1月,习近平总书记在中央政法工作会议上强调,要把促进社会公平正义作为核心追求价值,要着眼于让人民群众在每一个司法案件中感受到公平正义,不断提高司法公信力。2014年10月,党的十八届四中全会通过《关于全面推进依法治国若干重大问题的决定》(以下简称《决定》),明确全面推进依法治国的总目标是建设中国特色社会主义法治体系,建设社会主义法治国家。《决定》提出推动以司法责任制为重点的司法体制改革,推进以审判为中心的诉讼制度改革等一系列举措,把依法治国总目标落到实处。2019年10月,党的十九届四中全会又对包括中国特色社会主义法治体系在内的重大问题作出新的制度安排。2021年,党的十九届六中全会通过了党的第三个历史决议。百年成就使人振奋,百年经验给人启迪。全党全国人民踔厉奋发,笃行不怠,昂首阔步行进在实现中华民族伟大复兴,建设社会主义现代化法治国家的征途上。2022年10月,党的二十大报告又进一步强调今后5年要"坚持全面依法治国,推进法治中国建设",要求"严格公正司法","加快建设公正高效权威的社会主义司法制度,努力让人民群众在每一个司法案件中感受到公平正义"。

在全面推进依法治国迈出坚实步伐,全国人民追求司法公正、社会公平正义的语境下,作为实现司法公正有效载体的法律文书的改革优化,受到了国家与全民的关注。从2014年开始,我国各级法院在中国裁判文书网上公布除涉及国家秘密、个人隐私、涉及未成年人、调解结案等4种情况外所有的裁判文书,最高人民法院从2019年至2021年连续三年举办全国优秀裁判文书评选活动。2020年最高人民法院印发《公益诉讼文书样式(试行)》,已于是年4月1日起施行。2020年9月最高人民法院印发《民事诉讼程序繁简分流改革试点相关诉讼文书样式》,自同年11月施行。最高人民检察院于2020年5月印发《人民检察院工作文书格式样本(2020年版)》,遵循捕诉一体、认罪认罚从宽等改革要求,对原有的一些法律文书进行了调整优化,将检察业务原有的2 882种检察工作文书修订精简为723种检察工作文书,并要求各级人民检察院进一步规范司法行为,务必严格认真执行。最高检还印发了经过优化改革的《人民检察院刑事诉讼法律文书格式样本(2020版)》,

包括12大类333种检察文书。律师、公证、仲裁等法律机构也都秉持对社会公平正义核心价值的追求,对包括各自法律文书在内的法律实务进行了一系列的改革优化。

在全面推进依法治国的进程中,科学立法也迈上了一个新台阶。2020年5月,第十三届全国人大三次会议通过了《中华人民共和国民法典》,这是新中国历史上第一部法典化的法律,是新时代中国特色社会主义制度建设、法治建设的一个重大标志性成果。而在这之前,从本书第三版成稿付梓以来,一些与司法活动相关的重要法律也经历了修订和完善,诸如《刑法》(2023年12月修正)、《刑事诉讼法》(2018年10月)、《行政诉讼法》(2017年6月)、《民事诉讼法》(2023年9月)、《仲裁法》(2017年9月)、《律师法》(2017年9月)、《公证法》(2017年9月)。由于法律的修订,本书的第三版已经不能适应目前刑狱诉讼和各种法律活动的需要。经与出版社协商,得到副总编辑张永彬教授的大力支持,决定彻底修订后再版。

由于三版前言中已经述及的状况,这次再版,仍由主编潘庆云对全部书稿进行修订、增删和润色。既更新了教学内容和司法理念,也保留了原书中的一些学术亮点。

在这次修订中,由上海市张江公证处主任、高级公证员张磊负责第八章公证文书的修订,上海市司法局办公室副主任、政府立法研究者俞四海博士负责第十章行政机关法律文书的修订,张江公证处公证人员段宇田承担了本书电子稿修订、校对、参考文件的检索下载等大量工作,复旦大学出版社社科编辑室主任刘月老师、责任编辑周姝欣老师为本书出版提供了悉心指导、付出了辛勤劳动,在此对他们一并表示崇高的谢忱。同时也对使用本书的读者表示感谢。希望大家多提宝贵意见,我们一定认真听取,不断提高本书的质量。

潘庆云
2024年4月于上海

第三版前言

光阴似箭,《法律文书学教程》初版至今已逾十二载,二版问世也倏已十年。这些年来,随着国家经济建设和各项社会事业的长足进步,社会主义民主与法治理念更加深入人心,社会主义法律体系已经建立,这就对作为司法公正与效率、社会公平正义有效载体的法律文书的理论、实践与教学提出了更高的要求。

事实上,这些年来国家和各级司法领导机关,公、检、法、监狱、律师、公证、仲裁、政府执法部门等司法机关和法律机构对法律文书的建设和运用继续高度重视,对法律文书积极改革、完善和创新。例如各级人民法院在以往审判方式与裁判文书的改革取得卓著成果的基础上,多年来对裁判文书的改革和优化工作锲而不舍,涌现了越来越多的优秀裁判文书,大大增强了作为司法公正最后载体的裁判文书的公信力,受到了案件当事人和全社会的好评。最高人民法院依据改革的精神并吸收各级法院的成功实践,自1992年《法院诉讼文书样式(试行)》问世以后,随着国家法治建设和审判实践的发展,相继公布了《法院刑事诉讼文书样式(试行)》《民事简易程序诉讼文书样式(试行)》《海事诉讼文书样式(试行)》《民事审判监督简易程序裁判文书样式(试行)》《民事申请再审案件诉讼文书样式(试行)》《一审行政判决书样式(试行)》《行政诉讼证据文书样式(试行)》《国家赔偿案件文书样式(试行)》《行政案件管辖司法文书样式(试行)》和《执行文书样式(试行)》等司法文件,对人民法院的诉讼文书,特别是裁判文书的制作水平的提升有很大的促进作用,并为裁判文书的改革、优化和规范提供了框架和导向。最高人民法院已将各类诉讼文书格式样本归类,汇编成书,即《法院诉讼文书格式样本(最新版)》,于2009年10月由人民出版社出版。同时,最高人民法院对当事人制作运用的再审申请书也作了补充与完善。对当事人常用的民事起诉状、保全申请书、申请执行书等法律文书都作了统一规范,在各级法院的立案大厅里免费向当事人提供各种文书样本。我国立法机关于2014年11月对《行政诉讼法》作了重大修改并于2015年5月1日施行,又于施行的同月制定下发了《行政诉讼文书样式(试行)》,对包括裁判文书在内的各种行政诉讼文书进行了优化改革,还增加了若干必要的新文种。

作为法律监督机关的人民检察院对法律文书制作运用的改革与优化也十分重视。2002年开始施行的《人民检察院法律文书格式(样本)》规定了159种文书格式,近年来又制定和印发了《刑事赔偿确认案件文书样式》等新文种。多年来,各级检察院始终孜孜不倦地开展对起诉书、不起诉决定书、公诉意见书等关键检察文书的改革和优化。例如,上海市各级检察院在多年调研和实践的基础上,制发了起诉书的"新模板",于2011年在检察业务中投入使用。该新模板针对2002版的起诉书中存在的格式问题,在事实叙述、证据甄别、起诉理由论证乃至格式标识、印章等技术方面都进行了改革与优化。例如,鉴于2002版格式在案件事实叙述方面,存在事实叙述过于笼统、粗陋,只有定罪事实没有量刑事实,不写明法定、酌定量刑情节等问题,沪版2011格式强调对法律事实的认定要从证据出发,根据证据所示内容客观表述行为的过程,注意体现客观事实发展的逻辑,在叙述犯罪事实后另段叙写量刑事实,等等。在证据表述方面,一反过去仅以证据种类罗列、证据与事实叙述缺乏对应性等缺点,2011格式要求做到:对证据按证明内容的不同进行分组排列,概要写明证据所证明的内容,在认定犯罪事实证据后,还要述明法定、酌定量刑情节的证据。叙写证据后再按照案件性质的不同,写明对全案证据的总体评判。同时,2011格式对起诉的理由和根据也作重要的改革和优化。此外,上海各级检察院还对不起诉决定书,尤其是存疑不起诉的不起诉决定书的事实、理由进行了优化与细化。最高人民检察院总结了各省、自治区、直辖市的改革成果,于2012年12月制发了起诉书、不起诉决定书和刑事抗诉书的新模板,在全国投入使用。

司法部监狱管理司在2002年印发的《监狱执法文书格式(试行)》48种文书施行运用的基础上继续进行优化完善工作,近年来组织力量对已印发的文书进行调研和反复论证,深入探讨每种文书的适用范围及法律依据、文书的制作方法及注意事项,并提供文书制作范例。同时,对各省、自治区、直辖市监狱管理厅根据各类法规和本地区实际情况出台的地方性监狱文书,进行收集、整理,加以修订后进行编撰,供各监狱参考使用,以推进监狱法治建设。

司法部对律师、公证文书的改革力度也很大。司法部于2000年3月印发了《司法部关于保全证据等三类公证书试行要素式格式的通知》,在全国范围内推广保全证据等三类要素式公证书;2003年由司法部公证员协会印发了《继承类、强制执行类要素式公证书格式(试行)》;2008年12月司法部律师公证工作指导司在经试行取得经验的基础上印发了《关于推行继承类、强制执行类要素式公证书和法律意见书格式的通知》,同时印发了继承类、强制执行类要素式公证书以及法律意见书的通用格式。此后,2011年3月司法部又对沿用多年的定式公证书样式(试行)进行了革新,公布了"民事法律行为""有法律意义的事实""有法律意义的文书"三大类35式49种定式公证书的通用格式及参考样式。目前,要素式公证书和定性公证书新格式已在全国普及使用,大大提高了公证文书和公证业务的水平和质量。

随着国家经济和各项社会事业的发展,特别是依法治国力度的加强,律师队伍的壮大,律师业务的拓展,在司法部和全国律师协会的领导和协调下,律师法律文书也有较大发展与改观。传统的律师文书分为代书文书和律师工作文书两大块。

近些年来,股权转让、收购、兼并等各项经济法律事务的发展,国际贸易中的反倾销等类型案件的频发,对传统的律师工作和律师工作文书也提出了更高的要求。法律的修订也必然推动着律师实务文书的发展与嬗变,如2007年《民事诉讼法》对民事审判法律监督程序的修订与完善,就促进了再审申请书等法律文书的完善与改革。目前,此次《刑事诉讼法》《民事诉讼法》的修改和实施,对律师实务文书提出了一些新的要求,如案件侦查阶段刑事辩护工作的开展与相关文书的制作运用都是值得探讨的新课题。

在这样一个法制日益健全,法治深入人心,作为司法公正有效载体的法律文书越来越受重视,且发展迅速,并呈现多姿多彩态势的情况下,本书编写者不敢懈怠,在法律文书教学之余,密切关注司法和法律实践部门法律文书的使用情况及对相关文书的改革与优化的动态,并以之为促进本身教学和科研工作的动力。在这次修订中,我们在保证体例基本稳定的前提下,尽可能地吸收新理念、新成果,把本门学科最新的面貌呈现给读者。在"法律文书总论"部分,我们对法律文书的制作要求进行了增补与完善,形成了包括各个层面的完善机制,即一、格式规范;二、内容完备;三、叙事明晰(含证据确凿);四、论理透彻;五、结论公正;六、语言准确;七、表述科学;八、技术完美。这样就能帮助学习者更全面、更有效地掌握制作法律文书的要领与技巧。另外,把原第二章"法律文书概述"修改为"法律文书和法律文书制作运用概述",增补了第五节法律文书的运用。这样,就填补了多年以来法律文书研究和教学中的一些空白点。在"分论"部分,我们对第五章至第十五章均作了认真修订,贯彻"与时俱进"的原则,遵循司法领导机构对各类文书的改革指导意见并吸收司法实践中取得的新成果。由于我国立法机关已先后对《刑事诉讼法》和《民事诉讼法》作了较大修改,且于2013年1月1日施行,所以本书中的相关法律文书中所援用的《刑事诉讼法》和《民事诉讼法》条款我们都按该法的最新文本进行改动。对附录中的"法律文书格式和实例",我们也进行了认真修订。

在此次修订中,因为任务紧迫,其他作者工作十分繁忙、岗位调动等诸多原因,在修订开始前由主编征得大家同意后,由潘庆云统一对全部书稿进行修订、增补和润色。

在修订稿中,潘庆云除对原由自己撰稿的第一、二、三、四章和附录、第六章第八节进行全面修改外,又增写了第二章第四节之"六、语言准确""七、表达科学""八、技术完美",增写了第二章第五节"法律文书的运用",增写第十二章第三节;重写第六章第三节、第四节、第五节,重写第七章第三节、第五节、第六节,重写第八章第二节、第三节、第四节、第五节、第六节、第七节,重写第九章、第十二章第一节。

本次修订得到复旦大学出版社副总编张永彬教授的指导、关心和各位作者的鼎力协作。上海市浦东新区检察院起诉科的潘莉检察官还介绍了上海市检察院系统对起诉书等检察文书的改革优化情况以及她和她的同事们的研究结论。北京市石景山区检察院赵晓敏检察官提供了最高人民检察院制发的主要检察文书的最新模板。在此,对他们一并表示由衷感谢并致以最崇高的敬意。

由于时间紧迫,我们的学术素养和视野以及司法实践有限,第三版修订稿中错舛和疏漏之处在所难免,恳请采用本教材的老师同学,特别是司法、法律实践部门的领导和同人不吝赐教。我们一定虚心接受意见和建议,不断改进。

潘庆云

2017 年 3 月于上海

华东政法大学(长宁校区)

第二版前言

《法律文书学教程》第一版问世后,得到了同行和读者的欢迎和肯定。2006年,经教育部组织专家评审,本书被确定为"十一五"国家级规划教材;同年,司法部国家司法考试司把法律文书学这门课确定为国家司法考试的必考科目之一。这两件事都说明国家领导机关、相关专家对法律文书学科的重视,作为从事法律文书教学和研究的专业人员,我们也深深地感到:随着依法治国方略的深入实施和司法体制改革的全面开展,"法律文书是司法公正与效率、社会公平与正义的载体"这一理念已经得到全社会的普遍认同并且逐步深入人心。以上是本书此次修订的背景。

此次修订,我们主要做了以下工作。

我们对"法律文书总论"部分的三章进行了修订,在基本保持原结构框架不变的同时,尽可能地注入一些新的理念、新的信息。例如,删去原第一章第一节之五"法律文书教学与司法实践",改为"法律文书学科建设",以帮助读者了解这门学科的概貌以及其建设和发展的路向等新的情况、新的思路。通过多年的努力,我们用多学科的成果与方法,基本奠定和发展了这门学科的理论层面。这可以说是一个"由简到繁"的过程。但是我们又考虑到现代人,特别是当代的司法干部和法律人工作繁忙、惜时如金的状况,通过修订,把"总论"部分看似头绪纷纭、内容丰繁的阐述,归结、突出为两个理念,以便读者"以简驭繁"。一是对法律文书和法律文书学科而言,要真正理解和掌握。法律文书和法律文书学科的终极目标是司法公正与效率、社会公平与正义,法律文书应当是也只能是司法公正与效率的有效载体。二是就法律文书的制作和运用而言,要求理解和掌握。文书制作者要娴熟地运用法律业务知识,调动一切积极因素,通过全方位的努力,把所有的法律文书都打造成无懈可击的法律语言作品,并中规中矩、合法适时地传播运用。对中、下编分论部分的各章节我们也进行了审订和修改。

1999年,我国宪法修正案将"依法治国,建设社会主义法治国家"确立为我国治理国家的基本方略,在后来党和政府的重要文件中进一步指出依法治国的关键是依法行政,而依法行政的主体是最高国家行政机关和地方各级国家行政机关,它们在实现宪法和法律赋予的各项职能、依法行政的过程中,必须依据和凭借行政机关法律文书的载体功能。因此,在完善行政法制的同时,开展行政机关法律文书建设,规范和优化这类法律文书的制作和运用,显得十分重要。为此,此次修订由潘庆云增写了"行政机关的法律文书"一章,其目的除了对已有的行政机关法律文书进行探索与规范外,还希望引起政府和公众对该类法律文书的关注与重视。但因为将这类法律文书纳入法律文书学科的研究范围,在全国尚属首例,错舛疏漏在所难免,敬请相关专家和广大读者不吝赐教。

最后,借本书修订二版的机会,对给予本书以鼓励和支持的教育部相关领导和专家表示衷心的感谢。对关心和支持法律文书研究和法律文书学科建设的各级领导、社会公众和广大读者表示由衷的谢忱。复旦大学出版社副总编张永彬先生多年来始终如一、一视同仁地关心各门法学学科的教材建设,对本书的编写和再版给予全力的支持和帮助,谨代表全体作者对他表示特别的谢忱!

潘庆云

2007年7月于上海

前　　言

法律文书(古今中外对其有不同的称谓)是一个随着法制的滥觞而产生,随着法制的沿革而发展的源远流长的法学范畴。但在国内,把法律文书作为一门学科、一个学术领域进行教学和研究,那还是近二十年的事。二十多年来,随着政治、经济、文化的发展,特别是法治建设的深入推进和各项法律活动的深化拓展,法律文书这一概念的内涵和外延也已经起了一定的变化或有较大的扩张。特别是近几年来,由于依法治国方略的实施,司法体制改革的推进,"司法公正与效率""实现社会公平和正义"已经不仅仅是司法机关的一个努力方向,而且成了深入人心的一个社会价值目标。而司法机关制作的法律文书,就是司法公正的载体,衡量社会公平正义的标尺。

为了适应新形势对各项法律工作提出的要求,规范法律文书的制作,最高司法机关依据经修订或者新制定的我国《刑事诉讼法》《刑法》《监狱法》《律师法》和有关司法解释及其他规范性文件的规定,经过调查研究,对原有的各类法律文书格式进行了多次较大的修改和补充。近年来先后制定、下发了《公安机关刑事法律文书格式(2002版)》《人民检察院法律文书格式(样本)》《法院刑事诉讼文书样式(样本)》《法院刑事诉讼文书的补充样式》《刑事诉讼中律师使用的文书格式(试行)》《监狱执法文书格式(试行)》《要素式公证书格式(试行)》《〈关于民事诉讼证据的若干规定〉诉讼文书样式(试行)》和《海事诉讼文书样式(试行)》,从而使各类法律文书的规定格式和要素事项较前更趋规范和完善。可见,党和国家司法领导机关在充分肯定法律文书是司法公正的载体的前提下,对法律文书的建设和改革十分重视。

那么,法律文书的学科建设和学术研究的状况又怎样呢?

经过二十余载光阴的打造,法律文书已成了法律院校的一门必修课(有的院校把它作为主干学科);法律文书作为一个研究领域,也已从其他学科(如诉讼法等)的桎梏中独立出来,取得了不俗的成果。不过,这门学科的理论框架、研究方法、涉猎范围、学术视野诸方面,长期来却进展缓慢,少有突破,使这门学科的发展遭遇"瓶颈",这恐怕也是一个不争的事实。由于研究的表层化,理念的滞后性,一些教材,甚至是面向全国的教材,二十年来,几乎是一如既往地沿袭陈旧模式。例如在法律文书学科的总(绪)论部分语焉不详、无话可说,或者在传统语文写作的框架中套用格式、主旨、材料、语言来解析法律文书的制作规律。正因为如此,使得这门课程教学成为法律文书的文种展示和格式演绎,使学习者索然无味甚至望而生畏。

笔者从20世纪80年代初开始亲历了这门学科的创建、完善、发展和遭遇"发展瓶颈"等阶段,用了半生的光阴从事这门学科和相关学科(例如法律语言学)的探索耕耘,我深深感到:

为了有效地促进我国法律文书制作质量的全面提高,使法律文书真正成为司法公正、社会公平正义的有效载体,推进依法治国方略的全面实施,我们必须加大法律文书学科的建设力度,力争在21世纪的头十年,在这门学科建立的第三个十年中,能够应验"三十而立"这句古话,把它建设成一门具有独特的比较科学的研究方法和系统的理论体系的成熟学科。

为了达到这一目标,必须以司法制度改革,包括审判方式改革为契机,在依法治国的视野下,重新审视法律文书学科的定位;以审判方式和裁判文书改革的成果促进法律文书学科建设;加大科研力度,以科研成果促进与丰富法律文书教学,深化拓展法律文书研究;探索和改进法律文书教学,努力诱发学习者的兴趣;最后,在拓展、深化法律文书研究的基础上建立一门名副其实的法律文书学。①

为了实现上述构想,多年来我一直在苦思冥想、身体力行、著书立说。2004年复旦大学出版社张永彬副总编商之于我能否牵头进行博学系列法律文书学教材的编写。法律文书学科建设正是我挥之不去的夙愿,复旦大学是我的母校,复旦的校训"博学而笃志,切问而近思"是数十年来指导我治学和做人的准则,因此我未加思索即予以肯定的答复。此后,我就利用学术会议等机会,联系上海和全国各地法律院校从事法律文书教学和研究的业务骨干,组建《法律文书学教程》《法律文书范例评析》这两本书稿的作者队伍。现在,得益于大家的互相支持,全力合作,这两本书稿终于完成了。

与同类教材相比,这本《法律文书学教程》具有下列显著特色:

一是密切结合司法实践,反映司法制度和法律文书改革的最新成果。

二是对法律文书体系开展多角度的深入探讨,深化、拓展了对法律文书学科和法律文书的认知研究,有助于学习者通晓法律文书的整体规律和掌握各主要法律文书的制作技艺。

三是总结并吸纳法律语言学、语体学、修辞学、逻辑学等相关学科的研究成果,为法律文书学科建设和法律文书制作运用服务。

四是内容安排简明扼要、突出重点,不求面面俱到、不大量罗列法律文书具体文种,但求突破难点,掌握要点,由点及面,通晓规律,举一反三,提高学习实效。

此外,书后还附有法律文书制作练习资料,便于全面、完整地开展教学活动。

---

① 参见潘庆云:《以审判方式改革为契机,加强司法文书学科建设》,载华东政法学院法律系:《2000年法学新问题探论》,上海社会科学院出版社2000年版。文中对法律文书学科建设等有详尽评析。

本教材由华东政法学院法学教授潘庆云主编,西北政法学院教授宋健任副主编。其他参编人员及具体分工情况如下:

第一、二、三、四、十二章和附录由潘庆云撰写;

第五章由山西省政法管理干部学院副教授安秀萍撰写;

第六章第一节至第七节由中国政法大学副教授刘金华撰写,第八节由潘庆云撰写;

第七章由中南财经政法大学副教授卓朝君撰写;

第八章由西北政法学院教授宋健撰写;

第九章由上海电视大学法律系讲师伊晓婷撰写;

第十章由上海政法学院经济法系副主任奚小玮撰写;

第十一章由西南政法大学副教授韦锋撰写,伊晓婷增补;

第十三章第一节至第七节由广西政法管理干部学院副教授玉梅撰写,第八节由潘庆云撰写;

第十四章由贵州警官职业学院法律二系副教授侯兴宇撰写;

全书由潘庆云总体设计、定稿和统稿。

在本书的酝酿和撰写过程中,得到复旦大学出版社副总编张永彬先生多方面的指导和全力关心、帮助。在撰著的过程中,得到各位合作者热忱的支持和帮助,参阅了各位学者专家的多部同类教材及相关学科的著述,在此一并致以谢忱。

潘庆云

2005 年 8 月于上海

目　录

第一章　法律文书和法律文书的优化改革 … 1
第一节　法律文书的概念、特点与性质 … 1
第二节　法律文书的作用和分类 … 5
第三节　法律文书的制作和运用 … 9
第四节　法律文书的历史沿革及其优化改革 … 21

第二章　公安机关和检察机关法律文书 … 36
第一节　概述 … 36
第二节　公安机关呈请立案报告书和提请批准逮捕书 … 40
第三节　公安机关起诉意见书和检察机关起诉书 … 44
第四节　检察机关不起诉决定书、刑事抗诉书和公诉意见书 … 53

第三章　人民法院刑事裁判文书 … 64
第一节　概述 … 64
第二节　第一审刑事判决书 … 65
第三节　第二审刑事判决书 … 74
第四节　再审刑事判决书 … 79
第五节　第一审刑事附带民事判决书 … 82
第六节　刑事裁定书 … 86

第四章　人民法院民事裁判文书 … 97
第一节　概述 … 97
第二节　第一审民事判决书 … 100
第三节　第二审民事判决书 … 108
第四节　再审民事判决书 … 111
第五节　特别程序民事判决书 … 117
第六节　民事调解书 … 123
第七节　民事裁定书 … 125

第八节　民事决定书 …………………………………………… 129

第五章　人民法院行政裁判文书 …………………………………… 133
　　第一节　概述 …………………………………………………… 133
　　第二节　第一审行政判决书 …………………………………… 136
　　第三节　第二审行政判决书 …………………………………… 148
　　第四节　再审行政判决书 ……………………………………… 151
　　第五节　行政赔偿调解书 ……………………………………… 155
　　第六节　行政裁定书 …………………………………………… 156

第六章　监狱法律文书 ……………………………………………… 162
　　第一节　概述 …………………………………………………… 162
　　第二节　提请假释（减刑）建议书 …………………………… 165
　　第三节　监狱起诉意见书 ……………………………………… 167

第七章　律师实务文书 ……………………………………………… 171
　　第一节　概述 …………………………………………………… 171
　　第二节　刑事案件律师代书文书 ……………………………… 172
　　第三节　民事案件律师代书文书 ……………………………… 184
　　第四节　行政案件律师代书文书 ……………………………… 201
　　第五节　其他律师代书文书 …………………………………… 207
　　第六节　律师工作文书 ………………………………………… 216

第八章　公证文书 …………………………………………………… 225
　　第一节　概述 …………………………………………………… 225
　　第二节　公证书制作技术规范通说 …………………………… 227
　　第三节　定式公证书 …………………………………………… 236
　　第四节　常用要素式公证书 …………………………………… 242

第九章　仲裁文书 …………………………………………………… 251
　　第一节　概述 …………………………………………………… 251
　　第二节　仲裁协议书 …………………………………………… 253
　　第三节　仲裁申请书 …………………………………………… 256
　　第四节　仲裁答辩书 …………………………………………… 258
　　第五节　仲裁调解书 …………………………………………… 260

第六节　仲裁决定书 ………………………………………………… 261
  第七节　仲裁裁决书 ………………………………………………… 263

第十章　行政机关法律文书 ……………………………………………… 267
  第一节　概述 ………………………………………………………… 267
  第二节　立案审批表 ………………………………………………… 270
  第三节　案件调查终结审批表 ……………………………………… 273
  第四节　行政处罚听证通知书 ……………………………………… 275
  第五节　结案审批表 ………………………………………………… 277
  第六节　行政处罚决定书 …………………………………………… 278
  第七节　强制执行申请书 …………………………………………… 281
  第八节　行政复议申请书 …………………………………………… 283
  第九节　行政复议决定书 …………………………………………… 285

第十一章　笔录文书 ……………………………………………………… 289
  第一节　概述 ………………………………………………………… 289
  第二节　现场勘验笔录 ……………………………………………… 291
  第三节　调查笔录 …………………………………………………… 293
  第四节　法庭审理笔录 ……………………………………………… 295
  第五节　合议庭评议笔录 …………………………………………… 298

附录
  附录一：重要法律文书制作技能培训资料 ………………………… 300
  附录二：法律文书的格式和案例 …………………………………… 319

第一章　法律文书和法律文书的优化改革

本章要点

本章对当代法律文书的概念、特点、性质、作用、分类、制作和运用，中国法律文书的历史沿革和人们对法律文书的认知、研究以及对法律文书的改革优化进行概要阐述。法律文书随法律制度的滥觞发展而萌芽沿革，中国古代法律文书经历了滥觞、形成、发达和成熟四个阶段，清末民国时期进入现当代新阶段。在全面推进依法治国总目标的社会主义新时代，法律文书已成为司法公正和社会公平正义的重要载体，我们要调动一切积极因素改革法律文书，加强其载体作用，改进其不利于司法公正的负面因素。

第一节　法律文书的概念、特点与性质

一、法律文书的概念

法律文书，是适用于法律活动、带有法律专业属性的所有非规范性法律文件的总称，具体地说，是指我国公安和国家安全机关、人民检察院、人民法院、狱政机关、国家行政机关、公证机构、仲裁机构、律师事务所等以及自然人、法人和其他组织，在诉讼和非诉讼的法律事务中按照法定程序，就具体案件或法律事务适用法律而制作的具有法律效力或者法律意义的非规范性法律文件的总称。这一概念折射出法律文书具有如下五个主要特征：一是法律文书的制作主体相当广泛，包括国家司法机关、行政机关、法律法规授权的专门机构，也包括涉讼涉案的自然人、法人和其他组织，但是一定的法律文书必须由法定的主体去制作和运用；二是法律文书的适用范围为各类诉讼案件和非诉讼的法律事务；三是法律文书必须依法制作，既要遵循程序法，又要依据实体法；四是法律文书都具有法律效力或者法律意义；五是相

对于规范性的法律法规的文本而言,法律文书属于非规范性的法律文件。

二、法律文书的主要特征

(一)法律文书必须由法定主体制作

法律文书的适用领域十分广阔、制作主体众多,当然法律文书的具体文种也就很浩繁,但是每一种法律文书都应当由特定主体制作和运用。

我国的司法机关是法律文书的重要制作主体。狭义的司法机关,仅指审判机关和检察机关,广义的司法机关,除审判、检察机关之外,还包括侦查机关和司法行政机关。我国宪法和法律规定,人民法院行使司法审判权,检察机关行使对公诉案件的起诉权和对侦查、审判、监狱管理等项活动的法律监督权,公安和国家安全机关行使司法侦查权,司法行政机关行使对刑事罪犯的司法执行权。上述各司法机关行使各自的司法职能,形成和制作大量的法律文书,而任何一份具体的法律文书都必须由特定的主体制作。例如,除法律规定的由检察机关直接受理侦查的反贪污贿赂与法纪检察等案件之外的刑事案件,在公安机关的侦查人员对接到报案、控告、举报、自首的材料进行审查后,认为符合立案条件,报请领导审批是否立案侦查,必须制作"呈请立案报告书(表)"。其他任何机关、团体和个人均无权制作这种文书。国家行政机关,法律、法规授权的专门机构,涉讼涉案的自然人、法人和其他组织,为了贯彻实施法律,维护特定主体的正当权益,所适用的法律文书,也必须由法定主体制作。例如,公证书必须由承办该项公证事务的公证机构的公证员制作,仲裁裁决书必须由相关仲裁委员会的仲裁员制作,辩护词必须由相关被告人的辩护人制作,民事起诉状必须由该民事案件的起诉人撰制,等等。

(二)法律文书必须依法制作

上述的法律文书必须由法定主体制作,其实也是法律文书依法制作的一个方面。此外,法律文书依法制作还表现在下述两个方面。

1. 制作法律文书必须遵循法定的程序并且符合法定的条件

例如,逮捕犯罪嫌疑人、被告人,必须按照《中华人民共和国刑事诉讼法》(以下简称《刑事诉讼法》)第八十条之规定,必须经过人民检察院批准或人民法院决定,并且要符合《刑事诉讼法》第八十一条第一款所规定的"(1)有证据证明犯罪嫌疑人有犯罪事实;(2)可能判处徒刑以上刑罚;(3)采取取保候审尚不足以防止同法规定的各种社会危险性"。履行了上述法定程序之后,执行逮捕的公安机关才可制作逮捕证。制作第一审民事判决书,必须依照我国《民事诉讼法》规定的第一审程序对民事(含经济)纠纷案件审理终结后,就案件的实体问题作出处理决定;而且判决书的内容与事项还必须具备《中华人民共和国民事诉讼法》(以下简称《民事诉讼法》)第一百五十五条所规定的:(1)案由、诉讼请求、争议的事实和理由;(2)判决认定的事实和理由、适用的法律和理由;(3)判决结果和诉讼费用的负担;(4)上诉期间和上诉的法院。并且要有审判人员、书记员署名,加盖人民法院印章等项目。又如民事起诉状,必须是民事权益受到侵害或与其他民事主体发生民事权益争议的自然人、法人或其他组织,作为民事原告,按照民事诉讼法的规定,向有管辖权的人民法院提起诉讼并要求依法裁判时制作,其主要的内容事项还必须符合《民事诉讼法》第一百二十四条的规定。

2. 制作法律文书所依据的法律规范相当广泛

制作法律文书,除了必须严格遵循法定的程序,符合程序法规定的有关要求,对实体问题,当然也要适用法律依法进行处理。因此,其所依据的法律、法规相当广泛,既包括普通法律中的实体法和程序法,也涉及行政法规、地方性法规、民族自治条例和其他单行条例。此外,还要参照相关规章制度和最高人民法院作出的司法解释。

(三) 法律文书的适用范围是诉讼和非诉讼法律事务

诉讼活动,包括刑事、民事(含经济、海事等)、行政诉讼。司法机关在案件诉讼的各个阶段,都要制作和运用相应的法律文书,以保证诉讼活动的顺利进行并最终作出公正的处理决定。各类案件的当事人及其他诉讼参与人(如鉴定人、证人、民事案件的代理人、刑事案件的辩护人),出于保护自身或委托人权益的需要或按照法律规定及司法机关的要求,也要制作、撰拟一系列的法律文书,如刑事、民事、行政各类诉讼中的诉状、答辩状、申请书、鉴定报告、证人证言、亲笔供词等。

非诉讼的法律事务,范围更是广泛,包括公证机关的公证活动,仲裁委员会的仲裁活动,行政执法机关进行的执法、处罚活动,律师事务所、监狱管理机构的非诉讼活动。这些非诉讼法律事务也必须制作各种法律文书,把法律事务逐步向前推进,直至终结,如各类公证文书、各类仲裁文书、律师制作的法律意见书、非讼调解书、行政执法文书和大部分的监所管理文书等,均属非诉讼的法律事务文书。

(四) 法律文书具有法律效力或者法律意义

制作法律文书的终极目的是贯彻、实施法律,为处理诉讼案件和解决各种法律问题服务。因此,法律文书一旦制作完毕和投入使用,必然会产生法律上的实际效用。法律文书的法律实效性体现在两个方面:一为法律效力,二为法律意义。

1. 具有法律效力的法律文书

(1) 是指国家司法机关行使司法职权,就具体案件和有关当事人适用法律而制作的,生效后以国家强制力保证其执行的非规范性法律文件。例如,拘留证、逮捕证、不起诉决定书、人民法院的各种裁判文书等,均为具有法律效力的法律文书。

(2) 仲裁、公证机构、行政执法机关、诉讼参与人等制作的具有法律效力或证据力的法律文书。如仲裁裁定书发出之日,即发生法律效力;仲裁裁决书、行政处罚决定书具有执行力;经公证机关有效公证的法律行为、法律事实、文件可作为无须举证的司法认知事实;诉讼参与人的证人证言、鉴定结论等经司法机关认定有效,可作证据使用。

2. 具有法律意义的法律文书

具有法律意义的法律文书包括:(1)司法机关制作的具有法律意义的法律文书;(2)其他法律机构如仲裁机构、公证机构、行政机关和诉讼参与人制作的具有法定约束力或与诉讼相关、直接推动诉讼活动的法律文书。例如仲裁协议书,一旦制作生效,对双方当事人以后的仲裁活动有一定的约束力并排除了通过诉讼等途径解决纠纷的可能;起诉状、上诉状、申诉书或再审申请书、答辩状、代理词、辩护词、行政机关递交法院的强制执行申请书等文书,一旦制作并递呈给司法机关,就产生约束司法机关或者引起诉讼活动、推动司法机关审理和裁决的作用。这些都是具有法律意义的法律文书。

(五)法律文书是非规范性的法律文件

非规范性的法律文件,是与规范性的法律、法规文本相对应、相比较而存在的。《中华人民共和国刑法》(以下简称《刑法》)《刑事诉讼法》等法律和行政法规,地方性法规等法规都具有普遍的约束力,法律文书则只适用于该案件的各当事人,并不具有普遍的约束力。所以,一切法律文书都是非规范性的法律文件。

三、法律文书的性质

按照《辞海》的阐释,性质是指事物所具有的本质特点。亦即一事物得以与其他事物相区别的本质属性。对于法律文书的性质,潘庆云曾经从法学和语言表述两个角度进行探讨。① 此后,也有其他著述论及这个问题。有人认为,它的"性质是一种特种公文",即"具有特定的主体,依据特定的程序法和实体法,遵循特定的文书格式,为了特定的目的即实现司法公正和社会正义,所形成并使用的特殊公文。"② 也有人认为法律文书具有"以法律精神为实质、以写作理念为指导"的"双重性。"③ 我们认为,世间任何事物,尤其是人类社会现象,人类文明结晶,无不纷繁复杂,其结构的多元性必然使它具有多重属性,确定一个事物的性质,应当在一定学科的视野中,抓住最重要的几个属性,这样才有利于促进研究的深入和学科的发展。以此为标准,"特殊公文"论似乎还不够全面。"双重性"说指的是法律精神"决定法律文书的主要内容"并"指导"法律文书制作,用写作理念作为"实施法律的载体和依托"。这种观点似乎在讲述法律文书的"两大支柱",或法律文书的制作要

---

① 潘庆云:《法律文书》(第四版),中国政法大学出版社2017年版,第18—19页。
② 熊先觉:《司法文书研究》,人民法院出版社2003年版,第26页。
③ 赵朝琴:《法律文书通论》,郑州大学出版社2004年版,第5页。

领。然而探讨制作要领不能光靠"写作理念",因为法律文书的形成和运用,并不仅仅是一个写作的问题。

对于法律文书的性质,我们还是从法律和语言表述这两个最主要的方面来加以探索和界定。首先,法律文书的制作和运用,旨在记载和传递有关法律活动的信息。一定时代的法律文书,是该时代诉讼制度及法律文化的产物,同时,它又要为特定的法律诉讼制度和传播该时代的法律文化服务。当代中国的法律文书,要为具有中国特色的社会主义法律制度服务,充分体现司法、执法的公正和效率以及社会的公平和正义。因此,法律文书是法学和法律业务范畴中的法定主体依法制作、表述法定内容并产生预期的法律效力或者法律意义的非规范性文件。其次,从语言运用和文章写作学的观点来看,它是一种应用性文体,必须使用各级语言材料,包括遣词、成句、谋章、运篇,以撰拟一篇具备一定法律效力或法律意义,能够用以为实施法律服务的特定法律文件。然而,形成一篇法律文书,不仅要有规范化的写作,还有一系列技术上的特殊要求。因此我们一般称为"制作法律文书"。一份法律文书,不仅要符合特定的语言写作方面的要求,还要符合技术规范,同时要体现上述的各项主要特征,可见,制作法律文书是一项十分严肃且要求很高的工作,制作法律文书的技艺也并非可以一蹴而就,而是很不容易。难怪古人云:"才冠鸿儒,多疏尺牍。"意思是说一些学问高深的大学者,往往写不好一篇(包括法律文书在内的)应用文。鉴于语言在法律中的特殊作用(西方有人云:语言构建了法律①),我们完全可以把法律文书定位为一种法律语言作品,当然是一种必须运用包括法学和法律职业、语言学、文章写作学、特殊文体制作等多种知识与技能去制作和运用的书面法律语言作品。当然,从社会主义依法治国方略和现代司法理念出发,司法文书应当是,也只能是司法公正与效率、社会公平正义的有效载体。这是法律文书最本质、最重要的属性。对此,必须牢记心头。

第二节 法律文书的作用和分类

一、法律文书的作用

法律文书的作用,指的是法律文书在法律活动和社会生活中的客观价值。法律文书是诉讼和非诉讼法律事务的产物,是对法律实施过程与结论的客观书面实录。因此,法律文书并非一种孤立的存在,而是伴随着法律活动的进行而发挥作用,实现其客观价值的。法律文书的作用很多,具体表现在以下几个方面。

---

① John Gibbons, *Language and the Law*, London; New York: Longman, 1994, p.5.

（一）法律文书是实施法律的有效工具

法律有赖于司法、执法机关等国家机器的运用，法律文书则是保障和体现法律实施的最直接的也是最终的表现形式。法律文书通过对具体案件和法律事务的处理实施法律。每份法律文书都是依据法律处理具体案件和法律事务的结果，既是适用法律的结果，也是法律调整特定法律关系的文字记录。法律文书作为实施法律的工具，是其他任何手段和载体都无法取代的。原因如下：其一，法律文书是司法、执法机关实现其职能的主要手段，司法与执法活动，无一不通过法律文书得到完整的实现。例如，人民法院履行国家赋予的审判职能，其实现审判职能的每一个行为，每一道程序，无一不凭借诉讼文书特别是裁判文书这个工具。其二，实施法律的工具很多，但在任何现代法治国家，法律文书这种工具都是不可或缺，也是无可替代的。在上古时代，我国曾有过神明裁判、语判（即不用法律文书，仅以言语来表述法律实施的过程和结果），国外也有过以图像表述裁判结果的现象，但那都是特定历史条件下的产物。在现代法治社会，法律文书已成为法治和法律文化成熟的象征，是不可缺少或替代的。因此，实施法律的工具作用，是法律文书的一项基本作用。

（二）法律文书是进行法律活动，明确当事人权利和义务的凭据

法律活动是否依法进行，司法工作是否公正、高效，法律活动层层推进，当事人所享有的各项权利义务，都要以法律文书作为依据和凭证，兹分述如下。

第一，法律文书能够作为司法、执法机关履行职责和完成职责的依据。例如，在人民法院对刑事案件的审判中，公诉案件必须以检察机关的起诉书为依据，自诉案件必须以自诉人呈递的刑事自诉状为依据。公安机关的呈请侦查终结报告书和起诉意见书是其完成侦查活动的凭证，判决书是人民法院完成审判职能的凭证。

第二，法律文书能够成为当事人依法享有权利或承担义务的凭证。自然人、法人和其他组织所享有的权利和义务，在法律的规定中是抽象和概括的，这种权利的享有、义务的履行，只有在法律活动中通过法律文书才能得到具体的落实和实现。例如，法律规定各民事主体有参加诉讼和保护自身正当权益的权利，而这些正当权利的行使，表现为民事起诉状、民事上诉状、民事答辩状、民事再审申请书、民事代理词等一系列法律文书的撰制和运用。

（三）法律文书是法律活动的实录，具有历史档案作用

法律文书既是诉讼案件和非诉讼法律活动的必然产物，又起到忠实客观地记录这些活动的重要作用，特别是对于司法、执法机关来说，无论是诉讼案件，还是非诉讼案件，在审理和查处的过程中都应当保存完整的法律文书。例如行政执法机关在实施行政处罚的过程中，从立案、调查取证，到作出决定，再到交付执行，最终结案，都离不开法律文书。所有这些文书都要完整保存、归档。

除各主要的办案环节中有重要的法律文书起着承上启下的作用外,在整个办案程序中还有各种笔录反映和记载各项活动的情景和进程。所有这些文书既在案件的审查处理中起着推动法律活动步步深入的作用,又具有重要的历史档案作用,为日后总结经验、检验法律实施情况,不断完善和修订法律及准确、公正地执法,也为后人考察某个时代的社会政治经济状况、法律在社会生活中的作用、法律文书本身的发展沿革等,提供重要的档案材料。

（四）法律文书具有法治宣传教育作用

凡属公开对外的法律文书,都有明显的法治宣传教育作用。法律文书通过对具体案件的裁处,形象、生动地宣传法律,说明哪些是违法行为,哪些构成犯罪。这种法治宣传,从一定意义上讲,是一种更有效的宣传。公开的法律文书对自然人、法人和其他组织来说,可以教育他们自觉遵守法律法规,避免实施违法违规的行为,启发他们学法、懂法、守法的自觉性。对司法、执法机关干部来说,制作法律文书有助于坚持公正司法、执法。对整个社会则可以起到营造法律氛围、推进依法治国方略的作用。各类法律文书的法治宣传教育作用值得重视并应当进一步发挥。

（五）法律文书具有对办案人员业务水平的考核作用,也是把依法治国总目标落到实处的一个标志

法律文书的制作本身就是诉讼和非诉讼法律事务的有机组成部分和重要内容之一,也是综合评判办案人员业务水平和文化素养的一个重要标志。法律文书制作质量的高低,不仅反映了司法、执法人员的业务水平和工作能力,而且关系到法律能否正确贯彻实施和案件能否得到公正裁处,影响国家司法、执法机关的整体形象。目前,公、检、法等司法以及行政机关都将法律文书制作作为一项重要的业务工作,作为对司法、执法人员考核的一项重要内容,这是十分必要的。最高人民法院明确指出：法院诉讼文书,尤其是裁判文书,是司法公正的最后载体;制作裁判文书是各级人民法院的一项重要业务。裁判文书的制作要做到无懈可击,真正体现我国人民法院司法公正的形象。目前,各级人民法院已把裁判文书制作的优劣作为考核审判干部业务水平的一项重要标准。例如,上海市高级人民法院曾对全市两千多名审判干部进行裁判文书制作的考试。不合格者,拟另行补考,若再达不到要求,则调离审判工作岗位。其他司法机关也有类似的举措。法律文书制作质量的高低是衡量司法、执法人员是否称职、业务水平高低和考核司法行政等机关业绩的一个重要尺度。

既然法律文书质量高低直接反映了办案质量和业务水平的高低,法律文书也就成了司法、执法工作质量的集中反映,也是国家法治建设和把依法治国总目标落到实处的一个重要标志。

(六)法律文书是实现司法公正,维护社会公平、正义的有效载体

法(律)是由国家制定或认可,并以国家强制力保证其实施的行为规范的总和。法在世界各国语源上都有"公平""正直""正义"等含义,而所有这些含义,正是法律所追求的终极目标,是人类法律文化的精髓。作为法律文化重要组成部分的法律文书,在实施法律、传承法律文化的同时,必然会成为实现司法公正,维护社会公平、正义的有效载体。法律文书既有记录、保存公正和正义的静态功能,也有推动、传播公正和正义的动态功能。从某种意义上讲,法律文书直接体现了公正和正义,成为司法公正、社会正义的一个组成部分。

二、法律文书的分类

为了学习和研究的方便,任何学科都要对它的学习对象进行分类。法律文书适用范围广泛,种类繁多,只有对它进行科学分类,才能更好地从总体上把握和探究,从微观上制作和运用。科学地确定分类标准,是正确分类的前提。而分类的标准并不是单一的,分类的标准与目的不同,分类的结果当然也就不同。

(一)按照法律文书的制作主体(机关)分类

按照制作主体(机关)的不同,法律文书可以分为公安机关的刑事法律文书、检察机关的法律文书、人民法院的(刑事、民事、行政等各类)法律文书、监狱的法律文书、律师实务文书、公证文书、仲裁文书和行政机关的执法文书等。这种分类,能使各类属的法律文书与各个司法、执法机关或法律机构的具体职责互相对应、融为一体。本书大体上采用这一分类方法进行编排。另外,笔录也是一种重要的法律文书,但它又是跨制作主体的(各个制作机关均要制作和运用),本书将其列为最后一章。

(二)按照法律文书制作的格式及其所呈现的形态分类

按照这种标准,法律文书由简到繁可以分为填空式文书、表格式文书、笔录式文书和文字叙述式文书。这种分类方法有利于归纳各类文书的不同技术规范和制作要求,为文书制作练习和业务培训提供方便。目前,公安、检察机关和人民法院往往将这种分类作为他们各自法律文书的一种技术分类标准。

(三)按照法律文书的适用范围和功能分类

按照这个标准,法律文书可以分为诉讼文书和非诉讼的法律事务文书,前者包括公安、检察机关和人民法院的绝大部分法律文书(检察建议书、法院的司法建议书等少数文书除外)、诉状、答辩状等律师代书文书和辩护词、代理词等工作文书;后者包括监狱除狱内侦查类文书外的大部分法律文书、公证文书、仲裁文书、授权委托书、经济合同、遗嘱等律师代书文书和法律意见书、律师见证书、纠纷调解书等律师工作文书以及行政机关的执法文书等。

（四）按照法律文书的文种体裁结合文书功能分类

按照这个标准，法律文书可以分为表格类、笔录类、报告类、诉辩类、裁判类、决定类、通知信函类等各类文书。在诉讼和非诉讼法律事务中，这些不同类属的法律文书之间，往往存在相互依存或渊源关系。例如笔录类、报告类文书往往是制作决定类、裁判类文书的依据，诉辩类文书往往对决定类、裁判类文书制作有参考价值。这种分类方法有利于从宏观上掌握法律文书各类属之间的依存关系，以及分门别类地洞察每类法律文书的制作规律和技艺。

（五）按照法律文书的适用方式和传播渠道分类

法律文书大体上都是以文字书写表述，连同其格式和技术手段形成固定的文本进入运用阶段，诉诸受众的视觉。但也有一部分法律文书，例如检察机关的公诉意见书、抗诉（上诉）案件出庭意见书，律师的辩护词、代理词等，在形成文书后，不能直接诉诸受众的视觉，它们主要运用于法庭辩论阶段，必须诉诸人们的听觉而发挥其法律功效。由于传播渠道的差异和论辩本身固有的随机性、应变性等特点，这类文书在拥有法律文书的共性同时，在总体结构模式、格式事项、语言运用、表述结构等层面，与一般的法律文书均有一定程度的偏离。我们主张，按照法律文书的适用方式和传播渠道的差异，将法律文书分为论辩型法律文书和非论辩型法律文书这两大类型。这种分类，有利于我们正视和探索这两大类法律文书的异同和制作技巧，也有利于加深对法律文书全貌和总体规律的研究和认识。

还有其他一些分类方法。例如，可以按照刑事、民事、行政诉讼或各种非诉讼法律事务中，各司法机关、法律机构分工负责、互相配合、互相制约、共同完成诉讼或非诉法律事务的流程和实况来分类编排法律文书；还可以按照案件与法律事务种类的不同，对法律文书进行分类。不管按什么标准分，都要标准划一、逻辑严密，使每一种文书都有一个确定的归类。总的分类要求是有利于对法律文书总体的研究把握和具体法律文书的制作运用。

第三节　法律文书的制作和运用

一、优质法律文书制作的全面要求

依据系统论的观点，任何客观事物都是一个分层次、多维度的结构体系，法律文书也不例外。它可以分为规定格式、内容要素、事实叙述、理由阐析、作出结论、语言运用、表述传播等层面，此外，还涉及版面设计等多模态的技术手段。为了成功地制作出优质、高效的法律文书，首先必须在上述各个方面狠下功夫，达到文书制作的各项要求。

（一）格式规范

如上所述，法律文书属于程式化文书。规定格式是法律文书的外在形式，也是法律文书重要的构成要素。刑事、民事、行政各类诉讼法律文书以及公证、律师、仲裁、监狱管理等法律文书的格式，都由相应的机关依法制定。法律文书的格式是否规范，往往反映了法律活动的程序是否正确合法，关系到实体问题的裁处是否公正。对此，我们必须足够重视。

法律文书的格式包括法定的行款、结构，某些法定的称谓和格式化用语等。具体地说，法律文书的格式规范主要表现在两个方面：一是结构的模式化，二是用语的程式化。

结构模式化表现为一份法律文书，特别是文字叙述式文书可以分为首部、正文、尾部三大组成部分。这三部分中各部分又有大致统一的内容事项。例如，人民法院第一审刑事判决书，首部包括标题、编号、公诉机关、被告人的基本情况、辩护人情况、案由案件来源及审判经过，正文包括对控辩主张的表述、法院查明的事实及对证据的甄别分析、判决理由、判决结果等部分，尾部包括上诉事项、合议庭署名、判决书签发日期、书记员署名和"本件与原本核对无异"的印戳以及院印。

用语程式化的倾向，反映在表格式文书中，大部分文字是事先统一印制的，包括单位、姓名、事实、理由和法律依据等，使用时根据案件的实际情况填写相应的内容即可。在文字叙述式文书中，案由、案件来源等的表述，文书内部案件来源和事实、理由等部分之间的过渡，都有固定的词语。例如，人民检察院对本院侦查终结案件的起诉书，对案由、案件来源的表述为"被告人×××涉嫌贪污罪一案，由本院依法侦查终结。……"然后另行写上"经依法审查查明："，转入正文部分的涉嫌犯罪事实、证据和起诉的要求和根据。理由阐述结束，以"根据《中华人民共和国刑事诉讼法》第一百七十六条的规定，提起公诉，请依法判处"的固定化用语，表述向人民法院提起公诉的决定。凡此种种，均反映了用语的固定化特点。

为了保证法律文书的格式规范，必须严格遵循法律文书结构模式化和用语程式化的特点，非经最高司法领导机关修订，不可随意对之更改或增删。

（二）内容完备

在严格遵循法定格式制作文书的同时，还要按格式规定的要求对所有的事项和要素，具体、明确、周全地予以写明，确保内容完备。如案件事实部分要求写明事实发生的时间、地点、涉及的人物、事实发生的原因、过程（包括重要的细节等）、结果、当事人的态度和不同意见等，有的文书还要求写明足以证明关键事实的证据及这些证据的客观性、合法性、与案件的关联性以及具体证明什么；又如理由论证部分要求写明认定或提供事实的理由和适用法律的理由，要依据事实和法律充分论证当事人的行为性质,应当承担的法律责任等,之后还要援引作为本案处理依据的法律条、款、项、目。最后,在作为文书结论的裁处意见或请求、建议事项中,应作出具体、明确、完整的公正决定。此外,在当事人的基本情况方面,也应按格式规定,提供准确、齐全的事项要素;说明案由、案件来源和案件审理或调查处理过程也应客观如实、科学有序地反映法律活动的运作程序。总之,制作法律文书在格式规范的同时,一定要做到事项齐全、内容完备。文书的格式和内容是互为表里、密不可分的。

(三)叙事明晰

案件事实是处理案件的基础,是判明是非曲直以及责任的有无、大小的主要依据,因此写清案件事实至关重要。凡重要的法律文书都要求叙述事实客观真实、明晰清楚。具体要求有以下五项。

1. 叙述事实简明有序。法律文书对叙述事实要求简明有序,一目了然。所以法律文书叙事通常采用自然顺序法,即按案情发生、发展的自然顺序向前推进,排斥文学写作上常用的倒叙、插叙等方法。但对较为复杂的案件,则可以从实际需要出发,采用综合归纳、纵横交错等方法记叙事实。所谓综合归纳,是指对多起同类的案件和同类性质的法律事实、违法违章行为,以简洁的笔墨,求同存异地概括叙述。当然,采用这种方法是有条件的,那就是必须附以典型事件的具体记叙。纵横交错法,即按法律关系的产生、变更、消灭而发生的每一法律事实的线索叙述事实,法律关系产生、变更、消灭的来龙去脉是"纵",引起法律关系产生、变更、发展、消亡的法律事实是"横"。这种有纵有横、纵横组合进行的记叙方法多用于有法律关系存在的双方当事人之间产生的民事、经济纠纷案件的事实叙述,亦适用于某些行政处罚案件的记叙。例如,对一件合同纠纷案件事实的叙述,从合同的订立、履行直至发生纠纷诉之法院,这就是"纵"向的叙述;在叙至合同订立时,概要写合同的要约、赔偿责任,在双方发生纠纷后,交代各自的主张、争执的焦点,属于"横"向的叙述。与简明有序相应,叙事语言力求平实、朴素,排斥雕饰渲染。

2. 写清事实的基本要素。事实是由许多基本要素结构而成的。各类案件的要素除有共性外,还有个性区别。行政案件和民事案件的事实要素比较接近,大体包括:权益纠纷发生的时间、地点、涉及的人物(原告、被告、第三人),纠纷产生的原因、过程、结果,各方争执的意见和理由,以及必要的证据等。采信的证据必须具备证据的客观性、合法性和关联性特征。根据民事证据原则,对当事人的自认事实和司法认知事实,可作为无需证明的直接认定事实。所谓自认事实,是基于民事诉讼当事人享有的充分处分权,既然某一方自己承认,则可免除对方当事人的举证责任。对于司法认知事实,及其免除举证责任的条件,最高人民法院《关于民事诉讼证据的若干规定(2019修正)》(自2020年5月1日起施行)第十条已作明确规定:"下列事实,当事人无须举证证明:(1)自然规律以及定理、定律;(2)众所周知的事实;(3)根据法律规定推定的事实;(4)根据已知的事实和日常生活经验法则推定出的另一事实;(5)已为仲裁机构的生效裁决所确认的事实;(6)已为人民法院发生法律效力的裁判所确认的基本事实;(7)已为有效公证文书所证明的事实。前款第二项至第五项事实,当事人有相反证据足以反驳的除外;第六项、第七项事实,当事人有相反证据足以推翻的除外。"这些证据规则也可作为制作行政法律文书及行政执法文书的参考。这些事实要素通过语言文字连缀并显现出来,既能使人从中看清事实发展的过程,又能从有关的要素中判明是非正误、合法与违法等。

3. 重点写清关键情节。叙述案件,为达到法定要求,必须重点写清关键情节。这就首先要求写清法律责任的有无和大小,这样才能判明当事人是否违反有关的法律、法规,应否承担法律责任。其次要写明有关问题严重程度的事实情节,对刑事法律文书来说,这往往是判明犯罪行为刑事责任大小及处罚轻重的依据。

4. 抓准、凸现争执焦点。在一个案件中,当事人之间,当事人与司法机关之间,乃至司法与执法机关之间,可能存在各种分歧与争执。对于各方的争执,在法律文书制作中,一要抓准,二要凸现。所谓抓准,是指抓住那些有关案件的实质性问题上的争执与分歧,而不要舍本逐末,在一些枝节问题上纠缠不清。所谓凸现,是要在保持"原意"的前提下,用精当的语言予以记述,使人一目了然,要避免叙述无关宏旨的细枝末节和过多引用芜杂的原话,以至于湮灭其主干内容。

5. 因果联系交代明确。写清因果关系对表述法律行为的意义十分重要。特别是行为的目的、行为本身以及造成的后果之间的因果联系,在叙述法律行为事实时应当予以高度重视,如实准确地记叙清楚。这样,有利于准确、客观地反映问题的性质,以及行为实施者的法律责任等问题。

此外,还要注意对案件材料的甄别筛选。写入法律文书的事实,必须是与案件的定性裁处有关的。以民事、行政法律文书中的事实来说,除了上述的对方自认事实和司法认知事实可作为无需证明的直接认定事实外,其他都必须是有相关证据所佐证的事实。虚妄不实的、与案件无关的事实,则应舍弃。文书中事实涉及财物的,要求记叙确切。一是名称、品牌、型号、规格要写得确切明晰;二是数量,包括数目、计量、价格等,都应写明准确数字。民事、行政及行政执法案件中财产纠纷、损害赔偿、遗产分割、财物馈赠、罚没财物等事项所涉及的数量都要记叙清楚,否则就会造成认定事实不清,处理结论令人难以信服和执行。

(四)证据确凿

法律文书所陈述的事实,应当是有别于一般意义上客观事实的法律事实,亦即与案件的结果有关联并有相关证据所佐证的那些事实。前面已经讲述,除了法律明文规定当事人无需举证证明的之外,法律文书中所涉及的一切事实均需以相关证据证明之。在以往的法律文书教材中,专门对证据和证据表述开展讨论的不多见,这种状况不符合审判方式、法律文书改革的要求,也有悖于现代司法理念。在证据和证据表述方面,我们研究得还不够。鉴于公、检、法等机关发布的各类文书"样式",均将证据作为案件事实的一个组成部分来处理,我们也暂且在"事实"这一框架中对证据和证据表述问题进行讨论。

证据的表述首先受制于证据的性质与特征。证据的性质,简言之,是指法定主体依法收集并提供的符合法定形式的用以证明争议事实的一切物质资料。证据的特征应包括三个方面:合法性、关联性和客观真实性。合法性指证据来源的合法性及外在形式的合法性,关联性指的是证据与特征事实之间存在客观内在、表现多样且能够为人认知的联系,客观真实性指的是证据必须是真实有效的、客观存在的物质资料,且能通过人们的主观能动性去发现与认识。证据的表述还会因主体的不同有不同要求,如争议主体、侦检机关、裁判主体,在诉讼和非诉讼法律事务中地位不同、职权不同,对证据表述也会有一定的差异。

总的来讲,证据的表述可分为三类:举证表述、质证表述和认证表述。举证表述指的是民事案件等争议主体之间,侦检机关与被告人、辩护人等控辩双方对自己主张的事实进行举证。这类举证多用说明和描摹的方法,其中说明又多用解说、列举等方法,描摹则是对物证的刻画。质证表述则是指用分析辩驳的方法,力图釜底抽薪,击溃对方的证据。司法、执法等裁判者制作的法律文书重点是进行认证表述。当然,除认证的科学、严实外,还要全面反映争议双方的举、质证内容。以判决书为例来说明,法官不仅要列述控(抗)辩双方的举证情况,而且要全面概要地反映诉讼各方举证的意见。当然,至为重要的是,法官必须在对举、质证表述的基础上对证据认定进行科学、翔实、令人信服的分析甄别甚至进行多角度论证,使据以定案的证据确凿,铁案如山。

没有这一番努力,法官就无法构建据以裁判的"事实"依据。论证表述的过程实际上是对案件进行事实、法律分析,有的判决书出现在事实部分,但也有的判决书置于理由部分。这也说明我国判决书等一些法律文书现行规定格式和内容要素的设计不尽合理。

(五)论理透彻

理由是法律文书的灵魂。它是在事实部分取舍证据和认定事实的基础上,对案件的性质、法律责任和如何适用法律所发表的意见,是法律工作者从案件事实推导出案件结论创造性思维的结果。法律文书说理充分、透彻是成功地进行法律工作的必然要求,也是司法、执法公正和裁处决定具有公信力的体现。以下是论理充分应遵守的四点具体要求。

1. 论据充足、论证充分。对展示司法公信力的法律文书的说理,这方面的要求十分严格。一个完整的论说总是由论点、论据和论证这三个要素构成。法律文书的说理,特别要求论据的充足和论证过程的充分完美。论据包括对已经确认的当事人之间的法律关系和本案事实的高度概括、相关的法学理论和法律条文、当事人的基本观点和举质证情况等。论据在论证中得到充分利用,这就是论据充足。所谓论证充分,是指说理中围绕案件的核心问题或争论焦点,运用正确的论证方法充分展开,着力细化、强化说理,充分细致地反映撰制者判断是非责任的思维过程。

2. 结构完整、逻辑严密。法律文书的说理,必须充分运用逻辑推理技巧,构建一个完美的三段论结构,使之得出的结论完全符合法理和逻辑事理。论证中层次分明、步步推进、丝丝入扣。为了追求论证结构的完整,民事、行政法律文书的理由部分应当具有下述各基本内容要求:

(1) 根据认定的事实与法律,说明当事人之间的法律关系。

(2) 明确当事人的权利、义务,提出放弃权利、不履行义务的法律后果。

(3) 说明当事人哪些方面违反了法律规范,明确是非责任、过错大小,指明行为与结果是否存在因果关系及存在何种因果关系。

(4) 讲明是否支持各方当事人的请求、主张和辩解及其理由,阐明确定何种归责原则,准确说明如何解决案件的实体问题,对于隐含法律(即成文法未具体明确表述过,但法律精神仍是确定的法律内容)等的理解要阐释清楚。如果是在法律规定的责任幅度内行使自由裁量权的,也要充分阐明理由。

一些主要刑事法律文书的理由部分,公检法机关在制定文书格式时,已作了模式化的层次要素规定,应当按要求制作。

(5) 准确引用裁处所依据的法律法规和规章的条、款、项、目。

3. 理由与事实证据及处理结果协调一致。理由是联系事实证据与处理结果的桥梁,理由必须与事实证据密切关联。理由应当紧紧围绕案件关键问题展开,以解决主要矛盾。理由还必须与其后的处理结果步调一致、高度统一。法律文书的理由与事实、结论相比,功能不同,内容要素和表述方式也迥异,但是理由必须与它们高度统一、协调一致。只有如此,才能共同展示司法、执法公正的形象。

4. 充分展示每个案件的"个性"。法律文书具有程式化的特点,但程式化不应当理解为公式化(表现为法律文书理由过简,不透彻,往往是千案一面、千篇一律,这也是法律文书公信力低下的重要原因之一)。在逐步解决上述三个问题的基础上,一些比较重要的法律文书应当强调理由,写出每个案件的个性。这样才能更有效地增强法律文书的说服力,提高法律文书的公信力。

西方两大法系,尤其是普通法系中一些著名法官对法律文书的制作,特别是对理由的阐述,十分重视,他们所撰制的法律文书,不仅显示每个案件的个性,还形成了法官本身独特的风格。当然,这是对说理的更高层次的要求。

(六) 结论公正

法律文书的结论,是法律文书制作主体在准确认定与本案相关的事实、证据,充分阐明理由和准确适用法律的前提下，按照自身的法定职权，对具体案件作出的最后论断。这种结论既是法律文书逻辑推理的必然结果，也是制作主体特定法律职权的直接、具体和完整的显示。因为制作主体的职能和文书的性质、功能的差异，各种文书所作出结论的性质也互有差异，例如公安、检察、法院等司法机关、行政执法机关、仲裁机构一些具有法律效力文书的结论属于对案件的处理决定。其中司法机关的处理决定一旦生效，就以国家强制力保证其执行，行政执法机关的处理决定也具有实际的执行意义。公证机关证明的事项，得出的结论可以作为诉讼等法律活动中的证据。而其他主体依法制作的一些文书，如律师的代理词、辩护词，公民与法人参加诉讼时制作的各种诉辩类文书，其中的结论虽然不具有法律效力，但是都反映特定制作主体依据案件事实和法律提出的建议或要求，是司法机关审理案件、作出最后论断的必要依据，所以它们也具有特定的法律意义。

按照文书性质和作出结论类型的不同，法律文书的结论可分为实体方面的结论、程序方面的结论和兼有实体和程序两方面内容的结论。从实体上作出结论的文书有各类判决书、调解书、行政处罚决定书、仲裁裁决书、仲裁调解书等，从程序上得出结论的文书有人民法院的各种民事、行政裁定书和大部分刑事裁定书、仲裁管辖异议书、仲裁裁定书等，兼有实体和程序内容结论的文书有上诉状、申诉书、再审申请书、辩护词、代理词等。

法律文书的结论如果是司法机关、行政执法机关等对案件实体问题或程序问题作出的处理决定，那么处理结果应当合法、合理，充分体现司法、执法公正。为使结论公正，还要求明确、具体、完整地把经过对特定事实、证据进行认定和推理后得出的必然结果表述出来，并使之便于理解、执行，使具有法律强制性或法律约束力的决定事项得以最终具体落实。各种诉讼及非诉讼法律事务的当事人及当事人的代理人、辩护人等制作的用于诉辩、申请等目的的各种请求、建议类文书的结论，则要求在据事依法充分论理的基础上得出不偏不倚、实事求是、切实可行的关于案件处理的建议和意见。

至于对法律文书结论的表述，公安、检察机关一些文书的决定事项，人民法院裁判文书的裁判结果，涉及刑事案件的，都有统一的模式化规定，而法院民事案件判决结果等以及其他主体制作文书中的结论表述，至今尚无统一规定，必须认真考察、探讨和优化。

（七）语言准确

语言是人类传递信息、交流思想、组织群体活动、促进社会进步的最重要的手段与工具，因此准确通达、使人明白无误是人类交际活动对语言提出的普遍要求。而法律文书作为诉讼和非诉讼法律活动的最重要载体，其中的一字之差、一语之误往往会造成当事人在财产予夺、毁誉沉浮甚至生死存亡等方面的大相径庭。因此在语言的各个使用领域,尤其是作为法律活动、实施法律重要手段的法律文书对语言的准确性提出了更为严格的要求。为了法律文书语言的准确,要做到:①用词精当贴切;②注意语词序次;③"确切"与"模糊"各得其所;④正确使用标点符号。①

(八) 表述科学

表述是一个与语言有关却又迥然有别的概念。简言之,它指的是通过对语言各层次材料和各相关非语言因素(如口语交际中的"身体语言",书面语中的视觉手段)的组织、运用,来陈述事实证据或表达思想理念、说明各种情况等。笔者把法律文书的表述方式梳理为陈述、描摹和论证三大类,然后对它们分别进行简要探析,帮助学习者掌握科学的表述方法,以成功地制作优质法律文书。

(九) 技术完美

法律文书,特别是大陆法系的法律文书程式化程度很高,相应地,对技术性的要求也更严格。为了实现"让法律文书成为司法公正与效率的有效载体"这一构想,制作技术的完美无缺亦是其题中应有之义。

我们注意到,对于国家行政机关公文的制作,国务院已制定《中华人民共和国国家标准(GB/T 9704-2012)党政机关公文格式》等规范性文件,对该类文书的纸张要求、印刷要求、公文中各要素排列顺序和标识规则都作了十分明确详细的可操作的技术规定。仅以公文用纸而言,该文件中就包括"公文用纸主要技术指标""公文用纸幅面尺寸"两大项内容,对于后者还有"公文用纸幅面尺寸""公文页边与版心尺寸"两项明细标准。

与党政机关公文有明确技术要求不同,法律文书制作的全国统一技术性规范远未形成。目前,我国法律文书规范由公安部、最高人民检察院、最高人民法院、司法部等司法领导机关分头制定和发布。历年来已几经改革,在文种、文书格式和内容要素的科学完善方面取得了很大成绩。但历次发布文书格式时,很少涉及文书制作的技术规范,更没有一个特定的机构从总体上对所有法律文书制定统一的技术规范。这种状况和法律文书的特定地位、作用,和法律文书的庄重性、权威性,特别是与我们所论及的法律文书作为司法公正与效率负载者的资格很不相称。

各类法律文书应当有统一的技术规范。完全可以援用部分国家党政机关公文的国家标准(GB/T 9704-2012)并根据法律文书的特点及制作主体的多元化作一些弹性规定。法律文书用纸主要技术指标、用纸幅面及版式尺寸、公文中图文的颜色、排版规格与印刷装订要求、文书中各要素标识规则、页码、表格、一些特定文种的格式、A4型公文用纸页边及版心尺寸等式样均可参照施行并作适当调整。

例如法律文书制作中过去有人提出过对纸张纸型、字体型号、天地页边、印刷

① 潘庆云:《法律语言学》,中国政法大学出版社2017年版,第99—106页。

技术等方面的一些要求,今天我们应赋予这些事项新的内涵。可以参照上述行政机关公文的国家标准,并做必要调整与变通,内容如下。

(1) 纸张纸型。原来规定法律文书用16开横行纸拟制,并留出装订线。此标准已过时,且过简。可以采用如下技术指标:使用纸张定量为 $60 \text{ g/m}^2 \sim 80 \text{ g/m}^2$ 的胶版印刷纸张复印纸。纸张白度为 $85\% \sim 90\%$,横向耐折度 $\geqslant 15$ 次,不透明度 $\geqslant 85\%$,PH 值为 $7.5 \sim 9.5$。公文用纸采用 GB/T148 中规定的 A4 型纸,其成品幅面尺寸为 $210 \text{ mm} \times 297 \text{ mm}$,尺寸的允许偏差见 GB/T148。

(2) 文书各部分字体型号及其布列规则。文书标题用 2 号小标宋体字。可分一行或两行居中排布;回行时要做到词义完整。排列对称,间距恰当。正文用 3 号仿宋体字。一般每页排 22 行,每行排 28 个字。文书如有附项,在正文下空一行左空 2 个字用 3 号仿宋体字标识"附项",后标全角冒号和名称,附项如有序号使用阿拉伯数字。对主送机关、成文时间、发文印章等均要进行技术方面的统一和规范。

(3) 天地页边。A4 型公文用纸页边及版心尺寸见图 1。

(4) 印刷要求。双面印刷:页码套正,两面误差不得超过 2 mm,黑色油墨应达到色谱所标 BL100%,红色油墨应达到色谱所标 Y80%、M80%。印品着墨踏实、均匀;字面不花、不白、无断划。

以上各项技术要求应当贯彻于各司法机关、法律机构、政府行政机关所制作和运用的一切法律文书。但对诉讼和法律事务当事人出具的各类书状(包括诉状、答辩状、申请书等)则又当别论。目前各司法机关允许诉讼当事人手工书写各类书状,对这类书状当然不能用上述各项技术标准去衡量并加以臧否。但这类文书的制作亦必须遵循用钢笔或毛笔以黑、蓝两种颜色的墨水(墨汁)书写、格式基本正确、事项齐全、字迹工整等基本要求。

(5) 视觉处理。语言交际中的非语言因素已引起人们的重视,不过对法律语言进行超语言手段考察的著述尚不多见。其实对于法律语言交际,就法律文书而言,对其进行超语言的视觉手段方面的考察是很有意义的。因为法律文书是以纸张(中国古代曾用绢帛、欧洲曾用羊皮等材料)等为信息的平面载体,通过诉诸人们的视觉传递信息,实现交际功能,所以在运用斟酌词语、调配句子、谋章运篇等语言手段的同时,还必然会自觉或不自觉地调动某些视觉手段去补充、延伸语言手段。

我国法律文书语言篇章格局的视觉处理有其自身的特色。例如,现行法律文书在纸张上按内容分项排列,有较多的间隙,眉目清晰。句子内部和句与句之间,强调标点符号的规范使用。这样的布局使文书(篇)内部的章、节、句之间的界限分明,没有我国古代司法文书或某些国外法律文书"囫囵一块"的布局造成的视觉上的紧张感。

我国的法律文书也采用了一些视觉手段以突出文书的主要内容。如民事判决书首部的"案由、案件来源、审判组织、审理方式等"一项最后以"本案现已审理终

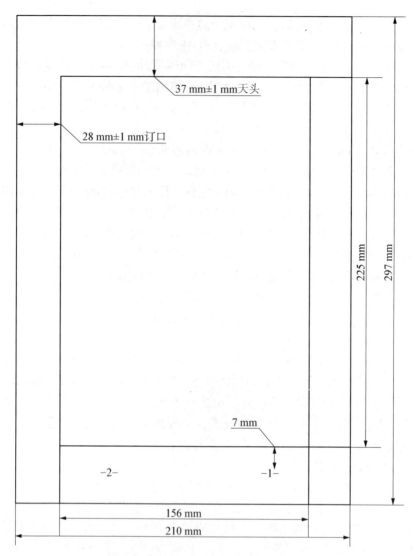

图1 A4型公文用纸页边及版心尺寸

结"结束,然后另起一行制作"事实部分",使后一重要内容"突兀而起",引起读者的注意与重视。"理由"部分结束时写上"判决如下:",另起一段分项(一、二、三……)胪列判决主文,也是一种突出关键内容(判决结果)的视觉手段。此外,法律文书特别强调文字书写的准确、规范,除了注意不写错别字、不规范的异体字,当前还要特别注意抵制繁体字的滥用。文字书写规范还包括数字书写的规范化,法律、法规条款项目的序数号、文书落款处的日期(年、月、日)一律用汉字书写,如"二〇二一年五月八日",不能写作"2021年5月8日"。这也是为了确保准确庄重而运用的视觉手段。

在配置法律文书篇章总体格局时,除了考虑突出主要内容、增强文书的准确性外,还要适当兼顾整个文件,使其布局疏密相间而不失稳妥,错落参差又不失规整,使文书能够给读者留下活泼清新和庄重朴实兼备的心理印象。这些都值得我们在进一步改革和优化法律文书内容与结构时加以考虑。

总之,在法律文书篇章的视觉处理上应考虑突出主体内容,确保其准确性,还要使整个文书庄重、朴实。我们应该认真研究并总结视觉手段及其规律,并利用这些规律来提高法律文书的制作质量。

此外,对法律文书的签署印章、成文时间、核对、装订、存档等均应有统一的技术要求。

二、法律文书的运用

对法律文书的研究包括理论和实践两个层面。而法律文书的实践包括法律文书总体中每一种具体文书的制作和运用。制作和运用具有同等重要的作用,这是不言而喻的,但事实上无论是在学界还是在这门学科的教学中,人们至今尚未对"运用"给予足够的重视。依据我国诉讼法等法律的原则和司法实践,特别是法律文书的实践,法律文书运用应当遵循合法、适时、实事求是、中规中矩等原则。兹分述如下。

（一）合法原则

我国的《刑事诉讼法》《民事诉讼法》《行政诉讼法》《公证法》《仲裁法》《治安管理处罚法》《行政处罚法》等法律法规和相关司法解释是制作和运用各类法律文书的依据。例如,《刑事诉讼法》第八十一条第一款规定犯罪嫌疑人、被告人必须具备"有证据证明有犯罪事实""可能判处徒刑以上刑罚""采取取保候审尚不足以防止发生下列社会危害性"这三个条件,才"应当予以逮捕"。《刑事诉讼法》第八十七条规定,公安机关要求逮捕犯罪嫌疑人的时候,应当写出提请批准逮捕书,连同案卷材料、证据,一并移送同级人民检察院审查批准。这些法律条文具体地界定了提请批准逮捕书运用的主体、对象、范围、具体条件以及移送机关、移送方法等。总之,这种文书的运用必须完全符合所有这些规定。又如,最高人民法院1992年发布的《法院诉讼文书样式（试行）》中对第一审行政判决书判决结果之六——"单独判决行政赔偿的"写法有明确规定,但最高人民法院1997年发布的《关于审理行政赔偿案件若干问题的规定》第三十五条关于"人民法院对单独提起行政赔偿案件作出判决的法律文书的名称为行政赔偿判决书"的规定生效后,法院用"行政赔偿判决书"更替"行政判决书",并沿用至今。这就是法律文书运用的合法原则。

（二）适时原则

对法律文书的运用时间切忌随意。例如,公安机关拘留人的时候,根据《刑事诉讼法》第八十五条的规定,拘留后,除无法通知或者涉嫌危害国家安全犯罪、恐怖活动犯罪通知可能有碍侦查的情形以外,应当在拘留后二十四小时以内,通知被拘留人的家属。《公安机关办理刑事案件程序规定》第一百二十七条规定,除无法通知或者涉嫌危害国家安全罪、恐怖活动犯罪通知可能有碍侦查的情况以外,应当在拘留后二十四小时以内制作拘留通知书,通知被拘留人的家属。拘留通知书应当写明拘留原因和羁押处所。如果没有法定的原因,超过二十四小时未用上述文书通知被捕人家属,是法律所不允许的。又如检察院的公诉意见书固然可以在开庭前制作,但发表和运用则必须在庭审中的法庭调查之后、法庭辩论开始之前。事实上,所有的法律文书都必须在适当的时候运用,无一例外。

(三) 实事求是

一切法律文书的制作和运用都必须针对本案的具体情况并适用最适当的法律来进行。这是实事求是的第一层意思。此外,同一类文书运用中的某些规定或技术可因具体文种的特殊性而有所变异。例如,刑事侦查文书一般采用存根加原本的方式,而通缉令要广泛使用,少则上百份,多则上万份,所以须在《呈请通缉报告书》获得批准后,确定印数,然后通过特定的发行渠道发布。因此,这种文书不设存根,而把《呈请批准报告书》作为存档备查。又如,在一般情况下,人民法院应当在立案之日起5日内将民事案件原告的起诉状副本发送被告,被告在收到之日起15日内提出答辩状。但是按《民事诉讼法》第二百八十三条的规定,对于在中国境内没有住所的当事人送达起诉状,视情况的不同,有10种不同的送达方式;对此类被告,按照同法第二百八十五条之规定,人民法院通知其在收到起诉状副本后30日内提出答辩状。送达诉讼文书的方式及令其提出答辩的期间要依据送达对象的不同情况加以确定,这就是实事求是的原则的体现。

(四) 中规中矩

对一些重要法律文书的运用,司法实践中有约定俗成的规定或有通过司法解释加以确定的规范,在法律文书使用中必须遵循这些规范,做到中规中矩,无懈可击。例如检察院起诉书投入使用时一般应当一式八份,每增加一名被告人,增加起诉书五份。单位犯罪案件适用的起诉书一般应当一式八份,每增加一个被告单位、被告人,增加起诉书五份。涉外法律文书的使用还要符合国际惯例。例如发往境外使用的公证文书,一般要根据使用国的要求附相应的译文并办理外交认证。比如,发往阿拉伯国家的要附阿拉伯文译文,发往西班牙和阿根廷、墨西哥等拉美国家的要附西班牙译文,发往法国、奥地利的要附法文译文等。这也是中规中矩的一个方面。

当代科技飞速发展,世界已进入网络时代。法律文书的制作和运用已经开始并将充分利用电子计算机技术等现代高新技术的成果,呈现一派全新的景象。目前国内已有不少法院利用互联网有重点地公布一些裁判文书,以电子邮件的方式向涉诉律师、当事人送达通知、传票、裁判文书等。这样不仅降低了诉讼成本,提高了司法效率,还提高了司法的公开度,以程序的公开透明促进司法公平、公正。当然,还可以电子文件与电子档案的方式管理和保存法律文书与司法档案。

国家在归档文件整理规则和文书档案案卷格式方面已分别制定了国家标准(DA/T22-2015 和 GB/T 9705-2008),可以参照使用,并按法律文书和司法档案的具体情况作相应调整。

第四节 法律文书的历史沿革及其优化改革

一、中国法律文书的历史沿革

法律文书的滥觞和发展沿革是法律文书学科的一个重要课题。在这门学科的草创阶段,虽然已有一些学者涉猎古代某一时期某些类属的法律文书,但总体来讲还无暇顾及这方面的系统研究。较早对此课题进行探索的有潘庆云所著《法律语言艺术》(1989年)一书,其中有专章论及中国及世界法律语言的形成和研究。此后,潘庆云在《跨世纪的中国法律语言》(1997年)、《中国法律语言鉴衡》(2004年)、《法律语言学》(2017年)等法律语言学专著中又加深、拓展了这一领域的研究。当然,上述专著探讨的是整个法律语言体系,但法律文书作为流传至今的重要法律语言作品,应当被纳入法律语言研究的学术视野范围。潘氏利用对法律语言历时研究的成果,梳理出中国法律文书历史沿革的路向,在《法律文书》(2002年)这本司法部部编教材中设专章加以探讨。近些年来,有更多的教材和著述均涉猎了这一课题,如韦锋主编的《法律文书写作学》(中国政法大学出版社,1993年)中有"法律文书的历史演变"一章,卓朝君等编著的《法律文书学》(北京大学出版社,2004年)有"法律文书发展论"一章,赵朝琴主编的《法律文书通论》(郑州大学出版社,2004年)有"法律文书的历史沿革"一章,熊先觉《司法文书研究》(人民法院出版社,2003年)有"司法文书的演变"一章,都对这一课题进行不同程度的研究,各有特色。

法律文书作为一种书面法律语言作品,它的产生和发展必须有两大支柱,一是完整的法律语言文字体系,二是较成熟的、完整的司法和法律体系。除中国外,古代西亚两河流域在公元前3000年产生了楔形文字,而后在公元前18世纪有了《汉穆拉比法典》,古代印度很早有了梵文,公元前3至前5世纪有了《摩奴法典》等成文法,古希腊在苏格拉底、柏拉图、亚里士多德时期已有较成熟的诉讼制度并盛行法庭论辩演讲。

这些国家和地区作为人类文明摇篮的同时,也是法律和法律文书的发源地。

东方的三大法律文化圈法律文书的产生和发展、欧洲从希腊罗马时代直至近现代的两大法系的法律文书滥觞沿革,均值得深入系统研究。限于本书的教材性质和篇幅,我们仅对中国法律文书的历史沿革以及前人对法律文书的认知研究作简要的综述(现、当代从略)。

中国古代法律文书是随着法律制度的产生、发展而滥觞、沿革的。为了探寻中国法律文书的发展脉络,我们利用中国法制史的已有成果和某些史料,特别是古代法律文件(包括历次出土文物中的相关资料),拨开几千年的历史烟云,通过考察、研究,试图勾画和再现中国法律文书的大体走向与轨迹。中国古代法律文书以及法律文书的认知研究大体上可分为滥觞阶段(夏、商至春秋后期)、形成阶段(秦、汉)、发展阶段(唐、宋)、完善阶段(明、清)四个历史时期,最后发展为现代法律文书。下面,对这四个阶段法律文书的形态与特征以及人们对法律文书的认知研究试加阐述。

(一)滥觞阶段(夏、商至春秋后期)

相传早在夏代我国已有了比较完善的刑律:夏刑,亦称"禹刑"。《尚书·大传》有"夏刑三千条"的记叙。①《左传·昭公十四年》载:"夏书曰:昏、墨、贼、杀,皋陶②之刑也。"又说:"己恶而掠美为昏,贪以败官为墨,杀人不忌为贼。"《礼记·王制》中有关于殷商时代诉讼程序、审判制度、执行刑杀、监禁羁押等的记载,这些在近代河南安阳小屯村殷代甲骨文中得到了印证。

周初"狱讼多有""词讼已繁",与此相应,西周已有一套完备的诉讼、审理制度。法律规定,除轻微案件可以口头陈诉外,一般要"具状告官"。③ 在诉讼提起后,还要经过侦查、调查与勘验。《礼记·令月》曰:"命理瞻伤,察创,视折,审断。"可见,周代断案中已有验看伤害制度。在诉讼各阶段,一般都要制作相应的法律文书作为诉讼活动的记录、凭证和实施法律的重要手段,只是因为年代过于久远,很少流传至今罢了。1976年陕西出土的一件青铜器"匜",其上铸有铭文一篇,称为《匜(音移)铭》,其中有一篇系西周晚期的判决书④,是当时一位名叫伯杨父的法官对一个叫牧牛的人所犯诬告罪作出的判决。判词写明如何定刑科罪,本刑当如何,减轻后当如何。这是我国至今发现最早的诉讼文书实物。判词最后一段为:"俶苟,我宜鞭汝千,黥汝。今我赦汝,宜鞭汝千,黜黥汝。今大赦汝,鞭汝五百,罚汝三百寽。"译为现代汉语是这样的:

按规定责罚,我本该鞭打一千下、给你较重的墨刑。现在我赦宥你,应打

---

① 据郑玄《周礼注疏》载,夏刑三千条是"大辟二百,膑辟三百,宫辟五百,劓、墨各千"。
② 皋陶是夏禹时代黄淮地区一些氏族部落的首领,长期担任"士"(司法官)的职务。
③ 周代原告诉状称为"剂",法律笔录为"供"。
④ 周代的判决叫做"劾",作出判决为"成劾"。判决书叫"书",宣布判决称"读书"。

你一千下,处较轻的墨刑。现在我再赦宥你,鞭五百,罚铜三百锊。①

春秋后期,随着封建制度的萌芽,法制比奴隶制社会更趋完备,一些诸侯国陆续制定和颁布成文法。公元前536年"郑人铸刑书"②,把成文法铸于鼎上,公诸于世,这是我国法制史上第一部公开的成文法典。随后,郑、晋等诸侯国纷纷效法。后来魏国丞相李悝(前455-前395年)又集辑当时各国法律编成了中国历史上第一部完整系统的法典著作《法经》。

总之,从夏商到春秋后期,随着法律制度的产生、发展,形成了较为完备的诉讼制度,出现了专职的司法官员,不但有了我国最早的法律规范文书,还有了非规范性的诉讼文书(诉状、笔录、判词等)。因此,根据目前已有的史料,我们认为这一时期为古代法律文书的滥觞时期。

(二)形成阶段(秦、汉两代)

早在秦始皇统一六国之前,秦孝公任用商鞅(前390-前338年)为左庶长,于公元前356年实行变法,采用李悝《法经》,对法律制度进行了重大变革,改"法"为"律",为秦代法律的发展奠定了基础。

秦始皇三十四年,在丞相李斯(?-前208年)的主持下,"明法度,定律令",把原有的法律加以改进与完善,颁行全国。按秦律,司法官受理案件途径有三:原告起诉、官员检举、犯人自首,这就相应地产生了自诉状(称为"帖")、公诉书(称"纠举")和自首书,在断案中,既重口供("供")又重勘验(勘验笔录称为"爰")。

1975年,湖北云梦睡虎地秦代墓葬第十一号墓出土的秦代竹简1155支和残片80块,内容多是法律规范文书的摘抄和阐释法律的文书以及法律文书,计有《秦律十八种》《秦律杂抄》《法律答问》《语书》《封诊式》等篇目。其中《封诊式》通过一些隐去真实姓名的案例,介绍说明一些诉讼活动的模式和一些文书制作的规格,即有关查封、勘验、调查的样式,故称"封诊式"。《封诊式》中"穴盗""贼死""经死""出子"等刑事勘验法律文书制作水平已达到相当高度。其中,"穴盗"是秦代一份盗窃案现场勘验笔录,从中不难窥见秦代法律文书之一斑。这篇笔录记叙委派县级司法人员去现场勘验一件失窃衣服小案的经过事实。这篇记录首先说明案件性质、来源,接着点明勘验者、被查现场的户主及现场环境,然后依先外后内、先静(态)后动(态)的次序写明房舍情况,接着又查验窃贼挖的墙洞和推究挖洞所用工具,并进一步叙写挖出的土和土上所留的痕迹(手迹、膝迹、履迹)。写痕迹时对履迹的描述颇为精当,分前掌、中段、后跟三部分叙写,与现代鞋印侦查的程序基本一致。这篇文书对于未能查明的处所也都一一记录在案,如"坏直中外,类足距之之迹。皆不可为广袤"和"小堂下及垣外地坚,不可迹。不智(知)盗人数及之所"。整篇笔录叙

---

① 叶孝信:《中国法制史》,复旦大学出版社2008年版,第46页。
② 事见《左传·昭公六年》。

写勘验过程有条不紊,掌握勘验对象切中要害,讯问人证巨细不漏。时间、地点、人物及相互关系都确切明白,交代清楚。"穴盗"总的语言特征是简洁、平实、洗练与客观。《封诊式》中另几篇勘验笔录"贼死(被杀)""经死(自杀)""出子(伤害堕胎)"也具有同样的语言特点。这说明在秦代,具有独特语言特点的法律文书体裁已初步形成。

汉代实行州、郡、县三级司法体制,逐级上告。起诉后经过"鞫狱"(审讯)、"断狱"(判决)、"读鞫"(宣判)、"乞鞫"(上诉)等程序,均有相应的文书。1983年,在湖北江陵张家山三座汉墓出土的竹简中有一部《奏谳书》,此书有227枚简,反映了西汉时期的诉讼程序和法律文书格式。法律文书包括审讯笔录、报谳之辞和判牍一类的处理决定。但总的来说,先秦直至两汉魏晋南北朝,完整保留下来的法律文书极少见,这恐怕和当时主流社会对各类应用文体的观念有关。南朝梁代刘勰《文心雕龙·书记》云:"虽艺文之末品,而政事之先务也。"意思是说:(包括法律文书在内的各种公务文书)从文学价值上看,是属于末流的,但却是处理政治事务所急需、必不可少的。根据现有资料,秦汉直至其后的魏晋南北朝是中国法律文书的形成阶段的观点,大约还是比较客观的。

(三) 发达阶段(唐、宋两代)

唐代开国三十多年后,经济发展到了鼎盛时期。唐高宗李治于永徽初年命长孙无忌、李勣、于志宁等人,以原有的武德、贞观两律为基础,制定《永徽律》12篇,502条,于翌年颁行全国。后又命长孙无忌、李勣等人对永徽律逐条逐句作注,叫作"疏议",于永徽四年颁行,附于律文之下,与律文具有同等法律效力。两者统称为《永徽律疏》,即后世所称的《唐律疏义》。唐律在世界法律发展史上曾大放异彩,占有重要地位,它作为一种法律规范文书在推动古代法律文书的发展方面也起着不可忽视的作用。

由于法制的发展,各类诉讼文书也有了很大的进步。而其中特别受重视的是"判"。所谓判,就是断案之语,古已有之,周代称为"叡",从初唐起大兴科举,在"拔萃"一科中增加了"试判三则"的规定,统治者把"判"作为遴选官吏考试的主要内容之一[①],规定"凡选人入选",撰写判词必须"文理优长"[②]。由于统治者以判为贵,士大夫也就格外重视,对它"无不习熟"。判在官场和文苑的广泛流行,使它成为一种独立的文章体式:判体。唐宋两代判体的兴盛,对中国法律文书的发展有很大的推进作用。唐代的判词均为骈体,即所谓"语必骈俪,文必四六",后人称之为骈体判。《文苑英华·判》为现存收录唐判最多的集子。唐判中流传至今而最有影响的代表性作品有张鷟(字文成,号浮休子,盛唐时著名文学家)的《龙筋凤髓判》和白居易

① 明代徐师曾《文体明辨序说》载:"唐制选士判居其一。"
② 明代吴讷:《文章辨体序说》。

(772-846年,字乐天,中晚唐时大诗人兼政治家,贞元十六年中进士)的《甲乙判》。《龙筋凤髓判》四卷,是我国现存判决书专著中最早的一部。全书共100篇,按职官比排,由内到外,从省台寺监百司到州县,条分缕析、组织严密。《甲乙判》见于《白氏长庆集》卷49和卷50,凡100则。判中都用甲、乙、丙、丁等代替姓名,可见只是选举备考的"拟判"之作。这两本判词有不同的风格,后人的评价也不一致,但都"执法据理,参以人情"。

"白判"文字全用骈体,词语典雅简练,说理质实明畅。宋代洪迈《容斋续笔》称其判"不背人情,合于法意,援经引决,比喻甚明"。白居易《与元九书》也说道:"日者又闻亲友间说,礼、吏部举选人,多以仆私试赋判为准的。"可见时人对他的"判"是十分重视的。但明代吴纳在《文章辨体·判》中指出这类骈体判缺点在于"其文堆垛故事,不切于蔽(审判)罪;捃弄辞华,不归于律格"。基于法律文书实施法律的特定功能,这种批语也是十分中肯的。

五代时的判牍,沿袭唐代骈体程式。

宋代也以判选人,科举试判之词,以"文采俪偶为工",沿袭了唐判"骈四俪六"的体式。元符年间王回首先打破了骈体的束缚,开始用散体作判。徐师曾《文体明辨序说》对此举的评价是:"脱去四六(指骈体),纯用古文,庶乎能起二代之衰。"王回的判词摆脱了骈体的束缚,从文艺语体的桎梏中解放出来,语言平实简洁,适合断案需要,这无疑是古代法律文书发展史上的一件大事。其后散体判逐渐盛行,《名公书判清明集》是一部南宋时期的判牍汇编,收集了朱熹、真德秀、刘克庄等人所作的案牍判语。这些判牍均为散体,每一书判均有具体时间、地点、当事人姓氏,书判反映的事实,皆包括诉讼双方的诉求和官府的查证认定,最后援引法律,斟酌本案的实际情况及情理,作出判决。可见此时的判已经不再是唐代和北宋的拟判,而是确实存在过的案件实例。

尽管散体判词在司法实践中显示了优越性,但因科举试用判词沿唐人成式等原因,直到后世,骈体判仍有一定市场。对此徐师曾在《文体明辨序说》中感慨道:"而后人不能用(散体判),愚不知其何意也。"这也说明法律语言要彻底挣脱文艺语体的羁绊,必须经过长期曲折的过程。

后人将唐宋狱讼断案中实际常用的判词分为12类:"科罪""评允""辩雪""番异""判罢""判留""驳正""驳审""末减""案寝""案候""褒嘉"。这些实际使用的判词语言比较平实、简洁和严谨。虽然它们大多不用于科举,没有引起士大夫阶层的充分注意,但平心而论这些倒正是唐宋判词和法律文书的主流。

从结构上看,唐宋判词一般分为两部分:"原题"和"原判"。原题往往简要概括案件来源和案由,原判则叙写案件事实、判决所依据的法律、情理和判决结果。这说明唐宋判词已形成固定程式,而结构程式化正是法律语言的本质特征之一。

总之,唐宋以判为主要表现形式的法律文书的兴盛沿革,使准确、平实、有固定程式的法律文书语体特征更加显著,标志着这一时期的中国法律文书正处于发达阶段。

(四)成熟阶段(明、清两代)

明代官场应试的判词仍沿袭骈体,但在实际运用中,多已克服"堆垛故事、拈弄辞华"的陈习,而以"精当为贵"。对后世影响颇深的李清(1602-1683年)《折狱新语》大抵根据他任宁波府推官时所审案狱文牍整理而成,分为婚姻、承袭、产业、诈伪、淫奸、贼情、钱粮、失误、重犯、冤犯十类,分别成卷。他的判牍运用散体,语言流畅明晰,间或采用若干骈偶文句,偶尔亦引用一二典故,但那是为了阐明事由,推究情理,作出判断,从而增强说服力,与前人判词拈弄辞华、哗众取宠显然有别。李清判牍中首先使用一些程式化词语,如判首使用"审得"(审查到、追究到)。这类标志性术语的使用,是出于法律文书进一步程式化的需要。①

除判词外,明清还有诉状专集。明刻本《肖曹遗笔》四卷中除诉状外,还有肖曹对诉状的精辟论述,他说,为了击败对手、取得诉讼胜利,要做到"字字超群,句句脱俗,款款合律,言语紧切,事理贯串",为此,撰写诉状要把握十大要领("十段锦"):(1)硃书(案由),"硃"是"诛"的假借,指要用最简练的词语概括案情,作出断语。(2)"缘由"(由来),要简要叙述事情的发生。(3)"期由"(时间),要按时间先后顺序叙述事实经过。(4)计由(犯罪发端),要很好斟酌,即不能烦琐,也不得空洞含糊。(5)"成败"(犯罪的发展和构成),要瞻前顾后,经得起辩驳。这是攻势状子。(6)"得失"(讲究计谋),要详写,并留退路。这是守势状子。(7)"证由"(证据),在论述了"成败"或"得失"之后,要列举证据,加以说明。(8)"截语"(论断),必须句句紧扣法律,字字经过锤炼,如果状子中有此段,叫"关门状",这样官府容易决断;如果没有此段,叫"开门状",就使人犯有空子可钻。截语不易写。因此,一般状子不可关门,也不可太开门,最好是半开半关,留有余地,不能说得太死。(9)"结尾"(要求),依照法律规定,要求解决什么,要明确具体。(10)"事释"(目的),写在状子的最后面,用几个字说明告状的目的何在,如写"除害""安民""正俗"等。

清代判词的程式化程度更高。如卷首以"审得"开始写出案件事实,用"判道"表示判决部分开始,还有"此判"来结束判决部分和判词全文。清代著名的判牍专著有李渔的《资治新书》、蒯德模的《吴中判牍》等。清判已较彻底地改变了古判追求语言艺术化的倾向,对古判词中常用的积极修辞手法如用典、比喻、夸张、双关、示现等均予排斥,力求语言的准确、简练与严谨。

除了判牍外,清代还有"批发呈词"(官府批示诉状,晓谕各当事人的文告)、"详案"(事主或地保向官府报案的呈词)、"供"(办案官员呈给上司的案情报告中的事

① 法律文书程式化的初步标志是篇章结构上分为特定的几个组成部分。

实部分)、"看"(地方官审案后,依法拟定的判断语)、"禀"(下级官员呈给上级官员辨析疑难案情或评述重大案件,拟具处理意见和请示的司法文书)、"驳案"(上司认为下级审案有错误,驳回重审的文书)、"详报"(下级向上级呈报全案处理经过)等文书,这些文书都有严格的程式和格局单一而较长的句式、严谨的篇章组织结构,还有大量明确的单义法律术语。如清末杨乃武案的刑部(审结)《奏折》,是一份刑部案件审理终结报告,记叙了这一清末著名冤狱的事实,以及从同治十二年十月十一日余杭县开始受理起,到光绪三年二月十六日刑部审结上奏止,前后历经三年零四个月,中经县、府、省多次审讯及家属两次京控的过程,分析了冤案产生的原委,提出了处理意见。这样一件曲折跌宕、头绪纷繁的冤案,制作者叙写得眉目清晰、详略得当,全文语言准确、简练、严谨。语言的准确严谨,与法律术语的大量使用有密切关系。这篇文书中的"信谳"(审实的案件)、"胡勘"(胡乱勘问)、"鸣保"(鸣告地保)、"呈词"(诉状)、"仵作"(旧时官署中检验死伤的吏役)、"质对"(对质)、"详请"(向上级陈报请示)、"察夺"(详审裁夺)、"督审"(主持审讯)、"诬服"(冤屈服罪)、"枷责"(枷号责罪,即用木枷枷在犯人颈上,标明罪状,号令示众)、"无干谕帖"(证明与案狱并无牵连的手谕帖子)、"混供"(胡乱供认)、"凌迟"(俗称"剐刑",始于五代)、"杖责"(杖刑)、"翻异"(翻案)、"勘题"(勘验题奏)、"串诬"(串通诬告)、"遣报"(委托控告)、"咨解"(行咨文并解送)、"拟结"(拟罪结案)、"臬司"(即按察使,掌管一省刑狱)、"奏结"(奏报结案)、"骨殖"(蒸煮后的骸骨)、"刑求"(刑讯逼供)、"故勘故入"(勘问时即有存心而故意将轻罪判成重罪)、"查监御史"(检查牢狱的御史官)、"失入"(误将轻刑重判或将无罪判为有罪)、"徒役"(徒刑服劳役)、"罗织"(虚构罪名,陷害无辜)、"收赎"(以财物赎罪)、"辟"(大辟,死刑)、"不应重律"(不应为而为之者,事理重的打八十大板)、"重科"(重行科罪)、"折责"(折算笞杖)、"饬坊递籍"(命令派当地人员到京押送回原籍)等都是有特定含义的法律术语。大量法律术语的运用、特定的句式及严格的程式,使法律文书语言不仅与非公文类的其他语言(如文艺语言)迥然有别,与公文类的其他语言(如行政公文语言)也大相径庭。这说明当时的法律文书语言已大体包括该语体的区别性特征。

清末宣统年间由奕劻、沈家本编纂的《考试法官必要》吸收了国外法律文书的经验,对刑民判决书的结构内容进行统一的规定,主要内容如下。

刑事判决书须载明:(1)罪犯之姓名、籍贯、年龄、住所、职业;(2)犯罪之事实;(3)证明犯罪之理由;(4)援引法律某条;(5)援引法律之理由。

民事判决书须载明:(1)诉讼人之姓名、籍贯、年龄、住所、职业;(2)呈诉事项;(3)证明理由之缘由;(4)判之理由。

清代法律文书语言的完善还反映在当时人们对法律文书的论述中。如果说,有的论述如《慎狱刍言》只是在治狱过程中兼及法律文书,虽有一些真知灼见,但算不上法律文书专论的话,王又槐《办案要略》的不少章节则是当之无愧的有关治牍和运用法律文书语言的精辟论著。清末民初许同莘《公牍学史·牍髓》一书则列述了从上古三代（夏、商、周）直至清末包括政治、法律、军事、外交等类别公务文书的源流沿革史，其中的法律公牍史连绵不断且翔实可信。书中的《牍髓》篇分为"内编""外编"，分别阐释了治牍者必备的知识涵养和治牍原则与技巧，是不可多得的法律文书、法律语言方面的历史资料。

清代末年，"维新变法"被以慈禧为首的顽固派镇压。到 1902 年，内外交困的清朝廷为图挽救垂危的统治，宣布要进行法律改革，此后任命沈家本、伍廷芳为修订法律大臣，正式开始修律活动，把原有的《大清律例》修订为接近西方刑法制度和刑法原则的《大清刑律》，并进行了民、商事立法，刑事、民事诉讼立法等，于 1910 年颁行。从西方（主要是大陆法系）引进各种法律后，原有的本土法律文书和法律语言也必然会有所突破和改革。

总之，古代法律文书到明清渐趋成熟后，随着法律制度的改革和发展以及汉语的逐步发展沿革，逐渐演化为中国近现代法律文书。

（五）民国时期的法律文书

民国时期基本沿袭清末法制革新时期的法律文书格式，并作了改进。如刑事判决书格式改为除记载审判庭之名称、推事姓名并标明年月日，法院押印外，其余各款如下：(1)被告人之姓名、籍贯、年龄、职业、住址；(2)辩护人之姓名；(3)案由和案件来源；(4)主文；(5)事实；(6)证据；(7)理由。

从写作技艺看，民国时期的法律文书颇有造诣，例如"王治馨等枉法得赃一案判词"，共约 13 000 字，选自《现行律令、判牍成案汇览》。该汇览收录了中央平政院、大理院及京外各级法院"法理精醇、文笔雅洁"的判牍 525 篇，蔚为大观，从中可以窥见民国时判词制作之大概。

民国时期对法律文书的研究非常重视，法律文书类的书籍很多，如《司法公牍》（魏易著，上海广益书局，1913 年）、《司法公文式例解》（胡暇编，商务印书馆，1914 年）、《司法案牍菁华》（天虚我生编）、《司法公牍类存》（张树声著，1922 年）、《分类译解司法公文程式大全》（张虚白编，大东书局，1925 年）、《名律师诉状百法》（襟霞阁主、秋痕成主同编，中央书局，1930 年）、《民刑事裁判大全》（谢森等著，上海会文堂新记书局，1937 年）、《民刑事裁判指误》（张敬修编，广东高等法院合作社，1947 年）、《民刑事裁判书格式》（司法行政部编，上海法学社，1948 年）等。

民国时期司法公报体系是当时裁判文书（包括判决书、裁定书、决定书）以及其他法律公牍的载体，该体系包括中央和地方两个维度，涉及司法行政与审判两类机关。在中央，有不同司法行政机关出版的《司法公报》《司法行政公报》《司法院公报》，也有审判机关出版的《大理院公报》《最高法院公报》等。在地方则是以行政区划为基础的司法公报。民国的司法公报体系常常以公告形式刊登各类代表性案件的裁判文书（原件），以发挥判例的指导功能，促进审判质量的提高与国家司法的统一。这是我国近代裁判文书公开的主要形式。

二、改革优化法律文书，追求和实现司法公正

（一）司法公正的世纪主题及全球经济一体化趋势呼唤法律文书的优化和改革

当人类告别20世纪，中国的人民法院郑重地提出了新世纪的工作主题：公正与效率。二十多年来，这个主题得到了法院内外、社会各界、国内外各方面的广泛认同和普遍赞誉。人类进入新世纪后，全球经济和社会正发生深刻变化，我国的改革开放进入了一个新阶段，人们对社会公平正义的认识也有了新需要和新高度，追求社会正义和公平发展成为一种主流的社会价值趋向。公正与效率正是通过法律手段实现社会公平正义的一面旗帜，也是通过法律手段引导社会平衡发展的一面旗帜。司法公正固然是司法的本质要求，但是在坚守法律公正价值的同时，也不可对追求公正的代价掉以轻心。其实，效率的最大化正是公正的一个标准。公正与效率主题作为一个完整的、不可分割的统一体，为司法工作设定了一个理性与现实相结合的价值目标，成为包括审判工作在内的法律活动的灵魂。

中国加入世界贸易组织（WTO）以后，对司法工作的高标准、高要求更是不言而喻的。面对全球经济一体化的新态势，我国司法机关进行了一系列的准备工作，如转变司法观念，做好思想准备；加强世贸组织规则的学习，做好人才准备；理顺涉外审判机制，做好组织准备等。

总之，司法公正与效率的世纪主题以及中国加入后全球经济一体化的态势迫切要求我们深入进行各项司法制度改革。裁判文书是法院的门面，一切法律文书是司法机关和国家法治水准的门面，优化和改革是它们的唯一出路。在域外，随着经济的全球化以及知识产权法律制度和民商事法律制度的趋同化，20世纪80年代之后，英美和大陆两大法系各自的裁判文书等法律文书也已经呈现了改革和趋同的态势。这种趋势值得注意。

（二）改革法律文书的宗旨：优化载体、冲破"牢房"

一般来讲，司法公正性内涵包括实体公正和程序公正两个方面。所谓实体公正，是指人们依照公正性的标准所确定的实体上关于权利义务的划分。程序公正则是指人们在诉讼过程中所能享受的各种诉讼程序上权利义务的公正。从现代诉讼意义上说，公正的基本内涵是公开、客观中立、平等以及逻辑必然。公正性还要求公平性和效率价值。公平性的价值追求，意味着当事人各方的诉讼地位、权利、义务平等，即同一范畴的所有成员应获得相同待遇。效率原则首先意味着降低诉讼成本。为了实现以司法公正与效率为主旋律的价值追求，必然要进行法律文书的改革和优化。改革法律文书,要求强化对案件事实的叙述和证据的分析、认证、增强说理性、规范文书制作。因此,法律文书改革的宗旨,是坚持、贯彻公正与效率的价值取向,娴熟运用法学理论和证据规则,极尽语言文字、表述传播、超语言的视觉等技术手段的可能性,强化、优化法律文书作为司法公正载体的一面,冲击、突破法律文书限定、制约司法公正的负面效应(这种负面效应是由法律文书的语言、格式及其他技术手段的极限、瑕疵等形成的),使法律文书在负载、实现司法公正方面臻于完善。

(三)优化和改革应当总结和借鉴中国古近代法律文书、国外两大法系、我国港澳台法律文书的成功经验

1949年以后,政府和司法机关对法律文书的运用很重视。20世纪60年代初,最高人民法院发布了《关于改进审判文书的文风问题》的指示,论及裁判文书的叙事、判断、论理、语言文字等方面,其目的正是提高法律文书的水平。多年来各司法机关法律文书的制作质量和语言运用水准也是在逐步提高的。我们认为,优化和改革法律文书,并非一味地否定以往,而要以已经取得的成果为起跑线,继续开拓,大胆改革,稳步前进。

法律文书是法律文化的一部分,先进的法律文化是人类共同创造的宝贵财富。因此,无论是本国古近代法律文书、国外两大法系的法律文书,还是我国港澳台地区的法律文书的成功经验,都是值得我们在改革法律文书中借鉴的资源。由于各国、各地区、各时代的历史人文背景、政治法律制度相异,法律文书的政治内涵、法律依据、语言表述、技术规范亦大不相同。然而,它们作为司法公正的载体这一点是相同的,它们为了达到司法公正的目标而采用的各种手段,也是值得探究和借鉴的。例如,我国古近代的判词中不乏叙事明晰、论理透彻、语言精粹的精品。在世界两大法系中,由于奉行判例法原则,英美法系国家的法官都希望自己制作的判决能够成为司法判例,他们追求司法裁判的公正性,也追求判决的社会价值,判决理由的法理分析奉行个案思维方式(即从案件到案件的推理),语言流畅且颇具个性。大陆法系国家的法理分析一般都讲求逻辑的严密性、论证无懈可击,比较详尽地阐明判决的原因。我国港澳台地区的各类法律文书特别是判决书都有不少长处,值得我们学习、借鉴。事实上,我们也已经在享用这些资源,例如上海各级法院曾对某些民事判决书尝试附加"法官后语",就是对香港民事判决的借鉴学习。①

当然,学习、借鉴并不等于生搬硬套,我们要从我国政治文化、法律制度以及审判方式改革的实践出发,扬长避短、取长补短,以期尽快建成具有中国特色的法律文书的科学体系。

---

① 参见潘庆云:《跨世纪的中国法律语言》,华东理工大学出版社1997年版;潘庆云:《民事裁判文书改革研究》,《法学》1998年第10期。

（四）改革法律文书的具体举措

1. 运用法律语言学等相关学科的知识与成果，优化法律文书的语言表述，在叙述事实、甄别证据、阐明理由等方面进行探索、革新

二战后英国最大的法律改革家和享有世界声誉的法学家、前英国上诉法院院长阿尔弗雷德·丹宁勋爵，在回顾他自己长达半个多世纪的法律实践时，深有感触地说："要想在与法律有关的职业中取得成功，你必须尽力培养自己掌握语言的能力。"①道理很简单，包括法律实践在内的一切人类社会活动，都要以语言为工具、媒介和载体，而法律活动的特点决定了它对语言运用具有更特殊、更严格的要求。法律文书和一切法律活动、法律科研所用的语言（即法律语言），是一种有别于自然语言的技术语言，它是历代统治阶级、主流社会通过法律对语言施加影响的结果。法律文书的词素、词、词语、句子，超句的句群、段落、篇、章各个层次都形成了有别于共同语的其他使用领域（例如科技、文艺、外交）的特点的系列。目前，在国际范围内，法律语言研究已经成为独立学科，国际法律语言学会已经举办了多次年会。我们完全可以用法律语言学这类相关学科的知识与成果，大大地优化法律文书的语言、表述。只有优化了语言、表述，才有望提高法律文书的事实叙述、论据甄别、理由阐释等主干要素的制作质量。

最高人民法院《人民法院五年改革纲要》指出：（裁判文书）改革的重点是加强对质证中有争议的证据的分析、论证，增强判决的说理性。此论极当，且对其他法律文书的改革也完全适用。法律文书按其制作格式及所呈现的形态由简到繁可以分为填空式、表格式、笔录式和文字叙述式诸类别。其中文字叙述式文书在实施法律、负载法律文化、司法公正等方面发挥更重要的作用，应当是我们研究和改革的重点。一份完整的文字叙述式法律文书，其主体部分（正文）包括事实、证据、理由、结论诸部分。我们可以对这些部分分别进行科学系统的研究，多层次、多角度地揭示其要素组合、结构层次、表述技巧等多方面的深层规律，从而找出各类法律文书主体部分的共同规律。然后，还要在法律文书内部进行对比研究，如诉讼类法律文书与非诉讼法律文书的对比研究，刑事诉讼与民事诉讼法律文书的对比研究，论辩型法律文书与非论辩型法律文书的对比研究。② 通过对比研究，洞悉和掌握各类法律文书在拥有大体的一致性的同时，还会发现不同类型的法律文书之间还存在一定程度的偏离。对比考察不同的法律文书有利于我们正视和探索不同法律文书

---

① ［英］丹宁勋爵：《法律的训诫》，杨白揆等译，群众出版社1985年版，第2页。

② 按照适用方式和传播渠道的差异，法律文书可以分为两个类型。前者如检察机关的公诉意见书，律师的辩护词、代理词等，这类文书主要运用于法庭辩论阶段，必须通过诉诸人们听觉的口头表述发挥其功效。由于传播渠道的差异和论辩本身固有的随机性、应变性等特点，这些文书在拥有法律文书共性的同时，与一般的法律文书（非论辩型法律文书），在总体结构、格式事项、语言运用、表述层面等方面均有一定程度的偏离。

的异同和制作技巧,同时也有利于加深对法律文书全貌和总体规律的研究和认识。切实开展上述研究,对抓紧落实法律文书改革的重点无疑是有积极意义的。

在法律文书各重点部分中,对理由阐述的改革、优化更加紧迫。理由是法律文书的灵魂。它是在事实部分取舍证据和认定事实的基础上,对案件的性质、法律责任和如何适用法律的意见,是法律工作者从案件事实推导出案件结论的创造性思维的结果。法律文书说理充分、透彻是成功地进行法律工作的必然要求,也是司法公正和裁处决定公信力的集中体现。不说理或说理不周是法律文书公信度低下的重要原因之一。要改革和优化法律文书的说理,就应当从论据充足、论证充分,结构完整、逻辑严密,理由与事实证据及处理结果协调一致,充分展示案件的"个性"等方面着手。其中每一方面都有具体的含义,并可以用一些具体的手段去体现和实现。① 为了说理的充分、透彻,可以运用语言研究中常用的语义分析(Sematics Analysis)等手段。

例如,国外有一起商标侵权案,原告是 McDanald's Corporation(MC),被告是 Quality Inns International(QI)。1987 年,被告在一个商业广告中宣布会在未来的几年中开设 200 家旅馆,这种连锁店拟命名为 McSleep Inn。消息发布才 3 天,MC 公司就给 QI 公司发了律师信,声称对方侵权。因为 MC 系注册商标,Mc 是该商标的重要组成部分。QI 用了 Mc 这个词素究竟是否对 Mc 注册商标构成侵权? 辩方代理人请了一位语言学者为他们做参谋。语言学家认为,关键是要调查该词素在社会生活中的应用状况。他们从《财富》《时代》周刊等社会主流报刊中检索了 150 篇用到 Mc 这个词素的文章。在 150 篇文章中,有 56 篇专论麦当劳,其余 94 篇与麦当劳无关。对 94 篇文章中 Mc 用法的分析发现,许多作者用 Mc 这个前缀,只是作为一个普通词素,其含义为"基本""方便""便宜""标准化"等,如 McPaper(提供快速新闻的报纸)、McArt(面向大众的画廊)等。研究报告指出,Mc 刚开始或许与麦当劳有某些联系,但在实际运用中,Mc 作为一个词素已经具备了独立的意义。在实际生活中 Mc 与麦当劳并没有必然的联系。被告代理人按语义分析结果提出,Mc 作为 McSleep Inn 的一部分,用的只是 Mc 的普通意义,而不是 MC 注册商标中的 Mc。QI 商业计划中的新客栈名称并不构成对 Mc 的侵权。②

此类案件我国已发生过多起③,但是并没有运用语义分析等手段进行科学的分析判断,最后得出的结论比较牵强,主观色彩浓厚,甚至是错误的,这就难以服人。可见,运用法律语言学等相邻、相关学科的知识与成果,强化、优化法律文书主

---

① 潘庆云:《法律文书·上编·法律文书总论》,中国政法大学出版社 2001 年版。
② Genine Lentine and Roger W. Shuy, "MC-: Meaning in the Markertplace", *American Speech*, 65(4), 1990, pp.349 - 366.
③ 如某市发生的 Safequard 香皂公司状告某公司的 Safequard 牌门锁侵犯其商标权的知识产权纠纷案。

体部分对事实的叙述、对证据的分析和对理由的阐述前景广阔,值得我们深入探索、研究。

2. 改革和优化法律文书的规定格式(文书样式)和内容要素

从总体上看,法律文书是一个多角度、分层次的结构体系。规定格式和内容要素是法律文书的基本要素,两者关系十分密切。规定格式是法律文书的外部表现形式,内容要素则是以格式为外壳的必要事项和内容。两者互为表里、密不可分。法律文书的规范性、程式化要求法律文书的格式必须包括特定的行款、结构,当事人的法定称谓和程式化用语等。内容要素指的是在格式规定的框架内,按诉讼和法律事务的要求,比较具体、明确、周全地设置一定的内容事项要素。各司法机关以"文书样式"的名称,涵括这两项内容。综观各类法律文书的格式样本,由于多年的运用和历次修订,大体上渐趋合理、规范,但还存在不少问题与瑕疵。由于规定格式和内容要素两者密不可分,对这两者进行改革、优化时也应该统筹兼顾。改革的重点似可放在三个方面:(1)文书的总体结构;(2)文书每一部分对必备事项、要素的规定;(3)程式化用语。

在文书的总体结构方面,一些比较重要的文字叙述式法律文书,分为首部、正文、尾部三大块。改革的重点是正文部分。正文部分长期来已形成事实(含证据)——理由——裁处意见或结论,这种结构模式大体合理。但不可过于死板。例如认为事实部分非要构建司法机关认定的完整事实不可的成见,就值得反思。公安、安全、检察机关对当事人涉嫌犯罪的事实,负有指控、举证责任,相关文书的事实部分当然应当叙述经查明的比较完整的案件事实并对关键情节加以举证。但对居中裁判的人民法院来说,就没有必要,也不可能去建构一个完整周详、包罗万象的事实体系。法院的裁判文书只要具体表述诉讼各方各自的请求、理由,双方的举证质证情况。法院的工作重点是对这些证据进行科学的分析甄别,而无须去复原一个案件事实。如果一定要还原事实,至少有两大弊端:一是这一工作沉重、烦琐,做起来既浪费资源,又会使自己陷入被动尴尬的境地;二是造成事实与下面理由部分缠绕不清、结构紊乱。① 因此,法院裁判文书"样式"中规定的"经审理查明……"部分对案件事实的大段冗长、烦琐叙述可以省去,或者干脆删除这部分,把对诉(控)辩双方事实证据的分析放在理由部分。

各类法律文书正文的各部分对必备事项、要素的规定也存在不少问题。例如以前检察院起诉书"指控的犯罪事实"之后对证据的表述方式有悖公开、公正原则,应当重新规定,以明确、强化检察机关的举证责任,并显示出所举证据的客观性、合法性和关联性。公诉意见书正文部分对公诉意见内容过于刻板的规定,有悖论辩

---

① 潘庆云:《改革民事裁判文书,实现司法公正与效率》,载华东政法学院法律系:《2001年法学新问题探论》,上海社科院出版社2001年版,第304—317页。

型法律文书随机性、应变性特点及案件情况千变万化的实际情况。对此,只能作一些有弹性的原则规定,不可定得太死。

在文书的程式化用语方面,如法律文书首部对案由、案件来源等的表述,文书各部分间的过渡性用语,文书尾部的告知事项,上诉权利及期间等表述,不仅要注意准确运用法律术语,对句法结构、句式句类选择等均要斟酌、调整,使语气连贯、语言通顺,语言严谨、庄重。

3. 研究并确立中国书面法律文书的技术规范

现代法律文书以纸张作为信息的平面载体,主要通过诉诸人们的视觉传递信息,实现其各项法律职能。所以,在运用斟酌词语、调配句子、谋章运篇等语言手段的同时,还应当调动某些视觉手段去补充、延伸语言手段。这就是我们探讨法律文书技术规范的前提和出发点。法律文书的技术手段涉及面较广,制作文书的纸张纸型、天地页边、字体型号、字距行距等间距、数字书写、所用油墨墨水乃至卷宗封面样式尺寸等,均属之。

最高人民法院在《关于印制(法院)刑事诉讼文书样式(样本)的说明》中,对法院诉讼文书的技术问题,诸如文字字体、标点符号、数字书写、骑缝章使用、文书纸张纸型、版式直至粘贴方法等,作了比较具体的规定。① 这项工作还是比较初步的,有待于深化、细化。建议对法律文书进行进一步的立法规划和研究,确定基本原则,统一结构与要素,协调各制作机关的文书制作和运用,最后形成科学严谨且可操作的法律文书全国性统一规范。

在研究和确立中国法律文书的技术规范时,应当进一步考虑各类法律文书篇章总体格局的配置,使文书的主要内容醒目、突出,增强法律文书的准确性,还要适当兼顾整个文本布局疏密相间而不失稳妥、错落参差而不失规整,使法律文书兼具活泼清新和庄重朴实的风格。其终极目的当然还是进一步优化法律文书、提高法律文书的制作质量,追求和实现司法公正与效率。

本 章 小 结

本章阐明了法律文书的基本知识和重要理论。其中法律文书的概念、特点和性质,法律文书的作用和分类两节,应当在理解的基础上熟记。法律文书的制作要求和运用是这一章的重点,也是法律文书学科的宗旨。阐述法律文书的历史沿革以及当代法律文书的优化改革则是期盼广大学习者对法律文书有更深的了解。

① 参见《法院刑事诉讼文书样式(样本)》,人民法院出版社1999年版,第2—4页。

思考与练习

1. 简述法律文书的概念和主要特征。
2. 为什么说法律文书是实现司法公正、维护社会公平正义的有效载体?
3. 如何制作优质的法律文书?
4. 我国的法律文书已有三千多年的历史,试述法律文书从产生至清代,都经历了哪几个发展阶段,各有什么相关历史文献?
5. 如何有效推进当代法律文书的优化改革?

第二章 公安机关和检察机关法律文书

本章要点

公安、检察、法院三机关互相配合、互相制约,共同完成刑事诉讼的任务。其中,公安机关负责除法律规定由检察机关管辖案件外所有刑事案件的侦查职责,检察院则承担刑事公诉案件的起诉和检察任务。公安机关和检察机关的法律文书数量浩繁,我们挑选其中最关键、最有代表性的公安机关呈请立案报告书、提请批准逮捕书和起诉意见书,检察机关的起诉书、不起诉决定书、刑事抗诉书和公诉意见书作为教学内容。值得注意的是,起诉书不仅是本章的重点文书,而且在整个刑事诉讼中具有承上启下的、不可替代的重要作用。

第一节 概 述

一、概念

本章所述公安机关的法律文书,是指公安机关的刑事法律文书,是公安机关在刑事诉讼过程中按照法定的程序和格式制作或认可的具有法律效力的刑事法律文书。

检察机关的法律文书指的是检察机关依法进行诉讼活动,依法行使侦查权、起诉权(或不起诉权)、检察权和法律监督权,根据有关法律规定制作的,具有法律效力的司法文书。包括公诉,执行法律,刑事赔偿,刑事、民事、行政等各类抗诉书等。

二、分类

我们在对公安机关刑事法律文书和检察机关法律文书进行分类的基础上,稍加阐述,即可完成本题的分类。

(一) 公安机关刑事法律文书的分类

公安机关刑事法律文书的分类方法较多,可以从刑事法律文书的制作方式上划分,也可以从刑事法律文书的表现形式上划分,还可以从刑事诉讼程序上划分,即按照办案的程序编排分类。最后这种分类方法,基本上符合刑事诉讼的办案过程,并且使每种刑事诉讼文书的制作与办案程序融为一体,具有连贯性。因此,本章采用此种分类方法。根据《刑事诉讼法》《公安机关办理刑事案件程序规定》,规范公安机关刑事执法活动,公安部于2020年8月下发《关于修改和补充部分刑事法律文书式样的通知》,对《公安机关刑事法律文书式样(2012版)》进行了修改和补充。修改后的公安机关法律文书共有100种,分为8个种类。

立案、管辖、回避文书:包括受案登记表、受案回执、立案决定书、不予立案通知书、不立案理由说明书、指定管辖决定书、移送案件通知书、回避/驳回申请回避决定书。

律师参与刑事诉讼文书:包括提供法律援助通知书、会见犯罪嫌疑人申请表、准予会见犯罪嫌疑人决定书/通知书、不准予会见犯罪嫌疑人决定书。

强制措施文书:具体包括拘传证、传讯通知书、取保候审决定书、执行通知书、被取保候审人义务告知书、取保候审保证书、收取保证金通知书、保存证件清单、退还保证金决定书和通知书、没收保证金决定书和通知书、对保证人罚款决定书和通知书、责令具结悔过决定书、解除取保候审决定书和通知书、准许被取保候审人离开所居市县决定书、监视居住决定书、执行通知书、指定居所监视居住通知书、解除监视居住决定书和通知书、拘留证、拘留通知书、延长拘留期限通知书、提请批准逮捕书、逮捕证、逮捕通知书、变更逮捕措施通知书、不予释放/变更强制措施通知书、提请批准延长侦查羁押期限意见书、延长侦查羁押期限通知书、计算/重新计算侦查羁押期限通知书、入所健康检查表、换押证、释放通知书、释放证明书等。

侦查取证文书:具体包括传唤证、提讯提解证、询问/讯问笔录、犯罪嫌疑人诉讼权利义务告知书、被害人诉讼权利义务告知书、证人诉讼权利义务告知书、未成年人法定代理人到场通知书、询问通知书、现场勘验笔录、解剖尸体通知书、笔录、调取证据通知书、调取证据清单、搜查证、接受证据材料清单、查封决定书、扣押决定书、扣押清单、登记保存清单、查封/解除查封清单、协助查封/解除查封通知书、发还清单、随案移送清单、销毁清单、扣押/解除扣押邮件/电报通知书、协助查询财产通知书、协助冻结/解除冻结财产通知书、鉴定聘请书、鉴定意见通知书、准予补充鉴定/重新鉴定决定书、不准予补充鉴定/重新鉴定决定书、通缉令、关于撤销字〔 〕号通缉令的通知、办案协作函、撤销案件决定书、终止侦查决定书、起诉意见书、补充侦查报告书、没收违法所得意见书、违法所得清单、强制医疗意见书等。

技术侦查文书:具体包括采取技术侦查措施决定书、执行技术侦查措施通知书、延长技术侦查措施期限决定书、解除技术侦查措施决定书等。

执行文书:包括减刑/假释建议书、假释证明书、暂予监外执行决定书、收监执行通知书、准许拘役罪犯回家决定书、刑满释放证明书等。

刑事通用文书:包括呈请××报告书、复议决定书、要求复议/提请复核意见书、死亡通知书等。

规范性文书:刑事侦查卷宗(封面)、卷内文书目录、告知书等。

(二)检察机关法律文书的分类

1. 人民检察院工作文书

2020年,最高人民检察院印发《人民检察院工作文书格式样本(2020年版)》,将检察业务应用系统原有的2882种检察工作文书,修订精简为723种检察工作文书的格式样本,并要求全国各级检察机关进一步规范司法行为,严格认真执行。这个格式样本包括:第一,刑事检察工作文书格式样本,分为刑事检察工作文书和刑事执行检察文书两个类别305个具体文种,包括提请立案报告,侦查终结报告,提请减刑、假释案件审查报告等;第二,民事检察工作文书格式样本,分为民事诉讼监督类文书和工作类文书两个类别71个文种,包括民事抗诉书、提请抗诉报告书、指令出庭通知书等;第三,行政检察工作文书格式样本,分为64个文种,包括行政抗诉书、审查终结报告等;第四,公益诉讼检察工作文书,分为46个文种,包括报请移送案件线索意见书、立案决定书、终结审查决定书等;第五,通用文书及其他文书共237种。

2. 人民检察院诉讼法律文书

(1) 人民检察院刑事诉讼文书

2020年,最高人民检察院印发了《人民检察院刑事诉讼法律文书格式样本(2020年版)》,该样本包括12个类别333种文书。①立案、管辖文书(18种):立案决定书、补充立案决定书、不立案通知书(移送线索)、不立案通知书(控告/举报)、指定管辖决定书、提请批准直接受理书等。②回避文书(2种):回避决定书、回避复议决定书。③辩护与代理文书(16种):侦查阶段委托辩护人/申请法律援助告知书、提供法律援助通知书、值班律师提供法律帮助通知书、批准律师以外的辩护人与犯罪嫌疑人会见和通信决定书等。④证据文书(4种):纠正非法取证意见书、排除非法证据调查结论告知书、提供证据收集合法性说明通知书、提请有关人员出庭意见书。⑤强制措施文书(27种):拘传证、取保候审决定书/执行通知书、被取保候审人义务告知书、保证书、解除取保候审决定书/通知书、退还保证金决定书、没收保证金决定书等。⑥侦查文书(61种):传唤证、传唤通知书、提讯/提解证、犯罪嫌疑人诉讼权利义务告知书(侦查阶段)、被害人诉讼权利义务告知书、证人诉讼权利义务告知书、询问通知书、调取证据通知书、调取证据清单、勘验证、勘验检查笔录、解剖尸体通知书、侦查实验笔录(普通)、侦查实验笔录(技术)、搜查证等。⑦捕诉文书(88种):犯罪嫌疑人诉讼权利义务告知书(审查逮捕阶段)、被害人诉讼权利义务告知书(审查逮捕阶段)、批准逮捕决定书、批准逮捕决定书(不捕复议)、批准逮捕决定书(不捕复核)、批准逮捕决定书(不捕申诉)、逮捕案件继续侦查提纲、逮捕决定书(自侦案件)、逮捕决定书(监察案件)、逮捕决定书(追捕)、应当逮捕犯罪嫌疑人建议书、不批准逮捕决定书、不批准逮捕决定书(不构成犯罪不捕)等。⑧执行监督文书(13种):停止执行死刑建议书、撤销停止执行死刑建议通知书、提请暂予监外执行检察意见书、对法院暂予监外执行征求意见回复函、提请减刑检察意见书等。⑨特别程序文书(21种):和解协议书、最高人民检察院核准提起公诉决定书(缺席审判案件适用)、最高人民检察院不予核准提起公诉决定书(缺席审判案件适用)、补充证据通知书(犯罪嫌疑人、被告人逃匿、死亡案件违法所得的没收程序适用)等。⑩控告、申诉文书(7种):刑事申诉审查结果通知书、刑事申诉复查决定书、刑事申诉复查通知书、申诉事项说明理由通知书等。⑪未检专用文书(51种),包括诉讼权利义务告知文书(11种):未成年犯罪嫌疑人诉讼权利义务告知书(审查逮捕阶段适用)、未成年犯罪嫌疑人法定代理人诉讼权利义务告知书(审查逮捕阶段适用)、未成年被害人诉讼权利义务告知书(审查逮捕阶段适用)、未成年被害人法定代理人诉讼权利义务告知书(审查逮捕阶段)等;特殊检察制度文书(17种):委托辩护人/申请法律援助告知书、委托诉讼代理人/申请法律援助告知书、提供法律援助通知书(未成年犯罪嫌疑人适用)、提供法律援助通知书(未成年被害人适用)、社会调查委托函、社会调查报告等;未检讯问、询问文书(2种):传唤证(未成年犯罪嫌疑人适用)、询问通知书(未成年人适用);未检捕诉文书(21种):批准逮捕决定书(未检专用)、不批准逮捕决定书(未检专用)、不起诉决定书(法定不起诉适用)(未检专用)、不起诉决定书(相对不起诉适用)(未检专用)、不起诉决定书(存疑不起诉适用)(未检专用)等。⑫通用或其他文书(25种):社会调查委托函(认罪认罚案件)、换押证、变更羁押期限通知书、补正决定书、复议决定书、复核决定书。

(2)人民检察院民事、行政诉讼法律文书

民事、行政法律文书(15种):包括民事(行政)案件申诉、民事行政检察立案决定书、民事抗诉书、行政抗诉书、民事行政检察撤回抗诉决定书、民事行政检察出庭通知等。

(3)人民检察院公益诉讼法律文书

包括民事公益诉讼起诉书、刑事附带民事公益诉讼起诉书、民事公益诉讼上诉书、行政公益诉讼起诉书、行政公益诉讼上诉书等。

3. 通用法律文书

通知书、信函、意见书、(提供证据材料等)收据、补正决定书、复议决定书、驳回申请决定书、建议书、更换办案人员建议书、换押证等。

第二节 公安机关呈请立案报告书和提请批准逮捕书

一、呈请立案报告书

(一)概念、法律依据和功用

呈请立案报告书是公安机关侦查部门对报案、控告、举报、自首的材料进行审查,认为符合立案条件,且该案属于公安机关管辖,报请有关负责人审查批准是否立案所制作的法律文书。

我国《刑事诉讼法》第一百零九条规定:"公安机关或者人民检察院发现犯罪事实或者犯罪嫌疑人,应当按照管辖范围,立案侦查。"同法第一百一十条第一款规定:"任何单位和个人发现有犯罪事实或者犯罪嫌疑人,有权利也有义务向公安机关、人民检察院或者人民法院报案或者举报。"根据上述法律规定以及公安部规定的刑事案件具体立案标准,公安机关对受理的材料(包括报案、控告、举报和自首材料)以及在与犯罪斗争的过程中发现和查获的材料,应当及时进行审查,认为有犯罪事实需要追究刑事责任的时候,应当立案。根据《公安机关刑事法律文书式样(2012版)》的规定,刑事案件报告立案报告表和刑事立案报告书,均改称为呈请立案报告书。

呈请立案报告书的功用有两点:一是依法确认案件成立,是公安机关开展侦查工作的依据;二是呈请立案报告书对案情进行了一定的分析,并提出了侦查计划,对侦查工作具有指导意义。

(二)结构、内容和制作方法

呈请立案报告书分为首部、正文、尾部三部分。

1. 首部

写清文书的名称。如标题写"呈请立案报告书"。

2. 正文

正文包括五个部分:报告导语、接受案件的情况、立案的事实根据、立案理由和法律依据、侦查计划。

(1) 报告导语。首先,简要说明案件来源,即案件是如何发现的,是报案、控告、举报,是犯罪嫌疑人自首,还是其他机关转来的或是上级公安机关交办的。其次,写明接受案件后的初查、勘验、访问后获得的证据材料,得出已经有犯罪事实发生的结论,然后写明"现将有关情况报告如下:"。

(2) 接受案件的情况。根据接受案件的具体情况,简要写明时间、地点,报案、控告、举报人或者犯罪嫌疑人提供的情况以及抓获或者发现的经过。

(3) 立案的事实根据。这是呈请立案报告书的重点内容,是案件成立的关键,一般包括现场勘验情况、现场调查访问情况以及鉴定结论,搜集能够证明犯罪事实发生的证据以及犯罪造成的后果等。

① 现场勘验情况。写明现场勘验的基本步骤,现场方位、现场状态、现场的变动和各种痕迹、物证的情况以及提取的痕迹、物证数量等。具体内容要和本案的"现场勘验笔录"的内容相吻合。

② 现场调查访问情况。要把侦查人员通过深入细致的调查访问所获悉和搜集的案件情况和证人证言叙写清楚。被害人所提供的与案件有关的情况也要写清。

③ 鉴定结论。这部分内容并不要求每份报告都具备。鉴定结论主要指伤情鉴定、司法精神病鉴定、赃物估价等结论,这些鉴定结论直接关系到案件是否成立。

④ 犯罪造成的后果。包括人员死伤情况、财物损毁情况等。

(4) 立案理由和意见。要说明犯罪事实已经发生,应当追究行为人的刑事责任。对属于自己管辖的案件,提出立案建议。

首先说明在什么时间、什么地点发生了何种性质的刑事案件,并且收集到了一定的证据,证明案件事实确已发生。然后写明行为人的行为已经触犯了我国《刑法》,依法应当追究其刑事责任。最后用程式化语句结束该段内容:"为此,根据《中华人民共和国刑事诉讼法》第一百一十二条之规定拟立为……案侦查。"

3. 尾部

写明下列内容:①结束语,通常写为"以上报告妥否,请批示"等;②写明呈请立案单位全称和侦查人员姓名并加盖公章。

(三) 制作中应当注意的问题

第一,坚持立案条件,掌握立案标准。对有"犯罪事实发生需要追究刑事责任",同时又达到公安部颁布的刑事案件立案标准的,应当立案;反之,不符合法定立案条件,达不到立案标准的,不予立案。

第二,叙事要重点突出,脉络分明。特别是立案的事实依据,记叙要抓住关键、突出重点,做到详略得当。还要注意按一定的顺序组织材料,做到行文脉络分明,使人一目了然。

第三,分析要实事求是,推论要合乎逻辑。在制作立案报告书时,因为犯罪事实尚未全部查清,所以只能在已有的材料上分析判断。分析一定要实事求是,推论要合乎逻辑,切忌主观臆断。

第四,呈请立案报告书经县级以上公安机关负责人批准后,作为制作立案决定书的依据。

二、提请批准逮捕书

(一)概念、法律依据和功用

提请批准逮捕书是公安机关依法对有证据证明有犯罪事实,且有逮捕必要的犯罪嫌疑人提请同级人民检察院审查批准逮捕而制作的文书。

《中华人民共和国刑事诉讼法》第八十一条第一款规定:"对有证据证明有犯罪事实,可能判处徒刑以上刑罚的犯罪嫌疑人、被告人,采取取保候审尚不足以防止发生社会危害性的,应当予以逮捕。"《刑事诉讼法》第八十七条还规定:"公安机关要求逮捕犯罪嫌疑人的时候,应当写出提请批准逮捕书,连同案卷材料、证据,一并移送同级人民检察院审查批准。"

制作提请批准逮捕书是公安机关逮捕犯罪嫌疑人的必经法律程序,是人民检察院审查批准逮捕的基础和依据。它体现了公安机关和人民检察院分工负责、互相制约的原则,也充分体现了"我国公民的人身权利不受侵犯"的宪法原则,保证办案质量,同时可以防止或减少错捕无辜的现象发生。

(二)结构内容和制作方法

提请批准逮捕书是公安机关向同级人民检察院制作的文书,是公安机关的对外文书之一。它包括三部分内容:首部、正文和尾部。

1. 首部

提请批准逮捕书的首部包括四部分内容:标题,发文字号,犯罪嫌疑人的基本情况,过渡语。

(1)标题

分行居中写明两项内容:机关名称全称和文书名称全称。第一行写"×××公安局",第二行写"提请批准逮捕书"。

(2)发文字号

这部分内容包括机关代字"×公"、案件性质"刑"、文书代字"提捕"、年度"〔××××〕"和顺序号"×号",如太原市公安局2007年第112号提请批准逮捕书的发文字号为"并公刑提捕字〔2007〕112号"。

(3)犯罪嫌疑人的基本情况

这部分要依次写明犯罪嫌疑人的姓名(别名、曾用名、绰号等)、性别、出生年月日、出生地、身份证件种类和号码、民族、文化程度、职业或工作单位及职务、居住地（包括户籍所在地、经常居住地、暂住地）、政治面貌（如果是人大代表、政协委员的，要一并写明具体的级、届代表、委员），违法犯罪经历和因本案被采取强制措施的情况（时间、种类及执行场所）等。对共同犯罪的案件，应当把每一个犯罪嫌疑人各自的情况一一写明。

（4）过渡语

写明案由和案件来源。先写明案由，即犯罪嫌疑人涉嫌的罪名；再写明案件来源，包括单位或公民举报、控告、上级交办、有关部门移送、本局其他部门移交或办案中发现等，具体表述如："犯罪嫌疑人×××（姓名）××（案由）一案，由×××举报（控告、移送）至我局……"；然后写案件侦查过程中的各个法律程序开始的时间，比如接受案件、立案时间及犯罪嫌疑人归案情况。

2. 正文

正文是该文书的主要部分，应详细写。主要应当写明犯罪事实和证据，提请批准逮捕的理由和法律依据。

（1）犯罪事实和证据

这一部分应分两段写。

第一段以"经依法侦查查明："开头，写犯罪事实，写明公安机关依法侦查查明的犯罪事实。写作时要对经侦查证明犯罪嫌疑人涉嫌的犯罪事实进行充分的叙述，重点说明犯罪嫌疑人实施的犯罪事实已经有证据证明。叙写犯罪事实，原则上应当据实叙写，有几起叙写几起，但只要其中一起符合逮捕条件时，就可以对犯罪嫌疑人提请批准逮捕。

第二段以"认定上述事实的证据如下："开头，写证据。要分别列出相关证据，来认定犯罪嫌疑人犯罪事实的证据情况。对公安机关已经收集、获取的证据要一一分项列写。

犯罪嫌疑人认罪认罚的，另起一段简要写明相关情况。

（2）理由和法律依据

这一部分应当根据犯罪构成，简要说明犯罪嫌疑人的罪状，再写其行为触犯了刑法的具体条、款、项，涉嫌什么罪等。依据格式规定，其表述为程式化用语：

"综上所述，犯罪嫌疑人×××……（根据犯罪构成简要说明罪状），其行为已触犯《中华人民共和国刑法》第××条之规定，涉嫌××罪，可能判处徒刑以上刑罚，现有……（证明其犯罪事实的证据、其他证据）等证据证明，……（依据《中华人民共和国刑事诉讼法》第八十一条第一款具体说明其可能具有的社会危害性，或者涉嫌××罪，可能判处十年有期徒刑以上刑罚，曾经故意犯罪或身份不明）。依照《中华人民共和国刑事诉讼法》第八十一条第一款、第八十七条之规定，犯罪嫌疑人×××符合逮捕条件，特提请批准逮捕。"

3. 尾部

尾部应依次写明如下内容：

（1）拟提请批准逮捕的人民检察院名称，即在文末分两行写明"此致""××人民检察院"。

（2）制作文书的日期写在右下方，并加盖公安局局长印章和公安局印章。

（3）附项。写明案卷材料共有几卷，犯罪嫌疑人被羁押的，要注明其被羁押的处所。

（三）制作与运用中应当注意的问题

1. 制作要及时、迅速

公安机关对依法先行拘留的犯罪嫌疑人，经审查认为符合逮捕条件需要逮捕的，应当在拘留后的三日以内制作提请批准逮捕书，不得无故拖延。

2. 围绕主旨选材

提请批准逮捕书中的犯罪事实是从逮捕的要求出发的，因此，叙写犯罪事实，只要把已有证据证明的犯罪事实写清楚，而此犯罪事实足以认定其符合逮捕的条件即可。

3. 阐述理由准确

写提请批准逮捕书的法律依据时，对"罪状"的说明一定要结合案件事实和《刑法》分则的有关规定，以精练的语言加以概括说明。援引刑法条款，一要准确，与罪名相符；二要具体，法条分条、款、项的，一定写明特定的条、款、项，不可笼统写"第×条"。

4. 提请批准逮捕书的使用

该文书制作一式三份，连同案卷材料、证据一并移送同级人民检察院审查。

第三节　公安机关起诉意见书和检察机关起诉书

一、起诉意见书

（一）概念、法律依据和功用

起诉意见书是公安机关对侦查终结的案件，认为犯罪嫌疑人的犯罪事实清楚，证据确实、充分，依法应当追究其刑事责任时，向同级人民检察院建议提起公诉时制作的法律文书。

《中华人民共和国刑事诉讼法》第一百六十二条规定："公安机关侦查终结的案

件,应当做到犯罪事实清楚,证据确实、充分,并且写出起诉意见书,连同案卷材料、证据一并移送同级人民检察院审查决定。"《公安机关办理刑事案件程序规定》第二百八十九条规定:"对侦查终结的案件,应当制作起诉意见书,经县级以上公安机关负责人批准后,连同全部案卷材料、证据,以及辩护律师提出的意见,一并移送同级人民检察院审查决定;同时将案件移送情况告知犯罪嫌疑人及其辩护律师。犯罪嫌疑人自愿认罪的,应当记录在案,随案移送,并在起诉意见书中写明;认为案件符合速裁程序适用条件的,可以向人民检察院提出适用速裁程序的建议。"

起诉意见书是公安机关提请人民检察院依法对案件进行审查并决定是否起诉的文书,具有启动审查起诉的作用,是公安机关对侦查终结案件的结论性意见,集中反映了公安机关办理刑事案件的质量。它是检察院审查起诉和人民法院审理案件的基础,同时也体现了公、检、法三机关在刑事诉讼中分工负责、相互制约的原则。

(二)结构内容和制作方法

起诉意见书由首部、正文和尾部三部分组成。

1. 首部

首部要写明以下几项内容:标题、发文字号、犯罪嫌疑人的基本情况、过渡语。

(1)标题

分行居中写机关名称全称和文书名称全称。第一行写机关名称"×××公安局",第二行写文书名称"起诉意见书"。

(2)发文字号

在标题的右下方写"×公刑诉字〔××××〕××号"。

(3)犯罪嫌疑人的基本情况

要依次写明犯罪嫌疑人的姓名(包括别名、曾用名、与案件有关的绰号等)、性别、出生年月日、出生地、身份证号码、民族、文化程度、职业或工作单位及职务、住址、政治面貌、违法犯罪经历和因本案被采取强制措施的情况等。对于共同犯罪的案件,应当按照主犯、从犯、胁从犯的顺序排列;对于单位犯罪的案件,应当写明单位的名称、地址。

(4)过渡语

写明犯罪嫌疑人涉嫌的案件名称、案件来源,然后写案件侦查过程中的各个法律程序开始的时间,比如接受案件、立案的时间,写明犯罪嫌疑人归案的情况。最后写明犯罪嫌疑人×××涉嫌的×××案件现已侦查终结。如"犯罪嫌疑人×××故意杀人一案,由被害人家属李××于200×年3月10日报案至我局。我局经审查后,于3月10日立案侦查。同年3月12日,犯罪嫌疑人×××在其父亲的陪同下,到我局投案自首。犯罪嫌疑人×××涉嫌故意杀人案,现已侦查终结。"

2. 正文

正文是起诉意见书的核心部分。主要包括犯罪事实和证据,提出起诉意见的理由和法律依据。

(1) 犯罪事实和证据

这部分内容应当分三个方面写。首先写明公安机关依法侦查查明的犯罪事实。写明犯罪事实发生的时间、地点、犯罪嫌疑人主观上是故意还是过失,其犯罪动机、作案的手段、经过、造成的危害后果等,同时要写明涉嫌犯罪的相关证据情况等。要根据案件的具体情况,围绕刑法规定的该罪构成要件进行简明扼要的叙述。对于单独犯罪的案件,如果犯罪嫌疑人实施了多次犯罪,应将其犯罪事实一一列举;如果犯罪嫌疑人的行为触犯了多个罪名,其犯罪事实应当按照主次顺序分别列举;对于共同犯罪的案件,应当写明犯罪嫌疑人的共同犯罪事实及各自在共同犯罪中的地位和作用,按照犯罪嫌疑人的主次顺序,分别叙述各犯罪嫌疑人单独的犯罪事实。

其次写明认定犯罪嫌疑人犯罪事实的证据情况。在"认定上述事实的证据如下:"之后分列公安机关收集、获取的证据,再另起一段写明"上述犯罪事实清楚,证据确实、充实,足以认定。"

最后写明案件的有关情节。犯罪嫌疑人是否有累犯、立功、自首等影响量刑的从重、从轻、减轻的犯罪情节。

(2) 提出起诉的理由和法律依据

根据犯罪构成,简要说明犯罪嫌疑人的罪状,其行为所触犯刑法的具体条款,涉嫌什么罪、移送起诉的法律依据等。其规范的表述为:"综上所述,犯罪嫌疑人×××……(根据犯罪构成,简要说明罪状),其行为已触犯《中华人民共和国刑法》第××条之规定,涉嫌××罪。依照《中华人民共和国刑事诉讼法》第一百六十二条之规定,现将此案移送审查起诉。"

3. 尾部

起诉意见书的尾部应依次写明如下内容:

(1) 致送机关名称。第一行居中写"此致",第二行顶格写"××人民检察院"。

(2) 制作文书日期,并加盖公安局印。

(3) 附注。应当写明本案的案卷卷宗共有几卷几页,犯罪嫌疑人现在的处所,随案移交的物品件数,被害人是否已提出附带民事诉讼等。

(三) 制作中应当注意的问题

第一,起诉意见书有启动诉讼的作用,是后续诉讼的基础和依据。由此,写起诉意见书的事实部分,必须忠实于事实真相,以事实为根据,是什么写什么,既不夸大,也不掩饰;未经核查证实的材料不能写入起诉意见书。只能写经过查证属实,有确实充分的证据予以证实的犯罪事实。

第二,根据《刑事诉讼法》第一百六十条第二款规定,犯罪嫌疑人不讲真实姓名,对于犯罪事实清楚,证据确实、充分,确实无法查明其身份的,也可以按其自报的姓名起诉、审判。

第三,制作起诉意见书,严格区分罪与非罪的界限。特别是要注意区分犯罪行为与违法乱纪之间的界限,对已受过刑事处罚的犯罪事实或已过追诉期限的犯罪事实,不要写到起诉意见书的事实中。

第四,提出起诉意见和法律依据时,引用法律要全面,不能有所遗漏。有些案件不仅要引用确定罪名之条款,还要引用自首、累犯等的法律条款;不仅要引用刑法、刑事诉讼法的有关条款,还要引用全国人大常委会补充规定的条款。

第五,起诉意见书一般是一案一份。对于共同犯罪的案件,需要起诉数名犯罪嫌疑人的,可合写一份文书。

二、起诉书

(一)概念、法律依据和功用

起诉书,是指人民检察院经审查起诉,决定将被追诉人交付审判,向人民法院提起公诉时,制作并使用的法律文书。

我国《刑事诉讼法》第一百七十六条规定,人民检察院在对公安机关、国家安全机关侦查终结移送起诉的案件,以及对本院直接侦查终结的案件进行审查后,认为犯罪嫌疑人的犯罪事实已经查清,证据确实、充分,依法应当追究刑事责任的,应当作出起诉决定,按照审判管辖的规定,向人民法院提起公诉。《人民检察院刑事诉讼规则》第三百五十八条规定:"人民检察院决定起诉的,应当制作起诉书。"

起诉书一经依法作出送达人民法院,即具有法律效力。起诉书的作用主要体现在以下几个方面:(1)对侦查机关来说,起诉书是确认侦查终结的案件犯罪事实、情节清楚,证据确实、充分,侦查活动合法的凭证;(2)对人民检察院来说,起诉书既是检察机关代表国家,将案件交付审判,要求依法追究刑事责任的文件,又是出庭支持公诉,发表公诉意见,参加法庭调查和辩论的基础;(3)对人民法院来说,起诉书是人民法院对公诉案件进行审判的凭证,也是法庭审理的基本内容;(4)对被告人来说,起诉书是告知已将被告人交付审判的通知,同时又是公开指控被告人犯罪的法定文件;(5)对辩护人来说,起诉书是其接受委托,开展辩护活动、充分保护被告人合法权益的重要依据。

(二)结构内容和制作方法

起诉书是文字叙述式文书,属于检察机关刑事法律文书中比较重要的文书。根据最高人民检察院新修订的文书格式样本的规定,人民检察院刑事诉讼案件的起诉书格式分为五种情况,即自然人犯罪案件普通程序适用的起诉书,自然人犯罪案件认罪认罚适用的起诉书,单位犯罪普通程序案件适用的起诉书,单位犯罪案件认罪认罚适用的起诉书和附带民事诉讼案件适用的起诉书。本节着重讲授自然人犯罪案件普通程序适用的起诉书、单位犯罪案件普通程序适用的起诉书和附带民事诉讼案件适用的起诉书。起诉书由首部、正文和尾部组成。

1. 自然人犯罪案件普通程序适用的起诉书

该文书适用于应当按照普通程序进行一审的刑事案件。这类案件可以是公安等其他侦查机关侦查的案件,也可以是人民检察院直接立案侦查的案件。

(1) 首部

首部包括文书制作机关的名称,文书名称,文书编号,被告人、辩护人的基本情况,案由和案件来源。

① 文书制作机关的名称

应当写为"××人民检察院"。需要注意,文书制作机关的名称应当用全称,不能用简称或者缩写名称。如果被告人是外国人,文书制作机关的名称前应当冠以"中华人民共和国"字样。

② 文书名称

应当写为"起诉书"。

③ 文书编号

应当依次写明人民检察院简称、具体办案部门简称、年度及文书序号。

④ 被告人的基本情况

应当依次写明被告人的姓名、性别、出生年月日、公民身份证号码、民族、文化程度、职业或者工作单位及职务、是否系人大代表或政协委员、户籍地、住址、曾受到刑事处罚以及与本案定罪量刑相关的行政处罚的情况和因本案采取强制措施的情况等。

叙写被告人的基本情况,主要应当注意以下几个问题:

第一,被告人的姓名,应当写被告人正在使用的正式姓名,即户口簿、身份证等法定文件中使用的姓名。如有曾用名或者与案件有关的别名、化名,应在其姓名后面加括号写明。如果犯罪嫌疑人不讲真实姓名,确实无法查明的,但其犯罪事实清楚,证据确实、充分的,也可以依法按其自报的姓名写入起诉书。

第二,出生年月日,一般应以公历为准。如果确实查不清出生年月日的,也可以注明年龄。对于涉及刑法规定的刑事责任年龄界限的,必须写明被告人出生的年月日。

第三,公民身份证号码,对于尚未办理身份证的,也应当注明。

第四,文化程度,应当写经正规教育所达到的程度。不识字的,写为"文盲";略识一些字的,写为"初识字"。

第五，职业或工作单位及职务，应当写得明确、具体。如果有变动的可以具体说明，尤其是作案时在何单位任何职务要写清楚。

第六，住址，应当写被告人户籍所在地。户籍所在地与经常居住地不一致的，写经常居住地。

第七，是否受过行政处罚、刑事处罚，行政处罚限于与定罪量刑相关的情况。

第八，因本案被采取强制措施的情况，应当依次写明被采取强制措施的因由、批准或决定的机关、批准或决定的时间、执行的机关、执行的时间、强制措施的名称。

⑤ 辩护人的基本情况

应当写明辩护人的姓名、身份和通信地址。如果辩护人是律师，也应当注明。

⑥ 案由和案件的审查过程

这部分主要包括以下内容：

一是侦查机关、案由和移送审查起诉时间。可以连续表述为"本案由（监察/侦查机关）侦查终结，以被告人张××涉嫌××罪，于×年×月×日向本院移送起诉。"对于公安机关等其他侦查机关移送审查起诉后有管辖变更情况的，可以表述为"本案由××市公安局侦查终结，以被告人李××涉嫌××罪，于×年×月×日向××市人民检察院移送起诉。××市人民检察院于×年×月×日转至本院审查起诉。"对于本院侦查终结并审查起诉的案件，可以表述为"被告人王××涉嫌××罪一案，由本院侦查终结，×年×月×日，本案进入审查起诉阶段。"对于其他人民检察院侦查终结转至本院的，可以表述为"本案由××市人民检察院侦查终结，以被告人张××涉嫌××罪，于×年×月×日移送本院审查起诉。"

二是依法告知的情况。根据《刑事诉讼法》的规定，人民检察院受理审查起诉案件后，应当在3日以内告知犯罪嫌疑人有权委托辩护人，告知被害人及其法定代理人或者近亲属、附带民事诉讼的当事人及其法定代理人有权委托诉讼代理人。起诉书应当对有关情况予以交代，可以接前表述为"本院受理后（本院侦查起诉的案件不用'受理后'字样），于×年×月×日已告知被告人张××有权委托辩护人，×年×月×日已告知被害人陈××及其法定代理人（近亲属）、附带民事诉讼当事人×××及其法定代理人有权委托诉讼代理人"。

三是办理审查起诉的简要情况。可以表述为"依法讯问了被告人张××，听取了辩护人、被害人陈××及其诉讼代理人×××的意见，审查了全部案件材料……"

四是其他有关情况。如退回补充侦查的情况，即写明退回补充调查/侦查、延长审查起诉期限等情况。可以表述为："本院于（一次退查日期、二次退查日期）退回侦查机关补充侦查，侦查机关于（一次重报日期、二次重报日期、三次延长日期）延长审查起诉期限十五日"，这些内容要根据实际情况叙写。

(2) 正文

正文主要包括案件事实、证据、起诉的要求和根据。

① 案件事实

案件事实部分是起诉书的重点,修订后的文书在叙写这部分内容时要注意条理清晰,简明具体,用语准确,布局合理。对于案件事实的叙述,既要避免发生遗漏,也要避免将没有证据证明、证据不足以及与定罪量刑无关的事实写入起诉书。

这部分内容是起诉书的主体,应当单起一段,以"经依法查明:"引出查清的案件情况。叙写案件事实主要应当注意下面几个问题:

第一,叙写事实,应当写明案件发生的时间、地点、犯罪动机、目的、手段、行为过程、危害后果和被告人犯罪后的态度以及有关的人和事等要素,并以是否具有犯罪构成要件为重点,兼叙影响量刑轻重的各种情节。

第二,叙写事实应当做到层次清楚,重点突出。应当根据案件情况,恰当选用诸如自然顺序法、综合归纳法、突出主犯法、突出主罪法、先总后分法、罪名标题法等表达方式。

第三,叙写事实应当做到客观、准确。写入起诉书中的犯罪事实,必须是检察机关经过审查起诉认定的,依法应当追究刑事责任的事实,而且必须情节清楚,证据确实、充分。对于查无证据或者证据不足的行为,不能作为犯罪事实写入起诉书。

第四,叙写犯罪事实,如果遇到涉及党和国家重大机密问题,必须注意保守秘密。非叙述不可的,应当尽力作笼统抽象的表述,决不能将机密内容按原文抄录。

第五,共同犯罪案件,其中一名或数名共犯在逃的,起诉书中写该逃犯的姓名时,可在姓名之后用括号注明"另案处理"。

第六,起诉书中必须涉及非本案被告人的人员姓名的,应当按照具体情况,妥善处理。对本案被害人,一般应列明姓名。但是,对强奸等性犯罪案件的被害妇女,为保护她们的名誉,起诉书中应当只写其姓,隐去其名。

第七,被告人犯罪后自首的,一般在叙述犯罪事实之后,用简要文字写明自首的时间、地点、受理自首的机关、自首内容等。如有立功表现的,也应具体叙明。

叙写案件事实时,可以根据案件事实的不同情况,采取相应的表述方式,具体可以按照以下原则把握:一是对重大案件、具有较大影响的案件、检察机关直接立案侦查的案件,都必须写明具体犯罪事实的诸多要素。二是对一般刑事案件,通常也应当详细写明案件事实,但对其中作案多起且犯罪手段、危害后果等相同的案件,可以先对相同情节进行概括叙述,然后再逐一列举每起事实的具体时间、结果等情况,这样就不必详细叙述每一起犯罪事实的过程。

② 证据

在叙述清楚犯罪事实后,另起一段以"认定上述事实的证据如下:"引出对证据的列举。证据包括:1.物证,2.书证,3.证人证言,4.被害人陈述,5.被告人供述与辩解,6.勘验、检查、辨认、侦查实验等,7.视听资料、电子数据。列举证据是要指明主要证据的名称、种类,但不必对证据与案件事实、证据之间的关系进行具体的分析、论证。列举证据应当采取"一事一证"的方式,即对于有数个犯罪事实的,要在叙述每一个犯罪事实后,列举出相关的主要证据。对于作案多起的一般刑事案件,如果案件事实是以先总后分的概括方式叙述的,证据的叙写也可以采取"一事一证"的方式,即在一种犯罪后概括写明主要证据的种类,而不再指出认定某一案件事实的证据。

③ 起诉的要求和根据

按照修订后的文书写作要求,这部分的内容主要包括两个方面:

一是概括说明被告人的行为特征及其触犯的刑法条文和涉嫌罪名。对于行为特征,要根据行为性质、危害程度、情节轻重,结合犯罪的构成要件进行概括性地表述,语言要精练准确。对法律条文的引用,要准确、完整、具体,精确到条、款、项。可以表述为:"本院认为,犯罪嫌疑人×××(姓名)利用职务之便,向×××(姓名)索取贿赂20万元,其行为已触犯《中华人民共和国刑法》第×××条之规定,犯罪事实清楚,证据确实、充分,应当以×××(罪名)罪追究刑事责任。"

二是提起公诉的法律依据。可以接前表述为:"依照《中华人民共和国刑事诉讼法》第一百七十六条的规定,提起公诉,请依法判处。"

(3) 尾部

尾部主要应当写明以下内容:

① 主送人民法院名称。在正义结束后,另用两行,先写送达用语:"此致",再写"××人民法院"。

② 公诉人法律职务及姓名。法律职务只需写明检察官、检察官助理,姓名写在法律职务之后。

③ 制作文书的年月日。应当写检察长签发起诉书的日期。

④ 加盖检察院章。

⑤ 附注。附注事项一般包括:一是被告人现在处所,具体包括在押被告人的羁押场所和被告人监视居住、取保候审的处所;二是案卷材料和证据;三是证人、鉴定人、需要出庭的具有专门知识的人的名单,需要保护的被害人、证人、鉴定人的名单;四是有关涉案款物情况;五是被害人(单位)附带民事诉讼情况;六是其他需要附注的事项。

2. 单位犯罪案件普通程序适用的起诉书

单位犯罪案件普通程序适用的起诉书,是指人民检察院对于单位犯罪适用普通程序的刑事案件,在提起公诉时制作的指控被告人犯罪行为的法律文书。

我国《刑法》第三十条、第三十一条规定,公司、企业、事业单位、机关、团体实施的危害社会的行为,法律规定为单位犯罪的,应当负刑事责任;单位犯罪的,对单位判处罚金,并对其直接负责的主管人员和其他直接责任人员判处刑罚。

修订后的文书制作内容总体框架与自然人犯罪案件普通程序案件适用的起诉书相同。在制作时主要应当注意以下几个问题。

(1) 被告单位、被告人的基本情况

一是被告单位的情况。包括被告单位名称、组织机构代码、住所地、法定代表人姓名、职务等。被告单位住所地是指其主要机构所在地。

二是诉讼代表人基本情况。由于被告单位是法律上虚拟的人格主体,因此被告单位必须由诉讼代表人代表其参加诉讼。所以,在这种起诉书中,叙述完被告单位的基本情况后,要叙述清楚诉讼代表人的基本情况,包括诉讼代表人的姓名、性别、出生日期、工作单位、职务等情况。

三是被告人基本情况。这里的被告人是指单位犯罪中直接负责的主管人员和其他责任人员。要写明其姓名、性别、出生年月日、公民身份证号码、民族、文化程度、职业或者工作单位及职务、户籍地、住址、曾受到刑事处罚以及与本案定罪量刑相关的行政处罚的情况和因本案采取强制措施的情况等。

(2) 案件事实

案件事实部分是起诉书的重点,在"经依法查明:"后另起一行写述。要注意根据单位犯罪的特点,叙述清楚单位犯罪的事实和有关责任人员构成犯罪的事实。在叙述犯罪事实时要注意条理清晰,用语准确,布局合理。

(3) 尾部

应当注意,单位犯罪案件适用的起诉书和自然人犯罪适用的起诉书一样,也要根据需要列明附注事项,并列明序号。

3. 刑事附带民事起诉书

刑事附带民事起诉书,是指人民检察院对于被告人的犯罪行为致使国家财产、集体财产遭受损失的,在提起公诉的时候,提起附带民事诉讼时所制作的起诉书。

我国《刑事诉讼法》第一百零一条规定:"被害人由于被告人的犯罪行为而遭受物质损失的,在刑事诉讼过程中,有权提起附带民事诉讼。……如果是国家财产、集体财产遭受损失的,人民检察院在提起公诉的时候,可以提起附带民事诉讼。"

刑事附带民事起诉书的制作要求和自然人犯罪案件适用、单位犯罪案件适用的起诉书有所不同,须注意,在"刑事附带民事起诉书"的标题之下,其编号是"××检××刑附民诉〔××××〕×号"。首部被告人事项写完后,另起一段写明"被害单位……(写明单位名称、所有制性质、住所地,法定代表人姓名、职务等)"。正文部分首先要写"诉讼请求:……(写明具体的诉讼请求)","事实证据和理由"部分必须写明检察机关审查认定的导致国家、集体财产损失的犯罪事实及有关证据。"起诉的要求和根据"部分,在"本院认为"之后概述被告人应承担民事责任的理由,在

"根据……"后引用被告人应承担民事责任的法律条款,论证其应承担赔偿责任,此后交代被告人的上述行为构成何罪,依法应当追究刑事责任以及已向法院提起公诉的年月日以及起诉书的编号,最后引用《刑事诉讼法》第一百零一条第二款的规定,提起附带民事诉讼,请依法裁判。尾部写致送法院名称、检察官、助理检察官署名、院印、文书制发年月日等与其他类型起诉书相同,但附注仅包括:(1)刑事附带民事起诉书副本一式×份,(2)其他需要附注的事项。

(三)制作中应当注意的问题

第一,起诉书送达后,在人民法院开庭审理前发现遗漏重要罪行,或者抓获在逃犯应当一并起诉的,以及对起诉书需要作补充修改的,应当收回起诉书,使用原文号重新制作起诉书,不宜采用补充起诉的方式。

第二,起诉书中使用数字时,除文书编号、顺序号、年月日、机械型号、材料目录、百分比等专用术语和其他使用阿拉伯数字比较适宜者外,一般用汉字书写。在一个起诉书中,数字的使用前后应当一致。引用法律中条、款、项数字时,应当用汉字书写。

第三,起诉书以案件为单位制作,一式多份。一个案件只有一名被告人的,向人民法院送达起诉书8份,每增加一名被告人,向人民法院增送起诉书5份。

第四,起诉书的文字一般用汉字。在少数民族聚居地或者多民族共同居住的地区,被告人是少数民族的,起诉书应当用当地通用的文字制作。对外国人犯罪的案件,起诉书正本和若干副本使用汉字制作并加盖人民检察院公章,以体现主权原则。同时,为了方便诉讼,也应当用外国籍被告人所在国的官方语言文字,制作起诉书翻译件,但不加盖院印。

第四节　检察机关不起诉决定书、刑事抗诉书和公诉意见书

一、不起诉决定书

(一)概念和作用

不起诉决定书,是指人民检察院依法对免予追究刑事责任的,证据不足、不符合起诉条件的,以及犯罪情节轻微、依照《刑法》规定不需要判处刑罚或者免除刑罚的不起诉案件,作出不起诉决定时制作的文书。

我国《刑事诉讼法》第十六条规定,有下列情形之一的,不追究刑事责任,已经追究的,应当撤销案件,或者不起诉,或者终止审理,或者宣告无罪:(1)情节显著轻

微、危害不大,不认为是犯罪的;(2)犯罪已过追诉时效期限的;(3)经特赦令免除刑罚的;(4)依照刑法规定告诉才处理的犯罪,没有告诉或者撤回告诉的;(5)犯罪嫌疑人、被告人死亡的;(6)其他法律规定免予追究刑事责任的。该法第一百七十五条第四款规定,对于二次补充侦查的案件,人民检察院仍然认为证据不足,不符合起诉条件的,可以作出不起诉的决定。第一百七十七条第二款规定,对于犯罪情节轻微,依照刑法规定不需要判处刑罚或者免除刑罚的,人民检察院可以作出不起诉的决定。

不起诉决定书具有终止刑事诉讼的法律效力,是人民检察院不追究被不起诉人刑事责任的凭证。不起诉决定书一经送达,被不起诉人受到羁押的,应当立即释放。

(二) 结构内容和制作方法

1. 首部

首部包括文书制作机关名称、文书名称、文书编号、被不起诉人基本情况、辩护人基本情况、案由和案件来源等。

(1) 文书制作机关名称和文书名称

应当分两行书写,第一行写文书制作机关名称,即"××人民检察院";第二行写文书名称,即"不起诉决定书"。

(2) 文书编号

应当写为"×检×刑不诉〔××××〕×号",空余地方依次填写人民检察院简称、具体办案部门简称、年度和顺序号。

(3) 被不起诉人的基本情况

应当依次写明被不起诉人的姓名、性别、出生年月日、公民身份证号码、民族、文化程度、职业或工作单位及职务(国家机关工作人员利用职务实施的犯罪应当写明犯罪期间在何单位任何职)、住址(被不起诉人住址写居住地,如果户籍所在地与暂住地不一致的,应当写明户籍所在地和暂住地),以及是否受过刑事处罚,采取强制措施的种类、时间、决定机关。叙写被不起诉人的基本情况应当注意以下两点:一是住址一般写被不起诉人的居住地,如果户籍所在地与暂住地不一致的,则分别写明户籍所在地和暂住地。二是如果被不起诉人是单位的,应当写明单位名称、住所地等,并以被不起诉单位替代不起诉格式中的"被不起诉人"。

(4) 辩护人的基本情况

应当写明辩护人姓名、单位。

(5) 案由和案件来源

应当依次写明被不起诉人及其姓名,案件涉嫌犯罪的性质,案件移送本检察院的经过。具体来说,应当分别不同情况叙写:

第一，由公安机关侦查终结的案件，应写为："本案由×××公安局侦查终结，以被不起诉人×××涉嫌×××罪，于×年×月×日移送本院审查起诉。"

第二，由本院侦查终结的案件，应写为："被不起诉人×××涉嫌×××一案，由本院依法侦查终结，于×年×月×日移送本院审查起诉或不起诉。"

第三，由上级人民检察院移交起诉的案件，应写为"×××一案由×××公安局侦查终结，经××人民检察院交由本院审查起诉。"

第四，因审判管辖变更由同级人民法院移送起诉的案件，应当写为"×××一案，由×××公安局侦查终结，××人民检察院提起公诉，××人民法院经××人民法院转至本院审查起诉。"

2. 正文

正文包括案件事实、不起诉理由、法律根据和决定事项等内容。

（1）案件事实

不起诉决定分法定不起诉、最高检核准不起诉、相对不起诉和存疑不起诉四种情况，它们都有各自的法律依据和适用范围。因此，案件事实的叙述也应当分为四种情况。

第一，对于法定不起诉的案件，应当根据《刑事诉讼法》第十六条的规定，简要写明案件事实及法定情形。如果是根据《刑事诉讼法》第十六条第（一）项规定作出的不起诉决定，应当概括叙述侦查机关移送审查起诉意见书认定的犯罪事实，然后叙写检察机关经过审查认定的事实及相应的证据，其中应当重点反映显著轻微的情节和危害较小的后果。如果被不起诉人的行为本身已构成犯罪，本应追究刑事责任，但在审查起诉过程中，出现了《刑事诉讼法》第十六条第（二）至（六）项规定的不追究刑事责任的情形之一，因而决定不起诉的，应当重点叙明符合法定不追究刑事责任的事实和证据，以充分体现法律规定的内容。如果是根据《刑事诉讼法》第一百七十七条第一款中的没有犯罪事实而决定不起诉的，应当重点说明不存在犯罪事实或犯罪事实并非被不起诉人所为。

第二，对于最高检核准不起诉的案件，应当根据《刑事诉讼法》第一百八十二条的规定，简要写明案件事实，并写明被不起诉人自愿如实供述涉嫌的犯罪事实，并具有重大立功等，有必要作不起诉处理的事实。要将检察机关审查后认定的事实和证据写清楚，不必叙写侦查机关移送审查时认定的事实和证据。对于证据不足的事实，不能写入不起诉决定书中。在事实部分中表述犯罪情节时应当以犯罪构成要件为标准，还要将体现其有必要作不起诉处理的因素叙述清楚。叙述事实之后，应当将证据一一列举。

第三，对于相对不起诉的案件，应当根据《刑事诉讼法》第一百七十七条第二款的规定，简要写明案件事实，以及认定"犯罪情节轻微，依照《刑法》规定不需要判处刑罚或者免除刑罚"的根据。这部分应当概括叙写案件事实，重点写明有关被不起诉人具有的法定情节及检察机关酌情作出不起诉决定的具体理由的事实。应注意将检察机关审查认定的事实和证据写清楚,而对于侦查机关移送审查时认定的事实和证据则不必写。对于证据不足的事实,不能写入文书。在事实部分中表述犯罪情节时,应当以犯罪构成要件为标准,还要将体现其情节轻微的事实及符合不起诉条件的特征叙述清楚。叙述事实后,应当将证明"犯罪情节"的各项证据一一列举,以阐明犯罪情节如何轻微。

第四,对于存疑不起诉的案件,应当根据《刑事诉讼法》第一百七十五条第四款的规定,简要写明经补充侦查仍然证据不足,不符合起诉条件的事实理由。

(2) 不起诉的理由、法律依据和决定事项

阐述不起诉的理由应当具有针对性,应用准确、精练的语言,概述行为的性质、情节、危害结果和法律责任。

对于法定不起诉的情形,如果是根据《刑事诉讼法》第十六条第(一)项规定作出的不起诉决定的,表述为:"本院认为,×××的上述行为,情节显著轻微、危害不大,不构成犯罪。根据《中华人民共和国刑事诉讼法》第十六条第(一)项和第一百七十七条第一款的规定,决定对×××不起诉。"如果是根据《刑事诉讼法》第十六条第(二)至(六)项规定作出的不起诉决定的,应当重点阐明不追究被不起诉人刑事责任的理由及法律依据,并写明决定不起诉的法律依据。

对于最高检核定不起诉的情形,应当写为:"本院认为,×××实施了《中华人民共和国刑法》第××条规定的行为,因自愿如实供述涉嫌犯罪的事实,并有重大立功(或案件涉及国家重大利益),经最高人民检察院核准,决定对(被不起诉人的姓名)不起诉。"

对于相对不起诉的情形,应当写为:"本院认为,犯罪嫌疑人×××实施了《中华人民共和国刑法》第×条规定的行为,但犯罪情节轻微,具有××××情节(具体写清行为人具有从轻、减轻或者免除刑罚的情节表现),根据《中华人民共和国刑法》第×条的规定,不需要判处刑罚(或者免除刑罚)。依照《中华人民共和国刑事诉讼法》第一百七十七条第二款的规定,决定对×××(被不起诉人的姓名)不起诉。"

对于存疑不起诉的情形,由公安机关侦查终结的案件,应写为:"×××(侦查机关名称)移送审查起诉认定……(概括叙述侦查机关认定的事实),经本院审查并退回补充侦查,本院仍然认为×××(侦查机关名称)认定的犯罪事实不清、证据不足(或者本案证据不足),不符合起诉条件。依照《中华人民共和国刑事诉讼法》第一百七十五条第四款的规定,决定对×××(被不起诉人的姓名)不起诉。"如果是检察机关直接受理立案侦查的案件,则应写为:"本案经本院侦查终结后,在审查起诉期间,经两次补充侦查,本院仍认为本案证据不足,不符合起诉条件。依照《中华人民共和国刑事诉讼法》第一百七十五条第四款的规定,决定对×××(被不起诉人的姓名)不起诉。"

此外还需要注意,不起诉决定书在决定事项后面,应当另起一段,写明查封、扣押、冻结的涉案款物的处理情况,其后再另起两段,分别写明对被不起诉人和被害人的告知申诉事项,即写明:"被不起诉人如不服不起诉决定,可以自收到本决定书后七日内向本院申诉"和"被害人如不服不起诉决定,可以自收到本决定书后七日内向上一级人民检察院提出申诉,请求提起公诉;也可以不经申诉,直接向××人民法院提起自诉"。

3. 尾部

尾部应当在右下方写上××人民检察院,在下一行对应的位置写明文书制发年月日,并加盖院印。

(三)制作中应当注意的问题

第一,不起诉决定书以被不起诉人一人为单位制作,一式4—5份。送达被不起诉人和其所在单位各一份;公安机关移送起诉的案件,应当将不起诉决定书送达公安机关一份;有被害人的案件,应当将不起诉决定书送达被害人一份;归检察内卷一份。

第二,不起诉决定书对当事人应当使用"被不起诉人"这一规范的称呼。

二、刑事抗诉书

(一)概念和作用

刑事抗诉书,是指人民检察院对人民法院确有错误的刑事判决或裁定,依法提出抗诉时制作的文书。

我国《刑事诉讼法》第二百二十八条规定:地方各级人民检察院认为本级人民法院第一审判决、裁定确有错误的,应当向上一级人民法院提出抗诉。本法第二百五十四条第三款同时规定:最高人民检察院对各级人民法院已经发生法律效力的判决和裁定,上级人民检察院对下级人民法院已经发生法律效力的判决和裁定,如果发现确有错误的,有权按照审判监督程序向同级人民法院提出抗诉。

刑事抗诉书是检察机关行使审判监督职能的重要工具,对于纠正人民法院确有错误的判决和裁定,保证法律的正确实施,起着非常重要的作用。

(二)结构、内容和制作方法

该文书属于叙述式文书。新修订的文书格式规定了两个刑事抗诉书的格式样本,即二审程序适用的刑事抗诉书和审判监督程序适用的刑事抗诉书。

1. 二审程序适用的刑事抗诉书

二审程序适用的刑事抗诉书,是指地方各级人民检察院认为本级人民法院第一审的判决或者裁定确有错误,向上一级人民法院提出抗诉时制作的法律文书。

二审程序适用的刑事抗诉书由以下内容组成。

（1）首部

首部包括制作抗诉书的人民检察院名称、文书名称、文号。制作抗诉书的人民检察院名称要注明所在省（自治区、直辖市）的名称，不能只写地级市、县、区人民检察院的名称；如果是涉外案件，应当冠以"中华人民共和国"字样。文书名称即"刑事抗诉书"。文号为"×检×诉刑抗〔××××〕×号"，空白处分别填写提出抗诉的人民检察院的简称、具体办案部门简称、年度和文书编号。

（2）原审判决、裁定情况

具体表述为："××人民法院以×号刑事判决（裁定）书对被告人×××（姓名）×××（案由）一案判决（裁定）……（判决、裁定结果）。"其中，对被告人的基本情况不用叙写；在案由上，如果检察机关和审判机关认定罪名不一致时，应该分别表述清楚；如果在侦查、起诉、审判各阶段均没有超时限等程序违法现象，对公、检、法三机关的办案经过无须详写，只需简要写明法院判决、裁定结果。

（3）审查意见

这部分内容是阐明检察机关对原判决（裁定）的审查意见，要明确指出原判决（裁定）的错误所在，并明确告知二审法院，检察机关抗诉的重点是什么。要做到观点鲜明、语言精练。具体表述为"本院依法审查后认为（如果是被害人及其法定代理人不服地方各级人民法院第一审的判决而请求人民检察院提出抗诉的，应当写明这一程序，然后再写'本院依法审查后认为'），该判决（裁定）确有错误（包括认定事实有误、适用法律不当、审判程序严重违法），理由如下："。

（4）抗诉理由

这部分内容应根据案件的不同情况，从认定事实错误、适用法律不当或者审判程序违法等几个方面进行阐述。具体而言，可分为以下三种表述方式：

① 如果人民法院认定的事实有误的，要针对原审裁决的错误之处，提出纠正意见，强调抗诉的针对性。对于有多起"犯罪事实"（因为检、法两机关对此存在分歧，故加引号）的抗诉案件，只叙述原判决（裁定）认定事实不当的部分，对认定没有错误的，可以简单表述为"对……事实的认定无异议"即可。要提出检、法两机关争议的重点，体现抗诉的针对性。对于共同犯罪案件，也只对原判决（裁定）漏定或错定的部分被告人犯罪事实作重点叙述，对其他被告人的犯罪事实可以简写或者不写。在证据方面，应当在论述事实时有针对性地列举，以说明证据的内容要点及其与犯罪事实的联系。

② 如果是人民法院适用法律有误的，应主要针对犯罪行为的本质特征，论述应当如何认定行为的性质，以正确适用法律。要注意从罪状、量刑情节等方面分别加以论述。

③ 如果是人民法院在审判程序上严重违法的，则应该主要根据《刑事诉讼法》及有关司法解释，逐一论述原审人民法院违反法定程序的事实情况，再叙明影响公

平裁判的现实后果或者可能性,最后,还应当阐明法律规定的正确的诉讼程序应该是怎样的。

(5) 结论性意见、法律根据、决定和请求事项

具体表述为"综上所述……(概括上述理由),为维护司法公正,准确惩治犯罪,依照《中华人民共和国刑事诉讼法》第二百二十八条的规定,特提出抗诉,请依法判决。"此部分应注意用语简洁、明确。

(6) 尾部

包括文书的发送对象(即上一级人民法院)、制发文书的人民检察院的名称及院印、文书制发日期。

(7) 附注

包括:一、被告人现羁押或者居住处所;二、其他有关材料,包括新的证人名单或者证据目录等。对于未被羁押的原审被告人,应将其住所或者居所写清楚,如果证人名单和证据目录与起诉书相同,则不必再附。

2. 审判监督程序适用的刑事抗诉书

审判监督程序适用的刑事抗诉书,是指人民检察院认为人民法院已经生效的判决或者裁定确有错误,按照审判监督程序向人民法院提出抗诉时制作的法律文书。

审判监督程序适用的刑事抗诉书由以下内容组成。

(1) 首部

首部包括制作抗诉书的人民检察院名称、文书名称、文号。制作抗诉书的人民检察院名称要注明所在省(自治区、直辖市)的名称,不能只写地区级市、县、区人民检察院的名称;如果是涉外案件,应该冠以"中华人民共和国"字样。文书名称即"刑事抗诉书"。文号为"××检××审刑抗〔××××〕×号",空白处分别填写提出抗诉的人民检察院的简称、具体办案部门简称、年度和文书编号。

(2) 原审被告人基本情况

包括原审被告人的姓名、性别、出生年月日、民族、职业、单位及职务、住址、服刑情况、刑满释放或者假释的具体日期等。有数名被告人的,依犯罪事实情节由重至轻的顺序分别列出。

(3) 诉讼过程、生效判决或裁定情况

具体表述为:"××人民法院以×号刑事判决书(裁定书)对被告人×××(姓名)×××(案由)一案判决(裁定)……(写明生效的一审判决、裁定或者一审及二审判决、裁定情况)。"如果是被告人及其法定代理人不服地方各级人民法院的生效判决、裁定而请求人民检察院提出抗诉的,应当写明此过程;如果是一审生效的判决或裁定,不仅要写明一审判决或裁定的主要内容,还要写明一审判决或裁定的生效时间;如果是二审终审的判决或裁定,则应分别写明一审和二审判决或裁定的主要内容。此外,还应写明提起审判监督程序抗诉的原因。

(4) 对生效判决或裁定的审查意见(含事实认定)

这部分应在"经依法审查"之后概述检察机关认定的事实、情节。要根据具体案件事实、证据情况,围绕刑法规定该罪的构成要件特别是争议问题,简明扼要地加以叙述。一般应具备时间、地点、动机、目的、关键行为情节、数额、危害后果、作案后表现等有关定罪量刑的事实、情节要素。如果一案中涉及数罪、各罪又有数次作案的,应当依由重至轻的顺序或者按照行为发生的先后顺序进行叙写。对于原审判决、裁定中认定的事实或者新发现的事实、证据,应当重点加以介绍。审查意见部分的内容是检察机关对原判决(裁定)的审查意见,要明确指出原判决(裁定)的错误所在,告知再审法院,检察机关抗诉的重点是什么,这部分应当观点鲜明、语言简练。

(5) 抗诉理由

要根据案件的不同情况,针对认定事实确有错误、适用法律不当或者审判程序违法等几方面进行阐述。具体而言,可以分为三种表达方式:

① 如果人民法院认定事实有误,应针对原审裁判的错误之处,提出纠正意见,强调抗诉的针对性。对于有多起"犯罪事实"(因为检、法两机关对此存在分歧,故加引号)的抗诉案件,只叙述原判决(裁定)认定事实不当的部分,对认定事实没有错误的,可以简单地表述为"对……事实的认定无异议"即可。要提出检、法两机关争议的重点,体现抗诉的针对性。对于共同犯罪案件,也只对原判决(裁定)的漏洞或者错定的部分被告人犯罪事实作重点叙述,对其他被告人的事实可简写或不写。在证据方面,应在论述事实时有针对性地进行列举,以说明证据的内容要点及其与犯罪事实的联系。

② 如果人民法院适用法律有误,应主要针对犯罪行为的本质特征,论述应该如何认定行为的性质,以正确适用法律。要注意从罪状、量刑情节等方面分别加以论述。

③ 如果人民法院在审判程序上严重违法,则应该主要根据《刑事诉讼法》及有关司法解释,逐一论述原审人民法院违反法定程序的事实情况,再叙述影响公正裁判的现实后果或者可能性,最后,还应阐明法律规定的正确的诉讼程序应该是怎样的。

(6) 结论性意见、法律依据、决定和请求事项

具体表述为"综上所述……(概括上述理由),为维护司法公正,准确惩治犯罪,依照《中华人民共和国刑事诉讼法》第二百五十四条第三款的规定,对××法院×号刑事判决(裁定)书,提出抗诉,请依法判处。"这部分应注意用语简洁、明确。

(7) 尾部

包括文书的发送对象(即同级人民法院)、制发文书的人民检察院的名称及院印、文书制发日期。

(8) 附注

附注包括:被告人现服刑地或者居住处所;其他有关材料,包括新的证人名单或者证据目录等。对于未被羁押的原审被告人,应将其居住地或者暂住地写清楚,如果证人名单和证据目录与起诉书相同,则不必附。

(三) 制作中应当注意的问题

刑事抗诉书以案件或者被告人为单位制作,制作的份数按照实际需要计算确定。正本送达主送的人民法院,副本通过人民法院送达被告人及其辩护人。附检察内卷一份。第二审程序的刑事抗诉书要抄报上一级人民检察院,审判监督程序的刑事抗诉书要抄送原提起公诉和提请抗诉的下级人民检察院。

三、公诉意见书

(一) 概念和作用

公诉意见书,是指出席法庭的公诉人,代表人民检察院在法庭调查结束、法庭辩论开始之前,依法首先发表的旨在支持公诉兼有法治宣传教育作用的综合性发言。

我国《刑事诉讼法》第一百八十九条规定:人民法院审判公诉案件,人民检察院应当派员出席法庭支持公诉。同时,依照刑诉法第一百九十八条的规定,经审判长许可,公诉人、当事人和辩护人、诉讼代理人可以对证据和案件情况发表意见,并且可以相互辩论。审判长在宣布辩论终结后,被告人有最后陈述的权利。

公诉意见书的作用主要体现在三个方面:第一,通过论述、补充起诉书的内容,可以起到支持公诉、打击犯罪的作用;第二,通过揭露和批判犯罪事实,能够有效地进行法治宣传;第三,在公诉意见书中有重点、有针对性地论述案情,便于掌握法庭辩论的主动权。

(二) 结构、内容和制作方法

公诉意见书属于法庭演讲词,是一种论辩型的法律文书。它由标题、称呼语、前言、公诉意见、结束语等部分组成。

1. 标题

标题应当写为"公诉意见书"。但标准格式规定标题下还要依次分行写被告人姓名、案由和起诉书号。

2. 称呼语

应当写为"审判长、审判员(人民陪审员)"。

3. 前言

根据人民检察院文书格式的要求,公诉意见书的前言应当表述为"根据《中华人民共和国刑事诉讼法》第一百八十九条、第一百九十八条、第二百零四条和第二百零九条的规定,我(或者我们)受××人民检察院的指派,代表本院,以国家公诉人的身份出席法庭支持公诉,并依法对刑事诉讼实行法律监督。现对本案证据和案件情况发表如下意见,请法庭注意。"

4. 公诉意见

发表公诉意见应当结合案情,重点阐明下面几个问题:

(1) 根据法庭调查的情况,概述法庭质证的情况、各证据的证明作用,并运用各证据之间的逻辑关系证明被告人的犯罪事实清楚,证据确实、充分。

(2) 根据被告人的犯罪事实,论证应适用的法律条款并提出定罪及从重、从轻、减轻处罚等意见。

(3) 根据庭审情况,在揭露被告人犯罪行为的社会危害性的基础上,进行必要的法律宣传和教育工作。

需要注意的是,公诉意见书是起诉书的"后盾",应当充分发挥公诉意见书支持公诉的作用,在充分阐明上述意见的基础上,对起诉书的重点内容进行重述,对案情的难点、疑点进行说明,对起诉书的疏漏之处进行补充和修正。最高检察院《刑事检察工作文书格式样本(2020)》中的审判相关工作文书中有《答辩提纲》这一文种。该文书要围绕犯罪构成、量刑等争议问题进行辩论,为出庭的检察员针对被告人、辩护人的辩护意见进行答辩,进一步阐述公诉意见时适用。制作公诉意见书时要充分发挥同案中已制作的答辩提纲的要点和精华。只有这样,才能做到重点突出,有针对性。

5. 结束语

根据检察文书格式的规定,结束语应当表述为:"综上所述,起诉书认定本案被告人×××的犯罪事实清楚,证据确实充分,依法应当认定被告人有罪,并建议……(根据是否认罪认罚等情况提出量刑建议或从重、从轻、减轻处罚等意见)"

结束语之后还应当写明公诉人姓名,注明当庭发表本公诉意见的时间。这部分内容是办案记载,不在法庭上宣读。

本 章 小 结

本章概要解释了侦查、起诉和检察法律文书的概念和分类,并介绍了其中每类文书包括的具体文种。为了提高学习效率,我们选择了其中最具代表性的 7 种文书作为重点教学对象,希望学习者认真学习后能举一反三,以点带面,对这一大类法律文书有比较全面的认知。

思考与练习

1. 呈请立案报告书正文部分应包括哪些内容?
2. 制作提请批准逮捕书,必须具备哪些条件?
3. 如何写好刑事抗诉书的抗诉理由?
4. 简述起诉意见书和起诉书的联系和区别。
5. 练习制作一份起诉书。

第三章 人民法院刑事裁判文书

本章要点

本章概述了法院刑事裁判文书的概念、沿革、分类和制作的特殊要求,重点讲解了各审级的刑事判决书、刑事附带民事判决书,并从总体上概要介绍了刑事裁定书。

第一节 概　　述

一、概念

人民法院的刑事裁判文书是指人民法院对人民检察院提起公诉或者自诉人提起自诉的刑事案件在审理终结或者在审理过程中,依照《刑事诉讼法》的规定对案件的实体问题或者程序问题所作的具有法律效力的处理决定。这一概念表明刑事裁判文书具有下述特点:第一,刑事裁判文书制作主体为行使国家审判权的人民法院。第二,刑事裁判文书制作依据主要是《刑事诉讼法》,也包括最高人民法院的有关司法解释。第三,刑事裁判文书适用的案件类型包括各类公诉案件、自诉案件以及刑事附带民事诉讼案件。第四,人民法院制作的生效的刑事裁判文书具有法律效力,以国家强制力保证实施。

人民法院是代表国家行使审判权的司法机关,刑事裁判文书是人民法院行使审判权的具体体现。人民法院通过制作刑事裁判文书的形式,依法保护人民、打击敌人、惩罚犯罪。它既是保护人民、惩罚犯罪的有力武器,又是宣传法治、教育公民自觉遵守法律的生动教材。从这个角度说,制作好刑事裁判文书,对于惩治各种刑事犯罪分子,稳定社会秩序,维护社会主义法律制度,推进社会主义依法治国方略的实现,从而最终保障社会主义现代化建设事业的顺利进行,都有着重要的作用。

二、分类

人民法院的刑事裁判文书,主要指刑事判决书和刑事裁定书。

刑事判决书,按照提起诉讼的主体的不同,可分为公诉案件刑事判决书和自诉案件刑事判决书;按照内容不同,可分为有罪判决书和无罪判决书;按照程序不同,可分为第一审刑事判决书、第二审刑事判决书、再审刑事判决书、死刑复核刑事判决书和刑事附带民事判决书。

刑事裁定书,按照程序可分为第一审刑事裁定书、第二审刑事裁定书、死刑复核刑事裁定书、再审刑事裁定书和执行程序刑事裁定书。

本章主要介绍第一审刑事判决书、第二审刑事判决书、再审刑事判决书、刑事附带民事判决书以及刑事裁定书,重点讲解上述各种文书的结构内容和制作方法以及制作中应当注意的问题。在本章教材编写中,作者以《最高人民法院刑事诉讼文书样式:制作规范与法律依据》(法律应用研究中心编,中国法制出版社 2021 年版)为文书的参照样式。

三、制作要求

(一)依法制作

人民法院刑事裁判文书的合法性包括以下几方面:首先,制作文书必须要有相应的法律依据;其次,制作主体必须合法,只有符合法定条件的人民法院制作的裁判文书才具有合法性;最后,裁判文书的内容和制作程序也要求符合法律规定。

(二)形式统一、规范

人民法院的刑事裁判文书在形式上须全国统一,合乎规范。具体地说,主要体现在以下几个方面:一是格式规范。文书的名称、文号、正文、落款等内容均应严格遵循格式的要求。二是结构、内容完整,它可分为首部、正文、尾部三个部分。首部主要是制作文书的机关的名称,文书的名称及文书的编号等;正文主要包括事实与证据、理由与法律依据、判决结果等;尾部主要包括日期、签署、印章等。三是语言准确、表述科学,力求使每份刑事裁判文书成为无懈可击的法律语言精品。

第二节 第一审刑事判决书

一、概念、法律依据和功用

第一审刑事判决书,是指第一审人民法院对由同级人民检察院提起公诉的刑事案件或自诉人提起自诉的刑事案件在审理终结后,根据已经查明的事实,依法就被告人是否犯罪、犯什么罪,应否受到刑事处罚和判处什么刑罚或者免除刑罚,或者宣告无罪等实体问题作出处理决定时而制作的文书。

《刑事诉讼法》第二百条规定:"在被告人最后陈述后,审判长宣布休庭,合议庭进行评议,根据已经查明的事实、证据和有关的法律规定,分别作出以下判决:(一)案件事实清楚,证据确实、充分,依据法律认定被告人有罪的,应当作出有罪判决;(二)依据法律认定被告人无罪的,应当作出无罪判决;(三)证据不足,不能认定被告人有罪的,应当作出证据不足、指控的犯罪不能成立的无罪判决。"该法第二百零三条规定:"判决书应当由审判人员和书记员署名,并且写明上诉的期限和上诉的法院。"这是制作第一审刑事判决书的主要法律依据。

第一审刑事判决书是一审人民法院代表国家行使审判权、保障法律实施的重要形式和手段,是一审人民法院依据事实、证据和有关法律规定对被告人作出的处理决定。被告人了解了一审人民法院对自己的处理结果,可以决定是上诉还是服判。它可以使同级人民检察院和自诉人了解一审人民法院对被告人的处理情况,以便决定抗诉或者上诉还是同意一审人民法院所作的决定。它可以使上级人民法院和上级人民检察院了解下级人民法院适用法律是否正确,以便实施法律监督。它也是对人民群众进行法治教育的生动教材。

二、结构内容和制作方法

第一审刑事判决书由首部、正文和尾部三部分组成。其中正文包括案件事实、判决理由和判决结论,它是判决书的核心部分。

(一)首部

1. 法院名称和文书名称

法院名称一般应与院印的文字一致,但基层人民法院应冠以省、自治区、直辖市名称,如系涉外案件,各级法院则均应冠以"中华人民共和国"的全称。文书名称应为"刑事判决书",在法院名称之下,单列一行。法院名称和文书名称均应在各行的正中。

2. 案号

依次由立案年度、制作法院、案件性质、审判程序的代号、顺序号组成。如湖北省武汉市中级人民法院2021年立案的第18号刑事案件,案号表述为"(2021)武刑初字第18号"。案号应写在文书名称下一行的右端,且最后一字与下面正文各行对齐,上下各空一行。

3. 公诉机关的名称或者自诉人的身份事项

"公诉机关"后面直接写"××人民检察院",中间不空格,也不用冒号分开,如

"公诉机关湖北省武汉市人民检察院"。对刑事自诉案件,写明自诉人的身份事项,包括姓名、性别、出生年月日、民族、出生地、文化程度、职业或工作单位和职务、住址。

4. 被害人

被害人及其法定代理人、诉讼代理人出庭参加诉讼的,应当在审判经过段的"出庭人员"中写明。

5. 被告人

依次写明被告人姓名、性别、出生年月日、民族、出生地、文化程度、职业或工作单位和职务、住址和因本案所受强制措施情况、现羁押处所。在此基础上根据不同被告人的不同情况予以变动。被告人如有与案情相关的别名、化名或者绰号的,应在其姓名后面用括号加以注明,如系外国人的,应注明其国籍、英文译名和护照号码。被告人的出生年月日,一般应按公历书写,如出生年月日确实查不清的,也可写实足年龄,但对犯罪时不满18周岁的未成年被告人,必须写出生年月日。若被告人是未成年人或限制刑事责任能力人,另起一行还要列明其法定代理人或指定代理人的基本情况。被告人的住址,应写住所所在地,住所所在地和经常居住地不一致的,写经常居住地。被告人曾经受过刑事处罚,或在限制人身自由期间逃跑,可能构成累犯或者有法定、酌定从重处罚情节的,应在住址后面写明其事由和时间。同案被告人为两人以上的,按判决结果所确定的主、从关系的顺序或判处刑罚的重轻顺序列项书写。另外,被告人是单位的,在公诉机关的下一项,首先要列明"被告单位",写明单位的名称和地址。在"被告单位"下一项,还需列明"诉讼代表人"。如果有自然人被告,在"诉讼代表人"及其辩护人的下一项列明。

6. 辩护人

辩护人系律师的,只写姓名、工作单位和职务,如"辩护人×××,×××律师事务所律师";辩护人是人民团体或者被告人所在单位推荐的,也只写姓名、工作单位和职务;辩护人如系被告人的监护人、亲属,应写明其与被告人的关系;辩护人如系人民法院指定的,写为"指定辩护人×××",并在审判经过段和"控辩主张"部分作相应的表述。同案两人以上被告人各有辩护人的,应分别在各被告人项下单独列项写明。对于刑事自诉人及其法定代理人或者近亲属委托了诉讼代理人的,应当写明委托代理人的姓名和所在单位。

7. 案件的由来、审判组织和审判经过

这一段是首部与事实之间的"过渡",对这一段的清晰表述,也体现了审判程序的合法。按文书样式规定,表述如下:

××人民检察院以×检×诉〔××××〕×号起诉书指控被告单位×××犯××罪/被告人×××犯××罪,于×年×月×日向本院提起公诉。本院依法组成合议庭,公开(或者不公开)开庭审理了本案。××人民检察院指派检察员

×××出庭支持公诉,被害人×××及其法定代理人×××,诉讼代理人×××,被告单位的诉讼代表人×××及其辩护人×××,证人×××,被告人×××及其辩护人×××,证人×××,鉴定人×××,翻译人员×××等到庭参加诉讼。现已审理终结。

在表述时应注意以下五点。

第一,起诉日期。按照最高人民法院的有关规定,起诉日期应为法院签收起诉书等材料的日期。

第二,公诉人。按照规范样式,只规定了检察员出庭支持的公诉的情形,其实出庭支持公诉人员除检察员外,还有检察长、副检察长或助理检察员。因此,应视实际情况表述为××人民检察院"检察长""副检察长"或"代理检察员"。如果起诉书上署名的检察员与出庭支持公诉的检察员不一致时,应以出庭支持公诉的检察员为准。

第三,对于二审法院发回重审的案件,原审法院在制作重审后的判决书时,应在"审理了本案"一句之后增写以下内容:本院于×年×月×日作出(××××)×刑初字第×号刑事判决,被告人×××提出上诉(或××人民检察院提出抗诉),××人民法院于×年×月×日作出(××××)×刑终字第×号刑事裁定,撤销原判,发回重审。本院依法另行组成合议庭,公开(或不公开)开庭审理本案。

第四,对于本院曾经以"证据不足,××人民检察院指控的犯罪不能成立"而宣告"被告人××无罪"后,又经检察机关重新起诉的案件,原判决不予撤销,应在案件审理经过段"××人民检察院以×检×诉〔××××〕×号起诉书"一句前,增写"被告人×××曾于×年×月×日被××人民检察院以犯×××罪向本院提起公诉,因证据不足,被本院宣告无罪"一段文字。

第五,对于自诉案件这一段在行文上格式为:自诉人×××(姓名)以被告人×××(姓名)犯××罪,于×年×月×日向本院提起控诉。本院受理后,依法实行独任审判(或者组成合议庭),公开(或者不公开)开庭审理了本案。自诉人×××及其诉讼代理人×××,被告人×××及其辩护人×××等到庭参加诉讼。现已审理终结。

(二)正文

正文部分是制作第一审刑事判决书的重点和难点,包括案件事实、判决理由和判决结论。我们以使用频率较高的一审公诉案件适用普通程序的刑事判决书样式作为讲述的重点。

1. 事实的叙述

事实是判决的基础,是判决理由和判决结果的根据。制作判决书,首先要把事实叙述清楚。事实部分包括四个方面的内容:人民检察院指控被告人犯罪的事实和证据；被告人的供述、辩解和辩护人的辩护意见；经法庭审理查明的事实和据以定案的证据，并分四个自然段书写，以充分体现控辩式的审理方式。

(1) 公诉机关的指控。以"××人民检察院指控"起始，写出下文。包括三个方面：一是公诉机关指控被告人犯罪的事实，应按照《刑事诉讼法》第一百八十六条关于"有明确的指控犯罪事实"的规定进行表述；二是指控被告人犯罪的证据，主要以公诉机关起诉时附有的证据目录、证人名单和主要证据复印件或者照片为限；三是公诉机关对本案适用法律的意见，包括对被告人的定性意见、量刑情节和具体适用法律条款的意见。

(2) 被告人的供述、辩解和自行辩护的意见。以"被告人×××辩称"起始，写出下文。首先，对被告人的供述与公诉机关的指控一致的，可简略地表述为"被告人×××对公诉机关的指控供认不讳"。其次，如对指控的事实有不一致或者完全否认的，则应具体写明其供述部分的内容、对未作供述部分的辩解和提出的相关证据。最后，写明被告人自行辩护的意见，主要是针对公诉机关的指控、陈述有关适用法律方面的意见。

(3) 辩护人的辩护意见和有关证据。以"辩护人×××提出的辩护意见是"起始，写出下文。按照《刑事诉讼法》的规定，在刑事诉讼中，除非被告人拒绝委托辩护人辩护或者拒绝接受指定辩护人辩护的个别特殊情形，原则上被告人都应有其委托的辩护人或者有人民法院指定的辩护人为其进行辩护。因此，在判决书中写明辩护人的辩护意见和有关证据，对维护被告人的合法权益和帮助人民法院正确适用法律审判案件，尤为重要。对辩护人的辩护意见，一般应当进行逐条概括列示。对公诉机关指控的事实、证据和适用法律意见有分歧的内容可作为叙述的重点。

(4) 经庭审查明的事实和据以定案的证据。以"经审理查明"为起始语。叙述法庭查明的事实时，应写明案件发生的时间、地点，被告人的动机、目的、手段，实施行为的过程、危害结果，被告人在案发后的态度等，并以是否具备犯罪构成要件为重点，兼叙影响定性处理的各种情节。在叙述时，应当注意以下五点。

第一，叙述事实时，应当写明案件发生的时间、地点，被告人的动机、目的、手段，实施行为的过程、危害结果和被告人在案发后的表现等内容，并以是否具备犯罪构成要件为重点，兼叙影响定性处理的各种情节。依法公开审理的案件，案件事实未经法庭公开调查的，不能认定。

第二，叙述事实要层次清楚，重点突出。一般按时间先后顺序叙述；一人犯数罪的，应当按罪行主次的顺序叙述；一般共同犯罪案件，应当以主犯为线进行叙述；集团犯罪案件，可以先综述集团的形成和共同的犯罪行为，再按首要分子、主犯、从犯、胁从犯或者罪重、罪轻的顺序分别叙述各个被告人的犯罪事实。

第三，认定事实的证据必须做到：(1) 依法公开审理的案件，除需举证的事实外，证明案件事实的证据必须经过法庭公开举证、质证，才能认证；未经法庭公开举证、质证的,不能认证。(2)特别要注意通过对证据的具体分析、认证来证明判决所确认的犯罪事实。防止并杜绝用"以上事实,证据充分,被告也供认不讳,足以认定"的抽象、笼统的说法或者用简单的罗列证据的方法,代替对证据的具体分析、认证。法官认证和采信证据的过程应当在判决书中充分体现出来。(3)证据要尽可能写得明确、具体。证据的写法,应当因案而异。案情简单或者控辩双方没有异议的,可以集中表述;案情复杂或者控辩双方有异议的,应当进行分析、认证;一人犯数罪或者共同犯罪案件,还可以分项或者逐人逐罪叙述证据或者对证据进行分析、认证。对控辩双方没有争议的证据,在控辩主张中可不予叙述,而只在"经审理查明"的证据部分具体表述,以避免不必要的重复。

第四,叙述证据时,应当注意保守国家秘密,保护报案人、控告人、举报人、被告人、证人的安全和名誉。

第五,对于刑事自诉案件也可参照上述四个方面来叙述,在此就不再赘述。

2. 理由的表述

理由是判决的灵魂,没有理由的判决等于没有灵魂的躯体。理由是将犯罪事实和判决结果有机联系在一起的纽带。其核心内容是针对案情特点,运用法律规定、政策精神和犯罪构成理论,阐述公诉机关的指控是否成立,被告人的行为是否构成犯罪,犯的什么罪,依法应当如何处理,为判决结果打下基础。书写判决理由时,应当注意以下几点:

(1) 理由的论述一定要有针对性,有个性。要注意结合具体案情,充分摆事实、讲道理。说理力求透彻,逻辑严密,无懈可击,使理由具有较强的针对性和说服力。防止理由部分不说理或者说理不充分,只引用法律条文,不阐明适用法律的道理;切忌说空话、套话,理由千篇一律,只有共性,没有个性。尽量使用法律术语,并注意语言精练。

(2) 确定罪名,应当以《刑法》及相关法律法规为依据。一人犯数罪的,一般先定重罪,后定轻罪;共同犯罪案件,应在分清各被告人在共同犯罪中的地位、作用和刑事责任的前提下,依次确定首要分子、主犯、从犯或者胁从犯、教唆犯的罪名。

(3) 如果被告人具有从轻、减轻、免除处罚或者从重处罚等一种或者数种情节的,应当分别或者综合予以认定。

(4) 对控辩双方适用法律方面的意见应当有分析地表明是否予以采纳,并阐明理由。

(5) 判决的法律依据,应当包括司法解释在内。在引用法律条文时,应当注意:

第一,要准确、完整、具体。准确,就是要恰如其分地符合判决结果;完整,就是要充分引用据以定性处理的法律规定和司法解释;具体,就是要引出法律依据条文外延最小的规定,即凡条下分款分项的,应写明第几条第几款第几项,有的条文只分项不分款的,则写明第几条第几项。

第二,要有一定的条理和顺序。应当先引用有关定罪与确定量刑幅度的条文,后引用从轻、减轻、免除处罚或者从重处罚的条文;判决结果既有主刑,又有附加刑内容的,应当先引用适用主刑的条文,后引用适用附加刑的条文;某种犯罪需要援引其他条款的法定刑处罚(即援引法定刑)的,应当先引用本条条文,再按本条的规定,引用相应的他罪条文;一人犯数罪的,应当逐罪引用法律条文;共同犯罪的,既可集中引用有关的法律条文,也可逐人逐罪引用有关的法律条文。

第三,引用的法律依据中,既有法律规定又有司法解释的,应当先引用法律规定,再引用相关的司法解释;判决结果是判决书的结论部分,是人民法院依照法定程序审理案件后,根据查明的事实和法律条文的具体规定,对被告人作出定性处理的结论。

3. 判决结果的表述

制作此部分应注意以下问题:

(1) 被告人构成犯罪,应首先明确其犯什么罪。罪名表述应与判决理由中确定的罪名一致,罪名表述后即表述判处的刑罚。如有罪科刑的,表述为"被告人×××犯×××罪,判处有期徒刑十年";有罪免刑的,表述为"被告人×××犯×××罪,免于刑事处罚"。如果一人犯数罪时,应在每一罪名后表述该罪判处的刑罚,然后按照刑法总则关于数罪并罚的规定,决定执行的刑罚;共同犯罪的,一般应逐人表述,按先主犯,后从犯,先重罪,后轻罪的顺序叙述。

(2) 判处的各种刑罚应按法律规定写明全称,不能随意简化,如不能将"判处死刑,缓期二年执行"简化为"判死缓"。有期限的刑罚应当写明刑种、刑期和对羁押时间的计算方法及起止日期。根据《最高人民法院关于刑事裁判文书中刑期起止日期如何表述问题的批复》,对判处管制、拘役、有期徒刑的,应这样表述:"刑期从判决执行之日起计算。判决执行以前先行羁押的,羁押一日折抵刑期一日(判处管制刑的,羁押一日折抵刑期二日),即自×年×月×日(羁押之日)起至×年×月×日止。羁押期间取保候审的,刑期的终止日顺延。"如系判处死刑缓期二年执行的,应当表述为:"死刑缓期二年执行的期限,从高级人民法院核准之日起计算。"

(3) 无罪判决的三种情形,在判决主文上均应写明:"被告人×××无罪。"一是案件事实清楚,证据确实、充分,依据法律认定被告人无罪的;二是证据不足,不能认定被告人有罪的;三是被告人死亡,根据已查明的案件事实和认定的证据材料,能够确认被告人无罪的。

(4) 对于下列两种情形,在判决主文中均应写明"被告人×××不负刑事责任"。被告人因不满16周岁不予刑事处罚和被告人是精神病人在不能辨认或不能控制自己行为的时候造成危害结果不予刑事处罚的。

(5) 追缴、退赔和发还被害人合法财物,一般应在判决结果中写明其名称和数额。财物多、种类杂的,也可以只在判决结果上概括表述种类和总额,对具体名称和数量另列清单写明,作为判决书的附件。

(6) 依照《刑法》第五十三条规定,判处罚金在指定的期限内一次或者分期缴纳,应当在判决书中写明。按照有关司法解释,判决指定的期限应当从判决发生法律效力的第二日起,最长不得超过三个月。

(三)尾部

尾部应依次写明下列内容。

1. 交代上诉权。在判决结果之后,另起一行写明:"如不服本判决,可在接到判决书的第二日起十日内,通过本院或者直接向××人民法院提出上诉。书面上诉的,应当提交上诉状正本一份,副本×份。"如果适用《中华人民共和国刑法》第六十三条第二款规定,在法定刑以下判处刑罚的,应当在交代上诉权后,另起一行写明:"本判决依法报请最高人民法院核准后生效。"

2. 合议庭组成人员或者独任审判员署名。合议庭有陪审员的,署名为"人民陪审员";合议庭成员有助理审判员的,署名为"代理审判员";助理审判员担任合议庭审判长的,与审判员担任合议庭审判长一样,署名为"审判长";院长(副院长)或者庭长(副庭长)参加合议庭的,均署名为"审判长"。

3. 作出判决的日期。当庭宣判的,应该写明当庭宣判的日期;定期或者委托宣判的,应当写明签发判决书的日期。

4. 书记员署名。在年月日的下方,由书记员署名。

5. 加盖"本件与原件核对无异"戳记。书记员将正本与原本核对无异之后,加盖在正本末页的年月日的左下方、书记员署名的左上方。

尾部后应附判决书相关的所有法律条文。

三、制作中应当注意的问题

自修订后的《刑事诉讼法》实施以来,我国法院刑事裁判文书较以往有很大的改变,司法实践中也涌现出了不少优秀的判决实例,然而,刑事判决存在的问题也是不容忽视的。这里,结合一审判决的制作就其注意事项及改革的思路略作论述。

(一) 关于文书格式问题

我国目前的裁判文书的格式已较为完整和细致,制作时应遵守其规范。从内容结构来看,应当允许必要时根据案件的特点,对一般规定有适当的突破。

(二) 关于叙述问题

某些刑事裁判文书过分强调对被告人的惩罚和打击,忽视对被告人有利的事实情节,这种现象应当引起重视。从叙述的方法上来看,我国刑事裁判文书的叙述方式是单线条的,只注重对犯罪构成事实的叙述而忽视其他方面。国外刑事判决叙事往往采取复式甚至是多式的方法,法官往往是在多种对立中寻找平衡。对此应当注意。

（三）关于控辩意见的问题

我国目前大多数判决重视的是控方意见的表述,对辩护意见往往不够重视。我们认为应当在文书中对辩护意见作详细的援引与分析,尤其是应当认真地分析控辩双方有争议的问题。否则,只重视控方意见的话,可能形成对被告人惩罚有余而保护不足的判决。

（四）关于证据的问题

判决书对证据的表述应当有针对性,既要反映案件的特点,又要体现庭审的程序和特点,不能一概而论。因此,在方式上既可以集中表述,又可以一事一证地分析认定。

（五）关于论述理由的问题

论述理由应当有针对性,这是一般的要求,更重要的是如何做到论理充分。论理充分涉及论理的角度和方法等问题。我国目前裁判论理在方法上较为单一,主要是演绎归纳模式。法官往往只选择重点或者被认为是重点的部分进行论述,这种方式虽有重点但不够全面,因而显得说理不够充分。要使判决书说理充分,应注意如下四个方面:一是注意说理的立场。法官裁判案件应体现司法的独立和中立,不能将裁判角色与控诉混同。二是注意说理的方法。我国裁判文书往往在论证理由时只选择重点进行简单的分析,形成的结论也只是简单的演绎推理模式,要在方法上有所突破,必须注意采用多种分析方法,如解释的方法,归纳、类推的方法等都可以运用。三是注意说理的要素。说理包含的要素非常复杂,既有事实、法律规则方面的因素,又有情理、人文方面的因素,既有控诉的重点,也有辩护的要点,因此,应当综合分析。四是注意说理的层次。说理的过程有一个层次问题,先说什么,后说什么有一个逻辑的过程,如果违背这一规律则可能使理由显得凌乱、没有针对性。

（六）关于法律依据的问题

法律依据应当准确、完整,有一定的顺序,这是一般要求。我国裁判文书法律依据的机械式的引用也引起了注意,但如何进行改革,目前没有达成共识。法律依据在裁判文书中应体现其透明度,尽管不需要将所有条款内容写出来,但涉及定性或者有争议事项内容的,应当结合条款内容进行分析。另外,对于有关专家的意见,从国外情况来看,专家意见进入判决是较普遍的现象,我国不采纳此方式。本书认为对有些疑难案件,引用有关专家的意见更有利于充分说理。

（七）关于主文的问题

表述判决主文应当准确简练。罪名的表述应当严格按照我国刑法的有关规定正确认定与表述。

（八）关于判决书制作的日期问题

一般而言，应当以当庭宣判和签发判决书的日期为准。经过审判委员会讨论的，应写审判委员会作出决定的日期。

（九）注意公诉案件与自诉案件的区别

自诉案件判决结果中有关宣告无罪的刑事判决书只适用于对已经开庭审理而宣告无罪的自诉案件。如果人民法院对于自诉人提起的自诉案件在开庭审理前即发现缺乏罪证且自诉人提不出补充证据又不愿撤回自诉的，依照《刑事诉讼法》第二百一十一条第一款第（二）项的规定，应当裁定驳回自诉人的自诉，相应地，就应当制作驳回起诉的刑事裁定书而不是宣告无罪的刑事判决书。

本节内容按照一审公诉案件适用普通程序用刑事判决书样式讲授，一审单位犯罪案件用刑事判决书的格式与实例请参阅《法律文书范例评析》一书的相关章节。① 请注意这两种样式的异同。

第三节　第二审刑事判决书

一、概念、法律依据和功用

第二审刑事判决书，是指第二审人民法院根据当事人的上诉或公诉机关的抗诉，依照《刑事诉讼法》规定的第二审程序对第一审人民法院作出的尚未发生法律效力的判决进行审理终结之后，依法作出全部或部分改判处理时而制作的文书。

《刑事诉讼法》第二百三十六条规定："第二审人民法院对不服第一审判决的上诉、抗诉的案件，经过审理后，应当按照下列情形分别处理：（一）原判决认定事实和适用法律正确、量刑适当的，应当裁定驳回上诉或者抗诉，维持原判；（二）原判认定事实没有错误，但适用法律有错误，或者量刑不当的，应当改判；（三）原判决事实不清楚或者证据不足，可以在查清事实后改判；也可以裁定撤销原判，发回原审人民法院重新审判。"

第二审人民法院通过制作第二审判决书可以及时有效地纠正第一审判决的错

① 潘庆云：《法律文书范例评析》，复旦大学出版社 2014 年版。

误,切实保障当事人的合法权利,保证国家法律的正确实施。上级人民法院通过对具体案件的改判,对下级法院进行监督指导,帮助他们提高审判质量,保证审判权的正确行使。

二、结构内容和制作方法

第二审刑事判决书的格式与第一审刑事判决书基本相同,但又有自己的特点。

(一)首部

1. 标题

"××中级(或高级、最高)人民法院刑事判决书"或"××人民法院刑事附带民事判决书"。

2. 文书编号

"(年度)×刑终字第×号"。案号用刑"终"字。

3. 抗诉人和上诉人的称谓和身份事项

有以下几种情况:

第一,检察机关提出抗诉的,第一项为"抗诉机关",第二项为"原审被告人"。

第二,公诉案件的被告人提出上诉的,第一项为"原公诉机关",第二项为"上诉人",并用括号注明是"原审被告人";未成年的被告人的法定代理人或者指定代理人提出上诉的,第一项为"原公诉机关",第二项为"上诉人",并在姓名之后用括号注明其与被告人的关系,第三项为"原审被告人";被告人的辩护人或者近亲属经过被告人同意提出上诉的,第一项为"原公诉机关",第二项为"上诉人",并用括号注明其与被告人的关系,第三项为"原审被告人"。

第三,自诉案件的自诉人提出上诉的,第一项为"上诉人(原审自诉人)",第二项为"原审被告人";被告人提出上诉的,第一项为"上诉人(原审被告人)",第二项为"原审自诉人";自诉人和被告人都提出上诉的,第一项为"上诉人(原审自诉人)",第二项为"上诉人(原审被告人)"。

第四,共同犯罪案件的个别或者部分被告人提出上诉的,第一项为"原公诉机关",第二项为"上诉人",并用括号注明其在原审中的诉讼地位;没有提出上诉的,在第三项写"原审被告人",以便二审对全案进行审查,一并处理。

第五,人民检察院和当事人同时提出抗诉和上诉的,根据最高人民法院的司法解释,应按抗诉程序进行审理,因此第一项为"抗诉机关",第二项为"上诉人"。

第六,附带民事诉讼的当事人提出上诉的,第一项为"上诉人",第二项为"被上诉人",即对方当事人,并分别在括号内注明其在原审中的诉讼地位;附带民事诉讼当事人的法定代理人提出上诉的,与自诉案件当事人的法定代理人的书写相同。

上列当事人的身份事项和被拘留、逮捕日期,与第一审刑事判决书的书写相同。

4. 辩护人的称谓和身份事项

与第一审刑事判决书的写法相同。

5. 案件来源、一审处理结果、提出上诉或者抗诉的主要理由

具体可表达为:"××人民法院审理××人民检察院指控原审被告人×××(写明姓名)犯××罪一案,于×年×月×日作出(××××)×刑初字第×号刑事判决,决定×××犯××罪,判处××刑罚。原审被告人×××不服,提出上诉(检察机关提出抗诉的,可写为:××人民检察院不同意原判,向本院提出抗诉)。本院依法组成合议庭,公开(或者不公开)开庭审理了本案。××人民检察院指派检察员×××(姓名)出庭履行职务(如未出庭,此项不写;如系抗诉案件,则应表述为:出庭支持抗诉)。上诉人(或者原审被告人)×××及其辩护人×××、证人×××、鉴定人×××等到庭参加诉讼。现已审理终结。"

在书写案件由来和审理经过段时,应当注意:(1)如果被害人及其法定代理人请求人民检察院提出抗诉,人民检察院根据《刑事诉讼法》第二百二十九条的规定决定抗诉的,应当在审理经过段中的"原审被告人×××不服,提出上诉"一句之后,续写:"被害人(或者其法定代理人)不服,请求××人民检察院提出抗诉。××人民检察院决定并于×年×月×日向本院提出抗诉。"(2)第二审人民法院根据《刑事诉讼法》第二百三十四条的规定,决定不开庭审理的,应当将在"本院依法组成合议庭"之后、"现已审理终结"之前的内容改写为:"经过阅卷、讯问被告人、听取其他当事人、辩护人、诉讼代理人的意见,认为事实清楚,决定不开庭审理。"(3)按照《刑事诉讼法》及相关司法解释的要求,凡死刑上诉案件,在审理经过段,均应表述为:"依法公开开庭审理了本案。"

(二)正文

正文包括事实、理由和判决结果,是本判决书的制作重点。

1. 事实

要写明以下内容:首先,概述原判决认定的事实、证据、理由和判决结果。其次,写明上诉(或者抗诉)的主要理由和辩护人的主要意见。再次,概述人民检察院在二审中提出的新意见。最后,写明经二审审理查明的事实和证据。

第二审刑事判决书对案件事实的叙述,与第一审刑事判决书在要求和侧重点上都有所不同。既要针对上诉或者抗诉的主要理由重点进行叙述,特别是对上诉理由中与原判认定的事实、证据有异议的问题更要进行详细的分析、认证,又不需要受上诉或者抗诉范围的限制。在叙述方法上,应当区别案件的不同情况,采取不同的写法,做到重点突出,详略适当。

(1)对原判认定的事实没有提出异议,二审经审查也确认原判认定的事实

没有错误的,事实部分可以采取"此繁彼简"的方法,详述原审判决认定的事实和证据,略述二审认定的事实和证据,以避免一、二审在认定事实上的不必要的重复。

(2) 对原判认定的事实全部否认的,应当针对上诉或者抗诉的主要理由,对控辩双方有分歧的事实、证据进行分析、认证,用二审查证核实的证据材料,逐一写明案件事实,提出认定或者否定原判事实的根据和理由。

(3) 认为原判认定的事实有部分不符的,二审应当就没有争议的事实略述,有争议的事实详述,并针对上诉或者抗诉,对部分有争议的事实、证据进行分析、认证,提出否定这些事实的根据和理由。

2. 理由

理由部分,应当根据二审查明的事实、证据和法律的有关规定,论证原审法院判决认定的事实、证据和适用法律是否正确,上诉或者抗诉是否有理。对于上诉人、辩护人或者出庭履行职务的检察人员等在适用法律、定性处理方面提出的意见,应当分析并表示是否予以采纳。对上诉或者抗诉,有理的应当支持,无理的应当指出;对原审判决正确的应当维护,不正确的应当纠正,并指出错误或者不当之处,实事求是地作出令人信服的结论。

(1) 对于原判决认定事实没有错误,但适用法律确有错误,或者量刑不当,上诉或者抗诉有理的,应当阐明原判决适用法律有什么错误或量刑有什么不当,以及改判的根据和理由。

(2) 对于原判决认定事实不清或者证据不足,上诉或者抗诉有理的,应当阐明原判哪些事实不清(是部分还是全部)、证据不足,以及改判的根据和理由。

(3) 对于原判决认定事实和适用法律均不当的,则应当充分阐明否定原判的根据和理由。凡改判(部分改判或者全部改判)的案件,除应当阐明改判的根据和理由外,还应当写明改判所依据的法律条文,即分别引用《刑事诉讼法》和《刑法》的有关条文,作为改判的法律依据。在顺序上,应当先引用程序法,再引用实体法。如需适用司法解释,应当先引用有关法律,再引用相关司法解释。

3. 判决结果(主文)

二审判决书的判决结果根据法律规定和实践经验可以分为三种情况进行表述。

(1) 原判认定事实没有错误,但适用法律有错误,或者量刑不当,应当改判的,主文的表述有两种情况。

第一,全部改判的,首先写明撤销原审法院的判决,然后写明改判的内容。可表述为:"一、撤销××人民法院(×××××)×刑初字第×号刑事判决;二、上诉人(原审被告人)×××……(写明改判的具体内容)。"

第二,部分改判的,应分三行具体写明维持原判的哪一项,撤销原判的哪一项以及如何改判。可表述为:"一、维持××人民法院(××××)×刑初字第×号刑事判决第×项,即……(写明维持的具体内容);二、撤销××人民法院(××××)×刑初字第×号刑事判决第×项,即……(写明撤销的具体内容);三、上诉人(原审被告人)×××……(写明部分改判的具体内容)。"

(2) 原判决事实不清楚或者证据不足的,可以在查清事实后由第二审人民法院直接改判。可表述为:"一、撤销××人民法院(××××)×刑初字第×号刑事判决;二、上诉人(原审被告人)×××……(写明改判的内容)。"

(3) 原判决认定事实、性质(罪名)和适用法律均不当,原审被告人无罪的,应当撤销原判,宣告上诉人无罪。可表述为:"一、撤销××人民法院(××××)×刑初字第×号刑事判决;二、上诉人(原审被告人)×××(姓名)无罪。"

(三) 尾部

(1) 在判决结果的左下方,另起一行写明:"本判决为终审判决。"其中,本判决书的制作机关如果是高级人民法院(含解放军军事法院),改判的结果中有判处死刑的被告人核准部分的,应写:"本判决依法报请最高人民法院核准"。

(2) 在右下方,由审判员或合议庭组成人员署名,根据《刑事诉讼法》第二百三十四条第一款第(二)(三)项的规定,人民法院对于被告人被判处死刑的上诉案件、人民检察院抗诉的案件,应当组成合议庭,开庭审理。组成合议庭的,按审判长、审判员的顺序分别署名;不发生由人民陪审员陪审的问题。

尾部其他各项的内容,与第一审刑事判决书相同。尾部后应附相关法律条文。

三、制作中应当注意的问题

第一,第二审人民法院审理上诉、抗诉案件的判决结果如果是在法定刑以下判处刑罚,并且依法应当报请最高人民法院核准的,则应当将尾部表述为:"依照《中华人民共和国刑法》第六十三条第二款的规定,本判决报经最高人民法院核准后生效。"

第二,对于二审改变一审的案件性质,即使量刑上没有变化,仍应制作第二审刑事判决书予以改判。

第三,对于二审将一审判处的徒刑缓刑予以撤销或者补充宣告缓刑和补充判决附加剥夺政治权利等附加刑的,均属改判性质,也应制作刑事判决书予以改判。

第四,对共同犯罪案件,只有部分被告人提出上诉,二审法院在决定对上诉部分予以改判的同时,发现没有上诉部分的内容也有错误,应予改判的,可在二审程序中一并改判,无须发回原审法院重审。但这种改判仍必须符合"上诉不加刑"的原则。

第四节　再审刑事判决书

一、概念、法律依据和功用

再审刑事判决书,是指各级人民法院对于本院已经发生法律效力的第一审刑事判决,经提起再审程序后,依照《刑事诉讼法》规定的第一审程序重新进行审理,根据再审查明的事实、证据和有关法律规定,确认原判在认定事实上或者在适用法律上确有错误,而作出改判时所制作的一种文书。

《刑事诉讼法》第二百五十六条规定:"人民法院按照审判监督程序重新审判的案件,由原审人民法院再审的,应当另行组成合议庭进行。如果原来是第一审案件,应当依照第一审程序进行审判,所作的判决、裁定,可以上诉、抗诉;如果原来是第二审案件,或上级人民法院提审的案件,应当依照第二审程序进行审判,所作的判决、裁定,是终审的判决、裁定。"

按照审判监督程序对原判已经发生法律效力的刑事案件进行再审改判判决,不但可以平反冤假错案,使无辜受罚和轻罪重罚的公民得到补救,而且可以追究漏罪,纠正重罪轻判的案件。

二、结构内容和制作方法

根据《刑事诉讼法》的规定,最高人民法院规范了三种样式的再审刑事判决书:按一审程序再审改判刑事判决书,按二审程序再审改判刑事判决书,再审后的上诉、抗诉案件刑事判决书。这里所讲的是第一种再审刑事判决书。

再审刑事判决书,由首部、正文和尾部三个部分组成。

(一) 首部

1. 标题

分两行写明"××人民法院""刑事判决书"。

2. 文书编号

写明"(××××)×刑再初字第×号"。

3. 诉讼参与人各项

一是原公诉机关或原抗诉机关的全称,二是原审被告人及辩护人的身份内容。

4. 案件由来和审理经过

可表述为"××人民检察院指控被告人×××犯××××罪一案,本院于×年×月×日作出(××××)×刑初字第×号刑事判决。该判决发生法律效力后,本院于×年×月×日作出(××××)刑监字第×号再审决定,对本案提起再审[上级人民法院指令再审的,写为:××人民法院于×年×月×日作出(××××)×刑监字第×号再审决定,指令本院对本案进行再审;人民检察院按审判监督程序提出抗诉的,写为:×年×月×日,××人民检察院按照审判监督程序向本院提出抗诉]。本院依法另行组成合议庭(上级人民法院指令再审的和上级人民检察院按照审判监督程序提出抗诉的,表述为:本院依法组成合议庭),公开(或者不公开)开庭审理了本案。××人民检察院检察员×××出庭履行职务。被害人、原审被告人×××及其辩护人×××等到庭参加诉讼。现已审理终结。"

(二)正文

1. 事实

首先,概述原审判决认定的事实、证据、判决理由和判决结果。再审案件是以原判为前提的,因此再审刑事判决书事实部分应当首先客观地反映原判的内容。这里需要明确两点:一是反映原判的内容,并不是要求照抄原判决的内容,而是要尽可能地高度概括;二是概述原判认定的事实、证据、判决理由和判决结果,要与再审认定的事实、证据、判决理由和判决结果前后照应。

其次,概述再审中的原审被告人的辩解和辩护人的辩护意见。再审中,一般来说,原审被告人都会对自己的行为提出辩解,辩护人也会提出辩护意见。再审刑事判决书的事实部分写明上述内容,是刑事诉讼控辩式庭审方式的需要,是保障原审被告人行使诉讼权利的需要,是加强针对性,提高刑事判决书质量的需要。这一内容的叙述,既要精练,又要全面反映辩解和辩护的意见。

再审中人民检察院提出的意见,也应当在事实部分加以概述。如果是自诉案件,自诉人在再审中的意见应一并写明。

最后,写明再审认定的事实和证据,并就诉讼双方对原判有异议的事实、证据作出分析、认证。这部分在"经再审查明"之后叙述。这是事实部分的重点,应当写得比较详细。再审认定的事实,应当是有证据充分证明的事实;证据应当写明证据的来源、证据的种类和名称、证据的内容及其所要证明的事项。证据的写法不可一概而论,应根据各案的情况,以能够充分证明案件的事实为写好证据的标准。例如,证人证言可表述为:"证人×××出庭作证称……(概括写明证言内容),上述证言可以证明被告人×××将被害人×××打伤的事实。"又如,鉴定结论可表述为:"×××公安机关指纹鉴定结论证明,现场所留指纹,系被告人×××右手中指指纹,该鉴定结论可以证明本案系被告人×××所为。"

2. 理由

这部分应根据再审查明的事实、证据和有关法律规定,对原判和诉讼各方的主要意见作出分析,阐明改判的理由。也就是说根据再审查明的事实和有关的法律规定,论证为什么对原判要改判,以及怎样改判。这一部分应当根据案件的不同情况论述改判的理由,要有较强的针对性和说服力。

第一,宣告无罪的,分为绝对无罪和存疑无罪两种情况。一是依据法律认定被告人无罪的,应当根据再审认定的事实、证据和有关的法律规定,通过分析论证,具体说明被告人不存在犯罪行为或者被告人的行为为什么不构成犯罪,原判为什么错误,并针对被告人的辩解和辩护人的辩护意见表示是否予以采纳;二是证据不足,不能认定被告有罪的,应当根据再审认定的事实、证据和有关法律规定,通过分析论证,具体说明原判认定被告人构成犯罪的证据不足,犯罪不能成立。

第二,定罪正确,量刑不当的,应当根据再审认定的事实、证据和有关的法律规定,通过分析论证,具体阐明原判为什么定罪正确,但量刑不当,以及根据本案情节对被告人为什么应当从轻、减轻、免除处罚或者从重处罚,并针对被告人的辩解和辩护人的辩护意见表示是否予以采纳。

第三,变更罪名的,应当根据再审认定的事实、证据和有关的法律规定,通过分析论证,具体说明为什么原判定性有误,但被告人的行为仍构成犯罪,以及犯何罪,根据本案情节应否从轻、减轻、免除处罚或者从重处罚,并针对被告人的辩解和辩护人的辩护意见表示是否予以采纳。

人民检察院在再审中提出的意见,理由部分还应表示是否予以采纳。如果再审自诉案件,对于自诉人的意见也应在理由部分表示是否予以采纳。

判决的法律证据。在援引法律时,应当先引用程序法,后引用实体法。

3. 判决结果

依照第一审程序再审的,分为两种情况。

第一种情况,全部改判的,表述为:"一、撤销本院(××××)×刑×字第×号刑事判决;二、原审被告人×××……(写明改判的内容)。"

第二种情况,部分改判的,表述为:"一、维持本院(××××)×刑×字第×号刑事判决的第×项,即……(写明维持的具体内容);二、撤销本院(××××)×刑×字第×号刑事判决的第×项,即……(写明撤销的具体内容);三、原审被告人×××……(写明部分改判的内容)。"

(三)尾部

同一审刑事判决书的表述,可参照制作。

三、制作中应当注意的问题

第一,再审判决如果不开庭审理的,应当写明原因。如可表述为:"经过阅卷、讯问被告人,听取其他当事人、辩护人、诉讼代理人的意见,认为事实清楚,决定不开庭审理。"

第二,再审判决在认定事实时,应先叙述原判认定的事实、证据、理由和判决结果,并注意叙述原审被告人的辩解和辩护人的意见。

第三,再审如果有查明的事实与原判认定的事实不同的,应当详细叙述并结合证据进行认定。可参考二审判决书的有关叙述方法。

第五节　第一审刑事附带民事判决书

一、概念、法律依据和功用

刑事附带民事判决书包括第一、第二两个审级。本节仅讲第一审刑事附带民事判决书。

第一审刑事附带民事判决书是指第一审人民法院审理刑事附带民事案件过程中,在确认被告人是否承担刑事责任的同时,附带解决被告人对于被害人所遭受的物质损失(即经济损失)是否承担民事赔偿责任而制作的一种文书。

我国《刑事诉讼法》第一百零一条规定:"被害人由于被告人的犯罪行为而遭受物质损失的,在刑事诉讼过程中,有权提出附带民事诉讼。被害人死亡或者丧失行为能力的,被害人的法定代理人、近亲属有权提起附带民事诉讼。如果是国家财产、集体财产遭受损失的,人民检察院在提起公诉的时候,可以提起附带民事诉讼。"我国《刑法》第三十六条第一款规定:"由于犯罪行为而使被害人遭受经济损失的,对犯罪分子除依法给予刑事处罚外,并应根据情况判处赔偿经济损失。"

一审刑事附带民事判决书表明,一审的审判结果既可以使诉讼参加人了解一审人民法院对被告人的刑事处分和民事处分情况,以便决定是否抗诉、上诉或申诉,又可实行审判监督;既是被告人服刑的根据,又是民事赔偿的根据。这种文书在诉讼中有着特别重要的作用。

二、结构内容和制作方法

第一审刑事附带民事判决书,由首部、正文和尾部三个部分组成。

(一) 首部

1. 标题

写明文书制作法院的名称,即"××人民法院"和文书名称"刑事附带民事判决书"。

2. 文书编号

文书编号依次由立案年度、法院简称、案件性质、审级、顺序号组成。

3. 公诉机关

写明"公诉机关××人民检察院"。

4. 附带民事诉讼原告人(自诉人提起附带民事诉讼的,写为"自诉人暨附带民事诉讼原告人")的基本情况

写明姓名、性别、出生年月日、民族、出生地、文化程度、职业或者工作单位和职务、住址。

5. 被告人基本情况

写明姓名、性别、出生年月日、民族、出生地、文化程度、职业或者工作单位和职务、住址;因本案所受强制措施情况,现羁押在何处。

6. 辩护人

写明辩护人的姓名、工作单位和职务。

7. 案件由来和审判过程

公诉案件表述为:"××人民检察院以×检×诉〔××××〕×号起诉书指控被告人×××犯××罪,于×年×月×日向本院提起公诉。在诉讼过程中,附带民事诉讼原告人向本院提起民事诉讼。本院依法组成合议庭,公开(或者不公开)开庭进行了合并审理。××人民检察院指派检察员×××出庭支持公诉,附带民事诉讼原告人×××及其法定(诉讼)代理人×××、被告人×××及其法定代理人×××、辩护人×××、证人×××、鉴定人×××、翻译人员×××等到庭参加诉讼。现已审理终结。"

自诉案件表述为:"自诉人×××以被告人×××犯××罪,并由此造成经济损失为由,于×年×月×日向本院提起控诉。本院受理后,依法实行独任审判(或者组成合议庭),公开(或者不公开)开庭审理了本案。自诉人×××及其诉讼代理人×××、被告人×××及其辩护人×××等到庭参加诉讼。现已审理终结。"

(二) 正文

1. 事实

包括控辩双方主张的事实和法院查明的事实。具体叙述从四个方面进行。

(1) 公诉机关指控被告人犯罪的事实、证据和适用法律的意见。这一段以"××人民检察院指控……"作为引导语。自诉案件则没有这项内容。这既是被告人承担刑事责任的客观基础,也是被告人承担民事责任的客观基础,必须逐项进行叙述。如果公诉机关进行刑事指控的同时一并提起附带民事诉讼的,对有关附带民事部分的事实、证据和适用法律的意见,应当一并叙述。

(2) 附带民事诉讼原告人的诉讼请求。自诉案件和公诉案件,分别以"自诉人×××诉称……"、"附带民事诉讼原告人诉称……"引出。在绝大多数情况下,附带民事诉讼是附带民事诉讼原告人依法提起的,它既依附于公诉机关提起的刑

事指控,又不完全等同于刑事指控,而是相对独立的民事诉讼。因此,在判决书中有必要对附带民事诉讼原告人的诉讼请求和有关证据单独列项叙述,以体现其同时具备的从属性和相对独立性的特点。

(3) 被告方的辩护意见。用"被告人×××辩称……"和"辩护人×××提出的辩护意见是……"分别引出被告人及其辩护人发表的相关意见。包括被告人针对公诉机关指控的犯罪事实和附带民事诉讼原告人的诉讼请求的辩护意见,凡与公诉机关的指控一致的,可以略述;不一致的,则应详述,但对涉及定性处理的意见和有关具体的诉讼请求,则必须叙述清楚、完整,不得遗漏。

(4) 对法院审理查明的事实和证据的表述。用"经审理查明……"引出。首先,写明经法院审理查明的事实。既包括是否构成犯罪的事实,也包括有关附带民事部分的事实,如损害事实的有无及其大小、危害行为与损害结果之间有无因果关系、被告人主观上有无过错,等等。其次,写明据以定案的证据及其来源。这既是认定案件事实的依据,也是最终作出判决的客观基础。最后,写明对控辩双方有异议的事实、证据及进行分析论证的意见。当控辩双方对案件事实及其证据有异议时,判决书除正面表述经庭审查明的事实和证据外,还应当针对控辩双方的异议表明是肯定还是否定,是部分否定还是全部否定。当然,如果控辩双方对事实和证据无异议,则此部分可以省略。

2. 理由

刑事附带民事判决书的理由部分,首先必须论证公诉机关对被告人犯罪的指控是否成立,能否认定被告人有罪,被告人犯什么罪,应否追究刑事责任。其次必须论证被告人对附带民事诉讼原告人的经济损失应否承担民事赔偿责任及其应承担多大的民事责任。应否从轻、减轻、免除刑罚或者从重处罚,对于控辩双方关于适用法律方面的意见,应当有分析地表示是否予以采纳,并阐明理由。最后再写明适用法律的依据。

3. 判决结果

判决结果有四种不同的情况,分别表述如下。

第一,定罪判刑并应当赔偿经济损失的,表述为:

一、被告人×××犯××罪,判处……(写明主刑、附加刑)。(刑期从判决执行之日起计算。判决执行以前先行羁押的,羁押一日折抵刑期一日,即自×年×月×日起至×年×月×日止);

二、被告人×××赔偿附带民事诉讼原告人×××(自诉案件写"……赔偿自诉人×××……")……(写明受偿人的姓名、赔偿的金额和支付的日期)。

第二,定罪免刑并应当赔偿经济损失的,表述为:

一、被告人×××犯××罪,免予刑事处罚;

二、被告人×××赔偿附带民事诉讼原告人×××(自诉案件写"……赔偿自诉人×××……")……(写明受偿人的姓名、赔偿的金额和支付的日期)。

第三,宣告无罪但应当赔偿经济损失的,表述为:

一、被告人×××无罪;

二、被告人×××赔偿附带民事诉讼原告人×××(自诉案件写"……赔偿自诉人×××……")……(写明受偿人的姓名、赔偿的金额和支付的日期)。

第四,宣告无罪且不赔偿经济损失的,表述为:

一、被告人×××无罪;

二、被告人×××不承担民事赔偿责任。

(三)尾部

1. 交代上诉事项。因本判决书适用于第一审程序,故在尾部首先应交代其上诉权及上诉期限,并注明书面上诉的,应当提交上诉状正本一份及副本若干份。

2. 合议庭人员署名。

3. 判决的年月日。

4. 书记员署名。

5. 加盖"本件与原本核对无异"的印戳。

6. 另页附相关法律条文。

三、制作中应当注意的问题

(一)应当体现刑事附带民事诉讼的特点

刑事附带民事诉讼不同于单纯的刑事诉讼,它要在刑事诉讼过程中依照民事诉讼程序附带解决民事赔偿问题。因此,在制作这种判决书时,应当注意在首部、事实、理由和判决结果部分完整地反映出刑事附带民事诉讼这一特点。

(二)应当注意引用《民法典》和《民事诉讼法》的有关规定作为判决的法律依据

由于刑事附带民事案件要在刑事诉讼过程中依照《刑事诉讼法》(刑事部分)和《民事诉讼法》(民事赔偿部分)规定的程序,附带解决民事赔偿问题,所以在判决的理由部分,除需要引用《刑法》和《刑事诉讼法》的有关规定外,还必须同时引用《民法典》侵权责任的相应条款和《民事诉讼法》的有关规定作为判决的法律依据。

(三)不要漏列和错列附带民事诉讼原告人

依照法律规定,在刑事诉讼过程中,提起附带民事诉讼是被害人的一项诉讼权利,其目的在于保护被害人的合法权益。因此,在刑事诉讼立案后直至人民法院判决前,被害人都有权提起附带民事诉讼,在判决书首部均应列为"附带民事诉讼原告人"。但不要将已死亡的被害人列为附带民事诉讼原告人。被害人死亡的,由其近亲属提起附带民事诉讼,在首部将其近亲属列为"附带民事诉讼原告人",并注明其与死者之间的关系。

(四)判决结果表述应当规范化

判决结果是判决书的核心部分,应当准确、完整、规范。由于这种文书在性质上是刑事附带民事判决书,不仅要解决刑事责任问题,而且要解决民事赔偿责任问题。因此,按照规范样式的要求,应当分两行写明被告人的刑事责任和民事赔偿责任如何解决,民事赔偿部分还要写明给付的期限,避免拖延,使受害人的合法权益得到及时保护。

(五)审理刑事附带民事案件不应当收取诉讼费用

如前所述,刑事附带民事案件是在刑事诉讼过程中附带解决民事问题,本质上是刑事案件而非民事案件,只是为了简化诉讼程序而合并审理。因此,不应当收取诉讼费用,在判决结果之后不要写诉讼费用的承担。

(六)不服上诉、抗诉的期限应当以《刑事诉讼法》的规定为准

依照《刑事诉讼法》第二百二十七条第二款的规定,附带民事诉讼的当事人和他们的法定代理人,可以对地方各级人民法院第一审的判决、裁定中的附带民事诉讼部分提出上诉。对附带民事判决或者裁定的上诉、抗诉期限,应当按照刑事部分的上诉、抗诉期限确定。因此,在判决书尾部,不服判决的上诉和抗诉的期限为十日,不服裁定的上诉、抗诉的期限为五日。

第六节 刑事裁定书

一、概念和功用

刑事裁定书,是人民法院在刑事诉讼活动中,依照法律对有关诉讼程序问题和部分实体问题所作出的书面决定。

刑事裁定,从内容上分,有程序问题裁定和实体问题裁定(如维持原判、核准死刑、减刑、减免罚金);从程序上分,有第一审裁定、第二审裁定、死刑复核裁定、再审裁定和在执行程序中的减刑、假释裁定、减免罚金裁定等。第一审刑事裁定书主要包括驳回自诉用刑事裁定书和准许撤诉或按撤诉处理用刑事裁定书。第二审刑事裁定书主要包括二审维持原判刑事裁定书,二审维持原判刑事附带民事裁定书,二审发回重审裁定书,二审维持、变更、撤销一审裁定刑事裁定书以及准许撤回上诉、抗诉裁定书。各种裁定书规范的内容各不相同。

刑事裁定书具有很大的灵活性,贯穿审判和执行的全过程,随时可以应用。同

时还具有应用范围上的广泛性,既可以用于解决程序问题,又可以解决部分实体问题。另外,刑事裁定书不仅具有与判决书同样的法律效力和严肃性、稳定性,而且还具有比判决书更强的时间性。

刑事裁定书的格式、内容和制作方法与刑事判决书基本相同,但内容一般比较简单。本节重点讲授第二审刑事裁定书、死刑复核刑事裁定书、再审刑事裁定书和减刑、假释裁定书的制作。

二、第二审刑事裁定书

(一) 概念

第二审刑事裁定书,是第二审人民法院依照《刑事诉讼法》规定的第二审程序,在审理上诉或者抗诉案件过程中,就有关诉讼程序问题和实体问题作出的书面决定。

《刑事诉讼法》第二百三十六条第一款规定:"第二审人民法院对不服第一审判决的上诉、抗诉案件,经过审理后,应当按照下列情形分别处理:(一)原判决认定事实和适用法律正确、量刑适当的,应当裁定驳回上诉或者抗诉,维持原判……(三)原判决事实不清楚或者证据不足的,可以在查清事实后改判;也可以裁定撤销原判,发回原审人民法院重新审判。"《刑事诉讼法》第二百三十八条规定:"第二审人民法院发现第一审人民法院的审理有下列违反法律规定的诉讼程序的情形之一的,应当裁定撤销原判,发回原审人民法院重新审判:(一)违反本法有关公开审判的规定的;(二)违反回避制度的;(三)剥夺或者限制当事人的法定诉讼权利,可能影响公正审判的;(四)审判组织的组成不合法的;(五)其他违反法律规定的诉讼程序,可能影响公正审判的。"这是制作第二审刑事裁定书的法律依据。

从上述法律规定可以看出,第二审刑事裁定书适用于以下范围:(1)原判决认定事实和适用法律正确、量刑适当的,裁定驳回上诉或者抗诉,维持原判;(2)原判决事实不清或者证据不足的,裁定撤销原判,发回原审人民法院重新审判;(3)第二审人民法院发现第一审人民法院的审理严重违反法律规定的诉讼程序,可能影响公正审判的,裁定撤销原判,发回原审人民法院重新审判。

第二审刑事裁定书的首部和尾部与第二审刑事判决书相同,但是正文不同。

(二) 驳回上诉(或者抗诉)、维持原判的第二审刑事裁定书的结构、内容和制作方法

这种裁定书的正文由事实、理由和裁定结果三部分组成。

1. 事实部分

首先,概述原审法院判决认定的事实、证据、理由和判决结果。其次,概述上诉(或者抗诉)的主要理由和辩护的意见。再次,概述人民检察院在第二审中提出的

新意见。最后，写明经第二审法院审理查明的事实、据以定案的证据，并针对上诉理由中与原判认定的事实、证据有异议的问题进行分析、认证。驳回上诉的裁定，由于原判认定事实没有错误，因此，在叙述事实时，为了避免不必要的重复，可以重点叙述原判认定的事实和证据，而对二审查明的事实可以概述，但对涉及定罪量刑的关键性的事实，则应当叙述清楚，做到繁简得当。

2. 理由部分

应当针对上诉(抗诉)所持的主要理由进行分析、论证。根据二审查明的事实、证据和有关法律规定，重点阐明原审法院的判决在认定事实和适用法律上为什么是正确的，上诉或者抗诉的理由为什么不能成立。对于上诉人、辩护人或者出庭履行职务或者支持抗诉的检察人员在适用法律和定性处理方面的意见，应当逐一作出回答，说明不予采纳的理由。为了增强说服力，驳回的理由应当具体、充分。一般可采取逐点论述的方法，这样层次清楚，说服力强；也可以综合上诉、抗诉意见，重点加以论述。但不论采取哪种方法，驳回上诉的理由都要实事求是，是非、罪责分明，有理有据，恰如其分，做到以理服人，以法服人；语言要概括、精练、恰到好处。最后，写明维持原判的法律依据。

3. 裁定结果

依照《刑事诉讼法》第二百三十六条第(一)项的规定和修订样式的要求，裁定结果应当写明："驳回上诉(或者抗诉)，维持原判。"

(三) 发回重审的第二审刑事裁定书的结构、内容和制作方法

由于发回重审的裁定只解决程序问题，第二审法院并没有对案件的实体问题作出处理，因此，不需要具体叙述原判认定的事实、证据、理由和上诉、抗诉的意见、理由，只需在首部的案由、案件来源部分，用"以……为由"的句式，提出上诉或者抗诉即可。在裁定书的正文部分，应当具体写明发回重审的理由及其法律依据。如果认为原判决事实不清或者证据不足，需要发回原审法院进一步查证的，除特殊情况外，应当具体、明确地指出原判哪些事实、证据需要继续查清。如果认为一审严重违反法律规定的诉讼程序而需要发回原审法院重新审判的，应当具体写明原审法院违反了《刑事诉讼法》第二百三十八条规定的哪些法定的诉讼程序。

裁定结果部分应当分两行写明：一、撤销××人民法院(××××)×刑初字第×号刑事判决；二、发回××人民法院重新审判。

(四) 制作中应当注意的问题

第一，刑事附带民事诉讼案件，对于只对第一审刑事附带民事判决中的附带民事部分判决不服提出上诉或者抗诉，第二审裁判结果是驳回上诉或者抗诉，维持原判的，文书名称仍应使用"刑事附带民事裁定书"，而不应使用"刑事裁定书"。

第二，高级人民法院(含解放军军事法院)在制作驳回上诉(或者抗诉)、维持原

判的裁定书,且裁定维持原判的结果中有判处被告人死刑、立即执行的,应当在裁定书的尾部写"本裁定依法报请最高人民法院核准"。

第三,被判处死刑缓期二年执行的罪犯,在死刑缓期执行期间,因故意犯罪,第一审人民法院作出认定构成故意犯罪的判决后,该罪犯不服提出上诉,第二审人民法院经过审理,确认一审判决正确,应当核准执行死刑,剥夺政治权利终身,因而裁定驳回上诉,维持原判的,应当在裁定书尾部写明:"本裁定依法报请最高人民法院核准"。

第四,第二审人民法院审理上诉、抗诉案件的裁定结果如果是在法定刑以下判处刑罚,依法应当报请最高人民法院核准的,裁定书尾部则应当表述为:"依照《中华人民共和国刑法》第六十三条第二款的规定,本裁定报经最高人民法院核准后生效"。

第五,第二审裁定结果的表述应当规范化。

1. 根据《刑事诉讼法》第二百三十六条第(一)项的规定,维持原判的应当表述为:"驳回上诉(或者抗诉),维持原判"。

2. 根据《刑事诉讼法》第二百三十六条第(三)项和第二百三十八条的规定以及修订样式的要求,发回重审的裁定,应当先写撤销原判,再写发回原审法院重新审判,并应分两行书写。

第六,发回重审的裁定应当具体写明发回重审的理由。

第二审人民法院在发回重审的裁定中,不管是原审判决认定的事实不清或者证据不足,还是违反了法律规定的诉讼程序,都应当具体写明发回重审的理由,不再另行附函向原审法院说明;个别特殊案件(指涉及国家秘密包括不公开审判的案件)需要向原审法院另行附函说明的,下级法院也应当在开庭前将发回重审的具体理由告知人民检察院和被告人及其辩护人。

三、死刑复核刑事裁定书

(一) 概念

死刑复核刑事裁定书,是有权核准死刑的人民法院,依照《刑事诉讼法》规定的死刑复核程序,对报请复核的死刑立即执行和死刑缓期二年执行的案件,经复核认为原判定罪量刑正确,应予核准,或者原判认定事实不清、证据不足,或者违反法律规定的诉讼程序可能影响正确判决,应予发回重审作出的书面决定。

《刑事诉讼法》第二百四十六条规定:"死刑由最高人民法院核准。"第二百四十八条规定:"中级人民法院判处死刑缓期二年执行的案件,由高级人民法院核准。"《刑法》第四十八条第二款规定:"死刑除依法由最高人民法院判决的以外,都应当报请最高人民法院核准。死刑缓期执行的,可以由高级人民法院判决或者核准。"

《最高人民法院关于适用〈中华人民共和国刑事诉讼法〉的解释》(以下简称《解释》)第四百二十九条规定:"最高人民法院复核死刑案件,应当按照下列情形分别处理:(一)原审判决认定事实和适用法律正确、量刑适当、诉讼程序合法的,应当裁定核准……(三)原审事实不清、证据不足的,应当裁定不予核准,并撤销原判,发回重新审判……(六)原审违反法定诉讼程序,可能影响公正审判的,应当裁定不予核准,并撤销原判,发回重新审判。"以上法律和司法解释的规定,是制作死刑复核刑事裁定书的法律依据。

根据上述规定,死刑复核裁定书适用于以下案件:(1)原审判决认定的事实和适用法律正确、量刑适当,应当予以核准的;(2)原审判决认定的事实不清楚或者证据不足,应当撤销原判,发回重新审判的;(3)发现第一审人民法院或者第二审人民法院违反法律规定的诉讼程序,可能影响正确判决,应当撤销原判,发回第一审人民法院或者第二审人民法院重新审判的。

(二)结构、内容和制作方法

1. 首部

依次写明下列事项:

(1) 文书名称为"刑事裁定书",其他与死刑复核用刑事判决书相同。

(2) 案件的由来和审理经过。包括死刑判决的结果;被告人是否上诉、人民检察院是否抗诉;报送复核的经过和报送复核的法院。

① 依法由最高人民法院核准死刑的案件,一审宣告死刑判决后,没有上诉、抗诉的,可表述为:

"××中级(或者高级)人民法院审理××人民检察院指控被告人×××犯××罪一案,于×年×月×日以(××××)×刑初字第×号刑事判决,认定被告人×××(姓名)犯××罪,判处死刑,剥夺政治权利终身。本案在法定期限内没有上诉、抗诉。××高级人民法院依法报送本院核准。"

一审宣告死刑判决后,被告人上诉或者人民检察院抗诉,二审维持死刑判决,并按规定报送最高人民法院核准的,可表述为:

"××中级(或者高级)人民法院审理××人民检察院指控被告人×××犯××罪一案,于×年×月×日以(××××)×刑初字第×号刑事判决,认定被告人×××(姓名)犯××罪,判处死刑,剥夺政治权利终身。宣判后,被告人×××不服,以……为理由,提出上诉(或者××人民检察院以……为理由,提出抗诉)。××高级人民法院于×年×月×日以(××××)×刑终字第×号刑事裁定,驳回上诉,维持原判,依法报送本院核准。"

② 依法由高级人民法院核准的死刑缓期二年执行的案件,一审宣告判决后,没有上诉、抗诉的,可表述为:

"××中级人民法院审理××人民检察院指控被告人×××犯××罪一案,于×年×月×日以(××××)×刑初字第×号刑事判决,认定被告人×××犯××罪,判处死刑,缓期二年执行,剥夺政治权利终身。本案在法定期限内没有上诉、抗诉。××中级人民法院依法报送本院核准。"

(3) 审判组织等。可表述为:"本院依法组成合议庭进行了复核。现已复核终结。"

2. 事实

(1) 核准死刑的裁定,应当写明经复核肯定原判认定的犯罪事实、情节,以及证明这些犯罪事实、情节的证据均没有错误。证据要写明所证明的事实,不能只写证据的名称。

如果经复核查证后,在认定事实上虽有某些变动,但是不影响定罪量刑,仍应当判处被告人死刑或者死缓的,在叙述犯罪事实时可以适当加以分析、认证。

(2) 发回重审的裁定,则应当具体写明经复核哪些犯罪事实不清楚、证据不足,或者原审违反了法律规定的哪些诉讼程序,可能影响公正审判等情况。

3. 理由

理由部分应当根据案件的不同情况,分别写明核准死刑或者发回重审的理由及其法律依据。

(1) 核准死刑的,首先,应当结合案件的具体情况,具体写明本案适用法律正确、量刑适当,应予核准的理由。如果经复核认为在适用法律上虽有某些变动,但仍应当核准死刑的,在理由部分则应当加以分析、论证。其次,应当写明核准死刑的法律根据,即裁定所依据的法律条款项。由最高人民法院核准死刑的,则应引用《刑事诉讼法》第二百四十六条作为核准的法律依据。

(2) 发回重审的,则应当写明发回重审的理由及其法律依据。

4. 裁定结果

根据对死刑案件复核的结果,分别作出不同的处理。裁定结果的表述要清楚、明确。

(1) 原判决认定事实和适用法律正确,量刑适当的,核准死刑。

① 被告人不上诉或者人民检察院不抗诉,依法由最高人民法院核准死刑的案件,可表述为:

"核准××人民法院(××××)×刑初字第×号以××罪判处被告人×××死刑,剥夺政治权利终身的刑事裁定(或者判决)。"

② 中级人民法院判处死刑的第一审案件,被告人不上诉、人民检察院不抗诉,高级人民法院经复核同意核准死刑,最后依法由最高人民法院核准死刑的,可表述为:

"同意××中级人民法院(××××)×刑初字第×号以××罪判处被告人×××死刑,剥夺政治权利终身的刑事判决。"

(尾部表述为:"本裁定依法报请最高人民法院核准。")

最高人民法院核准上述裁定的,可表述为:

"核准××高级人民法院(××××)×刑复字第×号同意一审以××罪判处被告人×××死刑,剥夺政治权利终身的刑事裁定。"

③ 对于二审判决改变了一审的定罪,但量刑未改,仍判处被告人死刑的,可表述为:

"核准××高级人民法院(××××)×刑终字第×号以××罪判处被告人×××死刑,剥夺政治权利终身的刑事判决。"

④ 被告人上诉或者人民检察院抗诉,依法由最高人民法院核准死刑的案件,可表述为:

"核准××高级人民法院(××××)×刑终字第×号维持一审以××罪判处被告人×××死刑,剥夺政治权利终身的刑事判决。"

(2) 原判决认定事实和适用法律正确,量刑适当,高级人民法院核准死缓的,可表述为:

"核准××中级人民法院(××××)×刑初字第×号以××罪判处被告人×××死刑,缓期二年执行,剥夺政治权利终身的刑事判决。"

(3) 原判决事实不清楚或者证据不足,发回重审的,可表述为:

"一、撤销××中级人民法院(或者高级人民法院)(××××)×刑初字(或者刑终字)第×号刑事判决(二审终审的要同时撤销第二审人民法院维持原判的刑事裁定);

二、发回××人民法院重新审判。"

(4) 第一审人民法院或者第二审人民法院违反法律规定的诉讼程序,可能影响案件正确判决,发回重审的,可表述为:

"一、撤销××中级人民法院(或者高级人民法院)(××××)×刑初字(或者刑终字)第×号刑事判决(二审终审的要同时撤销第二审人民法院维持原判的刑事裁定);

二、发回××人民法院(第一审人民法院或者第二审人民法院)重新审判。"

(5) 一审判决认定事实和证据以及适用诉讼程序上均无错误,但二审裁定认定事实错误或者证据不足,或者违反法律规定的诉讼程序,可能影响正确裁判的,可表述为:

"一、撤销××高级人民法院(××××)×刑终字第×号刑事裁定(或者判决);

二、发回××高级人民法院重新审判。"

5. 尾部

(1) 核准死刑和死缓的裁定,在裁定结果的左下方一行写明:"本裁定送达后即发生法律效力。"

(2) 依照《刑事诉讼法》第二百四十九条,"最高人民法院复核死刑案件,高级人民法院复核死刑缓期执行的案件,应当由审判员三人组成合议庭进行"的规定,裁定书应当由合议庭组成人员署名。

(三) 制作中应当注意的问题

第一,经复核查明的事实要写明证据。证据要确凿、充分,且要写明证据证明的事实,坚决摒弃过去只罗列证据名称而不写证据所证明的事实,不对证据进行分析、认证的习惯写法,力争把每个死刑案件都办成"铁案"。

第二,数罪并罚案件,既有判处死刑(死缓),又有判处其他刑罚或者没收财产、罚金等财产附加刑的,在核准死刑的裁判文书中,裁判结果不能只表述"核准××中级(或高级)人民法院(××××)×刑初(或终)字第×号以××罪判处被告人×××死刑(死缓),剥夺政治权利终身的刑事判决"。这是因为,分别定罪量刑是科学的数罪并罚的方法。人民法院核准死刑判决时,对数罪并罚案件而言,是在分别定罪量刑、然后决定执行刑罚的基础上进行的。因此,它不是只核准数罪中有死刑的判决,而是对原审法院整个判决(包括其他刑罚和没收财产、罚金财产附加刑)的核准。对被判处死刑并被判处财产附加刑的,应在裁定结果中一并写明。

第三,核准死刑缓期二年执行的裁定书,不需要写明死刑缓期二年执行期间的起止时间。因为,死刑缓期二年执行的期限,只是对死缓犯是否执行死刑的考验期限,且对该犯是否执行死刑尚属不确定状态。

四、再审刑事裁定书

(一) 概念

再审刑事裁定书,是人民法院依照《刑事诉讼法》规定的审判监督程序,对已经发生法律效力的刑事判决或者裁定,进行重新审理后,就案件的实体问题和程序问题作出的书面决定。

《刑事诉讼法》第二百五十六条规定:"人民法院按照审判监督程序重新审判的案件,由原审人民法院审理的,应当另行组成合议庭进行。如果原来是第一审案件,应当依照第一审程序进行审判,所作的判决、裁定,可以上诉、抗诉;如果原来是第二审案件,或者是上级人民法院提审的案件,应当依照第二审程序进行审判,所作的判决、裁定,是终审的判决、裁定。"《最高人民法院关于适用〈中华人民共和国刑事诉讼法〉的解释》第四百七十二条规定:"再审案件经过重新审理后,应当按照下列情形分别处理:(一)原判决、裁定认定事实和适用法律正确、量刑适当的,应当裁定驳回申诉或者抗诉,维持原判决、裁定……(四)按照第二审程序审理的案件,原判决、裁定认定事实不清、证据不足的,可以在查清事实后改判,也可以裁定撤销原判,发回原审人民法院重新审判。"上述法律和司法解释的规定,是制作再审刑事裁定书的法律依据。

根据以上规定,再审刑事裁定书适用于以下范围:(1)原判决、裁定认定事实和适用法律正确,量刑适当的;(2)按照第二审程序审理,原判决、裁定认定事实不清或者证据不足,决定发回重审的;(3)不服第一审人民法院的再审裁定或者判决提出上诉或者抗诉,第二审人民法院按照第二审程序审理,认为第一审人民法院的再审裁定或者判决,在认定事实上和适用法律上没有错误,决定维持原判的。但不适用于本院决定提起再审、上级人民法院指令再审和提审的案件。

(二)结构、内容和制作方法

这里讲的再审刑事裁定书,是指维持原判用的再审刑事裁定书,包括"按一审程序再审维持原判用"和"按二审程序再审维持原判用"两种样式。在内容和制作方法上,其首部、事实和尾部与再审刑事判决书基本相同,不同的主要是裁定理由和裁定结果部分。

1. 裁定理由部分,应当根据再审查明的事实、证据和有关法律规定,结合具体案情,充分论证原判为什么定罪准确,量刑适当,应予维持;原审被告人的辩解和辩护人的辩护理由为什么不能成立,不予采纳。然后写明裁定的法律依据。除须引用《刑事诉讼法》第二百五十六条的规定以外,还应当引用《最高人民法院关于适用〈中华人民共和国刑事诉讼法〉的解释》第四百七十二条第(一)项,作为裁定的法律依据。

2. 裁定结果,应当按照再审适用的程序不同,分别加以表述。

(1)按第一审程序再审维持原判的,可表述为:

"维持本院(××××)×刑×字第×号刑事判决。"

(2)按第二审程序再审维持原判的,裁定结果可分三种不同情形表述:

第一,原系一审维持原判的,表述为:

"维持××人民法院(××××)×刑初字第×号刑事判决。"

第二,原系二审维持原判的,表述为:

"维持本院(××××)×刑终字第×号刑事裁定和××人民法院(××××)×刑初字第×号刑事判决。"

第三,原系二审改判的,表述为:

"维持本院(××××)×刑终字第×号刑事判决。"

(3)再审后经上诉、抗诉二审维持原判的,裁定结果可分两种不同情形表述:

第一,一审法院再审后裁定维持原判的,表述为:

"驳回上诉,维持××人民法院(××××)×刑再初字第×号刑事裁定和××人民法院(××××)×刑初字第×号刑事判决。"

第二,一审法院再审后判决改变原判的,表述为:

"驳回上诉,维持××人民法院(××××)×刑再初字第×号刑事判决。"

(三)制作中应当注意的问题

第一,根据《最高人民法院关于适用〈中华人民共和国刑事诉讼法〉的解释》第四百七十二条的规定,再审刑事裁定书还适用于按第二审程序审理,认为原判决、裁定认定事实不清或者证据不足,决定发回原审人民法院重新审判的案件。修订文书样式时,考虑到发回重审的再审刑事裁定书,与第二审发回重审的刑事裁定书的内容基本相同,所以没有单独设计样式,制作时可以参阅刑事裁定书(二审发回重审用)的样式及其说明。由于再审发回重审的裁定有其自身的特点,制作时需要注意以下五点。

1. 首部要参照按第二审维持原判用的再审刑事裁定书的样式及其说明的第2条、第3条制作。

2. 由于发回重审的裁定,只解决程序问题,不解决实体问题,因此,在正文部分不需要具体叙述原判认定的事实、证据和理由以及上诉、抗诉的意见和理由。

3. 发回重审的理由原则上要写得具体、明确,特殊情况除外。例如,属于因事实不清、证据不足而发回重审的,应当具体写明本案哪些事实不清、证据不足;属于因违反法律规定的程序而发回重审的,则应当具体写明原审法院违反了《刑事诉讼法》第二百三十八条规定的哪些程序,以增强裁判文书的公开性和透明度,体现裁判的客观性、公正性,并有利于原审人民法院进一步查清案件事实和证据,作出正确的裁判。

4. 发回重审的裁定,在理由部分除须引用《刑事诉讼法》第二百五十六条以外,还应当引用同法第二百五十三条以及《最高人民法院关于适用〈中华人民共和国刑事诉讼法〉的解释》第四百七十二条的相关规定,作为裁定的法律依据。

5. 发回原审法院重新审理的案件,实体问题虽未审结,但程序问题已经终结。因此,在尾部应当写明"本裁定为终审裁定"。

第二,再审后因人民检察院提出抗诉,一、二审再审维持原判的,事实部分应当首先写人民检察院的抗诉意见,然后再写原审被告人的辩解和辩护人的辩护意见。

第三,按照第二审程序再审,根据案件的具体情况决定不开庭审理的,应当在首部案由、案件来源、审判组织和审理经过段,在本院依法另行组成合议庭之后,将"公开开庭审理了本案",改写为"经过阅卷,讯问被告人,听取其他当事人、辩护人、诉讼代理人的意见,认为事实清楚,决定本案不开庭审理"。

本 章 小 结

裁判文书是司法公正的最后载体。本章专门讲授刑事裁判文书,分别介绍了一审刑事判决书、二审刑事判决书、再审刑事判决书、刑事附带民事判决书和刑事裁定书的概念、结构内容、制作方法和制作注意事项。要求大家在重点突破第一审刑事判决书的基础上全面通晓其他文种，学会熟练制作和正确运用。还要认识到裁判文书的改革重点是要多在证据分析、事实认定和理由阐释方面下功夫，使裁判文书日趋完善和优质。

思考与练习

1. 试述"刑事裁判文书"这一概念的内涵与外延。
2. 一审公诉案件刑事判决书的事实部分应当包括哪些内容？
3. 为什么讲"理由是判决的灵魂"？如何全面、透彻地阐明第一审刑事判决书的理由？
4. 与第一审刑事判决书相比较，第二审刑事判决书的叙事、说理有什么显著特点？
5. 练习制作第一审刑事判决书、第二审刑事判决书。

第四章 人民法院民事裁判文书

本章要点

人民法院的民事裁判文书,是人民法院在民事诉讼中,依法对诉讼当事人之间的民事权益纠纷的实体问题或者程序问题进行处理时所制作的具有法律效力的非规范性法律文件。人民法院的民事裁判文书包括各审级的判决书、调解书、裁定书和决定书等种类,我们将对其中的一些重要文种进行讲授。其中,第一审民事判决书是本章的重点。

第一节 概 述

一、概念

民事裁判文书,是人民法院在民事诉讼中行使裁判权,适用民事法律,为解决具体的民事权利义务的争议,就案件的实体问题或者诉讼程序问题依法制作的具有法律效力的书面处理决定。按我国现行《民事诉讼法》第三条的规定,公民之间、法人之间、其他组织之间以及他们相互之间因财产关系和人身关系提起的民事诉讼,适用本法的规定。因此,凡由民法典、著作权法、商标法、专利法、公司法、票据法、证券法、环保法、拍卖法、保险法、海商法等民、商法律所调整的财产关系和人身关系的案件在审理过程中,均适用民事裁判文书。

民事裁判文书的制作、使用机关只能是人民法院。人民法院是代表国家行使审判权的审判机关,依照法律规定,只有人民法院才有权制作判决书、裁定书。就调解书而言,一些行政机关、仲裁机构和民间调解组织也承担调解纠纷的任务;调解成立的,这些机关或者组织也制作调解书。但这种调解书与人民法院制作的调解书在性质上是不同的。人民法院制作的调解书仍然是人民法院行使审判权的体现,而其他机关和组织制作的调解书或者协议书则不具有这种性质。

我国《民事诉讼法》对民事裁判文书的制作、适用范围及其效力等均作出了明确规定。如第一百五十五条规定了民事判决书应当写明的内容；第一百条规定了民事调解书应当写明的内容和生效的条件；第一百五十七条规定了民事裁定书适用的范围；第一百五十八条规定了在第一审程序中民事判决书、民事裁定书生效的条件。民事诉讼法对于民事裁判文书所作规定之详尽，是现行的刑事、行政诉讼法对裁判文书的规定所不能比拟的。这些都是制作民事裁判文书的法律依据。

民事裁判文书所要解决的争议问题，可以分为两大类：一类是解决案件的实体问题，即民事诉讼当事人之间民事权利义务争议的问题，诸如婚姻纠纷、继承遗产纠纷、合同纠纷、侵权损害赔偿纠纷。另一类是解决案件的程序问题，即民事诉讼程序方面的问题，也可以说是民事诉讼法律关系方面的问题，诸如管辖、是否准许撤诉、中止或者终结诉讼。

民事裁判文书与刑事、行政裁判文书一样，生效后都具有法律效力，并且由国家强制力保证其执行。民事裁判文书一经生效，对民事当事人即有强制性的约束力，当事人有义务自觉履行裁判文书所确定的民事义务；如果不履行，对方当事人可以申请人民法院强制执行。民事裁判文书作为确认当事人之间的民事权利义务关系，制裁民事违法行为，解决民事权益争议的载体，对维护权利人的合法权益，保证民事法律、法规的正确实施，促进社会主义市场经济的发展，具有重要的作用。

二、分类

（一）按照解决问题的不同性质分类

按照解决问题的不同性质，可分为民事判决书和民事裁定书。如上所述民事诉讼主要解决当事人之间的实体权利义务争议和人民法院与当事人之间的诉讼权利义务问题。前者解决实体问题，后者解决程序问题。按照我国民事诉讼法的规定，解决实体问题应使用判决书，解决程序问题应使用裁定书。

（二）按照解决纠纷的不同方式分类

按照解决纠纷的不同方式，可分为民事判决书和民事调解书。人民法院审理民事案件，既可以依法通过判决方式，也可以通过调解方式，解决当事人之间的民事争议。按照民事诉讼法的规定，由人民法院作出判决的，应当制作民事判决书；由人民法院主持调解达成协议的，除法律明文规定可以不制作调解书的情况外，应当制作调解书。

（三）按照适用程序的不同分类

按照适用程序的不同，可分为一审民事判决书、裁定书、调解书；二审民事判决书、裁定书、调解书；再审民事判决书、裁定书、调解书；特别程序的民事判决书、裁定书；督促程序的民事裁定书；公示催告程序的民事判决书、裁定书；企业法人破产还债程序的民事裁定书;执行程序的民事裁定书等。由于本书篇幅所限,督促程序、公示催告程序和企业法人破产还债程序的裁判文书的制作不再讲授。

三、制作的特殊要求

制作民事裁判文书要特别注意以下几点:

（一）充分反映各方当事人平等的诉讼地位

民事诉讼的主要目的,是解决公民、法人和其他组织这些平等主体之间因民事权利义务争议而发生的纠纷,人民法院制作的民事裁判文书是司法公正的最终载体。由于民事诉讼中,各方当事人的诉讼地位是平等的,反映到文书中,就要求同等重视各方当事人对有关争议所持的观点。

（二）叙事清楚,突出争点

在民事裁判文书制作中,一要具体、完整地反映双方当事人的诉辩主张以及支持其主张的证据,二要对证明事实的证据写明具体内容,特别是对双方当事人提出的有异议的事实、证据更要进行分析、认证,庭审中举证、质证、认证及采信证据的过程在裁判文书中也要体现出来。这样才足以叙述清楚案件事实、突出争议的焦点。

（三）加强对举证、质证和认证内容的制作

随着审判方式改革的进一步深化,我国举证责任分配规则的进一步完善,必须在制作民事裁判文书时加大对举证、质证和认证内容的写作力度。以往的民事判决书不写证据,或证据写得不充分的倾向,应当尽量避免。

（四）深化判决理由的分析论证

在理由部分,不但要讲道理,更要讲法律;不仅要准确无误地援引法条,而且要对适用的法律从法理上充分地分析论证。这样才能呈现判决结果形成的过程,增强说服力。

四、民事裁判文书改革

民事裁判文书改革是人民法院改革的重要组成部分。多年来,一些地方法院对民事判决文书的改革,尤其在增强判决文书的公开性和说理性方面,做出了很多有益的尝试。作为民事审判方式改革的一个有机组成部分,民事裁判文书改革取得了显著的成效。

但是,迄今为止民事裁判文书制作方面还存在不少问题,主要问题包括:认定事实不说明理由;阐述裁判理由不进行论证;逻辑不严密,条理不清;格式不规范等。

因此，今后民事裁判文书改革的重点是加强裁判文书的说理性。具体来讲，要从下述几个方面着手改革与优化：(1)准确把握当事人的争议焦点；(2)强化对争议事实认定的说理；(3)深化对裁判理由的论证。

此外，还要进一步增强民事裁判文书的公开性和透明度，文书制作如何"繁简得当"也是改革的重要课题。

除前述的证据分析、理由论证等改革重点外，也应当正视和关注民事裁判文书的总体结构模式、审判程序和历经过程的表述、裁判结果的撰制等方面的政策优化。

当然，对民事裁判文书的改革更离不开对文书所用法律语言和表述方式的锤炼与优化。只有"突出重点、兼及其余、全面优化"，扎扎实实地下苦功，才能真正做到"裁判文书无懈可击，使裁判文书成为向社会公众展示法院文明、公正司法形象的载体，真正具有司法权威"。

值得庆幸的是，最高人民法院总结了多年来的改革经验与成果，于2016年发布了《人民法院民事裁判文书制作规范》《民事诉讼文书样式》。现已成为人民法院民事裁判文书的参照样式。另外，最高院于2020年发布了《民事诉讼程序繁简分流改革试点相关诉讼文书样式》(下称《试点文书样式》)。《试点文书样式》在2016年《民事诉讼文书样式》的基础上，根据试点工作的新变化和新要求，增补和修订了15种诉讼文书样式。其中新制定的文书样式12种，对原样式作出修改的文书样式3种，主要包括：小额诉讼程序与简易程序、普通程序等程序转换类文书，小额诉讼程序简化审理、一审普通程序独任审理、二审案件独任审理等实体裁判类文书，以及小额诉讼程序告知书、一审普通程序独任审理通知书、二审案件独任审理通知书等通告类文书。

第二节　第一审民事判决书

一、概念、法律依据及其功用

民事判决书是人民法院代表国家行使审判权，为解决具体的民事权利义务的争议，依照法律就案件审理的结果作出处理决定的书面文件。

第一审民事判决书则是第一审人民法院通过审判方式，依照《民事诉讼法》规定的第一审程序(包括普通程序、简易程序和特别程序)，为解决各类具体的民事纠纷，就案件实体问题作出的书面决定。

我国《民事诉讼法》第一百五十五条规定："判决书应当写明判决结果和作出该判决的理由。判决书内容包括：(1)案由、诉讼请求、争议的事实和理由；(2)判决认定的事实和理由、适用的法律和理由；(3)判决结果和诉讼费用的负担；(4)上诉期间和上诉的法院。判决书由审判人员、书记员署名,加盖人民法院印章。"这是制作第一审民事判决书的法律根据。

一审民事判决书的种类比较多,除了适用于一审普通程序案件的,还有适用于简易程序和特别程序案件的。适用简易程序案件的第一审民事判决书,是基层人民法院按照《民事诉讼法》规定的简易程序,对事实清楚、权利义务关系明确、争议不大的第一审简单民事案件,就当事人之间的实体权利义务争议问题作出的书面处理决定。与普通程序第一审民事判决书相比,简易程序的第一审民事判决书具有以下特点:第一,它只适用于基层人民法院(包括基层人民法院的派出机构);第二,它只适用于事实清楚,权利义务关系明确,争议不大的简单民事案件;第三,它的处理决定必须依法在案件立案之日起三个月内作出;第四,它是由审判员一人独立审判时作出的处理意见。必须注意的是,这里所谓"事实清楚",是指当事人双方对争议的事实陈述基本一致,并能提供可靠的证据,人民法院无须另外调查收集证据即可判明事实,分清是非;"权利义务关系明确"是指享有权利的人和承担义务的人一目了然,关系明确;"争议不大"是指当事人对案件的是非责任、诉讼标的的争执无原则分歧。从格式要点上看,除内容较为简单外,简易程序第一审民事判决书和普通程序民事判决书差异不大,仅仅是简和"繁"的区别。当然,普通程序一审判决书亦应做到因事立体,要言不烦。

特别程序民事判决书在本章第五节专门讲授。

制作好第一审民事判决书,对于明确当事人之间的权利义务关系,制裁民事违法行为,及时处理民事纠纷,保护自然人、法人和其他组织的合法权益,都具有非常重要的意义。

二、结构、内容和制作方法

一审民事判决书由首部、事实、理由、判决结果和尾部五个部分组成,其中事实、理由、判决结果构成判决书正文,是判决书的核心内容。

(一) 首部

应依次写明下列几项内容。

1. 标题和案号

标题应写明法院的单位名称及文书种类。如:

××人民法院

民事判决书

拟制标题要注意以下几点:

(1) 必须分两行书写,第一行是法院名称,第二行是文书名称。

(2) 第二行文书名称字号应比第一行单位全称字号大两号,并用粗黑体大字标出。

(3) 法院名称要用全称,且须与尾部的印章一致。基层人民法院的名称之前应冠以省、市(直辖市)、自治区的名称,如"陕西省乾县人民法院"。市辖区的基层人民法院之前应冠以该市的名称,如"西安市新城区人民法院"。

案件编号的书写位置在标题的右下方,由年度和制作法院、案件性质、审判程序的代字以及案件的顺序号组成。年度应用阿拉伯数字。具体写法为"(年度)×民初字第×号"。括号的年度应写明年份的全称,如(2023),不要只写后两位数字如(23),这样便于文书归档,使管理更具有科学性。第一个×字应写明法院的代称,如"长宁区人民法院"就用"长"表示,案件性质的"民"字表示案件性质为民事案件。审判级别用"初"字,表示是一审阶段的文书。后面的×为本案案件受理的编排序号。

2. 当事人的身份事项

民事案件涉及当事人较多,具体写法如下:

(1) 原告栏内,如系公民提起诉讼,应写明原告的姓名、性别、出生年月日、民族、职业或工作单位和职务、住址。当事人是法人的,写明法人单位的全称和所在地址,并另起一行写明法定代表人的姓名和职务。当事人是不具备法人条件的组织或起字号的个人合伙企业的,写明其名称或字号和所在地址,并另起一行写明代表人的姓名、性别和职务。当事人是个体工商户的,写明业主的姓名、性别、出生年月日、出生地、住址;起有字号的,在其姓名之后用括号注明"系……(字号)业主"。

(2) 原告诉讼代理人栏目。根据我国《民事诉讼法》的规定,诉讼代理人分为法定代理人、指定代理人和委托代理人三种。

如果系原告的法定代理人或指定代理人,应写明其姓名、性别、职业或工作单位和职务、住址并注明与原告的关系。

有委托代理人,应写明其姓名、性别、职业或工作单位和职务及住址,是原告近亲属的还应注明与原告的关系。委托代理人是律师的,只写姓名,并注明××律师事务所律师。

(3) 被告栏。应写明被告的姓名、性别、出生年月日、民族、职业或工作单位和职务、住址。如被告系企业事业单位、机关、团体,要写明单位全称和所在地址。

被告人的法定代表人和诉讼代理人的填写项目与原告法定代表人和诉讼代理人相同。

(4) 第三人栏目。写明第三人的姓名、性别、出生年月日、民族、籍贯、职业或工作单位和职务、住址。第三人系企事业单位、机关、团体时,应写出单位的名称和所在地址。

第三人的法定代表人和诉讼代理人的填写项目与原告法定代表人和诉讼代理

人相同。

填写此项目在写作上要注意以下几点：

第一，原告起诉后被告反诉的，根据合并审理原则，应在本诉称谓后用括号注明其反诉称谓，如"原告（反诉被告）""被告（反诉原告）"。

第二，对当事人的认定要准确。有的判决书中将未成年人不列为诉讼当事人，而将其法定代理人列为当事人，这是不对的。按照我国《民事诉讼法》第六十条规定，无诉讼行为能力人由其监护人作为法定代理人代为诉讼。未成年人没有诉讼行为能力或行为能力受到限制，但他们是具有民事诉讼权利的，当其民事权益受到侵害或者是他给别人造成损失时，受侵害或者损害了他人的未成年人就是当然的权利义务主体，因而他也就理所当然地成为民事诉讼的当事人。当然，由于其缺乏行为能力，他们的民事活动应由他们的法定代理人代理，但这并不是说代理人就成了当事人，代理人的责任仅仅是代理未成年当事人的诉讼。

第三，书写项目要完整。填写该项内容必须按照原告、原告代理人、被告、被告代理人、第三人、第三人代理人的顺序逐一写述，不要遗漏。有的民事案件，有第三人参与诉讼，但判决书中却未将其写入，这就使第三人的诉讼地位得不到正确体现，影响了其诉讼权利的行使。此外，法人参加诉讼的，该栏目填写时也必须完整。有些判决书在原告或被告栏目中只写单位的名称、代理人的名称，却不写其法定代表人的情况；也有的案件由于其法定代表人不直接出庭参与诉讼，因而判决书中就只列单位名称，不列其法定代表人情况，这都违背了民事诉讼法的规定。根据我国《民事诉讼法》第五十一条规定："公民、法人和其他组织可以作为民事诉讼的当事人。法人由其法定代表人进行诉讼，其他组织由其主要负责人进行诉讼。"从这项规定中不难看出，法人具有与一般当事人相区别的权利能力和行为能力，在诉讼上亦具有诉讼权利能力和诉讼行为能力。但是，法人的诉讼权利能力和诉讼行为能力，是通过其代表人的活动来体现的，没有代表人的诉讼行为就没有法人的诉讼行为。因此，在民事诉讼活动中，法定代表人的个人人格已完全消失，而表现为法人的人格，与法人组织结合成一个不可分割的统一体。所以在判决书中，原被告法人组织与其法定代表人应当作为一个统一体共同出现在当事人栏目中，不能只出现法人组织而不出现法定代表人，这样写不仅在理论上讲不通，而且违反了民事诉讼法的规定。

第四，要具体、准确地写明诉讼代理人的种类。要按照我国民事诉讼法的规定，具体写明法定代理人、指定代理人还是委托代理人，不能笼统地称为"诉讼代理人"。只有具体写明其种类才能表明其代理的地位及权限。

3. 案由、案件来源、审判组织和审判方式

这一部分需要写明四个方面的内容：(1)案由；(2)组成合议庭审判还是独任审判；(3)依法公开审理还是不公开审理；(4)诉讼当事人到庭情况。表述如下：

原告×××(姓名)与被告×××(姓名)××(案由)一案,本院受理后,依法组成合议庭(或依法由审判员×××独任审判),公开(或不公开)开庭进行了审理。……(写明本案当事人及其诉讼代理人等)到庭参加诉讼。本案现已审理终结。

当事人及其诉讼代理人均出庭参加诉讼的,可按样式具体列写,如"原告×××及其委托代理人×××,被告×××及其法定代理人×××……到庭参加诉讼"。当事人未出庭而由代理人出庭的,写为"×告×××的××代理人××……到庭参加诉讼"。当事人经合法传唤未到庭的,应写明"×告×××经本院合法传唤无正当理由拒不到庭"。当事人未经法庭许可中途退庭的,写为"×告×××未经法庭许可中途退庭"。

(二)事实

事实是确认当事人之间是否存在民事法律关系的依据,是正确解决民事纠纷的基础。叙述好事实是民事判决书制作的一项重要内容,因为只有将事实写清才能在此基础上进行分析说理,从而合理地解决好当事人的诉讼纠纷。一审民事判决书的事实应写明以下两方面内容。

1. 当事人的诉讼请求及争议的事实和理由

包括原告具体要求解决什么争议的问题,如何解决及其事实和理由;被告对原告诉讼请求所持的态度,陈述的主要事实和理由,以表明双方起诉或答辩各自所持的态度或依据。如果本案有第三人参与诉讼,还应写明第三人对本纠纷所持的态度及主张,有独立请求权的第三人还应表明对本案所主张的诉讼请求。根据法院诉讼文书样式的规定,该项内容应用如下固定的写作模式表述。

原告×××诉称:(概述原告提出的具体诉讼请求和所根据的事实与理由)。被告×××辩称:(概述被告答辩的主要内容)。第三人述称:(概述第三人的主要意见)。

民事诉讼当事人争议的事实是当事人双方自行提供的,诉讼中尽管原被告及第三人各自提供的事实和意见不一定完全真实和正确,甚至可能含有虚假成分,但也应将其原始内容概括地写入判决书,这样不仅能体现出人民法院对当事人诉讼权利的尊重,增强民事判决的透明度,同时也有助于分辨双方发生纠纷的真实原因,以便使下文叙述查明认定的事实和判决理由更富有针对性。

该项内容就事实部分整体而言,由于其写作是为下文的查明事实做铺垫,故内容应简明扼要,突出重点,具体说应把握好以下两个环节。

(1)抓住中心叙述。所谓抓中心,就是说要抓住各方提供事实的实质性要点。当事人双方提供的事实往往很多,但归结起来必然有一个共同的核心问题,即双方争议的要害所在。以离婚纠纷案件来说,要叙述婚前感情基础、婚后感情,特别要紧扣符合《民法典》第一千零七十九条第三款规定的"重婚或者与他人同居"等"调解无效,应当准予离婚的""情形之一"的事实,至于其他事实,则可不写或少写。

(2)要概括叙述。所谓概括叙述,就是说叙述时在抓住实质性问题的基础上,叙写得精练、简洁和扼要。要做到高度概括,可以抓住两个方面内容来写:一是当事人提出请求的原因;二是请求事项。下面以一份离婚案民事判决书为例加以说明:原告的请求原因是"男方作风极不检点,发展到与他人通奸,破坏了夫妻感情"。诉讼请求是"坚决要求与男方离婚"。被告的辩称原因是"自己生活作风没问题,双方婚后感情一直很好,只要女方消除误会,夫妻关系是可以和好的"。答辩请求是"坚决不同意离婚"。毫无疑问,这段话是判决书制作者在对当事人提供的争议事实基础上经过了一番剪枝去蔓,高度概括之后提炼出来的,这样既清楚明了,行文又简洁利落。

2. 法院认定的事实和证据

一审民事判决书在写完原、被告陈述的事实之后,必须郑重写明法院查证的事实。因为这是判决的依据,所以写入事实中的内容要有根有据,确凿无误。如何写好这一部分,没有统一的模式,应因案而异,但以下三点却是需要遵守的。

(1)事实要清楚,层次要分明。要做到事实清楚,需要抓住案件应解决的实质问题来叙述,在中心明确的前提下,先写什么,后写什么,要合理布局,恰当安排,力求脉络清晰,符合逻辑,避免简单地罗列事实。法律关系单一的案件应按照民事纠纷发生的时间、地点、产生纠纷的特定起因、演变过程及导致的法律后果顺序将其事实经过简练清晰地叙述出来。法律关系复杂的案件,应注意将融于同一事实中的若干种法律关系按照事实的进程发展规律分别写出来,以保证其脉络清晰。

(2)重点要突出,详略要得当。民事纠纷比较复杂,常常因为某一纠纷而导致另外一种事件的发生。基于这种状况,叙述事实时,应该紧紧围绕着案件解决的中心问题,认真鉴别材料,合理选用材料,对于最能反映案件实质的问题应详尽叙述,对于与案件无关或关系不大的问题应不写或略写。

(3)根据案件的不同性质,确定制作要点。民事案件的类型众多,不同类型的案件,其事实部分的内容往往各不相同,必须根据具体情况,有针对性地确定其基本要点。如继承纠纷案件的民事判决书应写明:①各当事人与被继承人的关系;②被继承人的死亡时间;③遗产的范围和数量及取得方式;④当事人为继承遗产而产生纠纷的情况及后果;⑤被继承人有遗嘱的,应写明所立遗嘱的背景及内容;⑥有遗赠抚养协议的,应写明订立时的背景及协议内容。

证据是确认民事行为是否成立,应否承担民事责任及其大小的重要依据,证据须经法庭审理举证、质证、认证之后采纳并予以确认。证据的表述应具体而明了,不仅要求写出证据的种类名称,如证人证言、物证、书证、鉴定结论、视听资料等,而且应注意证据的关联性及推论的合理性,特别是使用间接证据要求引据到位,推断要严谨而科学,举证一环扣住一环,使之形成一个完整的证据链。证据既可在叙述事实过程中一并分析列举,也可分段分析列举。

(三)理由

理由部分包括两个方面内容,即判决的理由和判决适用的法律。所谓判决的理由就是人民法院根据认定的事实和有关法律、法规和政策,阐明自己的观点,辨明是非,对当事人正当的请求理由,给予支持,错误的给予批评、教育,讲明道理,从而为判决提供理论依据。所谓判决适用的法律,即判决所依据的民事实体法律条文。

理由部分在民事判决书中占有重要地位。充分的说理,不仅可以起到化解纠纷,排忧解难,息事宁人的作用,还是教育感化当事人的重要工具。民事案件判决是否恰当,双方当事人是否折服,与理由说服力的强弱关系很大,说服力强的理由往往能令败诉者息诉。因此,民事判决书的理由部分至关重要。

为写好理由部分,应遵循以下几条原则。

第一,说理要充分、严谨而深刻。必须注意说理的充分性,可以从多层次、多角度、多方面进行分析评判,必要时还可分题论述,将法律的具体适用及当事人的民事责任写深论透。阐述理由不仅要求充分,还应做到严谨深刻,所谓严谨深刻是指理由的论述要有较强的逻辑性,各论据之间保持密切的内在联系,环环相扣,层层推进,结构严谨,最终水到渠成地得出科学结论。这样的理由逻辑严谨,无可辩驳,能够增强判决的说服力。

第二,说理要有针对性。理由是否有说服力,不在字数多少,而在于是否有针对性。民事案件,纠葛复杂,有时即使是同一类型案件,其具体情节和双方争执的焦点也往往各不相同,都有其特点及特有的表现形式。制作时,应从案件的实际情况出发,针对当事人诉辩的关键问题及其争执焦点有的放矢地进行论析,用说理的针对性保证其较强的说服力。

第三,在判决理由中必须分清是非,辨明责任。具体说,就是要针对当事人的行为,依据有关法律、法规的规定,分析论证哪些行为是合法的,哪些行为是不合法的,哪些诉讼请求合理,哪些诉讼请求不合理,以及各当事人对纠纷应承担什么责任。是非分得清,责任辨得明,为判决结果提供可靠的依据。

第四,说理要准确表达,切合实际,讲究方式。民事判决的理由是人民法院对民事纠纷的是非作出的决断,所体现的都是结论性意见,阐析时应该恰当用词,准确表达。力戒言过其实,造成误断。说理还应讲究表述方法,对民事案件有些事项的认定会给当事人的前途、声誉带来影响,因而表达时要讲究方式,委婉适当,切忌简单、生硬。这是民事审判工作的特点,也是制作民事判决书的必然要求。

理由部分引用法律应当准确而全面。所谓准确,应做到以下三点:一是要处理好特别法与一般法的关系,凡是特别法中有明文规定的,应当援引特别法,无须再援引一般法;特别法没有规定的,援引一般法。二是要处理好法条中基本原则与具体规定的关系。凡是有具体规定的,应当援引具体规定,无须援引基本原则中的规定;没有具体规定的,援引基本原则中的规定。三是援引法律条款应当按照引用条款的目的,依次援用,要引用具体、到位,适用哪一层次的规定,就应具体引出哪一个层次。所谓全面,是指在处理争议时,可能会遇到适用多个法律的情况,在此情况下,援引的法律不应有遗漏。但是法条发生冲突时则要选择引用,如一般法与特别法冲突的,应引用特别法,基本原则与具体规定冲突的,引用具体规定等。

(四)判决结果

判决结果即人民法院对案件审理终结所作出的处理决定,它用肯定的、明确的语言,指出当事人之间享有的权利义务,解决当事人之间纠纷的具体举措,具有极强的法律强制力。

民事判决书的判决结果如果项目比较多,可分项书写。这样清楚明了,便于当事人执行。如继承财产案件,第一项应先判明谁为被继承人的法定(遗嘱)继承人,第二项再判决争执标的物(财产)的具体分割。

写好判决结果的要求:第一,要明确,不能笼统含糊。判决结论是人民法院对案件的最后处理决定,当事人双方将根据判决项目执行判决,因而在表达上一定要清楚,明确,不能笼统含糊,模棱两可,似是而非。第二,要具体。判决结果应当根据诉讼请求的不同情况,准确、具体地表述。例如,判决给付物品的,应当写明物品的名称、规格、数量,给付期限以及给付方式等。第三,要完整。例如判决义务人履行一定民事行为的,应写明应履行行为的内容及期限等。依照法律规定,逾期履行义务的应承担迟延履行的责任,对此还应写明迟延履行的法律后果和应承担的违约责任等,不要遗漏。

(五)尾部

一审民事判决书的尾部按顺序写明以下几方面的内容:一是诉讼费用的负担;二是向当事人交代上诉权、上诉期限和上诉审法院名称;三是审判人员署名,写明判决日期,加盖院印,书记员署名,加盖"本件与原本核对无异"的校对戳记。

首先在判决结果之下应写明诉讼费用的负担。诉讼费用不属于判决结果的范围。根据最高人民法院规定的民事诉讼收费原则,诉讼费用在原告起诉时暂由其预交,待判决后由败诉方承担;互有过错的,按过错责任大小共同分担。该项应具体写明"案件受理费××××元,由×告负担"或"案件受理费××××元,由原告负担×××元,由被告承担×××元"。

继诉讼费用之下交代上诉事项。该项应写明:"如不服本判决,可在判决书送达之日起十五日内,向本院递交上诉状,并按对方当事人的人数提出副本,上诉于××人民法院。"最后由独任审判员或合议庭组成人员署名。如系独任审判的只写:审判员(或代理审判员)×××,下方注明发出判决书的年月日,并在其上加盖院印。其下,由书记员署名。如系合议审判方式,应依次写明:审判长×××,审判员(代理审判员,或助理审判员)×××,下方注明发出判决书的日期,并加盖院印。其下,由书记员署名。判决书在印发时,在其正本及副本尾部署名,左方空白处还应加盖"本件与原本核对无异"的校对戳记,表示校对工作的无误。

三、制作中应当注意的问题

第一,认定事实要准确无误,符合事实真相,列举的证据要确凿,须是经庭审认证过的有效证据。

第二,严格把好制作关、审批关、打印关,不出法律差错,不出文字差错,不出格式差错,确保文书的质量。

第三,掌握好一审案件审结的期限。根据《民事诉讼法》的规定,一审民事案件适用普通程序的应在立案之日起六个月内审结,适用简易程序的应在立案之日起三个月内审结,故一审民事判决书的制作及送达,应在受案后六个月或三个月内完成。特殊情况需要延长的,经本院院长批准,适用普通程序案件可以延长六个月,后者可以延长一个月,案件审结时间顺延。

第三节　第二审民事判决书

一、概念、法律依据及其功用

二审民事判决书是第二审人民法院对当事人不服第一审人民法院的判决,按照法定程序提起上诉,按照我国民事诉讼法规定的第二审程序,对第一审尚未生效的民事判决进行审理终结后,依法对案件的实体问题作出维持原判或者改判决定时所制作的法律文书。

《民事诉讼法》第一百五十五条对民事判决书基本内容的规定,亦是制作第二审民事判决书的法律依据。同法第一百七十七条第一款则规定了第二审民事判决书的适用范围及处理结果。

二审人民法院通过二审民事判决书全面确认第一审人民法院认定的事实和作出的判决结论是否正确,纠正第一审民事判决可能发生的错误,避免错案、错判,从而保障民事诉讼当事人的合法权益。

二、结构内容和制作方法

二审民事判决书的结构和内容如下:

(一) 首部

这一部分应写明三项内容:

1. 标题和编号

标题的写法应分为两行,写明人民法院名称和文书种类。如:

××人民法院
民事判决书

第二审人民法院制作的民事判决书标题不必反映审级,即不必写"××人民法院二审(或终审)民事判决书"。

编号的位置在标题的右下方,写作"(年度)×民终字第×号",以表明此案是按二审程序进行的终审案件。

2. 当事人及其基本情况

第二审民事判决书中当事人的称谓为"上诉人"和"被上诉人",在其后用括号注明其在一审中的诉讼地位,如"上诉人(原审被告)"。当事人的基本情况,以及诉讼代理人情况的写法,与一审民事判决书相同,不再赘述。

3. 案由、案件来源及审判组织、审判方式

按格式规定,应写明:

上诉人×××因××(案由)一案,不服××人民法院(年度)×民初字第×号民事判决,向本院提起上诉。本院依法组成合议庭,公开(或不公开)开庭审理了本案。(写明当事人及其诉讼代理人等)到庭参加诉讼。本案现已审理终结。未开庭的,写:本院依法组成合议庭审理了本案,现已审理终结。

(二) 事实

二审民事判决书的事实应先概括写明原审认定的事实和判决结果,简述上诉人提起上诉的请求和主要理由、被上诉人的主要答辩以及第三人的意见。接着另起一段写明二审认定的事实和证据。

二审判决是因当事人不服一审法院的判决,向上一级法院提出上诉后,二审法院全面审查第一审人民法院认定的事实和适用的法律后作出的结论。因此,在二审民事判决书中必须将一审法院认定的当事人争议的主要事实及一审判决结论的主要内容叙述清楚,在此基础上再叙述经二审法院查明的事实。这样才能针对当事人的上诉理由是否合理,一审认定的事实及适用的法律是否正确,进行充分论证,作出正确的结论。

叙述二审民事判决书事实应注意以下几点：

(1) 对一审认定的当事人争议的主要事实不要原封不动地照抄，应在不失其原意的基础上进行概括、归纳，从中抓住主要的实质问题加以叙述。对原审法院判决内容的表述应该简明扼要，突出重点。判决内容简单，项目不多的，可以全部引用；判决项目比较多的可重点摘引其中主要、关键的具体项目，其他项目内容可以概括简述。对上诉人提起上诉的主要理由及被上诉人的主要答辩意见也应该在不失原意的前提下综合归纳，不要写得过于详细。

(2) 判决书的事实是二审改判或维持原判的依据，必须针对上诉人提出的问题进行重点叙述。一审认定的事实有遗漏的，应补充叙述；一审认定的事实不准，或错误较多的，对改变认定的事实应详细叙述，并运用证据，指出原判认定事实的不当之处。对于原判认定事实清楚，上诉人又无异议的，可以简述。原判认定事实无误，但上诉人有异议的，应把异议部分叙述清楚，并应有针对性地列举相关证据，论证异议不能成立。

(三) 理由

二审民事判决书的理由主要应写明：根据二审查明的事实，针对上诉的情况和主要理由，对一审判决是否正确作出结论；对上诉理由是否合理、被上诉人的答辩是否有理进行论证；阐明维持原判或改判的理由；引用适当的法律条文。二审民事判决书理由必须有针对性和说服力，对于上诉人上诉理由合理，原判决不当的，应该针对二审查明的事实，阐明上诉理由为什么是合理的，符合哪条法律规定，理由阐发透彻，改判结论才有说服力。对于原判决正确，上诉人上诉无理的，也应具体阐明二审法院支持原判决的理由，驳回无理上诉的理由，并指出其错误所在，给予必要的批评。

理由部分在适用法律上要做到准确无误。维持原判的，应引用《民事诉讼法》第一百七十七条第一款第（一）项。部分改判或全部改判的，应引用《民事诉讼法》第一百七十七条第一款第（二）项以及改判的有关实体法条文。发回重审的引用《民事诉讼法》第一百七十七条第一款第（三）项或第（四）项。

(四) 判决结果

这一部分是二审民事判决书的关键部分。它是对一审判决的最后确定。

二审民事案件判决结果有以下几种情况：(1) 驳回上诉，维持原判；(2) 二审部分改判；(3) 二审改判。表述如下。

1. 维持原判的，写：

"驳回上诉，维持原判"。

2. 二审改判的，写：

"(一) 撤销××人民法院(年度)×民初字第××号民事判决；

(二)……(写明改判的内容,内容多的可分项书写)。"

3. 二审部分改判的,写:

"(一)维持××人民法院(年度)×民初字第××号民事判决第×项;即……

(二)撤销××人民法院(年度)×民初字第××号民事判决第×项;即……

(三)变更××人民法院(年度)×民初字第××号民事判决第×项为……;

(四)……(写明新增判项)。"

判决主文之后,还应写明诉讼费用的负担。

(五)尾部

尾部主要应写明以下两方面内容:

(1)根据《民事诉讼法》第一百八十二条规定:"第二审人民法院的判决、裁定,是终审的判决、裁定。"表明当事人再无上诉权利。因而在诉讼费用负担的左下方应写明"本判决为终审判决"的字样。

(2)在文书右下方由合议庭人员,即审判长、审判员(或代理审判员)署名。并注明制作判决书的年月日,加盖院印。再下面是书记员署名,书记员署名的左上方标准"本件与原本核对无异"。

三、制作中应当注意的问题

第一,关于案件受理费的负担,对于驳回上诉,维持原判的,只需写明二审受理费用如何负担;如果是改判的,除应写明当事人对二审受理费的负担外,还应将变更一审受理费负担的情况一并写明。

第二,按照《民事诉讼法》第四十一条第一款"人民法院审理第二审民事案件,由审判员组成合议庭"的规定,二审民事判决书尾部由审理该案的合议庭组成人员即审判长和两名审判员署名。

第四节 再审民事判决书

一、概念、法律依据及其功用

根据我国《民事诉讼法》第二百零九条、二百一十条、二百一十一条、二百一十七条、二百二十二条的有关规定:再审民事判决书是人民法院对于已经发生法律效力的判决、裁定和调解协议,发现确有错误,按照审判监督程序对案件进行重新审理后,就案件的实体问题作出的书面决定。

再审民事判决书的作用主要是纠正错误的裁判,保证民事裁判的正确性和合法性,从而保障当事人的合法权益,维护国家法制的统一和尊严。

二、结构内容和制作方法

再审民事判决书类型较多,但格式基本一致。

（一）首部

主要应写明以下三项内容:

1. 标题和编号

标题。分两行写明法院名称和文书种类。如:

××人民法院

民事判决书

标题无需写明审级,即不必写"再审"字样。

编号的书写位置在标题的右下方,注明:(年度)民再字第×号。

2. 诉讼参加人身份情况

(1) 当事人、案外人申请再审的,列为"再审申请人";各方当事人均申请再审的,均列为"再审申请人";再审申请书载明的被申请人列为"被申请人";未提出再审申请或者未被列为被申请人的原审其他当事人按照其在一审、二审、再审中的地位依次列明,如"一审原告、二审被上诉人";对不予受理裁定申请再审的案件,只列再审申请人。

(2) "再审申请人""被申请人"后的括号中按照"一审原告、反诉被告（或一审被告、反诉原告）,二审上诉人（或二审被上诉人）、原再审申请人（或原被申请人）"列明当事人在一审、二审、再审中的诉讼地位;民事申请再审案件经过两次以上再审的,括号中的再审诉讼地位按照当事人在最后一次再审中的诉讼地位列明;再审程序是由人民检察院抗诉或者人民法院依职权启动的,括号中的再审诉讼地位按照"原申诉人（或原被申诉人）"列明;案外人申请再审的,在括号中列明"案外人"。

(3) 当事人名称变化的,在名称后加括号注明原名称。

(4) 当事人是自然人的,列明姓名、性别、民族、出生日期、职业、住址;自然人职业不明确的,可以不表述;当事人是法人或者其他组织的,列明名称、住所和法定代表人或者主要负责人的姓名、职务。

(5) 当事人是自然人的,住址写为"住××××(具体地址)";申请再审书上载明的地址与生效裁判或身份证上载明的住址不一致的,住址写为"住××××(身份证上载明的住址),现住××××(申请再审书上载明的地址)"。当事人是法人或者其他组织的,住所写为"住所地:××××(营业执照上载明的住所)"。

当事人住址或住所在市辖区的,写为"××省(直辖市、自治区)××市××区

(具体地址)";当事人住址或住所在市辖县、市辖县级市的,写为"××省(直辖市、自治区)××县(市)(具体地址)",不写所在地级市(地区);如有两个以上当事人住址相同,应当分别写明,不能用"住址同上"代替。

(6) 法人或者其他组织的法定代表人或主要负责人写为"法定代表人(或负责人):×××,该公司(或厂、村委会等)董事长(或厂长、主任等职务)"。

(7) 委托代理人是律师的,写为"委托代理人:×××,××××律师事务所律师",并审核其律师执业证书、律师事务所函、授权委托书和代理权限;委托代理人是同一律师事务所律师的,应当分别写明所在律师事务所;同一律师事务所的实习律师与律师共同担任委托代理人的,实习律师写为"委托代理人:×××,××××律师事务所实习律师";委托代理人是法律工作者的,写为"委托代理人:×××,××××法律服务所法律工作者"。

委托代理人是自然人的,写为"委托代理人:×××,性别,民族,出生日期,职业,住址",并审核其身份证、授权委托书和代理权限;委托代理人是当事人近亲属的,还应当在姓名之后用括号注明其与当事人的关系;律师助理以委托代理人身份参加诉讼的,按照委托代理人是自然人的情形写明姓名、性别等基本情况;法人或者其他组织的工作人员受所在单位委托代为诉讼的,写为"委托代理人:×××,该公司(或厂、村委会等)工作人员(可写明职务)",并审核其身份证、授权委托书和代理权限。

(8) 诉讼地位与当事人姓名或名称、代理人姓名之间用冒号隔开。

3. 案由、再审来源、再审的提起及审判方式

根据提起再审的不同由来,该项目有如下几种不同的表述方法:

(1) 当事人申请再审经审查符合再审条件

由上级法院提审的,表述为:

再审申请人×××(简称×××)因与被申请人×××(简称×××)……(案由)纠纷一案,不服××人民法院(××××)×民××号民事判决(裁定或调解书),向本院申请再审。本院于×年×月×日作出(××××)×民××号民事裁定,提审本案。本院依法组成合议庭,公开(或不公开)开庭审理了本案。……(写明当事人及其诉讼代理人)到庭参加诉讼(未开庭的写明"本院依法组成合议庭审理了本案")。本案现已审理终结。

指令(或指定)下级法院再审,下级法院依一审程序再审的,表述为:

再审申请人×××(简称×××)因与被申请人×××(简称×××)……(案由)纠纷一案,不服本院或(××人民法院)(××××)×民××号民事判决(裁定或调解书),向××人民法院申请再审。××人民法院于×年×月×日作出(××××)×民××号民事裁定,指令(或指定)本院再审本案。本院依法另行(受指定再审的不写"另行")组成合议庭,公开(或不公开)开庭审理了本案。……(写

明当事人及其诉讼代理人)到庭参加诉讼。本案现已审理终结。

指令(或指定)下级法院再审,下级法院按二审程序再审的,表述为:

再审申请人×××(简称×××)因与被申请人×××(简称×××)……(案由)纠纷一案,不服本院(或××人民法院)(××××)×民××号民事判决(裁定或调解书),向××人民法院申请再审。××人民法院于×年×月×日作出(××××)×民××号民事裁定,指令(或指定)本院再审本案。本院依法另行(受指定再审的不写"另行")组成合议庭,公开(或不公开)开庭审理了本案。……(写明当事人及其诉讼代理人)到庭参加诉讼(未开庭的写明"本院依法组成合议庭审理了本案")。本案现已审理终结。

(2) 人民法院依照职权再审案件

本院按一审程序再审的,表述为:

×××(简称×××)与×××(简称×××)……(案由)纠纷一案,本院于×年×月×日作出(××××)×民××号民事判决(裁定或调解书),已经发生法律效力。经本院审判委员会讨论决定,于×年×月×日作出(××××)×民××号民事裁定,再审本案。本院依法另行组成合议庭,公开(或不公开)开庭审理了本案。……(写明当事人及其诉讼代理人)到庭参加诉讼。本案现已审理终结。

本院按二审程序再审的,表述为:

×××(简称×××)与×××(简称×××)……(案由)纠纷一案,本院于×年×月×日作出(××××)×民××号民事判决(裁定或调解书),已经发生法律效力。本院经审判委员会讨论决定,于×年×月×日作出(××××)×民××号民事裁定,再审本案。本院依法另行组成合议庭,公开(或不公开)开庭审理了本案。……(写明当事人及其诉讼代理人)到庭参加诉讼(未开庭的写明"本院依法组成合议庭审理了本案")。本案现已审理终结。

上级法院提审的,表述为:

×××(简称×××)与×××(简称×××)……(案由)纠纷一案,××人民法院于×年×月×日作出(××××)×民××号民事判决(裁定或调解书),已经发生法律效力。本院于×年×月×日作出(××××)×民××号民事裁定,提审本案。本院依法组成合议庭,公开(或不公开)开庭审理了本案。……(写明当事人及其诉讼代理人)到庭参加诉讼(未开庭的写明"本院依法组成合议庭审理了本案")。本案现已审理终结。

(3) 人民检察院抗诉的再审案件

下级人民检察院按一审程序再审的,表述为:

×××(简称×××)因与×××(简称×××)……(案由)纠纷一案,不服本院(××××)×民××号民事判决(或裁定),向检察机关申诉。××人民检察院于×年×月×日作出×××号民事抗诉书,向××人民法院提出抗诉。××人民法院于×年×月×日作出(××××)×民××号民事裁定,指令本院再审本案。本院依法另行组成合议庭,公开(或不公开)开庭审理了本案。××人民检察院指派检察员×××出庭(未出庭的不写)。……(写明当事人及其诉讼代理人)到庭参加诉讼。本案现已审理终结。

下级法院按二审程序再审的,表述为:

×××(简称×××)因与×××(简称×××)……(案由)纠纷一案,不服本院(××××)×民××号民事判决(或裁定),向检察机关申诉。××人民检察院于×年×月×日作出×××号民事抗诉书,向××人民法院提出抗诉。××人民法院于×年×月×日作出(××××)×民××号民事裁定,指令本院再审本案。本院依法另行组成合议庭,公开(或不公开)开庭审理了本案。××人民检察院指派检察员×××出庭(未出庭的不写)。……(写明当事人及其诉讼代理人)到庭参加诉讼(未开庭的写明"本院依法组成合议庭审理了本案")。本案现已审理终结。

上级法院提审的,表述为:

×××(简称×××)因与×××(简称×××)……(案由)纠纷一案,不服××人民法院(××××)×民××号民事判决(或裁定),向检察机关申诉。××人民检察院于×年×月×日作出×××号抗诉书,向本院提出抗诉。本院于×年×月×日作出(××××)×民××号民事裁定,提审本案。本院依法组成合议庭,公开(或不公开)开庭审理了本案。××人民检察院指派检察员×××出庭(未出庭的不写)。……(写明当事人及其诉讼代理人)到庭参加诉讼(未开庭的写明"本院依法组成合议庭审理了本案")。本案现已审理终结。

(4) 案外人申请再审案件

撤销侵害案外人权利判项用,表述为:

×××(简称×××)与×××(简称×××)……(案由)纠纷一案,本院于×年×月×日作出(××××)×民××号民事判决(裁定或调解书),已经发生法律效力。×年×月×日,×××(写明案外人的姓名或名称)向××人民法院申请再审。××人民法院于×年×月×日作出(××××)×民××号民事裁定,指令本院再审本案。本院依法另行组成合议庭,公开(或不公开)开庭审理了本案。……(写明当事人及其诉讼代理人)到庭参加诉讼(未开庭的写明"本院依法组成合议庭审理了本案")。本案现已审理终结。

(二) 正文

正文包括事实、理由及判决结果三项。

1. 事实

再审民事判决书的事实应写明以下四个要点:(1)首先要写明一审原告的起诉理由、请求,被告的答辩情况,二审上诉人上诉的理由、请求,被上诉人的答辩情况;

(2)其次要概括写明第一、二审生效判决认定的主要事实、证据、理由和判决结果；(3)当事人提出的或申请的、检察机关提出抗诉的主要理由及请求；(4)经再审所查明认定的事实及证据。

叙述再审查明认定的事实对有争议的内容应当重点分析论证，事实叙述的详略要根据原判决认定事实清楚与否来决定。如果原判决认定事实不清，再审民事判决书的事实需要详细、具体地叙述。如果原判决认定事实清楚，再审民事判决书的事实可概括叙述。如果原判决个别地方认定不准，再审民事判决书的事实应运用新获取的证据对其错误之处予以纠正。具体的叙事要求与第一审、第二审民事判决书事实部分的要求相同。

2. 理由

再审民事判决书的理由应重点针对当事人在再审中的诉辩主张、争议焦点进行阐述。要根据再审查明的事实，论述原审生效判决定性处理是否正确，属于申请再审或检察机关抗诉的，要针对其申请再审、抗诉的观点能否成立来阐明是否应予改判，如何改判，或者应当维持原判的理由。然后写明再审判决依据的法律条文。即"依照……(判决依据的法律)的规定，判决如下："论述再审判决的理由要抓准关键，阐明观点，论述充分，合法有据。

3. 判决结果

再审民事判决书的判决结果可分为全部改判、维持原判、部分改判三种类型。

(1) 如系全部改判的写：

一、撤销××人民法院(年度)×字第×号民事判决书(或本院(年度)字第×号民事判决书)；

二、(改判的内容)。

(2) 如系维持原判的写：

驳回申诉(或再审申请或抗诉)，维持原判。

(3) 如系部分改判的写：

一、维持××人民法院(或本院)(年度)×字第×号民事判决书第×项；

二、撤销××人民法院(或本院)(年度)×字第×号民事判决书第×项；

三、(改判的内容)。

(4) 属于上级人民法院提审、指令再审或本院决定再审的，可写：

原判正确，予以维持。

如需驳回其他之诉的，在判决项目之后应另列一行，写明：

驳回申诉人(或申请人)×××(姓名)其他诉讼请求。

(三) 尾部

我国民事诉讼法第二百一十八条规定："人民法院按照审判监督程序再审的案

件,发生法律效力的判决、裁定是由第一审法院作出的,按照第一审程序审理,所作的判决、裁定,当事人可以上诉;发生法律效力的判决、裁定是由第二审法院作出的,按照第二审程序审理,所作的判决、裁定,是发生法律效力的判决、裁定。"根据这项规定,如系按第一审程序审理的再审案件,应交代上诉权,尾部写明"如不服本判决,可在判决书送达之日起十五日内,向本院递交上诉状并按对方当事人的人数提出副本,上诉于××人民法院。"如系按第二审程序审理的再审案件,当事人无上诉权,应写明"本判决为终审判决"。

下方由审判长、审判员(或代理审判员)署名。注明制作的年月日,加盖院印。再下方书记员署名。在署名的左上方加盖"本件与原本核对无异"的核对章。

三、制作中应当注意的问题

第一,制作再审民事判决书,无论是维持原判还是予以改判,都应实事求是,依法办案,做到有错必纠,无错不纠。

第二,无论是哪一种类型的再审案件,改变原判决的,在判决结果中,应当撤销原一审或原一、二审判决裁定的全部或者某一部分。

第五节 特别程序民事判决书

一、概念、法律依据及其功用

特别程序民事判决书,是人民法院按照民事诉讼法规定的特别程序,审理特殊类型的案件,就某种法律事实是否存在或者某种权利的实际状况而作出确认的书面决定。特别程序民事案件包括选民资格案件,宣告失踪、宣告死亡案件,认定公民无民事行为能力、限制民事行为能力案件,指定监护人案件和认定财产无主案件。

我国《民事诉讼法》第一百八十八条规定:公民不服选举委员会对选民资格的申诉所作的处理决定,可以在选举日的五日以前向选区所在地基层人民法院起诉。第一百九十条、一百九十一条规定:公民下落不明满二年,利害关系人申请宣告其失踪的,向下落不明人住所地基层人民法院提出;公民下落不明满四年,或者因意外事件下落不明满二年,或者因意外事件下落不明,经有关机关证明该公民不可能生存,利害关系人申请宣告其死亡的,向下落不明人住所地基层人民法院提出。第一百九十八条规定:申请认定公民无民事行为能力或者限制民事行为能力,由利害关系人或者有关组织向该公民住所地基层人民法院提出。第二百零二条规定:申请认定财产无主,由公民、法人或者其他组织向财产所在地基层人民法院提出。这些都是制作和运用特别程序民事判决书的法律依据。

我国基层人民法院根据当事人的起诉或申请,运用民事诉讼法的特别程序对上述案件进行及时的审理并作出判决,可以从简尽快地解决公民或利害关系人某项权利的有无或某一事实是否存在的问题,使其得到最终确认,这对于维护当事人的合法权益,稳定民事法律社会关系具有重要作用。

二、结构、内容及其制作方法

特别程序民事判决书,按照案件的性质可分为:申请确定选民资格案民事判决书、申请宣告失踪或者宣告公民死亡案民事判决书、申请撤销宣告失踪或者申请撤销宣告公民死亡案民事判决书、被撤销死亡宣告人请求返还财产案民事判决书、申请宣告公民无民事行为能力或者限制民事行为能力案民事判决书、申请宣告公民恢复限制民事行为能力或者恢复完全民事行为能力案民事判决书、申请指定监护人案民事判决书、申请认定财产无主案或者申请撤销认定财产无主案民事判决书。按照判决所确认的问题可分为:确认某种事实是否存在的民事判决书和确认某种权利的实际状态的民事判决书。本节对有关撤销的裁判文书不予讲授。各种特别程序民事判决书与普通程序、简易程序民事判决书样式基本相同,但有些具体项目在写法上不一样,兹具体介绍如下。

(一)选民资格案件民事判决书

1. 概念

确定选民资格案件民事判决书,是人民法院依照《民事诉讼法》规定的特别程序,审理选民资格案件后,就公民是否享有选举权问题而作出的书面决定。

《民事诉讼法》第一百八十八条规定:"公民不服选举委员会对选民资格的申诉所作的处理决定,可以在选举日的五日以前向选区所在地基层人民法院起诉。"同法第一百八十九条规定:"人民法院的判决书,应当在选举日前送达选举委员会和起诉人,并通知有关公民。"这是制作和适用确定选民资格案件民事判决书的法律依据。

2. 结构、内容和制作方法

确定选民资格案件和其他按特别程序审理的案件民事判决书都由首部、正文和尾部组成。首部应当写明文书制作机关名称和文书名称、文书编号、当事人的基本情况、案件的由来和审理经过。文书编号中的程序代字为"特"字。当事人的称谓,根据《民事诉讼法》第一百八十九条第三款的规定,应为"起诉人"。当事人的基本情况应写明:姓名、性别、出生年月日、民族、籍贯、职业或工作单位和职务、住址(以下判决书首部各项只写与选民资格案件的不同之处)。案件的由来和审理经过可表述为:

起诉人×××不服××××选举委员会关于……（写明决定的标题）的决定，向本院起诉。本院受理后，依法组成合议庭，于×年×月×日公开开庭审理了本案。起诉人×××、××××选举委员会的代表×××以及公民×××到庭参加诉讼。本案现已审理终结。

上文中列写的到庭参加诉讼的"公民×××"，是指起诉人认为选民名单中漏掉的有选举权的公民，或者选民名单中列入的不应有选举权的公民；如果起诉人本人就是认为选民名单中漏掉的有选举权的公民，"公民×××"一句可不写。

正文中起诉人起诉的理由和请求可以概括写明。法院查明的事实，包括两项内容：(1)查明的选举委员会对选民资格的申诉所作的处理决定及其依据和理由。(2)法院经审理后认定的事实。主要有两种情况：一是该公民的确切年龄；二是该公民是否被剥夺政治权利。判决理由主要写明两点：一是说明该公民应否有选举权；二是引用判决所适用的法律条款。判决所适用的法律条款是指《选举法》的有关规定。判决结果应写明该公民是否有选举权。

《民事诉讼法》第一百九十二条规定，依照特别程序审理的案件，实行一审终审；申请确定选民资格案件，由审判人员组成合议庭审理。因此，尾部一要写明"本判决为终审判决"，二要合议庭组成人员署名，三要写明判决日期，四要加盖院印，最后由书记员署名。以下判决书尾部各项的写法与选民资格案件判决书相同，不再赘述。

（二）宣告失踪或者宣告死亡案件民事判决书

1. 概念

申请宣告失踪或者宣告死亡案件民事判决书，是人民法院按照《民事诉讼法》规定的特别程序，审理宣告失踪或者宣告死亡案件后所作出的书面决定。

《民事诉讼法》第一百九十二条规定：人民法院受理宣告失踪、宣告死亡案件后，应当发出寻找下落不明人的公告。宣告失踪的公告期间为三个月，宣告死亡的公告期间为一年。因意外事件下落不明，经有关机关证明该公民不可能生存的，宣告死亡的公告期间为三个月。公告期届满，人民法院应当根据被宣告失踪、宣告死亡的事实是否得到确认，作出宣告失踪、宣告死亡的判决或者驳回申请的判决。这是制作和适用宣告失踪或者宣告死亡案件民事判决书的法律依据。

2. 结构、内容和制作方法

申请宣告失踪或者宣告死亡案件，是因利害关系人的申请而发生的，首部当事人的称谓为"申请人"。案件的由来和审理经过，可从简表述为"申请人×××要求宣告×××失踪（或死亡）一案，本院依法进行了审理，现已审理终结"。

正文的事实部分，包括三项内容：(1)申请人申请的主要内容，写明申请人所述下落不明人下落不明的事实、时间和请求；(2)法院查明的事实，写明经法院查实的下落不明人的姓名、性别、出生年月日、籍贯、与申请人的关系以及下落不明的事实。《民事诉讼法》第一百九十二条规定，人民法院受理宣告失踪、宣告死亡案件，应当发出寻找下落不明人的公告。发出寻找公告是这类案件的必经程序，这是推定下落不明人失踪或者死亡的主要依据，具有重要的法律意义。所以，判决书中要记载发出寻找公告的情况。在行文上可这样表述：

本院根据《中华人民共和国民事诉讼法》第一百九十二条的规定，于×年×月×日在……（写明公告方式）发出寻找×××的公告。法定公告期间为三个月（或一年），现已届满，×××仍然下落不明。

公告方式应当写明在某某报刊上刊登，或在法院公告栏上张贴，或在失踪人×××住所地张贴等。如果是驳回申请的判决，这部分应当写明公民下落不明得不到确认的事实及其根据。

判决理由应当写明为什么要作出宣告失踪或者宣告死亡的判决，或者为什么要驳回申请人的申请，还应当写明判决所依据的法律条款。

判决结果，宣告失踪的，表述为"一、宣告×××为失踪人；二、指定×××为失踪人×××的财产代管人"；宣告死亡的，表述为"宣告×××死亡"；驳回申请的，表述为"驳回×××的申请"。

（三）宣告公民无民事行为能力或者限制民事行为能力案件民事判决书

1. 概念

宣告公民无民事行为能力或者限制民事行为能力案件民事判决书，是人民法院依照《民事诉讼法》规定的特别程序，审理确认民事行为能力案件后所作出的宣告公民无民事行为能力或者限制民事行为能力的书面决定。

《民事诉讼法》第二百条第二款规定，人民法院审理认定公民无民事行为能力或者限制民事行为能力案件，"经审理认定申请有事实根据的，判决该公民为无民事行为能力或者限制民事行为能力人；认定申请没有事实根据的，应当判决予以驳回"。这是制作和适用确认民事行为能力案件民事判决书的法律依据。

2. 结构、内容和制作方法

《民事诉讼法》第一百九十八条规定：申请认定公民无民事行为能力或者限制民事行为能力，由利害关系人或者有关组织向该公民住所地基层人民法院提出。在首部，申请人是公民的，应当写明姓名、性别、出生年月日、民族、籍贯、职业或者工作单位和职务、住址。申请人是单位或者组织的，应当写明单位或者组织名称、所在地址，并另起一行写明其法定代表人或者代表人姓名和职务；有委托代理人的，再另起一行写明委托代理人姓名、性别、职业或工作单位和职务。案件的由来和审理经过可简述为：

申请人×××要求宣告×××为无民事行为能力人（或限制民事行为能

力人)一案,本院依法进行了审理,现已审理终结。

正文应当写明被申请宣告无民事行为能力人或者限制民事行为能力人的基本情况以及与申请人的关系、申请人的请求及其事实根据、鉴定结论或者审查情况、判决所依据的法律条款和判决结果。被申请人的基本情况,应当写明被申请人的姓名、性别、出生年月日、籍贯、住址。申请人的请求和事实根据,主要应当写明申请人所述被申请人不能辨认或者不能完全辨认自己行为的具体事实、根据及其要求法院宣告被申请人为无民事行为能力人或者限制民事行为能力人的请求。《民事诉讼法》第一百九十九条规定:"人民法院受理申请后,必要时应当对被请求认定为无民事行为能力或者限制民事行为能力的公民进行鉴定。申请人已提供鉴定意见的,应当对鉴定意见进行审查。"根据这一规定,判决书中应当写明鉴定意见及其审查情况。判决结果有两种,准许申请的,表述为:一、宣告×××为无民事行为能力人(或者限制民事行为能力人);二、指定×××为×××的监护人。不准许申请的,表述为:驳回×××的申请。

(四) 指定监护人案件民事判决书

1. 概念

指定监护人案件民事判决书,是人民法院比照《民事诉讼法》规定的特别程序,审理指定监护人案件后,依法作出的撤销原指定,同时另行指定监护人的书面决定。

《民法典》第三十一条第一款规定:"对监护人的确定有争议的,由被监护人住所地的居民委员会、村民委员会或者民政部门指定监护人,有关当事人对指定不服的,可以向人民法院申请指定监护人;有关当事人也可以直接向人民法院申请指定监护人。"这是制作和适用指定监护人案件民事判决书的法律依据。

2. 结构、内容和制作方法

指定监护人案件民事判决书,根据样式的规定,应当写明当事人的基本情况、案由和审理经过,起诉人起诉的理由和请求,法院判决的理由、适用的法律条款和判决结果等。

这类案件当事人的称谓应为"起诉人",而不是"申请人"。判决理由应着重说明原指定为什么不妥和应当由谁来监护的理由。判决结果可表述为:

一、撤销××××(单位名称)指定×××为×××监护人的指定;二、指定×××为×××的监护人。

(五) 认定财产无主案件民事判决书

1. 概念

认定财产无主案件民事判决书,是财产所在地基层人民法院受理申请认定财产无主案件,在发出财产认领公告满一年仍无人认领以后,判决其为无主财产,收归国有或集体所有时制作的法律文书。

《民事诉讼法》第二百零二条的规定,是制作认定财产无主案件民事判决书的法律依据。

2. 结构、内容和制作方法

首部要写明申请人的基本情况。案内和审理经过,表述为:"申请人×××要求认定财产无主一案,本院依法进行了审理,现已审理终结。"

正文要写清下述各项内容:(1)写明申请人要求认定的无主财产的名称、数量及其根据。(2)另段,以"经审查"起始,写明法院审查核实的情况。(3)法院依法公告期满,上述财产无人认领的情况,具体行文为:"本院根据《中华人民共和国民事诉讼法》第二百零三条的规定,于×年×月×日在……(写明公告方式)发出认领上述财产的公告,法定公告期间为一年,现在已经届满,上述财产无人认领。"以此段文字作为判决的理由。(4)写明判决所依据的法律条款。表述为"依照……(写明判决所依据的法律条款项)的规定,判决如下:"。(5)判决结果。表述为"……(写明财产的名称数量。财产多的只写明其概况,详情另列清单附后)为无主财产,收归国家所有[或归××××(集体单位)所有]"。

三、制作中应当注意的问题

第一,选民资格案件必须在选举日前审结,依法确认起诉人选民资格的有无。判决书应当在选举日前送达选举委员会和起诉人,并通知有关公民。

第二,掌握好宣告失踪、宣告死亡的必要条件及程序。制作该类判决书首先应按照民事诉讼法第一百九十条、一百九十一条的规定,严格掌握好申请宣告失踪、死亡的时限及法定条件。同时判决前还必须履行公告程序,宣告失踪的为三个月,宣告死亡的公告期为一年,但因意外事故下落不明,经有关机关证明不可能生存的,公告期为三个月。公告期是等待失踪人出现的期间,也是宣告公民死亡的必经程序。

第三,宣告无民事行为能力、限制民事行为能力的案件,受理后应认真做好鉴定工作,及时对被请求认定为无民事行为能力或限制民事行为能力的公民进行医学鉴定,以取得科学依据。申请人已提供鉴定结论的,应当对该结论进行审查,以确认其有无效力。同时亦应掌握好判决的标准及条件。人民法院经过对案件的审理,认为该公民并未丧失民事行为能力,申请没有根据的,应当及时作出驳回申请的判决;认为该公民完全或部分丧失民事行为能力,申请事实根据充足的,应当及时作出认定该公民为无民事行为或者限制民事行为能力的人,并为其指定监护人。

第四,对于受理的认定财产无主案件,应掌握好判决前必须履行的程序,即判决前审理中人民法院应当及时发出财产认领公告,寻找该财产的所有人。公告期为一年。在公告期内,若有人对财产提出请求,人民法院应裁定终结特别程序,告知申请人另行起诉,适用普通程序审理。若财产所有人出现,人民法院应当及时作出裁定,驳回申请,并通知财产所有人认领财产。若公告期满仍无人认领的,才能作出判决,认定该项财产为无主财产,并判归国家或集体所有。

第六节 民事调解书

一、概念、法律依据及其功用

民事调解书是民事案件审理中在人民法院主持下通过调解方式处理民事案件,根据当事人双方自愿达成协议的内容所制作的具有法律效力的文书。

我国《民事诉讼法》第一百条规定:"调解达成协议,人民法院应当制作调解书。调解书应当写明诉讼请求、案件的事实和调解结果。调解书由审判人员、书记员署名,加盖人民法院印章,送达双方当事人。调解书经双方当事人签收后,即具有法律效力。"这是制作民事调解书的法律依据。

民事调解书是人民法院在民事诉讼活动中使用频率较高的一种法律文书,是人民法院依法行使国家审判权的一种重要形式。它对于及时解决民事纠纷和经济纠纷,降低诉讼成本,增强人民内部团结,维护社会秩序稳定等方面具有积极的作用。

二、结构内容和制作方法

该文书可分为一审、二审、再审民事调解书,写法除案件来源等项目有不同外,其余大致相同。其结构亦由首部、正文、尾部三部分组成。

(一)首部

写明下列事项:

1. 标题及案号

在文书顶端标明:

××人民法院
民事调解书

(年度)×民×字第××号

案号中第一个"×"字是法院的代称。第二个"×"字反映审级,如系一审民事调解书,就写"初"字,二审的写"终"字,再审的写"再"字。最后两个"××"为本案的编号。

2. 当事人的身份概况

如系一审的调解书,应按顺序分别写明原告、被告、第三人的自然情况。如系二审的调解书按上诉人、被上诉人、第三人的顺序写。如系再审的调解书按原审原告、原审被告、原审第三人的顺序写。具体写法与同一审级的民事判决书相同,可分别参照。

3. 案由

写明案件的性质,如案由:离婚纠纷或财产损害赔偿等。

(二) 正文

在"案由:……"之后主要写明两项内容:一是写明当事人的诉讼(或上诉)请求和案件的事实。如系二审或再审调解书,在其之前还应加写上诉人提起上诉的情况和再审的提起情况。书写当事人的诉讼(或上诉)请求应简要写明原告与被告、上诉人与被上诉人、申请人与被申请人各方的主要意见,一语点明即可。案件的事实则应根据不同的情况来写。如果案件是在经法院开庭审理确认事实清楚的基础上,双方自愿达成调解协议的,案件的事实可写法院确认的事实。如果案件是在法院受理后,尚未开庭情况下,经审查,认为法律关系明确和事实清楚,并经双方同意调解达成协议的,案件的事实可写当事人争议的事实。无论是哪种情况,事实都应当写得简明扼要,不必像判决书那样具体详细。二是写明调解达成协议的内容。协议内容是指在当事人自愿并且合法的原则下达成的解决纠纷的一致意见,它是调解书的核心内容。在事实写完之后,应另起一段,写明如下一段文字:"本案在审理过程中,经本院主持调解,双方当事人自愿达成如下协议:"而后,分条分项地写明协议的具体内容。最后,另起一行写明诉讼费用的负担。如果根据《诉讼费用交纳办法》第二十一条的规定,诉讼费用的负担由双方当事人协商解决的,可以作为调解协议的最后一项内容写明。当事人达成调解协议后,调解书送达前,如有一部分已执行,在本协议内容中,应将已履行的那一部分也写入调解书协议内容中,并加括号注明(已履行)。

协议内容的书写应做到如下四点。

第一,协议内容表达要具体、明确。调解生效后,当事人双方都将以协议内容作为履行的依据,因而协议内容必须明确、具体、严谨、天衣无缝、语意单一。

第二,协议内容表达要使用协议语气,不应出现判决语气。由于民事调解书是在双方自愿的基础上所达成的协议,在写协议内容时不能使用强制性词语,而应使用带有自愿性的词语,这与民事判决书是有很大区别的。

第三,协议内容文字表达要简练,避免啰唆、冗赘。民事调解书协议内容是当事人履行的文字依据。书写协议内容时,应简明扼要、直截了当。

第四,协议的内容必须具有履行的实际意义,不能写入说服教育性的话语。

(三) 尾部

首先写明法院对协议内容予以确认的态度及调解书的效力:

上述协议,符合有关法律规定,本院予以确认。

本调解书经双方当事人签收后,即具有法律效力。

之后由审判庭人员署名,注明制作日期,加盖院印,书记员署名,左方打出"本件与原本核对无异"校对戳。

三、制作应当注意的问题

第一,叙述调解书的事实,一般可不必分清是非,确定责任,这是因为双方已就争议的内容达成了一致处理意见。

第二,达成调解协议的案件,如果涉及民事行为无效或者合同无效的问题,不应在调解书中确认。这是因为调解协议是当事人自愿原则的体现,无权就民事行为或合同的效力进行确认。民事行为和合同的效力问题,应当由民事判决书等相关文书认定。

第三,掌握好调解书的生效时间。调解书一经签收(指在送达回证上签字)即产生法律效力,不得随意翻悔。此外,由一审调解结案的案件,没有上诉权,如负有履行义务一方当事人拒不履行协议,对方可向法院申请强制执行。

第七节　民事裁定书

一、概念、法律依据及功用

民事裁定书是人民法院在审理民事案件或执行过程中,就案件程序问题作出的处理决定。其目的是保障民事诉讼活动的顺利进行。

根据我国《民事诉讼法》第一百五十七条的规定,民事裁定适用于下列范围:(一)不予受理;(二)对管辖权有异议的;(三)驳回起诉;(四)保全和先予执行;(五)准许或者不准许撤诉;(六)中止或者终结诉讼;(七)补正判决书中的笔误;(八)中止或者终结执行;(九)撤销或者不予执行仲裁裁决;(十)不予执行公证机关赋予强制执行效力的债权文书;(十一)其他需要裁定解决的事项。

民事裁定书可分为一审、二审、审判监督程序民事裁定书,本节主要介绍一审民事裁定书的写法。

二、结构内容和制作方法

民事裁定书由首部、正文、尾部三部分组成。

(一)首部

写明两项内容:

1. 标题及案号

在文书顶端居中分两行写明法院全称和文书名称：

××人民法院
民事裁定书

（年度）×民×字第×号

2. 当事人身份概况

写法与同一审级的民事判决书相同，可参照。

（二）正文

民事裁定书的正文由案由、事实、理由、裁定结果组成，是裁定书的重点内容。由于裁定是解决诉讼程序的问题，故绝大多数裁定可不写事实。

根据《法院诉讼文书样式》的规定，对于不同内容的一审裁定，格式写法有所不同，下面介绍几种常用的裁定写作格式：

1. 不予受理起诉用的写法

×年×月×日，本院收到×××的起诉状，……（写明起诉的事由）。经审查，本院认为……（写明不符合起诉条件而不予受理的理由）。依照《中华人民共和国民事诉讼法》第一百二十二条的规定，裁定如下：对×××的起诉，本院不予受理。

2. 对管辖权提出异议的写法

本院受理×××诉×××（姓名）××（案由）一案后，被告×××在提交答辩状期间对管辖权提出异议，认为……（写明异议内容及理由）。

经审查，本院认为……（写明异议成立或不成立的根据和理由）。依照《中华人民共和国民事诉讼法》第一百三十条的规定，裁定如下：

异议成立的写"被告人×××对管辖权提出的异议成立，本案移送××人民法院处理"；异议不成立的写"驳回被告×××对本案管辖权提出的异议"。

3. 驳回起诉的写法

原告×××（姓名）与被告×××（姓名）××（案由）一案，本院依法进行了审理，现已审理终结。

……（简述原告起诉的理由和诉讼请求）

本院认为……（写明驳回起诉的理由，根据案件的不同情况，分别写明原告的起诉请求不属于人民法院的受理范围，或者虽属于法院受案范围，但依法在一定期限内不能起诉，或者原告的起诉不符合《中华人民共和国民事诉讼法》第一百二十二条规定的起诉条件等，针对原告的请求进行充分的说理。）依照《中华人民共和国民事诉讼法》第××条第×款第×项的规定，裁定如下：

驳回×××的起诉。

4. 诉前财产保全用的写法

申请人因……（写明申请诉前财产保全的原因），于×年×月×日向本院提出申请，要求对被申请人……（写明采取财产保全措施的具体内容）。申请人已向本院提供……（写明提供担保的财产名称，数量或数额等）担保。

经审查，本院认为……（写明采取财产保全的理由）。依照（写明裁定所依据的法律条款项）的规定，裁定如下：

（写明对被申请人的财产采取查封、扣押、冻结或者法律规定的其他保全措施的内容）。

5. 准许或不准撤诉用的写法

本院在审理×××诉×××（姓名）×××（案由）一案中，原告×××于×年×月×日向本院提出撤诉申请。本院认为……（写明准许或不准撤诉的理由）。依照（写明裁定所依据的法律条款项）的规定，裁定如下：

准许撤诉的写"准许原告×××撤回起诉"并写明诉讼费用的负担。不准撤诉的写"不准原告×××撤回起诉，本案继续审理。"

6. 中止或终结诉讼用的写法

本院在审理×××诉×××（姓名）×××（案由）一案中，……（写明中止或终结的事实根据）。依照……（写明裁定所依据的法律条款项）的规定，裁定如下：

中止诉讼的写"本案中止诉讼"。终结诉讼的写"本案终结诉讼"。

……（诉讼费用的负担）。

7. 补正裁判文书中的笔误用的写法

本院×年×月×日对×××诉×××（姓名）×××（案由）一案作出的（年度）×民×字×号民事××书中，文字上有笔误，应予补正，现裁定如下：

……（写明民事××书中的笔误和补正笔误的具体内容）

8. 不予执行仲裁裁决的写法

申请执行人×××和被执行人×××因××（案由）一案，×年×月×日经××××仲裁委员会作出（年度）×字第×号裁决，由于被执行人不履行，申请执行人于×年×月×日向本院申请强制执行。现被执行人提出异议，并提供了证据予以证明。本院审查认为，……（写明不予执行的理由）。依据《中华人民共和国民事诉讼法》第二百四十八条第×款第×项的规定，裁定如下：

申请执行人×××申请强制执行的××××仲裁委员会（年度）×字第×号裁决本院不予执行。

申请执行费××元，由申请执行人×××交纳。

9. 不予执行公证债权用的写法

申请执行人×××于×年×月×日向本院申请强制执行××××公证处制发的（年度）×字第×号公证债权文书。本院审查认为，……（写明不予执行的理由）。

依照《中华人民共和国民事诉讼法》第二百四十八条第二款的规定，裁定如下：

申请执行人×××申请强制执行的××公证处(年度)×字第×号公证债权文书，本院不予执行。

申请执行费××元，由申请执行人×××交纳。

(三) 尾部

写明两项内容：

1. 交代有关事项

根据《民事诉讼法》第一百七十一条规定，当事人不服地方人民法院第一审判决或裁定的，有权向上一级人民法院提起上诉。因此，对于不予受理起诉的裁定、管辖权提出异议的裁定和驳回起诉的裁定，在尾部应写明："如不服本裁定，可在裁定书送达之日十日内，向本院递交上诉状，上诉于××人民法院"。

根据《民事诉讼法》第一百一十一条规定："当事人对保全或者先予执行的裁定不服的，可以申请复议一次。复议期间不停止裁定的执行。"因此，对上述裁定，在尾部应写明："本裁定书送达后，可以向本院申请复议一次，复议期间不停止裁定的执行"。

不予执行仲裁裁决的裁定和不予执行公证债权文书的裁定，依照民事诉讼法的规定，由于实行的是一审终审制，故上述裁定书的尾部应写明："本裁定为终审裁定"。

准许或不准撤诉、中止或终结诉讼、补正裁判文书笔误的裁定，不存在有关事项的交代，故"准许撤诉"的或"终结诉讼"的只需写明诉讼费用的承担。

2. 尾部右下方的署名、日期和用印

审判庭人员署名、书记员署名、日期、用印等与民事判决书相同，可参照。

三、制作中应当注意的问题

第一，绝大多数民事裁定书无须叙述事实，可直接阐明理由。需写事实的，应当简明扼要。

第二，阐述民事裁定书的理由应根据诉讼程序中所要解决的具体问题，抓住实质，进行充分、合理的阐述，针对性要强，观点要鲜明确切。适用法律应具体引用《民事诉讼法》有关条文，引用时要做到准确、全面，写明具体的条、款、项。

第三，民事裁定书裁定结果的表达要简洁、清楚、干脆利落。不予受理、驳回起诉、对管辖权提出异议、准予或不准撤诉、中止或终结诉讼、不予执行仲裁裁决和不予执行公证债权等裁定书的主文均有固定的表达方式，容易书写。诉讼保全、先予执行的主文则无具体的固定表达方式，比较灵活。书写时应根据其不同内容，对所需执行的财产、存款、物品等的名称、数量、规格均要表述清楚。此外，执行方法也应写明。

第八节 民事决定书

一、概念、法律依据及其功用

民事决定书,是人民法院为了保证能够公正地处理民事案件和维护正常的诉讼秩序,对审判和执行过程中发生的某些特殊事项作出的书面决定。

依照我国民事诉讼法的有关规定,民事决定主要适用于以下三方面内容:(1)是否准予回避;(2)对妨害民事诉讼的人罚款;(3)对妨害民事诉讼的人拘留。

民事决定与民事判决、裁定相比较,具有本质区别。首先,民事决定解决的问题,既不是当事人诉讼的权利义务实体争议,也不完全是诉讼程序本身的问题,但与诉讼程序有一定联系。其次,民事决定一经作出,即产生法律效力,当事人不能上诉,必须执行。当然当事人若对决定不服,可以申请复议一次,但复议期间,不停止决定的执行。而当事人对一审判决不服,可以提起上诉,对一审驳回起诉的裁定不服,也可以提起上诉。

民事决定,从类型上可分为口头决定和书面决定两种。对申请回避作出的决定,一般以口头决定为多,个别情况也可以书面决定。而对妨害民事诉讼行为的人作出的罚款和拘留决定,则必须用书面决定,这里讲的民事决定书主要是指后一类的书面决定。

民事决定书是制裁民事违法,维护人民法院审判工作尊严的有力武器。人民法院在民事案件审理中,依照《民事诉讼法》的有关规定,对严重妨害民事诉讼的参与人和其他人,依法采取罚款、拘留的强制措施,可以及时排除妨害,维护诉讼秩序,确保审判活动的正常进行。

二、结构内容和制作方法

民事决定书由三部分组成

（一）首部

主要写明两项内容:

1. 标题及编号

标题及编号的写法应根据民事决定后的种类不同来加以确定,如对申请回避的决定写:

××人民法院
对申请回避的决定书
(年度)××字第××号

如系拘留决定的写：

××人民法院
拘留决定书

(年度)××字第××号

如系罚款决定书的写：

××人民法院
罚款决定书

(年度)××字第××号

2. 当事人身份事项

依次列明当事人的称谓及其身份有关情况。如系申请回避决定书，用"申请人"称谓；系拘留决定书写"被拘留人"；如系罚款决定书，称"被罚款人"，依次写明其姓名、性别、出生年月日、民族、籍贯、职业或工作单位和职务、住址等。

(二) 正文

民事决定书的正文写法比较简单，具有格式程式化、用语成文化的特点。主要应写明：第一，案由及作出决定依据的事实和理由；第二，作出民事决定依据的法律依据；第三，决定的内容。在行文上，案由、事实及理由、适用的法律可合成一体，用一个自然段反映。其具体写法如下：

1. 是否准许回避的决定书的写法

本院在审理×××(姓名)与×××(姓名)××(案由)一案中，申请人……(写明申请人要求回避的审判人员或者书记员、翻译人员、鉴定人员等的姓名和要求其回避的理由)为理由，要求本案审判长(或者审判员、陪审员、书记员、翻译人员、鉴定人员)×××(姓名)回避。本院审判委员会(或者院长×××、审判长×××)认为，……(写明决定准许回避或者不准许回避的理由)，依照《中华人民共和国民事诉讼法》第××条第×款的规定，决定如下：

驳回(或准予)申请人×××(姓名)要求本案审判长(或者审判员、陪审员、书记员、翻译人员、鉴定人员)×××(姓名)回避的请求。

2. 拘留决定书的写法

本院在审理(或执行)×××(姓名)与×××(姓名)××(案由)一案中，查明……(写明被拘留人妨害民事诉讼的事实，以及予以拘留的理由)。依照《中华人民共和国民事诉讼法》第××条第×款第×项的规定，决定如下：

对×××拘留×日。

3. 罚款决定书的写法

本院在审理(或执行)×××(姓名)与×××(姓名)××(案由)一案中，查明……(写明被罚款人妨害民事诉讼的事实和应当予以罚款的理由)。依照

《中华人民共和国民事诉讼法》第××条第×款第×项的规定,决定如下:

　　对×××罚款×××元,限在×年×月×日前缴纳。

(三)尾部

写明两项内容:

1. 交代复议事项

在决定事项之后,另起一段写明:"如不服本决定,可在收到决定书的次日起三日内,口头或者书面向××人民法院申请复议一次。复议期间,不停止决定的执行。"申请回避的写:"不停止本案的审理。"

2. 尾部右下方的署名、日期和用印

是否准许回避的决定,由院审判委员会作出的,署人民法院的名称,由院长或审判长作出的,分别由院长或审判长署名。按照法律手续,拘留和罚款,须上报人民法院院长批准,故应由人民法院院长署名,加盖法院公章及院长印章,而后注明发出决定书的日期。当然,各类民事决定书均要加盖院印。

三、制作中应当注意的问题

第一,填写妨害民事诉讼的事实和理由要准确、真实,严禁对事实歪曲、夸大或缩小,同时还要简明扼要,切忌文字冗长。

第二,要注意区别司法拘留和行政拘留,两者不要混同。司法拘留是民事诉讼中,对妨害民事诉讼行为所采取的一种强制措施,目的是排除妨碍,保障诉讼的正常进行。行政拘留则是公安机关对违反治安管理的人采取的一种行政处罚方法。两者适用的对象、条件、程序完全不同,不能用"行政拘留证"取代人民法院的"拘留决定书"。

第三,罚款的数额和司法拘留的期限必须按照《民事诉讼法》第一百一十八条的规定进行,罚款的金额,对个人的为人民币十万元以下;对单位的,为人民币五万元以上一百万元以下;拘留的期限,为十五日以下,不得超越。

第四,如在开庭过程中或执行案件过程中遇有哄闹、冲击法庭或用暴力、威胁等方法阻挠或抗拒执行公务等紧急情况,可先行拘留而后立即报告院长补办批准手续,并制作拘留决定书。院长如认为拘留不当的,应当解除拘留。

本 章 小 结

人民法院的民事裁判文书,是人民法院民事诉讼法律文书的核心组成部分,与各民事主体之间的关系十分密切,是司法公正的重要载体。本章讲授了各类民事裁判文书中的一些常用文种。学习时，请把侧重点放在判决书上，用判决书学习带动其他文种的学习。在学习判决书时，可以先重点掌握第一审民事判决书，再通过分析比较，通晓其他审级的民事判决书。本章要求学会制作民事判决书和民事调解书。

思考与练习

1. 第一审民事判决书的事实部分应当写明哪些内容？
2. 制作第一审民事判决书的理由应当遵循哪些原则？
3. 与第一审民事判决书相比较，第二审民事判决书各部分如何呈现出第二审审理和判决的特点？
4. 如何写好民事调解书的协议内容？
5. 制作民事裁定书应当注意哪些问题？
6. 分别制作一份第一审民事判决书、一份第一审民事调解书和一份第二审民事判决书。

第五章 人民法院行政裁判文书

本章要点

本章简述了行政裁判文书的概念、分类、特殊要求,分别对一审行政判决书、二审行政判决书、再审行政判决书、行政赔偿调解书及行政裁定书这些最常用的行政裁判文书作了具体讲解。

第一节 概 述

一、概念

行政裁判文书,是人民法院在行政诉讼中按照《行政诉讼法》规定的程序,就案件的实体问题和程序问题依法制作的具有法律效力的司法文书。它是人民法院行使行政裁判权的集中体现。

可见,人民法院行政裁判文书是行政诉讼的必然结果。所谓行政诉讼,是指公民、法人或者其他组织认为行政机关的具体行政行为侵犯其合法权益,依照法定程序和要求向人民法院起诉,人民法院对具体行政案件进行审理并作出裁决的活动。

二、分类

行政裁判文书可以分为行政判决书、行政裁定书、行政赔偿判决书、行政调解书和行政赔偿调解书,还有一并审理的民事案件用民事判决书。

（一）按照审判所适用程序区分

可分为第一审行政裁判文书、第二审行政裁判文书、再审行政裁判文书。

（二）按被诉行政行为的状态及原告的诉讼请求和受偿性质区分

可分为请求撤销、变更行政行为类案件用,请求履行法定职责类案件用,请求给付类案件用,请求确认违法或无效类案件用,复议机关作共同被告类案件用,行政裁决类案件用,行政协议类案件用的行政判决书;行政赔偿判决书;行政调解书和行政赔偿调解书等。

目前,行政裁判文书的主要参照样式是最高人民法院于2015年4月20日发布的《行政诉讼文书样式(试行)》,以及最高人民法院于2020年4月1日发布的一审、二审行政公益诉讼用行政判决书等文书样式。

三、制作中的特殊要求

(一) 起诉与审理的前提是存在某个行政行为

根据行政诉讼的特点,审理行政案件应依据行政诉讼法的规定和要求,着重对被诉行政行为所认定的事实和提供的证据及处理结果进行评判。法院通过审理,对被诉行政行为所认定事实是否清楚,所依据的证据是否确凿、充分作出判断,从而根据有关的法律法规作出决定,进行判决。

(二) 应当围绕行政行为的合法性展开表述

对行政机关作出的行政行为的要求应当包括两个方面,即合法性与合理性。行政行为违法或者虽然合法但不合理(不适当),都有可能对公民、法人或者其他组织的合法权益构成侵害。但根据《行政诉讼法》第六条规定,人民法院受理行政案件,只对行政行为是否合法进行审查。因此,行政机关在法律、法规授予的行政自由裁量权范围内作出的行政行为是否准确、适当,原则上通过行政复议由行政机关自行判断和处理。

(三) 强调由被告负举证责任

行政诉讼法之所以确定由被告负举证责任,其基本依据是:

(1) 人民法院审理行政案件,是对行政行为是否合法进行审查。可见,行政诉讼要解决的核心问题是被诉行政行为的合法性。而被诉行政行为又是由行政机关单方面作出的,因而,由行政机关举证证明其所作出的被诉行政行为合法,符合公平合理原则。

(2) 依据法治原则,行政机关必须依法行政,由此产生对行政机关的两项最基本要求:第一,根据正当法律程序的要求,行政机关须在有充分的事实根据的基础上,才能对相对方作出行政行为,亦即"先取证,后行为";第二,行政机关必须根据明确的法律规定,才能对相对方作出行政行为。既然如此,当公民、法人或者其他组织认为行政行为侵犯自己的合法权益,向人民法院起诉后,行政机关应有责任证明作出的行政行为是否有充分的事实和法律根据。

(3) 被告行政机关的举证能力比原告强。

(4) 与原告相比较,被告行政机关对其作出的行政行为的根据等有更充分的了解。

在法院行政裁判文书的制作中,这一特点应当突出明确。

(四)司法变更权有限原则

司法变更权有限原则是指人民法院对被诉行政行为经过审理后改变该行政行为的权力。司法变更权涉及司法权与行政权的关系问题。因此,各国在规定法院所享有的变更权时都极为慎重。

人民法院的司法变更权仅限于在行政处罚显失公正的情形下行使。《行政诉讼法》第七十七条第二款规定:"人民法院判决变更,不得加重原告的义务或者减损原告的权益。但利害关系人同为原告,且诉讼请求相反的除外。"制作行政裁判文书时,应当切记这一原则,变更的判决结果只能针对行政处罚争议,不可随意适用。

(五)不适用调解原则

不适用调解原则,是指人民法院审理行政案件,既不能把调解作为诉讼过程中的一个必经阶段,也不能把调解作为结案的一种方式。人民法院审理行政案件之所以不能适用调解原则,其根本原因在于,法院审理行政案件是对行政行为的合法性进行审查。行政机关作出行政行为,是其行使法定职权的表现,而对于这种法定职权,行政机关不得放弃或者让步,否则即构成失职。因此,行政机关作出的行政行为或者是合法,或者是违法,没有第三种可能。人民法院就某一争议在双方当事人之间进行调解,其前提是当事人对争议的内容即权利义务有处分的权利,即可以放弃或者作出某种程度的让步。行政法定职权的性质与调解的前提之间互相矛盾。

《行政诉讼法》第六十条规定:"行政赔偿、补偿以及行政机关行使法律、法规规定的自由裁量权的案件可以调解"。这是因为,赔偿、补偿诉讼无非涉及两个问题,一是是否造成了损害;二是损害的程度如何。相应地,法院审理这种侵权赔偿案件也解决两个问题,一是是否赔偿,二是赔偿的数额。而这两个问题均不涉及行政机关的法定职权,仅在于对损害事实的认定及相应的赔偿。而对行政机关行使法律、法规规定的自由裁量权案件的调解亦不妨害行政机关对法定职权的行使。因此,双方可以通过协商,本着互谅互让的原则,求同存异,使问题圆满解决。

这一原则反映在法院行政裁判文书的制作中,法院行政裁判文书中只存在适用于《行政诉讼法》第六十条规定的《行政赔偿调解书》和《行政调解书》,这与民事诉讼在任何阶段、任何诉讼案件中均可存在调解书有异。

第二节　第一审行政判决书

一、概念、法律依据和功用

第一审行政判决书，是第一审人民法院在受理行政诉讼案件后，依照我国《行政诉讼法》规定的第一审程序审理终结，依照法律和行政法规、地方性法规的规定，参照有关行政规章，就实体问题作出的书面处理决定。

我国《行政诉讼法》第六条规定："人民法院审理行政案件，对行政行为是否合法进行审查。"第六十八条规定："人民法院审理行政案件，由审判员组成合议庭，或者由审判员、陪审员组成合议庭。合议庭的成员，应当是三人以上的单数。"该法第六十三条第一款规定："人民法院审理行政案件，以法律和行政法规、地方性法规为依据。"地方性法规适用于本行政区域内发生的行政案件。该法第八十一条规定："人民法院应当在立案之日起六个月内作出第一审判决。"法律应用研究中心编写，中国法制出版社2021年出版的《最高人民法院行政诉讼文书样式：制作规范与法律依据》是我们制作所有行政诉讼文书（包括各类裁判文书）的样式依据，其中一审请求撤销、变更行为类案件用，一审请求履行法定职责类案件用，一审请求给付类案件用，一审请求确认违法或无效类案件用，一审复议机关作共同被告类案件用，一审行政裁判类案件用，一并审理的民事案件用，一审行政协议类案件用，一审行政赔偿案件用等各类样式，是我们制作第一审行政判决书的样式依据。

我国行政诉讼法的贯彻实施，是通过人民法院审理行政案件来实现的。人民法院通过审理行政案件制作判决书，对国家行政机关的行政行为是否合法作出公正的判决，以确定当事人之间的行政权利义务关系，纠正行政违法行为，调整、稳定行政法律关系；而且还可以依法保护公民、法人和其他组织的合法权益，维护和监督行政机关依法行使职权。

二、第一审请求撤销、变更行政行为类案件行政判决书的结构内容和制作方法

第一审行政判决书分为首部、事实、理由、判决结果和尾部五部分。

（一）首部

首部应依次写明标题、案号、当事人及其诉讼代理人的基本情况，以及案由、案件来源、审判组织、审判方式和审理经过等。

1. 标题

标题由法院名称和文书名称组成。应居中分两行书写，上行写法院名称，下行

写文书名称。法院名称一般应与院印的文字一致。文书名称为"行政判决书",文书的审级通过案号来显示。

2. 案号

案号由立案年度、制作法院、案件性质、审判程序的代字和案件顺序号组成。例如杭州市西湖区人民法院2024年第8号一审行政案件,表述为"(2024)西行初8号"。

3. 当事人及其诉讼代理人

行政诉讼当事人是指因行政行为发生争议,以自己的名义到法院起诉、应诉和参加诉讼,并受法律裁判约束的公民、法人和其他组织以及行政机关。当事人在不同的诉讼程序中有不同的称谓。在第一审程序中,称原告、被告、第三人。

行政诉讼原告是指认为行政机关的行政行为侵犯其合法权益,或与行政行为有法律上的利害关系,而依法以自己的名义向人民法院起诉的公民、法人和其他组织。

判决书中原告的基本情况的具体写法:原告是公民的,写明姓名、性别、出生年月日、民族、住址。居民的住址应写住所地,住所地和经常居住地不一致的,写经常居住地。原告是法人或其他组织的,写明法人或其他组织的名称和所在地址;另起一行列项写明法定代表人或负责人及其姓名和职务等。

如果原告是没有诉讼行为能力的公民,除写明原告本人的基本情况外,还应另起一行列项写明其法定代理人或指定代理人的姓名、住址,并在姓名后括注其与被代理人的关系。

委托代理人不是律师的,应写明其姓名、性别、职业或工作单位和职务,是律师的,只写明其姓名和"××××律师事务所律师"。

行政诉讼被告是指原告认为作出侵犯其合法权益具体行政行为,并由原告向人民法院提起诉讼,由人民法院通知应诉的行政机关或法律、法规授权的组织。

行政判决书中的被告,应写明被诉的行政机关名称、所在地址,另起一行列项写明该机关的法定代表人或代表人及其姓名和职务,再另起一行写明其委托代理人的姓名、性别、职业或工作单位和职务等。

第三人是指与提起诉讼的行政行为有利害关系的其他公民、法人或者其他组织。例如,行政机关就同一违法事实处罚了两个以上共同违法的人,其中一部分人对处罚决定不服,向人民法院起诉的,人民法院发现没有起诉的其他被处罚人与被诉行政行为有法律上的利害关系,应当通知他们作为第三人参加诉讼。第三人的写法同上。

4. 案件由来、审判组织和开庭审理过程

此段一般表述为:

原告×××不服××××(行政主体名称)××××(行政行为),于×

年×月×日向本院提起行政诉讼。本院于×年×月×日受理后,于×年×月×日向被告送达了起诉状副本及应诉通知书。本院依法组成合议庭,于×年×月×日公开(或不公开)开庭审理了本案。……(写明到庭参加庭审活动的当事人、行政机关负责人、诉讼代理人、证人、鉴定人、勘验人和翻译人员等)到庭参加诉讼。……(写明发生的其他重要程序活动,如:被批准延长本案审理期限等情况)。本案现已审理终结。

书写案件由来、审判组织和开庭审理过程,是为了表明和便于检查该案件在审判程序上是否合法。如有的原告或者被告经两次合法传唤未到庭的,应当写明"×告×××经本院合法传唤,无正当理由拒不到庭"。

(二)事实

事实部分应写明当事人行政讼争的内容,以及经法院审理确认的事实和证据。

1. 当事人行政争议的内容

(1)行政诉讼是以原告不服行政机关的行政行为为前提的。因此,首先应说明涉讼行政主体于×年×月×日作出被诉行政行为的名称,然后简要写明被诉行政行为认定的主要事实、定性依据和处理结果。

(2)以"原告诉称"为起始语,概括写明原告的诉讼请求、主要理由以及原告提供的证据、依据等。

(3)以"被告辩称"为起始语,写明被告答辩的请求及主要理由。另起一段写"被告×××向本院提供了以下证据、依据:1.……(证据的名称及内容等);2.……"

(4)如有第三人参加诉讼,以"第三人述称"为起始语,写明第三人的意见、主要理由和其提供的证据、依据等。

2. 经庭审查明的事实和证据

这是判决书的关键部分。法院认定的事实是法律事实。最高人民法院《关于行政诉讼证据若干问题的规定》(简称《行政证据规则》)指出:"人民法院裁判行政案件,应当以证据证明的案件事实为依据。"因此,在叙述案件事实时,首先要写庭审举证(或者交换证据)、质证、认证的情况。所有证据材料均应写明证据的具体内容,即证明了什么问题,不能只罗列证据的名称;特别是对双方当事人有异议的事实、证据,应当在质证的基础上进行具体的分析、认证,写明认证的结果,阐明采信证据的理由。根据《行政证据规则》第五十三、五十四、五十五条的规定,法庭对证据的认证应当从证据的关联性、合法性和真实性来阐述,确定证据材料与案件事实之间的证明关系,排除不具有关联性的证据材料,准确认定案件事实。如有法院依职权调取证据的情况,则须写明被调取证据的名称、证明目的和双方当事人(或者第三人)的观点;法院根据原告和第三人的申请依职权调取的证据,应当作为原告或者第三方的证据。对于根据原告、第三人或被告的申请,委托鉴定部门进行鉴定的,应写明鉴定部门、鉴定事项和鉴定结论以及双方当事人(第三人)的意见。总之,证据必须经法庭举证、质证、认证,才能作为定案的根据。按照1999年3月8日最高人民法院《关于严格执行公开审判制度的若干规定》,依法公开审理的案件,案件事实未经法庭公开调查不能认定;证明案件事实的证据,除无须举证的事实外,未在法庭公开举证、质证,不能进行认证,因而不能写在判决书上。

在庭审举证、质证、认证之后,再以"经审理查明"为起始句,写经庭审查明的事实的内容。事实要客观、真实,表述要准确、具体。要把行政争议发生的时间、地点、内容、情节、后果、因果关系等交代清楚。

(三)理由

理由部分应写明两方面的内容:判决的理由和判决所依据的法律、法规的条文。

1. 判决的理由

针对行政诉讼的特点,这一部分要根据查明的事实和有关法律、法规和法学理论,就行政机关所作的行政行为是否合法,原告的诉讼请求是否有理,进行分析论证,阐明人民法院的观点。说理要强调针对性,具体问题具体分析,讲理讲法,恰如其分,合乎逻辑。

论述评判被诉行政行为的合法性的基本要素包括以下几个方面:(1)被告是否具有法定职权;(2)被诉行政行为是否符合法定程序;(3)被诉行政行为认定事实是否清楚、主要证据是否充分;(4)适用法律、法规、司法解释、规章及其他规范性文件是否正确;(5)被告是否超越职权、滥用职权,行政处罚是否显失公正;(6)原告同时提起行政赔偿诉讼的,还应论证被诉行政行为的原告是否存在合法权益被侵害,被侵害程度和后果及其与本案行政行为之间的因果关系;(7)对当事人的诉讼请求及理由进行分析,论证是否成立,表明是否予以支持或采纳,并说明理由;(8)写明判决所依据的法律、法规的条款项目。

2. 判决所依据的法律、法规条文

判决所依据的法律条文的表述,要做到准确、具体、完整。根据行政诉讼法的规定,审理行政案件应以法律和行政法规、地方性法规为依据,参照国务院各部、委以及省、自治区、直辖市人民政府和较大的市人民政府制定、发布的行政规章。引用法律、法规要写到最具体的条、款、项、目。既要重视实体法,又要重视程序法。需要参照有关的规章时,应当写明"根据《中华人民共和国行政诉讼法》第五十三条,参照××规章(应写明条、款、项)的规定"。在一审行政判决书中,除适用有关的实体法外,还应分别适用《中华人民共和国行政诉讼法》第六十九至第七十九条的规定,以及《最高人民法院关于适用〈中华人民共和国行政诉讼法〉若干问题的解释》的相关规定,作出相应的判决。

（四）判决结果

判决结果即判决的主文，是人民法院对当事人之间的行政诉讼争议作出的实体处理结论。依照《行政诉讼法》第六十九条、第七十条、第七十七条的规定，人民法院经过审理，根据案件不同情况，可以分别作出以下判决：

1. 判决维持，指肯定行政行为合法的判决。根据法律规定，判决维持，必须是行政行为证据确凿，适用法律、法规正确，符合法定程序。这是确认行政行为合法的三个基本条件。这三个条件是统一的、不可分割的整体，缺少其中任何一个条件，都不能判决维持行政行为。

2. 判决撤销或者部分撤销，并可以判决被告重新作出行政行为。判决撤销，是否定行政行为合法的判决。根据法律规定，判决撤销，必须是行政行为的主要证据不足的，适用法律法规错误的，违反法定程序的，超越职权的，或者滥用职权的。只有具备上述五种行为之一的，才能判决全部撤销。某种行政行为部分合法、部分不合法的，则对合法部分判决予以维持，对不合法部分判决予以撤销。

判决被告重新作出行政行为，是判决撤销行政机关行政行为的一种补充。行政行为虽因违法被撤销，但是问题并未得到解决，还需要行政机关对相对人作出处理决定。在这种情况下，可以判决被告重新作出行政行为。这样做既可以使行政机关纠正原违法的行政行为，又可以重新作出合法的行政行为，以维护正常的行政管理秩序。但被告不得以同一事实和理由，作出与原行政行为基本相同的行政行为。

3. 判决变更行政处罚，指当行政机关作出的行政处罚显失公正时，判决直接改变行政行为。判决变更必须具备两个条件：一是行政机关依照法律、法规规定实施了拘留、罚款、吊销营业许可证和执照、责令停业整顿、没收财物等行政处罚的行为；二是这种行政处罚行为是显失公正的。只有这两个条件同时具备，才能判决变更。

4. 判决驳回原告的诉讼请求，指被诉行政行为合法，但存在合理性问题；被诉行政行为合法，但因法律、政策变化需要变更或者废止；其他应当判决驳回诉讼请求的情形。具有上述情形之一的，即可以作出驳回原告诉讼请求的判决。

5. 确认被诉行政行为合法或者有效，指人民法院认为被诉行政行为合法，但不适宜判决维持或者驳回诉讼请求的，可以作出确认其合法或者有效的判决。

6. 确认被诉行政行为违法，指被诉行政行为违法，但撤销该行政行为将会给国家利益或者公共利益造成重大损失的，人民法院应当作出确认被诉行政行为违法（或者无效）的判决，并责令被诉行政机关采取补救措施；造成损失的，依法判决承担赔偿责任。

7. 判决驳回原告赔偿请求或者判决被告予以赔偿，指对原告一并提出行政赔偿诉讼，经法院审查认为可以合并审理的案件，可以在判决书中将行政赔偿作为原告的一个诉讼请求来处理。

在行文上,具体可分以下4种情况。

第一,驳回原告诉讼请求的,写:

驳回原告×××的诉讼请求。

第二,撤销被诉行政行为的,写:

一、撤销被告××××(行政主体名称)作出的(年度)×字第××号……(具体行政行为名称);

二、责令被告××××(行政主体名称)在××日内重新作出行政行为(不需要重作的,此项不写;不宜限定期限的,期限不写)。

第三,部分撤销被诉行政行为的,写:

一、撤销××××(行政主体名称)作出的(年度)×字第××号……(行政行为名称)的第×项,即……(写明撤销的具体内容);

二、责令××××(行政主体名称)在××日内重新作出行政行为(不需要重作的,此项不写;不宜限定期限的,期限不写)。

三、驳回原告×××的其他诉讼请求。

第四,根据《行政诉讼法》第七十七条的规定,判决变更行政行为的,写:

变更被告××××(行政主体名称)作出的(年度)……字第××号……(写明行政行为内容或者具体项),改为……(写明变更内容)。

(五)尾部

1. 依次写明诉讼费用的负担,交代上诉的权利、方法、期限和上诉审法院,合议庭成员署名,判决日期、书记员署名等内容。涉外行政案件的上诉期限参照《民事诉讼法》的规定。《行政诉讼法》第六十八条规定:人民法院审理行政案件,由审判员组成合议庭,或者由审判员、陪审员组成合议庭。因此,法院审理行政案件一律实行合议制。

2. 根据案件的不同需要,可将判决书中的有关内容载入附录部分,如将本判决适用的相关法律规范条文附上,以供当事人全面了解有关法律规定的内容。又如群体诉讼案件中原告名单及其身份情况也可以列入此部分。

三、第一审请求履行法定职责类案件行政判决书的内容和制作方法

本判决书适用于《行政诉讼法》第七十二条等法条规定的情形。

本判决书的首部、尾部(包括附录部分)和正文中有关证据的列举、认证、说理方式以及相关的制作要求等,可参考一审请求撤销、变更行政行为类判决书样式及其说明。但由于这种案件是指控行政主体不履行法定职责的案件,因而在事实证据、判决理由和判决结果方面,与后者又有所不同,制作时应当注意加以区别。

该判决书首部的案由、案件来源、审判组织和审理过程等表述为：

原告×××因认为被告×××（行政主体名称）（写明不履行法定职责的案由），于×年×月×日向本院提起行政诉讼。本院于×年×月×日立案后，于×年×月×日向被告送达了起诉状副本及应诉通知书。本院依法组成合议庭，于×年×月×日公开（或不公开）开庭审理了本案。……（写明到庭的当事人、行政机关负责人、诉讼代理人、证人、鉴定人、勘验人和翻译人员等）到庭参加诉讼。……（写明发生的其他重要程序活动，如被批准延长本案审理期限等情况）。本案现已审理终结。

（一）事实

请求履行法定职责类行政案件，对当事人双方的举证要求与作为类行政案件有所区别，在判决书中应当有所体现。对这类行政案件争议的事实，首先应当概括写明原告提供的其已经向被诉行政机关申请的事实证据，及其认为被诉行政机关不作为的有关证据及依据；然后叙述被告提供的证据证明原告的申请事项是否属于其法定职责或者法定义务，其是否在法定期限内已经履行法定职责或者义务，拖延履行或者不予答复的行为是否符合法律规定等事实。判决书要围绕行政实体法预先设定的有关条件一一列举有关证据，分别对双方当事人所举证据予以认证，在认证的基础上进行充分说理、论证。

具体可在首部"本案现已审理终结"之后，写明以下内容。

1. 当事人行政争议的内容

（1）原告×××于×年×月×日向被告×××提出……申请。被告在原告起诉之前未作出处理决定。

（2）以"原告诉称"为起始语，概括写明原告提出的事实、理由及诉讼请求。

（3）以"被告辩称"为起始语，概括写明被告答辩的主要理由。被告未提交答辩状的，写明：

被告未提交答辩状，但在庭审中辩称……

（4）以"第三人述称"为起始语，概括写明第三人的主要意见、第三人提供的证据。

2. 经庭审查明的事实和证据

（1）原告在起诉时提供了以下证据证明其曾于×年×月×日向被告提出……申请事项：……（概括写明证据的名称、时间、内容）。经质证，被告认为……（写明被告提出异议的理由；如无异议，应予说明。有《行政证据规则》第四条第二款中所列情形的，则此项不写）。

（2）被告于×年×月×日向本院提供了以下证据及依据（若被告申请延期提供证据的，写明：

被告以……为由,于×年×月×日向本院提出延期提供证据的书面申请,经本院准许,被告于×年×月×日提供了证据):1.……;2.……。经质证,原告认为……(写明对证据提出异议的理由;如无异议,应予说明),并提供了以下证据:……经质证,被告认为……

(3) 本院依法(或依原告、第三人的申请)调取了以下证据:……

(4) 经庭审质证(或交换证据),本院对证据作如下确认:……

(5) 本院根据以上有效证据及当事人质证意见认定以下事实:……(认定有效证据所证明的事实,详细分析当事人各自所举证据能否支持其主张)。

在质证、认证过程中,应当注意以下几个问题:

(1) 对于案情较复杂,证据较多的案件,可分类、分层次叙述举证、质证的过程。对于案情较简单,证据较少的案件,可待被告列举全部证据后一并质证。

(2) 按照《行政证据规则》的规定,一方当事人提供的证据,对方当事人明确表示认可的,可以认定该证据的证明效力。对于这类证据的认证,可简略表述为:×告对×告提供的××证据表示认可,本院予以确认。

(3) 认定事实时,可根据案情需要,先将双方当事人没有争议的事实直接予以认定,如:"原告对××事实无异议,被告对××事实无异议。上列事实,本院予以认定。"然后再根据有效证据对双方有争议的事实进行分析、认定。

对于案情简单、证据较少以及双方当事人对事实和证据的争议较小的案件,宜将认证和认定事实结合在一起进行综合叙述,以避免出现不必要的重复。

对原告一并提出行政赔偿诉讼、经法院审查认为可以合并审理的案件,可以在判决书中将行政赔偿作为原告的一个诉讼请求来处理,在判决结果上选用"驳回原告赔偿请求"或者"判决被告予以赔偿"的方式。

(二) 理由

理由是"本院认为"部分应当注意履行法定职责类案件的审理重点。(1)履行法定职责类案件的重点是原告请求行政机关履行法定职责的请求能否成立,行政机关针对原告的申请已经作出拒绝性决定的,案件的审查范围当然包含但不限于拒绝性决定的合法性。(2)判决书应当基于法院根据案件的已有的全部证据所能够确认的事实,以及相关法律依据,分析论述原告的请求能否成立,一般不限于原告、被告或者第三人的诉辩理由。(3)应当注意案件裁判的成熟性,对于行政机关已经没有任何判断和裁量空间的案件,法院可以直接判决行政机关作出原告请求的特定法定职责。如果行政机关尚需要另行调查或者仍有判断、裁量空间的,则应当判决行政机关针对原告的请求重新作出处理,避免当事人错误理解裁判主文,防止重复诉讼,及时化解争议。同时,应当在"本院认为"部分适当论述或者说明裁判的意见和观点。

（三）判决结果

1. 对于行政机关已经作出拒绝性决定，原告的诉讼请求中未明确请求判决撤销，但法院判决行政机关履行原告请求的特定法定职责或者判决行政机关就原告的请求重新作出处理的，法院可以根据具体案情，遵循有利于明确法律关系的原则，酌情依职权一并判决撤销拒绝性决定。原告的诉讼请求中明确请求判决撤销的，一般应当在判决结果中判决撤销拒绝性决定。

2. 行政机关尚需要另行调查或者仍有判断、裁量空间的案件，法院责令行政机关针对原告的请求重新作出处理的，法院尚未对行政机关能否履行职责的具体内容作出判断，对于原告相应的诉讼请求也就没有作出最终的裁判，因此应当注意在判决结果中不要采用"驳回原告其他诉讼请求"等表述。

3. 原告请求履行法定职责的请求不成立，但行政机关存在违法情形且应当确认违法的，应当在确认违法的同时，判决驳回原告的其他诉讼请求。

4. 原告请求履行法定职责的请求成立，但行政机关已经无法履行或者履行已无实际意义的，应当判决确认行政机关不履行法定职责违法，并酌情责令行政机关采取相应的补救措施。

5. 根据行政诉讼法的规定，履行法定职责类案件的判决结果分为以下四种情况：

第一，判决驳回原告诉讼请求的，写：

"驳回原告×××的诉讼请求。"

第二，判决被告履行法定职责的，写：

　　一、撤销被告××××（行政主体名称）作出的（年度）×字第××号……（行政行为名称），即……（写明撤销的具体内容，无拒绝性决定的，该项不写）。

　　二、责令被告××××（行政主体名称）在××日内（法律有明确规定履行职责期限的，也可写为"在法定期限内"，不宜限定期限的，也可不写）作出……（写明履行法定职责的具体内容）。

第三，判决被告针对原告的请求重新作出处理的，写：

　　一、撤销被告×××（行政主体名称）作出的（××××）……字第××号……（行政行为名称），即……（写明撤销的具体内容；无拒绝性决定的，该项不写）。

　　二、责令被告×××（行政主体名称）在××日内（法律有明确规定履行职责期限的，也可写为"在法定期限内"；不宜限定期限的，也可不写）……（可写对原告的申请重新作出处理，也可将原告的申请予以精练概括并写明原告申请的内容）。

第四，原告的请求成立，但行政机关已经无法履行或者履行已无实际意义

的,写:

一、确认被告(行政主体名称)不履行……(应当履行的法定职责内容)违法;

二、责令被告×××在××日内(不宜限定期限的,也可不写)……(写明补救措施的内容,无法采取补救措施的,该项可不写)。

第五,原告的请求不成立,但行政机关有违法情形依法应当确认违法的,写:

一、确认被告×××(行政主体名称)……违法;

二、驳回原告×××的诉讼请求(需要判决驳回原告诉讼请求的,予以写明)。

四、第一审行政赔偿判决书的内容和制作方法

第一审行政赔偿判决书,是指第一审人民法院依照行政诉讼法规定的第一审程序,对审理终结的当事人单独提起的行政赔偿案件,就赔偿问题作出处理的书面决定。最高人民法院《关于审理行政赔偿案件若干问题的规定》第一条规定:《中华人民共和国国家赔偿法》第三条、第四条规定的"其他违法行为",包括不履行法定职责和与行政机关及其工作人员在履行行政职责过程中作出的不产生法律效果,但事实上给公民、法人或者其他组织造成损害的,违反行政职责的行为。对这些行为均可以依法提起行政赔偿诉讼。

如果原告对行政行为提起行政诉讼时一并提起行政赔偿诉讼的,可以分别制作判决书,也可以只制作一份判决书。如上所述,制作一份判决书时,可以将行政赔偿作为原告的一个诉讼请求来处理。

本判决书的首部、尾部,正文中有关证据的列举、认证、说理方式以及相关的制作要求等,可参考一审请求撤销、变更行政行为类案件及请求履行法定职责类案件行政判决书样式(试行)及其说明。但由于行政赔偿案件是要解决因行政机关及其工作人员的侵权行为引起的赔偿问题,所以在事实、理由和判决结果方面与后者类行政案件行政判决书又有所不同,制作时应注意加以区别。行政赔偿诉讼不收取诉讼费用。

该判决书首部的案由、案件来源、审判组织和审理过程等表述为:原告×××因与被告×××……(写明案由)行政赔偿一案,于×年×月×日向本院提起行政赔偿诉讼。本院于×年×月×日立案后,于×年×月×日向被告送达了起诉状副本及应诉通知书。本院依法组成合议庭,于×年×月×日公开(或不公开)开庭审理了本案(不公开开庭的,写明原因)。……(写明到庭参加庭审活动的当事人、行政机关负责人、诉讼代理人、证人、鉴定人、勘验人和翻译人员等)到庭参加诉讼。……(写明发生的其他重要程序活动,如被批准延长审理期限等)。本案现已审理终结。

(一) 事实

审理行政赔偿案件,应当以被诉行政行为违法为前提。原告因事实行政行为提起赔偿诉讼的,判决书应当以被告的举证确定被诉事实行政行为是否存在为判决依据;原告对行政行为提起行政诉讼时一并提起行政赔偿诉讼的,判决书应当以行政判决书确认的被诉行政行为是否合法为判决依据。

1. 当事人行政赔偿争议的内容

在行政赔偿诉讼中,证明因受被诉具体行政行为侵害而遭受损失的事实,适用民事诉讼中"谁主张,谁举证"的举证规则。

具体可作如下表述:

(1) 以"原告诉称"为起始语,写明原告提出的赔偿诉讼请求、主要理由以及原告提供的证据、依据等。

(2) 以"被告辩称"为起始语,写明被告的答辩请求及主要理由。另起一行写"被告×××向本院提交了以下证据、依据:1.……(证据的名称及内容等);2.……"

(3) 以"第三人述称"为起始语,概括写明第三人的意见、主要理由以及第三人提供的证据、依据等。

2. 经庭审查明的事实和证据

重点写经庭审中质证、认证的情况和经审理查明的事实。

(1) 本院依法调取了以下证据:……(写明证据名称及证明目的)。

(2) 经庭审质证(或庭前交换证据、庭前准备会议),……(写明当事人的质证意见)。

(3) 本院对上述证据认证如下……(写明法院的认证意见和理由)。

(4) 经审理查明,……(写明法院查明的事实。可以区分写明当事人无争议的事实和有争议但经法院审查确认的事实)。

(二) 理由

以"本院认为"为起始语,阐明判决的理由。行政赔偿判决书理由论证的重点是被诉事实行政行为是否存在,被诉行政行为是否合法;原告是否存在合法权益;原告的合法权益是否被侵害,被侵害的程度和后果及其与被诉行政行为、事实行政行为的因果关系;原告是否应得到赔偿。在行政赔偿案件中,人民法院仅就行政赔偿争议进行审理,行政行为的合法性则应当通过先行确认程序或者行政诉讼予以审查,此处无须论证。

行政赔偿判决书在适用法律时,不仅要适用《行政诉讼法》,还应适用《中华人民共和国国家赔偿法》及最高人民法院《关于审理行政赔偿案件若干问题的规定》等行政赔偿司法解释的规定。

（三）判决结果

分两种情况，分别写明判决结果：

第一，驳回原告赔偿请求的，写"驳回原告×××关于……（赔偿请求事项）的赔偿请求"；

第二，判决被告予以赔偿的，写"被告××××（行政主体名称）于本判决生效之日起××日内赔偿原告……（写明赔偿的金额）"；

第三，如复议机关因复议程序违法给原告造成损失的，写"被告×××（复议机关名称）于本判决生效之日起××日内赔偿原告……（写明赔偿的金额）"。

行政赔偿诉讼不收取诉讼费用。

五、制作中应当注意的问题

一审判决书制作必须克服下述各种问题。

（一）对审理过程中重要事项的表述不完整

现行一审判决书制作中对一些具有重要时间刻度的程序活动的表述未有足够重视，例如对于当事人提供证据的时间、庭前交换证据的情形，以及案件审限延长批准情况等未予充分说明，致使当事人对司法程序的合法性与公正性产生异议，并以此作为不服判决的理由。

（二）诉讼争议焦点的归纳与事实认定、法理阐述间缺乏关联性

当前某些一审判决书中，诉称、辩称的写法多在起诉状和答辩状原有内容基础上稍加概括，未加以精心提炼，令公众阅读后仍难以把握争议焦点。此后，判决书便径直进入法庭质证及认定事实、阐述理由阶段，而不服行政行为提起行政诉讼的原告最为关心的问题应如何界定，则不甚清晰。这样，审判中缺乏对原告诉讼请求的必要关注，判决书的说服力就会减弱，从而难以实现当事人服判息讼、定分止争的诉讼目的和社会价值。

（三）法理论证不透彻，对原告的诉讼理由缺乏针对性

强调判决书的说理已经成为共识，因此一审行政判决书在引用法律条文时已经能够注意内容的完整性，但对法律条文的含义尤其是对处理案件的可适用性，某些判决书并未能作出详细的解释和说明，案件事实和援引的法律规范之间缺乏内在联系，难以使人信服。另一方面，判决理由的针对性与说服力，同法官对行政争议焦点的关注程度有直接关联，而原告的诉讼理由往往是引发争议的主要内容，因此，那种"你辩你的，我判我的"的结构性脱节一定要竭力避免。

（四）面面俱到却偏离了对效率的要求

随着裁判文书写作理念的更新，增加叙事说理的篇幅一度被片面认为是衡量

判决书质量的重要标准。结果使实践中部分判决书走入另一误区,行文上事无巨细,面面俱到,篇幅冗长,内容烦琐。制作行政判决书应当从实际出发,该繁则繁,该简则简,繁简分流。

第三节　第二审行政判决书

一、概念、法律依据和功用

第二审行政判决书是二审人民法院在受理当事人不服一审判决提起上诉的行政案件后,按照第二审程序审理终结,就案件的实体问题依法作出维持原判或者改判的决定的法律文书。

二审判决应分别引用《行政诉讼法》第八十九条第(一)(二)(三)(四)项的规定,人民法院审理上诉案件,按照下列情形,分别处理:(一)原判决、裁定认定事实清楚,适用法律、法规正确的,判决或者裁定驳回上诉,维持原判决、裁定;(二)原判决、裁定认定事实错误或者适用法律、法规错误的,依法改判、撤销或者变更;(三)原判决认定基本事实不清、证据不足的,发回原审人民法院重审,或者查清事实后改判;(四)原判决遗漏当事人或者违法缺席判决等严重违反法定程序的,裁定撤销原判决,发回原审人民法院重审。原审人民法院对发回重审的案件作出判决后,当事人提起上诉的,第二审人民法院不得再次发回重审。人民法院审理上诉案件,需要改变原审判决的,应当同时对被诉行政行为作出判决。

其中全部改判或者部分改判的,除先引用《行政诉讼法》的有关条款外,还应同时引用改判所依据的实体法的有关条款。

第二审人民法院依照第二审程序审理行政案件所作的判决,是终审判决,其作用在于切实纠正第一审行政判决中可能产生的错误,使当事人的合法权益得到保护,同时也有利于上级人民法院监督下级法院的行政审判工作,以保证司法公正。

二、结构内容和制作方法

第二审行政判决书分为首部、事实、理由、判决结果和尾部五部分。

(一)首部

首部应依次写明标题、案号、当事人及其诉讼代理人的基本情况,以及案件由来、审判组织和审理过程等。

第二审行政判决书标题与第一审行政判决书标题的组成并无不同,当然二审行政判决书的制作机关是一审法院的上诉审法院。

案号的组成与第一审行政判决书案号相比较,不同之处在于以"终"字表示此为二审(终审)程序。

上诉案件当事人的称谓,写"上诉人""被上诉人",并用括号注明其在原审中的诉讼地位。原告、被告和第三人都提出上诉的,可以并列为"上诉人"。当事人中一人或者部分人提出上诉,上诉后是可分之诉的,未上诉的当事人在法律文书中可以不列;上诉后仍是不可分之诉的,未上诉的当事人可以列为被上诉人。上诉案件当事人中的代表人、诉讼代理人等,分别在该当事人项下另起一行列项书写。

案件由来、审判组织和审理过程做如下表述:"上诉人×××因……(写明案由)一案,不服××人民法院(××××)×行初字第××号行政判决,向本院提起上诉。本院依法组成合议庭,公开(或不公开)开庭审理了本案。……(写明到庭的当事人、诉讼代理人等)到庭参加诉讼。本案现已审理终结。(未开庭的,写'本院依法组成合议庭,对本案进行了审理,现已审理终结。')"

(二)事实

判决书的事实部分,要求概括写明原审认定的事实和判决结果,简述上诉人的上诉请求及其主要理由和被上诉人的主要答辩的内容及原审第三人的陈述意见。然后以"经审理查明"引出二审认定的事实和证据。

书写上诉争议的内容时,要概括简练,抓住争议焦点,防止照抄原审判决书、上诉状和答辩状,但又要不失原意。二审查明认定的事实和证据,要根据不同类型的案件书写。如果原审判决事实清楚,上诉人亦无异议,简要地确认原判认定的事实即可;如果原审判决认定事实清楚,但上诉人提出异议,应对有异议的问题进行重点分析,予以确认;如果原审判决认定事实不清,证据不足,经二审查清事实后改判,应具体叙述查明的事实和有关证据,予以澄清。

(三)理由

以"本院认为"引出判决书理由部分。判决书的理由部分,一定要有针对性和说服力,要注重事理分析和法理分析,回答上诉争议的主要问题,引出合乎逻辑的公正结论。主要应当针对上诉请求和理由,就原审判决认定的事实是否清楚,适用法律、法规是否正确,有无违反法定程序,上诉理由是否成立,上诉请求是否应予支持,以及被上诉人的答辩是否有理等,进行分析论证,阐明维持原判或者撤销原判予以改判的理由。

(四)判决结果

判决结果分四种情况。

第一,维持原审判决的,写:

  驳回上诉,维持原判。

第二,对原审判决部分维持、部分撤销的,写:

一、维持××人民法院(××××)×行初字第××号行政判决第×项,即……(写明维持的具体内容);

　　二、撤销××人民法院(××××)×行初字第××号行政判决第×项,即……(写明撤销的具体内容);

　　三、……(写明对撤销部分作出的改判内容。如无需改判的,此项不写)。

第三,撤销原审判决,驳回原审原告的诉讼请求的,写:

　　一、撤销××人民法院(××××)×行初字第××号行政判决;

　　二、驳回×××(当事人的姓名)的诉讼请求。

第四,撤销原审判决,同时撤销或变更行政主体的行政行为的,写:

　　一、撤销××人民法院(××××)×行初字第××号行政判决;

　　二、撤销(或变更)××××(行政主体名称)×年×月×日(××××)×××字第××号……(写明行政行为或者复议决定名称或其他行政行为);

　　三、……(写明二审法院改判结果的内容。如无需作出改判的,此项不写)。

(五)尾部

尾部包括二审诉讼费用的负担、判决书性质、署名。

关于二审诉讼费用的负担,要区别情况作出决定。驳回上诉,维持原判的案件,二审诉讼费用由上诉人承担;双方当事人都提出上诉的,由双方分担。撤销原判,依法改判的案件,应同时对一、二两审的各项诉讼费用由谁负担,或者共同分担的问题作出决定,相应地变更一审法院对诉讼费用负担的决定。诉讼费用负担内容之下要交代"本判决为终审判决"。

署名、法院印章及"本件与原本核对无异"章、判决日期及附录等的要求与一审判决要求相同。

三、制作中应当注意的问题

(一)第二审行政判决应当对原审案件进行全面审查

根据《行政诉讼法》第八十七条:"人民法院审理上诉案件,应当对原审人民法院的判决、裁定和被诉行政行为进行全面审查。"

所谓全面审查是指二审法院审理的范围不限于上诉状提出的问题。

(二)二审判决需要改变原审判决的,应当同时对被诉行政行为作出判决

根据《行政诉讼法》第八十九条:人民法院审理上诉案件,需要改变原审判决的,应当同时对被诉行政行为作出判决。二审判决书的四种判决结果,除了"维持原审判决的"以外,都要对被诉具体行政行为重新作出判决。

（三）原判决遗漏了必要事项，二审判决应当酌情处理

原审判决遗漏了必须参加诉讼的当事人或者诉讼请求的，第二审人民法院应当裁定撤销原审判决，发回重审。原审判决遗漏行政赔偿请求，第二审人民法院经审查认为依法不应当予以赔偿的，应当判决驳回行政赔偿请求。原审判决遗漏行政赔偿请求，第二审人民法院经审理认为依法应当予以赔偿的，在确认被诉行政行为违法的同时，可以就行政赔偿问题进行调解；调解不成的，应当就行政赔偿部分发回重审。

第四节　再审行政判决书

一、概念、法律依据和功用

各级人民法院按照审判监督程序，对于一审或者二审判决、裁定已经发生法律效力的行政案件，经提起再审程序之后，依法组成或者另行组成合议庭，按照一审或者二审程序再审终结，就案件的实体问题作出处理决定的判决书。

由于再审案件来源不一，引起再审程序和制作再审行政判决书的法律依据也较多。《行政诉讼法》第九十条、九十一条、九十二条和九十三条都是制作和运用再审行政判决书的法律依据。

《行政诉讼法》第九十条规定，当事人对已经发生法律效力的判决、裁定，认为确有错误的，可以向原审人民法院或者上一级人民法院申请再审。

《行政诉讼法》第九十一条之规定，当事人的申请符合下列情形之一的，人民法院应当再审：（一）不予立案或者驳回起诉确有错误的；（二）有新的证据，足以推翻原判决、裁定的；（三）原判决、裁定认定事实的主要证据不足、未经质证或者系伪造的；（四）原判决、裁定适用法律、法规确有错误的；（五）违反法律规定的诉讼程序，可能影响公正审判的；（六）原判决、裁定遗漏诉讼请求的；（七）据以作出原判决、裁定的法律文书被撤销或者变更的；（八）审判人员在审理该案件时有贪污受贿、徇私舞弊、枉法裁判行为的。

《行政诉讼法》第九十二条规定，各级人民法院院长对本院已经发生法律效力的判决、裁定，发现有本法第九十一条规定情形之一，或者发现调解违反自愿原则或者调解书内容违法，认为需要再审的，应当提交审判委员会讨论决定。最高人民法院对地方各级人民法院已经发生法律效力的判决、裁定，上级人民法院对下级人民法院已经发生法律效力的判决、裁定，发现有本法第九十一条规定情形之一，或者发现调解违反自愿原则或者调解书内容违法的，有权提审或者指令下级人民法

院再审。

《行政诉讼法》第九十三条规定,最高人民检察院对各级人民法院已经发生法律效力的判决、裁定,上级人民检察院对下级人民法院已经发生法律效力的判决、裁定,发现有本法第九十一条规定情形之一,或者发现调解书损害国家利益、社会公共利益的,应当提出抗诉。

上述法律规定表明再审行政判决书的适用范围是:人民检察院对人民法院已经生效的判决提起抗诉的行政诉讼案件;各级人民法院院长认为本院已经发生法律效力的判决、裁定、调解确有错误,经审判委员会讨论决定而提起再审的案件;上级人民法院发现下级人民法院已经生效的行政判决确有错误,而提审或指令下级人民法院再审的行政诉讼案件;当事人申请再审,原审人民法院或上级人民法院认为申请再审的理由成立,而决定再审的行政诉讼案件。

二、结构内容和制作方法

第二审行政判决书分为首部、事实、理由、判决结果和尾部等五部分。

(一)首部

首部应依次写明标题、案号、抗诉机关、当事人及其诉讼代理人的基本情况,以及案件由来、审判组织和审理过程等。

标题写法与一审行政判决书样式相同。案号中以"再"字表示再审程序。

当事人及其他诉讼参加人的列项和基本情况的写法,除当事人的称谓外,与一审行政判决书样式相同。再审行政判决书当事人的称谓为:原审原告或原审上诉人,原审被告或原审被上诉人。

案件由来、审判组织和审理过程的表达方式:"原审原告(或原审上诉人)……×××与原审被告(或原审被上诉人)×××……(写明案由)一案,本院(或××人民法院)于×年×月×日作出(××××)×行×字第××号行政判决,已经发生法律效力。……(写明进行再审的根据)。本院依法组成合议庭,公开(或不公开)开庭审理了本案。……(写明到庭的当事人、代理人等)到庭参加诉讼。本案现已审理终结(未开庭的,写'本院依法组成合议庭审理了本案,现已审理终结')。"

(二)事实

事实部分首先应当写明原审生效判决的主要内容,然后简述检察机关的抗诉理由,或者当事人的陈述或申请再审要点。

以"经再审查明"引出再审确认的事实和证据。一般情况下,如再审认定事实与原审一致的,写"本院经审理查明的事实与原审判决认定的事实一致,本院予以确认"。与原审认定的主要事实基本一致,但在个别事实作出新的认定的,写"本院经审理查明的事实与原审判决认定的事实基本一致。但原审认定的……事实不

当,应认定为……"。本院认定的事实是原审未认定的,写"本院另查明:……"。叙述事实时应当注意:

第一,应当突出再审争议焦点。

实践中有两种不良倾向:一是对当事人的再审请求和理由(或抗诉理由)以及答辩请求和理由归纳过于简单,甚至遗漏当事人的诉讼请求,有些判决书甚至对当事人的再审诉辩主张不作叙述,这样,既使整个裁决文书的写作重点失去了导向,也使当事人对判决的公正性产生怀疑。另一种倾向是对当事人的请求和理由或抗诉事项和理由不加归纳,全文照抄,使得争议焦点被冗长的文字淹没。

第二,事实认定应当有必要的证据分析。

写作实践中,有些裁判文书认定事实缺乏必要的证据分析,易导致法院认定的事实与证据的认定相互割裂,没有客观反映对争议事实的举证、质证、认证情况,看不出认定的案件事实与法庭所采信的证据之间的内在联系;有些文书对证据采信与否说理不够,对心证的过程和理由未加阐述,看不出法院是如何评价存有争议的证据材料、如何采信的,给人以武断的感觉。

（三）理由

以"本院认为"引出理由的表述。这部分要有针对性和说服力,要注重事理分析和法理分析,兼顾全面审查和重点突出。针对再审申请请求和理由,重点围绕争议焦点,就原审判决及被诉行政行为是否合法,再审申请理由是否成立,再审请求是否应予支持等,阐明维持原判或者撤销原判予以改判的理由。具体写法可参照二审判决书理由部分。检察院抗诉的,还应对检察院抗诉的请求和理由进行审查。

（四）判决结果

判决结果分三种情况。

第一,全部改判的,写:

一、撤销本院(或××人民法院)×年×月×日(××××)×行×字第××号行政判决(如一审判决、二审判决、再审判决均需撤销的,应分项写明);

二、……(写明改判的内容。内容多的可以分项列明)。

第二,部分改判的,写:

一、维持××人民法院×年×月×日(××××)×行×字第××号行政判决第×项,即……(写明维持的具体内容);

二、撤销××人民法院×年×月×日(××××)×行×字第××号行政判决第×项,即……(写明部分改判的具体内容;如一审判决、二审判决均需撤销的,应分项写明);

三、……(写明部分改判的内容。内容多的可分项写)。

第三，仍然维持原判的，写：

维持××人民法院×年×月×日（××××）行×字第××号行政判决。

（五）尾部

尾部包括诉讼费用的负担，对判决能否上诉的交代，署名等。

根据最高人民法院规定，依照审判监督程序进行提审、再审的案件，免交案件受理费。对于再审结果仍然维持原判的案件，不再写诉讼费用负担的项目。但对全部改判或部分改判而变更原审诉讼费用负担的，写明原审诉讼费用由谁负担或者双方如何分担。

判决书尾部，按第一审程序进行再审的，写明"如不服本判决，可在判决书送达之日起十五日内，向本院递交上诉状，并按对方当事人的人数提出副本，上诉于××人民法院"。按第二审程序进行再审或者上级法院提审的，写明"本判决为终审判决"。

署名形式及附录与一审、二审行政判决书相同。

三、制作中应当注意的问题

第一，制作再审行政判决书，应当贯彻实事求是、有错必纠的原则，体现再审程序的特点。

第二，再审行政案件当事人的称谓，原判是一审结案的，写"原审原告""原审被告""原审第三人"；原判是二审结案的，写"原审上诉人（×告或第三人）""原审被上诉人（×告或第三人）"，但在原二审的上诉未涉及其利益的当事人或第三人，仍写"原审原告""原审被告""原审第三人"。

第三，判决书的首部，要写明对本案进行再审的根据。可分为四种情况表述：

1. ××人民检察院于×年×月×日提出抗诉。

2. 本院于×年×月×日作出（××××）×行申（监）字第××号行政裁定，对本案提起再审。

3. ××人民法院于×年×月×日作出（××××）×行申（监）字第××号行政裁定，指令本院对本案进行再审。

4. 本院×年×月×日作出（××××）×行申（监）字第××号行政裁定，对本案进行提审。

第四，书写判决结果时应注意，无论是按照一审还是二审程序再审的案件，维持原判的，应当一并撤销提起再审和中止原判决的执行的裁定；改变原判决的，在判决结果中，应当一并撤销原一审或原一、二审的判决、裁定的全部或者某一部分。

第五节 行政赔偿调解书

一、概念、法律依据和功用

行政赔偿调解书是指各级法院在审理行政赔偿案件的过程中,根据《行政诉讼法》第六十条第一款的规定("……行政赔偿、补偿以及行政机关行使法律、法规规定的自由裁量权的案件可以调解。"),对可以调解的行政赔偿案件,通过调解促使当事人自愿达成解决赔偿争议的协议后,制作的具有法律效力的文书。

所谓行政赔偿诉讼是一种特殊的行政诉讼,在受案范围、起诉条件、举证责任等方面与普通行政诉讼不同。首先,在受案范围方面,行政赔偿诉讼的受案范围大于行政诉讼的受案范围。例如,根据《国家赔偿法》和最高人民法院《关于审理行政赔偿案件若干问题的规定》,赔偿请求人可以对行政主体及其工作人员违反行政职责的某些非具体行政行为提起行政赔偿诉讼。其次,在起诉条件方面,行政赔偿诉讼有特别要求。赔偿请求人单独提起行政赔偿诉讼的,要以行政赔偿义务主体先行处理为前提条件,并且行政侵权行为已被确认为违法或已被撤销。最后,在举证责任方面,不完全采用被告负举证责任的原则。

行政赔偿可以适用调解,是指人民法院在审理行政赔偿案件中,在坚持合法、自愿的前提下,就赔偿范围、赔偿方式和赔偿数额等在双方当事人之间做协商、调和工作,促使双方互谅互让,达成赔偿协议。行政赔偿调解书即为这一审理方式的结果性表现。

以调解的方式解决行政赔偿争议,制作行政赔偿调解书,有利于及时调处当事人间的争议,有利于保护自然人、法人或者其他组织的合法权益,改善行政主体与群众的关系,也有利于人民法院合理利用诉讼资源,提高办案效率。

二、结构内容和制作方法

行政赔偿调解书分为首部、正文、尾部三大部分,与民事调解书大体相同。

(一)首部

首部包括标题、案号、当事人及其他诉讼参加人基本情况、案件由来及审理经过等。

其中,标题、案号、当事人及其他诉讼参加人基本情况的写法,与同一审级的行政判决书样式相同。

(二)正文

正文包括事实部分与调解协议。

事实部分应当简要写明当事人的诉讼请求和经法院审理查明的案件事实。事实之后直接以"本案在审理过程中,经本院主持调解,双方当事人自愿达成如下协议"引出调解协议即可。

协议内容之后首先写明法院认为协议内容合法并予以确认及调解书的法律效力:"上述协议,符合有关法律规定,本院予以确认"。

本调解书经双方当事人签收后,即具有法律效力。

(三)尾部

行政赔偿案件不收取诉讼费用。行政赔偿调解书应当写明"本调解书经双方当事人签收后,即具有法律效力"。尾部其他事项的要求与第一审行政判决书相同。

三、制作中应当注意的问题

第一,调解应当根据当事人自愿的原则,在有关赔偿问题的事实清楚、分清是非的基础上进行。协议的内容不得违反法律规定。

第二,协议内容应明确、具体,便于履行。

第六节 行 政 裁 定 书

一、概念、法律依据和功用

行政裁定书,是指人民法院按照我国行政诉讼法及司法解释的规定,在审理行政诉讼案件过程中,为解决有关程序问题作出的书面决定。行政判决书与行政裁定书的主要区别是:一是解决的问题不同。判决书解决当事人争议的实体问题,裁定书只解决某一程序问题。二是制作文书的时间不同。判决书在案件审理终结时制作,裁定书则可在办案过程中的某一阶段制作。三是制作文书的具体要求不同。裁定书比判决书简单,叙事和说明一般可以合写一段;有的裁定书首部、尾部的写法也与判决书不同,有特定的规范要求。

最高人民法院行政诉讼庭根据行政诉讼法和相关司法解释的规定,在《行政诉讼文书样式(试行)》中,发布了下列行政裁定书的范围与样式:(1)不予立案;(2)指定其他下级法院立案;(3)依下级人民法院报请指定管辖;(4)管辖权争议时指定管辖;(5)有管辖权法院不宜行使管辖权;(6)受移送人民法院无管辖权时上级人民法院指定管辖;(7)依职权决定审理下级人民法院案件;(8)驳回起诉;(9)证据保全;(10)先予执行;(11)诉讼期间停止行政行为的执行或驳回停止执行的申请;(12)依职权停止执行行政行为;(13)一审准许或不准许撤回起诉书;(14)一审按撤诉处理;(15)中止或终结诉讼;(16)二审维持或者撤销一审不予立案裁定;(17)二审维持或者撤销一审驳回起诉裁定;(18)二审撤销一审判决径行驳回起诉;(19)二审准许或不准许撤诉;(20)二审发回重审;(21)上一级法院驳回当事人再审申请;(22)上一级法院根据再审申请提审;(23)依职权提审或者指令下级法院再审;(24)依职权裁定再审本院生效判决;(25)不予受理非诉执行申请;(26)准予或不准予强制执行行政决定;(27)上级法院复议非诉不予受理、不准予强制执行裁定;(28)补正裁判文书笔误;(29)简易程序转为普通程序。

根据法律规定,裁定可以分为书面和口头两种形式。在行政诉讼的不同阶段,针对不同的诉讼程序问题,都需要制作行政裁定书,以确保行政诉讼的顺利进行。

二、结构内容和制作方法

行政裁定书由首部、正文和尾部三部分组成。

（一）一审行政裁定书

1. 不予立案用

首部,包括标题、案号、起诉人基本情况,概括写明起诉的事由。

正文的行文是:"本院认为,……(写明不予受理的理由)。依照……(写明引用的法律条、款、项、目)的规定,裁定如下:

对×××的起诉,本院不予立案。"

尾部交代上诉权、署名等,与行政判决书相同。

2. 驳回起诉用

首部包括标题、案号、当事人基本情况、案件由来及审理经过。除标题与判决书有异之外,其余同一审行政判决书。

正文首先简述原告起诉的事由,以"本院认为"引出驳回起诉的理由,然后写明:"依照……(裁定依照的法律条、款、项、目)的规定,裁定如下:驳回原告×××的起诉。"

尾部交代上诉权,署名等与行政判决书相同。

3. 依申请停止执行行政行为或驳回申请用

首部包括标题、案号、当事人基本情况、案件由来。其中案件由来应作如下表达:

本院在审理原告×××诉被告×××……(写明案由)一案中,原告(或者利害关系人)×××认为……(写明停止执行行政行为的理由),向本院申请停止执行……(写明停止执行行政行为的名称)。

正文以"经审查,本院认为"引出应当停止执行或者驳回申请的理由。然后依照《中华人民共和国行政诉讼法》第五十六条第一款(裁定停止执行的,须写明"第(二)项")的规定作出两种裁定,第一,停止执行的,写"在本案诉讼期间,停止执行……"(写明停止执行行政行为的名称);第二,驳回申请的,写"驳回原告(或利害关系人)×××的申请"。

尾部应当交代当事人有申请复议的权利,以及复议的效力,署名等与行政判决书相同。

4. 一审准许或不准许撤诉用

首部包括标题、案号、当事人基本情况、案件由来。其中案件由来应作如下表达:

本院在审理原告×××诉被告×××……(写明案由)一案中,原告×××(简要写明原告提出的撤诉请求和理由)。

正文中无须阐述案件事实,直接以"经审查,本院认为"引出准许撤诉或不准撤诉的理由。依照《中华人民共和国行政诉讼法》第六十二条的规定作出两种裁定,第一,准许撤诉的,写:"准许原告×××撤回起诉";第二,不准撤诉的,写"不准许原告×××撤诉,本案继续审理"。

尾部署名等与一审行政判决书相同。

(二) 二审行政裁定书

1. 二审发回重审用

首部包括标题、案号、当事人及其他诉讼参加人的列项和基本情况、案由、案件来源、审判组织和审判方式、审判过程。样式基本与二审维持原判或改判用的行政判决书相同。

正文部分的事实,包括"上诉人×××上诉称……""被上诉人×××答辩称……"然后写"经审理查明……"法院查明的事实内容,主要写据以作出发回重审裁定的相关事实然后以"本院认为"引出发回重审的理由。这一部分原判决认定事实不清、证据不足,遗漏当事人或者违法缺席判决等严重违反法定程序而可能影响正确判决的理由。依照……(写明裁定依据的法律以及相关司法解释的条、款、项、目)的规定,裁定如下:

一、撤销××人民法院(××××)×行初字第××号行政判决;

二、发回××人民法院重审。

尾部合议庭署名、日期、院印、书记员署名等与行政判决书尾部相同。

2. 二审准许或不准许撤回上诉用

首部包括标题、案号、当事人及其他诉讼参加人的列项和基本情况、案由和案件来源等。样式基本与二审维持原判或改判用的行政判决书相同,只有案由和案件来源等的表述稍有差异:

上诉人×××因……(写明案由)一案,不服××人民法院(××××)×

行初字第××号行政判决,向本院提起上诉。在本院审理过程中,上诉人×××又以……(简要写明撤回上诉的理由)为由,申请撤回上诉。

裁定书正文部分,应当对上诉人申请撤回上诉的行为是否合法作出评断,写明准许撤回或者不准撤回上诉的理由。由于行政诉讼法中没有规定撤回上诉的相应条文,故在阐述理由之后,写"现裁定如下"即可。

裁定结果分两种情况:第一,准许撤回上诉的,写"准许上诉人×××撤回上诉";第二,不准撤回上诉的,写"不准许上诉人×××撤回上诉,本案继续审理"。

如为准许撤回上诉,尾部应交代"本裁定为终审裁定";如为不准撤回上诉,此项不写。尾部合议庭署名等写法与行政判决书相同。

3. 二审维持或撤销一审驳回起诉裁定用

本裁定书适用于《中华人民共和国行政诉讼法》第八十九条第一款第(一)项、第(二)项及《最高人民法院关于适用〈中华人民共和国行政诉讼法〉若干问题的解释》第一百零九条规定的情形。本裁定书是第二审人民法院对上诉人不服一审裁定不予受理起诉或者驳回起诉的行政案件,经审理后决定维持或者撤销原裁定时所使用的法律文书。

首部包括标题、案号、当事人及其他诉讼参加人的列项和基本情况、案件由来。样式基本与二审维持原判或改判用的行政判决书相同,只有案件由来表述略为简洁:

上诉人×××因……(写明案由)一案,不服××人民法院(××××)×行初字第××号行政裁定,向本院提起上诉。本院受理后,依法组成合议庭,公开(不公开)开庭审理了本案。(未开庭的,写"本院受理后,依法组成合议庭审理了本案"。)

裁定书的正文部分,应写明二审裁定的理由,对上诉的理由是否成立,上诉人提起的行政诉讼是否符合法定条件,原裁定是否正确等,进行分析论证,阐明二审法院的观点。裁定结果分两种情况:

第一,驳回上诉,维持原裁定的,写"驳回上诉,维持原裁定"。第二,撤销原裁定,应继续审理的,写"一、撤销××人民法院(××××)×行初字第××号行政裁定;二、本案指令××人民法院继续审理"。

尾部应当交代裁定书的终审性质:"本裁定为终审裁定"。以下为合议庭署名、裁定年月日、书记员署名、核对章等。

(三)再审行政裁定书

再审行政裁定书供上一级人民法院对当事人提出的再审申请进行审查后,认为案件符合《中华人民共和国行政诉讼法》第九十一条规定的再审条件,裁定提审时使用。

首部包括标题、案号、案由。

案号的表达方式为"(××××)×行再字第×号",分别代表年度、法院简称、文书简称、顺序号。案件由来也在首部予以交代:"再审申请人×××因×××诉×××……(写明案由)一案,不服××人民法院(××××)×行终字第×号行政判决(裁定或者调解书),向本院申请再审。本院依法组成合议庭对本案进行了审查,现已审查终结。"

当事人诉辩意见的写法,与再审行政判决书样式相同。理由部分行文为:本院认为,……(简要写明提起再审的理由)。依照……(写明裁定依据的法律以及相关司法解释的条、款、项、目)的规定,裁定如下:

在阐述裁定理由时,指出本案符合法律规定的情形即可,可以不作"原判确有错误""原判认定事实不清、适用法律有误"之类的表述。当事人双方申请再审,一方主张的再审事由成立,另一方主张的再审事由不成立的,本裁定书仅写明一方的再审申请符合法律规定的情形,对于另一方再审申请是否成立不必表态。当事人在上级法院再审审查阶段达成调解协议,申请裁定提审后制作行政调解书的,提审理由写:

本院再审审查过程中,经本院主持调解,当事人自愿达成调解协议,申请由本院制作行政调解书。依照……(写明裁定依据的法律以及相关司法解释的条、款、项、目),裁定如下:……

"裁定结果"部分分为三种情况:

第一,一般情形,写"一、本案由本院提审;二、再审期间,中止原判决(裁定或调解书)的执行"。

第二,若该案为支付抚恤金、最低生活保障待遇或者社会保险待遇案件,人民法院经审查认为可以不中止执行的,提审裁定主文第二项写"二、再审期间,不中止原判决(裁定或调解书)的执行"。

第三,原生效裁判没有实际执行内容的,如"驳回起诉""驳回诉讼请求"等,只写"本案由本院提审",主文第二项不予表述。指令再审裁定和本院再审裁定亦同。

尾部由院长签字,加盖院印,署明年月日之后由书记员加盖"本件与原本核对无异"章并署名。

三、制作中应当注意的问题

第一,注意不予受理起诉用的行政裁定书中当事人的称谓。

不予受理起诉用行政裁定书首部中,当事人称谓为"起诉人",并且没有对方当事人的列项。

第二,注意准许撤诉用行政裁定书尾部应当写明诉讼费用的承担。

裁定书尾部一般并不需要写明诉讼费用的负担。但准许撤诉用行政裁定书一经作出则表明案件终结,因此,需要在尾部写明诉讼费用的负担。

第三,注意部分一审裁定书允许上诉,部分一审裁定书允许复议。

裁定书只解决某一程序问题,只有有关当事人诉权的一审裁定才允许上诉,这类裁定书包括不予受理起诉用行政裁定书、驳回起诉用行政裁定书和驳回管辖异议用行政裁定书。另外还有一类行政裁定涉及问题重大,也可给予复议的权利,如停止执行具体行政行为或驳回申请用行政裁定书。

第四,行政诉讼中的财产保全、先予执行、中止或者终结诉讼、中止或者终结执行、补正判决书中的笔误等裁定书,可以参照民事诉讼文书的有关样式制作。其中,财产保全、先予执行的裁定书允许复议。

本 章 小 结

本章讲授了人民法院行政裁判文书的概述,各种审级的行政判决书、行政赔偿调解书、行政裁定书的概念、结构内容和制作方法以及制作中应当注意的事项,要求学生从突出对行政行为合法性审查、强调被告举证责任等行政诉讼的特点出发,牢固掌握审判实践中常用的行政裁判文书的基本知识、基础理论和制作技艺,达到熟练制作和运用的水准。学习的方法是先掌握最基本的第一审行政判决书,进而掌握第二审行政判决书、行政赔偿调解书等重要文书。

思考与练习

1. 第一审行政判决书的事实部分应当写明哪些内容?与第一审民事判决书相比有什么特点?
2. 第一审行政判决书理由部分可以适用哪些法律作为判决依据?
3. 什么叫行政赔偿调解书?它与民事调解书有什么区别?
4. 什么叫行政裁定书?它的适用范围如何?
5. 练习制作一份第一审行政判决书。

第六章　监狱法律文书

本章要点

本章从总体上概述了监狱法律文书的基础理论,并对提请假释、减刑建议书、监狱起诉意见书等主干监狱法律文书进行讲解。

第一节　概　　述

一、概念

监狱法律文书,是指我国监狱(含女子监狱和未成年犯管教所)的执法干警,对已被判刑的罪犯,在执行刑罚的教育改造工作中,依照我国《刑事诉讼法》的规定,根据国家刑事法律和我国《监狱法》,就处理有关刑罚执行和罪犯改造工作的具体情况制作的一系列具有法律效力或有法律意义的各种法律文书的总称。

监狱法律文书是国家法律文书的一个有机组成部分,是监狱机关对罪犯执行刑罚、实行管理和教育改造的重要载体;监狱法律文书对监狱的执法过程和罪犯的服刑改造过程具有记录和凭证的作用;它也是监狱机关和公安机关、检察机关、人民法院及其他司法行政机关联系的纽带。

二、分类

2002 年,司法部监狱管理司制定了《监狱执法文书格式(试行)》规定了目前监狱法律文书有 48 个执法类文书的格式,其执法的内容大致覆盖了罪犯入监、服刑改造、刑满释放等整个刑罚执行程序上的全过程。根据不同的标准,可以有不同的分类。按文书使用的职能,可划分为监狱内部使用的文书和对外公开使用的文书;按文书的文体格式,可把监狱法律文书分为表格类文书、填空类文书、文字叙述类文书、函件类文书、笔录类文书和报告类文书等类别;按文书的制作内容来划分,又可分为刑罚执行类文书、狱政管理类文书、狱内侦查类文书和教育改造类文书等。

三、制作中的特殊要求

监狱法律文书,由于是与在押罪犯直接打交道的,反映的是第一线罪犯改造表现的情况,因此,它在制作上有其自己特殊的制作要求。归纳起来,主要有以下五个方面。

（一）在结构内容方面

1. 文书的结构要完整、严谨,条理一定要清晰

监狱法律文书特别强调思路周密,结构完整,层次清晰,详略得当,重点突出。因此,必须对整个文书的结构安排、材料的选择运用有通盘的考虑,不能写到哪里算哪里,否则很可能抓不住重点,东拼西凑,变成材料的堆积。

2. 内容要写得简洁明了,要做到言之有物

简洁明了地说清问题的内容,应该是公文的一大特点,法律公文——监狱法律文书更是如此。所以我们在制作监狱法律文书时,对所写的内容一定要切中要害,文字简洁明了,准确、完整地予以表述,实实在在,言之有物。

（二）在叙述事实方面

1. 叙事要清晰,因果要明确

对刑事案件来说,犯罪事实是定罪量刑的依据。所以叙述事实时,必须要素齐备,把问题(或内容)说清讲明。另外犯罪事实在叙述过程中,因果关系则是犯罪构成的重要因素,是判明案件性质和当事人责任问题的重要依据。另外在叙事时,还要理清案情前因后果的逻辑脉络。

2. 主次要分明,详略要得当

在制作监狱法律文书的内容时,不能主次不分,平行罗列材料,该详不详,该略不略,甚至把与本案无直接关联的其他违法犯罪事实也一一列上。

3. 界限要清楚,是非要分明

监狱法律文书在制作过程中,有违法和犯罪两大块材料会时常出现,稍有不慎,常会有划不清是非界限和罪与非罪的情况出现。如有的把"违反治安管理"的行为或一般的违法行为升格为"犯罪事实"来写,把已过追诉时效或过去已作过处理的问题当成"现行的罪行"来写,那就混淆了罪与非罪的界限,会造成不良甚至严重后果。

（三）在阐述理由方面

1. 理由要充分,立论要有依据

监狱法律文书中,对问题的是非判断和对案件的处理结论,都必须"以事实为根据,以法律为准绳",充分阐明理由,做到有根有据,以理服人,结论正确。因此,

监狱法律文书的说理,要抓住问题的症结,运用法学上的有关理论,针锋相对,一层一层阐述,注意全面充分,恰到好处,精要切题。

2. 引用的法律条款要准确、恰当

阐述案件的理由之中,还要准确地援引法律条文作为本案处理结论的法律依据,这是法定的理由。

(四) 在语言文字运用方面

1. 用词要准确、语义要单一

监狱法律文书,要特别讲究措辞准确,语义明晰,不能出现歧义现象。对一些表示程度或数量的词,在使用时都必须根据事物的实际数量和具体程度,字斟句酌,准确地予以表示,不可随便乱用。

2. 语句要通顺、严谨

语言的通顺与严谨,是监狱法律文书制作的基本要求。有的文书句子不通、语意不明,句子成分残缺,形成病句;有的文书句与句之间衔接不当,语句间产生歧义,凡此种种,都会直接影响到文书本身的制作质量。

3. 恰当地使用法律术语,切忌生造滥用

在监狱法律文书中,法律术语的使用频率较高,在制作监狱法律文书时,不能滥用法律术语或生造令人费解的词语。如"×犯报信谋略,对付我公安机关……""残刑犯闹监……""杀人疯犯……"这些随心所欲地滥造出的陌生词语,写出来以后令人费解、造成歧义。

4. 切忌使用黑话、脏话和方言土语

制作监狱法律文书时,特别应强调语言文字的规范和庄重,但我们发现在不少的监狱法律文书中,使用了只有少数人才能懂的方言土语和罪犯常用的"黑话",有的写同案犯和关系人的姓名时,写绰号,甚至写一些非常低级庸俗、粗俗骂人的话等等,这在客观上就造成了很不好的印象,严重损害监狱法律文书的庄重性和法律的尊严。

(五) 在文书格式和制作程序方面

监狱法律文书,都有统一的特定格式和严格的程序制度。

1. 文书格式项目填制上不应有错漏

监狱法律文书,填制式的文书比较多,每一份文书中需要填写的格式项目也较多,实际填写时,每一栏项目都应以相应内容来填写,不应有漏填或者文不对题乱填的现象出现。

2. 文书制作中不应出现不符合程序规定和违反制度的现象

对于各种文书的发布程序和审批手续,诉讼法上都有明文规定,司法实践中这方面的问题出现较多,比如文书的审批手续上,有的文书的审批人越级、越权,有的审批人签名只写姓而不写名,不署明审批日期,有的甚至所有一切都是由"秘书当家"。以上这些做法都会严重损害文书的完整性、正确性和有效性,不利于文书的执行和处理。

第二节　提请假释(减刑)建议书

一、概念、法律依据和功用

提请假释(减刑)建议书是指监狱对狱内执行刑罚的罪犯,认为符合法定的假释或者(减刑)的条件,而报请所在地中级以上人民法院审核裁定时制作的执行文书。

提请假释(减刑)建议书实际上为独立的两张文书。一张为"提请假释建议书",另一张为"提请减刑建议书"。由于这两张文书,其制作主体相同,文书格式相似,制作要求相近,故合并讲授。

我国《刑法》第七十八条规定:被判处管制、拘役、有期徒刑、无期徒刑的犯罪分子,在执行期间,如果认真遵守监规,接受教育改造,确有悔改表现的,或者有立功表现的,可以减刑。《刑法》第八十一条也规定:被判处有期徒刑的犯罪分子,执行原判刑期二分之一以上,被判处无期徒刑的犯罪分子,实际执行10年以上,如果认真遵守监规,接受教育改造,确有悔改表现,假释后不致再危害社会的,可以假释。同时《刑法》第七十九条还规定:对于犯罪分子的减刑,由执行机关向中级以上人民法院提出减刑建议书。《刑法》第八十二条还规定:对于犯罪分子的假释,依照本法第七十九条规定的程序进行。非经法定程序不得假释。

我国《监狱法》第二十九条规定:"被判处无期徒刑、有期徒刑的罪犯,在服刑期间确有悔改或者立功表现的,根据监狱考核的结果,可以减刑。"《监狱法》第三十条规定:"减刑建议由监狱向人民法院提出,……"《监狱法》第三十二条规定:"被判处无期徒刑、有期徒刑的罪犯,符合法律规定的假释条件的,由监狱根据考核结果向人民法院提出假释建议,……"

我国的《刑事诉讼法》第二百六十一条第二款明确规定:"被判处死刑缓期二年执行的罪犯,在死刑缓期执行期间,如果没有故意犯罪,死刑缓期执行期满,应当予以减刑,由执行机关提出书面意见,报请高级人民法院裁定……"《刑事诉讼法》第二百七十三条第二款同时规定:"被判处管制、拘役、有期徒刑或无期徒刑的罪犯,在执行期间确有悔改或者立功表现,应当依法予以减刑、假释的时候,由执行机关提出建议书,报请人民法院审核裁定……"这些法律上的规定,都是监狱制作提请假释(减刑)建议书的法律依据。

提请假释(减刑)建议书的功能,主要有:(1)向人民法院提出假释(减刑)意见,要求依法对具有悔改或者立功表现的罪犯予以减刑、假释;(2)向人民法院提供假释(减刑)事实依据,同时它也是法院依法审核并作出裁定的依据和基础;(3)适时、正确地制作提请假释(减刑)建议书也是一种积极鼓励罪犯真诚改造、悔过自新的重要手段。

二、结构内容和制作方法

提请假释建议书和提请减刑建议书的文书结构同为一纸两页型的填写式执法文书。其主要内容可由首部、正文和尾部三部分内容组成。

(一)首部

包括文书名称、文书编号和罪犯的基本情况等内容。它有固定的格式,应按照格式要求依次写明提请假释(减刑)建议书的文书编号、罪犯的姓名、性别、出生年月日、民族、原户籍所在地、罪名、审判的法院名称、判决书制作的日期、判决书的文书编号、刑罚的种类和期限(包括附加刑)、刑期的起止以及送往监狱服刑改造的时间和服刑期间刑期变动的情况。

(二)正文

这是制作该张文书的核心内容。它包括确有悔改或立功表现的事实和法律依据两方面的内容。

1. 确有悔改或立功表现的事实

在叙述事实之前,有一固定用语,即用"该犯在近期确有悔改(或立功)表现,具体事实如下:"引出下文。接着,应将该犯在狱内服刑期间的表现,对照我国《监狱法》第二十九条、《刑法》第七十八条、七十九条及八十一条的规定,详细具体地把罪犯的"确有悔改表现"或者"立功表现"一一叙述清楚。在制作上,一般采用"先概括,后具体"的叙述方法,即先概括叙述罪犯在服刑期间的"确有悔改或者立功表现"的总的情况,再具体叙述这方面的事例。比如说某一罪犯有"制止他犯逃跑、行凶(或破坏)的立功表现"时,后面具体叙事就应将罪犯制止他犯逃跑、行凶(或破坏)的背景、时间、地点、方式(法)、经过、结果等要素叙述清楚。假如有的罪犯在服刑期间既有"悔改"表现,又有"立功"表现的,则应将"悔改"和"立功"表现两方面的情形都要叙述上去,而且要叙述清楚。注意所述事实要与法律规定相符合,立功表现并不是提请假释的必要条件。

2. 提请对罪犯假释(减刑)的法律依据

在这里,应该根据上面所叙述的该罪犯在服刑改造期间"确有悔改或者立功表现"的实际内容,写明这些表现行为,根据我国《监狱法》第几条第几款、我国的《刑法》第几条第几款以及我国的《刑事诉讼法》第几条第几款的规定,可以对(或者应当对)该罪犯建议提出到底是假释还是减刑的具体意见。提出减刑意见的同时,还需要写上减刑的期限。

(三)尾部

本部分包括:文书送达的机关名称、该文书制作的日期,并加盖公章,另加上附注事项。

尾部内容在制作时,首先要写明需要移送的中级人民法院的具体名称,然后写上制作该文书的日期,并加盖监狱的印章,最后在"附注事项"中填清罪犯姓名及所移送档案的卷数和页数。

三、制作中应当注意的问题

第一,提请假释(减刑)建议书制作完毕后,应打印三份,监狱自存一份。其余两份连同罪犯评审鉴定表、奖惩审批表,原审法院的判决书(或裁定书)的复印件以及罪犯悔改或者立功表现的具体事实的证明材料,一起报送所在地的中级人民法院进行审核裁定。其中一份由人民法院收存,以作为假释(或判刑)裁定与否的依据;另一份由法院连同假释(或判刑)的裁定书退回监狱。

第二,提请假释(减刑)建议书存入罪犯监管和改造卷(监管卷)内。

第三节 监狱起诉意见书

一、概念、法律依据和功用

监狱起诉意见书是监狱依法制作的要求人民检察院对在服刑改造期间又犯罪或者对发现了判决时所没有发现的罪行之罪犯,经监狱侦查终结提出起诉意见,移送人民检察院进行审查决定时所制作与使用的一种法律文书。

我国《刑事诉讼法》第二百七十三条第一款规定:"罪犯在服刑期间又犯罪的,或者发现了判决的时候所没有发现的罪行,由执行机关移送人民检察院处理。"

我国《监狱法》第六十条也规定:"对罪犯在监狱内犯罪的案件,由监狱进行侦查。侦查终结后,写出起诉意见书,连同案卷材料、证据一并移送人民检察院。"这些规定,都是监狱制作起诉意见书的法律依据。

监狱起诉意见书的主要作用就在于:一是具有向检察机关提出起诉意见,要求检察机关对案件进行审查,并作出处理决定的作用;二是监狱起诉意见书,也是检察机关审查起诉案件的基础和依据。

二、结构内容和制作方法

监狱起诉意见书为一纸两页型的填写式文书。其整体的内容结构也可分为首部、正文和尾部三部分。

（一）首部

应写明标题、文书编号、罪犯的基本情况和案由等内容。

1. 文书的标题

由制作文书的监狱全称和文书的名称组成。书写时,监狱全称在上,文书名称在下,分上、下两行,居中排列。

2. 文书编号

写在文书标题的右下方。它依次由制作文书的年度号、监狱代字、文书名称代字和当年发文的顺序号四个部分的内容组成,如"（××××）×监起字第××号"。

3. 罪犯的基本情况

要依次写明被提请起诉的罪犯之姓名、性别、出生年月日、民族、原户籍所在地、作出生效判决的法院名称、判决书文号、原判罪名、刑种、刑期、附加刑的内容及交付执行的时间及场所等内容。如系共同犯罪的案件,应依照主犯在前,从犯在后的原则,分别将上述内容分段叙述清楚。

4. 案由

根据统一格式的规定,案由部分具体行文为:"现经侦查,罪犯×××在服刑期间涉嫌……主要事实如下:"其中,涉嫌后面的省略号,表示要填写上该罪犯无论是在狱内又犯新罪还是被发现了所隐瞒了的余罪的涉嫌罪名,这一罪名的填写,不能胡编乱造,一定要按照刑法规定的罪名正确填写。

（二）正文

应写明"主要涉嫌的犯罪事实及证据"和"提请起诉的意见和法律依据"这两部分内容。

1. 主要涉嫌的犯罪事实及证据

这是"监狱起诉意见书"赖以成立的前提条件。在这里,要求把经过调查核实后,该罪犯在狱内所涉嫌犯有的新罪或者是发现了被该罪犯所隐瞒了的余罪罪行以及包括构成这种涉嫌犯罪行为的时间、地点、动机、目的、情节、手段和结果,都要表述清楚。在叙事时,如果罪犯犯有数罪,则可先写主要罪行,后写次要罪行,以突出主罪。对于共同犯罪的案件,则应先写明共同犯罪的事实,再分别写明各个罪犯的具体犯罪事实,及其在整个犯罪活动中的作用和地位(属于首犯或主犯和从犯的地位)。

犯罪事实写完后,还要将侦查所获得的、能证明其犯罪事实存在的主要证据叙写清楚。如物证、书证、证人证言、勘验笔录等。写时,既可以在写清犯罪事实后单列一自然段来列叙,也可以在叙写犯罪事实的过程中,边叙事边列叙证据的情况。

2. 提请起诉的意见和法律依据

在这一部分中,应注意写清两方面的内容:一是提请起诉的意见,即在概述该罪犯犯罪事实的基础上,写明提请起诉的结论性意见;二是要写明提请起诉意见的法律依据。

写明"提请起诉的意见"时,应该注意用精练的语言来高度概括并阐明该罪犯在服刑改造期间又涉嫌犯有或隐瞒了什么罪行。但这种高度概括,既不能重复叙述原涉嫌犯罪事实的过程,也不能脱离开原所认定的犯罪事实,而是要在此基础上,进一步来指明罪犯所犯罪行的性质,犯罪的动机目的,犯罪的危害程度以及其认罪表现等情况。

写提请起诉意见的法律依据,要根据该罪犯涉嫌的罪行,援引相关的监狱法及刑法的条款和根据法定的程序援引的有关刑事诉讼法的条款,作为移送审查起诉意见的法律根据。最后,还要提出请求人民检察院依法处理的具体意见的内容,即"特提请你院审查处理"。

(三)尾部

应由送达机关名称、移送时间并加盖公章及附注事项的内容组成。

监狱起诉意见书的送达机关名称,分上、下两行来写。上行空格后写上"此致"两字,下行再顶格抄写送达的机关名称,即"××人民检察院"。

附注事项的内容,应依次分行注明随案移送审查的该服刑罪犯的档案材料的册、页数码以及该罪犯涉嫌又犯新罪或发现有遗漏余罪案卷材料的册、页数码。

三、制作中应当注意的问题

第一,制作完毕的监狱起诉意见书,连同案卷材料、证据一并移送人民检察院进行审查起诉。

第二,监狱起诉意见书上写的涉嫌的主要犯罪事实,必须是服刑罪犯在狱内涉嫌犯罪或者是发现被罪犯隐瞒的余罪,且要有充分的证据,是应受到我国《刑法》追究刑事责任的事实。而不是已被法院认定的事实或已受刑罚处罚的事实或该犯在狱内违反监规、抗拒改造的事实,一定要注意划清本次犯罪与过去犯罪、罪与非罪的界限。

第三,同一犯罪主体涉嫌的犯罪行为不可分割起诉。

本 章 小 结

本章除概述监狱法律文书的基础理论外,还讲授了几种常用监狱法律文书的概念、法律依据和功用,结构内容和制作方法,制作中应当注意的问题。要求掌握提请假释(减刑)建议书和监狱起诉意见书的结构内容与制作方法。

思考与练习

1. 什么是监狱法律文书?制作中有哪些特殊要求?
2. 什么是提请假释减刑建议书?
3. 试比较监狱起诉意见书与公安(安全)机关起诉意见书的异同。

第七章 律师实务文书

本章要点

本章简述了律师实务文书的概念、分类和制作方面的特殊要求,分别对刑事案件诉讼代书文书、民事案件诉讼代书文书、行政案件诉讼代书文书、授权委托书等代书文书,以及代理词、辩护词等律师工作文书作了重点的讲解。

第一节 概　　述

一、概念

律师实务文书,是指律师在依法提供法律服务时制作的具有一定法律效力或者法律意义的文书的总称,属于国家法定的具有法律效力或者法律意义的法律文书总体的一个重要的组成部分。它是律师维护当事人的合法权益,维护法律正确实施的重要手段。制作律师实务文书是律师的主要工作之一。

根据《中华人民共和国律师法》(以下简称《律师法》)的规定,律师的业务活动主要包括接受公民、法人和其他组织的委托,担任法律顾问;接受民事案件、行政案件当事人的委托,担任代理人参加诉讼;接受刑事案件犯罪嫌疑人、被告人的委托或者依法接受法律援助机构的指派,担任辩护人;接受自诉案件自诉人、刑事公诉案件被害人或者其近亲属的委托,担任代理人,参加诉讼;接受委托,代理各类诉讼案件的申诉;接受委托,参加调解、仲裁活动;接受非诉讼法律事务当事人的委托,提供法律服务;解答有关法律的询问,代写诉讼文书和有关法律事务的其他文书等。随着我国民主法治建设和社会主义市场经济的不断发展和完善以及中国加入世界贸易组织后律师业务不断拓展,律师实务文书的使用范围也日益广泛,影响不断扩大。近些年来,随着律师越来越在股权转让、企业收购、兼并、国际贸易中的反倾销案件等事务中充当不可或缺的角色,一些全新的律师实务文书不断涌现。这些文书的制作和运用是律师实务的重要组成部分。

二、分类

律师实务文书的种类很多,可以从不同的角度、用不同的标准加以划分,从实务角度考虑,我们采取的是一级目录依照主体划分,二级目录依照案件性质划分的结构。

首先,依照主体划分,律师实务文书可以分为律师代书文书及律师工作文书两大类。

依据案件性质的不同,律师代书文书又可以分为刑事案件律师代书文书、民事案件律师代书文书、行政案件律师代书文书、其他律师代书文书。律师工作法律文书则主要有:代理词、辩护词、法律意见书等。

三、制作的特殊要求

律师实务文书有其独特的思维方式和表达方式,文书写作是一项法律性很强的律师业务。因此,仅有一般的写作知识、写作能力,不经过专门的、较系统的法律义书写作基本知识的学习和写作技能的基础训练,缺乏理论指导和科学方法,是难以胜任这一工作的。律师实务文书的写作至少应当做到以下几点。

第一,遵循格式,制作规范。严格遵循程式化的要求制作律师实务文书,有助于文书特定功效的发挥,同时也是书状本身的内在逻辑关系决定的。

第二,熟悉案情,取材准确,题旨明确。代书文书前一定要弄清案件的性质、事实与证据、管辖和法律、法规有关时效方面的规定,以提高工作的质量和效率。

第三,叙述事实应有证据佐证,阐述理由要有法律根据,诉讼请求明确、具体,充分显示专业水准。

第四,应当注意语言文字及修辞手法的运用。法律文书通常排斥积极修辞,而用词准确、句式规范、表述严密、消极修辞的运用,无疑是律师实务文书的基本要求。

第二节　刑事案件律师代书文书

一、刑事自诉状

(一)概念、法律依据和功用

刑事自诉状是被害人及其法定代理人或者近亲属为追究被告人的刑事责任,

直接向人民法院提起诉讼所使用的法律文书。刑事自诉状适用于刑事自诉案件。

《刑事诉讼法》第二百一十条规定，自诉案件包括"告诉才处理的案件"等三类，《最高人民法院关于适用〈中华人民共和国刑事诉讼法〉的解释(2021)》(以下简称《刑诉法司法解释》)第一条对此进行了解释。

1. 告诉才处理的案件

告诉才处理的案件指只有被害人或者其法定代理人提出控告，人民法院才能受理的案件。这类案件刑法中规定有4种：①侮辱、诽谤案(刑法第二百四十六条侮辱、诽谤，但严重危害社会秩序和国家利益的除外)；②暴力干涉婚姻自由案(刑法第二百五十七条第一款)；③虐待案(刑法第二百六十条第一款)；④侵占案(刑法第二百七十条)。另外，根据刑法第九十八条的规定，对于上述告诉处理的案件，如果被害人因受强制、威吓无法告诉的，人民检察院和被害人的近亲属也可以告诉。

2. 人民检察院没有提起公诉，被害人有证据证明的轻微刑事案件

这类案件有两个共同的特点，一是被害人要有证据证明被告人对自己实施了犯罪行为，二是被告人的犯罪行为较轻，可能被判处的只能是拘役、管制、单处罚金或者3年以下有期徒刑。《刑诉法司法解释》第一条列明了属于这类案件的8种案件。对于这类案件，被害人直接向人民法院起诉的，人民法院应当依法受理。对于其中证据不足，可以由公安机关受理的，或者认为对被告人可能判处3年有期徒刑以上刑罚的，应当告知被害人向公安机关报案，或者移送公安机关立案侦查。

3. 被害人有证据证明对被告人侵犯自己人身、财产权利的行为应当依法追究刑事责任，而公安机关或者人民检察院不予追究被告人刑事责任的案件

这类案件是由公诉案件转化为自诉案件的，《刑事诉讼法》这样规定，目的在于解决被害人告状难的问题。

自诉案件由自诉人提起。自诉人就是以自己的名义直接向人民法院提起诉讼，要求追究被告人刑事责任的人。自诉人一般是被害人。被害人死亡或者丧失行为能力的，被害人的法定代理人、近亲属可以作为自诉人(《刑事诉讼法》第一百一十四条)；被害人因受强制、威吓无法告诉的，被害人的近亲属可以作为自诉人(《刑法》第九十八条)；限制行为能力人以及由于年老、患病、盲、聋、哑等不能亲自告诉的，其法定代理人、近亲属代为告诉的，法定代理人、近亲属是代为告诉人(《刑诉法司法解释》第三百一十七条第一款)。自诉人提起自诉，应该将所有共同侵害人一并作为被告人起诉。共同被害人中只有部分人告诉的，人民法院应当通知其他被害人参加诉讼。被通知人接到通知后表示不参加诉讼或者不出庭的，即视为放弃告诉权利。第一审宣判后，被通知人就同一事实又提起自诉的，人民法院不予受理。

刑事自诉状是刑事自诉案件自诉人向人民法院提起诉讼的载体，也是人民法

院受理和审判该类案件的依据和凭证。刑事自诉状的正确制作与运用有助于刑事自诉案件的准确处理,使刑事自诉和刑事公诉两类案件互补互动,全面打击犯罪,保护国家、集体和公民的各种正当权利不受侵害。《刑诉法司法解释》第三百一十九条对刑事自诉状的内容有具体规定。

(二) 结构内容和制作方法

1. 首部

首部的三项内容依次是:

(1) 文书名称

文书名称一律写作"刑事自诉状"。

(2) 自诉人(代为告诉人)基本情况

写明姓名、性别、年龄、民族、出生地、文化程度、职业、工作单位、住址、联系方式。代为告诉人如系被害人的法定代理人或者近亲属的,还须注明与被害人的关系和被害人不能亲自告诉的原因。

自诉人不止一人的,按从主到次的顺序依次列出。

(3) 被告人基本情况(与自诉人相同)

被告人不止一人的,按从主到次的顺序依次列出。

2. 正文

(1) 案由

当事人情况之下,另起一行,写"案由:××××"。案由的表述,以前述自诉案件的类型为准。

(2) 诉讼请求

按照刑法分则规定的罪名,写明控告被告人所犯之罪,以及向人民法院提出的诉讼请求,但通常可以不提出具体的刑种和刑期要求。

(3) 事实与理由

第一个段落写自诉人指控的被告人的具体犯罪行为,应按照被告人实施犯罪行为的先后顺序写明起因、经过和结果,并注意写出犯罪行为实施的时间、地点、犯罪的手段、情节、危害结果等事实的基本要素。鉴于刑事自诉案件的发生一般有双方纠纷在先,被告人犯罪在后的特点,在叙述事实时,也可以按照纠纷发生的先后顺序写。

另一段落写理由。理由部分应在事实的基础上制作,制作目的是证明诉讼请求的合法性。理由部分只需要对诉讼请求即被告人的行为构成所指控罪名作一般性的证明。这种证明一般采取三段论的结构,即首先对事实部分所叙述的被告人的犯罪行为作一概括,提炼出构成一个罪名所需要的罪状,再引用规定上述罪状的刑法分则条款作为定罪的法律依据,最后得出被告人的行为构成所指控罪名的结论。通常,理由部分只需要引用刑法分则条款序号,但也可以引出分则条款的具体内容以便于对被告人的犯罪构成作分析。

(4) 证人姓名和住址、其他证据名称和来源

根据自诉状格式的要求,列出的证据可以分为两部分,即证人和其他证据。"证人"需要写出姓名和住址,"其他证据"需要写出名称和来源。在列出上述证据后,还应根据实际情况对证人和其他证据可以证明的案件的特定事实略加说明。

为了增强证据的证明力,上述证据的证明内容应该指向以下八个方面:被告人的身份;被指控的犯罪行为是否存在;被指控的行为是否为被告人所实施;被告人有无罪过,行为的动机、目的;实施行为的时间、地点、手段、后果以及其他情节;被告人的责任以及与其他同案人的关系;被告人的行为是否构成犯罪,有无法定或者酌定从重、从轻、减轻处罚以及免除处罚的情节;其他与定罪量刑有关的事实。如果被害人因法定原因不能告诉,由其法定代理人、近亲属代为告诉的,代为告诉人应当提供与被害人关系的证明和被害人不能亲自告诉的原因的证明,所以,上述证明材料也应该作为案件的证据在证据部分加以列举和说明。将证据材料直接递交给人民法院的,还应该列出证据清单。

3. 尾部

尾部的写作比较简单,只需要写明受诉人民法院的名称、附项,自诉人签名或盖章(有代为告诉人的,代为告诉人也应签名、盖章),注明具状日期。其中,附项中应写明自诉状副本的份数以及递交的证据清单。

(三) 制作中应当注意的问题

1. 事实部分

除了要写出事实的基本要素外,还要注意写出能够证明案由的罪状,即刑法分则相关条款所列举的构成该罪的犯罪特征,不要将事实写成一份流水账。

2. 关于证据的列写

根据《刑事诉讼法》第二百一十一条第一款的规定,自诉人向人民法院提起诉讼,人民法院进行审查后将按照下列情形分别处理:"犯罪事实清楚,有足够证据的案件,应当开庭审判;缺乏罪证的自诉案件,如果自诉人提不出补充证据,应当说服自诉人撤回自诉,或者裁定驳回。"《刑诉法司法解释》第三百一十六条第四项则明确规定,提起自诉应有证明被告人犯罪事实的证据。因此,在刑事自诉状的制作中,应该尽可能将具体的证据写出。同时也应该看到,刑事诉讼制度正在变革中,控辩双方所持证据要在庭审中提出,人民法院审查立案或立案后要求自诉人提出补充证据的,并不以自诉人提出充分证据为必要条件,所以,自诉状中的证据部分不需要写得过细。其写法以列出证据目录和略加说明为宜。

二、刑事附带民事自诉状

（一）概念、法律依据和功用

刑事附带民事自诉状是指刑事自诉案件中的被害人及其法定代理人或者近亲属在追究被告人的刑事责任的同时，向包括被告人在内的致害人提起附带民事诉讼所使用的诉状。

为了诉讼的方便，自诉人通常在提起刑事自诉的同时提起附带民事诉讼，使用刑事附带民事自诉状。《刑诉法司法解释》第三百一十八条规定，提起自诉应当提交刑事自诉状；同时提起附带民事诉讼的，应当提交刑事附带民事自诉状。

在侦查、预审、审查起诉阶段，有权提起附带民事诉讼的人向公安机关、人民检察院提出赔偿要求，公安机关、人民检察院已经记录在案的，刑事案件起诉后又提出附带民事诉讼的，人民法院将以附带民事诉讼案件受理；经公安机关、人民检察院调解，当事人双方达成协议并已给付，被害人坚持向人民法院提起附带民事诉讼的，人民法院也会予以受理。

提起附带民事诉讼一般应当提交刑事附带民事自诉状。书写诉状确有困难的，可以口头起诉。审判人员应当对原告人的口头诉讼请求详细询问，并制作笔录，向原告人宣读；原告人确认无误后，应当签名或者盖章。

提出刑事附带民事自诉，应该提交自诉状正本1份，并同时提交与被告人人数相同的副本。刑事附带民事自诉状应该用钢笔或者毛笔书写，也可以打印。

（二）结构内容和制作方法

两种刑事附带民事自诉状因其使用方法的不同，写作方法也有不同。下面分别加以说明。

1. 包含刑事和附带民事诉讼两部分内容的刑事附带民事自诉状的写法

《刑事诉讼法》第一百零二条规定："附带民事诉讼应当同刑事案件一并审判，只有为了防止刑事案件审判的过分迟延，才可以在刑事案件审判后，由同一审判组织继续审理附带民事诉讼。"因此，刑事附带民事自诉状将刑事自诉与附带民事诉讼合二为一，是符合审判实际和审判经济原则的。附带民事诉讼因刑事犯罪而产生，除在个别情况下附带民事诉讼被告人可以不是刑事被告人外，刑事被告人同时也是附带民事被告人。

事实部分应该分成两个层次写。先写被告人的刑事犯罪事实（参照刑事自诉状的写法），然后写因为被告人的犯罪行为给附带民事原告人造成的损害后果和经济损失。在造成人身和精神损害的案件中，如果已经作了刑事科学技术鉴定，则应以鉴定结论为依据，具体说明损害后果和经济损失；如果尚未进行刑事科学技术鉴定，则应详细引述就诊记录和医生的诊断结论，以说明损害后果和经济损失。

理由部分也分成两个层次写。先对被告人的犯罪行为进行分析,证明其行为已经构成犯罪,并引用刑法分则条款作为法律依据(可参照刑事自诉状的写法),然后用民事法律法规对附带民事诉讼请求加以证明。

2. 只含有附带民事诉讼而不含有刑事部分内容的刑事附带民事自诉状的写法

这种自诉状实际上是将前述自诉状以刑事和民事为标准一分为二,留下附带民事部分的结果。刑事部分的内容已有刑事自诉状处理,在刑事附带民事自诉状中就可以不再过多地涉及刑事犯罪的问题了。但是,由于附带民事诉讼部分与刑事部分有着渊源式的联系,在刑事附带民事自诉状中也不可能完全不写刑事犯罪行为。

事实部分应该先略述被告人的犯罪行为,然后详细叙述被告人的犯罪行为给原告人造成的物质损害或者精神损害结果。理由部分应该详细,因为刑事部分与民事部分不在一份诉状中提出,刑事附带民事自诉状应该特别注意论证物质损害或者精神损害后果与被告人的刑事犯罪行为之间的因果关系。

证据部分的写法和要求与前述刑事自诉状相似。

(三) 制作中应当注意的问题

1. 关于附带民事诉讼中的当事人

提起附带民事诉讼的人称为附带民事诉讼原告人(简称"原告人"),被起诉的人称为附带民事诉讼被告人(简称"被告人")。被害人提起附带民事诉讼的对象可以是刑事自诉被告人、未成年刑事自诉被告人的监护人、属于自诉案件的共同犯罪案件中案件审结前已死亡的被告人的遗产继承人,以及其他自诉案件中虽未构成犯罪但应对自己的致人损害行为承担民事赔偿责任的人。

2. 关于案由和诉讼请求

案由应写刑事和民事两种。刑事部分写自诉人指控的罪名,民事部分通常写损害赔偿或精神损害赔偿。诉讼请求亦应分成两个部分,先写要求追究被告人的何种刑事责任,民事部分写附带民事原告人通过诉讼所要达到的具体赔偿要求。

三、刑事上诉状

(一) 概念、法律依据和功用

刑事上诉状是刑事案件的被告人、自诉人和他们的法定代理人,不服地方各级人民法院第一审的判决、裁定,或者被告人的辩护人和近亲属,在经被告人同意后,向上一级人民法院上诉所使用的法律文书。

地方各级人民法院在宣告第一审判决、裁定时有告知上诉权的义务。《刑诉法司法解释》第三百七十八条第一款规定:地方各级人民法院在宣告第一审判决、裁定时,应当告知被告人、自诉人及其法定代理人,不服判决和准许撤回起诉、中止审理等裁定的,有权在法定期限内以书面或者口头形式,通过本院或者直接向上一级人民法院提出上诉;被告人的辩护人、近亲属经被告人同意,也可以提出上诉;附带民事诉讼当事人及其法定代理人,可以对判决、裁定中的附带民事部分提出上诉。在司法实践中,法官在宣告判决、裁定后,通常要询问当事人要不要上诉,当事人当时的回答并不具备决定意义,上诉只要不超过法定期限即可。《刑诉法司法解释》第三百七十八条第二款规定,被告人、自诉人、附带民事诉讼当事人及其法定代理人是否提出上诉,以其在上诉期满前最后一次的意思表示为准。

上诉状是上诉人提起上诉的真实意思的表示,也是人民法院受理和审判上诉案件的重要依据。上诉人上诉时,一般应当有上诉状正本及副本,只有上诉人因书写上诉状确有困难的,才可以口头上诉,并由一审人民法院根据其所述的理由和请求制作笔录,由上诉人阅读或者向其宣读后,上诉人应当签名或者盖章。

(二)结构内容和制作方法

1. 首部

(1)标题

标题写作"刑事上诉状"。

(2)当事人情况

当事人情况部分只写上诉人基本情况,上诉人基本情况与判决书中被告人基本情况相同。

(3)案由和上诉缘由

这一段是过渡段,写作"上诉人因……一案,不服××人民法院(20××)××刑初字第××号刑事判决,现提出上诉"。

2. 正文

(1)上诉请求

上诉请求是上诉人上诉所要达到的目的,一般要求写明上诉人请求第二审法院部分还是全部撤销原审裁判,或者请求第二审法院重新审理,改变原审裁判。应该尽量写得具体些,不要过于笼统。上诉请求应该能够由下文的上诉理由部分加以证明。

(2)上诉理由

上诉理由是刑事上诉状的最主要的部分。刑事上诉状的理由应该有具体内容,能够从审判程序、事实认定、法律适用等方面证明一审裁判的错误。

3. 尾部

尾部包括结尾和附项。结尾首先应写明致送人民法院的名称,由上诉人签名后,写明日期。附项应写明刑事上诉状副本的份数和所附证据材料的数量等的情况。

(三) 制作中应当注意的问题

制作刑事上诉状的理由部分应该注意以下问题。

1. 事实方面

看原审认定的事实是否真实,是否有证据证明。如果没有证据而认定了对上诉人不利的事实,或者对有证据证明对上诉人有利的事实而没有认定,导致认定事实错误的,可以作为上诉理由。需要注意的是,如果在事实认定方面原审所存在的问题属于枝节,并不足以影响案件的定性和量刑,那么,这样的问题就不应该作为上诉理由的重点。

2. 证据方面

注意两点,一是看原审认定事实是否运用了证据,所用证据来源是否合法,证据之间能否构成锁链;二是看原审是否不恰当地确定了当事人的举证责任。从证据方面考虑上诉理由,可以结合人民法院审判方式的改革来谈,只要是人民法院在举证、质证、认证等方面没有合法的依据,或者没有依照法定程序进行,因此采信的证据又不利于上诉人的,都可以作为上诉理由。

3. 法律适用方面

法律适用方面有错误,通常是由于认定事实有错误,但也可能是单纯的法律适用错误,即原审认定事实、采信证据都是正确的,但在对当事人的行为进行定性、定量分析时出现错误,因而导致法律适用错误。对法律适用进行分析,应该注意刑法规定的新变化,还应该注意最高人民法院、最高人民检察院对刑法所作的司法解释。简单地引用刑法条款而不作较为深入的分析,难以产生说服力。

4. 诉讼程序方面

重实体轻程序,是长期以来我国司法实践的弊端,经过《刑事诉讼法》的修订和审判方式改革,这种情况有所改变,但是实践中仍旧存在一些问题。比如,一审法院在审理过程中将案件报送二审法院要求指示,然后根据二审法院的指示作出一审判决。这种做法在法律上找不到任何根据,实际上是变二审终审制为一审终审制,剥夺了当事人的上诉权,但在目前将此作为上诉理由提出,并没有实际意义。如果第一审法院审理具有《刑事诉讼法》第二百三十八条规定的情况之一,具体阐明后,可以作为诉讼程序方面的上诉理由写入刑事上诉状。

在上诉理由的制作中,要特别注意理由的针对性,即上诉理由应该是针对原审裁判中存在的问题展开阐述。

四、刑事申诉书

(一) 概念、法律依据和功用

刑事申诉书,是指刑事案件的当事人及其法定代理人、近亲属,对已经发生法律效力的判决、裁定,认为确有错误而向人民法院或检察院提出申诉时制作并使用的法律文书。

刑事申诉这一诉讼活动,在《刑事诉讼法》《最高人民法院关于适用〈中华人民共和国刑事诉讼法〉的解释》和实施刑事诉讼法规则中都有规定,情形比较复杂。具体说来,有以下几种情形:

1. 审判监督程序中的刑事申诉

审判监督程序中的刑事申诉是《刑事诉讼法》规定的审判监督程序的一个内容。《刑事诉讼法》第二百五十二条规定,当事人及其法定代理人、近亲属,对已经发生法律效力的判决、裁定,可以向人民法院或者人民检察院提出申诉,但不能停止判决、裁定的执行。

审判监督程序中的刑事申诉,可以向人民法院或人民检察院提出。

2. 审查起诉程序中的刑事申诉

审查起诉程序中的刑事申诉,指的是当事人对于不起诉决定不服提出的申诉。申诉人包括案件的被害人和被不起诉人。被害人申诉的目的是请求人民检察院对被不起诉人提出公诉,被不起诉人申诉的目的则是要求将相对不起诉决定改为绝对不起诉决定,即要求人民检察院对被不起诉人作无罪认定。

法律规定,人民检察院对于有被害人的案件决定不起诉的,应当将不起诉决定书送达被害人。被害人如果不服,可以自收到决定书后七日以内向上一级人民检察院申诉,请求提起公诉。人民检察院应当将复查决定告知被害人。对人民检察院维持不起诉决定的,被害人可以向人民法院起诉。被害人也可以不经申诉,直接向人民法院起诉。人民法院受理案件后,人民检察院应当将有关案件材料移送人民法院(《刑事诉讼法》第一百八十条)。这一规定对维护被害人的合法权利有极大的意义。《人民检察院刑事诉讼规则(2019)》第三百七十七条规定,被害人如果对不起诉决定不服,可在收到不起诉决定书后的七日内,向上一级人民检察院申诉;也可以不经申诉,直接向人民法院起诉。

对于人民检察院依照《刑事诉讼法》第一百七十七条第二款作出的不起诉决定,被不起诉人不服的,可以自收到决定书后七日内向人民检察院申诉。人民检察院应当作出复查决定,通知被不起诉的人,同时抄送公安机关(《刑事诉讼法》第一百八十一条)。超过七日提出申诉的,由作出决定的人民检察院的控告申诉部门办理。

被害人、被不起诉人对不起诉决定不服,提出申诉的,应当递交申诉书,写明申诉理由。被害人、被不起诉人没有书写能力的,也可以口头提出申诉,人民检察院应当根据其口头提出的申诉制作笔录。

3. 其他法律监督中的刑事申诉

在刑事诉讼中,人民检察院承担全面的检察监督职能,对公安机关的侦查活动、本机关的检察活动和人民法院的审判活动都可以依职权实施监督。除前述的两种情形外,其他情形均可归入此类监督,例如刑事申诉,虽然在《刑事诉讼法》及相关的法律解释中没有直接将其表述为刑事申诉,但当事人的许多活动都是以申诉的名义进行的。

(二)结构内容和制作方法

不管申诉人向哪个机关提出申诉,申诉书的结构都是一样的。首部包括标题、申诉人情况、申诉事由,正文包括申诉请求、事实和理由,尾部包括致送机关、申诉人署名和日期。但向不同机关提出的目的不同的申诉书,写作方法也不完全相同。

1. 向人民法院提出的对生效判决、裁定提出的申诉书的写法

(1)申诉事由

在写明申诉人基本情况后,写一过渡段,说明申诉对象。应该写明作出一审判决、裁定的人民法院名称,作出判决、裁定的时间,判决、裁定主文的内容,上诉人上诉或人民检察院提出抗诉的情况,作出终审判决、裁定的人民法院名称,作出判决、裁定的时间,判决、裁定主文的内容,表明申诉人对生效判决、裁定的意见。还可以进一步写明申诉人不服生效判决、裁定主文的哪部分或者全部,不服的基本理由(观点)。

(2)请求事项

写申诉人申诉所要达到的目的。如果申诉事由部分已写明了申诉人对生效裁判、裁定的意见,申诉请求就可以顺势写明申诉的要求。申诉人认为无罪的,申诉请求写撤销原判,宣告申诉人无罪;申诉人认为生效判决、裁定部分应该撤销或者改判的,写明要求撤销或者改判的部分。

(3)事实与理由

向人民法院就生效判决、裁定提出申诉是要求人民法院通过对案件的复查,提起再审,从而撤销原判,达到改判的目的。因此,申诉书事实和理由实际上就是申诉人提出的撤销原判并改判的理由。从文书的一般写作结构来看,申诉书格式中的"事实与理由"就是申诉理由,只不过申诉理由可以从事实方面加以阐述。

《刑事诉讼法》和刑诉法解释并未对刑事申诉书的内容和写作提出具体的要求,但从《刑事诉讼法》第二百五十三条的规定可以看出申诉书必须从以下五个方面阐述申诉理由:有新的证据证明原判决、裁定认定的事实确有错误,可能影响定罪量刑的;据以定罪量刑的证据不确实、不充分、依法应当予以排除,或者证明案件事实的主要证据之间存在矛盾;原判决、裁定适用法律确有错误;违反法律规定的诉讼程序,可能影响公正审判的;审判人员在审理该案件的时候,有贪污受贿、徇私舞弊、枉法裁判行为。

证明原判决、裁定认定的事实确有错误,可能影响定罪量刑的。这是从事实方

面提出申诉理由。但证明原判决、裁定认定的事实有错误,不能仅提出申诉人所认为的"正确的事实",否定原判决、裁定认定的事实,而必须提出新的证据,由证据的分析证明原判决、裁定认定的事实有错误。还请注意,此处所讲原判决、裁定认定的事实有错误,是指原判决、裁定中认定的与定罪量刑有关的事实有错误,而不是与定罪量刑无关的枝节不准确或有错误。再具体地说,如果原判决、裁定认定的事实在定罪的罪状方面和量刑的情节方面认定有错误,可以根据提出的新的证据,证明其认定有错误;如果原判决、裁定在认定事实方面出现的错误既不会对定罪起作用,也不会对量刑有影响,申诉人以此为理由提出申诉,就没有实际意义。

证明原判决、裁定据以认定事实的证据不足。证据不足是笼统的说法,具体地说,可以分为证据不真实、证据不充分、证据相互间有矛盾。证据不真实,是指证据的来源不合法,证据的内容与案件事实没有关系,证据经过了加工,提供证据的人与案件有利害关系足以妨碍影响其证据的真实性等,对此类证据,应当按照证据规则予以排除;证据不充分,是指所运用的证据虽然真实,但不能形成证据链,即不能排除存在其他的可能性,已有的证据所能证明的事实不是唯一的;证据相互间有矛盾,是指用以定案的主要证据间不能相互呼应,在证据的内容、证据对象、证明结果等问题上相互间有矛盾,不足以推导出原判决、裁定所认定的事实。以证据不足为理由,需要原判决、裁定书本身能够提供分析证据的可能性。但如果原判决、裁定缺少对证据的列举和对证据的分析论证,不能反映法庭出示证据、质证等情况,则这方面的论证就会有困难。

原审判决、裁定适用法律有错误。一般说来,如果原审判决、裁定在认定事实、运用证据方面有错误,适用法律方面也就存在错误,这就需要以事实认定为依据,分析当事人行为的性质,以及影响量刑的情节,提出应该适用的正确的法律依据。但也有这种情况,原审判决、裁定认定的事实是正确的,但对案件的定性、定量存在错误,即单纯存在法律适用错误问题。这时写作中所需要做的工作就是以原审判决、裁定认定的事实为依据,分析行为人行为的性质,提炼出行为的本质特征,指出原审判决、裁定适用的法律条款与行为特征的差异之处,提出应该适用的正确的法律依据。

原审作出生效判决、裁定的审判人员有不法行为。不法行为是指贪污受贿、徇私舞弊、枉法裁判。只要提供证据证明原审作出生效判决、裁定的审判人员有上述不法行为,就为申诉的有效性打下了坚实的基础;申诉书在此基础上再指出原审生效判决、裁定在认定事实、运用证据、适用法律方面存在的错误,申诉的成功率就会大大提高。如果申诉人只能证明原审作出生效判决、裁定的审判人员有贪污受贿的行为,而不能证明生效判决、裁定存在什么样的错误,虽说不至于申诉不被受理,但能否达到改变判决、裁定结果的目的,则尚难以预料。

还有违反法律规定的诉讼程序,可能影响公正审判的情况,则要以事实和证据证明审判人员确实有该方面的错误,并证明因为该错误,影响公正审判的情况。

2. 向人民检察院提出的针对人民法院生效判决、裁定的申诉书的写法

就申诉人提出申诉的依据来说,向人民检察院提出的针对人民法院生效判决、裁定的申诉与向人民法院提出的针对人民法院生效判决、裁定的申诉,是一样的;申诉人的目的也是一样的,都是为了改变生效判决、裁定。两者不同的只是改变生效判决、裁定的途径不一样。向人民法院提出申诉,是希望人民法院通过对案件的复查,发现原审判决、裁定的错误,提起再审,改变原审生效判决、裁定;向人民检察院提出申诉,是希望人民检察院认同申诉人的意见,通过审判监督程序向人民法院提出抗诉来改变生效判决、裁定。

因此,向人民检察院提出的申诉,理由部分的写作内容和写作方法都与向人民法院提出的申诉一样,只是在结论部分要提出对人民检察院审查案件,进行审判监督的要求。

3. 其他类型的申诉

其他类型的申诉,因其不定型,写作内容和方法也就不固定。总的来说,就是要证明其所申诉的对象存在不合法的行为,导致对申诉人处理不公或者处理错误,因而要求纠正。

(三)制作中应当注意的问题

第一,当事人及其法定代理人、近亲属提出申诉后,对人民法院的活动就有约束。法律规定,各级人民法院对当事人及其法定代理人、近亲属对已经发生法律效力的判决、裁定提出的申诉,应当认真审查处理。只要申诉符合法律规定的条件,人民法院都应当重新审判。

第二,刑事申诉如果被驳回,申诉人还可以向上一级人民法院申诉。上一级人民法院经审查认为申诉不符合《刑事诉讼法》第二百五十三条规定的,予以驳回。经两级人民法院处理后又提出申诉的,必须有新的充分理由,否则人民法院可以不再受理。

第三,提出刑事申诉应该使用刑事申诉书。申诉人一般应该将申诉书提交作出发生法律效力的判决、裁定的人民法院。直接向上级人民法院申诉的,如果没有经作出发生法律效力的判决、裁定的人民法院审查处理,上级人民法院可以交该人民法院审查,并告知申诉人;申诉人如果认为案情疑难、复杂、重大,或者对已经由作出发生法律效力的判决、裁定的人民法院审查处理不服的,也可以直接向上一级人民法院申诉。上级人民法院发现下级人民法院已经发生法律效力的判决、裁定确有错误的,可以指令下级人民法院再审;原判决、裁定认定事实正确但适用法律错误,或者案件疑难、复杂、重大,或者不宜由原审人民法院审理情形的,也可以提审。

第三节 民事案件律师代书文书

一、民事起诉状

（一）概念、法律依据和功用

民事起诉状是公民、法人或者其他组织向人民法院提起民事诉讼所使用的法律文书。提出起诉者，为原告；被起诉者，为被告。原告提起诉讼的目的在于请求通过法律确认或者保护自己的合法权益，或者排除被告的不法侵害。原告向人民法院起诉，是原告获得司法保护的手段，也是人民法院对民事案件行使审判权的前提。

《民事诉讼法》第一百二十二条规定，起诉必须符合下列条件：（一）原告是与本案有直接利害关系的公民、法人和其他组织；（二）有明确的被告；（三）有具体的诉讼请求和事实、理由；（四）属于人民法院受理民事诉讼的范围和受诉人民法院管辖。

正确确定原告和被告是诉讼的第一步。公民和法人作为当事人的确定较为明确，自不待言，"其他组织"作为当事人的认定则较为复杂，可参见《最高人民法院关于适用〈中华人民共和国民事诉讼法〉的解释》（以下简称《民诉法司法解释》）对"其他组织"的界定。

《民事诉讼法》第一百二十三条规定，起诉应当向人民法院递交起诉状，并按照被告人数提出副本。书写起诉状确有困难的，可以口头起诉，由人民法院记入笔录，并告知对方当事人。但从司法实践来看，原告起诉以提交起诉状为好。原告自己书写有困难的，可以请律师或其他会写起诉状的人代写。原告提交起诉状，应提交正本1份，副本若干份（根据被告人数确定副本份数）。

（二）结构内容和制作方法

民事起诉状的格式分为首部、正文和尾部三部分。

1. 首部

（1）标题

无论是民事诉讼案件还是经济纠纷案件，均写作"民事起诉状"。

（2）当事人情况

当事人部分依次写明原告和被告的基本情况。

写明原告的姓名、性别、年龄、民族、职业、工作单位、住所、联系方式；法人或者其他组织的名称、住所和法定代表人或者主要负责人的姓名、职务、联系方式；被告的姓名、性别、工作单位、住所等信息；法人或其他组织的名称、住所，法定代表人或主要负责人的姓名、职务、联系方式等信息。

2. 正文

（1）诉讼请求

诉讼请求是原告希望通过诉讼所要达到的目的，这一目的必须是原告对被告提出的实体权利的请求。各自独立的请求事项应分项列出。诉讼费用的负担通常也作为一项独立的诉讼请求在最后列出，且恒定为要求被告承担诉讼费。写诉讼请求应该考虑以下几点：

第一，诉讼请求的范围必须明确、具体。原告提出的诉讼请求的范围必须以法律规定的被告应该承担法律责任的范围为限，在这一范围内原告应该追求法律允许的最大限度。

按照《民法典》第一百七十九条规定的承担民事责任的十一种方式，确定被告应承担的全部民事责任。比如，对于侵害名誉权的诉讼，原告应该考虑提出停止侵害、赔偿损失、消除影响、恢复名誉、赔礼道歉。对于侵害原告造成人身伤害的，按照《民法典》第一千一百七十九条之规定，原告应该要求被告赔偿医疗费、护理费、交通费、营养费、住院伙食补助费等为治疗和康复支出的合理费用，以及因误工减少的收入。造成残疾的，还应当赔偿辅助器具费和残疾赔偿金；造成死亡的，还应当赔偿丧葬费和死亡赔偿金。最高人民法院《关于确定民事侵权精神损害赔偿责任若干问题的解释（2020）》第一条规定，因人身权益或者具有人身意义的特定物受到侵害，自然人或者其近亲属向人民法院提起诉讼请求精神损害赔偿的，人民法院应当依法予以受理。第二条规定，非法使被监护人脱离监护，导致亲子关系或者近亲属间的亲属关系遭受严重损害，监护人向人民法院起诉请求赔偿精神损害的，人民法院应当依法予以受理。第三条规定，死者的姓名、肖像、名誉、荣誉、隐私、遗体、遗骨等受到侵害，其近亲属向人民法院提起诉讼请求精神损害赔偿的，人民法院应当依法予以支持。第四条规定，法人或者非法人组织以名誉权、荣誉权、名称权遭受侵害为由，向人民法院起诉请求精神损害赔偿的，人民法院不予支持。第五条规定，精神损害的赔偿数额根据以下因素确定：（一）侵权人的过错程度，但是法律另有规定的除外；（二）侵权行为的目的、方式、场合等具体情节；（三）侵权行为所造成的后果；（四）侵权人的获利情况；（五）侵权人承担责任的经济能力；（六）受理诉讼法院所在地的平均生活水平。第六条规定在本解释公布施行之前已经生效施行的司法解释，其内容有与本解释不一致的，以本解释为准。精神损害赔偿标准法律没有具体规定，在实践中各地赔偿金额也就高低不一。但最高人民法院对精神损害赔偿所掌握的原则是不宜过高，不主张高额索赔，并且应当在受害人主张的范围内酌定。一般案件掌握在 5 000 元左右；情节恶劣、后果严重的案件，掌握在 50 000 元以下；情节特别恶劣或者后果特别严重的，掌握在 100 000 万元以内。

在确定具体的承担民事责任的方式之后，明确要求被告承担该种民事责任的具体范围。如人身伤害赔偿案件,根据《民法典》第一千一百七十九条的规定,先确定诉讼请求应该提出赔偿损失和赔礼道歉,其中赔偿损失包括物质损失和精神损害赔偿。然后再进一步确定物质损失的范围,根据《民法典》第一千一百七十九条规定,物质损失范围包括医疗费、护理费、交通费、营养费、住院伙食补助费、误工费等费用。

第二,诉讼请求数额要具体。有赔偿请求的,赔偿数额应该具体(计算方法可以另附清单,在附项中提出);有财产分割的,可附主要的财产分割方案(详细的分割清单可以另附,在附项中提出)。

(2)事实和理由

第一,事实部分。

事实,即当事人之间民事权益纠纷的事实。写事实部分时,应就诉讼请求赖以存在的客观基础,叙述当事人之间发生纠纷、纠纷经过和结果等基本情况,要写出事实的六大基本要素,即时间、地点、人物、事件、原因和结果。

叙事真实是事实部分写作的基本要求,也是原告写起诉状最难把握的一点。由于原告看重自身利益,很可能会有意无意地选择对自己有利的事实,而忽略、漠视甚至故意歪曲对自己不利的事实。因此,原告起诉时以一种较为客观的态度,以一种正常的心态认识、把握案件事实,十分重要。

事实的叙述要注意详略得当。在与诉讼请求有密切关系的情节上,在理由部分进行说理时作为论据的事实,叙述应该详细,以便突出争执焦点,并在文书结构上与诉讼请求和理由相对应;与案件定性定量关系不密切,但又必须交代清楚的,可以略写。

事实的叙述还必须注意与法律条款或者司法解释中规定的案件构成条件密切联系。

下面以离婚案为例,说明事实部分的正确写法。

《民法典》第一千零七十九条第二款后段规定,如果感情确已破裂,调解无效的,应当准予离婚。该款确定了判决离婚的依据为"感情确已破裂"。该条第三款规定,有下列情形之一,调解无效的,应准予离婚:(1)重婚或者与他人同居;(2)实施家庭暴力或虐待、遗弃家庭成员;(3)有赌博、吸毒等恶习屡教不改;(4)因感情不和分居满二年;(5)其他导致夫妻感情破裂的情形。该款规定的是视为感情确已破裂的情形。该条第四款还规定,一方被宣告失踪,另一方提出离婚诉讼的,应当准予离婚。人民法院审理离婚案件,准予或不准离婚是以夫妻感情是否确已破裂为区分的界限的。判断夫妻感情是否确已破裂,应当从婚姻基础、婚后感情、离婚原因、夫妻关系的现状和有无和好的可能等方面综合分析。因此,离婚案件起诉状事实部分应该写婚前关系、婚后感情发展变化情况(包括导致原告认为感情破裂的原因)以及现在的状况等几个方面。

离婚案件诉讼请求部分有子女抚养(监护人争议)问题的,事实部分的写作应注意《民法典》第一千零八十四条第三款规定的原则和处理子女抚养问题的意见的规定(离婚后,不满两周岁的子女,以由母亲直接抚养为原则。已满两周岁的子女,父母双方对抚养问题协议不成的,由人民法院根据双方的具体情况,按照最有利于未成年子女的原则判决。子女已满八周岁的,应当尊重其真实意愿)规定的原则和《最高人民法院关于适用〈中华人民共和国民法典〉婚姻家庭编的解释(一)》(以下简称《婚姻家庭编解释》)第四十四至六十条中关于处理子女抚养问题的意见的规定,考虑事实部分的写作。

离婚案件涉及财产分割的,起诉状的事实部分则应根据《民法典》第一千零八十七条、第一千零六十二条并参照《婚姻家庭编解释》第二十五条等法律的精神进行全面、精准的叙写,力争客观全面、不偏不倚。《民法典》第一千零八十七条规定,离婚时,夫妻的共同财产由双方协议处理;协议不成的,由人民法院根据财产的具体情况,按照照顾子女、女方和无过错方权益的原则判决。《民法典》第一千零六十二条则具体界定夫妻关系存续期间所形成的5种财产为夫妻的共同财产,归夫妻共同所有,包括(1)工资、奖金、劳务报酬;(2)生产、经营、投资的收益;(3)知识产权的收益;(4)继承或者受赠的财产,但是本法第一千零六十三条第三项规定的(作者注:遗嘱或者赠与合同中确定只归一方的财产)除外;(5)其他应当归共同所有的财产。《婚姻家庭编解释》又具体诠释了"其他应当归共同所有的财产"包括(1)一方以个人财产投资取得的效益;(2)男女双方实际取得或者应当取得的住房补贴,住房公积金等三项财产。另外,关于"知识产权的收益"等视为夫妻共同财产,在相关法律中都可以找到科学的界定,还有"由一方婚前承租、婚后用共同财产购买的房屋,登记在一人名下的,应当认定为夫妻共同财产"等专门规定,这些都是写好写全离婚案财产分割的起诉状事实部分的法律依据,一定要围绕这些法律规定有条不紊地组织材料,写好事实。

第二,理由部分。

理由部分的写作使用议论的方法。应该依据民事权益争执的事实,概括地分析纠纷的性质、危害、结果及责任,并依据法律证明自己的诉讼请求。因此,理由部分的写作从内容上来说,一般可以分为两个层次,一是从事实方面阐述理由,二是从法理方面阐述理由。从事实方面阐述理由,需要先对事实部分进行概括和提炼,将事实部分内含的可以用以证明诉讼请求的法律要件概括起来,提炼出来。前面事实部分已提到,写事实要以法律、司法解释和法规对某一法律关系的构成要件的表述为基础。事实部分包含构成某一案件性质所需要的要件,理由部分则应将这些要件概括、提炼出来。根据诉讼请求所要求的内容,这种概括和提炼可以分成对案件性质构成要件的概括和提炼,以及对是非曲直、危害结果、过错责任的构成要件的概括和提炼。从法理方面阐述理由,是在对事实进行概括和提炼的基础上进行的,即根据对事实的概括和提炼,使案件事实与法律、司法解释和法规所规定的案件性质和责任认定联系起来,就可以引出案件所应该适用的法律依据,以证明诉讼请求。具体写作时,可以根据所要论证的观点的多少,决定是先对事实进行概括和提炼,然后再引用法律、司法解释或法规进行分析论证,还是一边对事实进行概括和提炼,一边就引用法律、司法解释或法规条款对事实进行分析,证明诉讼请求。

理由部分引用法律法规,应该使用条款全称,并且如能将法律、法规条款的具体内容引出来进行分析,可以增强理由的说理性和说服力。另外要注意的是,司法解释虽然不是法律,但它与法律一样具有法律意义,必要时也可以直接引用。

(3)证据和证据来源、证人姓名和住址

证据部分的写作是用来证明事实的真实性的。根据《民事诉讼法》规定,原告在提起诉讼时,只要求有具体的诉讼请求和事实、理由,在起诉状中也只要求记明证据和证据来源,证人姓名和住所。人民法院受理案件后进行的审查也只是程序审查而非实体审查,证据要留待当事人在法庭审理时出示并接受质证。所以,在起诉状中,只要求列出证据目录即可,即只要记明原告在起诉时所掌握的证据的名称和证据的来源,原告认为可以证明案件事实的证人姓名和住所,不需要写出证据的具体内容,更不需要对证据内容进行分析。

3. 尾部

尾部写明受诉人民法院的名称、附项、起诉人姓名或名称、起诉状制作日期。其中,附项部分要注明副本的份数,如起诉时提交证据的,还要依次注明证据的名称和数量。

(三)制作中应当注意的问题

首先,原告提起民事诉讼,必须注意案件要符合人民法院的受案范围和受诉人民法院管辖。

人民法院的受案范围由《民事诉讼法》第三条规定,公民之间、法人之间、其他组织之间以及他们相互之间因财产关系和人身关系提起的民事诉讼,属于人民法院的受理范围。管辖是就法院系统内部而言,各级法院之间、同级法院之间受理第一审民事案件的分工和权限。人民法院对案件的管辖则较为复杂,《民事诉讼法》第十八条至三十九条有专门规定。《民诉法司法解释》第一条至第四十二条也都是有关管辖问题的规定。法院管辖的确定对于正确审理案件有十分重要的意义。

其次,在当事人部分的列举中,要注意以下几点。

第一,个体工商户以营业执照上登记的业主为当事人;营业执照上登记的业主与实际经营者不一致的,以业主和实际经营者为共同诉讼人。有字号的,要注明执照上登记的字号。也就是说,如果营业执照上登记的业主与实际经营者不一致,业主和实际经营者应同时作为原告或者被告。考虑到实际利益关系,业主或实际经营者作为原告起诉的,可以只列业主或者经营者。

第二,个人合伙的合伙人在诉讼中为共同诉讼人。个人合伙有依法核准登记的字号的,当事人项目中要注明登记的字号。个人合伙组织为当事人,列为原告或者被告。在起诉时,全体合伙人已经推选代表人的,在"原告"之下应列出代表人。原告一方人数众多,可以推选出 2—5 人为代表人。

第三,如果起诉时,原告一方的当事人人数众多,且人数尚未确定的,部分当事人可以先行起诉,待人民法院立案后再行追加或由当事人向人民法院申请追加。先行起诉的部分当事人也可以推选自己的代表人;已经选出代表人的,在起诉状中列出。在起诉状中列出代表人的,提交起诉状时应一并提交由全体合伙人或部分当事人出具的推选书。

第四,无民事行为能力人、限制民事行为能力人作为当事人的,应在当事人之下列出法定代理人。《民事诉讼法》第六十条规定,无诉讼行为能力人由其监护人作为法定代理人代为诉讼。《民诉法司法解释》第六十七条也明确规定,无民事行为能力人、限制民事行为能力人造成他人损害的,无民事行为能力人、限制民事行为能力人和其监护人为共同被告。如果在起诉时没有确定监护人的,也可以将自认为有监护资格的人列为法定代理人;如在诉讼中发生争议的,则在诉讼中依法解决。

第五,原告或者被告是法人的,在原告或者被告之下应列出法定代表人。法人的正职负责人是法人的法定代表人。没有正职负责人的,由主持工作的副职负责人担任法定代表人。设有董事会的法人,以董事长为法定代表人;没有董事长的法人,经董事会授权的负责人可作为法人的法定代表人。

第六,不具备法人资格的其他组织作为原告或者被告的,应在原告或者被告之下列出代表人。不具备法人资格的其他组织,以其主要负责人为代表人。

第七,原告、被告或者第三人有多人的,分别依次列出。

二、民事反诉状

(一) 概念、法律依据和功用

反诉是在已经开始的诉讼程序中,被告向本诉的原告提出的,目的在于抵消或吞并本诉原告的诉讼请求的一种独立的反请求。反诉一般由本诉法院合并管辖。

《民事诉讼法》第五十四条规定,被告可以承认或者反驳诉讼请求,有权提起反诉。第一百四十三条规定,原告增加诉讼请求,被告提出反诉,第三人提出与本案有关的诉讼请求,可以合并审理。

根据这些规定,在本诉的诉讼程序中,人民法院将起诉状副本送达被告后,被告可以以本诉的原告为被告对之提起反诉。根据民事诉讼法理论,所谓反诉与本诉的诉讼标的或者诉讼理由有牵连,意指反诉与本诉以同一法律关系或者事实为根据,或者权利义务因同一法律关系而产生,或者本诉与反诉属于同一目的。提起反诉,应该使用反诉状,并按照被反诉人的人数提交反诉状副本。

反诉状一旦提交,意味着一个独立的诉被提起。此时,按照《民事诉讼法》第一百四十六条规定,原告经传票传唤,无正当理由拒不到庭的,或者未经法庭许可中途退庭的,可以按撤诉处理;被告反诉的,可以缺席判决。

(二) 结构内容和制作方法

如前所述,民事反诉是反诉人以本诉原告为被告对本诉原告提出的新的诉讼,因此,民事反诉状的写法有与民事起诉状的写法相类似的地方。但是,民事反诉同时又是以本诉原告的起诉为基础,就与本诉的诉讼标的或者诉讼理由有联系的事项提出的诉讼,其内容必然是以否定本诉所述的事实和证据为基础来证明反诉请求的诉讼,因此,民事反诉状的写法又有与民事答辩状的写法相类似的地方。简言之,民事反诉状的内容应该既有反驳又有证明,而以反驳为基础,以证明为目的。

民事反诉状的结构分为三部分。

1. 首部

(1) 标题

标题一律写作"民事反诉状"。

(2) 当事人情况

当事人包括反诉人和被反诉人。反诉人和被反诉人后面应分别括注"本诉被告"和"本诉原告"。基本项目与民事起诉状的要求相同。

2. 正文

(1) 反诉请求

反诉是反对本诉诉讼请求并提出自己的诉讼请求的,因而反诉请求部分应该写上两项内容:一是反诉人区别于本诉原告诉讼请求的新的诉讼请求,与起诉状的写法一样,应该具体明确;二是反诉人对本诉原告诉讼请求的答复,根据具体情况可以拒绝、承认或部分承认。以上两项内容如果可以综合,应该再加一条写出综合方法和结果。最后写出诉讼费用的负担由被反诉人承担的诉讼请求。写反诉请求要注意只能写与本诉诉讼标的或者诉讼理由有关的事项,不能提出与本诉没有关系的新的诉讼请求。

(2) 事实与理由

反诉状的事实部分的写法可以参照起诉状的写法,即采用正面叙述事实的方法,让事实说话,同时应该注意夹叙夹议,对与反诉事实相联系的本诉的事实的真实性、完整性和关联性进行分析反驳。正面叙述事实时应该按照案件发生的起因、经过和结果顺序叙述,只是叙述时应注意,反诉状事实的叙述比起诉状更应强调针对性,即反诉状叙述的重点一方面可以根据反诉人叙述的需要确定与其诉讼请求相关的部分,另一方面还应针对本诉原告的起诉状中所叙述的事实提出相应的事实,使其与本诉起诉状的事实能形成对照。这样的叙述既可以突出反诉人叙述的重点,又可以突出案件中当事人争议的焦点,有助于人民法院确定案件重点,查明案情。

反诉状理由部分的写作可以分为事实论证和法律论证两部分,第一部分又都可以分为正反两个方面,即事实论证既要证明反诉人反诉请求的事实依据,也要对原告所依据的事实提出分析反驳;法律论证部分既要证明反诉人的反诉请求的合法性,又要证明本诉原告的诉讼请求在适用法律方面的错误。

(3)证据和证据来源,证人姓名和住址

在这部分列出反诉人所提出的证据和证据来源、证人姓名和住址。

3. 尾部

尾部写明受诉人民法院的名称,署名,日期。其中,附项部分要注明副本的份数,如起诉时提交证据的,还要依次注明证据的名称和数量。

(三)制作中应当注意的问题

反诉在司法实践中出现的数量远不如起诉多,因此应该特别注意反诉的条件:1. 反诉的提出者是本诉的被告,反诉的对象是本诉的原告;2. 反诉的提起必须以本诉的存在为前提,没有本诉就没有反诉;3. 反诉的目的在于吞并或抵消原告提出的诉讼请求;4. 反诉具有独立性,如果本诉撤诉,反诉将继续审理;5. 反诉与本诉必须使用相同种类的诉讼程序;6. 反诉应向受理本诉的法院提起,即使是专属管辖也得排除;7. 反诉应在本诉提起到本诉辩论终结之间提起。

三、民事上诉状

(一)概念、法律依据和功用

民事上诉状,是民事诉讼当事人因不服人民法院一审民事判决或裁定,在法定上诉期限内,向上一级人民法院提起上诉,请求撤销、变更原审裁判或请求重新审理的诉讼文书。提起上诉的当事人为上诉人。上诉人提起上诉的目的是请求上一级人民法院撤销或者变更一审人民法院所作的不利自己的判决或裁定。

《民事诉讼法》第一百七十一条规定:"当事人不服一审人民法院判决的,有权在判决书送达之日起十五日内向上一级人民法院提起上诉。当事人不服地方人民法院第一审裁定的,有权在裁定书送达之日起十日内向上一级人民法院提起上诉。"

上诉人对一审判决提起上诉的法律后果是,一审判决不能生效,上诉人不需要履行一审判决所确定的义务,被上诉人也无权要求上诉人履行一审判决所确定的义务,案件进入二审程序。上诉人对一审裁定提起上诉的法律后果是,一审裁定不能生效,一审程序虽不能继续进行,但存在继续进行的可能性。

(二)结构内容和制作方法

最高人民法院《法院诉讼文书样式(2008)》规定了两种民事上诉状格式,一种是公民当事人提出上诉用民事上诉状格式,一种是法人或其他组织提出上诉用民事上诉状格式。两种格式除当事人部分的写法有所不同外,其余部分并无差异。

1. 首部

(1)标题

无论是公民提出上诉,还是法人或其他组织提出上诉,不论是普通民事案件,还是经济纠纷案件,上诉状一律写作"民事上诉状"。

(2)当事人情况

当事人包括上诉人和被上诉人。公民提出上诉的,上诉人、被上诉人栏均应写明姓名、性别、出生年月日、民族、籍贯、职业或工作单位和职务、住址等;被上诉人是法人或者其他组织的,应写明其名称、地址、法定代表人或主要负责人的姓名。法人或其他组织提出上诉的,上诉人栏应写明名称,住所,法定代表人(或主要负责人)姓名、职务、联系方式。被上诉人栏则写明名称,住所,法定代表人(或主要负责人)姓名、职务、联系方式;被上诉人是公民的,应写明其姓名、性别、出生年月日(或年龄)、民族、籍贯、职业或工作单位和职务、住址等。

(3)上诉事由

上诉事由是一段过渡段,按格式要求应写作:"上诉人因……一案,不服××人民法院×年×月×日(××××)××字第××号判决(或裁定),现提出上诉。"

2. 正文

正文部分包括上诉请求和上诉理由。民事上诉状的制作重点在上诉请求和上诉理由,但对不服裁定与不服判决的上诉请求和上诉理由差异较大,下面分别讲述。

(1)对裁定不服的上诉

第一,上诉请求。

针对裁定的适用范围和上诉目的,可以确定不服裁定的上诉请求应该分别写作:撤销××人民法院(××××)××××字第××号民事裁定,改判××人民法院应受理本案;撤销××人民法院(××××)××××字第××号民事裁定,改判本案由××人民法院管辖;撤销××人民法院(××××)××××字第××号民事裁定,××人民法院继续审理此案。

第二,上诉理由。

考虑到现在人民法院裁定书的写作较为简单,上述三种裁定书的裁定理由并不详述,而只是宣布裁定结果,上诉理由的写作除了针对裁定理由和结果外,还应考虑到法律上规定的人民法院可以作出上述三种裁定的缘由。

不予受理的裁定。《民事诉讼法》第一百二十六条规定,人民法院收到起诉状或者口头起诉,经审查,认为不符合起诉条件的,应当在七日内裁定不予受理。因此,人民法院裁定不予受理的依据必然是《民事诉讼法》第一百二十二条规定的起诉条件,即原告是与本案有直接利害关系的公民、法人和其他组织;有明确的被告;有具体的诉讼请求和事实、理由;属于人民法院受理民事诉讼的范围和受诉人民法院管辖。裁定书以原告资格不合为由的,证明原告的资格符合法律规定的要求;裁定书以被告资格不合为由的,证明被告具有合法的资格;裁定书以起诉状没有具体的诉讼请求和事实、理由为由的,说明起诉状中已写清了具体的诉讼请求和事实、理由,或者补充具体的诉讼请求和事实、理由;裁定书以不属于人民法院受理民事诉讼的范围和受诉人民法院管辖为由的,以民事诉讼法、《民诉法司法解释》和最高人民法院的其他司法解释为依据,证明应该属于人民法院受理民事诉讼的范围和受诉人民法院管辖。上诉状不单独写证据一节,所以,阐述上诉理由时应该将证据在理由部分提出。

对管辖权有异议的裁定。对管辖权有异议的裁定是针对一审中被告对人民法院受理原告的起诉不认同而提出管辖异议申请所作的裁定,因而裁定书必然是对管辖异议书所持理由的反驳。上诉人对管辖权异议裁定的上诉,必然是对裁定书否定其管辖异议理由的相反意见,因此,上诉状的理由部分直接针对的对象是驳回管辖异议裁定的理由,间接支持的对象是原管辖异议申请书的理由,如果原管辖异议申请书的理由不充分的,还需要对理由进行补充。司法实践中,对管辖权持异议主要是依据级别管辖、地域管辖、移送管辖和指定管辖的规定,又以地域管辖异议为多。制作上诉理由时,应多对照《民事诉讼法》第十八条至第二十一条(级别管辖)、第二十二条至第三十六条(地域管辖)、第三十七条至第三十九条(移送管辖和指定管辖),以及《民诉法司法解释》第一条至第四十二条(管辖)的规定。

对驳回起诉的裁定。在民事诉讼法中,并无关于人民法院驳回起诉适用条件的规定。《民诉法司法解释》第二百零八条第三款是对民事诉讼法第一百五十七条第一款第(三)项的解释,即"立案后发现起诉不符合受理条件或者属于《民事诉讼法》第一百二十七条规定情况的,裁定驳回起诉"。由此可见,驳回起诉的理由与不予受理的理由在实质条件上是一样的,只是适用的时机不同。因此,针对驳回起诉的裁定的上诉理由可以参照针对不予受理的裁定的上诉理由的写法。

(2)对判决不服的上诉

第一,上诉请求。

大凡当事人提出上诉,都是对一审人民法院的判决结果全部不满意或者部分不满意,因而上诉请求的最终目的是改变上诉人不满意部分的判决结果。如果上诉理由被上一级人民法院认可,也可能导致上一级人民法院发回重审。因此,上诉请求一定要写清楚具体的上诉请求。全部不满意的,要求全部改判;部分不满意的,要求改判该部分(不必提出要求维持其他部分)。根据《诉讼费用交纳办法》第四十三条,当事人不得单独就人民法院关于诉讼费用的决定提出上诉。如果当事人有其他上诉请求,诉讼费用的负担可以作为上诉请求的一项。

第二,上诉理由。

对判决不服的上诉理由根据原判决理由确定。上诉人在收到一审判决书之后,应该对判决书进行仔细的分析,找出错误之处。写理由时,主要是针对裁判中的错误之处进行分析反驳,证明原判决的错误及上诉请求的合法性和合理性。

对司法实践进行综合分析,可以看出上诉理由主要有以下几个方面:第一,事实方面。原审认定的事实是否真实,是否有证据证明。如果没有证据而认定了对上诉人不利的事实,或者对有证据证明上诉人有利的事实而没有认定,导致认定事实错误的,可以作为上诉理由。第二,证据方面。一是原审认定事实是否运用了证据,所用证据是否真实有效,能否构成证据链;二是原审法院是否不恰当地确定了当事人的举证责任。第三,法律适用方面。法律适用方面有错误,通常是由于认定事实有错误,但也可能是单纯的法律适用错误。民事案件在适用法律方面的特点在于,法律适用的实际含义在民事诉讼中意思很宽泛,除法律适用外,还包括法规、规章的适用,在某些特殊的案件中,甚至还包括法人或者其他组织内部的制度。所以,法律适用方面的问题既包括法律适用本身是否正确,还需要考虑法律、法规和规章是否有冲突,制度是否与法律、法规和规章有冲突。第四,程序方面。程序上可能出现的问题很多。程序问题是否可以作为上诉理由,要看这些程序方面的问题是否妨碍了当事人行使权利,是否影响了案件的处理结果。如果一审人民法院有最高人民法院《民诉法司法解释》第三百二十三条规定的一审人民法院违反法定程序,上一级人民法院即可以撤销原判发回重审的四种情形(审判组织的组成不合法的;应当回避的审判人员未回避的;无诉讼行为能力的人未经法定代理人代为诉讼的;违法剥夺当事人辩论权利的)之一的,上诉人可以作为上诉理由提出。

上诉状的理由部分还特别注意上诉理由的说理性和说服力。因此,上诉理由的写作要注意:第一,上诉理由要有针对性。上诉状主要是针对原审判决进行分析,不是针对被上诉人的行为,所以阐述理由不应该像起诉状那样直接指向被上诉人。即使需要说明被上诉人的情况,也应作为证明原审判决不当的理由来叙述。第二,程序方面的理由和实体方面的理由要分别阐述。一般说来,实体问题关系重大,应先行阐述,程序上的问题在后面说明。但如果确因程序问题影响了上诉人实体权利的实现,这种程序上的问题也应作为主要上诉理由来写。第三,抓住重点,不纠缠枝节问题。上诉理由只需要抓住那些影响到判决结果的错误之处进行分析即可。

3. 尾部

尾部包括致送法院、附项（说明上诉状副本份数）、上诉人落款并注明日期。

（三）制作中应当注意的问题

第一，并非所有的一审判决或裁定都可以上诉。《民事诉讼法》规定，人民法院依特别程序审理的选民资格案件、宣告失踪或者宣告死亡案件、认定公民无民事行为能力或者限制民事行为能力案件和认定财产无主案件，依公示催告程序审理的可以背书转让的票据持有人因票据被盗、遗失或者灭失所提起的公示催告案件，实行一审终审制，当事人不得对其判决提起上诉；最高人民法院审理一审案件所作的判决为终审判决，当事人亦不得提出上诉。除上述判决外的其他一审判决，当事人都可以提起上诉。民事诉讼法第一百五十七条第一款规定，当事人对于不予受理的裁定、对管辖权有异议的裁定和驳回起诉的裁定，可以提起上诉；对其他一审裁定，都不能提起上诉。

第二，当事人提起上诉，需要注意确定一审中其他当事人的诉讼地位。根据《民诉法司法解释》第三百一十七条规定，在共同诉讼案件中，如果上诉人是对对方当事人之间权利义务分担有意见，不涉及其他共同诉讼人的利益的，对方当事人为被上诉人，同一方其他当事人应按其原审诉讼地位分别列为原审原告、原审被告或原审第三人；如果上诉人仅对共同诉讼人之间权利义务分担有意见，不涉及对方当事人利益的，应该将未上诉的同一方其他当事人列为被上诉人，对方当事人按其原审诉讼地位分别列为原审原告、原审被告或原审第三人；如果上诉人对双方当事人之间以及共同诉讼人之间权利义务承担有意见的，应该将未提起诉讼的其他当事人都列为被上诉人。

第三，《民事诉讼法》第一百七十二条、第一百七十三条、第一百七十四条规定，当事人提起民事上诉，必须递交上诉状。上诉状应当通过原审人民法院提出，并按照对方当事人或者代表人的人数提出副本。原审人民法院收到上诉状，应当在五日内将上诉状副本送达对方当事人，并要求对方当事人在收到上诉状副本之日起十五日内提出答辩状；人民法院在收到答辩状之日起五日内将答辩状的副本送达上诉人。原审人民法院在收到上诉状和答辩状（如果被上诉人未提交答辩状的，在提交答辩状期满后）应当在五日内将上诉状和答辩状连同全部案卷和证据，报送第二审人民法院。

四、民事答辩状

（一）概念、法律依据和功用

民事答辩状，是指被告针对原告的起诉，或者被上诉人针对上诉人的上诉，作出回答和进行辩驳的书状。

《民事诉讼法》第一百二十八条规定:"人民法院应当在立案之日起五日内将起诉状副本发送被告,被告应当在收到之日起十五日内提出答辩状。……人民法院应当在收到答辩状之日起五日内将答辩状副本发送原告。被告不提出答辩状的,不影响人民法院审理。"而《最高人民法院关于民事诉讼证据的若干规定》第四十九条规定:"被告应当在答辩期届满前提出书面答辩,阐明其对原告诉讼请求及所依据的事实和理由的意见。"则强调了答辩应当是被告或被上诉人在诉讼中的一种义务。

原告提起民事诉讼,寻求司法保护,通常是在通过其他方法不能达到自己目的的情况下采取的不得已的办法。一般说来,原告提起民事诉讼,总有其法律上的依据,被告不可掉以轻心。再者,原告提起诉讼,在时机和时间的选择上享有主动权,在诉讼的设计布局上掌握先机,或多或少地能先入为主地给法官留下印象。被告切不可麻痹大意,应当精心制作答辩状。

(二) 结构内容和制作方法

民事答辩状的写法由被告的应诉目的决定。如果被告完全拒绝原告的诉讼请求,可以采取反驳的方法;如果被告部分承认、部分拒绝原告的诉讼请求,则可以采取部分承认、部分反驳的方法。在后一种情况下,对被告愿意承认的部分应该明确表示承认。

答辩状的格式和结构都较为简单。

1. 首部

首部包括标题、当事人情况和答辩事由三部分。

(1) 标题

标题一律写作"民事答辩状"。

(2) 当事人情况

当事人情况部分只写答辩人基本情况,如答辩人是公民,需写明的项目包括姓名、性别、出生年月日、民族、籍贯、职业或者工作单位和职务、住址;如答辩人是法人或其他组织,则需写明答辩人名称、住所;法定代表人(或主要负责人)姓名、职务、联系方式。

(3) 答辩事由

答辩事由为一过渡段,写作"因……一案,提出答辩如下:",即转正文部分。

2. 正文

正文部分包括两项内容,即答辩理由和答辩请求。

答辩状的写作重点在理由部分。理由阐述完毕之后提出答辩请求,即被告的诉讼请求。

(1) 答辩理由

答辩理由的写作总体采用反驳的方法,因案情不同,反驳方法也不一样。下面介绍两种主要的写作方法。

第一,针锋相对法。

针锋相对法适用于对原告的起诉状所叙案情不实、证据不足、法律适用错误、诉讼请求不当所进行的答辩。兹分述如下:

原告起诉状所叙案情不实,则被告应该指明其不实之处并叙述真实的案情;起诉状所叙案情不实,则采用的证据必然无法证明其事实,或者证据取得手段不合法,或者用作证据的材料与案件没有关系,或者干脆就没有提出证据;起诉状所叙案情既然不实,在此基础上援引的法律、法规依据则必然错误,被告的答辩可以提出新的正确的可用于处理案件的法律、法规依据;起诉状的法律适用错误,则必然不能证明其诉讼请求为正当合法,被告可据此提出答辩请求,要求驳回原告的起诉,或者判原告败诉。

针锋相对法针对原告起诉不实、要求不当的情况使用。起诉状全部不实,则全部予以反驳,部分不实,则部分予以反驳;原告的诉讼请求全部不当,则全部予以拒绝,部分不当,则部分予以拒绝。在使用本法时要注意不要为了反驳而反驳,以免强词夺理,授人以柄。

第二,釜底抽薪法。

釜底抽薪法用于原告的起诉状所叙事实看来属实,且有证据证明,被告又不能同意其诉讼请求的答辩。起诉状所叙事实属实且有证据证明,是不是被告就一定要承认其诉讼请求呢?并非如此。如果原告的起诉据以存在的基础不牢或者根本就不存在,则被告不能承认其诉讼请求,理应予以反驳。反驳的方向和方法,举其要者,则有:

从原告的主体资格入手,证明其不具有原告的主体资格。如被告能证明原告主体资格不合格,那么不论被告的行为有没有侵犯原告的合法权益,原告都没有资格对被告提出起诉;已经提出起诉的,应该撤回起诉;原告不撤回起诉的,人民法院应该驳回起诉。在这种情况下,答辩状对被告的行为进行叙述和辩解,就不是一项必需的内容了。

从被告的主体资格入手,证明答辩人不具有被告的主体资格。答辩人如能证明自己不是合格的被告,则答辩的结论必然是:不论原告的合法权益有没有受到侵犯,原告都不能对答辩人提出起诉;已经提出起诉的,应该撤回起诉;原告不撤回起诉的,人民法院应该驳回起诉。在这种情况下,答辩状对原告的权益是否真的受到侵害、受到侵害的程度如何的分析,对原告就被告的行为进行的错误指控进行辩解和反驳,就不是一项必需的内容了。

从原告自认为受到侵害的权利来源入手,证明原告并不具有该项权利。如果原告起诉状中所述受到侵害的权利并非源于自己,而是源于继承、遗赠、赠与、购买等,则只要答辩人能证明原告经由这些途径并不能获得其自认为已受到被告侵害的权利,则原告的起诉自然不能成立。如原告认为其权利源于继承,则被告只要证明原告并非继承法中规定的第一、第二顺序继承人;或原告属于第二顺序继承人,而第一顺序继承人并未声明放弃继承;或原告虽属于第一顺序继承人,但已被取消了继承权;或被继承人采用了遗嘱继承的方式,原告并未获得遗产;或继承尚未开始等。在这种情况下,答辩状中自然也就没有必要对自己的行为进行辩解。

此外,还可以从诉讼时效期间入手,证明原告的起诉已超过了法定诉讼时效期间。从人民法院的受案范围入手,证明案件不属于人民法院的受案范围。从原告的诉权受限入手,证明原告的起诉不符合人民法院的受理条件。

用釜底抽薪法阐述答辩理由,一般会暂时搁置对起诉状事实和证据部分的反驳,而只从程序上推翻原告的诉讼。这种做法有一定的冒险性,如果用釜底抽薪法不能达到从程序上推翻起诉的目的,则同时也就意味着失去了一个向法庭申述自己对案件实体问题的认识的机会。所以,在采用釜底抽薪法首先从程序上反驳原告以后,也应该考虑用针锋相对法等方法从实体上对原告的起诉进行反驳,以备不测。

(2) 答辩请求

答辩请求在答辩状格式中没有单独列为一项,但答辩理由阐述之后,很自然地应该将被告的观点进行总结,提出自己的要求。

在有些情况下,被告还可以在答辩请求部分就案件的处理方法提出自己的建议和意见,以供法庭参考。

(三) 制作中应当注意的问题

答辩与反诉并不相同,答辩事实上是一种在实体意义上的反驳,是用事实证明原告不具备实体意义上的诉权,使原告败诉的一种对抗方法。答辩并不要求具备诉的属性。如果被告意图在本诉进行过程中,对本诉原告提出旨在撤销或吞并本诉原告诉讼请求的诉,应当及时制作反诉状,只在答辩状中提出的反诉不被承认。

五、民事再审申请书

(一) 概念、法律依据和功用

民事再审申请书是当事人就已经发生法律效力的民事判决、裁定,申请人民法院再审所使用的法律文书。

《民事诉讼法》第二百一十条规定:"当事人对已经发生法律效力的判决、裁定,认为有错误的,可以向上一级人民法院申请再审;当事人一方人数众多或者当事人双方为公民的案件,也可以向原审人民法院申请再审。当事人申请再审的,不停止判决、裁定的执行。"

申请再审是当事人的一项法定权利,经人民法院审查属实的,应当再审。民事再审申请书是当事人对已经发生法律效力的裁判申请再审的工具,也是人民法院适用审判监督程序对民事案件提起再审的依据。需要注意的是,当事人提起再审申请,不影响生效判决、裁定的执行;当事人对已经发生法律效力的解除婚姻关系的判决,不得申请再审;按照督促程序、公示催告程序、企业法人破产还债程序审理的案件以及依照审判监督程序审理后维持原判的案件,当事人不得申请再审。

(二)结构内容和制作方法

再审申请书的名称虽然叫申请书,但格式与内容与前述申请书有所不同,制作方法也更接近于上诉状和申诉书。

1. 首部

(1)标题

标题可以写作"再审申请书",或"民事再审申请书"。

(2)当事人情况

当事人情况只写申请人。申请人系公民的,应写明姓名、出生年月日、民族、籍贯、职业或工作单位和职务;如系法人或其他组织的,应写明名称、所在地址、法定代表人或代表人的姓名和职务。

(3)申请事由

申请事由部分是一个过渡段,写作:"申请人×××对××人民法院×年×月×日(××××)××××字第××号民事判决(或裁定),申请再审。"也可以写得更详细些。

2. 正文

(1)请求事项

请求事项一般是请求人民法院对案件再审,也可以直接写出要求再审改判的要求。

(2)事实与理由

事实与理由部分按两种对象分别写。

第一,对已经发生法律效力的判决、裁定书的再审申请书的写法。

根据《民事诉讼法》第二百零七条规定当事人的申请符合下列情形之一的,人民法院应当再审:(一)有新的证据,足以推翻原判决、裁定的;(二)原判决、裁定认定的基本事实缺乏证据证明的;(三)原判决、裁定认定事实的主要证据是伪造的;(四)原判决、裁定认定事实的主要证据未经质证的;(五)对审理案件需要的主要证据,当事人因客观原因不能自行收集,书面申请人民法院调查收集,人民法院未调查收集的;(六)原判决、裁定适用法律确有错误的;(七)审判组织的组成不合法或者依法应当回避的审判人员没有回避的;(八)无诉讼行为能力人未经法定代理人代为诉讼或者应当参加诉讼的当事人,因不能归责于本人或者其诉讼代理人的事由,未参加诉讼的;(九)违反法律规定,剥夺当事人辩论权利的;(十)未经传票传唤,缺席判决的;(十一)原判决、裁定遗漏或者超出诉讼请求的;(十二)据以作出原判决、裁定的法律文书被撤销或者变更的;(十三)审判人员审理该案时有贪污受贿、徇私舞弊、枉法裁判行为的。

人民法院再审案件的条件,再审申请书的事实与理由部分应该从上述十三个方面考虑,至少要写出其中一项,并具体阐明事实与理由,标准如下。

① 有新的证据,足以推翻原判决、裁定的

生效判决、裁定书因为使用了不真实的证据,认定的事实有错误,导致该判决、裁定结果错误的,只要能够提出新的足以推翻原判决、裁定认定的事实,就能达到人民法院对案件再审的目的。需要注意的是,与原生效判决、裁定书中使用的证据不同,申请书中提出的新的证据应当是作出生效判决、裁定书的人民法院在审理案件过程中双方当事人没有出示过的,人民法院在认定案件事实时也没有使用过的证据,而不能是已被人民法院否定了的证据;新的证据的证明力要大到足以推翻原判决、裁定,也就是说,新的证据证明的事实应该是与案件处理结果有密切联系,因为有该新的证据,原判决、裁定结果就不能成立。

② 原判决、裁定认定的基本事实缺乏证据证明的

因原判决、裁定认定事实的证据不足而提起再审的,申请书不需要提出新的证据,只需要对原判决、裁定书中使用的证据进行分析,证明原审所确认的证据不足以证明原判决、裁定书中所认定的事实的真实性,并证明原审人民法院作出的生效判决、裁定错误。

③ 证明原判决、裁定适用法律确有错误

当原判决、裁定书所适用的法律有错误,再审申请书应该在理由部分详细分析案件的法律适用问题。一般说来,案件处理中存在法律适用错误比存在事实错误更容易认定。

④ 证明人民法院违反法定程序,影响了案件正确判决、裁定

从这个方面写申请理由,指的是对案件审理过程中违反法定程序的行为加以揭示。包括审判组织的组成不合法或者依法应当回避的审判人员没有回避;无诉讼行为能力人未经法定代理人代为诉讼或者应当参加诉讼的当事人,因不能归责于本人或者其诉讼代理人的事由,未参加诉讼;违反法律规定,剥夺当事人辩论权利的等等情况,如果存在都要一一加以叙写。

⑤ 证明审判人员在审理该案件时有贪污受贿、徇私舞弊、枉法裁判行为

从法律规定来看,审判人员在审理该案件时有贪污受贿、徇私舞弊、枉法裁判的行为,都会成为启动再审程序的事由。如果当事人想说明案件结果错误,则还要进一步证明上述行为与原判决、裁定结果错误有联系。

第二,对已经发生法律效力的调解书的再审申请书的写法。

根据《民事诉讼法》第二百零八条的规定,当事人对已经发生法律效力的调解书的再审申请书的理由包括两个方面:调解违反自愿原则或者调解协议的内容违反法律,至少写出其中之一。如果以调解违反自愿原则为理由,应该写出作出调解书的审判人员具有强迫调解或者欺骗当事人进行调解的行为;如果以调解协议内容违反法律为理由,则需要证明调解协议内容与法律规定不符。

3. 尾部

尾部写明致送法院、附项(原审判决书或裁定书抄件1份)、申请人署名并注明日期。

(三)制作中应当注意的问题

第一,有权申请再审的主体,只能是案件的当事人。无民事行为能力人、限制民事行为能力人的法定代理人,可以代理当事人提出再审申请。

第二,当事人申请再审的对象,只能是人民法院已经发生法律效力的判决、裁定和调解书。

第三,当事人申请再审必须具有法定的原因,即生效判决、裁定书有错误,生效调解书违反自愿原则或者调解协议的内容违反法律。此处"有错误""违反自愿原则或者调解协议的内容违反法律",是指当事人自己的看法,并不等于客观意义上真的存在这样的问题。

第四,当事人申请再审必须在判决、裁定发生法律效力后六个月以内提出;有《民事诉讼法》第二百零七条第一项、第三项、第十二项、第十三项规定情形的,自知道或者应当知道之日起六个月内提出。

第五,当事人申请再审,除《民事诉讼法》第二百零六条规定的特殊情况外,必须向上一级人民法院提出。上级人民法院经审查认为符合再审条件的,人民法院应当再审。

第四节 行政案件律师代书文书

一、行政起诉状

(一)概念、法律依据和功用

行政起诉状是公民、法人或者其他组织认为行政机关和行政机关工作人员的具体行政行为侵犯了其合法权益,而向人民法院起诉要求保护其合法权益所使用的法律文书。

根据我国《行政诉讼法》第二条规定,公民、法人或者其他组织认为行政机关和行政机关工作人员的行政行为侵犯其合法权益,有权依照本法向人民法院提起诉讼。第四十四条规定,对属于人民法院受案范围的行政案件,公民、法人或者其他组织可以先向行政机关申请复议,对复议决定不服的,再向人民法院提起诉讼;也可以直接向人民法院起诉。

当事人提起行政诉讼,必须符合《行政诉讼法》第四十九条规定的四项条件:(1)原告是行政行为的相对人以及其他与行政行为有利害关系的公民、法人或者其他组织;(2)有明确的被告;(3)有具体的诉讼请求和事实根据;(4)属于人民法院受案范围和受诉人民法院管辖。

当事人向人民法院提起行政诉讼的具体诉讼请求是指下列九个方面:(1)请求判决撤销或者变更行政行为;(2)请求判决行政机关履行法定职责或者给付义务;(3)请求判决确认行政行为违法;(4)请求判决确认行政行为无效;(5)请求判决行政机关予以赔偿或者补偿;(6)请求解决行政协议争议;(7)请求一并审查规章以下规范性文件;(8)请求一并解决相关民事争议;(9)其他诉讼请求。

行政起诉状是原告指控被告作出的行政行为非法的一种法律文书,是维护原告合法权益的工具,也是人民法院受理行政案件的依据。

(二)结构内容和制作方法

1. 首部

(1) 标题

标题写作"行政起诉状";附带民事诉讼的,写作"行政附带民事起诉状"。

(2) 当事人情况

当事人包括原告和被告。原告是公民的,写明姓名、性别、出生年月日、居民身份证号码、民族、住址等项;原告是法人或其他组织的,应写明全称、所在地址,另起一行列明法定代表人(或代表人)姓名、职务等。因行政诉讼被告为行政机关,所以被告应写明行政主体名称、所在地址,另起一行写明法定代表人或代表人的姓名和职务。

因为行政诉讼当事人的称呼是原告和被告,而附带民事诉讼的当事人的称呼也是原告和被告,因此当事人情况部分可以只写原告和被告,不必写作"原告(即附带民事诉讼原告)""被告(即附带民事诉讼被告)"。

2. 正文

(1) 诉讼请求

诉讼请求部分要写明原告的诉讼目的,如要求人民法院撤销、变更行政行为或者责令行政机关履行法定职责,要求行政机关赔偿损失等。附带民事诉讼的,应该将行政诉讼请求和民事赔偿请求分项叙述。

(2) 事实与理由

事实与理由分成事实和理由两部分写。先写事实,后写理由。

行政诉讼法第六条规定,人民法院审理行政案件,对行政行为是否合法进行审查。根据这一规定,叙述事实和阐述理由都要围绕行政行为的合法性进行。

事实的叙述可以分两个部分依次进行:先叙述被被告视为非法行为给予行政处罚的原告的正当的行为,再叙述原告的合法权益受到行政行为侵害的事实和侵害的后果。附带民事诉讼的案件,应以叙述行政违法为主,叙述行政侵权的结果时,应着重写明因为被告违法行政给原告造成的实际经济损失。损失后果应该有具体的构成项目;如果构成项目较多,或者计算方法较复杂的,可在事实部分只写主要项目和损失总额,而在附项中加一项"损失项目和计算方法",将此材料作为起诉状的附件。

理由的阐述一方面可以论证原告行为的正当性、合法性,另一方面可以论证被告行政行为的违法性,指出行政机关据以作出行政行为的证据不足,或者适用法律、法规错误,违反法定程序,超越职权,滥用职权,或者行政机关不履行或拖延履行法定职责,或者行政处罚显失公正,引用法律条款,证明原告的诉讼请求。

(3) 证据和证据来源、证人姓名和住址

行政诉讼与民事诉讼的举证原则不同。民事诉讼一般采取谁主张谁举证的原则,行政诉讼则是被告负举证责任。但被告负举证责任并不是被告对原告所陈述的事实负举证责任,而是对被告作出的行政行为的真实性举证。《行政诉讼法》第三十八条规定,在起诉被告不履行法定职责的案件中,原告应当提供其向被告提出申请的证据。但有下列情况之一的除外:(一)被告应当依职权主动履行法定职责的;(二)原告因正当理由不能提供证据的。在行政赔偿、补偿的案件中,原告应当对行政行为造成的损害提供证据。因被告的原因导致原告无法举证的,由被告承担举证责任。《最高人民法院关于适用〈中华人民共和国行政诉讼法〉的解释》(以下简称《行政诉讼法司法解释》)第四十六条第一款规定,原告或者第三人确有证据证明被告持有的证据对原告或者第三人有利,可以在开庭审理前书面申请人民法院责令行政机关提交。

证据的列举方法与民事起诉状相同。

3. 尾部

尾部应写致送法院、附项(主要说明诉状副本份数)、起诉人署名并注明日期。

(三)制作中应当注意的问题

第一,当事人提起行政诉讼,必须采用书面形式提出行政起诉状。《行政诉讼法》第四十五条、第四十六条规定,原告向人民法院提出行政起诉状的时间,如果是经过复议程序的,必须在收到复议决定书之日起15日内,复议机关逾期不作决定的,在复议期满之日起15日内;如果没有经过复议程序,则在知道作出行政行为之日起6个月内,法律另有规定的除外。《行政诉讼法》第四十八条规定,当事人因不可抗力或者其他不属于自身的原因耽误起诉期限的,被耽误的时间不计算在起诉期限内。当事人因前款规定以外的其他特殊情况耽误起诉期限的,在障碍消除后的10日内,可以申请延长期限,是否准许由人民法院决定。

第二,注意行政诉状应当致送给有管辖权的法院。从级别上而言,通常基层法院受理第一审行政案件;中级人民法院受理确认发明专利权的案件,海关处理的案件,对国务院各部门或者省、自治区、直辖市人民政府所作的行政行为提起诉讼的案件,本辖区内重大、复杂的案件;高级人民法院管辖本辖区内重大、复杂的第一审行政案件;最高人民法院管辖全国范围内重大、复杂的第一审行政案件。从地域管辖看,行政案件由最初作出行政行为的行政机关所在地人民法院管辖;经复议的案件,复议机关改变原行政行为的,也可以由复议机关所在地人民法院管辖;对限制人身自由的行政强制措施不服提起的诉讼,由被告所在地或者原告所在地人民法院管辖;因不动产提起的行政诉讼,由不动产所在地人民法院管辖。

二、行政上诉状

(一)概念、法律依据和功用

行政上诉状,是指行政诉讼的当事人不服人民法院第一审行政判决、裁定,依照法定程序和期限,要求上一级人民法院重新审理,并撤销或变更原审裁判的法律文书。

《行政诉讼法》第八十五条规定,当事人不服人民法院第一审判决的,有权在判决书送达之日起十五日内向上一级人民法院提起上诉。当事人不服人民法院第一审裁定的,有权在裁定书送达之日起十日内向上一级人民法院提起上诉。

行政上诉状是行政诉讼当事人声明上诉的法律文书,也是二审人民法院依法审理上诉案件的依据。

(二)结构、内容和制作方法

1. 首部

行政上诉状的首部除标题外,其他事项与民事上诉状的首部基本相同。

2. 正文

正文是文书的核心,主要包括上诉请求和上诉理由。

(1)上诉请求。上诉请求主要应当概要写明上诉人请求第二审人民法院依法撤销或变更原审裁判,以及如何解决争议的具体要求。这部分内容应写得明确、具体。

(2)上诉理由。上诉理由可以分两个层次叙写。首先应当概括叙述案情及原审人民法院的处理经过、处理结果,为论证上诉理由奠定基础。其次,针对原裁判中的错误和问题进行分析论证,反驳谬误,表达正确的主张,阐明上诉理由,为实现上诉请求提供事实依据和法律依据。

阐述上诉理由通常从以下几个方面入手:一是由于认定事实的错误造成裁判不当的,应当列举证据,否定原审裁判认定的全部事实或部分事实;二是由于适用法律、法规不当造成裁判不公的,应当援引有关法律、法规条款加以反驳;三是由于违反法定程序造成错误的,应当依据法律、法规,指出错误之处。

3. 尾部

行政上诉状的尾部与民事上诉状的尾部大体一致。

(三)制作中应当注意的问题

第一,当事人可以在第二审期间提出行政赔偿请求,第二审人民法院可以进行调解,但如果调解不成,当事人应当另行起诉。

第二,尽管违反法定程序可以构成上诉理由,但是根据《行政诉讼法》的规定,违反法定程序必须达到可能影响案件公正审判的程度,才构成撤销原判,发回重审的理由,所以写作时应注意强调违反法定程序的严重性。

三、行政再审申请书

(一)概念、法律依据和功用

行政申诉状,是指行政案件的当事人及其法定代理人认为人民法院已经发生法律效力的行政判决、裁定确有错误,向人民法院要求提起再审时所制作的书状。

《行政诉讼法》第九十条规定,当事人对已经发生法律效力的判决、裁定,认为确有错误的,可以向上一级人民法院申请再审,但判决、裁定不停止执行。这是制作行政申诉状的法律依据。

申诉和申请再审,是人民法院的案件来源之一。原制作判决、裁定的人民法院的院长、审判委员会或其上级人民法院,可以通过申诉和申请再审对审判工作更好地起到监督作用。申诉状是用救济手段维护申诉人和申请人合法权益的一种诉讼文书。

(二)结构、内容和制作方法

行政再审申请书和民事再审申请书的格式、项目、内容、写法和上诉状基本相同,可以参考。

行政再审申请书的具体内容由下列四个部分组成。

1. 首部

(1)标题,写"行政再审申请书"。

(2)申诉人姓名、性别、年龄、民族、籍贯、职务或职业、单位或住址。

（3）案由部分，包括原来案件的案由，原处理机关名称，处理时间，处理文件的名称、字号，作不服的表示，共六项内容。这一段只要把这些内容写全，文字通顺即可，不一定要求千篇一律。具体可写为："申诉人或申请人因××（原案由）一案，对××人民法院于×年×月×日作出的（年度）××字第×号的一审判决（或裁定）不服，申请再审。

2. 正文

（1）请求事项

用简明扼要的语言，概括地写明请求人民法院解决什么问题；说明行政机关原来的处理有什么不当之处，要求如何改变处理。

这一段包含三个要点：一是要说明人民法院的判决、裁定书有何不当；二是说明请求人民法院自行再审、直接提审，还是指令下级人民法院再审；三是说明要求达到什么样的目的。这三个要点要完整地表达清楚，务求简明。

（2）事实和理由

首先对案情事实，原来的处理经过及最后的处理结果进行综合叙述。

在综合叙述案情之后，针对原来的处理决定的不当之处，依次阐述。要具体说明原判决书或裁定书，是认定事实有错误，还是适用实体法、程序法不当。

在指出原处理不当之处后，要列举充分的证据，证明原认定事实有出入，援引有关法律条款，论证原处理适用法律不当，这样才能做到论证有力。

最后，提出具体请求目的，这一段也是结束语。结束语具体可写为：综上分析论证，原判决书或裁定书在认定事实上错误，或适用法律不当，以致造成处理上的错误，为此，请求如何处理。在结束语中所表述的请求目的，必须明确、具体、完整。这里所说的明确、具体，就是不允许含糊笼统，说什么"请求依法处理"等就不恰当。要写明依法请求解决什么具体问题。这里所说的完整，就是要把自己所有的请求事项全部说出来。

总之，请求事项的要求不要过高，更不可强求。

3. 尾部及附页

（三）制作中应当注意的问题

第一，行政申诉状的申诉理由应针对原生效的行政判决或裁定确有错误之处，从认定事实和适用法律法规方面进行申辩。

第二，请求事项要合理合法，避免无理缠讼。

第三，《行政诉讼法司法解释》第一百一十条规定，当事人向上一级人民法院申请再审，应当在判决、裁定或者调解书发生法律效力后六个月内提出。

第五节　其他律师代书文书

一、授权委托书

（一）概念、法律依据和功用

授权委托书，是指允许当事人在委托代理人的情况下，由当事人单方面出具的，明确代理律师在代理委托人参加诉讼或其他法律活动中的代理权限的法律文书。

授权委托以民事案件居多，即使在行政案件和刑事案件中，也是以民事案件的授权委托为蓝本，所以以下我们主要以民事案件为例，讲解授权委托书。

《民事诉讼法》第六十二条规定，民事案件当事人委托他人代为诉讼，必须向人民法院提交由委托人签名或盖章的授权委托书。

民事授权委托书是委托人实施授权行为的法律凭证，是律师代理权产生的直接根据，也是人民法院确认律师民事诉讼代理人资格的依据。

（二）结构、内容和写作方法

1. 首部

首部包括标题、委托人和受委托人的基本情况。

（1）标题

应居中写明"授权委托书"。

（2）委托人和被委托人的基本情况

委托人是公民的，应写明其身份等自然情况；委托人是法人或其他组织的，应写明其全称、地址及法定代表人的姓名、职务。被委托人应写明姓名、职务。

2. 正文

正文是文书的核心内容，主要应写明委托事项和授权范围。

（1）委托事项

应写明委托人在何种纠纷中委托代理律师代为办理何种事务。

（2）授权范围

代理权来自当事人及其法定代理人的授权。根据《民事诉讼法》的规定，委托人授予诉讼代理人的代理权限，分为一般委托代理权限和特殊委托代理权限。一般委托代理权限是指委托人将无关诉权的诉讼权利授予律师，如代理参加诉讼活动，调查、提供有关证据，参加法庭辩论等；特殊委托代理权限是指委托人把有关诉权的诉讼权利都授予律师，如代为提出、承认或放弃诉讼请求，进行和解、调解，提起反诉、上诉等。

3. 尾部

尾部由委托人签名或盖章,注明年月日。

(三) 制作中应当注意的问题

第一,可以授权委托的人应当是当事人或者当事人的法定代理人。

第二,可以被授权委托的人应当是有民事行为能力的人。如果是在刑事案件中,则被授权委托的人只能是律师。

第三,根据有关司法解释,全权代理的应当明确写明"代为提出、承认、变更或放弃诉讼请求,进行和解、调解,提起反诉、上诉"。

二、财产保全申请书

(一) 概念、法律依据和功用

财产保全申请书,是指为了保证将来判决得到执行,申请法院对对方当事人的财产或诉讼标的物采取强制性保全措施的法律文书。财产保全包括诉前保全和诉讼保全两种。

根据《民事诉讼法》第一百零三条规定,人民法院对于可能因当事人一方的行为或者其他原因,使判决难以执行或者造成当事人其他损害的案件,可以根据对方当事人的申请,作出财产保全的裁定;第一百零四条规定,利害关系人因情况紧急,不立即申请保全将会使其合法权益受到难以弥补的损害的,可以在起诉前向人民法院申请采取保全措施。

人民法院接受申请后,对情况紧急的,必须在 48 小时内作出裁定;裁定采取财产保全措施的,应当立即开始执行。

(二) 结构、内容和制作方法

1. 首部

(1) 注明文书名称

"诉前财产保全申请书"或"诉讼财产保全申请书"。

(2) 申请人和被申请人的基本情况

可以参考民事起诉状中原告、被告的写法。

2. 正文

(1) 请求事项

明确写明请求法院对争议财产或在诉讼请求范围之内对对方财产采取保全措施。

(2) 事实与理由

事实部分应简要写明必须采取财产保全的必要性,即可能因当事人一方的行为或者其他原因,使判决不能执行或难以执行。当事人一方的行为,主要是指转移、隐匿、出卖或者毁损财产等行为;其他原因,主要是指有关财产因即将或正在腐烂变质等原因而减少或丧失其价值。

理由部分还要引用《民事诉讼法》第一百零三条或第一百零四条等相关法律条文。

3. 尾部

(1) 致送人民法院名称。

(2) 申请人签名,申请人为法人或其他组织的,应加盖单位公章,并由其法定代表人签名。

(3) 申请日期。

(三) 制作中应当注意的问题

第一,诉前财产保全的,申请人应当提供担保,不提供担保的,法院将驳回申请。

第二,诉前财产保全申请人在人民法院采取保全措施后 30 日内不起诉的,人民法院也将解除财产保全。

第三,财产保全的范围限于请求的范围,或者与本案有关的财物。债务人的财产不能满足保全请求,但对第三人有到期债权的,法院可以依债权人的申请裁定该第三人不得对本案债务人清偿。

三、先予执行申请书

(一) 概念、法律依据和功用

先予执行申请书,是指因当事人一方生活或生产上的迫切需要,由该当事人申请法院裁定由另一方当事人给付申请人一定的财产或者实施或者停止实施某行为,并且立即执行的申请文件。

根据我国《民事诉讼法》第一百零九条规定,人民法院对下列案件,根据当事人的申请,可以裁定先予执行:(1)追索赡养费、扶养费、抚育费、抚恤金、医疗费用的;(2)追索劳动报酬的;(3)因情况紧急需要先予执行的。这种案件通常是指,需要立即停止侵害、排除妨碍的;需要立即制止某项行为的;需要立即返还用于购置生产原料、生产工具货款的;追索恢复生产、经营急需的保险理赔费的。

法院接到当事人先予执行的申请后,应当根据先予执行的适用范围和条件,及时审查申请是否合法。认为符合法定条件,则裁定先予执行。

(二) 结构、内容和制作方法

1. 首部

(1) 注明文书名称"先予执行申请书"。

(2) 申请人和被申请人的基本情况。可以参考民事起诉状中原告、被告的写法。

2. 正文

（1）请求事项

写明请求法院裁定由对方当事人给付己方一定的财产或者实施或者停止实施某行为。

（2）事实与理由

事实部分应简要写明本案符合先予执行的适用条件。

第一，当事人之间民事权利义务关系明确。第二，具有适用先予执行的必要性。即若不先予执行将严重影响申请人生活或者生产。第三，被申请人具有履行义务的能力。

理由部分要引用《民事诉讼法》第一百零九条作为法律依据。

3. 尾部

（1）致送人民法院名称。

（2）申请人签名，申请人为法人或其他组织的，应加盖单位公章，并由其法定代表人签名。

（3）申请日期。

（三）制作中应当注意的问题

第一，申请先予执行的时间应当在法院受理案件后终审判决作出前。

第二，先予执行应当限于当事人诉讼请求的范围，并以当事人的生活、生产经营的急需为限。

四、公示催告申请书

（一）概念、法律依据和功用

公示催告申请书，是指票据持有人在票据被盗、遗失和灭失的情况下，为使票据上标示的权利与实际权利相分离，使自己享有的权利得以依法重新确认，申请人民法院以公告的方式限期催促利害关系人申报权利，在逾期不申报时，判决利害关系人丧失该项权利的法律文书。

我国《民事诉讼法》第二百二十九条规定，按照规定可以背书转让的票据持有人，因票据被盗、遗失或者灭失，可以向票据支付地的基层人民法院申请公示催告。依照法律规定可以申请公示催告的其他事项，适用本章规定。申请人应当向人民法院递交申请书，写明票面金额、发票人、持票人、背书人等票据主要内容和申请的理由、事实。

公示催告申请书是丧失票据的人申请人民法院宣告票据无效，从而使票据权利与票据相分离，使丧失票据的人仍然享有票据权利的一种手段。人民法院决定受理此申请后，将同时通知支付人停止支付，并在3日内发出公告，催促利害关系人申报权利,开始公示催告程序。

(二)结构、内容和制作方法

1. 首部

首部包括标题和当事人的基本情况。

(1)标题

居中写"公示催告申请书"。

(2)当事人的基本情况

应写明申请人的姓名、性别、出生年月日、民族、籍贯、职业、工作单位和职务、住址。申请人是法人或其他组织的,应写明名称、所在地址、法定代表人或代表人的姓名和职务等。

2. 正文

(1)请求事项

写明申请宣告票据无效。

(2)事实与理由

通常情况下,事实与理由应当分开写。

事实部分应写明丧失票据的有关情况:(1)被盗、遗失或者灭失的票据面额;(2)发票人、持票人、背书人、手续、印鉴是否完备,能否到银行承兑等;(3)本人如何获得票据,款项的主要用途、票据被盗、遗失或灭失的经过以及证据材料。

理由部分引用《民事诉讼法》第二百二十九条的规定。

3. 尾部

写明致送人民法院的名称,由申请人签名或盖章,注明申请时间。

(三)制作中应当注意的问题

第一,公示催告申请书中的当事人只有申请人,而无被申请人。

第二,公示催告的申请人必须是可以背书转让的票据的最后持有人以及法律规定的其他人。

第三,申请公示催告只能向票据支付地的基层人民法院提出。

五、执行申请书

(一)概念、法律依据和功用

执行申请书,是法律文书中确认享有权利的一方当事人,在应当承担义务的对方当事人拒绝履行义务时,向有管辖权的人民法院提出的申请采取强制执行措施的法律文书。

根据我国《民事诉讼法》第二百三十五条规定,发生法律效力的民事判决、裁定,当事人必须履行。一方拒绝履行的,对方当事人可以向人民法院申请执行,也可以由审判员移送执行员执行。调解书和其他应当由人民法院执行的法律文书,当事人必须履行。一方拒绝履行的,对方当事人可以向人民法院申请执行。同法第二百四十八条规定,对依法设立的仲裁机构的裁决,一方当事人不履行的,对方当事人可以向有管辖权的人民法院申请执行。受申请的人民法院应当执行。第二百三十九条规定,对公证机关依法赋予强制执行效力的债权文书,一方当事人不履行的,对方当事人可以向有管辖权的人民法院申请执行,受申请的人民法院应当执行。

《行政诉讼法》第九十四条规定,当事人必须履行人民法院发生法律效力的判决、裁定、调解书。同法第九十五条规定,公民、法人或者其他组织拒绝履行判决、裁定、调解书的,行政机关可以向第一审人民法院申请强制执行,或者由行政机关依法强制执行。第九十七规定,公民、法人或者其他组织对行政行为在法定期限内不提起诉讼又不履行的,行政机关可以申请人民法院强制执行,或者依法强制执行。

强制执行申请书是生效法律文书中确认享有权利的当事人,向法院提出强制执行申请的依据和凭证。执行员接到申请执行书或者移交执行书,应当向被执行人发出执行通知,责令其在指定的期间履行,逾期不履行的,强制执行。

(二)结构、内容和写作方法

1. 首部

首部包括标题、当事人的基本情况和申请事项。

(1)标题

居中写"强制执行申请书"。

(2)当事人的基本情况

包括申请人和被申请人。具体可以参考民事起诉状的写法。

(3)申请事项

主要写明申请执行的生效法律文书的制作单位、文书标题、制作日期和文书编号,并向人民法院提出强制执行的申请。

2. 正文

包括事实与理由。

事实部分应当概括叙述双方当事人发生争议后,由人民法院或仲裁委员会或公证机关,以何种法律文书确认申请人享有的权利和被申请人应尽的义务;该文书何时生效;以及对方当事人拒不履行的事实。

理由部分应当根据不同情况分别引用《民事诉讼法》二百四十七、二百四十八、二百四十九条或《行政诉讼法》第九十四、九十五、九十六条。

3. 尾部

结尾应写明致送法院的名称,由申请人签名或盖章,注明申请日期。

附项主要写明生效法律文书的名称和份数,以及被申请人执行的财产所在地。

(三)制作中应当注意的问题

第一,执行的根据可以是生效的民事判决、行政判决或刑事判决中的民事部分,可以是生效仲裁裁决书,也可以是公证机关赋予强制执行力的债权文书等。

第二,注意申请执行的时效。申请执行的期间为二年。该期限从法律文书规定履行期间的最后一日起计算;法律文书规定分期履行的,最后一期履行期限届满之日起计算。

第三,接受执行申请的法院应当是制作该法律文书的法院或者被执行人住所地或者被执行人的财产所在地人民法院。

六、破产还债申请书

(一)概念、法律依据和功用

破产还债申请书,是指由于债务人严重亏损,无力清偿到期债务,由债权人或债务人向人民法院申请债务人破产的法律文书。

我国《企业破产法》第二条规定,企业法人不能清偿到期债务,并且资产不足以清偿全部债务或者明显缺乏清偿能力的,依照本法规定清理债务。从而向人民法院申请破产还债。债权人也可以向人民法院申请宣告债务人破产还债。

法院收到破产申请后,如果认为符合破产申请要件,则将在七日内决定立案,开始破产程序。

(二)结构、内容和写作方法

1. 首部

(1)居中注明文书名称"破产还债申请书"。

(2)当事人基本情况

如果是债务人申请,则无需写被申请人;如果是债权人申请,则被申请人应当是资不抵债的债务人。需写明申请人、被申请人的基本情况。具体写法可参考民事起诉状。

2. 正文

(1)申请目的(即请求事项)

请求事项中写明依法申请债务人破产。

(2)事实和理由

事实部分主要应当写明债务人已经具备破产原因。破产原因又称为破产条件或者破产界限,是指债务人的经济状况已经达到法律规定可以宣告破产的程度。依据我国《企业破产法》的规定,严重亏损,企业法人不能清偿到期债务即为破产条件。不能清偿到期债务是指债务的履行期限已经届满,并且资产不足以清偿全部债务,债务人明显缺乏清偿债务的能力。债务人停止清偿到期债务并呈连续状态,如无相反证据,可推定为不能清偿到期债务。

3. 尾部

尾部应写明致送人民法院名称、申请人签名、申请日期以及附项。

附项中通常应当列明应当提交的有关材料。

(三)制作中应当注意的问题

第一,该文书制作主体应当适格。申请破产的主体可以是债权人和债务人,被申请破产的主体只能是企业法人,不具备法人资格的企业、个体户、合伙等不具备破产主体资格。

第二,须向有管辖权的法院提出破产申请。依据《企业破产法》第三条规定,破产案件由债务人所在地人民法院管辖。同法第四条规定:"破产案件审理程序,本法没有规定的,适用民事诉讼法的有关规定。"

第三,应当提交相关法律文件。国有企业向法院申请破产时,应提交其上级主管部门同意其破产的文件;其他企业应当提供其开办人或者股东会议决定企业破产的文件。债务人申请破产,除破产还债申请书外,按照《企业破产法》第八条的规定,还应当向人民法院提交财产状况说明、债务清册、债权清册、有关财务会计报告、职工安置预案以及职工工资的支付和社会保障费用的缴纳情况。

七、合同

(一)概念、法律依据和功用

合同是民事主体之间设立、变更、终止民事法律关系的协议。

我国《民法典》第四百六十四条明确规定该法适用范围,同时明确"婚姻、收养、监护等有关身份关系的协议,适用有关该身份关系的法律规定",而不适用《民法典》合同编的规定。

《民法典》对合同的性质、订立、效力和履行都有明确的规定。如《民法典》第四百六十五条规定,依法成立的合同,受法律保护。依法成立的合同,仅对当事人具有法律的约束力,但是法律另有规定的除外。同法第四百六十九条规定,当事人订立合同,可以采用书面、口头方式或者其他方式。第四百七十一条规定,当事人订立合同,可以采取要约、承诺方式或者其他方式。第五百零二条,依法成立的合同,自成立时生效,但是法律另有规定或者当事人另有约定的除外。依照法律、行政法规的规定,合同应当办理批准等手续的,依照其规定。第五百零九条,当事人应当按照约定全面履行自己的义务。当事人应当遵循诚信原则,根据合同的性质、目的和交易习惯履行通知、协助、保密等义务。所有这些,都是我们制作、运用合同文书时必须遵循和铭记的准则。

（二）结构、内容和制作方法

当事人订立合同，可以采用书面形式、口头形式或其他形式。法律、行政法规规定采用书面形式的，应当采用书面形式。当事人约定采用书面形式的，应当采用书面形式。

合同的内容由当事人约定，一般包括以下条款：(1)当事人的姓名或者名称和住所；(2)标的；(3)数量；(4)质量；(5)价款或者报酬；(6)履行期限、地点和方式；(7)违约责任；(8)解决争议的方法。

写作方法则因各种合同的不同而有所差异。

（三）制作中应当注意的问题

第一，有下列情形之一的，合同无效：(1)一方以欺诈、胁迫的手段订立合同，损害国家利益；(2)恶意串通，损害国家、集体或者第三人利益；(3)以合法形式掩盖非法目的；(4)损害社会公共利益；(5)违反法律、行政法规的强制性规定。

第二，合同中的下列免责条款无效：(1)造成对方人身伤害的；(2)因故意或者重大过失造成对方财产损失的。

八、遗嘱

（一）概念、法律依据和功用

遗嘱，是公民生前处分自己的财产或者其他事务，并于死亡时发生法律效力的法律行为。

《民法典》第一千一百三十三条规定，自然人可以按照本法规定立遗嘱处分个人财产，并可以指定遗嘱执行人。自然人可以立遗嘱将个人财产指定由法定继承人中的一人或者数人继承。自然人可以立遗嘱将个人财产赠给国家、集体或者法定继承人以外的组织、个人。

继承开始后，遗产一般按照法定继承办理，但是有遗嘱的，按照遗嘱继承或者遗赠办理。可见，遗嘱继承优先于法定继承。订立遗嘱有利于避免纠纷与诉争，有利于家庭成员团结和睦，有利于社会稳定。

（二）结构、内容和制作方法

遗嘱一般由首部、正文和尾部构成。

1. 首部

首部包括标题和立遗嘱人的基本情况。

2. 正文

正文应写明下列内容：一是立遗嘱的原因。二是立遗嘱人所有的财产的名称、数额及特征。三是立遗嘱人对遗产的具体处理意见。其中，处理意见是遗嘱重点。

应分别写明每个遗嘱继承人的基本情况、与立遗嘱人的关系，以及所继承的遗产的名称、数额、处所等。

3. 尾部

尾部应由立遗嘱人、见证人、代书人签名或盖章。

（三）制作中应当注意的问题

第一，代书遗嘱应当有两个以上见证人在场见证，由其中一人代书，注明年、月、日，并由代书人、其他见证人和遗嘱人签名。但下列人员不能作为遗嘱见证人：无行为能力人、限制行为能力人；继承人、受遗赠人；与继承人、受遗赠人有利害关系的人。继承人、受遗赠人的债权人、债务人，共同经营的合伙人，也应当视为与继承人、受遗赠人有利害关系，不能作为遗嘱的见证人。

第二，遗嘱必须表示遗嘱人的真实意思，受胁迫、欺骗所立的遗嘱无效。无行为能力人或者限制行为能力人所立的遗嘱无效。

第六节　律师工作文书

一、辩护词

（一）概念、法律依据和功用

辩护词是刑事被告人、上诉人的辩护人为向法庭陈述被告人或上诉人无罪或者罪轻的辩护意见而撰写并在法庭辩论中使用的法律文书。

从诉讼程序上划分，辩护意见书可以分为一审辩护词、二审辩护词和再审辩护词；以起诉方的不同为标准划分，可以分为公诉案件辩护词、自诉案件辩护词。

《刑事诉讼法》第三十七条规定，辩护人的责任是根据事实和法律，提出犯罪嫌疑人、被告人无罪、罪轻或者减轻、免除其刑事责任的材料和意见，维护犯罪嫌疑人、被告人的诉讼权利和其他合法权益。

辩护人在法庭上发表的辩护词是被告人实现辩护权的一种体现，是辩护人履行辩护职责的重要手段。它是我国社会主义民主和法律精神的具体体现，表现出国家对人权的尊重，有助于法庭查清案件事实，正确适用法律，提高办案质量。

（二）结构内容和制作方法

辩护词没有固定格式，写作程式依习惯，一般包括标题、称呼语、序言、辩护理由和结论。

标题一般写作"×××（人）××案（案由）辩护词"，称呼语可以按审判庭的实际组成情况写"审判长、审判员："或"审判长、人民陪审员："。序言部分包括三点内容:(1)引用法律根据,简要说明辩护人出庭的合法性和出庭目的;(2)简要说明辩护人开庭前进行活动的情况;(3)提出对本案的基本看法。

辩护理由是文书的重点。辩护理由的写作根据审级的不同有所不同。下面分别说明一审和二审辩护词辩护理由的写作方法,再审程序的辩护词可以根据不同情况分别参照一审和二审辩护词写作。

1. 一审辩护词辩护理由的制作方法

首先应提出辩护观点,即立论。无论是无罪、罪轻,观点都要鲜明,不能含糊。特别要注意,如果指控罪名较重,辩护观点不得以较轻的罪名替代。提出论点之后,就要对论点进行论证,即具体阐述理由。

理由的写法,在注意与辩护观点的密切联系的前提下,主要考虑两点:一是看起诉书指控的犯罪事实是否真实,证据是否确实充分,理由是否合法;二是看有无能证明被告人无罪或者罪轻而起诉书中未提及的材料。具体地说,辩护理由可以从以下几个方面总结:

(1) 事实方面

如果发出起诉书指控的被告人的犯罪事实与真实情况有出入,只要这种差错对案件性质的认定和情节轻重的判断有影响,就必须就事实方面提出辩护意见。这需要运用案卷中已有的材料和辩护人通过会见被告人,进行调查所获得的材料,揭示事实真相。起诉书中认定事实有错误的问题大致有以下几个方面:

被告人无犯罪行为而被认定为有犯罪行为。多见于共同犯罪案件或集团犯罪案件。因有其他作案人作证而治罪,或被告人因不懂法律为求坦白从宽而承认不存在的犯罪,或被迫虚构事实加罪自己,检察机关未详加甄别即行认定的。

行为性质认定错误。多见于缺少犯罪构成而致性质认定错误的案件。缺少主观要件者,如不知卖主所售系赃物而购买,或者不知他人所委托保管或销售之物系犯罪所得,而错定构成销赃罪或窝赃罪;缺乏客观要件者,如虽有行为,但未侵害法律所保护的客体,如将正当防卫认定是防卫过当。

对被告有利的行为未加以认定。如被告人犯罪后采取了积极的措施减少自己的犯罪行为造成的损失,或犯罪后积极如实地交代犯罪行为,或在犯罪起因方面被害人有过错的。这样的情节对被告人有利,如未加认定,应予提出。

夸大犯罪事实或过度渲染犯罪情节。基本事实虽然存在,但进行了不恰当的夸大、渲染,因而明显地加重了被告人的责任和犯罪行为的严重性。如两个朋友因在饮酒时话不投机而互殴,一人受伤不治,起诉书认定被告人"竟敢在光天化日之下,手持凶器水果刀不顾一切地朝被害人胸腹部猛刺两刀",就属这种情况。

(2) 证据方面

证据问题是刑事辩护中的一个重要问题,主要考虑两点:一是证据的合法性;二是证据的关联性。但由于起诉书对证据不加列举,只作为附项提出主要证据目录,辩护人只依据起诉书还无法判明检察机关究竟掌握了哪些具体的证据,在认定事实时使用了哪些证据,放弃了哪些证据,这些证据的来源怎样,所以,就证据方面进行辩护,必须核查案卷,进行调查取证。从证据方面进行辩护主要可以从以下几方面进行:

证据来源不合法。通过刑讯逼供、诱供、套供、指明问供获得材料,或者召开座谈会获取的证据等。

证据的收集不全面。如只搜集能证明被告人有罪和罪重的证据,不搜集能证明被告人无罪和罪轻的证据。

证据的法律手续不完善。如由单位署名盖章出具的证明材料,没有见证人的勘验笔录和搜查笔录,没有当事人和调查人签名的调查笔录,有涂改而无校对章或无改正者指纹的材料等。

证据相互矛盾。数量、证明力相当的证据相互矛盾,在没有其他证据的情况下采用对被告人不利的证据的。

证据不充分,不能形成证据链。如只有被告人供述而无旁证材料的。

证据被隐瞒。在侦查和审查起诉中已经发现的证据(主要是对被告人有利的证据),人民检察院在起诉时基于某种特殊原因或出于某种特殊目的,秘而不发,既不移送人民法院,也不在法庭出示。

(3) 法律方面

法律方面的问题主要指定罪量刑所产生的法律适用问题。定罪方面,有罪与非罪的法律适用和此罪与彼罪的法律适用。量刑方面,有从轻、减轻处罚或免除刑罚的法律适用。由于起诉书在理由部分一般并不进行犯罪证明,仅是直接适用法律条款,在辩护中就应该尽可能针对起诉书的法律适用问题进行深刻分析。但目前法律方面的辩护,一般只是以事实和证据为前提,提出相应的法律适用方面的辩护意见。这里需要注意一个问题,辩护人不能作有罪辩护。

此外,还可以从诉讼程序有错误并足以影响判决结果的准确和公正的角度为被告人进行辩护。

2. 二审辩护词理由部分的制作方法

与一审辩护主要针对起诉书不同,二审辩护主要针对的是一审判决和裁定的结果或影响判决和裁定结果的情况。虽然辩护方法基本相同,但辩护理由不完全一样。二审辩护词的辩护理由主要从以下几个方面考虑。

(1) 事实方面

事实方面的理由仍然是一审辩护词理由的主要内容。主要有以下几种情况:

法院对案件事实的认定不真实。如上诉人无此行为而被认定为有此行为,或对上诉人有利的事实未被认定,或改变上诉人行为性质,或对上诉人的行为进行了不恰当的夸张和渲染等。此种情况与一审辩护理由相似。

法院认定了检察机关未提出指控的事实。法律规定，人民法院和人民检察院在办案中应相互配合，相互制约。检察院提出指控，法院应在指控的范围内进行审理。如果法院发现了检察院没有提出指控的新的犯罪事实和与犯罪有密切关系的其他事实，应该退回检察院补充侦查，不能直接调查认定，否则是违法行为。辩护人可以此为理由要求撤销原判。

法院认定了未经法庭调查核实的事实。判决书直接认定了未经法庭调查核实的事实，实际上就剥夺了被告人对该事实的辩护权，损害了被告人的合法权益，也不能保证认定事实的真实性。

（2）证据方面

除了一审辩护中的那些有关证据方面的理由同样适用，二审辩护理由中证据方面的理由还有许多种情况，如：

在同时具备对被告人有利和不利的相反证据时，没有合理的理由只使用对被告人不利的证据；

宣读证人证言不征询被告人或辩护人对证言的意见，或在连续宣读若干证言甚至是全案证言后才征询被告人或辩护人对证言的意见，而此时被告人和辩护人已无法正常地提出意见，或者提出的意见无法得到合理的解释，或者无法对证人发问，这样的证据却被采信；

辩护人在庭审中提出新的证据而法庭以不在开庭前提出，法庭无法对所提证据进行审查为理由拒绝接受；

被告人或辩护人对检察院用作证据的鉴定结论提出合理的怀疑，要求重新鉴定，或者为了证明被告人无罪而要求对某些物证进行鉴定，法庭不作出合理解释就拒绝此类要求。

（3）法律方面

法律方面的辩护理由与一审基本相同。这里值得一提的是，如果一审判决以一个新罪名取代指控罪名作出判决的话，二审中是否应该作为辩护理由提出？作为刑事诉讼法的基本原则，没有指控就没有审判，没有人民检察院的指控，也就没有人民法院的定罪。但最高人民法院在司法解释中对上述原则作了扩张解释，规定只要人民检察院提出的指控事实没有错误，而只是指控罪名有误的话，人民法院可以径行以新的罪名定罪量刑。因此，辩护人提出这样的辩护理由在司法实践中没有实际意义。

（4）诉讼程序方面

程序上的问题多种多样，收集辩护理由时要注意那些影响被告人行使法定权利并影响对被告人定罪量刑的问题。

（5）逻辑方面

逻辑方面的错误是指审判逻辑出现错误，如从正确的前提推导出错误的结论，致使认定事实、使用证据和定罪量刑方面出现差错。

除了上述几个方面,无论是一审还是二审都可以从逻辑事理和符合公序良俗的人情事理的角度进行辩护。此外,随着科技、文化的发展和技术性、智能型犯罪的增多,辩护词适当运用实验数据和有关学科的科学原理进行分析论证,充分保护被告人合法权益的方法也日益普遍。

撰写辩护词还应该注意:

(1) 处理好与辩护提纲的关系。辩护词是为第一轮辩护发言准备的,辩护提纲则是为自由辩论阶段准备的,作用各不相同。一般来说,对辩护观点的直接证明、对公诉意见书中可能出现的问题的反驳、对一审判决的错误分析等方面的问题可以放在辩护词中写,而对于辩护意见发表后可能招来的反驳意见的再反驳,则在辩护提纲中写。

(2) 处理好一、二审辩护词的关系。对于已为一审法院所接受的辩护观点,二审辩护词不应再重复;在一审中虽已提出但法院拒绝接受,辩护人认为仍能成立的理由则应具体展开论述。

(三) 制作中应当注意的问题

第一,要尊重事实,忠于法律,严格以本案查清的事实和查证属实的证据作为辩护的基础。

第二,辩护词属于演讲词,要善于把握听众的心理,让广大听众对律师的辩论发言在心理上产生共鸣,充分注意利用口语的特点增强表达的效果。

第三,端正辩护目的和演讲态度,不可意气用事,态度偏激。

二、代理词

(一) 概念、法律依据和功用

代理词是民事案件、行政诉讼案件和刑事附带民事诉讼案件的代理人在法庭辩论阶段根据被代理人的委托,为维护被代理人的合法权益所发表的演说词。

不同性质案件的代理词,其法律根据也不同。民事案件依据《民事诉讼法》第六十一条的规定:当事人、法定代理人可以委托一至二人作为诉讼代理人。刑事案件依据《刑事诉讼法》第四十六条规定:公诉案件的被害人及其法定代理人或者近亲属,附带民事诉讼的当事人及其法定代理人,自案件移送审查起诉之日起,有权委托诉讼代理人。自诉案件的自诉人及其法定代理人,附带民事诉讼的当事人及其法定代理人,有权随时委托诉讼代理人。行政案件依据《行政诉讼法》第三十一条的规定:当事人、法定代理人,可以委托一至二人代为诉讼。

代理人在与委托人取得在委托权限范围内争端的一致意见、确定了代理观点和代理方案之后撰写代理词。代理词是代理人为当事人实现代理职能的重要手段。代理词的制作质量,直接影响代理的效果,对维护被代理人的权益关系重大。好的代理词不仅有利于法院审理案件,还可能缓和当事人之间的矛盾,促成案件和解、调解,有利于社会的和谐与稳定。

(二)结构内容和制作方法

代理词的结构与辩护词相似,由标题、称呼语、序言、代理意见和结论构成。

需要注意的是,代理词有多种。按诉讼程序划分,可以分为一审代理词、二审代理词和再审代理词;按案件性质划分,可以分为民事代理词、经济纠纷案件代理词、行政诉讼代理词和附带民事诉讼代理词;按委托人的不同身份还可以分为原告代理意见、被告代理词、第三人代理词、上诉人代理词和被上诉人代理词。不同的代理词,其内容和写作重点略有不同,要注意区分。

代理意见是代理词的核心内容,主要是对代理观点充分、详细的分析论证。原告的代理人,要陈述起诉的事实,提出证据,说明诉讼请求的合理性、合法性,指出对方的过错及应负的法律责任;被告的代理人,则要针对原告的诉讼请求和主张的事实、根据,提出新的事实、证据,引用相应的法律条款,反驳对方的观点,阐明被告的观点是正确、合法的。二审上诉人的代理人,应对原审的裁判进行分析辩驳,指出其在认定事实上、适用法律上的错误,用新的事实和证据进行论证,请求改判。被上诉方的代理人,应围绕着上诉理由进行驳斥,提出原判决正确的事实和法律依据,请求二审法院予以维持。

(三)制作中应当注意的问题

第一,注意言辞的分寸。除行政诉讼(不包括行政赔偿诉讼)外,可以代理的其他各类案件都存在着调解结案的可能性,撰写代理词时应当心平气和、语言稳妥,以营造解决纠纷的良好气氛。

第二,为附带民事原告人代理撰写代理词时,代理词只要突出一个重点,即附带民事诉讼部分,包括被告人的犯罪行为与损害结果之间的关系,损害结果的大小等。为支持原告人的诉讼请求,可以说明原告人的经济状况和被告人的赔偿能力。

第三,代理词只能在代理权范围内发表代理意见。代理人代为承认、放弃或者变更诉讼请求,进行和解,提出反诉或上诉,必须有被代理人的特别授权。

三、法律意见书

(一)概念、法律依据和功用

法律意见书,是律师接受委托,就公民、法人及其他组织的法律事务或法律事务文书,如合同、章程,经过认真调查、研究之后,根据法律规定撰写的咨询意见。

一份有质量的法律意见书极具参考价值,它可以帮助所委托的人依法作出有关法律行为,可以避免纠纷的产生。同时也是律师向社会各界提供法律帮助的一种重要方式。

（二）结构、内容和制作方法

法律意见书没有很固定的格式，但大体上可以包括下列内容和事项。

1. 首部

首部包括标题及呈送单位或个人的称谓。

2. 正文

通常包括引言及法律意见。

引言一般应写明两方面的内容：一是说明自己回答法律问题的身份，二是写明针对当事人提出的何种问题作出解答。

法律意见是法律意见书的主体部分。在这里应写明律师针对当事人提出的法律问题作出解答的内容。律师对当事人提出的问题，应根据现有的政策、法律、法规进行严密论证、科学分析，从而提出并阐明自己的法律意见。在具体行文上，这部分内容既可以综合述写，也可以分为若干个问题，一一阐述意见。

3. 尾部

尾部包括署名、制作日期。

（三）制作中应当注意的问题

第一，律师在向当事人提出法律意见时，一要注意解答内容的合法性；二要注意有针对性；三要有具体的操作性。

第二，在认真调查的基础上，写出符合实际、合法合理的法律意见，切忌脱离实际、违背法律，否则律师要承担相应的法律责任。

四、律师见证书

（一）概念、法律依据和功用

律师见证书是律师接受当事人的委托，对律师亲眼所见或亲自检验过的，一定范围内的法律事实的真实性与合法性进行证明而出具的一种具有法律意义的书面证明文书。

律师见证书的作用是促使当事人认真、严肃地对待所实施的法律行为，增强其责任感，可以作为委托人享受民事权利、履行义务的依据，从而保证双方建立的法律关系的合法性、稳定性，而且有利于执行。

（二）结构、内容和制作方法

律师见证书的整体结构包括首部、正文和尾部。

1. 首部

包括标题、文书编号、委托见证人的身份情况。

2. 正文

这部分是律师见证书的主体部分,主要包括见证事项、见证过程、见证结论和法律依据四项内容。

(1) 见证事项,即委托见证人是因何种民事法律事务来要求律师见证的。

(2) 见证过程,主要概述律师从接受委托到办完见证的全过程。这一部分可以与见证结论合并写,也可以分开写。这一部分应着重说明自己为确认见证事项的真实性、合法性做了哪些工作。

(3) 见证结论,是指律师对有关见证事项的各种材料进行审查后所作出的结论。见证结论是见证书的核心部分。见证结论可以与见证事项的法律依据结合在一起写,也可以分开写。

(4) 法律依据。应写明见证事项符合现行法律的有关具体规定,以说明见证事项的合法性。

3. 尾部

应依次写明制作文书的律师事务所名称,两名见证律师的签名或者盖章,制作见证书的年、月、日。

(三) 制作中应当注意的问题

第一,律师在见证时,必须亲临现场,以其所见所闻来进行客观的证明,不需要进行分析研究、判断推理。

第二,对于法律规定必须强制公证的事项,律师的见证没有实际意义。

本 章 小 结

本章内容丰富,涵盖了律师业务涉及的所有重要法律文书。按制作主体划分,律师实务文书包括律师代书文书和律师工作文书两大类;按案件性质划分,律师实务文书包括刑事、民事、行政等各类代书或工作文书以及非诉讼的代书或工作文书。制作各类律师实务文书,应当遵循格式规范和语言合体、结论合法的原则。

思考与练习

1. 什么是律师实务文书?在刑事诉讼的各个阶段,分别有哪些律师实务文书?
2. 刑事上诉状的上诉理由可以从哪几个方面论证?制作一份刑事上诉状。
3. 民事起诉状的理由部分可以分几个层次?如何充分阐述民事起诉状的理由,使其足以证明主张的事实?

4. 民事案件的被告为什么要精心制作民事答辩状？根据案情的不同，被告可以在答辩状的理由部分分别采取什么方法反驳原告主张的事实和诉讼请求？

5. 民事原告代理词和民事被告代理词的代理意见有什么不同之处？制作一份民事代理词。

第八章 公 证 文 书

本章要点

本章概述了公证文书的概念、适用范围、分类和制作要求,公证书的结构内容、制作方法和特殊要求;定式公证书的概念、分类、结构与内容以及常用定式公证书的具体行文;要素式公证书的适用范围、结构内容和制作要求。本章还对合同(协议)公证书、保全证据公证书、现场监督公证书等重要要素式公证书进行了具体讲授。

第一节 概 述

一、概念、特征和适用范围

(一)概念和特征

公证文书是公证机构按照法定程序依法证明民事法律行为、有法律意义的事实和文书的真实性、合法性,以保护自然人、法人或者其他组织人身权、财产权所制作的各类文书的总称。公证是国家为维护民商事活动的正常秩序和社会的和谐稳定,预防纠纷,减少诉讼,保护自然人、法人和非法人组织的合法权益而设立的一种预防性的司法证明制度。

公证文书具有以下法律特征:(1)公证文书制作的主体必须是公证机构和公证员。(2)公证文书必须依照法律规定的程序和格式制作。(3)公证的对象是民事法律行为、有法律意义的事实和文书。(4)公证文书的标准是真实性、合法性。(5)公证文书具有特殊的法律效力,即证据效力、强制执行效力和法律行为成立的要件效力。(6)公证文书是一种非诉讼司法文书。

(二)适用范围

《中华人民共和国公证法》第二条规定,按照公证机构办理的公证事项和事务区分，公证文书的适用范围主要有以下五类。

1. 民事法律行为类公证，主要包括下列公证事项：
(1)合同；(2)收养、继承；(3)委托、遗嘱、声明、赠与等；(4)招标、拍卖等。

2. 有法律意义的事实类公证，主要包括下列公证事项：
(1)出生、死亡、婚姻状况、不可抗力事件、意外事件等；(2)亲属关系、学历、经历、财产权、法人的资信情况等。

3. 公证有法律意义的文书，主要包括下列公证事项：
(1)证书(执照)；(2)文书上的签名(印鉴)；(3)文本相符。

4. 保全证据公证

保全证据公证，是公证机构根据公民、法人或者其他组织的申请，依法对日后可能灭失或难以提取的证据加以验证提取、收存和固定的活动。根据保全证据对象的不同，可能涉及证明法律行为、法律事实和文书。

5. 公证事务

《公证法》第十二条规定，根据自然人、法人或者其他组织的申请，公证机构可办理下列事务：(1)法律、行政法规规定由公证机构登记的事务(主要是其他法定登记机构受理范围以外的抵押登记)；(2)提存；(3)保管遗嘱、遗产及其他与公证事项有关的财产、物品、文书；(4)代写与公证事项有关的法律事务文书；(5)提供公证法律咨询(包括出具公证法律意见书等)。

二、分类

公证文书包括以下四类。

(一) 公证书

公证书是公证处对当事人申请公证的事项经过审查核实，认为符合公证条件，并按照法定程序和格式制作的，具有特殊法律效力的法律证明文书。公证书是最主要的公证文书，按照文书的制作的格式及其所呈现的形态，可分为要素式公证书和定式公证书两大类。要素式公证书，是指文书内容由规定的要素构成，文字表述等则由公证员酌情撰写的公证书。定式公证书，是指按照固定的格式及固定化用语，填充其中变量撰写的公证书。

(二) 公证决定书

公证决定书是公证机构根据事实和法律，为解决某些公证程序事项而做出的书面处理意见。根据规定，公证活动中的决定主要有：受理决定、不予受理决定、回避决定、终止公证决定、拒绝公证决定、撤销公证书决定等。

(三) 公证通知书

公证通知书是公证机构向当事人通告公证决定或者其他公证程序事宜的文

书。通知分为口头通知、书面通知、公告通知三种。口头通知用于解决一些简单公证程序性事宜,应当直接告知当事人或有关人员。书面通知是用于解决法定的或重要的公证程序问题的书面文件。公告通知是在无法进行口头和书面通知的情况下,以公告形式发出的通知,主要用于提存等特殊的公证活动。

（四）辅助性公证文书

辅助性公证文书是指在办理公证业务活动中制作的服务于办证的文书,包括公证法律意见书、司法建议书、公证接待簿、公证登记簿、公证申请表、谈话笔录、调查笔录、调查公函、调查报告、现场勘验记录、勘验报告、送达回证、公证档案文书等。

三、制作中的特殊要求

（一）一律使用中文制作

公证书是国家法律文书,其所使用的文字涉及国家主权和民族尊严。因此,司法部制定的《公证程序规则》第四十三条规定:"制作公证书应当使用全国通用的文字。在民族自治地方,根据当事人的要求,可以同时制作当地通用的民族文字文本。两种文字的文本,具有同等效力。发往香港、澳门、台湾地区使用的公证书应当使用全国通用的文字。发往国外使用的公证书应当使用全国通用的文字。根据需要和当事人的要求,公证书可以附外文译文。"

（二）必须贯彻真实、合法的原则

《公证法》第二条规定:"公证是公证机构根据自然人、法人或者其他组织的申请,依照法定程序对民事法律行为、有法律意义的事实和文书的真实性、合法性予以证明的活动。"该法第三条规定:"公证机构办理公证,应当遵守法律,坚持客观、公正的原则。"制作公证文书力求简明、扼要,表达准确,用语规范。

（三）严格按照法定程序、规定的格式和要求制作公证文书

国家对办理公证的程序和制作公证文书的格式、方法等都有严格的要求,公证机构必须认真遵守,严格执行。

第二节　公证书制作技术规范通说

公证书是公证机构经常制作的最主要的公证文书,是公证机构活动的结果,公证的效力和作用集中体现在公证书中。公证书制作应该符合中国公证协会起草的《公证书制作规范 SF/T 0038－2021》文件规定,必须达到下列各项技术规范。

一、公证书用纸主要技术指标

（一）公证书普通用纸

公证书普通用纸要求如下：

1. 公证书内文用纸应符合 GB/T 9704 的要求，一般使用纸张定量为 $60\,g/m^2 \sim 80\,g/m^2$ 的胶版印刷纸或复印纸。纸张白度 80%～90%，横向耐折度 $\geqslant 15$ 次，不透明度 $\geqslant 85\%$，pH 值 7.5～9.5。

2. 公证书封面封底用纸质量应高于内文用纸质量，一般使用纸张定量为 $120\,g/m^2 \sim 150\,g/m^2$。

（二）公证书专用纸

公证书专用纸是专供办理涉外、涉港澳台公证业务的公证机构制作发往外国或者我国港澳台地区的公证书的防伪纸张。公证书专用纸应由中国公证协会统一调配发放。

二、用纸幅面尺寸及版面

（一）幅面尺寸

公证书用纸应符合 GB/T 148 中规定的 A4 型纸，其成品幅面尺寸应为：$210\,mm \times 297\,mm$。

（二）封面和封底

公证书均应粘贴封面和封底。封底无正文，封面应符合以下要求：

1. 公证书封面的"公证书"字样采用宋体 48 号字加粗，上边缘至纸张边缘为 94 mm，字间隔一字；

2. 公证书封面的公证机构名称按照司法部令第 101 号《公证机构执业管理办法》第十八条规定冠名，字样下边缘至纸张边缘 44 mm，用 2 号宋体字，公证机构名称前加"中华人民共和国"字样；

3. 公证书封面用字排版位置居中；

4. 公证书封面的文字颜色为黑色。

（三）证词页版面

公证书证词页版面应符合以下要求：

1. 页边

公证书用纸上下边距为 $26\,mm \pm 1\,mm$；公证书用纸左边距为 $30\,mm \pm 1\,mm$，右边距为 $26\,mm \pm 1\,mm$。

2. 字体和字号

"公证书"标题字样采用 2 号仿宋字体，其他各要素采用 3 号仿宋字体；阿拉伯数字和英文字母采用 3 号 Times New Roman 字体;特定情况可作适当调整。

3. 行间距

行间距为单倍行距;特定情况可作适当调整。

4. 文字的颜色

公证书文字颜色为黑色。

三、印制装订

(一) 制版

版面应干净无底灰,字迹清楚无断划,尺寸正确,版心误差≤1 mm。

(二) 印刷

印刷应符合以下要求:1. 单面印刷;2. 黑色油墨达到色谱所标 BL100%;3. 印品着墨实、均匀;4. 字面不花、不白、不断。

(三) 装订

公证书的装订顺序为:1. 公证书封面;2. 所证明的文件;3. 公证书(证词页);4. 所证明文件的译文;5. 公证书(证词页)译文;6. 证明译文与原文相符的公证书;7. 证明译文与原文相符的公证书译文;8. 公证书封底。

装订方法:1. 为同一使用目的的数份公证书,可以按法律关系的顺序合乎规律地排列装订在一起,只使用一个封面、封底。2. 装订公证书一般左侧装订,不应掉页缺页,两页页码之间误差≤4 mm;一般用胶水粘贴,要粘得平整;公证书页数较多,粘贴有困难的,可以将公证书证芯用装订机装订,然后再粘上封面、封底。页数过多,订书机无法装订的,可采用胶订方式。

四、公证证词页各要素排布

公证书的证词页可分为版头和主体两部分。公证书用纸上下边距为 26 mm±1 mm,证词用纸左边距为 30 mm±1 mm,右边距为 26 mm±1 mm。行间距为单倍行距,特定情况可作适当调整。

(一) 版头

公证证词页公证书编号及以上的部分称为版头。

1. 公证书名称

在证词页上部居中写"××××公证书",采用 2 号仿宋字体。除此之外,下列其他各要素采用 3 号仿宋字体。

2. 公证书编号

公证书编号应在"公证书"字样下空二行,居右排布,由年度编码、公证处及公证类别代码和公证书序号编码组成,年度编码和序号编码使用阿拉伯数字。年份标全称,用全角圆括号"( )"括入,数字编号前加"证字第"字,数字编号后加"号"字,数字编号不编虚位(即"1"不编为"01")。公证类别代码分为国内民事、国内经济、涉外民事、涉外经济、涉港澳、涉台等。序号编码应当以年度为单位编排,同一公证处在同一年度办理的同类公证的序号编码必须按照出证的时间连续下去,不得间断。同一公证处的公证书编号不得出现重号。

(二)主体

主体中应包括公证证词页申请人及其代理人的基本情况、公证证词、落款、公证员签名章、公证机构印章、公证机构钢印、出具日期、特殊情况说明、附注、公证书证明的文件、照片和公证书译文等。

1. 申请人及其代理人的基本情况

申请人的基本情况应编排于公证书编号下空一行,应写明申请人的姓名(名称)、性别、出生年月日、身份证明的名称与号码、住址,外国人应写明国籍。每个单位、自然人的基本信息独立成段,每自然段左空二字,回行顶格;"申请人""代理人"等应与排在第一顺位名称或姓名等内容编排一行。

2. 公证事项

应单列一行,简要地写明公证证明对象的名称或类别。

3. 正文(证词)

正文又称公证证词,是公证书的主要部分,应当根据证明事项来写。其内容包括:公证证明的对象、公证证明的范围和内容、证明所依据的法律、法规等。公证证明对象、范围不同,公证的条件、内容和适用的法律也不同,这些都要在证词中有所反映。公证证词涉及的组织名称,第一次出现时必须使用全称;公证证词涉及的日期要采用公历,需涉及农历时应采用括号注明。正文应编排于申请人及其代理人的基本情况下一行,每个自然段左空二字,回行顶格;文中结构层次序数应依次采用"一、""(一)""1.""(1)"标注。

4. 落款

应编排于公证书证词下空二行,标明的公证机构名称必须为全称,不能用简称,并前加"中华人民共和国"字样,一行居右排列,如"中华人民共和国××省××市××公证处"。公证员签名章应在公证机构全称下空二行,居右排列;"公证员"字样,居于公证员签名章左侧,间隔一字。

5. 承办公证员的签名或签名章

公证书应按照规定使用公证员的签名章或者由公证员亲笔签名。签名章应为无框线签名章,用手书字体,为横排式,长4.5厘米,宽2.5厘米,必须使用蓝色印泥。此处不得添加"公证员"以外的其他职务,如"主任公证员""高级公证员"等。

公证员签名章电子印章的图形化特征,应与实物印章的印模完全一致。

6. 出具日期

即出具公证书的年月日。司法部《公证程序规则》第四十四条规定:"公证书自出具之日起生效。需要审批的公证事项,审批人的批准日期为公证书的出具日期;不需要审批的公证事项,承办公证员的签发日期为公证书的出具日期;现场监督类公证需要现场宣读公证证词的,宣读日期为公证书的出具日期。"应于"公证员"落款处下空三行,写明公证书出具日期,居右排列;公证书出具日期中的数字应用阿拉伯数字将年、月、日标全,年份应标全称,月、日不编虚位。

7. 公证处印章及钢印

(1) 公证处印章:

① 公证机构的印章应为圆形,直径 4.2 cm,中央刊五角星,公证机构名称在五角星上部自左而右环行,"公证处"三字在五角星下部自左而右横行;

② 印章所刊名称,应为公证机构执业证书上的名称;

③ 民族自治地方,应并刊规范汉字和当地通用的民族文字;

④ 印章的印文,应使用宋体字和国务院公布实行的规范汉字;

⑤ 公证机构印章应使用红色印泥;

⑥ 公证机构电子印章的图形化特征,应与实物印章的印模完全一致。

(2) 公证机构钢印:

① 公证机构钢印应为圆形,直径 4 cm,使用文字及文字排列与公证机构印章相同;

② 公证书粘贴好后,一般自封面至封底垂直透体加盖钢印于公证书左下方;

③ 对粘贴封面、封底的公证书证词页上粘贴照片的情况,公证机构可在封面上相应位置加盖钢印;

④ 对因公证书较厚、钢印加盖效果不好的问题,公证机构可采取将公证书粘贴好后,一次加盖几页的方法解决,但用印位置应大体一致。

8. 特殊情况说明

① 落款、公证员签名章、公证机构印章和出具日期应在同一页编排;

② 当公证书排版后所剩空白处不能容下落款等全部内容时,应另起一页,注明"(此页无公证证词。)",再按照格式编排落款等全部内容。

9. 附注

如果有附注,应居左空两字加圆括号编排在出具日期下一行。

10. 公证书证明的文书

① 应另面编排,与公证证词页一起装订;

② 由公证机构代书打印的公证书证明的文书格式要求同正文。

11. 公证书贴照片

根据需要和当事人要求，公证书贴照片的，照片应当贴在公证书证词页左下方的空白处，并加盖公证机构钢印。

12. 公证书译文

根据需要和当事人要求，公证书可附外文译文；对于证明有法律意义文书的，公证书应包括所证明文件(例如：声明书、委托书)中文本(或复印件)、公证证词、所证明文件的译文、公证证词译文；需证明译文与原文相符的，公证书还应包括证明译文与原文相符公证证词，证明译文与原文相符公证证词译文。

制作公证书要特别注意出具公证书的条件。它们包括以下三个方面。

出具民事法律行为公证书应符合下列条件：(1)当事人具有从事该行为的资格和相应的民事行为能力；(2)当事人意思表示真实；(3)该行为的内容和形式合法，不违背社会公德；(4)《公证法》规定的其他条件。不同的民事法律行为公证的办证规则有特殊要求的，从其规定。

出具有法律意义的事实或文书公证书应符合下列条件：(1)该事实或者文书与当事人有利害关系；(2)事实或文书真实无误；(3)事实或者文书的内容和形式合法，不违背社会公德；(4)《公证法》规定的其他条件。不同的有法律意义的事实或者文书公证的办证规则有特殊要求的，从其规定。

文书上的签名、印鉴、日期的公证，其签名、印鉴、日期应当准确、属实；文书的副本、影印本等文本的公证，其文本内容应当与原本相符。出具具有强制执行效力的债权文书公证书，应当符合下列条件：(1)债权文书以给付为内容；(2)债权债务关系明确，债权人和债务人对债权文书有关给付内容无疑义；(3)债务履行方式、内容、时限明确；(4)债权文书中载明当债务人不履行或者不适当履行义务时，债务人愿意接受强制执行的承诺；(5)债权人和债务人愿意接受公证机构对债务履行情况进行核实；(6)《公证法》规定的其他条件。

债务人不履行或者不适当履行经公证的具有强制执行效力的债权文书的，公证机构应当对履约情况进行核实后，依照有关规定出具执行证书。执行证书应当载明申请人、被申请执行人、申请执行标的和申请执行的期限。债务人已经履行的部分，应当在申请执行标的中予以扣除。因债务人不履行或者不适当履行而发生的违约金、滞纳金、利息等，可以应债权人的要求列入申请执行标的。

五、其他技术要求及公证书样式

(一) 公证证词页页码

公证证词页页码应符合以下要求：

1. 采用 4 号 Times New Roman 字体阿拉伯数字，编排在公证证词页下边缘

之下,数字左右各放一条一字线,一字线上距版心下边缘 7 mm;

2. 页码居中向右空一字;

3. 空白页不编排页码。

(二)计量单位、标点符号和数字

公证书中计量单位的用法应符合 GB 3100、GB/T 3101 和 GB/T 3102(所有部分),标点符号的用法应符合 GB/T 15834,数字用法应符合 GB/T 15835。

(三)公证书样式

公证书封面和证词样式应符合图 1 和图 2 要求。

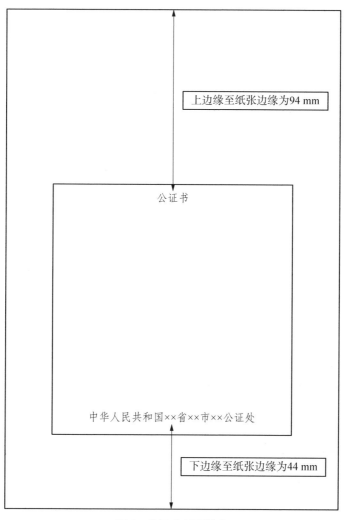

图 1　公证书封面样式

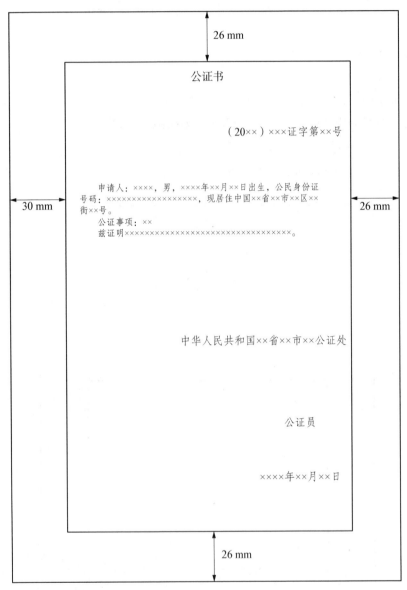

图 2　公证书证词页样式

六、技术规范参考文献

GB/T 148 印刷、书写和绘图纸幅面尺寸；

GB 3100 国际单位制及其应用；

GB/T 3101 有关量、单位和符号的一般原则；

GB/T 3102(所有部分)量和单位;
GB/T 9704 党政机关公文格式;
GB/T 15834 标点符号用法;
GB/T 15835 出版物上数字用法;
司法部令第101号公证机构执业管理办法。

七、制作中的特殊要求

制作公证书总的要求是:内容真实、合法,符合办证程序,文字简明、准确、易懂、用词规范,印制装订整洁、美观、大方。具体要求如下。

(一)制作公证书应使用全国通用规范汉字

在民族自治地方,根据当事人的要求,可同时制作当地通用的民族文字文本。

(二)认真贯彻一事一证原则

其好处在于:(1)便于申请人使用,既可单独使用,也可合并使用。(2)证明事项清楚,便于制作。可以使公证书内容清晰、简练,不致因证明事项过多造成表述困难或者引起歧义。

(三)出生地和出生日期

(1)出生地,一般只写省(自治区、直辖市)、县(市)的名称。如因名称变化,则应写出生时的名称。如果出生时的名称现已不存在,可在地名前加"原"字。

(2)出生日期,一般用公历,写明出生的年、月、日;必要时可用括号注明农历日期。公证书中一律不写年龄。

(四)贴照片

按照规定和使用国的要求,经历、学历、结婚、出生、亲属关系、未婚公证书需要加贴照片,其他公证书可根据当事人的要求加贴照片。

(五)当事人的姓名、名称和称谓

当事人的姓名要写准确,特别是现用名,不能用同音字代替。对曾用名、又名、别名等,需要时可加括号注明。

机关、团体、企事业单位等组织名称,在公证书上第一次出现时应当写全称,其后方可用简称。

当事人之间的称谓必须采用法律规范的称谓,不能用地方性习惯称谓和方言称谓。

(六)译文和认证

发往域外使用的公证文书,除使用国(如日本)不要求附译文或者免除认证的以外,一般要根据使用国(如德国、奥地利)的要求附相应的外文译文并办理外交认证。译文中的姓名,中国人的姓名、地名采用汉语拼音译名,对地方方言译名可用括号注明;外国的人名、地名,可直接使用该国原语言文字。

(七)公证书的修改

公证书不得涂改、挖补,必须修改的,应当收回公证书,更正后发给当事人;不能收回的,另行出具补正公证书。

第三节　定式公证书

一、概念及分类

目前,司法部制定的公证书格式分为两类,即定式公证书格式和要素式公证书格式。定式公证书,是指按照固定的程式化语言表达,填充其中的变量所制作的公证书。定式公证书计有民事法律行为类、有法律意义的事实类、有法律意义的文书类三大类,按照司法部于2011年3月印发,同年10月起在全国启用的《定式公证书格式》,总计35式49种。

二、结构与内容

根据定式公证书格式要求,定式公证书由首部、正文(证词)、尾部组成。

(一)首部

由公证书标题、公证书编号、申请人(关系人)、公证事项四项内容构成,后两项为新增的内容。

1. 公证书标题。在证词页上部居中,统一表述为"公证书"三个字。

2. 公证书编号。公证书编号应符合司法部发布的《公证书格式》的规定,编排在"公证书"字样下空二行,居右排布。年份、数字编号用阿拉伯数字标注。公证书编号由年份代码、地区代码、公证处代码、证书类别代码、证书顺序代码组成,表述为"(年份代码)××证字第××号"。地区代码为省(自治区、直辖市)简称,可加所在市(地)简称;公证处代码由公证处自定,但不得与同省其他公证处相同;证书类别代码、证书顺序代码由公证处自定,但不得与本处本年度其他公证书相同,例如:(2022)沪张江证经字第100号。编号中的数字均使用阿拉伯数字;每件公证书均应编一个号,不得几件公证编一个号,也不得重复编号;同一公证处同一年度办理的同一证书类别代码的公证书应当按出证的时间顺序编号;同一申请人同时办理几件公证书的,应当按公证事项之间的逻辑顺序编号,如申请人申办继承公证和委托处理遗产的委托书公证的,继承公证书编号应当排在委托公证书编号之前。

3. 申请人。申请人为自然人的,基本情况包括:姓名、性别、居民身份证号码,可以根据公证的内容增加出生日期、住址、联系方式等情况,发往域外使用的公证书应当注明出生日期;申请人为外国人的,用出生日期、国籍和护照号码代替公民身份号码;申请人为我国港澳台地区居民的,用出生日期、居住地区和证件号码代替公民身份号码;申请人为法人或者非法人组织的,基本情况包括组织名称、机构代码、登记注册地址,另起一行注明法定代表人或者负责人的姓名、性别、职务、公民身份号码。由代理人代办的公证事项,应当在所代理的申请人基本情况后另起一行注明代理人的姓名、性别、居民身份证号码。

4. 公证事项。公证事项有助于确定公证文书的类别及其适用的办证规则、出证条件以及证明事项的范围。公证事项应单列一行,简要写明公证证明对象的名称或者类别。

(二) 正文

正文,又称公证证词,是公证书的核心部分,应当根据公证事项的具体情况确定内容。其内容包括公证证明的事项、范围、内容、适用的法律法规等。证明对象不同,证明内容、适用的法律以及出证的条件等也不同,这些都要在证词中有所反映。本定式公证书格式新增了可根据需要增加公证书用途、公证书附件的规定,应当在上述证词表述完后,另起一行表述。证词涉及的组织名称,第一次出现时必须使用全称;涉及的日期要采用公历,需涉及农历时应采用括号注明。

(三) 尾部

公证书尾部包括:照片、承办公证机构名称、承办公证员的签名或签名章、公证书出具日期和公证机构印章等。

1. 承办公证机构的名称。名称必须用全称,不能用简称,正确名称如"中华人民共和国××自治区××县××公证处"。

2. 承办公证员的签名或者签名章。公证书应按照规定使用公证员的签名章或者由公证员亲笔签名。签名章应为无框线签名章,用手书字体,签名章长度4.5cm,宽度2.5cm,必须使用蓝色印泥。此处不得添加"公证员"以外的职务。公证员签名章电子印章的图形化特征,应与实物印章的印模完全一致。

3. 出具日期。出具日期即出具公证书的年月日。《公证程序规则》第四十四条规定:"公证书自出具之日起生效。需要审批的公证事项,审批人的批准日期为公证书的出具日期;不需要审批的公证事项,承办公证员的签发日期为公证书的出具日期;现场监督类公证需要现场宣读公证证词的,宣读日期为公证书的出具日期。"

4. 公证机构印鉴。公证处印章应使用红色印泥,押盖在公证书出具日期上。涉外及涉港澳台公证书必须加盖公证处钢印,其他公证书根据需要加盖钢印。钢印应盖在公证书左下方,公证书粘贴照片的,钢印应盖在照片的骑缝处。

5. 照片。根据需要和当事人要求，公证书贴照片的，照片应当贴在公证书证词页左下方的空白处，并加盖公证机构钢印。

三、几种常见定式公证书的具体行文

本教材在三大类定式公证书中各选讲几个常用文种的具体行文。

（一）民事法律行为类

在司法部制定的定式公证书格式中，为了证明单方民事法律行为真实、合法，出具的公证文书有委托公证书、声明公证书、遗嘱公证书等。对上述几种公证书的实例及公证书文本介绍如下。

1. 委托公证书

实例：

李××（×年×月×日出生）有一套商品房，准备出售后另购新房。因健康原因无法亲自办理出售手续，故委托好友张××代为办理。为此，2021年4月5日李××亲自到××市某公证处提出了委托公证申请，公证处经审核并根据李××意愿代为起草了《委托书》文本，于2021年4月8日为其出具了委托公证书。

公证书

（2021）××证字第××号

申请人：李××，男，×年×月×日出生，公民身份号码：×××××××××。

公证事项：委托

兹证明李××于×年×月×日，在本公证员的面前，在前面的《委托书》上签名，并表示知悉委托的法律意义和法律后果。

李××的委托行为符合《中华人民共和国民法典》第一百四十三条的规定。

中华人民共和国××市××公证处
公证员（签名或签名章）
二〇二一年四月八日

2. 声明公证书

实例：

××市市民王××的儿子、儿媳在加拿大生活，因为工作原因，需要将王××的孙子王×明送到国内王××处寄养，当地公安部门要求王××办理一份愿意承担寄养义务的声明公证书。声明的内容大致为：表明王××与王×明的关系，表示王××会在王×明在国内生活期间履行监护义务，承担监护责任，全额承担王×明往返和生活期间的费用，按照签证有效期保证王×明合法居留并按时离境，等等。王××向当地公证机构申请办理声明公证。

公证书

(　)××证字第××号

申请人：王××,男,×年×月×日出生,公民身份号码：××××××××。

公证事项：声明

兹证明王××于×年×月×日来到我处,在本公证员的面前,在前面的《声明书》上签名,并表示知悉声明的法律意义和法律后果。

王××的声明行为符合《中华人民共和国民法典》第一百四十三条的规定。

中华人民共和国××市××公证处
公证员（签名或签名章）
×年×月×日

3. 遗嘱公证书

实例：

某市居民金×,男,1938年6月5日出生,丧偶未再婚,生有一子两女,金×个人身体状况良好。

金×于×年×月×日向其所在地某市某公证机构申办遗嘱公证,将属于个人所有的房屋一处遗留给儿子继承。该公证机构受理其申请后,指派公证员林×和工作人员印×承办,金×于申请日当天在该公证机构,在公证人员代书的遗嘱打印件上签字。该公证机构在履行法定程序之后,于×年×月×日为金×出具了公证书。

公证书

(　)××证字第××号

申请人：金×,男,一九三八年六月五日出生,公民身份号码：×××××××。

公证事项：遗嘱

兹证明金×于×年×月×日来到我处,在本公证员和本处公证员助理印×的面前,在前面的《遗嘱》上签名,并表示知悉遗嘱的法律意义和法律后果。

金×的遗嘱行为符合《中华人民共和国民法典》第一百四十三条和第一千一百三十九条的规定。

中华人民共和国××市××公证处
公证员（签名或签名章）
×年×月×日

(二)有法律意义的事实公证书

1. 学历公证书

实例

宋××,男,×年×月×日出生,因到加拿大留学,于×年×月×日向××省××市××公证处申请办理其本科学历公证。公证处经审查、核实出具了公证书。

公证书

()××证字第××号

申请人:宋××,男,×年×月×日出生,公民身份号码:×××××××××。

公证事项:本科学历

兹证明宋××于×年×月至×年×月在××大学××系本科××专业学习,学制四年,于×年×月毕业。

中华人民共和国××市××公证处

公证员(签名或签名章)

×年×月×日

2. 经历公证书

实例:

任××,男,×年×月×日出生,现任××,准备前往加拿大技术移民。×年×月×日,任××来到公证处申请办理工作经历公证。任××向公证处提供了单位人事部门出具的证明。单位人事部门证明内容为:任××(男,×年×月×日出生)于×年×月至×年×月在北京市××城建工程公司工作;于×年×月至今在北京市××设计研究院从事建筑设计工作,×年×月至×月参加了××体育场馆工程设计工作,落款日期为2021年3月8日。经公证员审核,确认其上述工作经历属实。2021年3月23日,公证处为李××出具了经历公证书。

公证书

()××证字第××号

申请人:任××,男,×年×月×日出生,公民身份号码:×××××××××。

公证事项:经历

兹证明任××于×年×月至×年×月在北京市××城建工程公司工作;于×年×月至×年×月在北京市××设计研究院从事建筑设计工作,×年×月至×月参加了××体育场馆工程设计工作。

中华人民共和国××市××公证处
公证员（签名或签名章）
二〇二一年三月二十三日

3. 无（有）犯罪记录公证书

实例：

毛××，男，×年×月×日出生，系中国公民，一直在国内居住，因要到外国定居，其母亲代其向公证处申办无犯罪记录公证。

公证书

（）××证字第××号

申请人：毛××，男，×年×月×日出生，公民身份号码：×××××××××。

公证事项：无犯罪记录

兹证明毛××至×年×月×日在中华人民共和国期间无犯罪记录。

中华人民共和国××市××公证处
公证员（签名或签名章）
×年×月×日

（三）有法律意义的文书公证书

1. 证书（执照）公证书

申请人沈××，男，1982年1月1日出生，2008年7月毕业于东南大学，获硕士学位，参加工作后考取了驾驶证，因需赴加拿大移民，向公证处申请办理毕业证。承办公证员经核实，为其出具了证书（执照）公证书。

公证书

（）××证字第××号

申请人：沈××，男，一九八二年一月一日出生，公民身份号码：××××××××。

公证事项：证书

兹证明东南大学于二〇〇八年七月××日发给沈××的硕士研究生《毕业证书》的原件与前面的复印件相符，原件属实。

中华人民共和国××市××公证处
公证员（签名或签名章）
×年×月×日

四、制作中应当注意的问题

第一，正确适用特定的格式。目前，公证书格式是以公证证明对象为区分标准的,证明对象不同,办证的要求、出证的条件、适用的格式也不同。在实践中,一个事项可以有多种表现形式,因此也可以选择不同的证明方式。公证员要认真了解申请人的目的和公证书的用途,根据实际情况和可能,确定公证证明对象,适用唯一正确的特定公证书格式,以有效地完成当事人的公证事务。

第二,认真贯彻一事一证原则。定式公证书格式是以一事一证作为基础的。为使用方便,一般应当将为同一使用目的的若干公证,按先后顺序合并装订为一册。这样做的好处在于:一是便于申请人使用,既可单独用,也可合并使用;二是证明事项清楚,便于制作;三是可以使公证书内容清晰、简练,不致因证明事项过多造成表述困难或者引起歧义。

第三,严格按格式规定的程式化语言制作公证书。定式公证书格式既然是按照固定的程式化语言撰写公证书,就不能随意修改程式化语言,更不能随意增加证词内容。定式公证书一律不引用出证的事实根据,如不能使用"根据××××,兹证明……"这类表述;更不得通过加注的方式规避公证机构负有的法定义务,如对于申请办理出售房屋委托公证的当事人是否为房屋所有权人,不应加注"本公证书对××为房屋所有权人未予证明(或未予审查)"这类表述。

第四,正确使用格式变量。变量的表述要简明扼要,并注意变量表述与程式化语言间的有机衔接,使整个证词语言流畅、浑然一体。

第五,格式中用括号表明的选择词,实际制作公证书只能选用其中之一,不能照抄,如公证处名称的格式表述为"中华人民共和国××省××市(县)××公证处",市、县只能取其一。

第四节　常用要素式公证书

要素式公证书,是指文书内容由规定的要素构成,行文结构、文字表述等则由公证员酌情撰写的公证文书。

一、适用范围和制作要求

(一)适用范围

根据《司法部关于保全证据等三类公证书试行要素式格式的通知》,要素式公证书主要适用于:在国内使用的保全证据、现场监督、合同(协议)三类公证书。2008年司法部又印发《司法部关于推行继承类、强制执行类要素式公证书和法律意见书格式的通知》,发布继承类、强制执行类要素式公证书和法律意见书格式,并启用。

根据公证实践发展的需要,今后将逐步扩大要素式公证书格式的适用范围。逐步采用要素式公证书格式的有:财产权属类公证书、不可抗力(意外)事件类公证书等。

(二) 结构内容和制作方法

要素式公证书格式由首部、证词要素(内容)、尾部构成。

证词要素是公证书证词的必要内容,包括必备要素和选择要素两部分。"必备要素"为公证书证词中必须具备的内容。"选择要素"则是根据公证证明的实际需要或者当事人的要求,在公证书证词中可酌情写明的内容。

(三) 制作要求

制作要素式公证书的要求是:内容真实、合法,符合办证程序,文字简明、准确、易懂,用词规范,语句通畅,对事实表述要清楚,要注意相关内容的时间顺序和逻辑关系,适用法律要准确。切忌文字冗长累赘或使用虚拟、夸张等积极修辞方法,要认真审查校对,严防出现错句、病句或错别字。

有人说:"要素式,要的是公证员的素质。"这话有一定道理,因为这种文书要求对证明对象的研究分析必须是具体、完整的,对法律的适用必须从实体法到程序法整体考虑,对公证员的业务素质、分析判断能力、文字表达能力等提出了更高的要求。

要素式公证书有合同(协议)公证书、保全证据公证书、现场监督公证书、强制执行公证书、继承权公证书等种类。下面,对合同公证书、保全证据公证书和现场监督公证书这三类新型公证书文种进行讲授。

二、合同(协议)公证书

(一) 概念

合同公证书是公证机构根据法律的规定和当事人的申请,依法证明当事人之间签订合同的行为真实、合法所出具的一种公证文书。

合同公证书是一项常用的重要公证文书,具体适用于:(1)《中华人民共和国民法典》规定的19类有名合同和其他法律规定的有名合同、协议;(2)无名合同、协议;(3)混合型合同、协议。

目前,这类公证书在格式上分为三种:适用于一般合同或者协议的通用合同格式;适用于对土地使用权出让或者转让合同的格式;适用于商品房买卖合同的格式。

(二) 结构内容和制作方法

合同公证书由首部、正文(证词)、尾部三个部分组成。首部中的文书名称为

"公证书",语言文字力求简明、严谨、准确。首部及尾部的其他各项的写法,已如前所述。

正文,即证词部分,由必备要素和选择要素构成;根据合同类别、主体、内容、签订时间、地点、方式以及适用法律的不同,具体表述亦有所不同。下面以通用合同公证书为例说明。

其一,证词的必备要素为:

1. 申请人全称或姓名、申请日期及申请事项

甲、乙双方先后、分别申请公证的,具体的申请日期可以不表述。

2. 公证处审查(查明)的事实

包括:(1)当事人的身份、资格,及签订合同的民事权利能力和行为能力;(2)代理人的身份及代理权限;(3)担保人的身份、资格及担保能力;(4)当事人签订合同的意思表示是否真实,是否对合同的主要条款取得了一致意见;(5)合同条款是否完备,内容是否明确、具体,可以简述合同的关键性内容;(6)是否履行了法律规定的批准或许可手续。不需经批准或许可的,不写此内容。

3. 公证结论

包括:(1)当事人签订合同的日期、地点、方式等。(2)当事人签订合同行为的合法性。在无特别规定的情况下,一般引用《中华人民共和国民法典》第一百四十三条的规定。(3)合同内容的合法性。引用《中华人民共和国民法典》或者有关法律、法规的规定。(4)当事人在合同上的签字、盖章的真实性。

其二,证词的选择要素为:

1. 合同标的物的权属情况及相关权利人的意思表示。权属情况指所有权、使用权、担保物权、专有权、专用权等。相关权利人包括:与合同标的有关的共有权人、所有权人、使用权人、担保权人等。转让、承包或者租赁合同标的物时,应按法律规定征得相关权利人的同意或者认可。

2. 当事人对合同内容的重要解释或者说明。

3. 当事人是否了解了合同的全部内容。在签订格式合同时,此点特别重要。

4. 合同生效日期及条件等。如法律规定合同需经登记或者批准方能生效的,公证书中应予注明。

5. 公证员认为需要说明的其他事实或者情节。

6. 附件。附件的名称、顺序号应在公证证词中列明。

(三)制作中应当注意的问题

第一,应当审查当事人的行为能力和签订合同的意思表示是否真实。还要对合同本身进行审查,只有合同的内容和形式真实、合法,不违背社会公共利益的,才能依法制作公证书。

第二,被证明的合同、协议及其附件应当装订在公证书证词页之前,合同及合同的附件是公证文书的组成部分。为了保证质量,预防纠纷,公证员应当帮助当事人完善合同内容,使当事人了解各合同条款的含义、自己的权利义务和将引起的法律后果。

第三,合同中存在担保的情况时,应在证词中列明担保人名称或者姓名、担保方式、担保的范围和承诺的时间、地点等。

第四,对符合规定条件的合同,如借款合同、还款协议等,公证机构可以依法赋予强制执行效力,但必须在公证书中注明。

三、保全证据公证书

(一) 概念和类别

保全证据公证书,是指在诉讼开始之前,公证机构根据自然人、法人或者其他组织的申请,对与申请人权益有关的、日后可能灭失或者难以提取的证据加以验证提取,以保持它的真实性和证明力所出具的公证文书。公证机构保全证据,可以有效地防止证据的灭失,为人民法院和行政机关及时解决纠纷提供可靠的法律依据。公证机构保全的对象包括证人证言、书证、物证、视听资料、意外事件、现场情况等。

根据所保全证据的种类、性质、特点,目前启用了四种要素式格式,分别是:保全证人证言(当事人陈述)公证书格式、保全物证(书证)公证书格式、保全视听资料(软件)公证书格式、保全行为公证书格式。

(二) 结构内容和制作方法

保全证据公证书分为首部、正文(证词)、尾部三个部分。首部及尾部与其他要素式公证书相似,证词部分则根据保全对象、保全方法的不同而有所不同。

1. 证词的必备要素

(1) 申请人姓名或者全称、申请日期及申请事项。

(2) 证人的基本情况(包括自然人的数量、姓名、性别、出生日期、住址、外国人应写明国籍)及行为能力(即证人的智力、识别判断能力及精神健康状况)。这一项只适用于保全证人证言公证。

(3) 保全标的的基本状况。包括物证的名称、数量、表状特征等(物证为普通商品时,要注明商品的品牌、型号、生产厂家名称、售价等;保全的物证为房屋等不动产时,要注明位置、坐落、四至、面积、结构、附属物等);书证的数量、名称、页数、标题、形成时间等;视听资料、软件的名称、数量、表状特征,所有人或使用人、经营人、传播者、实验者的名称,视听资料或软件的播放、销售、使用、制作、运行的地点等;行为的名称、参与人的数量、姓名(名称)、活动的起止时间、地点及内容等;物证、书证、视听资料,若软件不在公证处的,应注明存放地点。

(4) 保全物证、书证、视听资料、软件、证人证言、行为的时间、地点。

(5) 保全的方式方法。保全证人证言的方式包括：自书、他人代书、公证人员记录、录音、录像等，后四种方式的制作人等。保全物证、书证、视听资料、软件的方式包括申请人提交、公证人员提取、公证人员记录、现场勘验、照相、录像、技术鉴定、复制、下载等。所采用的保全行为包括现场记录、照相、录像等。

(6) 保全证据的关键过程。以保全物证的关键过程为例，包括①参与保全的人员，包括承办公证人员及在场的相关人员的人数、姓名。相关人员包括申请人、关系人、代理人、见证人、勘验人、鉴定人以及照相、录像、绘图人员等；②公证人员保全过程中做的主要工作，如对重要事实进行了现场勘验、询问，对取得的证据履行了提示义务等；③物证取得的时间、方式，或物证的存在方式、地点、现状等；④取得的证据数量、种类、形式、存放处所等，当事人对取得的证据进行确认的方式和过程。

(7) 公证结论。仅以保全物证为例，应包括以下内容：保全证据的方式、方法、程序是否真实、合法，用于作证的书面文件（如发票、产地证明等）要同时证明这些书证的真实性。取得证据的数量、种类、日期，取得证据的存放方式及存放地点。

2. 证词的选择要素

(1) 申请保全证据的原因、用途。

(2) 办理该项公证的法律依据（公证法规或者有关规章等）。

(3) 有书证能够证明物的来源或者存在的，应写明书证的名称、保全行为的性质和法律意义。

(4) 保全拆迁房屋时，要写明与该房屋有关的所有权人或使用权人、代管人等。

(5) 物品、视听资料、软件难以长期保存的，在结论中应写明保存期限。已采取变通保存措施的，结论中也应一并写明。

(6) 公证书的正本和副本。

(7) 附件。附件的名称、顺序号应在公证证词中列明。

(三) 制作中应当注意的问题

第一，保全证据公证要重点查明：1. 申请人的身份和行为能力；2. 保全的证据与申请人的合法权益有哪些关系；3. 保全的证据是否要灭失或者难以取得；4. 需要保全的证据的实际情况，以便确定保全证据的方案。

第二，保全证人证言，公证员应当直接询问证人和有利害关系的人，必要时应该录音；保全书证、物证，主要采用照相、封存、复制、勘验和鉴定等方法，对不在公证处的实物，公证人员应进行现场勘验；保全视听资料主要采取复制、封存等方法。保全的证据较多时，要制作保全证据的清单逐项列明。

第三,保全证据一般应当由两名公证人员共同进行。公证书要全面、客观地反映所保全证据的真实情况,记明保全的时间、地点、理由、方式、方法和保全的过程及保全的结果。

第四,对保全的书证、物证、视听资料要加强保管,对计算机软盘、录音录像磁带等应制作备份并定期复制,防止证据灭失。

四、现场监督公证书

(一)概念

现场监督公证书,是公证机构依法办理招标、拍卖等现场监督公证所出具的公证文书,包括招标公证书、拍卖公证书、有奖活动公证书、抽签(号)活动公证书、公司创立大会公证书等。

招标、拍卖、有奖等活动是特定人与社会上不特定多数人的活动,具有社会影响大、无法恢复原状的特点。因此,现场监督公证是一类特殊的公证活动,公证人员必须亲临招标、拍卖等活动现场进行法律监督,并当场宣读公证词,然后根据现场公证词制作公证书。现场监督公证是维护公开、公平、公正原则,保护相对人合法权益的重要法律手段。

(二)结构内容和制作方法

现场监督公证书是现场公证词的书面表现形式,分为首部、正文(证词)、尾部三个部分。首部、尾部与合同(协议)公证书相同。证词(正文)部分要根据现场活动的性质、特点、参加人、活动内容、适用法律等情况具体确定。下面以拍卖公证书和有奖活动公证书为例进行讲解。

1. 拍卖公证书

拍卖公证书,是公证机构依法对拍卖活动进行现场法律监督,并证明拍卖活动真实、合法所出具的公证文书。"公证事项"栏写拍卖活动的名称或者类别,如文物拍卖、土地使用权拍卖、罚没物资拍卖等。

(1)拍卖公证书证词的必备要素

① 申请人全称或者姓名、申请日期及申请事项。

② 对委托人、拍卖人、拍卖师及竞买人资格的审查情况。委托人、拍卖人、拍卖师的资格应符合《中华人民共和国拍卖法》第三章的规定,竞买人的资格应符合拍卖公告的规定。

③ 拍卖标的的基本情况及对其所有权或者处分权的审查结果。

④ 拍卖公告及拍卖标的的展示情况。

⑤ 对拍卖规则内容的审查结果。

⑥ 拍卖活动是否得到有关部门的批准或者许可。批准指与拍卖标的有关的

主管部门或监管机关批准,如文物管理机构、国有资产管理机构、海关、人民法院等。许可指其他权利人的许可,如抵押权人、拍卖标的的共有人等。

⑦ 承办公证机构名称、承办公证人员姓名及公证的法律依据。法律依据是《中华人民共和国拍卖法》及有关法规。

⑧ 拍卖的时间、地点,拍卖过程(含拍卖方式、竞价形式)是否符合拍卖规则,竞价单位和币种。

⑨ 拍卖结果及公证结论。这部分应包括以下内容:A. 当事人的资格是否合法,意思表示是否真实;B. 拍卖程序是否真实、合法;C. 对拍卖结果的确认,包括买受人姓名、拍卖成交价格、成交标的物名称、成交时间等。

(2) 拍卖公证书证词的选择要素

① 申请人提供的主要证据材料的真实性、合法性。

② 拍卖人对拍卖标的来源、瑕疵及相关责任的说明。

③ 如有调查取证情节,可据查证时间对查证认定的事实在公证书中逐项列出。

④ 拍卖活动有见证人的,应将其民事主体资格状况连同"见证人×××、×××在场见证"字样一并在公证书中加以表述。

⑤ 公证员认为需要认定的其他事实或者情节。

⑥ 公证生效日期(同招标公证)。

⑦ 附件。附件包括成交确认书、中买通知书、拍卖现场获取的重要证据材料等。附件的名称、顺序号应在公证证词中列明。

2. 有奖活动公证书

有奖活动公证书,是公证机构依法对有奖活动进行法律监督,并当场证明有奖活动程序和中奖结果真实、合法所出具的公证文书。"公证事项"写有奖活动的名称或类别,如体育彩票的开奖、某有奖销售活动等。

(1) 开奖公证书证词的必备要素

① 申请人全称、申请日期及申请事项。

② 对有奖活动主办单位资格的审查情况。

③ 有奖活动名称、开奖方式及是否得到有关部门的批准。

④ 对有奖活动规则(办法)的审查结果。

⑤ 奖券发行总额、回收的有效奖券数额、未发出的奖券封存和销毁等情况。

⑥ 开奖的时间、地点及对开奖器具的查验结果。

⑦ 承办公证机构名称、承办公证人员姓名及公证的法律依据。

⑧ 对有奖活动程序及开奖方式的监督结果。

⑨ 开奖结果及公证结论。应包括以下内容:A. 当事人的资格是否合法,意思表示是否真实;B. 有奖程序是否真实、合法;C. 对中奖结果的确认,包括中奖号码、

中奖等级、中奖人姓名、奖品名称等。

（2）开奖公证书证词的选择要素

① 申请人提供的主要证据材料的真实性、合法性。

② 有奖活动通知（公告）的发布情况，主办单位对有奖活动规则的界定和说明。

③ 需要进行评奖的，应写明对评奖人资格、评奖原则、标准、方法的审查结果，以及对评奖程序的监督结果。

④ 对开奖活动中形成的重要工作记录及视听资料真实性及封存情况的证明。

⑤ 有调查取证情节，可据查证时间对查证认定的事实在公证书中逐项列出。

⑥ 开奖活动有见证人的，应将其民事主体资格状况连同"见证人×××、×××在场见证"字样一并在公证书中加以表述。

⑦ 公证员认为需要认定的其他程序事项。

⑧ 公证生效日期即为公证员在有奖活动现场宣读公证词的日期。

⑨ 附件。

（三）制作中应当注意的问题

第一，现场监督公证一般应当由两名以上公证人员共同办理，其中至少有一名是公证员，现场公证词、公证书和公证活动的记录中，对此要有所反映。

第二，公证员要亲自到招标、拍卖、有奖活动现场，对活动的各个环节进行法律监督。活动内容和程序真实、合法的，公证员应当场宣读公证词，并在活动结束后的7日内，根据现场公证词制成公证书。公证从宣读公证词之日起生效。对任何违反法律和程序的行为，公证员要当场纠正或者制止，当事人拒不改正的，公证机构应当拒绝公证。

第三，现场公证词应当根据不同的现场情况参考相应格式的证词要素撰写，并要写明"对本次×××（写现场活动名称，如拍卖、开奖、公司创立大会等）过程及×××（同上）结果的合法有效性，本公证处日后将以书面形式予以确认"的内容。

第四，现场监督公证词要有一定的灵活性，语言要流畅易懂，接近口语表达习惯，使之易于宣读，并与现场气氛相吻合。宣读时，注意掌握语音、语调和节奏，要根据听众的特点，增强表达效果，切忌呆板、僵化。

第五，现场公证书，是公证机构出具的正式法律文书，必须根据现场公证词来制作，但又不能全文照抄，文书要简明、扼要、严谨、规范，突出现场公证词的核心内容。

本 章 小 结

作为一种非诉讼文书,公证文书是法律文书的一个重要组成部分,而公证书又是公证文书的核心部分。现行的公证书既有定式公证书,又有要素式公证书,后者是近年来司法部等机关重点探索、改革的公证文书。本章要求学生掌握公证文书的概念、适用范围、分类和制作要求,公证书的结构内容、制作方法和特殊要求,并要求通晓、掌握要素式公证书的一些基础理论,能够按照拟定格式分析和制作合同(协议)公证书、保全证据公证书和现场监督公证书。

思考与练习

1. 什么是公证文书?什么是公证书?
2. 试述公证书的结构内容和制作中的特殊要求。
3. 什么是要素式公证书?
4. 阅读下列案例,回答问题。

某实业有限公司因业务发展需要,拟向中国工商银行某支行贷款人民币80万元,作为流动资金使用。经向银行申请并协商,双方订立了借款合同,约定借款期限为6个月,到期一次还清,逾期加收罚息,还约定由实业公司以其所有的房产作为抵押物进行担保。随后,双方当事人向公证处申请办理具有强制执行效力的债权文书的公证。

公证机构办理此项公证时应当从哪几方面审查?公证书的名称应当是什么?

第九章 仲裁文书

本章要点

仲裁文书是仲裁活动的实录。仲裁机构作出的仲裁裁决书、仲裁调解书等文书,具有法律执行效力,也是向法院申请执行的依据。除了仲裁文书概述外,本章主要讲授仲裁协议书、仲裁申请书、仲裁答辩书、仲裁调解书、仲裁决定书、仲裁裁决书等重要仲裁文书。

第一节 概 述

一、概念

"仲",是居中;"裁"是裁断、裁决。"仲裁"即公断,具体是指发生争议的双方当事人,根据其在争议发生前或争议发生后所达成的协议,自愿将该争议提交中立的第三者进行裁判的争议解决制度和方式。仲裁活动是不需通过司法途径即具有法律约束力的非诉讼争议解决活动。

仲裁文书,是指仲裁机构、仲裁当事人为解决合同纠纷和其他财产权益纠纷,在仲裁活动过程中依据《中华人民共和国仲裁法》(以下简称《仲裁法》)制作的具有法律效力或者法律意义的书面文书。仲裁机构指的是仲裁委员会,包括中国国际经济贸易仲裁委员会、中国海事仲裁委员会以及依仲裁法组建的各种仲裁委员会。仲裁文书的法律效力表现在,仲裁文书一旦作出就产生法律后果,当事人一旦依法达成仲裁协议,就排除了法院对纠纷的管辖权,争议只能由仲裁机构裁决;仲裁机构作出的仲裁裁决是对当事人之间纠纷的最终解决,非有法定事由并经法定程序不得推翻,任何一方当事人不自觉履行,另一方可依法申请人民法院强制执行。

仲裁文书是依据《仲裁法》制作的,它真实记录和反映仲裁活动的全过程,具有保证仲裁程序顺利进行的凭证作用,对保证仲裁公正、及时解决纠纷和保护当事人的合法权益也具有重要意义。

二、分类

（一）依制作主体分类

依制作主体不同,仲裁文书可分为当事人制作的仲裁文书和仲裁机构制作的仲裁文书。当事人制作的仲裁文书包括仲裁协议书、仲裁申请书、反请求书、仲裁答辩书、仲裁保全措施申请书等,而仲裁机构制作的仲裁文书包括受理或不受理仲裁申请通知书、提请人民法院财产保全函、仲裁裁决书、仲裁调解书和仲裁裁定书等。

（二）依案件是否具有涉外因素分类

依案件是否具有涉外因素,可以将仲裁文书分为国内仲裁文书和涉外仲裁文书。

（三）依文书制作的时间不同分类

依文书制作的时间不同,仲裁文书可分为仲裁程序开始前的文书和仲裁程序开始后的文书。前者包括仲裁协议书和仲裁申请书,后者包括受理或不受理仲裁申请通知书、仲裁反请求书、仲裁答辩书、仲裁决定书、仲裁调解书及仲裁裁决书等。

（四）依文书内容是否反映双方当事人的共同意思表示分类

依文书内容是否反映双方当事人的共同意思表示,仲裁文书可分为双方合意的仲裁文书和单方意思的仲裁文书。前者包括仲裁协议书和仲裁调解书,后者则包括仲裁申请书、反请求书、仲裁答辩书及仲裁裁决书等。

三、制作中的特殊要求

仲裁文书要产生预期的法律后果,在制作时应符合如下几个要求。

（一）依法制作

仲裁文书的制作必须符合有关法律规定,即不仅要符合《仲裁法》的规定,也要符合其他有关法律的规定,才能产生预期的法律效果。如仲裁裁决对当事人之间的权利义务的确定必须依法进行,如果仲裁机构在裁决时适用法律有错误,当一方当事人申请人民法院强制执行该仲裁裁决时,另一方当事人可以请求人民法院对该裁决书进行撤销,人民法院依法组成合议庭审查核实确认符合事实后,将裁定不予执行。仲裁文书的制作除应符合实体法的规定外,还应符合程序法的要求,两者同等重要,不可偏废,这是制作仲裁文书的最基本的要求。

(二) 内容真实

内容真实是仲裁文书实现其法律功能的基本条件。不仅当事人订立仲裁协议、申请仲裁所提供的事实要真实,仲裁机构在制作仲裁文书时,也要遵循真实原则,"以事实为依据"是仲裁机构作出仲裁裁决及制作仲裁文书所必须遵循的基本要求。

(三) 观点明确

观点明确是仲裁文书得以执行的基础。意思表示不明确,就难以理解与执行,更无法实现预期的法律目的。如仲裁协议中约定的仲裁委员会不明确,就无法将纠纷提交仲裁。仲裁调解书与仲裁裁决书内容不明确、模棱两可,则不具有可执行性。

依据《仲裁法》的规定,实践中仲裁文书内容不明确时,可采取一些补救措施,以保证仲裁文书符合有关法律规定或约定俗成的规范,实现仲裁文书的预期目的。如仲裁协议对仲裁事项或者仲裁委员会没有约定或者约定不明确的,当事人可以补充协议。

(四) 事项完整

制作仲裁文书时,必须写明事项,尤其是法律有明确规定的内容,否则仲裁文书无效。如仲裁裁决应当包括仲裁请求、争议事实、裁决理由、裁决结果、仲裁费用的负担和裁决日期等。

第二节 仲裁协议书

一、概念、法律依据和功用

仲裁协议书,是指双方当事人自愿将他们之间可能发生的或者已经发生的争议提交仲裁委员会解决的书面协议。

在民商事仲裁中,仲裁协议是仲裁的前提,没有仲裁协议,就不存在有效的仲裁。仲裁协议的主要特征有:其一,仲裁协议是双方当事人共同的意思表示,是他们将争议提交仲裁的共同心愿体现;其二,在仲裁协议中,双方当事人既可以将他们之间已经发生的争议提交仲裁解决,也可以事先约定将他们之间可能发生的争议提交仲裁解决;其三,双方当事人在仲裁协议书中可以任意选择他们共同认可的仲裁委员会,不论该仲裁委员会是否与他们双方及所发生的争议有联系;其四,仲裁协议应以书面形式订立。

依据《仲裁法》第十六条规定,仲裁协议包括合同中订立的仲裁条款和以其他书面方式在纠纷发生前或纠纷发生以后达成的将争议提交仲裁的协议。仲裁协议的内容包括三个方面：请求仲裁的意思表示；仲裁事项；选定的仲裁委员会。根据仲裁立法和仲裁实践，仲裁协议主要有三种类型：仲裁条款、仲裁协议书、其他有关文件中包含的仲裁协议。

仲裁条款是指双方当事人在签订的合同中订立的，表示愿意将他们之间将来可能因该合同发生的争议提交仲裁的条款。仲裁条款是仲裁实践中最常见的仲裁协议形式。仲裁条款是合同的一项内容，订立于纠纷发生之前。仲裁条款独立存在，合同的变更、解除、终止或者无效，不影响仲裁条款的效力。仲裁条款是合同中的一项条款，制作比较简单，只需概括约定将以后可能发生的争议事项提交某一仲裁机构仲裁，如"凡因执行本合同而产生的或者与本合同有关的一切争议，双方当事人一致同意提请×××仲裁委员会进行仲裁"。仲裁条款要符合《仲裁法》的规定，即应当包括请求仲裁的意思表示、仲裁事项和选定的仲裁委员会。

《仲裁法》第二十二条规定："当事人申请仲裁，应当向仲裁委员会递交仲裁协议、仲裁申请书及副本。"仲裁协议一旦生效即对当事人产生严格的约束力，双方当事人对协议范围内发生的争议，只能向选定的仲裁委员会申请仲裁，不能再选择其他纠纷解决方式。仲裁协议排除了法院对争议事项的管辖权，协议生效后，一方当事人向人民法院起诉的，人民法院不予受理（仲裁协议无效的除外）。同时，仲裁协议是仲裁委员会受理仲裁申请的依据，没有仲裁协议，仲裁委员会无权受理案件。

二、结构内容和制作方法

仲裁协议书由首部、正文和尾部三部分组成

（一）首部

1. 文书名称

具体写为"仲裁协议书"。

2. 当事人的基本情况

仲裁双方当事人是自然人的，应写明姓名、性别、年龄、职业、联系方式、工作单位和住所；申请人为法人或其他组织的，则应列明法人或者其他组织的名称、住所和法定代表人或者主要负责人的姓名、职务。申请人委托律师或他人代理进行仲裁活动的，还应写明委托代理人的基本情况。

（二）正文

正文部分是仲裁协议的核心内容。制作仲裁协议应当详细、明确，订立仲裁条款应谨慎，不可缺少某些关键性的内容。

依据《仲裁法》的有关规定，不论何种形式的仲裁协议，都应当具有三部分内容：请求仲裁的意思表示、仲裁事项、选定的仲裁委员会。

1. 请求仲裁的意思表示

请求仲裁的意思表示是仲裁协议的首要内容。请求仲裁的意思表示应当真实,即同意使用仲裁方式解决纠纷必须是双方当事人共同的意思表示;请求仲裁的意思表示还应当明确、肯定。

2. 仲裁事项

仲裁事项是指双方当事人提交仲裁的具体争议事项,也是仲裁庭审理和解决纠纷的范围。仲裁事项应符合两个条件:其一,争议事项具有可仲裁性。仲裁协议中双方当事人约定提交仲裁的事项,必须属于仲裁立法允许采用仲裁方式解决的争议事项。其二,仲裁事项必须明确表述。

3. 选定的仲裁委员会

仲裁委员会是受理仲裁案件的机构。仲裁没有法定管辖的规定,仲裁委员会由当事人自主选定。如果当事人在仲裁协议中未选定仲裁委员会,仲裁就无法进行。依据国务院办公厅颁发的《重新组建仲裁机构方案》(国办发〔1995〕44号),新组建的仲裁委员会名称应当规范,一律在仲裁委员会之前冠以仲裁委员会所在市的地名,如北京仲裁委员会、上海仲裁委员会等。当事人在仲裁协议中选定的仲裁委员会的名称一定要准确,名称不准确会引起仲裁协议效力的争议。

(三) 尾部

1. 双方当事人或者委托代理人签字并加盖公章。
2. 仲裁协议书签订的日期。

三、制作中应当注意的问题

(一) 仲裁事项要明确

仲裁事项必须明确表述。按照《仲裁法》的规定,仲裁协议对仲裁事项没有约定或约定不明确的,当事人应就此达成补充协议,达不成补充协议的,仲裁协议无效。

(二) 注意争议事项的可仲裁性

根据《仲裁法》第二条、第三条,平等主体的公民、法人和其他组织之间发生的合同纠纷和其他财产权益纠纷,可以仲裁;婚姻、收养、监护、扶养、继承纠纷以及依法应当由行政机关处理的行政争议,不能仲裁。

(三) 必须选定仲裁委员会

根据《仲裁法》第十八条,仲裁协议对仲裁委员会没有约定或者约定不明确的,当事人可以补充协议;达不成补充协议的,仲裁协议无效。

第三节 仲裁申请书

一、概念、法律依据和功用

仲裁申请书,是指一方当事人就经济合同纠纷或者其他财产权益纠纷,根据仲裁协议向选定的仲裁委员会提出仲裁请求,要求该仲裁委员会通过仲裁解决纠纷以保护其合法权益的书面文件。

《仲裁法》第二十二条规定:"当事人申请仲裁,应当向仲裁委员会递交仲裁协议、仲裁申请书及副本。"应当注意的是当事人申请仲裁,必须符合一定的条件,这些条件包括:(1)存在有效的仲裁协议;(2)有具体的仲裁请求和事实、理由;(3)属于仲裁委员会的受理范围。在满足这些条件的基础之上,当事人必须以书面方式提出仲裁申请,即向仲裁委员会递交仲裁申请书。没有仲裁申请书,仲裁委员会就无法对当事人之间的经济纠纷、财产纠纷进行仲裁。

二、结构、内容和制作方法

根据《仲裁法》第二十三条规定和仲裁实践中的具体要求,仲裁申请书的首部、正文和尾部三部分的具体内容事项如下:

(一)首部

1. 文书名称

在上部正中写"仲裁申请书"。

2. 申请人的身份事项

包括申请人的姓名、性别、年龄、职业、工作单位和住所。申请人是法人或者其他组织的,应写明单位全称、住所和法定代表人或者主要负责人的姓名、职务。如有委托代理人的,应在下一项写明委托代理人及其身份事项。

3. 被申请人的身份事项

与申请人的各项相同。

仲裁申请人或被申请人为两个以上的,应分别写明身份事项。

(二)正文

正文是仲裁申请书的主体部分,包括仲裁请求和事实、理由、证据、证人姓名和住所。

1. 案由

案由即案件性质,如商品房预售合同纠纷。

2. 仲裁请求

主要是请求仲裁委员会解决经济纠纷和财产权益纠纷的具体事项，也就是申请人所要达到的目的。此部分主要是根据仲裁协议的内容来写，如要求裁决被申请人履行义务、变更法律关系、确认法律关系等。例如在分期付款买卖合同（拖欠货款）纠纷中，可以提出返还货款，承担违约金，违约损害赔偿的数额和仲裁费用的承担等要求。

3. 事实和理由

事实包括当事人之间的法律关系，纠纷发生发展的过程，双方当事人争执的具体内容和焦点。理由是申请人对仲裁申请合理性和合法性的阐述，一般在事实之后。理由部分概括地分析纠纷的性质、危害、结果及被申请人应当承担的责任，同时提出仲裁请求所依据的法律条款。事实和理由是仲裁庭审理的依据，要如实陈述，条理清晰，实事求是，有理有据，逻辑严密。

4. 证据

争议事实是否存在，仲裁请求能否得到支持，都需要依靠证据证明。因而申请人在仲裁申请书中应当提供能够证明争议事实和自己主张的证据及证据来源。有证人的，应写明证人的姓名和住所，以便于查证。证据、证人姓名和住址，可在叙述事实中用括号加以注明；也可以在叙述事实后加以列述。

（三）尾部

1. 致送的仲裁委员会名称。
2. 仲裁申请人的签名、盖章。
3. 仲裁申请的年月日。
4. 附项。注明仲裁申请书的份数，提交证据的名称份数，并按编号顺序附于申请书之后。

三、制作中应当注意的问题

第一，书写仲裁请求时应当做到"四要四不要"：一要明确，不要含糊；二要具体，不要笼统；三要合法合理，不要提出无理要求；四要全面，不要遗漏。

第二，事实和理由部分应当表述清楚，言之有理，论之有据，逻辑严谨。

第三，如有必要申请财产或者证据保全的，应另写申请书。

第四，仲裁申请人递交仲裁申请书及其副本，有关证明文件和证明材料均应一式五份，如果被申请人一方有两个或两个以上的当事人，仲裁申请书及其附材料应酌情多交，仲裁委员会留存一份正本，其余均为副本。

第四节 仲裁答辩书

一、概念、法律依据和功用

仲裁答辩书是仲裁案件的被申请人为维护自己的权益,针对申请人在仲裁申请书中提出的仲裁请求及所依据的事实、理由进行回答、辩解和反驳的书面文件。

《仲裁法》第二十五条第二款规定:"被申请人收到仲裁申请书副本以后,应当在仲裁规则规定的期限内向仲裁委员会提交答辩书。"被申请人提交答辩书的期限应按照各仲裁机构仲裁规则中规定的时间。《中国国际经济贸易仲裁委员会仲裁规则》第十七条规定:"被申请人应在收到仲裁通知之日起45天内向仲裁委员会秘书局提交答辩书和有关证明文件。"《国际商会仲裁规则》第五条第一款规定:"被申请人应当在收到秘书处转来的申请书之日起30日内提交答辩书,其中应包括以下内容:(1)被申请人名称全称、基本情况、地址和其他联系信息;(2)在仲裁中代表被申请人的任何人士的名称全称、地址和其他联系信息;(3)对于请求仲裁的争议的性质、情况以及请求依据的意见;(4)对于所请求的救济的答复;(4)基于申请人的建议,对于根据第12条和第13条确定仲裁员人数及仲裁员选择方式的任何意见或建议,以及根据上述条款提名的仲裁员人选;以及(5)关于仲裁地、适用的法律规则和仲裁语言的任何意见或建议。"

制作并提交仲裁答辩书,是被申请人的一项重要权利。它可以明确、充分地阐述被申请人的观点和主张,反驳申请人的错误或不当之处,使纠纷的主要问题越辩越明,从而为在仲裁活动中获胜创造有利条件。同时也有利于仲裁机构掌握双方当事人争执的焦点,查明事实真相,分清是非责任,公正合理地作出裁决,以维护当事人的合法权益。

二、结构、内容和制作方法

仲裁答辩书由首部、正文和尾部三部分组成。

(一)首部

1. 文书名称

在上部正中写"仲裁申请书"。

2. 答辩人(被申请人)的基本情况

答辩人如系自然人,则应写明其姓名、性别、出生年月日、民族、职业、工作单位及职务、住所等。委托他人代理仲裁活动,代理人是自然人的,应写明代理人的身份情况(如委托律师作代理人需写其姓名和律师事务所名称);代理人是法人或其他组织的,应列明其名称、住址和法定代表人或者主要负责人的姓名、职务,以及委托代理人的身份情况。

3. 被答辩人(申请人)的基本情况

与答辩人各项相同。

(二) 正文

1. 答辩缘由

答辩缘由是一段承上启下的文字,需简要写明答辩人收到仲裁机构转来的申请人提交仲裁申请书的时间、案由及进行答辩的意见。一般表述为:"答辩人于×年×月×日收到你会转来××公司的仲裁申请书,现针对申诉人××公司诉我公司××一案,提出答辩如下:……"

2. 答辩意见

答辩意见是答辩书的核心内容。答辩人应当针对被答辩人的仲裁请求,运用具体、充分、有力的事实依据和理论依据(法律、法规和政策依据)逐项答复、辩解或反驳被答辩人的仲裁请求,充分阐明自己的观点和主张,以供仲裁庭查明本案事实,从而实现答辩的预期目的。具体制作时,可对被答辩人提出的仲裁要求及其所依据的事实、理由、证据进行全部否定或部分否定。在行文方法上,一般是把被答辩人提交的仲裁申请书的观点、内容归纳为几个方面,然后逐一进行答辩或反驳。对仲裁请求的答辩或反驳,针对的既可以是程序方面的内容,也可以是实体方面的内容。程序方面的内容主要包括被答辩人是否有权提出仲裁,仲裁协议是否有效或者仲裁委员会对该案件是否有管辖权等;实体方面的内容主要包括对被答辩人的仲裁请求及所依据的事实和理由进行反驳和辩解,阐明自己的主张和根据,如指出被答辩人所叙述的事实或证据的不实之处,并提出相反证据,阐明自己行为的合法性和正确性等。

3. 反请求

答辩人如果有反请求,可以单独提出仲裁反请求申请书(内容和制作方法与仲裁申请书一致),也可以在答辩书中写明反请求的各项内容及所依据的事实、理由,并附相关证据。

(三) 尾部

1. 致送仲裁机构的名称。

2. 答辩人的签名或盖章。答辩人、答辩人授权的代理人应当签名盖章,答辩人是法人或其他组织的,要写明单位名称及法定代表人或代表人的姓名、地址。

3. 日期。

4. 附项。按编号顺序写明仲裁答辩书副本的份数(答辩书副本份数按对方当事人人数和组成仲裁庭的仲裁员人数提供);提交证据的名称、份数。

三、制作仲裁答辩书应当注意的问题

第一,仲裁答辩书应当针对被申请人的仲裁请求制作,答辩和反驳要做到针对性强,论之有理,驳之有据。

第二,答辩和反驳的观点一定要鲜明、集中,叙述条理清晰,层次分明,逻辑严谨。

第五节 仲裁调解书

一、概念、法律依据和功用

仲裁调解书,是仲裁庭在审理仲裁案件过程中,依照《仲裁法》的规定进行调解,在当事人自愿协商、互谅互让基础上达成解决纠纷的协议而制作的具有法律效力的法律文书。调解书既是当事人协商结果的记录,又是仲裁庭认可调解协议的证明。

《仲裁法》第五十一条规定:"仲裁庭在作出裁决前,可以先行调解。当事人自愿调解的,仲裁庭应当调解。调解不成的,应当及时作出裁决。调整达成协议的,仲裁庭应当制作调解书或者根据协议的结果制作裁决书。调解书与裁决书具有同等法律效力。"第五十二条第一款规定:"调解书应当写明仲裁请求和当事人协议的结果。调解书由仲裁员签名,加盖仲裁委员会印章,送达双方当事人。"调解并不是仲裁的必经程序,仲裁庭必须在查明事实、分清是非的基础上,以自愿、合法为原则,进行调解工作,调解达成协议后方可制作仲裁调解书。

仲裁调解书经双方当事人签收后即发生法律效力。生效的调解书与裁决书具有同等的法律效力,可作为执行的根据。如果一方当事人不按调解书履行义务的,另一方当事人可以依照民事诉讼法的规定向有管辖权的人民法院申请强制执行。当事人在调解书签收前反悔的,仲裁庭应当及时作出裁决。

二、结构内容和制作方法

(一)首部

1. 标题。写明文书制作机关名称和文书名称,如"××仲裁委员会仲裁调解书",机关名称与文书名称应分两行写。

2. 编号。在标题的右下方写明文书的编号,表述为"×仲调字(××××)第×号"。

3. 申请人和被申请人的基本情况。先写申请人,再写被申请人,有关要素的写法与仲裁申请书相同。

(二)正文

1. 仲裁委员会受理案件的依据、仲裁庭的产生和组成情况,以及仲裁庭对案件的审理情况。

2. 双方当事人之间订立的合同以及争议事项。

3. 仲裁请求和当事人协议的结果。这是调解书中最重要的内容。在仲裁庭的主持下,双方达成调解协议的内容应与事实相符,不得相互矛盾。协议不止一项的,应分别列明,并记载履行的具体期限和方式,使调解内容具有可操作性。

4. 仲裁费用的分担情况。

(三)尾部

1. 调解书的效力。表述为"调解书与裁决书具有同等的法律效力,自送达双方当事人签收之日起生效"。

2. 仲裁员署名。

3. 调解书制作的日期,仲裁委员会的印章。

三、制作中应当注意的问题

第一,调解书制作的依据应当实事求是。调解应当在查明事实、分清是非,并且双方当事人自愿的前提下进行。

第二,调解协议的内容必须合法,不得损害国家、集体和他人的合法权益。

第三,调解协议的内容必须完备。调解协议是解决当事人之间纠纷的依据,必须逐项写清楚,不得遗漏,以便义务人执行。

第六节 仲裁决定书

一、概念、法律依据和功用

仲裁决定书,是指仲裁机构在审理仲裁案件过程中,根据当事人申请,为解决有关程序问题而作出的书面处理决定。

《仲裁法》第二十条规定:"当事人对仲裁协议的效力有异议的,可以请求仲裁委员会作出决定或者请求人民法院作出裁定。"仲裁决定书的适用范围包括:当事人对仲裁协议的效力有异议的,可申请仲裁委员会作出决定;当事人在仲裁过程中提出回避申请时,由仲裁委员会主任或者仲裁委员会集体作出决定;当事人有正当理由要求在仲裁规则规定的期限内延期开庭的,由仲裁庭作出是否延期的决定等。

仲裁决定书的功能在于及时解决特定的程序问题。仲裁法对仲裁决定书在何时生效未作规定,在通常情况下,仲裁决定书一经作出,即发生法律效力。对仲裁决定书,不能申请复议。

二、结构内容和制作方法

仲裁决定书由三个部分组成。

(一) 首部

1. 标题。写明文书制作机关名称、文书名称,文书名称为"××仲裁委员会仲裁决定书";机关名称与文书名称应分两行写。

2. 编号。在标题的右下方写明文书的编号,表述为"×仲决字(××××)第×号"。

3. 申请人和被申请人的基本情况。先写申请人,再写被申请人。有关要素的写法与仲裁申请书相同。

(二) 正文

该部分是仲裁决定书的重点内容。包括以下六个方面。

1. 缘由。这部分没有特定的要求。仲裁实践中,一般是简要叙述仲裁委员何时收到申请人的申请及受理的依据。

2. 申请人的请求及理由,被申请人答辩的内容。

3. 仲裁委员会查明的事实。

4. 仲裁决定的理由。一般包括两个方面的内容:(1)仲裁委员会根据查明的事实、证据,针对当事人双方争议的事实和理由,依据有关的法律规定,阐明对申请事项的看法,明确表示对有关申请事项是支持或不支持。(2)仲裁决定适用的法律。引用法律条文要做到准确、具体。准确,要求引用的法律条文必须与决定的内容和性质相适应。具体,要求引用的法律条文引到条、款、项、目,不能笼统地只引到条。

5. 决定的具体内容。

6. 本决定书的法律效力。可表述为:"本决定自作出之日起发生法律效力"。

(三) 尾部

1. 仲裁员的署名。

2. 制作本决定书的日期。

3. 仲裁委员会的印章。

三、制作中应当注意的问题

第一,要有法律依据。仲裁决定书是具有法律效力的文书,制作时一定要有法律依据,否则就不能产生其应有的法律效力。

第二,仲裁决定的理由要有针对性。仲裁决定的理由只有针对性强,才能令人信服。

第七节 仲裁裁决书

一、概念、法律依据和功用

仲裁裁决书,是仲裁庭依照仲裁法规定的程序对当事人申请仲裁的案件进行审理,根据查明的事实和认定的证据,就本案的实体问题作出的具有法律效力的书面处理决定。仲裁裁决书的作出标志着仲裁程序的终结。

《仲裁法》第五十四条规定:"裁决书应当写明仲裁请求、争议事实、裁决理由、裁决结果、仲裁费用的负担和裁决日期。当事人协议不愿写明争议事实和理由的,可以不写。裁决书由仲裁员签名,加盖仲裁委员会印章。"《仲裁法》第五十三条规定:"裁决应当按照多数仲裁员的意见作出,少数仲裁员的不同意见可以记入笔录。仲裁庭不能形成多数意见时,裁决应当按照首席仲裁员的意见作出。"《仲裁法》第五十五条规定:"仲裁庭仲裁纠纷时,其中一部分事实已经清楚,可以就该部分先行裁决。"

除劳动争议仲裁和农村土地承包争议仲裁外,仲裁实行一裁终局制度。仲裁裁决书自作出之日起发生法律效力,非经法定程序不得变更和修改。当事人就同一纠纷再申请仲裁或向人民法院起诉的,仲裁委员会或者人民法院不予受理。这是仲裁裁决书不同于人民法院的判决书之处。

仲裁裁决书作为记录仲裁活动过程的载体,具体展现了仲裁庭审理案件的程序和经过。它是仲裁庭行使仲裁权的重要形式,是确定当事人权利义务的重要依据,也是仲裁公正和权威的体现。

二、结构内容和制作方法

仲裁裁决书与民事判决书的制作模式大体相同,但仲裁裁决书的制作灵活性较大,如果当事人同意,仲裁裁决书可以不写明争议事实和裁决理由,而民事判决书却不能如此。

(一) 首部

1. 标题

标题包括文书制作机关的名称、文书名称,如"××仲裁委员会仲裁裁决书"。文书制作机关名称和文书名称应分两行书写。

2. 编号

在标题的右下方写明文书编号。编号包括仲裁机构的简称、文书的简称、年度、顺序号,表述为:"×仲裁字(××××)第×号"。

3. 申请人和被申请人的基本情况

写法与仲裁申请书相同;若有委托代理人的,亦应一并写出。

4. 引言

主要详细说明案件的程序事项,包括:

(1) 案件的由来。写明仲裁委员会根据申请人与被申请人之间的协议(或有关合同中的仲裁条款)以及申请人的仲裁申请受理该案,并写明受理该案的案由及受理的时间。

(2) 仲裁庭的产生和组成情况。写明仲裁庭的组成人员及组成方法,如仲裁庭成员是由当事人选定还是由仲裁委员会主任指定,谁是首席仲裁员。如果有仲裁员回避的情况,亦应说明。

(3) 仲裁材料、文件和通知的递交、转发和送达情况。

(4) 当事人申请财产保全或者证据保全的,应写明转交保全材料的情况和人民法院的保全情况。

(5) 当事人提出反请求或者管辖权异议的,应说明对反请求的受理情况或对管辖权异议的处理情况。

(6) 案件进行书面审理或者开庭审理的情况。开庭审理的,应写明开庭的次数及每次开庭的时间、双方当事人的出庭情况、庭审过程、仲裁庭调解或者当事人和解的情况。

(7) 双方当事人递交有关补充材料与进行答辩的情况。

(8) 过渡段。过渡段起到承上启下的作用,可写作:"本案现已审理终结。现将当事人意见、仲裁庭查明的事实、仲裁庭意见、裁决结果分述如下:"。

(二) 正文

正文裁决书的重要内容,由当事人意见、仲裁庭查明的事实、仲裁庭意见和裁决结果四部分构成。

1. 当事人意见

这部分主要写双方当事人提出的事实理由和仲裁请求。先写明申请人的仲裁请求、对争议的意见和理由,再写明被申请人对争议的意见和对申请人仲裁请求的态度。双方当事人的意见都应附有相关证据。裁决书写明这些内容,一是为了体现对当事人权利的尊重,二是为了集中反映当事人的真实意思表示,明确纠纷焦点。当事人在仲裁过程中增加或变更仲裁请求的,或提出反请求的,应当一并写明。

2. 仲裁庭查明的事实

这部分主要写仲裁庭在仲裁过程中依证据认定的争议事实。(1)写明双方当事人没有异议的证据。(2)写明当事人不予认可的证据。(3)写明仲裁庭对双方当事人不予认可的证据的意见。(4)仲裁庭查明的事实,即仲裁庭经过庭审调查、辩论、质证认定的事实。

3. 仲裁庭意见

这部分应针对当事人之间争议的问题,依据有关的法律规定,提出仲裁庭对争议问题的看法,并表明对申请人的仲裁请求或被申请人反请求是支持还是反对。这是裁决书的核心内容。

对争议的问题应先提出双方当事人争议的焦点,然后针对焦点结合有关法律进行分析,做到有理有据,以理服人。对当事人的意见进行评判,应说明哪些意见予以支持,哪些意见不予支持,态度鲜明。应写明引用的法律条款,引用法律条文要具体、明确。

4. 裁决结果

这部分必须针对当事人的请求事项作出,不得超过当事人的请求范围;明确权利人享有的权利和义务人应履行的义务、履行期限和方式。对裁决结果的表述要求准确、全面、明确、具体,避免产生歧义,影响执行。如有给付事项,应写明给付义务人、给付标的物、给付数额、给付时间和给付方式、逾期给付应承担的责任。对不予支持的仲裁请求应明确驳回。此外,还应写明仲裁费用的分担数额和理由,确定是一方负担还是双方负担;如双方分担,要写明如何分担。

(三)尾部

1. 仲裁裁决书生效的时间。可表述为:"本裁决为终局裁决,自作出之日起生效。"

2. 仲裁庭成员的署名。由三名仲裁员组成仲裁庭的,先写首席仲裁员的姓名,再写其他两名仲裁员的姓名。

3. 制作裁决书的年月日。该日期一般是仲裁庭经合议作出决定的日期。

4. 仲裁委员会的印章。

5. 根据仲裁法的规定,仲裁裁决应当按照多数仲裁员的意见作出。对仲裁裁决持有不同意见的仲裁员,可以在裁决书上签名,也可以不签名。

三、制作中应当注意的问题

(一)写明受理案件的依据

仲裁庭受理案件的依据是当事人之间的仲裁协议及申请人的仲裁申请书。

(二)准确反映当事人的主张和意见

概括叙述当事人的仲裁请求和主张、意见,应当完整、客观,既要写明当事人的仲裁请求,也要写明双方当事人争议的主要问题以及提供的证据及理由等。有代理人的,代理人的观点也应概括写明。

(三)事实叙述必须清楚

叙述事实不仅要交代清楚事实的各个要素,包括纠纷发生的时间、地点,纠纷相关的人和事,纠纷的起因、过程、结局,还要写清仲裁过程中举证、质证的情况,并阐明仲裁庭对证据采信与否及其理由。

(四)根据具体情况,灵活把握对争议事实、仲裁理由部分的叙述

一般情况下应写明争议的事实和仲裁的理由,但如果当事人协议不愿写明争议事实和仲裁理由的,依法可以不写。

(五)说理应当充分严谨

仲裁裁决书的论证说理不能泛泛而谈,应因事而论,依法说理,紧密结合当事人之间争议的具体情况以及相关的法律。对当事人的仲裁请求、主张和理由,要根据仲裁庭查明的事实和法律的有关规定进行分析、评判,有理有据地论述,明确表示予以支持或者不予支持。

本 章 小 结

除仲裁文书概述外,本章重点讲授了仲裁协议书、仲裁申请书和仲裁答辩书、仲裁调解书、仲裁决定书、仲裁裁决书的概念、内容和制作方法,要求了解这些文书的概念、功用,掌握它们的制作方法和制作这些文书时应当注意的问题。

思考与练习

1. 什么是仲裁文书?仲裁文书与法院裁判文书有哪些区别?
2. 制作仲裁文书有哪些特殊要求?
3. 试述仲裁裁定书正文部分的主要内容及其制作方法。
4. 制作一份仲裁答辩书。

第十章　行政机关法律文书

> **本章要点**
>
> 本章主要讲解行政机关法律文书的基本理论和一些常用文种的制作和适用。行政机关法律文书种类繁多,其样式与内容要素尚处于探讨研究阶段。本章对目前较成熟的行政处罚文书中的若干重要文种进行介绍。要求学习者了解行政机关法律文书的概貌和一些常用行政机关法律文书的制作和运用,进而关注这类法律文书的规范和建设。

第一节　概　　述

一、概念和功用

行政机关的法律文书,是指国务院和地方各级国家行政机关依照法律规定的权限,管理全国或本行政区域内的各项行政工作,实现宪法和法律赋予的各项职能,依法制作和运用的具有法律效力或者法律意义的非规范性法律文件。

《中华人民共和国宪法》(以下简称《宪法》)第八十五条规定:"中华人民共和国国务院,即中央人民政府,是最高国家权力机关的执行机关,是最高国家行政机关。"《宪法》第八十九条规定,国务院行使职权,包括对经济工作和城乡建设、生态文明建设,教育、科学、文化、卫生、体育和计划生育工作,民政、公安、司法行政等工作,对外事务,国防建设事业,民族事务等工作的领导和管理。

《宪法》第一百零五条第一款规定:"地方各级人民政府是地方各级国家权力机关的执行机关,是地方各级行政机关。"《宪法》第一百零七条规定:县级以上地方各级人民政府依照法律规定的权限,管理本行政区域内的经济、教育、科学、文化、卫生、体育事业、城乡建设事业和财政、民政、公安、民族事务、司法行政、计划生育等行政工作;乡、民族乡、镇的人民政府管理本行政区域内的行政工作。

中央和地方各级行政机关按照法律赋予的权限管理本区域内的经济、教育、文化、卫生、体育、城乡建设事业等各项工作,依法制作的各种笔录、审批表、告知书、通告、决定书都属于国家行政机关的法律文书。

国家行政机关的法律文书,是履行国家权力、依法行政,保证法律实施的重要工具,是行政执法管理水平的集中反映,是依法行政、执法公正、实现社会公平正义和效率的有效载体。但目前行政机关法律文书还存在设计主体权限不清,对格式和内容要素的规定不尽合理等问题。在司法、执法活动中有忽视法律文书的制作与出具的现象,在出具的文书中还存在填写内容不齐全、说理不到位等现象,难以适应联合执法、联合办公等新的执法方式。因此,规范和优化行政机关法律文书的制作和适用,对于社会主义民主法治建设、保护人权、改善民生和构建社会主义和谐社会都具有重要作用。

二、分类

行政机关法律文书可以从不同的角度分类。

(一)按行政机关职能和行政行为性质分类

按照行政机关职能的不同,可分为行政行为法律文书和行政监督法律文书。行政行为法律文书按行政行为性质的不同,又可以分为相应的行政许可、行政征收、行政征用、行政确认、行政给付、行政奖励、行政强制、行政裁决、行政调解、行政处罚、行政复议等类别的法律文书。行政行为法律文书又可分为行政执法类文书和行政司法类文书,行政强制、行政处罚法律文书属于前者,行政复议、行政裁决类法律文书则属于后者。

行政监督法律文书包括行政监察文书和行政赔偿文书等。

(二)按法律文书制作的格式及其成文后呈现的形态分类

按此标准,行政机关法律文书可以分为填空式文书、表格式文书、笔录式文书和文字叙述式文书。填空式文书包括送达回证、没收物品清单、鉴定委托书等。表格类文书包括案件举报登记表、立案审批表、采取(解除)强制措施审批表等。笔录类文书有询问笔录、陈述笔录、现场检查笔录、听证笔录等。文字叙述式文书有受理案件通知书、案件调查报告、监察情况报告、处罚决定书、复议决定书、行政决定书、行政建议书、行政监察决定书、行政监察建议等。

(三)按行政执法、司法或行政监察办案流程阶段分类

按此标准,行政机关法律文书大体上可分为立案类、调查取证类、告知类、决定类、执行类、结案类以及其他类文书。立案类文书包括案件举报登记表、立案审批表等;调查取证类文书包括现场笔录、封存(查封、暂扣、扣押)物品通知书等;告知类文书包括行政处罚事先告知书、行政处罚听证通知书等;决定类文书有行政处罚

决定书、当场处罚决定书等;执行类文书有延期(分期)缴纳罚款批准书、强制执行申请书等;结案类文书有结案审批表、案件移送函等;其他类文书有责令改正通知书、送达回证等。

三、制作的基本要求

（一）依法制作

行政机关法律文书是各级国家行政机关实施法律的依据和凭证,是行政司法、执法公正的有效载体,无论是形式还是内容,都要符合各种行政法律法规以及相关司法解释的规定。行政机关法律文书只有依法制作与运用,遵循法定的程序,才能成为行政司法、执法活动公正合法的载体。为此,制作和运用行政机关法律文书必须首先做到主体合法(一定的文书由特定的主体制作与运用),要从具体的案件事实出发,依据特定的法律法规,得出合理合法的结论,并作出合法公正的处理结果。

（二）客观真实

法律事实是处理案件的基础,例如在处罚案件中,违法的事实是进行行政处罚的依据。写进文书的事实,必须完全客观真实,除了法律规定无须举证的事实,都应该有相关证据佐证。叙事除绝对真实外,还要注意突出关键情节,时间地点、人物事件、前因后果等要素要清晰、齐全。

（三）格式规范

各级行政执法主管机关正逐步为若干法律文书制定统一的格式。行政法律文书与其他法律文书在格式方面有共通之处。填空式、表格式与笔录式文书比较简便,按规定要求逐项填写、制作即可。文字叙述式文书则要逐一熟悉首部、正文、尾部的事项和内容要素及其排列的序次和格式。制作行政文书时要熟悉每种文书的特定体例和程式要求,包括每一部分特定的起始用语和结束用语。只有了解每种文书的格式事项,遵循格式体例的要求进行制作,才能使该种文书发挥特定的效用。

（四）技术精良

和其他法律文书一样,行政法律文书要求语言准确,表述严谨,还要反映出行政法律文书的特色,包括精确运用行政法律术语、法律概念,正确使用标点符号,规范使用字体字号等。打印后要认真校对,保证语言文字、数字书写、格式体例等准确无误后才可报送或者送达。

由于行政法律文书种类繁多,且多类文书尚在探索阶段,其格式体例和内容要素还没有形成统一的规范模式。本章主要讲授已相对比较成熟、格式内容要素比较统一的行政处罚法律文书中的立案审批表、案件调查终结审批表、行政处罚听证通知书、结案审批表、行政处罚决定书、强制执行申请书、行政复议申请书、行政复议决定书等行政法律文书。

第二节 立案审批表

一、概念和功用

立案审批表是指行政机关的立案承办人员，对初步掌握的违法行为人的违法事实进行审查后，认为属于本机关的职权范围，需立案查处，依法应追究当事人的法律责任，并报请本机关负责人审核批准时制作的内部法律文书。

立案审批表是在行政机关履行立案审批手续时使用的。

行政机关发现案件线索，认为需要按照行政处罚一般程序依法查处的，应当立案，但适用简易程序的除外。行政机关履行立案手续后，执法人员以行政机关的名义对外开展调查取证工作。因此，立案是行政机关及其执法人员开展调查取证工作的前提和依据。行政执法人员在日常执法检查中发现违法行为的，可以当场调查取证，并于事后补办立案手续。立案审批表是立案的依据和凭证，是一种很重要的行政处罚文书。

二、结构内容和制作方法

立案审批表一般为表格式文书。主要包括三部分内容：(1)行政机关名称、文书名称及文书编号；(2)案件来源、案发时间、案发地点、案情简介；(3)承办人拟办意见、部门负责人审核意见和机关负责人审批意见。

（一）文书标题

标题由行政机关名称、文书名称组成，分两行写在文书首部中间位置。

（二）文书编号

文书编号由行政机关简称（一般采用行政机关行文使用的机关简称）、文书简称、年份号和文书顺序号组成，如"东公安立字〔202×〕第1号"。其中"东公安"表示东海市公安局，"立字"表示文书简称，"〔202×〕"表示年份号，"第1号"表示文书顺序号。

由于立案后的案件不一定都作出行政处罚决定，因此，立案审批表文书编号中的顺序号与行政处罚决定书文书编号中的顺序号有时并不一致。为了查阅和检索方便，在一起案件中，除行政处罚决定书外，其他文书中的顺序号应当保持一致。

（三）案件来源

案件来源可以分为行政机关通过自身执法检查发现，单位和个人通过来信、来电的形式举报，有关行政部门移送和上级部门交办四类。

1. 自身执法检查发现的案件，应当写明案发时间、案发地点。
2. 单位和个人举报的案件，应当写明举报人姓名和联系方式。
3. 接受移送的案件，应当在案情简介栏目中写明移送部门名称和移送时间。
4. 上级部门交办的案件，应当在案情简介栏目中写明交办部门名称和交办时间。

上述几种情况，凡是有相关证据材料的，应当将证据材料附在本文书之后，一并呈送领导审阅。

（四）案发时间

案发时间应当写违法行为被发现的具体时间，如×年×月×日×时。必要时，有的案件可以精确到"分"，如×年×月×日×时×分。

（五）案发地点

案发地点应当写违法行为被发现的具体地点。

（六）当事人

当事人是单位的，按照营业执照或者其他能够证明单位身份的许可证件或批准文件上的名称填写；当事人是自然人的，填写姓名。

（七）当事人联系地址、联系电话

当事人是单位的，应当写明其日常经营或办公地址。当事人是个人的，应当写明其经常居住地的地址。

（八）举报人

写明举报人的姓名。举报人为单位的，应写明单位名称及联系人。

（九）举报人联系地址、联系电话

举报人是单位的，应当写明其日常经营或办公的地址及联系人。举报人是个人的，应当写明其经常居住地的地址。

（十）案情简介

案情简介应当写明立案的事实根据，因为是案情简单介绍，所以违法事实只需摘要叙述。

1. 如果是执法检查中发现的违法事实，应当写明检查方式、违法行为人、违法行为以及违法标的物的数量。

2. 如果是单位和个人举报或者是接受移送的案件,应当将举报人、移送机关陈述、介绍的违法事实如实写出;已经进行实地调查的,还应写明调查的情况。

3. 社会和个人举报、有关部门移送以及上级部门交办的这三类案件中的证据材料,都要经过本机关执法人员调查、核实后才能作为本机关证明违法事实的证据。

（十一）立案人员拟办意见

写拟办意见有几种情况:一是建议立案的,立案承办人要写明建议立案的法律依据,写明违法行为涉嫌违反法律的依据;二是建议不予立案的,立案承办人员要写明不予立案及其理由;三是建议移送有关行政机关的,立案承办人员要写明建议移送有关行政部门查处及其理由。承办人员还要署名,并写上日期。

（十二）部门负责人审核意见

部门负责人拟同意立案的,应当同时写明两名以上具体承办人员;不同意立案的,应当写明"拟不予立案"。最后是部门负责人署名,并写上日期。

（十三）机关负责人审批意见

行政机关负责人应当写明是否同意立案。最后机关负责人署名,并写上日期。

三、制作中应当注意的问题

第一,行政机关决定立案的,应当具备以下三个条件:1.属于本机关的地域管辖范围;2.属于本机关的职权管辖范围;3.属于本机关的级别管辖范围。

第二,在填写立案审批表中,不应写明作出行政处罚的意见,因为案件尚未查实清楚。

第三,立案审批表的"部门负责人审核意见"和"机关负责人审批意见"这两个栏目中,在填写中有两种情况:本机关没有设部门的,"部门负责人审核意见"这一栏不填,直接报机关负责人审批;本机关设立部门,但机关负责人将立案审批权授权给部门负责人的,可以由部门负责人直接审批,决定立案。

第四,应当避免下列常见错误:1.在行政执法人员人数较少的行政机关,有的行政机关负责人既是审批人,又是案件的具体承办人,即行政机关负责人指定自己作为案件承办人。这种做法不合适,违反了行政处罚调查与决定相分离的原则。2.在实际执法过程中,有的行政机关不立案就对当事人实施行政处罚。这是不符合行政处罚程序规范要求的。

第三节　案件调查终结审批表

一、概念和功用

案件调查终结审批表,是行政机关的执法人员在调查取证阶段结束后,对调查取证的情况作出报告,并由有关负责人分别作出审批意见的内部文书。

案件调查终结审批表在调查取证工作结束后使用。

行政机关的执法人员查清当事人的违法事实后,案件将进入审核、决定阶段。执法人员应当制作案件调查终结报告,将案件的基本事实、争议要点、证据以及拟办意见等内容整理后,送交部门负责人审查。经审核部门审核后,由机关负责人作出处理决定。这种文书有终结案件调查、启动处罚程序的功能。

二、结构、内容和制作方法

案件调查终结审批表属表格式文书。文书分为两部分:一是案件有关情况,主要内容包括案由、当事人姓名或名称、地址、案件基本事实、争议要点和证据等;二是行政机关办案人员和负责人的意见。这一部分的栏目,是按实际办案的流程来排列的。

(一)文书标题

标题由行政机关名称、文书名称组成,应分两行写在文书首部中间位置。

(二)案由

案由部分要求写明违法行为的类型。

(三)当事人

要求写明当事人的姓名或者单位名称。

(四)地址

写明当事人的联系地址。

(五)案件基本事实

首先,写明违法行为发生的时间、地点。其次,写明行政执法人员实施调查取证的经过。如"×年×月×日,向当事人作调查询问""×年×月×日,到某地做现场检查"。这一部分只需简单介绍。最后,要详细写明本案的主要事实。具体内容包括违法行为的内容、违法物品的数量、违法所得的数额(写明计算方式)、违法行为的后果以及当事人的主观态度等。

（六）争议要点

写明当事人与行政执法人员对违法行为在定性、定量（违法物品的数量、违法所得的数额）方面的分歧，当事人对自己的观点提供的理由、证据。当事人与行政机关在案件查处过程中的争议，往往是当事人申请行政复议、提起行政诉讼的原因。写明争议要点能够提醒有关负责人和审核部门注意其合法性、合理性。

（七）证据

在这一栏目中，只需列出各项证据的名称，如陈述笔录、询问笔录等。如有多个同类型的证据，则需另外说明，如"证人甲的询问笔录""证人乙的询问笔录"。上述证据应能确实、充分地证明案件事实。

（八）承办人员拟办意见

由承办本案的两名执法人员提出行政处罚建议、适用法律依据以及理由，包括在自由裁量的幅度内确定具体数额的理由，从重或从轻处罚的理由等。

（九）部门负责人审查意见

执法人员所属办案部门的负责人提出同意与否的意见。

（十）审核部门审核意见

审核部门一般由法制部门或者其他从事案件审核的部门担任。审核部门从实体、程序两方面审核行政处罚决定的合法性。此外，还需从合理性的角度进行审核。这一内部监督机制可以有效降低案件的差错率。

（十一）机关负责人审批意见

在实际操作中，存在两种做法。

第一种做法：经行政机关负责人批准后，行政机关发出行政处罚事先告知书。行政机关听取当事人的陈述、申辩后，如果认为当事人的陈述、申辩理由不成立，再制作行政处罚决定审批文书，并由机关负责人签发行政处罚决定书。

第二种做法：行政机关负责人将行政处罚事先告知书的签发权授权给办案部门负责人。办案部门负责人批准承办人员的初步意见后，行政机关发出行政处罚事先告知书。行政机关听取当事人的陈述、申辩后，如果认为当事人的陈述、申辩理由不成立，由机关负责人正式签发行政处罚决定书。

三、制作中应当注意的问题

第一，执法人员在案件调查终结之前，不应以制作询问笔录等形式告知当事人行政处罚内容。

第二，行政机关的执法人员应当重视当事人的陈述、申辩，这一程序不能走过场。

第三,本文书中,执法人员及有关负责人的执法责任较为明确,是行政机关确定、追究执法责任和过错责任的依据之一。

第四,应当避免的常见错误:

1. 填写当事人的基本情况过于复杂。有的行政机关设计的案件调查终结审批表中,除有当事人的姓名、地址外,还有当事人的性别、年龄、工作单位、职务、联系地址、邮编、联系电话等多个栏目。这是不必要的,因为有些栏目已经在案卷前面的文书(如询问笔录、陈述笔录)中出现了,就不必在后面的文书中重复。

2. 在涉及自由裁量权的处罚案件中,没有写明确定处罚决定的理由。例如,法律规定对某一项违法行为可以罚款 500—3 000 元,行政执法人员建议罚款 3 000 元,但文书中没有写明从重处罚的理由。

第四节　行政处罚听证通知书

一、概念和功用

行政处罚听证通知书是行政机关用来通知当事人举行听证会的时间、地点等内容的法律文书。

按照《行政处罚法》第六十四条第二项规定,行政机关应当在举行听证的七日前,通知当事人及有关人员听证的时间、地点。向当事人发出听证通知书,是行政机关举行听证的必要手续。行政处罚听证通知书是在行政机关告知当事人举行听证会的时间、地点时使用的。

二、结构、内容和制作方法

行政处罚听证通知书属填空式文书。文书主要包括三部分内容:一是行政机关名称、文书名称、文书编号和当事人姓名或者名称;二是听证案由、举行听证会的时间、举行听证会的地点、听证主持人和听证员的姓名、当事人前来参加听证会的有关注意事项、行政机关联系人的姓名、联系电话等;三是行政机关印章、填发日期等。

(一) 文书标题

标题由行政机关名称、文书名称组成,分两行写在文书首部中间位置。

(二) 文书编号

文书编号由行政机关简称、文书简称、年份号和文书顺序号组成。

（三）当事人

写明当事人的姓名或名称。

（四）案由

写明违法行为的类型。

（五）听证时间

写明举行听证会的具体时间，如某年某月某日某时某分。听证日期应当在听证通知书发出七日后。

（六）听证地点

写明举行听证会的具体地点。该地点一般在行政机关办公所在地，或者行政机关指定的其他办公场所。

（七）听证主持人

写明听证主持人的姓名。行政机关应当在当事人提出听证要求之后及时确定听证主持人。同时，听证主持人不应是案件调查人员，一般为行政机关的法制工作部门或其他负责案件审核部门的工作人员。

（八）听证员

可以根据需要写明听证员的姓名。听证员的职责是协助听证主持人了解、把握案件的重点，维持听证会的秩序，不对行政处罚建议作出判断。因此，听证主持人和听证员的人数之和，可以是奇数，也可以是偶数。

（九）要求当事人做好的准备工作

在听证通知书中，应当写明如下事项：通知当事人携带有关材料，由当事人自行通知相关证人出席听证会，询问是否申请主持人回避。

（十）联系人及联系电话

写明行政机关负责听证会具体事宜的听证人员的姓名及联系电话，以便于当事人和行政机关联系和提出要求，如要求主持人回避等。

（十一）印章

应加盖行政机关的印章。

三、制作中应当注意的问题

第一，要事先告知当事人听证主持人的姓名，有利于当事人及时行使申请回避。此外，如发生确实需要回避的情形，也能使行政机关及时更换听证主持人人选，保证听证会如期举行。

第二，当事人发现听证员、书记员与案件有直接利害关系的也可以申请回避。

第三,注意避免出现听证通知书上确定的听证会日期与发出听证通知的日期不足7日的常见错误。

第五节　结案审批表

一、概念和功用

结案审批表是指案件处理终结时,由案件承办人员制作的关于案件查处执行完毕,报请行政机关负责人审核批准结案的内部法律文书。

对当事人作出行政处罚决定以后,并不意味着该案件已经结案。只有符合下列条件之一的,才能结案:(1)当事人自觉履行完成法定义务;(2)由行政机关或者人民法院强制执行完毕;(3)因客观原因如当事人死亡或被注销、被解散,经法定程序无法执行规定的义务。在上述情况下,行政执法人员应填写结案审批表,报行政机关负责人审批。经行政机关负责人批准同意,案件方可终结。结案审批表就是在行政机关履行结案审批手续时使用的法律文书。

二、结构、内容和制作方法

结案审批表一般为表格式文书。文书主要包括两部分内容:一是行政机关名称、文书名称;二是案由、案件查处经过、处罚决定内容、处罚决定的执行情况、行政机关有关人员的意见等。分述如下:

(一)文书标题
标题由行政机关名称、文书名称组成,分两行书写,在文书首部中间位置。

(二)案由
写明违法行为的类型。

(三)立案时间
写明行政机关决定立案查处的时间。

(四)办案人员
写明行政机关具体办理该案件的执法人员的姓名。

(五)当事人
写明当事人的姓名或者名称。

(六)查处经过
简单记载实施检查、对当事人或证人作询问等调查取证流程的时间、方式。

（七）处罚决定

写明行政处罚决定的种类、数额。

（八）执行情况

写明案件终结的以下几种情形：

1. 当事人自觉履行完成法定的义务。
2. 当事人未履行法定义务，由行政机关依法强制执行完毕。
3. 当事人未履行法定义务，由人民法院依法强制执行完毕。
4. 当事人死亡或被注销、被解散，经法定程序无法执行相应义务。

（九）承办人员拟办意见

承办人员在本栏目中写明结案理由和建议，如"行政处罚决定已全部执行完毕，拟结案"。

（十）部门负责人审核意见

部门负责人在本栏目中写明对本案的审核意见。

（十一）机关负责人审批意见

机关负责人应在本栏目中写明同意与否的意见。

三、制作中应当注意的问题

第一，适用行政处罚简易程序的案件，不需要制作结案审批表。

第二，一般情况下，结案批准人应当与立案批准人一致，除非发生原批准人工作变动或外出等情况。

第三，注意避免以下常见错误：不符合结案条件的，却予以结案。比如有的行政机关发出处罚决定书，当事人尚未履行法定义务，行政机关就予以结案。

第六节　行政处罚决定书

一、概念和功用

行政处罚决定书是行政机关依法对违反行政管理秩序的公民、法人或者其他组织，按照《行政处罚法》的规定，作出行政处罚决定时制作的法律文书。

行政处罚决定书是对案件当事人实施行政处罚时使用，但适用行政处罚简易程序的除外。

行政执法人员对立案的案件调查取证完毕后，认为当事人的违法事实已经全部查清,依法应当给予行政处罚的,报经行政机关负责人批准后,必须制作行政处罚决定书。

行政处罚决定书送达当事人后,即产生法律效力。当事人收到行政处罚决定书后,应当履行行政处罚决定书上规定的义务。行政处罚决定书由国家强制力保证实施。如当事人不履行行政处罚决定书规定的义务,该决定书即成为行政机关强制执行的依据,也是向人民法院申请强制执行的凭证。

二、结构、内容和制作方法

行政处罚决定书多为文字叙述式文书。案件简单的,可使用填空式文书。

本文书分首部、正文、尾部三部分:首部包括机构代码、行政机关名称、文书名称、文书编号和当事人的基本情况。正文包括违法时间、地点、违法事实、作出行政处罚决定的理由、依据、具体处罚种类和数额、履行方式、履行期限、救济途径等。尾部包括作出行政处罚决定的行政机关、制作日期等。

(一)首部

1. 机构代码

要按照统一规定的机构代码印制或填写。

2. 文书标题

标题由行政机关名称、文书名称组成,分两行写在文书首部中间位置。

3. 文书编号

按照统一的编号规则填写。

4. 被处罚人

被处罚人是个人的,写明被处罚人的姓名;被处罚人是单位的,写明单位的全称。

5. 地址

被处罚人是个人的,写明被处罚户籍地或经常居住地;被处罚人是单位的,写明被处罚单位注册登记地。

6. 法定代表人

写明法定代表人的姓名、职务、住址等基本情况。

(二)正文

1. 违法时间

要求写明违法行为发生的具体时间;违法行为发生了一段时间的,要求写明违法行为发生的起止时间。

2. 违法地点

要求写明违法行为发生的具体地点。

3. 违法事实

写明违法的行为以及违法标的物数额等。相比于当场处罚决定书，本文书对违法行为内容的表述应更为具体、翔实。

此外，还要写明有关证据名称，如现场检查笔录、询问笔录和相关物证名称等。

4. 法律依据

一是写明当事人违法行为涉及的法律、法规和规章的名称及具体条款（写明条、款、项，主要是禁止性或义务性条款）。法律、法规和规章的名称必须写全称，不能写简称或文号。二是写明处罚所依据的法律法规和规章及具体条款（主要是法律责任条款）。

5. 处罚内容

要求分项写明处罚决定的种类和具体数额。

行政处罚决定中有罚款、没收款的，罚款、没收款数额应当用中文大写数字，而且罚款应当书写在没收款的前面，如：(1)罚款伍仟伍佰元；(2)没收当事人违法所得壹仟元。

6. 履行方式和期限

处罚决定的种类为罚款的，应写明罚款的履行方式。罚款履行的期限也要大写，如贰零零壹年伍月叁拾日。

如处罚决定为吊销证照等其他种类，应写明要求当事人履行该项义务的具体方式、期限，如"当事人应在×年×月×日前，将《××许可证》正本缴至本机关"。

7. 救济途径和期限

写明如当事人不服处罚决定，可以申请复议的部门或提起诉讼的法院的名称以及申请复议和诉讼的期限。

（三）尾部

1. 盖章

要求加盖具有行政处罚权的行政机关印章，不能加盖行政机关内设部门和承办机构的印章。

2. 日期

写明处罚决定书制作日期，一般为行政机关负责人审批同意作出行政处罚决定的日期。

三、制作中应当注意的问题

第一，在实际应用中，此文书应按文字叙述式文书的要求打印制作。只有案情较为简单的案件，才可以填写预先印制的行政处罚决定书。

第二，对当事人实施行政处罚的，应当同时责令其改正或者限期改正。

第三,行政处罚决定书一经送达即发生法律效力,行政机关非经法定程序,不得变更处罚决定内容。当事人拒不执行的,行政机关可以依法强制执行或申请法院强制执行。

第四,行政处罚决定书有罚没款内容的,应当使用机构代码。没有罚没款内容的,可以不使用机构代码。

第五,行政处罚决定书有罚没款内容的,应当使用罚没缴分离法律文书编号。没有罚没款内容的,可以不使用罚没缴分离法律文书编号,而用文字结合数字的文号。

第六,注意避免下列常见错误:

1. 单位违法的,漏写法定代表人的姓名和职务;
2. 对违法事实的叙述过于简单,致使事实表述不清;
3. 罚没款金额未用中文大写数字表述;
4. 对当事人同时作出罚款和没收违法所得的行政处罚决定的,未按照规定的顺序将罚款决定项目写在没收违法所得决定项目前面;
5. 文书的编号重复,如有的行政执法单位制作的两份行政处罚决定书使用同一编号;
6. 适用法律表述不当,如未引用相关法律的条、款、项。

第七节　强制执行申请书

一、概念和功用

强制执行申请书,是指当事人既不履行行政处罚决定,又不申请复议或提起诉讼,行政机关向有管辖权的人民法院申请强制执行时制作的法律文书。

根据《中华人民共和国行政强制法》(以下简称《行政强制法》)第五十五条规定,强制执行申请书是在行政机关向人民法院申请强制执行时使用的。

行政处罚决定书生效后,具备相应的法律效力,并由国家强制力保障实施。如当事人不履行行政处罚决定书上确定的义务的,行政机关可以依法强制执行,也可以依法申请人民法院强制执行。行政机关依法自行采取强制执行措施的,不必使用本文书。只有在向人民法院申请强制执行时,才使用本文书。因此,这种文书既是行政机关启动强制执行程序的依据和凭证,也是人民法院受理行政强制执行案件的凭据。

二、结构、内容和制作方法

强制执行申请书可为文字叙述式文书,也可为填空式文书。

强制执行申请书主要包括三部分内容：首部，包括行政机关名称、文书名称、文书编号、申请人及被申请人的基本情况；正文，包括案由、行政处罚决定内容、当事人不履行义务的事实、申请执行的标的、致送法院的名称；尾部，包括行政机关印章、制作日期。

（一）首部

1. 文书标题

标题由行政机关名称、文书名称组成，分两行写在文书首部中间位置。

2. 文书编号

文书编号由行政机关简称、文书简称、年份号和文书顺序号组成。

3. 法院名称

要求写明受理强制执行申请的人民法院的名称，受理法院一般为行政机关所在地法院；执行标的为不动产的，受理法院为不动产所在地的法院。

（二）正文

1. 案由

写明违法行为类型。

2. 送达时间

写明行政机关将行政处罚决定书送达给当事人的具体日期，该日期为行政处罚决定成立的日期。

3. 当事人申请救济的情况

写明当事人在法定期限内是否提出行政复议申请、提起行政诉讼或写明行政复议决定、行政判决的有关情况。

4. 申请执行的标的

写明当事人应当履行的处罚内容，包括行政处罚决定书中的处罚内容、复议决定书中确认的处罚内容和法院裁决确认的处罚内容。

5. 附送材料

写明相关法律文书及法院有关规定明确要求附送的材料。

（三）尾部

1. 印章

加盖行政机关印章。

2. 文书落款日期

一般在法定起诉期限三个月之后，申请执行期限180日内提出申请。

三、制作中应当注意的问题

第一，行政机关发现当事人既不履行行政处罚决定，又不申请复议或提起诉讼的,应当及时向人民法院提出强制执行申请,避免当事人故意逃避法律制裁。

第二,《行政强制法》第五十三条规定,当事人在法定期限内不申请行政复议或者提起行政诉讼,又不履行行政决定的,没有行政强制执行权的行政机关可以自期限届满之日起三个月内,依照本章规定申请人民法院强制执行。

第三,应当避免的常见错误:

1. 行政机关未在规定的三个月内向人民法院提出强制执行的申请;
2. 申请法院选择不当,如申请执行标的为不动产时未向不动产所在地法院申请。

第八节　行政复议申请书

本节内容以公安机关行政复议决定书为例进行讲授。

一、概念和功用

行政复议申请书,是公民、法人或者其他组织对行政机关作出的行政行为不服,依法书面提出行政复议申请时使用的文书。

《中华人民共和国行政复议法》(以下简称《行政复议法》)第二十二条规定:"申请人申请行政复议,可以书面申请;书面申请有困难的也可以口头申请。"

《公安机关办理行政复议案件程序规定》(以下简称《程序规定》)第十八条规定:"书面申请的,应当提交《行政复议申请书》,……"以上规定是制作行政复议申请书的法律依据。

行政复议申请书具有申请人要求行政复议机关对行政机关作出的行政行为进行复议,以维护其合法权益的作用,也是行政复议机关启动行政复议程序的依据。

二、结构、内容和制作方法

行政复议申请书属于叙述式文书,其内容结构包括首部、正文、尾部三部分。

(一)首部

文书标题写"行政复议申请书"。

(二)正文

包括申请人和被申请人的基本情况、行政复议请求及申请行政复议的事实和理由。

1. 申请人的基本情况

申请人是公民的,应当写清其姓名、性别、出生年月日、工作单位、住址、联系方式。申请人有代理人(法定代理人、指定代理人、委托代理人)的,则在申请人的基本情况后写清该代理人的姓名、性别、出生年月日、工作单位、住址、联系方式。申请人是法人或者其他组织的,则写清法人或者其他组织的名称、地址、法定代表人或者主要负责人的姓名、职务、住所、联系方式。

2. 被申请人的基本情况

被申请人,即作出具体行政行为的公安机关,要写清公安机关的名称、地址、法定代表人的姓名。

3. 行政复议请求

行政复议请求,就是申请人对行政复议机关提出的维护自身合法权益的要求,要写得简洁明了。行政复议请求包括以下几种:一是撤销,申请人认为行政机关的原行政行为违法或者不当,请求行政复议机关(上级行政机关)撤销原行政行为,请求复议机关变更原行政行为;二是确认,申请人认为作出原行政行为的行政机关未履行法定职责或者履行不当,撤销、变更原行政行为已无意义,请求复议机关确认行政机关的行为违法。

4. 申请行政复议的事实和理由

申请行政复议的事实,是指行政机关的行政行为侵犯申请人合法权益的事实。既包括案件事实,又包括行政机关的行政行为侵犯申请人合法权益的事实。案件事实应简明扼要写清案件发生的时间、地点、当事人、事件、原因、结果;行政机关的行政行为侵犯申请人合法权益的事实,要写清哪个公安机关、何时依据何种法规,因何种原因作出了何种处理。

申请行政复议的理由是申请人依据案件事实的客观情况和法律、法规规定作出的结论意见。在申请行政复议的事实之后另起一段,用"综上所述"引领下文,阐述申请人不服行政机关处理、处罚的主观看法。

(三)尾部

由申请人签名、盖章,注明申请行政复议的日期。有代理人的,也应让代理人签名、盖章。如果申请人是法人或者其他组织的,则在制文日期上加盖公章。

三、制作中应注意的问题

《程序规定》对《行政复议申请书》的内容作了明确规定,但对申请人不具约束力。公安机关不能因申请书内容不符合《程序规定》的要求而拒绝受理申请。

第九节　行政复议决定书

一、概念和功用

行政复议决定书,是行政复议机关受理申请人提出的行政复议申请后,经过全面调查和审查,并经复议机关负责人同意或者集体讨论而依法作出决定时制作的法律文书。

《中华人民共和国行政复议法》第七十五条第一款规定:"行政复议机关作出行政复议决定,应当制作行政复议决定书,并加盖行政复议机关印章。"《程序规定》第七十四条规定:"公安行政复议机关作出行政复议决定,应当制作《行政复议决定书》,载明以下内容:(一)申请人、第三人及其代理人的姓名、性别、年龄、职业、住址等,法人或者其他组织的名称、地址、法定代表人等;(二)被申请人的名称、住址、法定代表人等;(三)申请人的行政复议请求;(四)申请人提出的事实和理由;(五)被申请人答复的事实和理由;(六)公安行政复议机关认定的事实、理由和适用的依据;(七)行政复议结论;(八)不服行政复议决定向人民法院提起行政诉讼的期限,或者最终裁决的履行期限;(九)作出行政复议决定的日期。《行政复议决定书》应当加盖公安行政复议机关印章或者公安行政复议专用章。"以上诸条规定,是制作行政复议决定书的法律依据。

行政复议决定书,是在公安行政复议机关全面调查、审查的基础上产生的,它是经复议机关领导人同意或者集体研究讨论决定的,是行政复议结果的精要表述,是所作结论的科学性、公正性、合法性的体现。行政复议决定书的制作,标志着公安行政复议机关处理行政复议案件工作基本结束或者告一段落。行政复议决定书也是复议结果的凭证。

二、结构、内容和制作方法

行政复议决定书属于叙述式文书,其内容结构包括首部、正文、尾部三部分。

(一)首部

包括文书标题和文书字号。其中文书标题分上下两行,第一行为公安行政复议机关名称,第二行为文书名称——行政复议决定书;文书字号为"×公复字〔202×〕第××号"。

(二)正文

根据《程序规定》第七十四条,行政复议决定书应当写明以下几方面的内容:

1. 申请人、第三人及其代理人、法人或者其他组织的身份信息

如果申请人是公民,则写清其姓名、性别、年龄、职业、住址。有第三人或者代理人的,也应写清他们的基本情况。申请人是法人或者其他组织的,则写清其名称、地址、法定代表人的姓名和职务。

2. 被申请人的身份信息

写清被申请公安机关的名称、地址、法定代表人的姓名和职务等。

3. 申请人的行政复议请求

首先要写清申请人提出行政复议申请的缘由,即不服被申请的公安机关作出的行政行为;然后写清申请人提出行政复议申请的日期及公安行政复议机关受理申请的情况。

4. 申请人提出的事实和理由

简要写出申请人提出的被申请的公安机关作出的行政行为以及侵犯其合法权益的事实和理由,这一部分内容实际上是行政复议申请书内容的压缩。首先写清行政复议案件的事实;然后写明被申请的公安机关作出的行政行为事实;最后阐明申请理由,是被申请人公安机关作出行政行为依据的事实不清,程序不规范,还是依据的法律、法规不当。

5. 被申请人答复的事实和理由

被申请人答复的事实和理由,是被申请人针对申请人提出的行政复议申请的事实和理由进行答复、辩驳的内容。目的是说明被申请人的行政行为正确、合法,同时要列举被申请人作出行政行为的证据、依据和有关材料。

6. 公安行政复议机关认定的事实、理由和适用的依据

这部分是行政复议决定书的关键部分。公安行政复议机关认定的事实、理由是经过受理、审查后认定的,这是认定机关作出行政复议决定的依据。认定的事实要客观真实,要把时间、地点、人物、事件、原因和结果等要素表述清楚;根据查明的事实和有关法律、法规,阐明公安行政复议机关的观点,即申请人的行政复议申请是否合理,被申请人作出的行政行为是否正确、合法。在"经审理查明"后引出公安行政复议机关所认定的事实、理由和适用的依据。

7. 行政复议结论

行政复议结论是根据上述事实、理由和依据作出的明确的决定,是对申请复议的行政行为的合法性、适当性作出的最终结论。根据行政复议法的规定,公安行政复议机关应视具体情况作出以下复议决定:

具体行政行为适用法律、法规、规章和具有普遍约束力的决定、命令正确,事实清楚,符合法定权限和程序的,应当作出维持原裁决的决定意见;

具体行政行为有程序上的错误,应当作出责令被申请人补充的决定意见;

被申请人不履行法律、法规和规章规定的职责的,应当作出要求其在一定期限

内履行的决定意见；

行政行为依据的事实不清的，适用法律、法规和规章错误的，违反法定程序影响申请人合法权益的，超越或者滥用职权的，以及具体行政行为有明显不当的，应当作出撤销、变更或者责令被申请人重新作出行政行为的决定意见。

8. 交代诉讼权利或者履行最终裁决的期限

要写明如不服行政复议决定可以向人民法院起诉及其起诉期限；如果是终局行政复议决定，则写明当事人履行的期限。属于前一种情况的，写作："如不服本决定，可在接到行政复议决定书之日起×日内向人民法院提起行政诉讼。逾期不起诉又不履行行政复议决定的，依法强制执行。"属于后一种情况的，写作："依照××××的规定，本决定为终局裁决，应于×年×月×日前履行，逾期不履行的，依法强制执行。"

（三）尾部

注明作出行政复议决定的日期，并加盖公安行政复议机关公章或者公安行政复议专用章。

三、制作中应注意的问题

第一，行政复议决定书必须在法定期限内制作。行政复议机关应当在收到行政复议申请书之日起60日内作出决定，并制作行政复议决定书。法律、法规另有规定的除外。

第二，行政复议机关作出行政复议决定，应当坚持实事求是、坚持依法办案的原则。复议机关与被申请人之间一般都有上下级、主管与被主管部门的"亲缘关系"，越是这样越应当注意可能出现的偏见，当否则否，当纠则纠，写出一纸公正的复议决定书。

本 章 小 结

行政机关法律文书是国家行政机关依法行政，公正执法、司法和进行行政监察的必要手段。作为司法公正与效率、社会公平正义的载体，与其他类别的法律文书相比较，它与民生和社会的关系更加密切。本章概要阐述了行政机关法律文书的概念、功用、分类、制作和运用基本要求等基本理论，详细讲解立案审批表、案件调查终结审批表、行政处罚听证通知书、结案审批表、行政处罚决定书、强制执行申请书、行政复议申请书、行政复议决定书等法律文书，希望能够促进行政立法和行政法律文书建设进入更成熟的阶段。

思考与练习

1. 什么是行政机关法律文书？制作行政机关法律文书有哪些基本要求？
2. 试述立案审批表主体部分的主要内容并阐明制作和运用中要注意哪些事项。
3. 试述行政处罚决定书的概念及其法律效力。
4. 如何制作行政复议申请书的复议请求、事实和理由这两个主要部分？
5. 什么叫行政复议决定书？当事人若对复议决定仍然不服应当采取什么措施？
6. 试述行政法律文书与民生和构建社会主义和谐社会的密切关系。

第十一章 笔录文书

> **本章要点**
>
> 笔录是法律活动中使用频率较高且带有基础性质的法律文书。本章阐述了有关笔录文书的一些基础理论,具体讲解了现场勘验笔录、调查笔录、法庭审理笔录、合议庭评议笔录的概念、结构内容与制作方法。

第一节 概 述

一、概念和特征

(一)概念

笔录文书,是在法律活动中以文字形式如实记录法律活动的过程及结果的文字材料。它包括公安机关、国家安全机关、检察机关、人民法院、监狱等司法机关、行政执法机关以及公证、律师、仲裁等法律机构在进行诉讼和非诉讼的活动中如实记载的各种文字材料。

笔录文书忠实地记载了诉讼和非诉讼活动的实际情况,能够证明某一事实的客观存在,因此具有一定的法律效力或者法律意义;笔录如实反映诉讼案件的全过程,是认定事实的重要依据,也是作出处理决定、制作其他法律文书的重要依据;笔录对检查执法情况、总结执法经验、加强业务建设、完善法律制度具有重要参考价值。笔录是诉讼卷宗的重要组成部分,是原始的第一手文字材料,具有不可替代的史料价值。重大案件和法律事务的笔录,是国家宝贵的历史档案资料。

(二)特征

1. 客观性

这是笔录最基本的特征。笔录的内容应当是对诉讼活动和非诉讼法律事务过程和结果的原始文字记载,是对其真实而客观的反映。笔录的制作者必须如实记录自己的所见所闻,既不能夸大,也不应缩小,更不得凭主观想象任意编造,也不得事后加工整理。否则,笔录的作用无从发挥,笔录也就失去了存在的价值。

2. 合法性

作为一种法律文书,笔录必须符合法律的要求。笔录的合法性包括制作主体的合法、制作程序的合法和制作形式的合法。具体而言,笔录必须由法定的主体依照法定的程序,按照法律规定的形式来制作。只有这样,笔录的法律效力和法律意义才能得以体现。

3. 及时性

这是从制作时间上对笔录的限定。笔录必须在记录客体呈现的当场制作,保证记录内容的准确。只有这样,才能防止因记忆或者其他因素对笔录的客观性的不利影响,及时制作笔录会使其证明力和证据能力得到保证。

二、分类

由于笔录适用的范围十分广泛,又因为记录对象的多样性,笔录的种类繁多,我们可以根据不同的标准对之进行不同的分类。

(一)按记录对象的法律性质划分

可分为诉讼笔录和非诉讼笔录。

(二)按制作主体划分

可分为公安机关的侦查、取证类笔录、人民检察机关的侦查起诉类笔录、人民法院的审判笔录、公证机关的公证类笔录、仲裁机关的仲裁笔录、司法行政机关的司法行政类笔录、行政机关的行政类笔录、律师的诉讼和非诉讼活动笔录等。

(三)按记录的客体划分

可分为记录问话经过的对话体笔录(如讯问笔录、询问笔录、庭审笔录、合议庭评议笔录、宣判笔录、搜查笔录)、记录行为经过的叙事体笔录(如现场勘验笔录、侦察实验笔录、搜查笔录)、案卷摘记体笔录(如阅卷笔录)等。

本章主要讲授叙事体的现场勘验笔录,对话体的调查笔录(询问笔录)、法庭审理笔录和合议庭评议笔录的制作。

三、制作中应当注意的问题

(一)法律关系的确认是制作笔录的根本点

以刑事案件为例,犯罪构成是由主体、主观方面、客体、客观方面四个要件构成。刑事法律关系的确认最终都落实到犯罪构成要件上。刑事笔录中,犯罪构成的四个要件顺序是：首先主体，其次客观方面，再次主观方面，最后客体内容。这与刑事诉讼的过程相一致。

（二）要素清楚是制作笔录的要点

案件要素主要包括当事人身份要素和案情叙述要素。笔录一般都是围绕这两方面要素进行记录。

首先记录的应该是案件当事人的身份要素，主要包括：姓名、性别、出生年月、出生地、民族、文化程度、职业、住址八大要素。当事人有单位的还应记明单位的名称、地址。要记清单位法定代表人或代表人的姓名、性别、职业、职务等要素。

其次是对案件叙述要素的记录。刑案叙述要素主要包括：犯罪的时间、地点、动机、目的、手段、犯罪过程、犯罪结果、涉及的人与事和事后态度等九个要素。这九个刑案叙述要素，不是每个案件一开始就清楚明白。但记录者必须有意识地围绕这九个叙述要素提问与记录。

（三）突出个案特点是笔录制作的关键

司法实践中没有一模一样的案件，同类别的案件也各有特点。个案特点是笔录制作的灵魂，刑事笔录制作的质量高低，应当以个案特点是否记清为标准。

（四）对话体笔录与叙事体笔录各自的特征和制作技艺

各种性质的案件都存在笔录，对话体笔录与叙事体笔录是笔录的最基本类型，形成了两种不同风格种类的笔录。询问笔录、调查笔录、讯问笔录、法庭审理笔录和评议笔录等属于对话体笔录，现场勘验笔录、侦查实验笔录、辨认笔录等属于叙事体笔录。

以记录问话和答话人的对话为主的笔录就是对话体笔录。它主要通过记录对话反映办案人员的诉讼活动情况和案件的事实情况。它要求记载的内容必须近乎纯客观，除个别文字需要做技术处理外，问话人和答话人之间怎么问答，笔者应对问答进行"录音"，用文字"录"下对话内容。

以叙述方式记载某种案件事实情况的笔录是叙事体笔录，它主要通过客观叙述办案人员的诉讼和执行活动情况以及案件事实情况，读了使人身临其境，有一种"画像"的感觉。

第二节　现场勘验笔录

一、概念、法律依据和功用

现场勘验笔录又称现场勘查笔录，是公安机关侦查人员勘验检查与犯罪有关的场所时,记录现场勘验过程以及勘验人员在现场提取证据等情况的文书。"现场勘验笔录"是公安机关对刑事案件现场进行勘验情况的记录。所谓现场,即犯罪现场,是指犯罪分子作案的地点,包括犯罪分子作案的场所及其作案遗留的痕迹与物品。公安机关应当对犯罪现场有关情况进行全面勘验。

《刑事诉讼法》第一百二十八条规定:"侦查人员对于与犯罪有关的场所、物品、人身、尸体应当进行勘验或者检查。"第一百三十三条规定:"勘验、检查的情况应当写成笔录,由参加勘验、检查的人和见证人签名或者盖章。"

现场勘验是《刑事诉讼法》规定的一项重要的侦查措施,其任务是查明犯罪现场的情况,发现和收集证据,研究分析案情,判断案件性质,确定侦查方向和范围,为破案提供线索和证据。公安机关对与犯罪有关的场所进行勘验后制作的"现场勘验笔录"是公安机关分析研究案情的重要依据,对侦破案件有重要作用。

二、内容及制作要求

现场勘验笔录属于叙述型文书,由首部、正文和尾部组成。

(一) 首部

首部包括:

(1) 文书名称(已印制好)。

(2) 发现或者报案时间,要求精确到×时×分。

(3) 现场保护人的姓名、单位、到达现场时间。"现场勘验笔录"应当将上述情况记录清楚,以便能够对现场有关情况作出准确判断。

(4) 勘验时间、地点。勘验时间要精确到分,勘验地点就是犯罪现场,应当准确说明。

(5) 勘验人员及见证人基本情况。勘验人员包括现场勘验指挥人及其他勘验人员。

(6) 现场条件。"现场勘验笔录"应当记载清楚勘验的现场条件,如天气、温度、湿度、光线条件等。

(二) 正文

正文包括勘验过程和勘验结果。

勘验过程首先要记录清楚发现或者接到报案的情况以及组织人员赴现场勘验情况。然后要重点记载现场和勘验的具体情况,如现场的空间、方位、大小及建筑布局,物体的摆放、成色情况,犯罪工具及其他物证、痕迹的具体位置、种类、分布情况以及提取方法,现场物品损害情况及被害人情况,以及其他变动或异常情况。对于性质不同的案件,要根据不同案件的特点,有针对性地进行勘验,如对于凶杀现场,要记录尸体的具体方位和姿势,周围是否有血迹,周围物品和痕迹的位置和特点以及尸表检查情况等;入室盗窃现场要记录清楚门窗是否关闭,是否完整,有无撬压痕迹,有无指纹、足迹,室内家具有无移动、破坏情况等。

现场勘验结果,主要包括对现场物证、痕迹的处理情况,提取物品的名称、数量、标记和特征,提取痕迹的名称和数量,拍摄现场照片和绘制现场图的种类以及数量。

现场勘验笔录是对案件现场勘验中发现的各种客观情况的记载,侦查人员对现场情况的分析意见不能记录在笔录中。笔录中对各种情况的记载顺序,应当与对现场情况进行实际勘验的顺序相符。笔录的文字一定要准确、清楚,避免使用晦涩难懂或者含混不清的语言,尤其是对现场物体和痕迹的位置、形状、距离、大小等特征,一定要准确记载。

(三)尾部

由现场勘验指挥人、勘验人、见证人和记录人签名。

三、制作中应当注意的问题

第一,根据《公安机关办理刑事案件程序规定》二百一十六条的规定,现场勘验应当对现场拍照,绘制现场图,与"现场勘验笔录"相互补充、印证。

第二,现场勘验笔录作为案件的重要证据,在案件侦查终结时存入诉讼卷。

第三节 调 查 笔 录

一、概念、法律依据和功用

调查笔录,又称询问笔录,是司法人员以及法律服务者对案件知情人调查访问时依法制作的记载调查人的调查取证情况和被调查人陈述案件情况的文字记录。

《刑事诉讼法》第五十二条规定:"审判人员、检察人员、侦查人员必须依照法定程序,收集能够证实犯罪嫌疑人、被告人有罪或者无罪、犯罪情节轻重的各种证据……必须保证一切与案件有关或者了解案情的公民,有客观地充分地提供证据的条件,除特殊情况以外,可以吸收他们协助调查。"《民事诉讼法》第七十条规定:"人民法院有权向有关单位和个人调查取证,有关单位和个人不得拒绝。"《律师法》第三十五条第二款规定:"律师自行调查取证的,凭律师执业证书和律师事务所证明,可以向有关单位或者个人调查与承办法律事务有关的情况。"可见,调查在诉讼进行中不可缺少,有调查就要制作调查笔录。

调查笔录供司法人员以及法律服务者对证人、被害人进行调查时使用，它对收集证据、查清案件事实作用很大。

二、结构内容与制作方法

"调查笔录"由首部、正文和尾部组成。

（一）首部

这部分包括文书名称，询问的时间、地点，调查人员和记录人员的姓名、单位，被调查人员的基本情况。制作中，调查时间要写明调查起止时间并精确到分；调查地点，既可以是证人、被害人的所在单位，也可以是证人、被害人的住处，还可以是司法机关。

（二）正文

正文是调查笔录最为实质的内容。这部分主要记录以下内容：(1)表明身份。根据《刑事诉讼法》的规定，司法人员在对有关证人、被害人进行调查时，应当出示证明文件或者工作证件并记录。(2)告知被调查人有关作证义务的要求。根据《刑事诉讼法》的要求，凡知道案件情况的人，都有作证的义务。司法机关有权向单位和个人收集和调取证据，有关单位和个人应当如实提供。调查人员在调查时应告知证人或被害人他们负有如实提供证言的义务，如果作伪证或者隐匿罪证要承担法律责任。(3)证人、被害人了解的案件有关情况。对证人或被害人提供的案件有关情况，包括案件涉及的人物、时间、地点、经过、结果等都应当详细记录。不同性质案件记录的要素不一样。

（三）尾部

调查结束，调查人员应当让被调查人核对调查笔录，被调查人没有阅读能力的，要向其宣读。如果记载有错或者遗漏，应当允许被调查人更正或者补充，并在改正或者补充的文字上捺指印。经被调查人核对无误后，由其在笔录的末尾写明对笔录的意见，即"以上笔录我看过（或者向我宣读过），和我说的相符"，并签名或捺指印，写明时间。同时在笔录除最后一页以外的每页末尾右下角签名（盖章）、捺指印。拒绝签名或者捺指印的，应当在笔录尾部注明。

三、制作中应当注意的问题

第一，调查证人应当个别进行。

第二，在调查过程中，调查人员不得向证人或被害人泄露案情或者表示对案件的看法，严禁使用威胁、引诱或者其他非法方法调查证人或被害人。

第四节 法庭审理笔录

一、概念、法律依据和功能

除人民法院外,出庭参加诉讼的检察机关书记员、律师也必须制作相应的出庭笔录和庭审笔录。《人民检察院刑事诉讼规则》第四百二十七条规定:"出庭的书记员应当制作出庭笔录,详细记载庭审的时间、地点、参加人员、公诉人出庭执行任务情况和法庭调查、法庭辩论的主要内容以及法庭判决结果,由公诉人和书记员签名。"出庭律师的庭审笔录也有相同的内容要素要求。本节专讲人民法院法庭审理笔录。

在人民法院依法开庭审理各类诉讼案件时,由书记员当庭记载全部法庭审理活动的文字材料,称为法庭审理笔录,又称法庭笔录。

我国《刑事诉讼法》第二百零七条第一款规定,法庭审判的全部活动,应当由书记员写成笔录。我国《民事诉讼法》第一百五十条第一款规定,书记员应当将法庭审理的全部活动记入笔录。以上规定是制作法庭审理笔录的法律依据。

法庭审理笔录既是人民法院认定事实、核实证据、作出裁判的依据,也是制作裁判文书的依据之一,还是加强审判监督,检查办案和执法情况,总结经验教训的宝贵资料。必须精心制作,并妥善保存。

二、结构内容和制作方法

法庭审理笔录由首部、正文和尾部三部分组成。

(一)首部

1. 标题,由制作机关和文书的名称组成。
2. 记明开庭的时间和地点,本次开庭为第×次开庭。
3. 记明宣布开庭审理案件的案由和审判方式。对不公开审理的,应当根据我国《刑事诉讼法》第一百八十八条、《民事诉讼法》第一百三十七条、《行政诉讼法》第五十四条的规定,记明不公开审理的具体理由。公开审理的,应当注明大概的旁听人数。
4. 记明宣布审判人员及其他出庭人员名单。开庭时,审判长或独任审判员查明本案当事人和其他诉讼参与人是否到庭;根据案件性质的不同,宣布审判人员、书记员、公诉人的名单,查核辩护人、诉讼代理人、鉴定人和翻译人员的委托书及有关证件;告知当事人享有的法定诉讼权利和应当履行的诉讼义务,如根据我国《刑事诉讼法》的规定,告知被告人有权申请审判人员、书记员等回避,刑事被告人有权为自己辩护;询问当事人是否申请回避,如有申请回避,则应依法作出是否回避的决定,等等。以上诸项均应一一如实记明。

(二)正文

1. 法庭调查情况

(1)公诉人宣读起诉书。公诉人宣读起诉书,只记"公诉人×××宣读起诉书",起诉书内容可以省略不记,因有起诉书附卷。

(2)讯问当事人。审判人员、公诉人讯问当事人以及当事人的陈述和回答,以问答形式记明,并记明被害人陈述。

(3)辩护人、当事人等向被告人及其他诉讼参与人发问。我国《刑事诉讼法》第一百九十一条第二款规定:"被害人、附带民事诉讼的原告人和辩护人、诉讼代理人,经审判长许可,可以向被告人发问。"同法第一百九十四条第一款规定:公诉人、当事人和辩护人、诉讼代理人经审判长许可,可以对证人、鉴定人发问。我国《民事诉讼法》第一百四十二条第二款规定:"当事人经法庭许可,可以对证人、鉴定人、勘验人发问。"对上述法律规定的人员发问和回答,应当如实记明。

(4)告知证人法定的权利与义务,我国《刑事诉讼法》第一百八十九条第一款规定:"证人作证,审判人员应当告知他要如实地提供证言和有意作伪证或者隐匿罪证要负的法律责任。" 我国《民事诉讼法》第一百四十一条第二项规定:法定调查包括"告知证人的权利义务"。审判人员依法告知证人的权利义务,要如实记明。

(5)核实证据。根据我国《刑事诉讼法》第一百九十五条的规定:"公诉人、辩护人应当向法庭出示物证,让当事人辨认,对未到庭的证人的证言笔录、鉴定人的鉴定结论、勘验笔录和其他作为证据的文书,应当当庭宣读。"我国《民事诉讼法》第一百四十一条第二、三、四、五项规定:应当宣读未到庭的证人的证言;出示书证、物证、视听资料和电子数据;宣读鉴定意见;宣读勘验笔录。对法庭依法进行的上述活动,要如实记明。

(6)补充证据。我国《刑事诉讼法》第一百九十七条规定:"法庭审理过程中,当事人和辩护人、诉讼代理人有权申请通知新的证人到庭,调取新的物证,申请重新鉴定或者勘验。……法庭对于上述申请,应当作出是否同意的决定。"我国《民事诉讼法》第一百四十二条第一、三款规定:"当事人在法庭上可以提出新的证据……当事人要求重新进行调查、鉴定或者勘验的,是否准许,由人民法院决定。"在法庭审理过程中,当事人等有根据上述法律规定提出某种申请事项,法庭作出是否同意的决定,要如实记明。

2. 法庭辩论情况

(1)当事人、公诉人、辩护人和诉讼代理人等辩论情况。根据我国《刑事诉讼法》第一百九十八条第二款规定:"经审判长许可,公诉人、当事人和辩护人、诉讼代理人可以对证据和案件情况发表意见并且可以互相辩论。"对上述人员发表的意见和辩论发言,应当记明基本内容。根据我国《民事诉讼法》第一百四十四条第一款的规定,在法庭辩论时,先由原告及其诉讼代理人发言,后由被告及其诉讼代理人答辩,再由第三人及其诉讼代理人发言或者答辩,最后互相辩论。对上述人员的发言、答辩以及辩论,应当依次记明基本内容。

(2) 当事人的最后陈述和最后意见。根据我国《刑事诉讼法》第一百九十三条第三款的规定,审判长在宣布辩论终结后,被告人有最后陈述的权利。根据我国《民事诉讼法》第一百四十四条第二款的规定,法庭辩论终结,由审判长或者独任审判员按照原告、被告、第三人的先后顺序征询各方最后意见。应当记明当事人最后意见的发言要点。

(3) 民事调解。根据我国《民事诉讼法》第一百四十五条的规定,法庭辩论终结,还可以进行调解。法庭是否进行了调解,调解有没有达成协议,应当记明。

3. 合议庭评议

我国《刑事诉讼法》第二百条规定,在被告人最后陈述后,审判长宣布休庭,由合议庭进行评议。我国《民事诉讼法》第一百四十五条规定,调解不成的,应当及时判决。如果是当庭判决,合议庭应当及时进行评议。因为评议笔录需要单独制作,所以在法庭审理笔录中只记明"合议庭休庭评议"。

4. 宣告判决

应当记明下列内容:(1) 判决结果,当事人对判决的意见。(2) 宣告一审判决当事人上诉权利、上诉期限和上诉审法院,并问明当事人是否提起上诉以及当事人的表示。(3) 对离婚判决的当事人的特殊交代。根据我国《民事诉讼法》第一百四十八条第四款规定,宣告离婚判决,必须告知当事人在判决发生法律效力前不得另行结婚。告知此项内容必须记明,不可疏漏,遇到当事人不懂法律或者借口不懂法律规定而另行结婚,追查责任时,则有案可查。(4) 送达判决书。(5) 法庭审判中可能出现的某些情况,如延期审理、违反法庭秩序、民事案件当事人拒不到庭或中途退庭等,法庭对此作出的处理。

(三) 尾部

应当由有关人员签名或盖章。

1. 由当事人和其他诉讼参与人签名或盖章。我国《刑事诉讼法》第二百零七条第三款规定:"法庭笔录应当交给当事人阅读或者向他宣读。当事人认为记载有遗漏或者差错的,可以请求补充或者改正。当事人承认没有错后,应当签名或盖章。"我国《民事诉讼法》第一百五十条第二、三款有同样的规定。

2. 由审判人员和书记员签名。根据我国《刑事诉讼法》第二百零七条第一款和《民事诉讼法》第一百五十条第一款规定,法庭笔录经审判长或审判人员审阅后,最后在笔录尾部由审判长或审判员和书记员签名。

第五节 合议庭评议笔录

一、概念、法律依据和功用

合议庭评议笔录是指在审判长宣布休庭后,合议庭根据查明的事实、证据和有关的法律规定进行评议时所作的文字记录。我国《刑事诉讼法》第二百条规定,在被告人最后陈述后,审判长宣布休庭,合议庭进行评议。在民事、行政诉讼的相应阶段,合议庭也必须评议并制作笔录。评议笔录既是制作裁判文书的依据,又是检查办案情况、总结经验教训的参考资料。

二、结构内容和制作方法(以刑事案件为例)

(一)首部

标题写"合议庭评议笔录"。案由部分若是刑事案件,则写"×××(被告人姓名)或××(罪名)一案"。若是民事、行政案件,则写"×××(原告姓名或名称)诉×××(被告姓名或名称)××××(案由)一案"。评议的时间、地点和参加评议人员的姓名、职务以及书记员的姓名等在案由之前一一写明。

(二)正文

合议庭评议笔录应当记明评议的情况和评议的结果,特别是案件性质、事实和证据的认定,确定适用的法律条款以及处理决定等方面的意见。

一审刑事案件评议笔录主要记明:1.对犯罪事实和证据的认定;2.对被告人行为性质的认定,即断定有罪还是无罪,有罪则应确定何种罪名;3.对被告人的处理决定。若认定被告人有罪,是科刑还是免予刑事处分,如果是科刑则科以何种刑罚,有无附加刑,是否数罪并罚,是否适用缓刑等;4.附带民事诉讼如何处理,赃物、证物以及危禁品如何处理等,适用什么法律条款;5.其他内容。

一审民事案件评议笔录主要记明:1.对纠纷事实和证据的认定;2.对纠纷性质、是非责任、权利义务、合法与非法等的判定;3.当事人争执的焦点和法院的处理决定;4.适用什么法律条款;5.对事实不清、证据不足的采取何种措施;6.其他内容。

行政案件除应记明被告作出的具体行政行为情况外,其他内容大体与民事案件近似。

二审刑事、民事、行政案件评议主要记明:1.对原有审判的评议;2.对上诉或抗诉的理由评议;3.二审处理决定;4.适用什么法律条款;5.其他内容。

（三）尾部

由合议庭成员和书记员分别在笔录上签名或盖章。

本 章 小 结

本章重点讲授了笔录文书概述,现场勘验笔录、调查笔录、法庭审理笔录、合议庭评议笔录的概念、内容和制作方法,要求了解这些笔录的概念、功用,掌握它们的制作方法及制作时应当注意的问题。

思考与练习

1. 什么是笔录？笔录文书的制作与运用有哪些基本要求？
2. 什么是对话体笔录,包括哪些文书？
3. 什么是叙事体笔录,包括哪些文书？

附录一:重要法律文书制作技能培训资料

一、起 诉 书

根据下列案件材料,制作一份××市××区人民检察院起诉书。凡材料中不明确之处,可以自拟。

本市某配货中心职工陈某在银行保管箱库拿取存单时,见他人保管箱未上锁,竟生出"我不拿,其他人看见也要拿"的念头,将他人3万余元财物占为己有。原想神不知鬼不觉地发一笔横财,哪料想,发财未成,却把自己送进了监狱。近日,××区人民法院以盗窃罪依法判决陈某有期徒刑3年,罚金人民币2 000元。

2021年8月2日上午9时许,陈某和妻子(另案处理)来到地处控江路上的一家银行保管箱库,想拿取存放在那里的已到期的存单。进库时,看见有一块银行提示客户锁好保管箱的告示牌,陈某便问银行钱姓工作人员如何才算锁好保管箱。工作人员介绍箱子门上的两个锁孔位置一致,才算锁好。工作人员走开后,陈某无意中发现旁边一只保管箱的锁孔不一致,便用自己的箱门钥匙把门一钩,保管箱门竟然打开了,里面放着一些用信封装好的存折、有价证券等物。因为怕被人发现,陈某把箱门关上后拉着妻子匆匆离开了保管箱库。

回到家中,陈某贪念上涌,越想越坐不住,他与妻子商量:刚才那个保管箱没上锁,我们不拿走里面的东西,别人发现也可能会拿走,况且我们的指纹已留在上面了。不如"搏一记",我们再去一次,把里面的东西取走。

当天中午11时许,陈某和妻子再次来到该家银行的保管箱库。进入库门后,陈熟练地打开了那只没上锁的保管箱,其妻怕被人撞见,就在一旁替他望风。不一会儿,陈某把箱内的财物都取了出来,放进随身带的米黄色拎包里。事后,陈某用事先准备好的一块湿的白纱布,将保管箱门及抽屉仔仔细细地擦拭了一遍,以免留下自己的指纹,再将箱门照原样关好,两人离开了现场。

回到家中,陈某马上着手清点"外快",其中有中国农业银行房屋有奖储蓄存单26张,每张面额800元;中国建设银行"五连环"有奖定期存单52张,每张面额100元;中国工商银行"节节高"定期有奖储蓄存单4张,每张面额300元;中国建设银行"时来运转"有奖储蓄存单6张,每张面额200元;邮政"月月红"有奖储蓄存单10

张,每张面额1000元等,共计价值38 000余元人民币,另有箱主杨某身份证等证件。

未到期的定期存单,陈某自然是不敢去银行提取的,于是他将十几张定期存单和杨某身份证一起用火烧了。同年9月6日,26张农业银行房屋有奖储蓄存单到期。那天上午,陈某一个人来到控江路的中国农业银行兑奖,当场提取现金人民币20 904元,并以妻子的名义将其中10 000元存入银行。得手后,陈某喜滋滋地给妻子打了一个大功告成平安无事的电话。

哪想只"太平"了一个星期,陈某便被"请"进了公安机关。在事实和证据面前,陈某无法狡辩,只得供认见财起意的犯罪经过。2021年12月2日,区公安分局将本案移送区检察院审查起诉。区检察院于2021年2月2日正式向区法院提起公诉。

二、第一审刑事判决书

根据下列案情制作一份刑事判决书。

被告人张××,男,36岁,××省××县人,汉族,无业,住××省××市××街××号。

被告人刘××,男,32岁,汉族,××省××县人,原为××省××烟厂工人,住××省××市××街××号。

被告人吴××,男,30岁,××省××县人,白族,原为××公司职员,住××省××市××街××号。

上列三被告于2020年×月,在我国云南边境×县结识,由被告人张××主谋贩卖毒品并出资2万元,到我国云南边境××镇,购得海洛因两千克,分装在二十个塑料袋内,混在自带的行李中,于2020年×月×日乘成昆路××次火车运往四川成都。其中被告人吴××,中途于重庆下车,携五包海洛因,在贩卖时,被我公安机关抓获。经讯问,吴供出同案犯张××、刘××已将其他十五包毒品带至成都销售。公安机关经与四川成都公安部门联系,并派警员前往协助成都公安机关于2020年×月×日于××旅店中将张、刘二犯抓获,并起获毒品十袋(已卖出五袋),连同赃款5万元,一并收缴。成都市公安局对三名犯罪嫌疑人审查后移送成都市人民检察院审查起诉(途中吴××亦由重庆市公安机关移送成都市公安机关一并审查)。经成都市中级人民法院开庭审理,三被告人对所犯罪行供认不讳。唯刘××、吴××均供称,此案中张××系主犯,购买毒品一事由张主谋,并由他出资,所卖赃款,张应分得二分之一。但张××对此不予承认。此案有缴获的毒品、赃款及成都市抓获的李××等三名吸毒者(另案处理)的供词证实,足以认定。经成都市人民法院一审判决,认定张××、刘××、吴××三犯共同犯走私、贩卖毒品罪,且数额较大,危害严重,应予重惩。判处主犯张××死刑,剥夺政治权利终身;判处从犯刘××死刑,缓期二年执行,剥夺政治权利终身;判处从犯吴××无期徒刑,剥夺政治权利终身。

三、第一审刑事附带民事判决书

根据下列案件材料,制作一审刑事附带民事判决书。

被告人刘×和被害人王×于×年×月×日确立恋爱关系。在交往中,随着时间的推移,王×觉得自己与刘×的性格、爱好等方面差距较大,遂提出与刘×断绝恋爱关系。刘×不死心,多次纠缠王×,王×决心已定,向刘×表示绝无再和好的可能。刘×认为,女朋友与自己断绝恋爱关系,自己很没有面子,决心对王×进行报复。首先,刘×准备好一瓶硝酸、硫酸混合液。其次,跟踪王×,窥测王×上下班的行走路线,以确定作案时间和作案地点。

×年×月×日晚6时许,刘×携带事先准备好的硝酸、硫酸混合液一瓶,驾驶汽车尾随王×行至本市×区×路上。刘×再一次追问王×,是否同意继续与自己保持恋爱关系,遭到王×回绝。刘×遂驾车先将王×撞倒,尔后将硝酸、硫酸混合液一瓶泼至王×的面部、上身等处,并朝王×脸部及身上猛踢数脚后驾车逃离现场。后被查获归案。被害人王×被路人发现送往医院全力抢救。

被告人的基本情况:被告人刘×,30岁,汉族,男,××研究总院工人,×市人,住×区×路×号楼×单元×号。×年×月×日因拦劫妇女被行政拘留15天;因故意伤害罪于×年×月×日被羁押,同年×月×日被逮捕。现羁押于×市公安局看守所。

本案证据:①被害人王×的陈述;②现场勘验笔录;③被告人刘×的供述;④刑事科学技术鉴定结论。经鉴定,王×面部严重烧伤,鼻骨骨折,颈部、双手及左小腿被酸烧伤,为重伤。

被告人的辩护人金×(××律师事务所律师)的辩护意见为,被告人刘×在案发后,有悔罪表现,能如实交代自己的罪行,且无前科劣迹,建议法院从轻惩处。

被害人王×(女,23岁,××研究总院新技术公司临时工)委托诉讼代理人李×(××律师事务所律师)提起刑事附带民事诉讼。被害人的诉讼委托代理人提出,被告人刘×的犯罪情节特别恶劣,且不认罪悔罪,要求依法从严从重惩处。并要求被告人赔偿被害人×万元经济损失。

×市人民检察院分院以被告人刘×涉嫌故意伤害罪向×市中级人民法院提起公诉,检察分院检察员方×出庭支持公诉。

×市中级人民法院于×年×月×日公开审理了此案,经该法院审判委员会讨论决定于×年×月×日作出如下判决:一、被告人刘×犯故意伤害罪,判处死刑,剥夺政治权利终身。二、被告人刘×赔偿被害人王×经济损失50 000元整。

审理此案的合议庭成员:审判长任××,审判员许××、贾××。此案的书记员是李×。

四、第二审刑事判决书

根据下列案情材料,制作第二审刑事判决书。

上诉人张××,汉族,小学文化,男,46岁,×省×市人,个体工商户,住×市×路×村×号。×年×月×日因故意杀人被刑事拘留,同年×月×日被逮捕,现押于×市看守所。

事情经过是,×年×月×日晚,张××带外地来×市做生意的李××、石××到"天花夜总会"玩,当晚花掉人民币270元,张××、李××、石××三个人没给钱就离开了夜总会。过了几天以后,夜总会的老板邓×给张××打电话,让张××付钱。邓×,男,40岁左右,担任天花夜总会老板已经许多年。张××接到邓×的电话后,打电话给李××,张、李二人当天给邓送去200元钱。告诉邓×说,剩下70元钱,由石××付。×年×月×日,邓×多次打电话给张××,让张××付款,张××不付。于是,邓×给张××的妻子于×打电话,告诉于×说:"张××在夜总会玩小姐,玩完后还不给钱。"张××的妻子于×是×市×商店营业员,生性古怪,脾气暴躁,对丈夫看管得很严,开口即骂,动手即打。张××很怕妻子,朋友之间都戏称张××为"妻管严"。张××的妻子听到张在外面玩小姐的事情后,气不打一处来,回到家里,便同张××争吵、打架,无论张××如何解释,其妻就是不听。当日中午,张××在自己的商店里请客。张××的朋友杜××从外地来本市做生意,张××请杜××喝酒,两个人在饮酒时,张××的妻子于×又追到商店,在商店里张××和于×当着杜××的面再次打起来,饭桌也被推翻。张××认为颜面丢尽,十分恼怒,认为邓×说话不负责任,导致他和妻子打闹不休,家庭不和。酒后就拿着斧头、匕首到"天花夜总会"找邓×算账。两人在舞池里争吵起来,在争吵过程中,张××用匕首扎了邓×五刀,致邓×倒地后,张××拿着刀逃离了夜总会。人们赶快把邓×送往医院抢救,在去医院的路上,邓×就死了。经过法医鉴定,认为邓×是被锐器刺破了心脏,导致失血性休克死亡。张××回到家后,对自己的妻子说,他在夜总会把邓×杀了。公安机关根据在杀人现场看到张××杀人的谭××、张××讲述的情况,在张××家里,把张××逮捕归案,并在张××的衣服口袋里搜出匕首一把。同时,公安机关对现场进行了勘验,并作了笔录。张××在预审中所供作案经过,与前述事实基本相符。

原审人民法院认为,××××年春节前夕,张××带外地来做生意的李××、石××到"天花夜总会"去玩,共花费人民币270元。张××与李××付款200元,其余的钱,让夜总会向石××要。×年×月×日,夜总会老板邓×多次打电话给张××,要求张××付清剩余款项,张××不付款。邓×就给张××的妻子于×打电话,告诉张××的妻子,说张××在夜总会玩小姐,玩后不给钱。张××的妻子是×市×商店营业员,脾气暴躁,在家里说一不二,张××很怕自己的妻子,朋友之间戏称张××为"妻管严"。张××的妻子听到张在外面玩小姐的事情后,回到家里,便同张××争吵、打架。当天下午1点多钟,张××喝完酒后,手拿斧头、匕首,去夜总会找邓×"算账"。在争吵中,张××用匕首把邓×扎死。依法应当严惩。以故意杀人罪判处张××死刑,剥夺政治权利终身。

宣判后,被告人张××不服,委托律师提起上诉。理由是:①杀死邓×是酒后神志不清所为;②有投案自首情节;③被害人有过错。

第二审人民法院依法组成合议庭,对案件审理后作出判决。判处张××死刑,缓期两年执行,剥夺政治权利终身。

五、第一审民事判决书

根据以下材料,制作一份第一审民事判决书。

杨×和吴×是邻居。吴×原先住在×区×路×号,2020年×月,吴×在×市×路购买坐北朝南高平屋私房一间。购买房屋后,吴×办理了过户手续,并交纳了税款。吴×购买的房屋,西山墙与杨×家居住的私房的东山墙之间相距大约3.3米。杨×居住私房的东山墙没有窗户。2020年×月,吴×为了改善其房屋内的通风、采光条件,向有关部门提出申请,想在其居住的私房西山墙中间新开一个0.9米×0.57米的窗户。经过有关部门批准后,开始施工。在施工时,杨×及家人出面干预,为此,双方之间发生纠纷。2020年×月,杨×认为吴×家新开的窗户影响其家庭生活,在没有经过吴×同意的情况下,强行将吴×家新开的窗户和原有的窗户都用砖头堵塞。吴×认为,自己的平房西山墙上新开一窗户,是经过有关部门批准的,杨×强行把新开的和原有的窗口用砖头堵塞,侵害了自己的合法权益,因此,向人民法院提起诉讼,要求法院判令杨×停止侵害,恢复原状。杨×辩称,原告开窗虽经批准,但事先未与我协商,因原告开窗影响我家生活,我才将其窗口堵塞,不同意恢复原状。

人民法院受理案件后,到现场进行了勘验,并制作了笔录。吴×在案件审理中,向人民法院递交了有关部门同意开窗的审批意见。×市×区人民法院由王×

担任审判长、李×、郭×担任人民陪审员组成合议庭,公开开庭审理了本案,赵×担任书记员。最后依法作出判决,判令杨×在判决生效之日起3日内,将堵塞在吴×私房西山墙上两个窗户中的砖头拆除。案件受理费40元,由杨×承担。

吴×,男,199×年×月×日生,汉族,×市浴室职工,住×市×路×号。

杨×,男,199×年×月×日生,汉族,农民,住×市×巷×号。

六、第二审民事判决书

根据以下材料,制作第二审民事判决书。

上诉人王××与被上诉人张××为表兄弟关系。2006年5月,王××、张××每人出资60 000元,一起购买了坐落在××旗×镇东街的连脊砖瓦结构房屋4间。两人买房后,王××住西两间,张××住东两间,双方各自办理了产权手续。2019年4月,王××因为其所在的单位集资建家属房缺钱,把自己的西两间房屋以5 000元的价款卖给了张××,张××交付房款后,王××把产权证明交给了张××。同时,王××、张××签订了买卖协议,但双方未办理房屋交易和产权转移的有关手续。2021年3月,张××把4间房屋及宅院内其他附属建筑,以240 000元的价格卖给了第三人刘××,张××与刘××签订了房屋买卖合同。王××得知后,向人民法院提起诉讼,诉称:张××出卖的房屋中西两间是其借给张××居住的,虽然产权证明被张××骗去,但房产管理部门有产权归属记载。因此,要求人民法院保护其合法的财产所有权并废除张××、刘××的非法房屋买卖关系。一审人民法院作出判决:一、驳回王××的诉讼请求;二、张××、刘××的房屋买卖有效。王××不服一审判决,仍以原诉讼理由提出上诉,要求撤销原判,确认其对两间房屋的所有权。张××辩称,王××的两间房屋已经出卖给我,对此有双方协议和王××交给我的产权证明以及证人证言为证,并非王××所称的借住,要求维持原判。第三人刘××在书面意见中称,我所买的房屋合法、有效,有合同及张××交给我的产权证为证,要求保护其对争议房屋的所有权。

以上事实,有当事人的陈述、证人证言、张××提供的房屋产权证明书、王××与张××签订的买卖房屋的协议及调查房管部门档案笔录为证。二审人民法院认为,王××将其所有的两间房屋卖给张××属实,王××提出的其两间房屋是借给张××的理由与事实不符。虽然房管部门登记的产权所有人为王××,但王××事实上已将房屋交付给张××,并有书面协议,张××也给付了房款,因此,张××、王××之间的房屋买卖关系已成立,在这种情况下,张××又将房卖给刘××,现在张××、刘××对房屋买卖无争议,只是因诉讼影响了过户,故张××、刘××之间的买卖关系亦属有效。同时认为,房屋买卖人未按有关规定办理房产交易及产权转移手续是不符合有关法律规定的,应当向有关部门申请补办。王××上诉理由不能成立,张××的答辩有理有据,刘××的要求合乎情理。依法判决驳回上诉,维持原判。案件受理费××元由上诉人王××承担。

上诉人、被上诉人身份的基本情况:

上诉人王××,男,1970年6月14日生,汉族,××银行干部,住×旗××银行家属院。

被上诉人张××,男,1974年4月12日生,汉族,×旗×镇人民政府干部,住×旗×镇×街×号楼×单元×号。

第三人刘××,男,1974年9月30日生,汉族,×旗建筑公司工人,住×旗×镇东街。

七、第一审民事调解书

根据下列材料,制作第一审民事调解书。

201×年×月,郑××(女,23岁,汉族,×区医院医生,住×市×路×号)和李××(男,25岁,汉族,×纺织厂工人,住×市×区×号)经张×介绍相识,经过一段时间的交往后,双方确立恋爱关系。恋爱3年后,201×年×月×日郑××和李××登记结婚。两年后,即201×年5月,生育一儿子,取名李×。刚结婚时,郑、李二人夫妻感情还可以,有了孩子之后,双方为家庭琐事开始争吵,当孩子8岁时,即201×年×月×日,双方再次发生争执时,郑××离家出走,搬到朋友处居住,导致双方分居,两年多来,双方关系一直没有改善,致使夫妻感情破裂。201×年×月×日郑××向×市×区人民法院提起诉讼,要求与被告解除婚姻关系。同时提出儿子归自己抚养,×路×号住房由其租赁使用和分割共同财产。李××接到诉状后,同意离婚,但是要求抚养儿子,租住×路×号住房。

人民法院在案件审理中,审判员赵××对此案进行调解。在双方当事人自愿的前提下,郑××和李××经过协商达成以下协议:

一、原告和被告自愿离婚;

二、双方所生儿子李×随原告郑××共同生活,被告李××自201×年×月起按月承担抚育费人民币1200元,至李×18岁为止;被告李××另外补付自201×年×月份起所欠抚育费人民币4800元;

三、离婚后,被告李××迁居本市××路×号室,原告郑××租赁使用×路×号,并一次性给付李××房屋补偿费人民币100 000元;

四、现在各人处的财产归各人所有,被告李××一次性给付原告郑××财产折价款人民币25 000元。

案件受理费人民币××元,原被告每人各承担一半。

八、第一审行政判决书

根据以下材料,制作第一审行政判决书。

刘×,男,45岁,汉族,×市×乡×村农民。刘×原使用宅基地一处,面积0.25亩,有北房4间。2021年4月5日将北房4间拆除,准备建5间。由于原宅基地使用面积小,刘×多次找村民委员会要求向东扩展2.5米。经村民委员会同意,给刘×向东丈量了2.5米,有村民委员会主任张×证明。刘×在施工期间,乡人民政府发现刘×多占宅基地未经批准,即通知刘×停止施工,但刘×不听劝阻,认为向东扩展2.5米是经村民委员会同意的,继续施工将房建成。乡人民政府认为,刘×未经政府批准,非法使用土地,违反了《中华人民共和国土地管理法》规定,对其作出处罚决定,限刘×15日内拆除侵占集体土地上的非法建筑,恢复地貌。刘×不服,向×省×市人民法院提起诉讼。

九、民事起诉状

根据下列案情材料,拟写一份民事起诉状。

被告张×甲与原告张×乙系兄妹关系。原告是妹妹,被告是哥哥,妹妹比哥哥小三岁。原、被告自幼由父亲张××与母亲李××抚养成人。原、被告从七岁起,先后在本村小学读书,小学毕业后到本乡中学读书,初中毕业后均在本村务农。原、被告分别于2008年、2006年成家。结婚后,原告住在丈夫家中,被告住在妻子家中,均与父母分开生活。父母靠工资维持生活,退休后靠退休金养老,在经济上从不要子女资助,原、被告在经济上也不资助父母。原、被告家原住四间旧式瓦房,2012年,原、被告父母用多年积蓄下来的钱,将四间旧式瓦房翻建成四间新瓦房,屋内装修也比较讲究,共花去8万元。新瓦房由父母居住。

2017年2月,原、被告的母亲病故,为母亲办理后事所花款项全部由父亲支付,原、被告均未花钱。2021年8月,原、被告父亲突发心脏病住院治疗,原、被告轮流到县医院护理,对父亲关怀备至,尽了子女孝敬父母的义务。父亲住院治疗两个多月,住院费、治疗费、医药费共花去×万元,一部分由父亲单位报销,一部分用父亲存款支付,几乎用尽了父亲全部存款。父亲去世后,原、被告共同负责办理丧事,所花丧葬费由原、被告平均负担。

父亲去世不久,被告张×甲及其家人突然搬回家居住,独占了父母遗留下来的四间新瓦房。原告得知这一消息后,对被告独占父母遗产的行为提出了批评,并要求与被告共同等额继承父母遗产四间新瓦房,各得两间。为了照顾兄长,父亲家中的衣物归被告继承,原告自愿放弃继承的权利。不料,原告提出的要求遭到了被告的拒绝。被告说,我们乡下向来是儿子继承父母的遗产,哪有女子继承父母遗产之理!嫁出去的女子不能回娘家继承父母遗产,这是几千年的老规矩,不能改变。

原告不服,到×县律师事务所咨询。×××律师听了原告介绍情况后说,你兄长的做法和说法都是不对的,不让女子继承父母遗产的理由荒唐可笑,是封建思想的表现,完全违反了我国现行法律。《中华人民共和国民法典》第一千一百二十六条规定:"继承权男女平等。"根据《民法典》第一千一百二十七条规定,原、被告都是第一顺序继承人,都有权继承父母的遗产。律师还指出,你父亲生病住院期间,你和你兄长都尽了照顾老人的义务,而且平均负担了丧葬费,两人所尽的义务大体上相当,根据权利和义务一致原则,继承的权利应当是平等的。原告认为律师说得有道理,于是委托×××律师代书一份民事起诉状,于2021年11月10日向×县人民法院提起诉讼。

被告人:张×甲,男,38岁,×省×县×乡×村农民。汉族,初中毕业。

原告人:张×乙,女,35岁,初中毕业,×省×县×乡×村农民。汉族。

代书人:×县律师事务所×××律师。

证据材料:1.×乡×村村长证明材料一份;2.×乡×村×组组长证明材料一份;3.姑母(住×乡×村)证明材料一份。以上三份材料均能证明原告所叙案情属实。

十、民事上诉状

根据下列案情拟写一份民事上诉状,案情如下:

原告史×于2021年3月到××市××区人民法院起诉,要求与被告任×离婚,经审理查明,双方感情确已破裂,因此××区人民法院依法准予原、被告离婚。××区人民法院于2021年5月10日以(202×)×民初字第×号民事判决处理了此案。判决结果有三项:

1.准予原告史×与被告任×离婚;2.婚生女孩史小×(13岁)由原告史×抚养;3.各人的衣物归各人所有,共有的财产均分,另附财产分割清单(略)。被告接到××区人民法院民事判决书后,对判决结果第一、三项无异议,对第二项表示不服,请×××律师代书一份民事上诉状,上诉于××市中级人民法院,要求上级法院依法变更第二项,改判婚生女孩史小×由上诉人抚养。律师听了案情介绍后,认为上诉人的诉讼请求合理合法,法院判决不当,愿意代书上诉状。

律师和上诉人共同认为,一审判决书中关于第二项判决结果的理由不能成立。原判决书中说:"鉴于原告收入丰厚,有足够的经济力量培养孩子成人,因此本院认为孩子归原告抚养有利于下一代健康成长。"于是将孩子判归原告抚养。

上诉人认为一审判决的理由不能成立,其理由是:第一,上诉人一直照顾孩子的生活与学习,孩子与上诉人结下了深厚的母女情谊;而被上诉人近十年来在××工厂担任推销员,经常出差在外,有时几个月不回家,对孩子生活、学习从来不闻不问,与孩子也没有什么感情。因此上诉人认为孩子由被上诉人抚养,不利于孩子成长,而由上诉人抚养则有益于孩子身心健康,有利于培养孩子成才。第二,上诉人经济收入也不低,完全有力量培养孩子成人。关键不在于谁有钱,而在于由谁抚养有利于孩子健康成长。被上诉人说,他有钱可以请保姆照顾孩子,法院也认为此种说法有道理,试问保姆照顾有母亲照顾好吗?此种说法不合情理。

律师问上诉人:孩子判归谁抚养,法院征求过孩子的意见吗?上诉人说没有。律师说,关于子女抚养问题,《民法典》第一千零八十四条第三款规定:"离婚后……子女已满八周岁的,应当尊重其真实意愿。"孩子听说随父生活哭了几天,说不愿意与父亲一起生活,愿意同母亲一起生活。于是决定请×××律师代书一份民事上诉状。

上诉人:任×,女,37岁,汉族,××市人,住××市××区××路××号。××市××公司副经理。高中毕业。

被上诉人:史×,男,40岁,汉族,××省××县人,住××市××区××路××号。××市××工厂推销员。高中毕业。

十一、民事答辩状

根据下列案情拟写一份民事答辩状,案情如下:

郭××,男,1948年生,1976年结婚,1978年得一子,名叫郭×甲。郭××高中毕业后一直在××镇小学任教员,后任校长,住××县××镇东大街10号。1998年妻子病故。郭×甲初中毕业后在县城当工人,现在县城当×私企老板。

郭××一家人住两间平房,过着清贫的生活。儿子现在县城工作,并在县城安家落户,平时儿子对他生活不闻不问,只是逢年过节回来看看。因此郭××平时生活困难不少,幸运的是他得到了邻居同宗远房侄儿郭×乙的照顾。郭×乙既是他的侄儿,又是他的学生,两人关系密切。郭×乙对郭××很尊敬,虚心向他学文化,在生活上十分关心他,经常帮助郭××家干重活、脏活、累活。特别是郭××退休后,郭×乙对他关怀备至,使他感到心情舒畅,生活愉快。郭×乙照顾郭××,得到了群众的赞扬。

郭××办学有方，使××镇小学成为县和市先进单位，多次受到表扬。他本人也被评为先进教师，多次得到县、市以及镇上的奖励。2008年，他用多年积蓄翻建了三间新瓦房，室内也装修一新。2010年正式办了退休手续，在家安度晚年。

郭××为了对郭×乙多年来的无私帮助表示谢意，于2006年10月1日邀请本镇副镇长王××、现任镇小学校长李××到家，当着他们的面自书遗嘱一份，并请他们做遗嘱的见证人和执行人。王、李二人同意，并在遗嘱上签了字。10月10日还到县公证处办理了公证手续。遗嘱一式四份，王、李二人各执一份，另两份由县公证处保存。

郭××在遗嘱中写明："我去世后，三间瓦房和家具等日常生活用品全部由郭×乙继承，他人不得干涉。"

2021年3月1日，郭××突发脑溢血死亡。因郭×甲去外省市做生意，未回家为父亲送葬。丧事由郭×乙办理。郭×乙按照遗嘱继承了郭××的房屋和家具等日常生活用品。

5月1日，郭×甲回来，因父亲遗产继承问题，与郭×乙发生纠纷，并于5月10日到××县人民法院状告郭×乙。

郭×甲起诉状摘要如下：

（一）被告郭×乙对原告父亲郭××的所谓照顾，并非"学雷锋，做好事"，而是居心不良，其目的就是通过对父亲的"帮助"，取得我父亲的信任和好感，从而使父亲糊里糊涂立下遗嘱，将房屋赠予他，达到夺取我家财产的目的。被告夺取我父亲全部遗产的举动，已使他照顾我父亲的卑鄙的动机目的昭然若揭。

（二）我是郭××的亲生儿子，是其财产的法定继承人，根据《中华人民共和国民法典》第一千一百二十七条的规定，是第一顺序继承人，当然有权继承父亲的全部遗产。我只认法律，不认遗嘱。遗嘱不能凌驾于法律之上，而应当服从于国家法律。恳请人民法院依法办事，以维护国家法律的尊严。

（三）郭××是我生身之父，有血缘关系，我虽在外工作，逢年过节常回家看望他老人家，父子关系不错，他不可能剥夺我的继承权。因此，我怀疑这份遗嘱不是我父亲真实意思的表示，很可能是在被告欺骗利诱下书写的，恳请人民法院查明事实真相，宣布遗嘱无效，确认我的继承权，维护我的合法权益。

原告人：郭×甲，男，44岁，初中毕业，汉族，×私企老板，住××县××街××号。

答辩人：郭×乙，男，34岁，初中毕业，汉族，××厂工人，住××县××镇东大街14号。

十二、刑事自诉状

根据下列案情材料,拟写一份刑事自诉状。

自诉人李小×与本村赵小×系初中同班同学,毕业后先后进村办企业××鞋厂当工人。赵小×,男,1994年8月20日出生,汉族,初中毕业,住本村×组×号。父母均为本村农民。赵本人忠厚老实,工作积极肯干,认真钻研做鞋技术,现已是技术熟练工人,最近几年连续被评为厂先进生产者,受到领导多次表扬。自诉人与赵小×在工作中联系密切,互相支持,互相帮助,共同进步。二人逐渐产生了感情,建立了恋爱关系,并初步商定一年后结婚。

2017年8月8日,自诉人把与赵小×的关系告诉了母亲,得到了母亲的支持。8月10日,李小×将此事告诉父亲李××,不料遭到了父亲的坚决反对。因李××与赵小×的父亲赵××吵过一次架,至今二人见面不讲话。于是他抓住赵××曾偷过生产队粮食一事,作为反对女儿与赵小×结婚的理由,粗暴地对自诉人说:"我警告你,不许与赵小×这小子来往,更不许与他谈恋爱,与他结婚你做梦!"自诉人问父亲为什么不可以与赵小×结婚,其父大声骂道:"赵××不是好东西,手脚不干净,1996年偷村委会集体粮食被村里批判过,臭名远扬!我绝不同意与这种人结为儿女亲家,绝不能让我女儿当这种人的媳妇!"自诉人耐心地对父亲说:"赵小×是个好青年,是厂先进生产者。他爸历史上犯过错误是他爸的事,我又不同他爸结婚!"李××听自诉人的解释,认为是顶撞自己,于是火冒三丈,骂自诉人"没有出息,丢人现眼",并举手猛击自诉人头部两下,用脚踢了自诉人一脚,还想找工具伤害自诉人,被自诉人的母亲制止住了。

同年10月2日,李××到××鞋厂有事,看见自诉人与赵小×在厂会议室内并肩坐在一起看电视,就大声命令自诉人回家。自诉人到家后,李××操起一根三尺多长的木棍,朝自诉人乱打一气,有一次木棍击中了自诉人的头部,打得头破血流。邻居李小英(同厂工人)送自诉人到乡卫生院缝了七针,伤口有一厘米长。

10月3日,自诉人请本村王村长和××鞋厂张厂长来劝说李××同意自诉人的婚事。李非但不同意,还威胁说:"只要我看到他们在一起就打,一直打到二人断绝来往为止。"

10月4日,自诉人和赵小×一起到××县律师事务所咨询,唐律师说,男女结婚自由,受婚姻法保护。又说李××的行为触犯了《中华人民共和国刑法》第二百五十七条第一款之规定,已构成暴力干涉婚姻自由罪,应追究其刑事责任。于是自诉人决定请唐律师代书一份刑事自诉状,到××县人民法院起诉,与其父打官司。

自诉人李小×,女,1995年3月2日生,汉族。初中毕业,××县人,住××县××乡××村×组15号。××乡××村××鞋厂工人。

被告人李××,男,1968年5月5日出生,住××县××乡××村×组15号。农民,汉族。

证据:1.证人李小英写的书面证明一份。李××住××村×组16号。证明被告人打伤了自诉人。2.乡卫生院诊断书一份。3.朱××(自诉人之母)愿意到庭作证。4.请人拍摄的凶器木棍照片一张。

十三、刑事上诉状

根据下列案情拟写一份刑事上诉状。

被告人胡×甲,男,16岁,××省××县人,工人家庭出身,汉族,系××中学高一学生,住××市××区××路××号。因打死其二哥胡×乙(22岁,临时工),于202×年4月12日被××市公安局××分局拘留,4月22日被逮捕。

202×年6月23日××人民检察院以被告人犯故意伤害罪向××区人民法院提起公诉,经审理查明:

死者胡×乙长期以来,在社会上打架斗殴,玩弄女性,为非作歹;在家里虐待父母,打骂哥嫂、姐弟,无恶不作,尤其是对小弟弟即被告人胡×甲更是百般虐待。2021年4月11日中午胡×乙纠集四名男女青年工人(二男二女)到家中喝酒跳舞,闹得乌烟瘴气。下午二时被告人胡×甲在大哥家吃过饭,回家休息,胡×乙令胡×甲洗锅刷碗,胡×甲说休息一会儿再干,胡×乙认为被告人不听话,在朋友面前伤了自己的威严,当即对被告人拳打脚踢。被告人被打得忍无可忍,才踢了胡×乙一脚。这时胡×乙暴跳如雷,继续对被告人拳打脚踢,在别人劝架时,被告人趁机逃出家门。胡×乙见被告人逃走,随手拿起家中的铁锹,拼命追赶被告人,当快追上被告人举起铁锹要砍时,由于路不平,摔倒在地,当胡×乙还要爬起来继续行凶时,被告人顺手从地上捡起一块十余斤重的石头,对着胡×乙的头部砸了一下,将胡×乙打伤。经医院抢救无效,不久死亡。

法院认为被告人的行为触犯了《中华人民共和国刑法》第二百三十四条第二款之规定,犯故意伤害罪,于202×年7月24日被判处有期徒刑××年。

被告人对判决不服,被告人及辩护律师王××的辩护意见是:被告人的行为不构成犯罪,属于正当防卫。《中华人民共和国刑法》第二十条第一款规定:"为了使国家、公共利益、本人或者他人的人身、财产和其他权利免受正在进行的不法侵害,而采取的制止不法侵害的行为,对不法侵害人造成损害,属于正当防卫,不负刑事责任。"第二款规定:"正当防卫明显超过必要限度造成重大损害的,应当负刑事责任,但是应当减轻或免除处罚。"第三款规定:"对正在进行行凶、杀人、抢劫、强奸、绑架以及其他严重危及人身安全的暴力犯罪,采取防卫行为,造成不法侵害人伤亡的,不属于防卫过当,不负刑事责任。"从以上刑法条款来看,正当防卫必须具备以下几个条件:(1)必须是对具有社会危害性的不法侵害行为才能实行正当防卫,而对合法行为则不能实行"防卫";(2)必须是对实际存在并且是正在进行的不法侵害才可以实行正当防卫;(3)必须是对实施不法侵害者本人实行防卫,而不能对第三者实行;(4)正当防卫不能明显超过必要限度。综观本案案情,可以看出被告人的行为属于正当防卫,完全符合刑法规定的正当防卫应具备的条件,因此不构成犯罪。被告人根本没有伤害胡×乙的动机与目的,而胡×乙却无故对他大打出手,拳打脚踢,并举起铁锹砍他,这种非法无理的施暴行为,是对被告人人身权利的侵害。胡×乙举起铁锹拼命追赶被告人,由于路不平,摔倒在地,当胡正要爬起来继续行凶时,被告人为了免遭实际存在的不法侵害,在被迫无奈的情况下,顺手从地上捡起一块十余斤的石头,对着胡的头部砸了一下,这是法律允许的保护自己人身权利不受侵害的正当防卫。被告人正当防卫行为是对准不法侵害者本人的,没有伤害他人,无任何社会危害性。被告人正当防卫行为没有超过必要的限度。胡×乙举铁锹砍被告人,若是砍中后果将十分严重,非死即伤。被告人在情急之下,顺手捡起一块石头砸胡×乙的头部,应当说防卫行为与不法侵害行为是相适应的,没有超过必要的限度。总之,被告人的行为是与刑法关于正当防卫规定的精神相吻合的,是具备了法定的正当防卫条件的。因此被告人决定提起上诉,请求上级人民法院依法撤销原判,宣告被告人无罪。

十四、行政起诉状

根据下列案情材料,撰拟一份行政起诉状。

原告:王×,男,36岁,××县××乡××村村民。

被告:××县公安局。

2020年4月28日,×厂在×地扩建厂房,将工程交杜×的工程队承包。在施工中,杜×未经王×(被处罚人)同意,便在王×的责任田东南角挖池拌灰,直接影响王×的小麦生长。王×多次劝阻,但杜×等人置之不理,继续施工,并说挖池拌灰"没有在你地里,你管不着"。为制止杜×的非法侵害,保护小麦生长,双方发生口角,并相互撕扯。同年6月5日,××县公安局依据《治安管理处罚条例》第二十二条的规定,以王×干扰杜×正常施工,殴打他人,造成杜×轻微伤害为由,对王×处以150元罚款。王×不服,向县人民法院提起诉讼。

王×认为县公安局认定他干扰杜×正常施工与事实不符。杜×在王×责任田东南角半米处挖池拌灰,不仅使大量灰粉尘散落在小麦上,而且拌灰时溢出的石灰水直接流进麦田,使小麦受害,枝叶枯黄。王要求杜易地施工,以停止不法侵害,这是保护自身权益的正当行为,根本不存在干扰杜×正常施工的问题。县公安局认为他干扰施工,是错误的。

王×认为县公安局认定他打人,造成杜×轻微伤害,不是事实。在制止杜×非法侵害中,双方发生争吵,有过拉扯现象。但双方均未被打伤,在场劝架的群众可以证明。杜×谎称自己受伤,既无医院诊断书,又无其他证据能够证实,而县公安局轻信他一面之词,根据《治安管理处罚法》第二十三条规定对王×罚款150元,是属于适用法律不当。

据此,王×向××县人民法院起诉,要求撤销县公安局处罚决定。

十五、民事代理词

下面是××律师事务所律师接待当事人的笔录。请根据笔录提供的事实拟写一份原告代理人代理词,要求事实清楚,理由充分,援引法律条款得当,诉讼请求明确具体,格式正确,语言通顺,文字简洁。

问:你有什么事?

答:我请律师为我代写一份起诉状,为继承我父母遗留的三间砖房,告我哥哥。并委托律师担任我的诉讼代理人。

问:你叫什么名字?把你的身份情况先介绍一下。

答:我叫王×乙,男,今年52岁,汉族,小学六年级文化,河北省乐亭县人,现住内蒙古××市××街×组,是××市××公司干部。

问:把被告的情况介绍一下。

答:他叫王×甲,男,今年54岁,汉族,小学二年级文化,河北省乐亭县人,现住内蒙古××市×街×组,是××市××厂工人。

问:你把情况向我们介绍一下吧。

答:我们一家在200×年由原籍乐亭县迁到乌兰市,当时全家四口人,父亲王×、母亲吴×、哥哥王×甲和我本人。当年,我们弟兄两个还小,全家生活全靠父亲做工维持。200×年,哥哥王×甲19岁,和李××结婚。结婚以后与我们一家人分开居住,分开生活。19××年,我也到外地参加工作,后来在外地谈了个对象,结婚安家了。200×年,我父亲王×自己盖了三间砖房,自己居住。200×年,我哥哥一家人因无房居住,另外也考虑照顾二位老人的生活,又搬回我父亲家,一同生活,一直到我父母去世。从19××年到父母去世这段时间里,我尽了子女赡养老人的义务,坚持寄生活费供养二老,平均每月寄150元钱回家。

问:这一点有什么人能证实呢?

答:我哥哥王×甲承认这个事实。邻居王××和××街×组组长刘××写的材料可以证明(把材料交给律师),另外,十余年汇款凭据我都留着,是有力的证据(把汇款收据××张交给律师)。

问:你接着谈吧!

答:我父亲和我母亲于201×年先后去世,对遗产的处理,我父母没有留下任何遗嘱。在父母去世时,我和我哥一起承担了父母的安葬费。这一事实,邻居王××和××街×组组长刘××提供的证明材料能够证实。

问:当时为什么没有就遗产进行分割呢?

答:当时我曾想解决这个问题,只考虑到哥哥一家当时有些具体困难,兄弟两个在父母刚去世就分割遗产,从感情上不好意思,就把这件事放下了,他们还继续居住着这三间砖房。我心想等过些时候再说吧。当时我哥哥也没提这件事。可是到了201×年4月份,我哥哥王×甲在未征得我同意的情况下,竟擅自将这三间砖房出卖,卖了175 000元,全部占为己有。这些事买房主和组长刘××可以证明。我得知这一情况后,来到乌兰市和我哥哥王×甲进行了交涉。他一口咬定他比我尽的义务多,不但负担老人的生活费,在生活上侍候老人,还维修过房屋,遗产应由他全部继承,拒绝与我共同继承父母的这份遗产。

问:你父母生前有没有工资收入?

答:我父亲从19××年退职回家,就没有固定收入了,但有时干点零活,还有些零星收入,收入不多,主要还是靠我们兄弟两个供养。

问:你父母的生活由王×甲照顾,是否属实?

答:属实。

问:你现在生活状况如何?

答:我现在有两个孩子,大儿子24岁,工作了,次子17岁,念书。爱人操持家务,没有工作。每月每人生活费平均300元左右。

问:被告家生活状况你知道吗?

答:他们家也是四口人,我哥哥王×甲,还有嫂子李××和两个侄子。哥哥每月收入也有1000元左右,每人平均生活费能有300元左右。两家经济收入大体上相同。

问:你有什么要求?

答:我认为这三间砖房是父母留下的遗产,我们兄弟二人对父母都尽了赡养义务。因此,应该平均分割,一人一半。我哥哥全部独占不合理。他剥夺我合法继承权的理由是不能成立的。我认为彼此尽的义务大体上相同,因此,继承权利是平等的。首先,关于负担老人生活费的问题,我父母在世时,根据乌兰市当时群众的一般生活水平,需要300元左右生活费,我每月负担150元,加上父亲有一些零星收入,我哥哥每月负担也不过是15元左右。其次,关于在生活上侍候老人的问题,我哥哥一家在生活上侍候老人,这是事实。但是,我父母在世时帮助他们操持家务,这也是事实。那么,我哥哥一家对老人多尽一些侍候的义务是理所当然的。再次,关于维修房屋的问题,我认为父母去世后其遗产就发生了继承,我哥哥长期占用父母遗留下来的三间砖房,实际上就是长期占用了应该由我继承的那一部分遗产,在此情况下,对住房进行必要的维修是完全应该的。总之,不让我继承父母遗产的理由是站不住脚的。

问:我们可以为你代书,这件事就委托我们办吧。但我们要在查明事实的基础上,依照有关法律、政策为你代书。同时接受你的委托,担任你的诉讼代理人。

答:可以。

委托人:王×乙

接待人:李×志

202×年×月×日

十六、辩 护 词

根据下列案情制作一份辩护词提纲。

202×年1月8日早晨3时许,被告人林×甲驾驶××百货公司货车一辆,内装打字纸202盒,前往××县。开车前,被告人违章同意黄×忠乘车,并将车后门钥匙交给黄。黄趁被告人不在时,擅自将6篓摔炮和1万张发令纸等危险品在林×乙(被告人的师傅)的协助下搬进了车厢。同时林×乙不仅自己搭车,又私自叫郑××、占××和姚××三个妇女坐进车厢和驾驶室。被告人当时拒绝,但在黄×忠的说情下,还是让他们乘了车,车行至某公路处,摔炮和发令纸突然发生爆炸燃烧。当场烧伤黄××、郑××二人,林×乙因重伤死亡。造成一人死亡、二人重伤并使国家财产遭受损失40 000多元的重大事故。

××县人民检察院于202×年3月13日向××县人民法院提起公诉。起诉书认定被告人林×甲个人违反交通运输规章制度,致使装在车厢内的摔炮及发令纸受震爆炸,造成一人死亡、二人重伤,并使国家财产遭受损失,已构成交通肇事罪,要求依法惩处。未对其他人提起诉讼。检察院提供的证据材料有:1.乘车人占××、姚××证实:黄××趁被告人林×甲不在时,擅自将大量危险品装入车厢。2.林×甲在汽车出事时,保住汽车油箱,避免爆炸,减少了损失。事发后,被告人林×甲及时将伤者送往当地××县医院抢救,并主动向当地××县公安局自首,如实交代事实的经过情况。

说明:

(1)按所提供的材料,以律师身份拟写辩护词中的辩护理由。辩护观点是被告人不存在犯罪故意且出事后竭力保护油箱,避免爆炸,不构成犯罪。

(2) 辩护理由要观点明确,条理清楚,文字简洁,言之成理,持之有据,符合法律和情理,论说比较充分。

(3) 辩护理由要引用有关法律条文。

十七、仲裁申请书

请依法修改以下仲裁申请书。

仲裁申请书

申诉人××市××学院。地址:××市××路×号。
法定代表人××,院长。
被申诉人××市×设计事务所。地址:××市××路×号。
法定代表人××,主任。

申请要求

(1) 撤销申诉人与被申诉人签订的《××教学、生活用房工程设计合同》;
(2) 被申诉人退还预付设计费×万元;
(3) 仲裁费用由被申诉人承担。

事实和理由

202×年×月×日申诉人与被申诉人签订了《××教学、生活用房工程设计合同》,随即预付设计费×万元。之后发现被申诉人是丙级设计单位,根据×建设(××××)第××号通知,申诉人这项工程中有一级工程,按照规定应当由甲级设计单位承接设计。被申诉人未经市建委批准,超出规定的设计范围承接这项工程的设计任务,显然是不妥的。

被申诉人由于设计人员少,不能按合同规定的进度完成设计,致使方案设计推迟了两个月才交出。在设计费方面,被申诉人依据的收费标准也属过高。双方为此曾于202×年4月和7月间就调整设计费标准、加快设计进度以及明确设计权限等问题进行过两次会谈,但是未能取得一致意见。

××教学、生活用房工程的进展和质量如何是关系到申诉人今后能否提高教学、科研成果的大问题。目前情况确实无法满足申诉人教学、科研的急需。202×年×月×日申诉人根据双方签订的设计合同第×条规定:"甲方中途停止设计,应及时书面通知乙方,并按国家规定付清相应设计阶段的设计费。"通知被申诉人停止这项工程设计任务的委托,并对其以前所做的设计给予补偿,不料被申诉人竟将通知退回。为此,请求你委员会依法仲裁。
此致
×××仲裁委员会

申诉人:××学院
法定代表人:××
202×年×月×日

十八、仲裁答辩书

根据以下案情材料,写一份仲裁答辩书。

202×年5月,甲省A公司与乙省B公司签订了一份购销合同,约定由B公司卖给A公司洗衣粉40吨,每吨单价880元,7月30日以前交货付款,交货地点在A公司所在地火车站。

7月15日,B公司将货运抵当地火车站,恰遇铁路被洪水冲坏,货运中断,B公司将货运回保管。同时电告A公司。同年8月10日,线路修复,货运恢复,B公司立即启运。8月18日运抵收货方火车站。

8月19日,B公司通知A公司验货并付款。A公司以此时已过合同履行期限为由拒绝收货。经双方多次洽谈,A公司提出,若要收货,价格必须减半。B公司拒绝降价,双方始终未达成协议。为不被铁路部门罚款,B公司租用民房一间,将货暂存保管,同时继续与A公司交涉。

天有不测风云,8月25日,该地突降暴雨,B公司存货民房被洪水冲垮,洗衣粉被洪水淹没。灾后清点,仅残留13吨,且有变质现象。经鉴定只能以每吨700元降价。上列损失共计26100元。

双方就违约责任分担和损失赔偿问题多次协商未果。由于在签订购销合同时,双方在合同中订立了仲裁条款,因此,A公司率先向双方约定的某仲裁委员会递交了仲裁申请书,以B公司逾期履行合同,行为有过错为由,请求仲裁委员会判令B公司承担违约责任以及由此造成的经济损失。

现你作为B公司的委托人,为B公司代书一份仲裁答辩书。

附录二:法律文书的格式和案例

一、(公安机关)呈请立案报告书
(一)规定格式
(二)案例:呈请对王××被盗窃案立案报告书

二、(公安机关)提请批准逮捕书
(一)规定格式
(二)案例:提请对江×甲、江×乙逮捕书

三、(公安机关)起诉意见书
(一)规定格式
(二)案例:高××等故意杀人、抢劫、强奸、盗窃案起诉意见书

四、(检察机关)起诉书
(一)规定格式(自然人犯罪案件普通程序适用)
(二)案例:刘×甲、陈××、刘×乙故意杀人案起诉书

五、(检察机关)不起诉决定书
(一)规定格式(法定不起诉案件用)
(二)案例:王××过失杀人案不起诉决定书

六、(检察机关)刑事抗诉书
(一)规定格式(二审程序适用)
(二)案例:石×故意杀人案刑事抗诉书

七、(检察机关)公诉意见书
(一)规定格式
(二)案例:徐××受贿案公诉意见书

八、第一审刑事判决书
(一)规定格式(一审公诉案件适用普通程序用)
(二)案例:李×盗窃案一审刑事判决书

九、第二审刑事判决书
(一)规定格式(被告人提出上诉二审改判用)
(二)案例:凌×受贿案二审刑事判决书

十、再审刑事判决书

（一）规定格式（按二审程序再审改判用）

（二）案例：李×甲诈骗案再审刑事判决书

十一、刑事附带民事判决书

（一）规定格式（一审公诉案件适用普通程序用）

（二）案例：庹××强奸案刑事附带民事判决书

十二、刑事裁定书

（一）规定格式（二审维持原判用）

（二）案例：孙×××故意杀人、抢劫罪刑事裁定书

十三、第一审民事判决书

（一）规定格式（一审普通程序用）

（二）案例：李华葡萄酒有限公司诉四川省××葡萄酒酿造厂等不正当竞争纠纷案一审民事判决书

十四、第二审民事判决书

（一）规定格式（二审维持原判或改判用）

（二）案例：义乌市鼎×文体用品有限公司与上海晨×文具股份有限公司侵害实用型专利权纠纷二审民事判决书

十五、再审民事判决书

（一）规定格式（依申请对本院案件按二审程序再审用）

（二）案例：新×××公司与实×××管理公司等物业管理纠纷案再审民事判决书

十六、民事调解书

（一）规定格式（第一审程序用）

（二）案例：郑××与廖××离婚案民事调解书

十七、民事裁定书

（一）规定格式（不予受理起诉用）

（二）案例：胡××与高××离婚案民事裁定书

十八、第一审行政判决书

（一）规定格式（一审请求撤销、变更行政行为类案件用）

（二）案例：张××不服上海市公安局静安分局等罚款处罚决定一审行政判决书

十九、第二审行政判决书

（一）规定格式（二审维持原判或改判用）

（二）案例：李××不服上海静安区建设和管理委员会信息公开答复、上海市住房和城乡建设管理委员会行政复议决定第二审行政判决书

二十、再审行政判决书
（一）规定格式（再审行政案件用）
（二）案例：戴××不服北京市高级人民法院商标撤销行政纠纷案判决再审行政判决书

二十一、行政赔偿调解书
（一）规定格式
（二）案例1：××公司诉江阴进出口商品检验局失实商检造成公司损失一审行政赔偿调解书
（三）案例2：徐××与北京市公安局海淀分局海淀派出所行政赔偿争议案一审行政赔偿调解书

二十二、刑事自诉状
（一）规定格式（刑事自诉案件起诉用）
（二）案例：王××诉张××、林××重婚罪刑事自诉状

二十三、刑事上诉状
（一）规定格式
（二）案例：李××盗窃案刑事上诉状

二十四、刑事申诉书
（一）规定格式
（二）案例：杜××聚众斗殴等案刑事申诉书

二十五、民事起诉状
（一）规定格式（A.自然人提起民事诉讼用，B.法人或其他组织提起民事诉讼用）
（二）案例A：刘××诉齐××继承纠纷案民事起诉状（自然人提起民事诉讼用）
（三）案例B：中石化××石油公司诉××信用担保公司委托理财合同纠纷民事起诉状（法人或其他组织提起民事诉讼用）

二十六、民事反诉状
（一）规定格式（民事被告提起反诉用）
（二）案例：××食品添加剂应用技术推广站合同纠纷案反诉状

二十七、民事上诉状
（一）规定格式（当事人提出上诉用）
（二）案例：华××甲与辛××遗产继承案原告民事上诉状

二十八、民事答辩状
（一）规定格式（自然人对民事起诉提出答辩用）
（二）案例：郝××遗产继承纠纷案民事答辩状

二十九、民事再审申请书
（一）规定格式（自然人再审申请用）
（二）案例：葛××房屋产权纠纷案民事再审申请书

三十、行政起诉书
（一）规定格式（参见民事起诉状）
（二）案例：王××不服××市公安局治安管理处罚决定行政起诉状

三十一、行政上诉状
（一）规定格式（参见民事上诉状）
（二）案例：××市卫健委不服撤销行政处罚决定上诉状

三十二、行政再审申请书
（一）规定格式（参见民事再审申请书）
（二）案例：庞××不服维持行政处罚决定行政再审申请书

三十三、辩护词
（一）案例1：曲××故意伤害案辩护词（无罪辩护）
（二）案例2：胡×瀚抢劫、杀人案辩护词（有罪从轻处罚辩护）

三十四、代理词
案例：周×甲诉庄××遗产继承纠纷案原告诉讼代理词

三十五、法律意见书
（一）规定格式（A.股票发行用，B.其他法律事务用）
（二）案例：××律师事务所关于借款申请人A具备签订借款合同资格的法律意见书

三十六、合同（协议）公证书
案例：张×甲股权赠与协议公证书

三十七、保全证据公证书
案例：上海××××有限公司保全证据公证书

三十八、现场监督公证书
案例：上海××资产管理有限公司董事会现场监督公证书

三十九、仲裁协议书
（一）规定格式
（二）案例：××省××有限责任公司与××省××市经贸公司仲裁协议书

四十、仲裁申请书
（一）规定格式
（二）案例：戴××仲裁申请书

四十一、仲裁答辩书
（一）规定格式

（二）案例：××建工集团××房地产开发有限公司仲裁答辩书

四十二、仲裁调解书

（一）规定格式

（二）案例：××仲裁委员会仲裁调解书

四十三、仲裁决定书

（一）规定格式

（二）案例：××仲裁委员会仲裁决定书

四十四、仲裁裁决书

（一）规定格式

（二）案例：××仲裁委员会仲裁裁决书

四十五、（行政机关）立案审批表

规定格式

四十六、案件调查终结审批表

规定格式

四十七、行政处罚听证通知书

规定格式

四十八、结案审批表

规定格式

四十九、行政处罚决定书

（一）规定格式

（二）案例：上海荣×餐饮有限公司未办理食品经营许可证授权单店经营面包房行政处罚决定书

五十、强制执行申请书

规定格式

五十一、行政复议决定书

（一）规定格式

（二）案例：倪××不服上海市公安局交通警察总队机动支队处罚决定行政复议决定书

五十二、调查笔录

规定格式

五十三、法庭审理笔录

规定格式

五十四、合议庭评议笔录

（一）规定格式

（二）案例：××人民法院合议庭评议笔录

一、(公安机关)呈请立案报告书

(一)规定格式

领导批示	同意立案。 ××× ×年×月×日
审核意见	同意专案组意见。请×××副局长批示。 ××× ×年×月×日
办案单位意见	同意经办人意见,拟立为……案侦查,报审核、审批。 ×年×月×日

关于呈请立案报告书的说明

引言:×××(人)××一案,发现情况(如×××报案、举报、工作中发现),经审查,符合立案条件,应当立案侦查。现将有关情况报告如下:

第一部分写犯罪嫌疑人的基本情况[姓名、性别、民族、出生年月日、出生地、身份证号码、民族、文化程度、现住址、职业或工作单位及职务、政治面貌(如是人大代表、政协委员,一并写明具体级、届代表、委员)、采取强制措施情况、简历等]。尚未确定犯罪嫌疑人的,写明案件基本情况。如果涉及其他人员的,写明该人基本情况。

第二部分写呈请事项(立案,采取或解除强制措施、侦查措施,破案,侦查终结,撤销案件等需要领导批示的事项)。

第三部分写事实依据(简要叙述有关案件事实,并对有关证据进行分析)。

第四部分写法律依据(写明依据的具体法律规定)。

第五部分写结语和落款。

(二)案例:呈请对王××被盗窃案立案报告书

呈请立案报告书
("领导批示""审核意见"等事项的表格略去)

202×年8月6日12时许,我队接到居民王××报案:家中被盗,有钱丢失。我队接到报案后,立即组织人员赶赴现场,在××区××派出所同志的陪同下开展了现场勘查和初步调查工作。

根据初步调查情况,现呈请对王××被盗案立案侦查,理由如下:

据报案人项××(女,35岁,住××区××路××号,××××厂工人)讲,8月6日中午11时30分,她下班回家后,发现屋门被撬,进屋后发现室内有被翻动迹象。经查,写字桌内500元人民币和挂在大衣柜内西服口袋里的10 000元人民币及一个余额为7 361.15元的建设银行存折丢失。

经勘查,被盗现场位于××区××路××号××楼××门××室,房屋结构为二居室,屋门锁有撬压痕迹,屋内翻动迹象明显。

综上所述,根据《中华人民共和国刑事诉讼法》第一百一十二条之规定,此案符合立案条件,拟立为盗窃案侦查。

妥否,请批示。

××市××区公安分局刑警大队

赵××　钱××

二〇二×年×月×日

二、(公安机关)提请批准逮捕书

(一)规定格式

××公安局
提请批准逮捕书

×公(刑)提捕字〔××××〕×号

犯罪嫌疑人×××……[犯罪嫌疑人姓名(别名、曾用名、绰号等)、性别、出生年月日、出生地、身份证件种类和号码、民族、文化程度、职业或工作单位及职务、居住地(包括户籍所在地、经常居住地、暂住地)、政治面貌(如是人大代表、政协委员,一并写明具体级、届代表、委员)、违法犯罪经历及因本案被采取强制措施的情况(时间、种类及执行场所)。案件有多名犯罪嫌疑人的,应逐一写明。]

辩护律师×××……(如有辩护律师,写明其姓名、所在律师事务所或者法律援助机构名称、律师执业证编号。)

犯罪嫌疑人涉嫌×××(罪名)一案,由×××举报(控告、移送)至我局(写明案由和案件来源,具体为单位或者公民举报、控告,上级交办,有关部门移送,本局其他部门移交以及办案中发现等)。简要写明案件侦查过程中的各个法律程序开始的时间,如接受案件、立案的时间。具体写明犯罪嫌疑人归案情况。

经依法侦查查明:……(应当根据具体案件情况,详细叙述经侦查认定的犯罪事实,并说明应当逮捕的理由。)

(对于只有一个犯罪嫌疑人的案件,犯罪嫌疑人实施多次犯罪的犯罪事实应逐一列举;同时触犯数个罪名的犯罪嫌疑人的犯罪事实应该按照主次顺序分别列举;

对于共同犯罪的案件,写明犯罪嫌疑人的共同犯罪事实及各自在共同犯罪中的地位和作用后,按照犯罪嫌疑人的主次顺序,分别叙述各个犯罪嫌疑人的单独犯罪事实。)

  认定上述事实的证据如下:
  ……(分列相关证据,并说明证据与犯罪事实的关系。)
  ……(犯罪嫌疑人自愿认罪认罚的,简要写明相关情况)
  综上所述,犯罪嫌疑人×××……(根据犯罪构成简要说明罪状),其行为已触犯《中华人民共和国刑法》第××条之规定,涉嫌×××罪,可能判处徒刑以上刑罚,现有……(证明其犯罪事实的证据,其他证据)等证据证明,……(依据《中华人民共和国刑事诉讼法》等八十一条第一款说明其可能具有的社会危害性,或者涉嫌××罪,可能判处十年徒刑以上刑罚,曾经故意犯罪或身份不明)。依照《中华人民共和国刑事诉讼法》第八十一条、第八十七条之规定,犯罪嫌疑人×××符合逮捕条件,特提请批准逮捕。

  此致
××人民检察院

××公安局(印)
×年×月×日

  附:本案卷宗×卷共××页。
  (二)案例:提请对江×甲、江×乙逮捕书

××公安局
提请批准逮捕书

×公(刑)提捕字〔202×〕112号

  犯罪嫌疑人江×甲,男,198×年6月12日生,出生地××市,身份证号码×××××××,汉族,高中文化,××市重型机械厂工人,住××市××区××路××号。202×年×月×日因涉嫌故意杀人被我局刑事拘留。

  犯罪嫌疑人江×乙(江×甲的孪生兄弟),男,198×年6月12日生,出生地××市,身份证号码×××××××,汉族,高中文化,××起重机厂工人,住××市××区××路××号。202×年×月×日因涉嫌故意杀人罪被我局刑事拘留。

  犯罪嫌疑人江×甲于201×年11月20日因盗窃罪被××市××区人民法院判处有期徒刑3年。刑满释放后又于201×年11月20日因盗窃罪被××市××区人民法院判处有期徒刑2年,201×年×月×日刑满释放。

  犯罪嫌疑人江×甲、江×乙故意杀人一案,由被害人家属边××于202×年×月×日报案至我局。我局经审查后,于×月×日立案侦查,同年×月×日,犯罪嫌疑人江×甲、江×乙被抓获归案。

经依法侦查查明：202×年×月×日×时许，犯罪嫌疑人江×甲、江×乙在××区××路湖滨酒家喝酒，期间与在邻座喝酒的苏××发生争执，江×甲恼羞成怒，掏出随身携带的改锥，向苏××胸部猛刺数下，江×乙也操起椅子，朝苏××的头部猛击数下，致使苏××当场死亡。事后犯罪嫌疑人江×甲、江×乙不顾酒店工作人员阻拦，强行冲出门外，畏罪潜逃。同年×月×日，二人被公安机关抓获。

认定上述犯罪事实的证据如下：报案记录，报案人边××的证言，现场勘验笔录，尸检报告，作案工具改锥、椅子，犯罪嫌疑人江×甲、江×乙的供述。

综上所述，犯罪嫌疑人江×甲、江×乙使用暴力手段故意致他人死亡，其行为已触犯《中华人民共和国刑法》第二百三十二条之规定，涉嫌故意杀人。依照《中华人民共和国刑事诉讼法》第八十一条、第八十七条之规定，特提请批准逮捕。

此致
××人民检察院

××公安局（印）
二〇二×年×月×日

附：1. 本案卷宗××卷共××页。
　　2. 犯罪嫌疑人江×甲、江×乙现羁押于××市看守所。

三、（公安机关）起诉意见书

（一）规定格式

××公安局
起诉意见书

×公（刑）诉字〔××××〕×号

犯罪嫌疑人×××……〔犯罪嫌疑人姓名（别名、曾用名、绰号等）、性别、出生年月日、出生地、身份证种类及号码、民族、文化程度、职业或工作单位及职务、居住地（包括户籍所在地、经常居住地、暂住地）、政治面貌、违法犯罪经历以及因本案被采取强制措施的情况（时间、种类及执行场所）。案件有多名犯罪嫌疑人的，应逐一写明。单位犯罪案件中，应当写明单位的名称、地址。〕

辩护律师×××……（姓名、所在法律机构、律师执业证编号。）

犯罪嫌疑人涉嫌×××（罪名）一案，由×××举报（控告、移送）至我局（写明案由和案件来源，具体为单位或者公民举报、控告，上级交办，有关部门移送或工作中发现等）。简要写明案件侦查过程中的各个法律程序开始的时间，如接受案件、立案的时间,具体写明犯罪嫌疑人归案情况。最后写明犯罪嫌疑人×××涉嫌×××案,现已侦查终结。

经依法侦查查明:……(概括叙述经侦查认定的犯罪事实,包括犯罪时间、地点、经过、手段、目的、动机、危害后果等与定罪有关的事实要素。应当根据具体案件情况,围绕刑法规定的该罪构成要件,进行叙述。)

(对于只有一个犯罪嫌疑人的案件,犯罪嫌疑人实施多次犯罪的犯罪事实应逐一列举;同时触犯数个罪名的犯罪嫌疑人的犯罪事实应该按照主次顺序分别列举。对于共同犯罪的案件,写明犯罪嫌疑人的共同犯罪事实及各自在共同犯罪中的地位和作用后,按照犯罪嫌疑人的主次顺序,分别叙述各个犯罪嫌疑人的单独犯罪事实。)

认定上述事实的证据如下:
……(分列相关证据)
上述犯罪事实清楚,证据确实、充分,足以认定。

犯罪嫌疑人×××……(具体写明是否有累犯、立功、自首等影响量刑的从重、从轻、减轻等犯罪情节。)

综上所述,犯罪嫌疑人×××……(根据犯罪构成简要说明罪状),其行为已触犯《中华人民共和国刑法》第××条之规定,涉嫌××罪。依照《中华人民共和国刑事诉讼法》第一百六十二条之规定,现将此案移送审查起诉。(当事人和解的公诉案件,应当写明双方当事人已自愿达成和解协议及履行情况,同时可以提出从宽处理的建议。犯罪嫌疑人自愿认罪认罚的,如果认为案件符合速裁程序适用条件,可以在起诉意见书中建议人民检察院适用速裁程序办理,并简要说明理由。)

此致
××人民检察院

××公安局(印)

×年×月×日

附:1. 本案卷宗×卷×页。
  2. 随案移交物品×件。

(二)案例:高××等故意杀人、抢劫、强奸、盗窃案起诉意见书

××市公安局
起诉意见书

×公(刑)诉字〔200×〕×号

犯罪嫌疑人高××,男,21岁(198×年11月3日出生),身份证号码××

××××××,××省泊头市人,汉族,小学肄业,无业,群众,住××省泊头市××街354号。200×年7月9日被拘留,同年8月1日因涉嫌故意杀人、强奸、抢劫被逮捕。

犯罪嫌疑人王×,男,23岁(197×年4月14日出生),身份证号码××××××,××省柳河县人,汉族,初中肄业,无业,群众,住××省柳河县××镇集场子村。200×年7月11日被拘留,同年8月1日因涉嫌强奸、抢劫被逮捕。

犯罪嫌疑人姜××,男,18岁(198×年2月26日出生),身份证号码××××××,××省柳河县人,汉族,初中肄业,无业,群众,住××省柳河县××镇集场子村。200×年7月11日被拘留,同年8月1日因涉嫌强奸、抢劫被逮捕。

经依法侦查查明:犯罪嫌疑人高××、王×、姜××涉嫌下列犯罪事实:

一、故意杀人、抢劫、强奸

200×年12月28日下午2时许,犯罪嫌疑人高××携带水果刀、尼龙绳、擀面棍、麻袋等作案工具,窜至××区××里2号楼2门4楼,以查水表为名骗开401室房门入室,见只有女青年张×一人租住于此,就对被害人张×殴打、捆绑,并多次强奸,将张×挟持至30日上午9时许。犯罪嫌疑人高××发现张×认识自己,遂用麻袋套住张×头部,从厨房内取回榔头猛击张头部,将张砸昏后拖至卫生间,又从厨房取来菜刀猛砍张×颈部数刀。张×因颅脑损伤合并失血性休克死亡。之后,犯罪嫌疑人高××将被害人房间的7000元人民币及格兰仕27L微波炉1台、三星A288型移动电话1部、黄金戒指1枚、白金项链1条、白金手链1条抢走,抢劫总值人民币12080元。31日上午,犯罪嫌疑人高××再次窜至××区××里2号楼2门401室将张×尸体肢解。

二、抢劫、强奸

200×年5月26日晚11时,犯罪嫌疑人高××、王×经预谋后,持刀窜至××区××号5号楼1门4楼,高××钻窗进入402室,王×在楼道内等候伺机作案。27日凌晨3时许,被害人张××返回住处时,被两名犯罪嫌疑人用刀劫持至402室,以威胁、恐吓、殴打手段逼张××顺从,而后分别多次将张××强奸。上午10时,犯罪嫌疑人王×持被害人张××的存折至银行将存款1000元取出。与此同时,犯罪嫌疑人高××用携带来的照相机给张××拍摄裸体照片,并威胁不许报案,之后抢劫现金800元、白金钻戒1枚、浪琴牌手表1块、白金耳环1对、黄金项链和白金项链各1条、三星A288移动电话1部,抢劫总值人民币12100元。待王×返回后,二犯罪嫌疑人携赃款赃物逃跑。

200×年6月5日17时,犯罪嫌疑人高××、王×、姜××持刀窜至××区××街××号11门13楼,以查水表为名骗开303室单元门进入室内,见只有女青年崔×一人,采取威胁、恐吓、殴打手段,逼崔顺从。之后,犯罪嫌疑人高××、王×、姜××分别多次将被害人崔×强奸,并挟持至6日上午10时。犯罪嫌疑人王×持逼迫被害人崔×交出存折和身份证件,并到银行将2800元存款取出。与此同时,犯罪嫌疑人高××用携带来的照相机给崔×拍裸体照片,并威胁其不许报案。待王×返回后,三名犯罪嫌疑人又当场抢走现金90元、镶宝石戒指1枚、白金戒指1枚、女式手表1块、18K白金耳钉1枚、摩托罗拉V988移动电话1部。抢劫总值人民币4770元,后逃跑。

犯罪嫌疑人高××在预审中主动交代:200×年7月5日晚11时许,在××区××路××里,持刀抢劫被害人金×书包1个,内有松下CD90移动电话1部,现金人民币350元,抢劫总值980元。

三、盗窃

200×年元月21日晚10时许,犯罪嫌疑人高××、王×经预谋后窜至××区临园里5号楼11门5楼,钻窗进入501室,窃得事主胡××的人民币1200元、戒指1枚、耳环1副、耳钉1对、摩托罗拉V988手机1部、VCD机1台。

认定上述犯罪事实的证据如下:

1. 认定犯罪嫌疑人高××强奸、抢劫、杀害张×的证据有:

(1) 报案笔录、立案决定书、现场勘查材料和房东王×、被害人之妹张×证言证实;××区××里2号楼2门401室厕所内,张×被人杀害,四肢被肢解。

(2) 鉴定结论认定:张×因颅脑损伤合并失血性休克死亡,生前与犯罪嫌疑人高××有性行为。

(3) 证人王×、马××、宋××、朱××、张××的证言和犯罪嫌疑人高××的供述证实:被害人张×租住于××里2号楼2门401室,在××歌厅当"三陪"小姐时,与犯罪嫌疑人高××有过接触。200×年1月10日,犯罪嫌疑人高××系以强奸、抢劫为目的,骗入401室对张强奸、抢劫后,发现被害人认出自己时,才起意杀人的。肢解尸体是为了伪造现场,逃避处罚。低价变卖微波炉,也证实了高××在强奸、杀人后,从事了抢劫犯罪。

2. 认定犯罪嫌疑人高××、王×、姜××强奸、抢劫张××、崔×、金×的证据有:

(1) 被害人张××、崔×、金×的报案笔录、被害陈述和辨认笔录。

(2) 现场遗留物的鉴定结论。

(3) 银行存款被取走的单据。

(4) 犯罪嫌疑人高××、王×的供述。

3. 认定犯罪嫌疑人高××、王×盗窃罪的证据有:报案记录、被盗事主陈述、现场遗留物如指纹鉴定、被盗物品的估价证明和犯罪嫌疑人高××、王×的供述。

侦查中还从犯罪嫌疑人高××、王×住处扣押了匕首、手表、背包、照相机等物证。

上诉犯罪事实清楚,证据确实、充分,足以认定。

综上所述,犯罪嫌疑人高××故意剥夺他人生命,抢劫、盗窃他人钱物,强奸妇女,其行为触犯了《中华人民共和国刑法》第二百三十二条、二百六十三条、二百三十六条、二百六十四条之规定,涉嫌故意杀人、抢劫、强奸、盗窃罪;犯罪嫌疑人王×使用暴力,劫取他人钱财,窃取他人财物,其行为触犯了《中华人民共和国刑法》第二百六十三条、二百三十六条、二百六十四条之规定,涉嫌抢劫、强奸、盗窃罪。犯罪嫌疑人姜××积极参与抢劫、强奸作案,其行为触犯了《中华人民共和国刑法》第二百六十三条、二百三十六条之规定,涉嫌抢劫、强奸罪。犯罪嫌疑人高××在预审期间主动交代盗窃犯罪,有自首行为。根据《中华人民共和国刑事诉讼法》第一百二十九条(2018年《刑事诉讼法》修订后,该法律条款已改为第162条)之规定,特将此案移送审查起诉。

此致
××市人民检察院第一分院

××公安局(印)
二○○×年十二月十六日

附:1. 本案侦查卷宗共6卷×××页。
  2. 随案移交物品××件。

四、(检察机关)起诉书

(一)规定格式(自然人犯罪案件普通程序适用)

××人民检察院
起诉书

××检××刑诉〔××××〕×号

被告人……(写明姓名、性别、出生年月日、公民身份证号码、民族、文化程度、职业或者工作单位及职务、是否系人大代表或者政协委员、户籍地、住址,曾受到刑事处罚以及与本案定罪量刑相关的行政处罚的情况和因本案采取强制措施的情况等。)

本案由×××(监察/侦查机关)调查/侦查终结,以被告人×××涉嫌×××罪,于×年×月×日(受理日期)向本院移送起诉。本院受理后,于×年×月×日告知被告人有权委托辩护人,×年×月×日已告知被害人及其法定代理人(近亲属)、附带民事诉讼的当事人及其法定代理人有权委托诉讼代理人,依法讯问了被告人,听取了辩护人、被害人及其诉讼代理人的意见,审查了全部案件材料。本院于(一次退查日期、二次退查日期)退回侦查机关补充侦查,侦查机关于(一次重报日期、二次重报日期)补充侦查完毕移送起诉。本院于(一次延长日期、二次延长日期、三次延长日期)延长审查起诉日期15日。

[对于侦查机关移送审查起诉的需变更管辖权的案件,表述为:"本案由×××(侦查机关)侦查终结,以被告人×××涉嫌×××罪,于×年×月×日向××人民检察院移送审查起诉。××人民检察院于×年×月×日转至本院审查起诉。本院受理后,已于×年×月×日告知被告人有权……"

对于本院侦查终结并审查起诉的案件,表述为:"被告人×××涉嫌×××罪一案,由本院侦查终结。本院已于×年×月×日告知被告人有权……"

对于其他人民检察院侦查终结的需变更管辖权的案件,表达为:"本案由××人民检察院侦查终结,以被告人×××涉嫌×××罪,于×年×月×日向本院移送审查起诉。本院受理后,已于×年×月×日告知被告人有权……"]

经依法审查查明:

……(写明经检察机关审查认定的犯罪事实,包括犯罪时间、地点、经过、手段、目的、动机、危害后果等与定罪有关的事实要素。应当根据具体案件情况,围绕刑法规定的该罪构成要件叙写。)

认定上述事实的证据如下:

1. 物证:……;2. 书证:……;3. 证人证言:证人×××的证言;4. 被害人陈述:被害人×××的陈述;5. 被告人供述和辩解:被告人×××的供述和辩解;6. 鉴定意见:……;7. 勘验、检查、辨认、侦查实验等笔录:……;8. 视听资料、电子数据:……。

本院认为,……(概述被告人行为的性质、危害程度、情节轻重)。其行为触犯了《中华人民共和国刑法》第××条(引用罪状、法定刑条款),犯罪事实清楚,证据确实、充分,应当以×××罪追究其刑事责任。根据《中华人民共和国刑事诉讼法》第一百七十六条的规定,提起公诉,请依法判处。

此致

××人民法院

检察官　　×××

检察官助理　×××

×年×月×日

(院印)

附:1. 被告人现在处所:具体包括在押被告人的羁押场所或监视居住、取保候审的处所。

2. 案卷材料和证据××册。

3. 证人、鉴定人、需要出庭的专门知识的人的名单,需要保护的被害人、证人、鉴定人的名单。
4. 有关涉案款物情况。
5. 被害人(单位)附带民事诉讼的情况。
6. 其他需要附注的事项。

(二) 案例:刘×甲、陈××、刘×乙故意杀人案起诉书

××市人民检察院分院
起诉书

×检分刑诉字〔201×〕×号

被告人刘×甲,女,43岁,身份证号码(略),汉族,初中文化,无业,×省×县人,住×市×区×街18号。因涉嫌杀人罪,于201×年×月×日经×县人民检察院批准,由×市公安局逮捕。现在押。

被告人陈××,男,54岁,身份证号码(略),汉族,初中文化,×省×县人,×市东风饮食店职工,住×市×街24号2单元5号。因涉嫌杀人,于201×年×月×日经×市人民检察院批准,由×市公安局逮捕。现在押。

被告人刘×乙,男,24岁,身份证号码(略),汉族,高中文化,×省×县人,×市煤炭公司职工,住该公司家属楼。因涉嫌杀人,于201×年×月×日经×市人民检察院批准,由×市公安局逮捕。现在押。

本案由×市公安局侦查终结,以被告人刘×甲、陈××、刘×乙涉嫌故意杀人罪,于201×年×月×日移送本院审查起诉。本院受理后,已于201×年×月×日告知被告人有权委托辩护人,201×年×月×日告知被害人及其法定代理人有权委托诉讼代理人,依法讯问了被告人,听取了被害人的诉讼代理人×××和被告人的辩护人×××的意见,审查了全部案件材料。

经依法审查查明,被告人刘×甲于201×年春天,在个体经营过程中与×县村民张××相遇,后将其家作为张××的落脚点。被告人陈××、刘×甲虽然已于两年前离婚,但两人仍有不正当男女关系。因此,陈××对刘×甲与张××之间的暧昧关系心怀不满,曾在半年前向派出所检举了张××存放在刘×甲家的一辆来历不明的自行车和怀疑张××与刘×甲乱搞两性关系问题。同年12月,张××被公安机关遣送回村,但春节过后,张××又流窜到×市,并来找刘×甲。但此时,刘×甲已经不愿意与张××厮混,遂起意杀人灭口。被告人陈××因怀疑张××与刘×甲有不正当男女关系,又因检举过张××,担心张××报复,乃与刘×甲合谋杀死张××。被告人刘×甲以亲戚关系拉拢并支付1万元人民币收买侄子刘×乙共同作案。201×年×月×日上午,张××如约来到刘×甲家,刘×甲先后将陈××、刘×乙叫到家里。刘×乙乘张××不备将其绊倒,并狠掐张的颈部,被告

人刘×甲按住张的胳膊,被告人陈××用擀面杖猛击张××的头部,将张××打、掐致死后将其尸体隐藏在双人床下。

被告人刘×甲、陈××、刘×乙为隐瞒罪行,逃避罪责,又共同策划毁尸灭迹。被告人刘×甲、陈××先后购买手提包、橡胶手套、塑料布、棉花等物品,于×月×日上午,由被告人刘×甲守门放哨,被告人陈××、刘×乙用菜刀将尸体肢解成10块,又用改锥将眼睛挖出扔掉,将头和手放在锅里煮后,装在塑料袋内,藏在刘×甲家中。被告人刘×甲、陈××、刘×乙把张××的碎尸分别装入手提包和打成行李卷。当日下午4时许,混入×市火车站,放在×市开往×市的×次特快列车×号车厢行李架上。次日晚,被告人刘×甲、陈××又将张的头和手用塑料包捆后,扔进×村附近的污水渠里。作案后,被告人刘×甲、陈××和刘×乙又多次订立攻守同盟。

认定上述事实的证据如下:物证擀面杖1根、菜刀1把及手提包、橡胶手套、塑料布、棉花等物品。

本院认为,被告人刘×甲、陈××、刘×乙目无国法,竟以刘×甲为主,与陈××合谋,在刘×乙的积极参与下共同杀死张××,又毁尸灭迹,性质极为恶劣,手段极为残忍。其行为符合《中华人民共和国刑法》第二百三十二条之规定,犯罪事实清楚,证据确实充分,应当以杀人罪追究其刑事责任。为了维护社会治安,确保公民人身安全不受侵犯,打击刑事犯罪分子的破坏活动,根据《中华人民共和国刑事诉讼法》第一百七十六条的规定,提起公诉,请依法判处。

此致
××人民法院

检察官　　×××
检察官助理　×××
201×年××月××日
(院印)

五、(检察机关)不起诉决定书

(一)规定格式(法定不起诉案件用)

××人民检察院
不起诉决定书

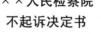

被不起诉人……[写明姓名、性别、出生年月日、公民身份证号码、民族、文化程度、职业或工作单位及职务(国家机关工作人员利用职权实施的犯罪,应当写明犯

罪期间在何单位任何职)、住址(被不起诉人住址写居住地,如果户籍所在地与暂住地不一致的,应当写明户籍所在地和暂住地),是否受过刑事处罚,采取强制措施的种类、时间、决定机关等。]

(如系被不起诉单位,则应写明名称、住所地等)

辩护人……(写姓名、单位)。

本案由×××(监察/侦查机关名称)调查/侦查终结,以被不起诉人×××涉嫌××罪,于×年×月×日向本院移送起诉。

(如果是自侦案件,此处写"被不起诉人×××涉嫌××一案,由本院侦查终结于×年×月×日移送起诉或不起诉。"如果案件是其他人民检察院移送的,此处应当将指定管辖、移送单位以及移送时间等写清楚。)

(如果案件曾经退回补充调查/侦查,应当写明退回补充调查/侦查的日期、次数以及再次移送起诉时间。)

经本院依法审查查明:

[如果是根据刑事诉讼法第十六条第(一)项即监察/侦查机关移送起诉认为行为构成犯罪,经检察机关审查后认定行为情节显著轻微、危害不大,不认为是犯罪而决定不起诉的,则不起诉决定书应当先概述监察/侦查机关移送审查起诉意见书认定的犯罪事实(如果是检察机关的自侦案件,则这部分不写),然后叙写检察院审查认定的事实及证据,重点反映显著轻微的情节和危害程度较小的结果。如果是行为已经构成犯罪,本应当追究刑事责任,但审查过程中有刑事诉讼法第十六条第(二)至(六)项法定不追究刑事责任的情形,因而决定不起诉的,应当重点叙明符合法定不追究刑事责任的事实和证据,充分反映出法律规定的内容。如果是根据刑事诉讼法第一百七十七条第一款中的没有犯罪事实而决定不起诉的,应当重点叙明不存在犯罪事实或者犯罪事实并非被不起诉人所为]。

本院认为,×××(被不起诉人的姓名)的上述行为,情节显著轻微、危害不大,不构成犯罪。依照《中华人民共和国刑事诉讼法》第十六条第(一)项和第一百七十七条第一款的规定,决定对×××(被不起诉人的姓名)不起诉。

(如果是根据《刑事诉讼法》第十六条第(二)至(六)项法定不追究刑事责任的情形而决定的不起诉,重点阐明不追究被不起诉人刑事责任的理由及法律依据,最后写决定不起诉的法律依据。如果是根据刑事诉讼法第一百七十七条第一款中的没有犯罪事实而决定不起诉的,指出被不起诉人没有犯罪事实,再写不起诉的法律依据。)

查封、扣押、冻结的涉案款物的处理情况。

被害人如果不服本决定,可以自收到本决定书后七日以内向××人民检察院申诉,请求提起公诉;也可以不经申诉,直接向××人民法院提起自诉。

××人民检察院

×年×月×日
（院印）

（二）案例：王××过失杀人案不起诉决定书

××区人民检察院
不起诉决定书

××检××刑不诉〔2019〕×号

被不起诉人王××，男，48岁，身份证号码（略），汉族，小学文化程度，×省×县人，×××厂工人，住×市×区向阳街×号。2019年×月×日因涉嫌过失杀人，被×区公安局逮捕。

被不起诉人王××过失杀人一案，由×区公安分局侦查终结，移送本院起诉。

经本院依法审查查明：

2019年2月12日下午5时许，王××去邻居家找妻子，找到邻居李×家时，正好碰上李×在喝酒，李×便邀请王××一起喝。酒后，两人因言语不和厮打起来，王××抓住李×的头发按在小床上，随手朝李×脸部猛击一掌。被人劝开后，李×瘫倒在地死亡。

经法医解剖尸体鉴定，李×因先天性心脏病血循环的突变，心肌不全，心肺循环血量减少，致心肌纤维断裂，肺组织充血水肿，心肌缺氧引起急性心衰竭死亡。

上述事实，有证人证言、法医鉴定予以证实，被不起诉人王××对自己的行为供认不讳。

本院认为，被不起诉人王××的行为在客观上虽然造成了被害人的死亡结果，但被不起诉人不是出于故意或者过失，而是被害人患有先天性心脏病的突变所引起。被不起诉人的行为与被害人的死亡结果没有直接的因果关系，根据《中华人民共和国刑法》第十五条的规定不认为是犯罪。本院依据《中华人民共和国刑事诉讼法》第一百七十七条第一款的规定，决定对王××不起诉。

被害人李×的近亲属如不服不起诉决定，可以自收到本决定书后七日内向上一级人民检察院申诉，请求提起公诉。被害人李×的近亲属也可以不经申诉，直接向人民法院起诉。

××区人民检察院
二〇一九年×月×日
（院印）

六、(检察机关)刑事抗诉书

(一) 规定格式(二审程序适用)

××人民检察院
(二审程序适用)
刑事抗诉书

××检××诉刑抗〔××××〕×号

××人民法院以××号刑事判决(裁定)书对被告人×××(姓名)××××(案由)一案判决(裁定)……(判决、裁定结果)。本院依法审查后认为(如果是被害人及其法定代理人不服地方各级人民法院第一审的判决而请求人民检察院提出抗诉的,应当写明这一程序,然后再写"本院依法审查后认为"),该判决(裁定)确有错误(包括认定事实有误、适用法律不当、审判程序严重违法),理由如下:

……(根据不同情况,理由从认定事实错误、适用法律不当和审判程序严重违法等几方面阐述)。

综上所述……(概括上述理由),为维护司法公正,准确惩治犯罪,依照《中华人民共和国刑事诉讼法》第二百二十八条的规定,特提出抗诉,请依法判处。

此致
××人民法院

××人民检察院
×年×月×日
(院印)

附:1. 被告人×××现羁押于×××(或者现住×××)。
    2. 其他有关材料。

(二) 案例:石×故意杀人案刑事抗诉书

××市人民检察院
刑事抗诉书

××检××诉刑抗〔201×〕×号

原审被告人石×,男,198×年5月25日出生,汉族,××省××县××村人,住××县××乡××村。201×年×月××日被××县公安局收容审查,同年×月××日被××县公安局逮捕,现羁押于××县看守所。

原审被告人石×故意杀人一案,由××市公安局侦查终结,移送本院审查起诉,本院于201×年×月××日向××市中级人民法院提起公诉。××市中级人

337

民法院以(201×)×刑初字第 10 号刑事判决书作出判决:被告人石×犯故意杀人罪,处死刑,缓期 2 年执行,剥夺政治权利终身。

经依法审查,本案犯罪事实如下:

201×年×月××日下午 18 时许,××县××乡××村村民钟××和郝××到本县××村找石×讨还其做买卖时欠钟××的钱款,3 人在石×家喝酒时,郝××提出要钱一事,石×说没有钱。当晚 21 时许,郝××、钟××离开,被告人石×之妻李××将二人送出院门,并从里面将门锁住。钟××骑自行车离去,郝××在门外骂石×。石×从院内拿着锄头翻墙跳出院外,用锄头、绞锤打击郝××的头部,致郝××当场死亡。石×随后将尸体推到邻居李×虎家厕所内,并用玉米秆点燃焚烧,后畏罪潜逃。

上述事实清楚,证据确实、充分,足以认定。

本院认为,被告人石×无视国法,持械故意杀人,焚尸逃跑,手段残忍,情节特别严重,依法应判处死刑,立即执行。一审判处死刑缓期 2 年执行,剥夺政治权利终身显属处刑不当。其理由如下:

1. 原审判决认定事实有误。一审判决认定被害人有拖拽调戏被告人石×之妻李××的情节,与卷内证据和当庭质证不相吻合。本案中的在场证人钟××当庭证实没有见过被害人郝××有此行为。因被告人石×在潜逃期间与李××同居 5 个月之久,所以,仅凭被告人及其妻李××的辩解,又没有其他证据相印证,一审判决对于这种查证不实的辩解予以采纳,并由此认定被告人石×是基于义愤杀人,被害人对本案的发生负有责任,显属认定事实不清,应予以纠正。

2. 从重情节应予以考虑。被告人石×杀人后又焚尸,潜逃 3 年之久,实属情节特别严重,应在法定刑内从重处罚。

综上所述,为严肃国法,准确适用法律,真正做到罪刑相当,切实保护公民的人身权利不受侵犯,依照《中华人民共和国刑事诉讼法》第二百二十八条之规定,特提出抗诉,请依法判处。

此致

××省高级人民法院

××市人民检察院

201×年×月×日

(院印)

(附项从略)

七、(检察机关)公诉意见书

（一）规定格式

××人民检察院
公诉意见书

被告人×××
案由×××
起诉书号：××检××刑诉〔××××〕×号
审判长、审判员(人民陪审员)：

根据《中华人民共和国刑事诉讼法》第一百八十九条、第一百九十八条和第二百零九条的规定，我(们)受××人民检察院的指派，代表本院，以国家公诉人的身份，出席法庭支持公诉，并依法对刑事诉讼实行法律监督。现对本案证据和案件情况发表如下意见，请法庭注意。

……(结合案情重点阐述以下问题)

一、根据法庭调查的情况，概述法庭质证的情况、各证据的证明作用，并运用各证据之间的逻辑关系证明被告人的犯罪事实清楚，证据确实充分。

二、根据被告人的犯罪事实，论证应适用的法律条款并提出定罪及从重、从轻、减轻处罚等意见。

三、根据庭审情况，在揭露被告人犯罪行为的社会危害性的基础上，做必要的法治宣传和教育工作。

综上所述，起诉书认定本案被告人×××的犯罪事实清楚，证据确实、充分，依法应当认定被告人有罪，并建议_____(根据是否认罪认罚等情况提出量刑建议或从重、从轻、减轻处罚等意见)。

公诉人　×××
×年×月×日当庭发表

注：本文书依照《刑事诉讼法》第一百八十九条、第一百九十八条和二百零九条等规定制作，为公诉人在法庭上对证据和案件情况集中发表意见时使用。本文书集中表述公诉人意见，制作和发表时应注意与答辩意见等法庭上公诉人发表的意见合理分工，各有侧重点。本文书第三部分，可视情况决定是否制作。

（二）案例：徐××受贿案公诉意见书

××省××市人民检察院
公诉意见书

被告人：徐××

案由：受贿

起诉书号：××检××刑诉〔2005〕181号

审判长、审判员：

根据《中华人民共和国刑事诉讼法》第一百五十三条、第一百六十条、第一百六十五条和第一百六十九条的规定，我们以国家公诉人身份，出席今天的法庭，支持公诉，并依法履行法律监督职责。（2018年10月《刑事诉讼法》修订后，应当适用同法第一百八十九条、第一百九十八条和第二百零九条之规定。）

在今天进行的法庭调查中，围绕被告人徐××先后担任的职务及职责范围，以及被告人犯罪的事实、情节，公诉人依法讯问了被告人徐××，宣读（和播放）了被告人徐××在侦查期间的供述和辩解，宣读（或播放）了行贿人和其他证人证言，出示了有关物证、书证。上述证据均来源合法，经当庭质证，能够相互印证，足以证实本院起诉书指控被告人徐××所犯受贿罪的事实清楚，证据确实、充分。

为了进一步指控犯罪、证实犯罪，并以此案警示后人，公诉人发表如下公诉意见：

一、被告人徐××的行为触犯了我国刑法第三百八十五条的规定，构成受贿罪

《刑法》第三百八十五条规定，国家工作人员利用职务上的便利，索取他人财物，或者非法收受他人财物，为他人谋取利益的，是受贿罪。

被告人徐××具有国家工作人员的主体身份。法庭调查证实，被告人徐××在实施犯罪期间，先后担任××市委书记、××省委组织部部长、省委常委等职务，属于《刑法》第九十三条第一款规定的国家机关工作人员，符合《刑法》第三百八十五条关于受贿罪主体身份的规定。

被告人徐××利用职务上的便利，为他人谋取利益，并非法收受他人财物，符合刑法所规定的受贿罪客观要件。法庭调查充分表明，被告人徐××自1993年春节至2004年上半年期间，利用其担任××市委书记、××省委组织部部长、省委常委的职务便利，为本案行贿人张××、章××、胡××、姚××、王×及其他人在职务提拔、职能待遇、任职、工作调动、销售煤炭、收购股权、子女升学等方面提供帮助或承诺帮助，并收受上述行贿人财物31笔共计640余万元人民币。以上行为，符合《刑法》第三百八十五条关于受贿罪客观方面要件的要求。

被告人徐××的行为符合刑法规定的受贿罪的主观要件。法庭调查表明,被告人徐××主观上明知本案行贿人送钱给他是因其在职务提拔、企业经营、子女升学、工作调动等方面提供帮助,仍收受他人财物、为他人谋利益,具有受贿的直接故意。

二、被告人徐××受贿案犯罪的特点及社会危害性

(一) 徐××受贿案犯罪具有如下特点:

1. 特定职务决定了为他人谋取利益方式的特殊性。徐××担任的是省委组织部部长这一掌握干部人事任免大权的特定职务,其在犯罪过程中,利用对省级其他部门和市县领导干部的制约关系,达到为他人谋取利益的目的。比如省工商局长周××、省教委副主任周××均明确讲道,他们会帮徐××的忙,与徐××作为组织部部长出面是有关系的。在徐××为他人谋利的25个事项中,仅有4项是其任××市委书记时通过下属或是任省委组织部部长时让组织部工作人员办理的,其余大多为通过其有职务制约关系的省级部门负责人、县市党政一把手等办理。

2. 受贿的手法更具有隐蔽性。表现之一是收受贿赂的对象范围小,除去章×××、王×各1笔外,其余所收的也仅限于张××、胡××、姚××3个人,基本可以说只收小圈子内人的钱,有的一收就是10来年。表现之二是收钱不谈事、谈事不收钱,最典型的如行贿人张××所说的,去送钱的时候基本是不谈事的,谈事怕"老徐看不起",而徐××本人对此也心领神会,所以在二人身份、地位相差如此巨大的情况下仍多年保持一种特殊的紧密关系,使收钱与办事并不每一笔都一一对应。表现之三是收受名目众多,徐××也非全然来者不拒,偶尔也会推辞,所以这些行贿人送钱时往往要找一些名目,从压岁钱到买车、房子装修乃至以炒股名义送,送的好送出手,收的也收得自然。徐××收受钱财的隐蔽性,表现出腐败行为的新的特点——查处更加困难,危害也更为深远。

3. 为他人所谋取的利益呈现多样性。本案被告人为他人所谋取的利益涉及多个领域,从职务提拔、企业经营到工作分配调动、子女升学等,突出表现在谋取职务利益和经济利益。在职务利益中,有提拔使用的,有不肯异地交流的,有企业人员谋取政府官职的;在经济利益中,徐××为了行贿人的企业经营和谋取利润,从煤炭销路到巨额资金收购,也是有求必应。除了买官卖官,其以权力介入企业经营,对行贿人在经营利润上投桃报李,各得所需,也是本案权钱交易的一个显著特点。

(二) 本案的社会危害性突出体现在以下三个方面:

1. 收受贿赂,破坏了廉政制度。被告人徐××身居领导要职,却没能经得起权力的考验和金钱的诱惑,在担任省委常委、省委组织部部长、××市委书记期间,小到2000美元,大到200万元人民币,收受他人贿赂共计多达31次,金额高达640

万元,平均每次受贿数额达20余万元。守得清廉是基本的为官之德,如此收受财物,严重违反了对国家工作人员职务廉洁性的法律和制度要求,完全丧失了作为一名国家工作人员、党员领导干部的基本准则,是对廉政制度的极大破坏。

2. 买官卖官,破坏了干部选拔任用制度。吏治腐败是最大的腐败,而组织部部长作为治吏的吏,其腐败行为更令人触目惊心。被告人徐××是全国第一个被查处的在任省级组织部部长,对全省上千名厅局级干部和县市党政一把手行使管理职责,具有推荐、考察和任免的重要职权,可谓位高权重,在徐××的授意和干预下,已经没有职数的可以超职数,按规定必须交流任职的就可以不交流,相关问题反映强烈的也可以照样提拔,组织原则、纪律观念被抛在一边。县市领导还要通过张××这些行贿人带到徐××家里,多数也从中获益,得到了提拔使用。作为组织部部长,其一旦腐败,对干部队伍建设和制度的破坏尤甚于一般国家工作人员,影响也更为恶劣。

3. 官商勾结,破坏了市场经济的公平、公正原则。被告人徐××除了为行贿人或其亲友帮助解决职务提拔、子女升学、工作调动等事情外,其为他人谋利很突出的一个特点就是官商勾结,利用手中的权力为这些行贿人——国有企业也好、私企也好,在企业经营方面大开方便之门。煤炭要找销路,徐××出面打招呼;需要银行贷款,少则300万,多则8个亿,徐××出面也办成了;高速公路赚钱,要收购股权,5年分红就能分1亿5千万元,公路收费站单向收费亏了,要改双向收费,这些找徐××出面,也都办成了。当然,徐××从这些经营受益人中得到的"回报"也是丰厚的。金钱用来购买权力,权力又为金钱铺路,权钱交易双方,各得所需,损害的是我们国家正处在培育和成长阶段的市场经济秩序。权力一旦用此种方式介入市场,谈何公平,谈何诚信?而没有公平、公正,就不可能有良好的市场秩序和市场经济的健康发展。在这里,权力仍然作为一种寻租的工具,与一般寻租不同的是,权力介入不仅仅满足权力一方的利益,而是双方均从中获得私利,正如被告人在忏悔书中写道:"这些朋友都是冲着我的地位和权力而来的,我可以应他们要求为他们办事,他们可以获得更多的好处。他们向我行贿,作为我追求享受的物质基础。"因此,市场环节发生的权钱交易是对市场经济秩序的极大破坏。

综上所述,被告人徐××的犯罪行为,严重败坏了党风,严重影响到干部队伍管理和建设,破坏了党和政府在人民群众中的形象、威信和公众信任度,严重败坏了社会风气,其行为的社会危害性极大。

三、徐××受贿案给我们的警示

被告人徐××是20世纪60年代的大学生,从一名基层普通干部直至成为副省级的领导干部,曾经为党和人民的事业做过一些有益的事,党和人民也给了他应有的荣誉和巨大的信任。作为党和国家培养多年的高级领导干部,其本应十分珍惜党和人民给予的权力,明白"权力越大、责任越重"的道理,廉洁奉公、恪尽职守,兢兢业业为党和人民的事业工作,但他却彻底辜负了党和人民的信任和希望,沦为今天法庭上的被告人。冰冻三尺,非一日之寒。被告人徐××的今天并非偶然,本案所折射出的也绝不仅仅是对被告人徐××个人行为的法律审判,而是更为深刻的教训和多方位的警示。我们不能不对其走上犯罪道路的思想根源进行探究。

（一）丧失理想信念。被告人徐××蜕化变质的原因是多方面的,但最根本的原因在于他丢失了内心世界正确的世界观、人生观和价值观,背弃了共产主义信仰,丧失了人民公仆应具备的责任感和廉洁性。从公仆到贪官,罪犯往往只是一步之遥、一念之差。正如其在忏悔书说的:"当第一次有人送钱时,我会拒之门外,但当他人一次次上门献殷勤、讲好话,我就经不起金钱的诱惑,有其一就有其二,思想上的反腐防线被打破,一发不可收拾。"被告人徐××长期担任高级领导干部,党纪国法了然于心,但遗憾的是,在贪欲面前,他从拒绝受贿、半推半就到坦然受贿,从收受小额财物到收受巨额贿赂,直至彻底成为"糖衣炮弹"的俘虏。正是理想信念的丧失和受错误价值观的支配,被告人徐××才会个人利益至上,朋友"情义"取代党纪国法,组织纪律完全抛在脑后,在犯罪道路上越陷越深。徐××腐败堕落的轨迹再次警示我们,对广大干部尤其是领导干部而言,理想和信念是精神支柱,必须真正树立正确的世界观、人生观和价值观,切实做到"情为民所系、权为民所用、利为民所谋",从思想上筑牢拒腐防变的堤防。

（二）拜金主义作祟。被告人徐××在其自己所写的忏悔书中说,其犯罪的严重教训之一是"私欲膨胀,贪图安逸享受,追求晚年的安逸生活","他们向我行贿,作为我追求享受的物质基础。是我自己昏了头,以一时之贪得,换来无穷无尽的灾难和悔恨",对其罪行作了一定的反思,同时也表明,拜金主义和享受思想促使被告人不断走向深渊。构成罪恶根源的东西并非金钱,而是对金钱的无止境追求,被告人徐××并非不懂这些道理,只是欲壑难填,在对物欲的贪婪追求下,不断聚敛财物,直至其政治生命终结。

（三）抱有侥幸心理。被告人徐××作为领导干部,不是不知道中央反腐败的决心,不是不知道作为国家工作人员所应当恪守的法纪和规章,不是不知道收受巨额贿赂被查处的后果的严重性,也不是没有其他领导干部因受贿而落马、被判重刑的前车之鉴,但他为什么还敢收受如此巨额的财物?很重要的一个原因就是抱有侥幸心理。1995年其因收受王×10万元被调查过,本应"吃一堑、长一智",吸取教训、悬崖勒马,其非但没有如此,在之后近10年的时间里,反而变本加厉,后来官越当越大,再加上收的仅是小圈子内的几个人的钱,用炒股、买车各种名义、幌子来收钱,认为不会出事,才会置党纪、国法于不顾,越收胆子越大,到2004年案发前,省交通厅长章××为了买官,一笔贿赂款就达200万,徐××也坦然收下。"天网恢恢,疏而不漏",这一道理,如果要到今天沦为被告人、沦为人民的罪人时,才能醒悟,才能明白,那已经太迟了。

对徐××案件的查处,正体现了中央对惩治腐败的决心和力度,是端正党风、净化社会风气的有力措施。我们在感慨被告人徐××沉沦的同时,更要以其教训为鉴,警钟长鸣,防微杜渐,"常思贪欲之害,常戒非分之想,常怀律己之心,常修从政之德"。

审判长、审判员,被告人徐××应当适用的法律条款在起诉书中已明确作了表述。在犯罪情节方面,被告人徐××犯罪数额特别巨大,达人民币 640 万元,犯罪时间长达 12 年,干扰有关部门和司法机关的调查活动,与家人、行贿人等知情人进行串供,并且将赃款 400 多万元进行转移,这些均显示其犯罪的主观恶性的一面。与此同时,我们也提请合议庭注意,徐××归案后,在侦查阶段后期和审查起诉阶段以及今天法庭上,能够如实交代自己的犯罪事实,认罪态度(较)好,对自己的犯罪行为也能作较深刻的认识并表示忏悔,有悔罪表现,并且全案赃款已退回或追缴到案,对此也请合议庭在量刑时予以综合考虑。

综上所述,起诉书认定本案被告人徐××的犯罪事实清楚,证据确实、充分,应当认定被告人徐××构成受贿罪,并依法予以处罚。

公诉人　李××　戴×　张××
×年×月×日当庭发表

八、第一审刑事判决书

(一)规定格式(一审公诉案件适用普通程序用)

××人民法院
刑事判决书
(一审公诉案件适用普通程序用)

(××××)×刑初字第×号

公诉机关××人民检察院。

被告人……(写明姓名、性别、出生年月日、民族、出生地、文化程度、职业或者工作单位和职务、住址和因本案所受强制措施情况等,现羁押处所。)

辩护人……(写明姓名、工作单位和职务。)

××人民检察院以×检×诉〔××××〕×号起诉书指控被告人×××犯××罪,于×年×月×日向本院提起公诉。本院依法组成合议庭,公开(或者不公开)开庭审理了本案。××人民检察院指派检察员×××出庭支持公诉,被害人×××及其法定代理人×××、诉讼代理人×××,被告人×××及其法定代理人×××、辩护人×××,证人×××,鉴定人×××,翻译人员×××等到庭参加诉讼。现已审理终结。

××人民检察院指控……(概述人民检察院指控被告人犯罪的事实、证据和适用法律的意见。)

被告人×××辩称……(概述被告人对指控的犯罪事实予以供述、辩解、自行辩护的意见和有关证据。)辩护人×××提出的辩护意见是……(概述辩护人的辩护意见和有关证据。)

经审理查明,……(首先写明经庭审查明的事实,然后写明经举证、质证定案的证据及其来源,最后对控辩双方有异议的事实、证据进行分析、认证。)

本院认为,……(根据查证属实的事实、证据和有关法律规定,论证公诉机关指控的犯罪是否成立,被告人的行为是否构成犯罪,犯的什么罪,应否从轻、减轻、免除处罚或者从重处罚。对于控辩双方关于适用法律方面的意见,应当有分析地表示是否予以采纳,并阐明理由)。依照……(写明判决的法律依据)的规定,判决如下:

……[写明判决结果。分三种情况:

1. 定罪判刑的,表述为:

"一、被告人×××犯××罪,判处……(写明主刑、附加刑。)

(刑期从判决执行之日起计算。判决执行以前先行羁押的,羁押一日折抵刑期一日,即自×年×月×日起至×年×月×日止。)

二、被告人×××……(写明决定追缴、退赔或者发还被害人、没收财物的名称、种类和数额。)"

2. 定罪免刑的,表述为:

"被告人×××犯××罪,免予刑事处罚(如有追缴、退赔或者没收财物的,续写为第二项)。"

3. 宣告无罪的,应表述为:

"被告人×××无罪。"]

如不服本判决,可在接到判决书的第二日起十日内,通过本院或者直接向××人民法院提出上诉。书面上诉的,应当提交上诉状正本一份,副本×份。

审判长　×××
审判员　×××
审判员　×××
×年×月×日
(院印)

本件与原本核对无异

书记员　×××

附:相关法律条文。

（二）案例：李×盗窃案一审刑事判决书

上海市××区人民法院
刑事判决书

（202×）沪 0114 刑初第 23 号

公诉机关上海市××区人民检察院。

被告人李×（自报），曾用名李秋发，男，汉族，2006 年 6 月 20 日出生于云南省永德县，公民身份号码××××××××××，××，初中文化程度，住址云南省临沧市永德县乌木龙彝族乡小村村委会平掌组。因涉嫌盗窃犯罪于 202×年 10 月 10 日被上海市公安局××分局刑事拘留，同年 11 月 1 日被依法逮捕，现羁押于上海市××区看守所。

上海市××区人民检察院以沪嘉检刑诉〔202×〕6 号起诉书指控被告人李×犯盗窃罪，于 202×年 1 月 7 日向本院提起公诉。本院受理后，依法适用简易程序，实行独任审判，公开开庭审理了本案。上海市××区人民检察院检察员林静、被告人李×到庭参加诉讼。现已审理终结。

公诉机关指控，202×年 8 月 30 日 23 时 30 分许，被告人李×至上海市××区××路××号金柏苑地下车库，采用拉车门的方式，进入被害人张某停放于上址的沪A×××××奔驰牌轿车，在翻找财物时被物业保安王某发现并扭获，后被民警抓获。公安机关于次日对被告人李×处行政拘留 5 日，202×年 9 月 5 日行政拘留期限届满。

202×年 10 月 1 日 3 时许，被告人李×至上海市××区××镇××路××号颂苑 4 号地下车库 38 号车位，采用上述相同方式，窃得被害人胡某放置于沪E×××××奔驰牌轿车后备箱内的联想牌 ThinkPad×390 型笔记本电脑 1 台（经认定，价值人民币 1800 元）、利群牌（长嘴）烤烟型香烟 2 条（缴获 15 包，经认定，价值人民币 360 元），后于同日以人民币 1450 元的价格将上述笔记本电脑销赃于上海市××区××镇××路××号电脑维修店郭某处。

公安机关接被害人报警后经侦查，确定被告人李×有重大作案嫌疑，于 202×年 10 月 9 日将其抓获。被告人李×到案后如实供述了上述盗窃事实。

上述事实，被告人李×在开庭审理过程中供认不讳，并有被害人张某 1、胡某的陈述，证人郭某的证言及辨认笔录，证人王某、张某 2 的证言，有关的扣押笔录、清点记录、发还清单、调取证据清单、随案移送清单、价格认定结论书，公安机关出具的受案登记表、工作情况、常住人口基本信息、行政处罚决定书，被告人李×的供述及辨认笔录等证据证实，足以认定。

本院认为，公诉机关指控被告人李×以非法占有为目的，秘密窃取公民财物，数额较大,其行为已触犯刑律,构成盗窃罪的事实清楚,证据确实、充分,所控罪名成立。公诉机关认为,被告人李×如实供述自己的罪行,可以从轻处罚;认罪认罚,可以从宽处理;部分盗窃未得逞,在量刑中予以考虑的意见,均合法有据,本院予以采纳。结合被告人李×盗窃作案的次数等,本院在量刑中一并予以体现。依照《中华人民共和国刑法》第二百六十四条、第六十七条第三款、第五十二条、第五十三条、第六十四条,《中华人民共和国刑事诉讼法》第十五条,《最高人民法院、最高人民检察院关于办理盗窃刑事案件适用法律若干问题的解释》第一条第一款、第二款、第十四条,《最高人民法院关于适用〈中华人民共和国刑事诉讼法〉的解释》第三百四十七条之规定,判决如下:

一、被告人李×犯盗窃罪,判处拘役四个月,罚金人民币一千元;

(刑期从判决执行之日起计算。判决执行以前先行羁押的,羁押一日折抵刑期一日,即自202×年10月9日起至202×年2月1日止。)

(罚金应于本判决生效之日起十日内缴纳。)

二、责令被告人李×退赔盗窃犯罪所得,发还被害人胡某。

如不服本判决,可在接到判决书的第二日起十日内,通过本院或者直接向上海市第二中级人民法院提出上诉。书面上诉的,应当提交上诉状正本一份,副本两份。

审判员　赵××
二〇二×年一月十八日

本件与原本核对无异

书记员　张××

九、第二审刑事判决书

(一)规定格式(被告人提出上诉二审改判用)

××人民法院
刑事判决书

(××××)×刑终字第×号

原公诉机关××人民检察院。

上诉人(原审被告人)……(写明姓名、性别、出生年月日、民族、出生地、文化程度、职业或工作单位和职务、住址和因本案所受强制措施情况等,现羁押处所。)

辩护人……(写明姓名、工作单位和职务。)

××人民法院审理××人民检察院指控原审被告人×××犯××罪一案,于×年×月×日作出(××××)×刑初字第×号刑事判决。原审被告人×××不服,提出上诉。本院依法组成合议庭,公开(或者不公开)开庭审理了本案。××人民检察院指派检察员×××出庭履行职务。上诉人(原审被告人)×××及其辩护人×××等到庭参加诉讼。现已审理终结。

……(首先概述原判决认定的事实、证据、理由和判处结果;其次概述上诉、辩护的意见;最后概述人民检察院在二审中提出的新意见。)

经审理查明,……(首先写明经二审审理查明的事实;其次写明二审据以定案的证据;最后针对上诉理由中与原判认定的事实、证据有异议的问题进行分析、论证。)

本院认为,……(根据二审查明的事实、证据和有关法律规定,论证原审法院判决认定的事实、证据和适用法律是否正确。对于上诉人、辩护人或者出庭履行职务的检察人员等在适用法律、定性处理方面的意见,应当有分析地表示是否予以采纳,并阐明理由。)依照……(写明判决的法律依据)的规定,判决如下:

……[写明判决结果。分两种情况:

1. 全部改判的,表述为:

"一、撤销××人民法院(××××)×刑初字第×号刑事判决;

二、上诉人(原审被告人)×××……(写明改判的具体内容。)

(刑期从……)"

2. 部分改判的,表述为:

"一、维持××人民法院(××××)×刑初字第×号刑事判决的第×项,即……(写明维持的具体内容。)

二、撤销××人民法院(××××)×刑初字第×号刑事判决的第×项,即……(写明撤销的具体内容。)

三、上诉人(原审被告人)×××……(写明部分改判的具体内容。)

(刑期从……)"]

本判决为终审判决。

审判长　×××
审判员　×××
审判员　×××
×年×月×日
(院印)

本件与原本核对无异

书记员　×××

附:相关法律条文。

(二)案例:凌×受贿案二审刑事判决书

××市第二中级人民法院
刑事判决书

(200×)×二中刑终字第628号

原公诉机关××市××区人民检察院。

上诉人(原审被告人)凌×,男,1960年6月2日生,汉族,出生地××市,大专文化程度,××宝钢研究院(技术中心)设备所所长,户籍在××市××一村119号301室,住××市××西路292号1104室。因本案于2000年3月30日被刑事拘留,同年4月13日被逮捕。现羁押于××市看守所。

辩护人翟×,××市明日律师事务所律师。

辩护人陆××,××市尚达律师事务所律师。

××市××区人民法院审理××市××区人民检察院指控原审被告人凌×犯受贿罪一案,于2000年10月12日作出(2000)×刑初字第307号刑事判决。原审被告人凌×不服,提出上诉。本院依法组成合议庭公开开庭审理了本案,××市人民检察院第二分院指派代理检察员徐×出庭履行职务,上诉人(原审被告人)凌×及其辩护人翟×、陆×到庭参加诉讼。现已审理终结。

××市××区人民法院判决认定,被告人凌×于1998年3月至1999年11月担任××宝钢设备部部长期间,利用其全面负责设备部工作的职务便利,于1999年3、4月间,收受与宝钢有业务往来的××省××市太湖玻璃钢化工厂厂长芦××贿赂的人民币10万元。以上事实,有××宝山钢铁股份有限公司人事部出具的被告人凌×主体身份证明和设备部部长管理职责等书证;被告人凌×在侦查阶段所作的曾收到芦××送给的人民币10万元,并明知芦××与宝钢设备部有业务往来的供述;证人芦××所作的关于××市太湖玻璃钢化工厂与宝钢设备部有业务关系,在得知凌×买房需要钱时,送给凌×10万元人民币,当时凌×不肯收,在他称是借给凌×的之后,凌×收下10万元,并说以后归还,但凌×以后一直未提归还之事,送钱给凌×,是因为凌×身居宝钢设备部部长之职的证词;证人王×、成××所作的关于宝钢所使用的采光板主要是由××市太湖玻璃钢化工厂生产的,这些材料主要由设备部土炉技术室使用,要经使用部门验收确认,并在1999年夏天,他们与设备部土炉技术室总检员黄××同去××市太湖玻璃钢化工厂考察的证词;证人石×所作的关于芦××与宝钢联系后,通过××市益栋物资公司转销产品至宝钢的事实的证词;证人陆××所作的关于宝钢设备部的检修项目是由检管室下的各地区室或土炉技术室提出计划,包括检修的施工、材料和费用,报检管室确认后,由物资采购处采购并送货的证词;证人蒋××所作的关于在对宝钢冷轧厂1420冷轧酸轧机组进行技术改造,其中2个槽盖使用××市太湖玻璃钢化工厂的产品的证词;宝钢设备部与××市太湖玻璃钢化工厂签订的供货合同、增值税专用发票;宝钢设备部土炉技术室制定的《土建点检员检修管理程序》;证人施××所作的关于凌×在1998年底购买本市××西路住房及付款经过的证词;宝钢设备部纪委出具的《凌×收入情况证明》证明凌×在1995～2000年收入情况;宝钢集团产业发展有限公司纪委出具的《施××收入情况证明》证明施××在1995～1999年的收入情况;宝钢集团公司人事部出具的凌×在重大事项报告单中未提及向芦××借款一事的证明等证据予以证实。

据此,××市××区人民法院认为,被告人凌×身为国家工作人员,利用职务便利,收受他人贿赂人民币10万元,其行为已构成受贿罪,依照《中华人民共和国刑法》第三百八十五条、第三百八十六条、第三百八十三条第一款第(一)项、第六十四条之规定,对被告人凌×犯受贿罪,判处有期徒刑十年;在案赃款人民币10万元,依法予以没收。

凌×上诉提出,芦××给他的10万元是他向芦××的借款,并曾向芦××提起过还款;他没有利用职务之便为芦××谋取利益,故原判定罪不当,证据不足,不构成犯罪。另提出,芦××曾向他借过2000港币。

辩护人认为,被告人凌×在收下芦××给的10万元时讲明是借款,以后又多次向芦××提出还款,是芦××让凌×暂缓还款;凌×为了买房的确欠下了大量债务,并无偿还能力,依据现在有芦××的证词不足以认定凌×有还款能力而否认借款事实,从而认定凌×是收受他人贿赂。凌×在与芦××交往中,始终未为芦××在业务上提供任何方便和谋取利益,不具有构成受贿罪的要件,故凌×的行为不构成犯罪。提请本院传证人芦××到庭作证以核实其证词的真伪,同时向本院提交证人徐××的证词,证明芦××曾向凌×借款2000港币未归还,说明凌×与芦××之间是有往来和互相借款的事实。

××市人民检察院第二分院认为,原判认定被告人凌×收受芦××人民币10万元的事实清楚,证据确实、充分,诉讼程序合法;被告人凌×利用其职务便利,名为借款,实为收受芦××的10万元,已构成受贿罪,凌×辩解系借款无相关证据证实;芦××向凌×借款2000港币与其送给凌×10万元是不同性质的款项,不应从受贿数额中予以扣除,凌×的上诉理由及辩护人意见不能成立;原判定罪量刑均无不当,建议二审驳回上诉,维持原判。

经二审审理查明的上诉人(原审被告人)凌×收受他人贿赂人民币10万元的事实和证据与一审相同。

另查明,上诉人凌×与徐××、芦××同去澳门旅游时,芦××曾向凌×借款港币2000元(折合人民币2140.6元)。以上事实,有上诉人凌×在二审庭审中的供述,证人徐××、芦××在二审期间所作的证词予以证实。

证人芦××的证词说明因为上诉人凌×系宝钢设备部部长,10万元人民币是送给凌×的,凌×当时不肯收,才对凌×说作为借款,实质上不期待凌×归还。之后,凌×也未写过借条,也未说起要归还,而凌×到案后也供述,当时不肯收10万元,在芦××向他讲算作借款时才收下,之后未写借条,曾有归还的想法,但态度不坚决,也未归还。从上述证词和供述可以证明,芦××主动送10万元人民币给凌×,凌×收受该款是事实,凌×辩解系借款,既无法得到芦××相关证词的证明,且凌×未有任何还款行为。从凌×家庭经济收入和存款情况看,在凌×收受10万元后至案发前,凌×完全有全部或部分归还能力,但凌×始终没有还款行为。

证人芦××所在的太湖玻璃钢化工厂生产的产品大量提供给宝钢下属各部门使用,且设备部下属的土炉室就直接使用芦××的产品,芦××也经常到宝钢及土炉室去,对此,上诉人凌×亦供认在与芦××交往中是明知芦××在宝钢有业务的。芦××在与凌×交往中尽管未明示或暗示要凌×为其产品进入宝钢说情帮忙,凌×也未有具体的为芦××谋利行为,但从芦××的证词中可以看出,芦××送钱给凌×的行为是一种长期的感情投资,并不期望立即得到回报,其给凌×钱的目的,就是基于凌×所处的职位以及由此产生的权力,因为凌×作为宝钢设备部部长,对宝钢各部门设备的维修、更换有负责审批的权力,凌×的地位职权可对其他部门产生影响,与凌×搞好关系,势必会使芦××的产品在使用中得到一种便利,只是这种便利尚未发生而已。凌×收受10万元的基础就是职权,至于凌×是否已为芦××谋利,并不影响凌×利用职权收受他人好处的事实认定,且谋利可以是现在发生,也可以是将来发生。

证人芦××在侦查阶段就其送钱给凌×的事实及动机已多次作证,且证词较为详尽和稳定,并未出现反复;一审法院在庭审中已对芦××的证词进行质证,充分听取上诉人凌×及其辩护人的意见,完全符合刑事诉讼法中证据需经当庭质证才能作为定案证据的规定,并无违反诉讼程序之处。

综上所述,上诉人凌×利用职务便利,收受芦××给予的人民币10万元,其行为已构成受贿罪,上诉理由及其辩护人意见均不能成立。

本院认为,上诉人(原审被告人)凌×利用其担任宝钢设备部部长的职权,收受行贿人芦××的人民币10万元,其行为已违反国家工作人员廉洁性的规定,构成受贿罪,依法应予惩处。原判定罪正确,审判程序合法,但鉴于凌×在与芦××交往中,芦××曾向凌×借款港币2000元的事实确实存在,一审未予查明,为维护法律的公正,对此应在凌×受贿数额中予以扣除,予以改判,并相应地改动对凌×的量刑及在案赃款的处理。据此,依照《中华人民共和国刑法》第三百八十五条、第三百八十六条、第三百八十三条第一款第二项、第六十四条和《中华人民共和国刑事诉讼法》第一百八十九条第(三)项之规定,判决如下:

1. 撤销××市××区人民法院(2000)×刑初字第307号刑事判决主文全部,即被告人凌×犯受贿罪,判处有期徒刑十年和在案赃款人民币10万元予以没收。

2. 上诉人(原审被告人)凌×犯受贿罪,判处有期徒刑8年。

(刑期从判决执行之日起计算,判决执行以前先行羁押的,羁押一日折抵刑期一日,即自2000年3月30日起至2008年3月29日止。)

3. 对案赃款人民币10万元中的97 859.40元依法予以没收,余款人民币2140.60元退还上诉人凌×。

本判决为终审判决。

审　判　长　沃××
代理审判员　吴　×
代理审判员　王××
二○○×年十二月二十二日

本件与原本核对无异

书　记　员　管××
书　记　员　蒋××

十、再审刑事判决书

(一)规定格式(按二审程序再审改判用)

××人民法院
刑事判决书

(××××)×刑再终字第×号

原公诉机关××人民检察院。

原审上诉人(原审被告人)……(写明姓名、性别、出生年月日、民族、出生地、文化程度、职业或者工作单位和职务、住址等,现羁押处所。)

辩护人……(写明姓名、工作单位和职务。)

××人民检察院指控被告人×××犯××罪一案,××人民法院于×年×月×日作出(××××)×刑初字第×号刑事判决,本院于×年×月×日作出(××××)×刑终字第×号刑事判决(或者裁定)。上述裁判发生法律效力后,……(写明提起再审的根据)。本院依法另行组成合议庭,公开(或者不公开)开庭审理了本案。××人民检察院检察员×××出庭履行职务。被害人×××、原审被告人×××及其辩护人×××等到庭参加诉讼。现已审理终结。

……(概述原判认定的事实、证据、判决的理由和判决结果。)

……(概述再审中原审被告人的辩解和辩护人的辩护意见。对人民检察院在再审中提出的意见,应当一并写明。)

经再审查明,……(写明再审认定的事实和证据,并就诉讼双方对原判有异议的事实、证据作出分析、认证。)

本院认为,……(根据再审查明的事实、证据和有关法律规定,对原判和诉讼各方主要意见作出分析,阐明改判的理由。)依照……(写明判决的法律依据)的规定,判决如下:

……[写明判决结果。分六种情况:

第一,原系一审,提审后全部改判的,表述为:

"一、撤销××人民法院(××××)×刑初字第×号刑事判决;

二、被告人×××……(写明改判的内容。)"

第二,原系一审,提审后部分改判的,表述为:

"一、维持××人民法院(××××)×刑初字第×号刑事判决的第×项,即……(写明维持的具体内容。)

二、撤销××人民法院(××××)×刑初字第×号刑事判决的第×项,即……(写明撤销的具体内容。)

三、被告人×××……(写明部分改判的内容。)"

第三,原系二审维持原判,再审后全部改判的,表述为:

"一、撤销本院(××××)×刑终字第×号刑事裁定和××人民法院(××××)×刑初字第×号刑事判决;

二、被告人×××……(写明改判的内容。)"

第四,原系二审维持原判,再审后部分改判的,表述为:

"一、维持本院(××××)×刑终字第×号刑事裁定和××人民法院(××××)×刑初字第×号刑事判决中……(写明维持的具体内容。)

二、撤销本院(××××)×刑终字第×号刑事裁定和××人民法院(××××)×刑初字第×号刑事判决中……(写明撤销的具体内容。)

三、被告人×××……(写明部分改判的内容。)"

第五,原系二审改判,再审后全部改判的,表述为:

"一、撤销本院(××××)×刑终字第×号刑事判决和××人民法院(××××)×刑初字第×号刑事判决;

二、被告人×××……(写明改判的内容。)"

第六,原系二审改判,再审后部分改判的,表述为:

"一、维持本院(××××)×刑终字第×号刑事判决的第×项,即……(写明维持的具体内容。)

二、撤销本院(××××)×刑终字第×号刑事判决的第×项,即……(写明撤销的具体内容。)

三、被告人×××……(写明改判的内容)。"]

本判决为终审判决。

              审判长 ×××

              审判员 ×××

              审判员 ×××

              ×年×月×日

                (院印)

本件与原本核对无异

              法官助理 ×××

              书记员 ×××

附:相关法律条文。

(二)案例:李×甲诈骗案再审刑事判决书

××省高级人民法院
刑事判决书

              (199×)×刑再字第41号

原公诉机关××省××县人民检察院。

原审被告人(原二审上诉人)李×甲,男,1935年2月出生,汉族,××省××县人,干部,现住××县××镇××村。

辩护人王×,男,××省××律师事务所律师。

原审被告人李×甲涉嫌诈骗一案,××县人民检察院指控被告人李×甲犯诈骗罪一案提起公诉,××县人民法院于1996年5月7日作出(1996)×刑初字第16号刑事判决,李×甲不服,提起上诉。××地区中级人民法院于1997年8月12日作出(1997)×刑终字第59号刑事判决。上述判决发生法律效力后,原审被告人仍不服,多次向本院提出申诉。本院于1999年7月6日作出(1999)×刑监字第21号刑事裁定,对本案进行提审。本院依法另行组成合议庭,公开开庭审理了本案。××省人民检察院代理检察员冯××、于××出庭执行职务;原审被告人李××及其辩护人王×到庭参加诉讼。现已审理终结。

原二审判决认定,1995年5月下旬,原审被告人李×甲受××县第二建筑公司××工区负责人李×乙委托,从××钢厂为该工区联系购买建筑钢材20吨。李×甲与李×乙商量后,将人民币5000元作为加价款,于1995年6月8日以材料款的名义汇往××县二建公司××镇××预制厂。该厂负责人李×丙于1995年6月17日、24日分两次将此款提出并在厂内使用。由于在购买钢材时,××钢厂没有要加价款,致使此款被预制厂使用达15个月之久。直到1996年9月间,××县二建公司检查工区财务时,追查此款去向,李×丙才以预制厂的名义补办了收款手续。

根据以上事实,××地区中级人民法院作出二审判决,撤销一审以诈骗罪判处被告人李×甲有期徒刑2年,追缴赃款人民币5000元的判决,改为以诈骗罪对被告人李×甲免于刑事处分,追缴赃款人民币5000元。李×甲仍不服,以其没有把公家的钱财据为己有的事实和意图,5000元还在预制厂的账上,不构成犯罪等理由,提出申诉。

经再审查明,原判认定的基本事实属实,原审被告人李×甲的供述与证人邓××、李丁、梁××的证言基本一致。介绍人首先提出计划外钢材可能要收取加价款,并提议准备现金便于支付。李×乙委托李×甲联系采购钢材时,李×甲将加价款一事告知李×乙后,李×乙同意在每吨不超过人民币1450元之内付加价款,并与李×甲商定将人民币5000元以材料款的名义转到××县二建公司××镇××预制厂,使这5000元加价款处于待支付状态。购买钢材时,××钢厂没有要加价款,李×甲也向李×乙说过,但未及时与预制厂通气,致使李×丙在不知该款用途的情况下,将此款提出并在厂内使用。上述问题已由李×乙、李×丙的证言所证实,足以认定。

本院认为,原审被告人李×甲因业务需要,把人民币5000元转到预制厂,是经单位领导批准的行为,而且该款一直在预制厂的账上,李×甲并未取出。原判认定原审被告人李×甲在为××县第二建筑公司××工区联系购买钢材期间诈骗人民币5000元,其行为不符合诈骗罪的主要特征:客观方面,李×甲没有虚构事实或者隐瞒真相的欺骗行为,只是如实传达介绍人的意见,也没有实际获取此款的事实;主观方面,李×甲不具有非法占有这5000元加价款的故意。原判以诈骗罪定性不当,应予以纠正。再审公开审理中,××省人民检察院出庭意见和原审被告人李×甲及其辩护人均认为原判定性为诈骗罪缺乏事实根据,适用法律有误,应当纠正,根据《中华人民共和国刑事诉讼法》第二百零六条和第一百六十二条第二项的规定,判决如下:

一、撤销××地区中级人民法院(1999)×刑终字第59号刑事判决;
二、宣告原审被告人李×甲无罪。
本判决为终审判决。

审　判　长　徐××
代理审判员　都××
代理审判员　庞××
一九九×年×月×日
(院印)

本件与原本核对无异

书　记　员　宋××

十一、刑事附带民事判决书

(一)规定格式(一审公诉案件适用普通程序用)

××人民法院
刑事附带民事判决书

(××××)×刑初字第×号

公诉机关××人民检察院。

附带民事诉讼原告人……(写明姓名、性别、出生年月日、民族、出生地、文化程度、职业或者工作单位和职务、住址等)。

被告人……(写明姓名、性别、出生年月日、民族、出生地、文化程度、职业或者工作单位和职务、住址、因本案所受强制措施情况等,现羁押处所)。

辩护人……(写明姓名、工作单位和职务)。

××人民检察院以×检×诉〔　〕××号起诉书指控被告人×××犯××罪,于×年×月×日向本院提起公诉。在诉讼过程中,附带民事诉讼原告人向本院提起附带民事诉讼。本院依法组成合议庭,公开(或者不公开)开庭进行了合并审理。××人民检察院指派检察员×××出庭支持公诉,附带民事诉讼原告人×××及其法定(诉讼)代理人×××,被告人×××及其法定代理人×××、辩护人×××,证人×××,鉴定人×××,翻译人员×××等到庭参加诉讼。现已审理终结。

××人民检察院指控……(概述人民检察院指控被告人犯罪的事实、证据和适用法律的意见)。附带民事诉讼原告人诉称……(概述附带民事诉讼原告人的诉讼请求和有关证据)。

被告人×××辩称……(概述被告人对人民检察院指控的犯罪事实和附带民事诉讼原告人的诉讼请求予以供述、辩解、自行辩护的意见和有关证据)。辩护人×××提出的辩护意见是……(概述辩护人的辩护意见和有关证据)。

经审理查明,……(首先,写明经法庭审理查明的事实,既要写明经法庭查明的全部犯罪事实,又要写明由于被告人的犯罪行为使被害人遭受经济损失的事实;其次,写明据以定案的证据及其来源;最后,对控辩双方有异议的事实、证据进行分析、认证)。

本院认为,……(根据查证属实的事实、证据和法律规定,论证公诉机关指控的犯罪是否成立,被告人的行为是否构成犯罪,构成什么罪,应否追究刑事责任;论证被害人是否由于被告人的犯罪行为而遭受经济损失,被告人对被害人的经济损失应否负民事赔偿责任,应否从轻、减轻、免除处罚或者从重处罚。对于控辩双方关

于适用法律方面的意见,应当有分析地表示是否予以采纳,并阐明理由)。依照……(写明判决的法律依据)的规定,判决如下:

……[写明判决结果。分四种情况:

第一,定罪判刑并应当赔偿经济损失的,表述为:

"一、被告人×××犯××罪,……(写明主刑、附加刑)。

(刑期从判决执行之日起计算。判决执行以前先行羁押的,羁押一日折抵刑期一日,即自×年×月×日起至×年×月×日止。)

二、被告人×××赔偿附带民事诉讼原告人×××……(写明受偿人的姓名、赔偿的金额和支付的日期)。"

第二,定罪免刑并应当赔偿经济损失的,表述为:

"一、被告人×××犯××罪,免予刑事处罚;

二、被告人×××赔偿附带民事诉讼原告人×××……(写明受偿人的姓名、赔偿的金额和支付的日期)。"

第三,宣告无罪但应当赔偿经济损失的,表述为:

"一、被告人×××无罪;

二、被告人×××赔偿附带民事诉讼原告人×××……(写明受偿人的姓名、赔偿的金额和支付的日期)。"

第四,宣告无罪且不赔偿经济损失的,表述为:

"一、被告人×××无罪;

二、被告人×××不承担民事赔偿责任。"]

如不服本判决,可在接到判决书的第二日起十日内,通过本院或者直接向××人民法院提出上诉。书面上诉的,应当提交上诉状正本一份,副本×份。

审判长　×××
审判员　×××
审判员　×××
×年×月×日
(院印)

本件与原本核对无异

法官助理　×××
书记员　×××

附:相关法律条文。

（二）案例：庹××强奸案刑事附带民事判决书

××市××区人民法院
刑事附带民事判决书

（201×）×刑初字第 272 号

公诉机关××市××区人民检察院。

附带民事诉讼原告人杨××,女,1976年2月26日出生,汉族,无业,住××省××县××乡××村10组。

委托代理人马××,男,1981年11月17日出生,汉族,××省××县第二建筑工程公司经理,住本市××小区××西路1幢4单元14号。

被告人庹××,男,汉族,1989年11月16日出生,××省××市人,系××干部管理学院汽修厂工人,住本市××正街××村2组。1998年5月26日因强奸被公安机关刑事拘留,同年6月15日被逮捕。现押于××市看守所。

辩护人丁××,××律师事务所律师。

××市××区人民检察院以×检×诉〔2017〕××号起诉书指控被告人庹××犯强奸罪,于2017年7月31日向本院提起公诉。在诉讼过程中,附带民事诉讼原告人杨××以要求被告人庹××赔偿经济损失为由,向本院提起附带民事诉讼。本院依法组成合议庭,不公开开庭对本案合并进行了审理。××市××区人民检察院指派检察员赵×出庭支持公诉,附带民事诉讼原告人（被害人）杨××及其委托代理人马××、被告人庹××及其辩护人丁××到庭参加诉讼。本案现已审理终结。

××市××区人民检察院指控:2017年4月5日凌晨4时许,被告人庹××用手扳弯本市××北路9幢5单元3楼5号阳台外护栏,进入室内,持刀威胁,将杨××强奸。以上事实,有××公安局勘查报告、法医鉴定等为证。同年5月5日,被告人庹××被公安机关抓获。被告人庹××的行为已构成强奸罪,提请法院依照《中华人民共和国刑法》第二百三十六条之规定,予以惩处。

附带民事诉讼原告人杨××称其被被告人庹××强奸,精神一直处于紧张恐惧之中,经医生诊断为反应性精神障碍（原告人杨××支付鉴定费800元）,无法进行正常的生产和工作,并因此搬迁他处,增加了许多不必要的费用和负担,总计经济损失1万元。现要求被告人庹××赔偿经济损失1万元,精神损失5 000元。

被告人庹××对指控的犯罪事实供认不讳。被告人庹××及其辩护人提出被告人庹××认罪态度好,请求从轻处罚的辩护意见。被告人庹××对附带民事诉讼原告人的诉讼请求认为要求的赔偿数额太高,只同意赔偿3 000多元。

经审理查明,2017年4月5日凌晨4时许,被告人庹××在本市××北路9幢

5单元,从楼梯窗格处翻至3楼5号,用手扳弯阳台外护栏,准备入室盗窃。进入室内,被告人庞××见室内仅有受害人杨××在熟睡,遂起强奸歹意。随后被告人庞××持刀将受害人杨××强奸。5月5日,被告人庞××被××市公安局××区分局××派出所警察抓获。同年5月27日,经××市第一人民医院诊断,被害人在被强奸后,病情为反应性精神障碍,建议休息1周。

以上事实,有证人证言、被告人供述、被害人陈述等证据证明被告人作案经过,有作案凶器(照片)、鉴定结论相印证,××市第一人民医院病情证明证明被害人被强奸后的病情状况。事实清楚,足以认定。

本院认为,被告人庞××手持利刃,违背妇女意志强奸妇女,其行为已构成强奸罪,公诉机关的指控成立,依法支持;被告人庞××及其辩护人提出被告人认罪态度好应从轻处罚的辩护意见无事实证明,不予采纳。附带民事诉讼原告人(被害人)杨××提出要求被告人庞××赔偿误工费、鉴定费、精神损失费的诉讼请求应予支持。依照《中华人民共和国刑法》第二百三十六条、第三十六条之规定,判决如下:

一、被告人庞××犯强奸罪,判处有期徒刑8年。

二、被告人庞××赔偿被害人杨××鉴定费800元,误工损失4 000元,精神损失5 000元,共计9 800元。该款在本判决生效之日起十日内支付。

如不服本判决,可在接到判决书的第二日起十日内,通过本院或者直接向××省××市中级人民法院上诉。书面上诉的,应交上诉状正本一份,副本一份。

审判长　张　×
审判员　韦××
审判员　朱××
二〇一×年十月三日
(院印)

本件与原本核对无异

书记员　蒋　×

十二、刑事裁定书

(一)规定格式(二审维持原判用)

××人民法院
刑事裁定书

(××××)×刑终字第×号

原公诉机关××人民检察院。

上诉人（原审被告人）……（写明姓名、性别、出生年月日、民族、出生地、文化程度、职业或者工作单位和职务、住址和因本案所受强制措施情况等，现羁押处所。）

辩护人……（写明姓名、工作单位和职务。）

××人民法院审理××人民检察院指控原审被告人×××犯××罪一案，于×年×月×日作出（××××）×刑初字第×号刑事判决。原审被告人×××不服，提出上诉。本院依法组成合议庭，公开（或者不公开）开庭审理了本案。××人民检察院指派检察员×××出庭履行职务。上诉人（原审被告人）×××及其辩护人×××等到庭参加诉讼。现已审理终结。

……（首先概述原判决认定的事实、证据、理由和判决结果；其次概述上诉、辩护的意见；最后概述人民检察院在二审中提出的新意见。）

经审理查明，……（首先写明经二审审理查明的事实；然后写明二审据以定案的证据；最后针对上诉理由中与原判认定的事实、证据有异议的问题进行分析、认证。）

本院认为，……（根据二审查明的事实、证据和有关法律规定，论证原审法院判决认定事实、证据和适用法律是正确的。对上诉人、辩护人或者出庭履行职务的检察人员等在适用法律、定性处理方面的意见，应当逐一作出回答，阐明不予采纳的理由）。依照……（写明裁定的法律依据）的规定，裁定如下：

驳回上诉，维持原判。

本裁定为终审裁定。

审判长　×××
审判员　×××
审判员　×××
×年×月×日
（院印）

本件与原本核对无异

法官助理　×××
书记员　×××

（二）案例：孙××故意杀人、抢劫罪刑事裁定书

××市高级人民法院
刑事裁定书

（201×）×高刑终字第148号

原公诉机关××市人民检察院第一分院。

上诉人（原审被告人）孙××，男，1976年12月20日生，汉族，出生地××市，

高中文化程度,原系××市××区莘庄环卫站职工,住××区莘松3村66号101室。因本案于2018年1月27日被刑事拘留,同年2月8日被逮捕。现羁押于××市监狱。

指定辩护人戈×、戈××,××市联合律师事务所律师。

××市第一中级人民法院审理××市人民检察院第一分院指控原审被告人孙××犯故意杀人罪、抢劫罪一案,于2019年8月12日作出(2019)×一中刑初字第71号刑事判决。原审被告人孙××不服,提出上诉。本院依法组成合议庭,经过阅卷、讯问上诉人、听取辩护人的意见,认为事实清楚,决定不开庭审理。现已审理终结。

原判审理查明:被告人孙××因赌博负债无力归还,遂起意劫财。2019年1月26日凌晨2时许,孙××携带管子钳、手套等作案工具窜至本市××区莘庄电管站,正在该处值班的赵××因与孙××相识,遂让孙××进入值班室。孙××从与赵××交谈中得知另两名值班人员唐××、凌××分别睡在值班室内间和餐厅后,即趁赵××不备,用管子钳连续猛击赵××头、面部致赵××倒地。此时,值班人员唐××外出查看,孙××见状又用管子钳朝唐××的头、面等部位猛击数十下。赵××、唐××均因颅脑损伤造成中枢神经功能衰竭而死亡。随后,孙××又窜至该电管站厨房取了一把菜刀,来到值班人员凌××睡觉的餐厅,趁凌××起床欲外出不备之机,用菜刀朝凌××的头、面、颈等部位连续猛劈,致凌××大失血造成循环衰竭而死亡。嗣后,孙××又将该电管站汽修间内的切割机搬至行政楼财务室门口,企图切割室内保险箱劫取财物,因发现电管站外停有巡逻的警车,孙××逃离现场。

原判认定的证据如下:①证明案发经过的证人瞿××的证言;②公安机关的《现场勘查笔录》证实:3名被害人分别死于现场电管站值班室内间和开水间门口,且从现场分别提取到2枚血指纹、1把菜刀、1把管子钳和1只沾有血迹的纱手套;③公安机关的《手印鉴定书》证实:从现场值班室外门内侧锁把和内房门外侧锁把上提取的两枚血指纹分别为孙××左手中指和食指所留;④《尸体检验报告》证实:死者赵××、唐××均系被钝器打击头、面等部位造成颅脑损伤致中枢神经功能衰竭而死亡,死者凌××系被锐器砍击头、面、颈等部位造成大失血致循环衰竭而死亡;⑤《物证检验报告》和《物证DNA检验报告》均证实:从现场查获的菜刀上检出的A型人血与凌××的A型血具有相同的等位基因,与凌××血液相符,从现场查获的管子钳、纱手套上检出的AB型人血与赵××的A型血、唐××的B型血具有相同的等位基因,符合赵××、唐××混合血所留;⑥案发后,根据被告人孙××的供述,公安机关查找到××公安分局巡警王×和××区莘庄环卫站职工石××,王×、石××两人的证词分别证实了孙××所供述的其因看到电管站外、沪杭高速公路进口处停有一辆巡逻警车而逃逸,逃跑途中又将沾有被害人血迹的灰色外衣丢弃于××区绿梅菜场北面垃圾房内的情节；⑦证人胡××、孙××关于孙××平时喜好搓麻将赌博并欠下万余元赌债的证词证实了孙××所供述的因赌博负债而起意劫财的作案动机；⑧被告人孙××到案后也曾对为劫取钱财而接连杀害3名值班人员的犯罪事实供认不讳。

原审法院认为，被告人孙××为劫取钱财而故意杀害3名值班人员，其行为已分别构成故意杀人罪和抢劫罪，依法应两罪并罚予以严惩。据此，依照《中华人民共和国刑法》第二百三十二条、第二百六十三条、第六十九条、第五十七条第一款、第五十六条第一款、第六十四条之规定，对被告人孙××以故意杀人罪判处死刑，剥夺政治权利终身，以抢劫罪判处有期徒刑9年，剥夺政治权利3年，并处罚金人民币1万元，决定执行死刑，剥夺政治权利终身，并处罚金人民币1万元；犯罪工具管子钳1把和纱手套1只等予以没收。

上诉人孙××的上诉意见及辩护意见：上诉人否认杀人劫财，辩称，2019年1月26日凌晨，其在家中吸食了4个素不相识的人给的香烟后就神志不清，被上述4人挟持至××区莘庄电管站后，目睹了4人杀害3名值班人员并企图用切割机切割财务室保险箱的经过。孙××的辩护人对原判认定孙××犯罪的事实和证据均未提出异议，但要求对孙××从轻处罚。

经二审审理查明的事实和证据，与一审相同，予以确认。

上诉人孙××到案当晚即对自己杀人劫财的犯罪事实作了供述，至一审庭审前孙××供述的作案经过始终一致，孙××的供述不仅得到公安机关的《现场勘查笔录》《手印鉴定书》《尸体体验报告》《物证检验报告》《物证DNA检验报告》等证据的证实，而且还与王×、石××、胡××、孙××等证人的证词相符，应认为真实可信。另外，孙××所供述的犯罪动机、选择作案目标和实施作案过程及作案后的自我保护意识等，均充分反映出孙××的犯罪行为系在其正常的思维下实施，孙××对自己行为具备完整的辨认和控制能力。孙××上诉辩称其是被他人麻醉后目睹他人作案无事实依据，故不予采信。

本院认为，上诉人孙××为劫取钱财而故意杀害3名值班人员，其行为已分别构成故意杀人罪和抢劫罪，依法应两罪并罚予以严惩。孙××的上诉理由不能成立，孙××犯罪手段极其残忍，社会危害极大，其辩护人要求对孙××从轻处罚不予准许。原判认定事实清楚，证据确实充分，定罪准确，量刑适当，审判程序合法。依照《中华人民共和国刑事诉讼法》第二百三十六条第一款第一项的规定，裁定如下：

驳回上诉，维持原判。

本裁定为终审裁定。根据《中华人民共和国刑事诉讼法》的规定，本裁定即为核准对被告人孙××以故意杀人罪判处死刑，剥夺政治权利终身，以抢劫罪判处有期徒刑九年，剥夺政治权利三年，并处罚金人民币1万元，决定执行死刑，剥夺政治权利终身,并处罚金人民币1万元的刑事裁定。本裁定由本院依法报请最高人民法院核准。

审 判 长 戴××
代理审判员 严 ×
代理审判员 李 ×
二○一九年九月十六日
(院印)

本件与原本核对无异

书 记 员 金××

十三、第一审民事判决书

(一)规定格式(一审普通程序用)

××**人民法院**
民事判决书

(××××)×民初字第×号

原告……(写明姓名或名称等基本情况。)
法定代表人(或主要负责人)……(写明姓名和职务。)
法定代理人(或指定代理人)……(写明姓名等基本情况。)
委托诉讼代理人……(写明姓名等基本情况。)
被告……(写明姓名或名称等基本情况。)
法定代表人(或主要负责人)……(写明姓名和职务。)
法定代理人(或指定代理人)……(写明姓名等基本情况。)
委托诉讼代理人……(写明姓名等基本情况。)
第三人……(写明姓名或名称等基本情况。)
法定代表人(或主要负责人)……(写明姓名和职务。)
法定代理人(或指定代理人)……(写明姓名等基本情况。)
委托诉讼代理人……(写明姓名等基本情况。)

原告×××与被告×××、第三人×××……(写明案由)一案,本院于×年×月×日立案后,依法适用普通程序,公开/因涉及……(写明不公开开庭的理由)不公开开庭进行了审理……(写明本案当事人及其诉讼代理人等)到庭参加诉讼。本案现已审理终结。

×××向本院提出诉讼请求:1.……;2.……(明确原告的诉讼请求)。事实和理由……(概述原告主张的事实和理由)。

×××辩称,……(概述被告答辩意见。)

×××诉/述称,……(概述第三人陈述意见。)

当事人围绕诉讼请求依法提交了证据,本院组织当事人进行了证据交换和质证。对当事人无异议的证据,本院予以确认并在卷佐证。对有争议的证据和事实,本院认定如下:1.……;2.……(写明法院是否采信证据,事实认定的意见和理由)。

本院认为,……(写明争议焦点,根据认定的事实和相关法律,对当事人的诉讼请求作出分析评判,说明理由)。

综上所述,……(对当事人的诉讼请求是否支持进行了总结评述)。依照《中华人民共和国……法》第×条……(写明法律文件名称及其条款项序号)规定,判决如下:

……(分项写明判决结果。)

如果未按本判决指定的期间履行给付金钱义务,应当依照《中华人民共和国民事诉讼法》第二百六十条规定,加倍支付迟延履行期间的债务利息(没有给付金钱义务的,不写)。

……(写明诉讼费用的负担。)

如不服本判决,可在判决书送达之日起十五日内,向本院递交上诉状,并按对方当事人或者代表人的人数提出副本,上诉于××人民法院。

审判长　×××
审判员　×××
审判员　×××
×年×月×日
（院印）

本件与原本核对无异

书记员　×××

(二) 案例:李华葡萄酒有限公司诉四川省××葡萄酒酿造厂等不正当竞争纠纷案一审民事判决书

××市第一中级人民法院
民事判决书

(202×)×一中知初字第×号

原告李华葡萄酒有限公司,住所地:××市××区2507号。

法定代表人张×中,该公司董事长。

委托代理人张×燕,该公司职员。

委托代理人宋×,××市段和段律师事务所律师。

被告四川省××葡萄酒酿造厂,住所地:四川省××市和区平地镇。

法定代表人王××,该厂厂长。

委托代理人张×远,该厂职工。

被告××商报社,住所地:××市××中路809号。

法定代表人孙××,该报社总编辑。

委托代理人周××,该报社职员。

委托代理人钱××,××市第一律师事务所律师。

原告李华葡萄酒有限公司诉被告四川省××葡萄酒酿造厂、××商报报社不正当竞争纠纷一案,本院受理后,依法组成合议庭,两次公开开庭进行了审理。原告法定代表人张×中及委托代理人张晓×、宋×,被告四川省××葡萄酒酿造厂(以下简称亨×厂)法定代表人王××,××商报社委托代理人钱××均到庭参加诉讼,被告××商报社委托代理人周××参加了第一次开庭审理,本案现已审理终结。

原告诉称,本公司成立于202×年12月31日,经营范围为葡萄酒和普通机械的销售。××东方葡萄酒产业发展公司(以下简称东方公司)系"李华"注册商标的所有人,该商标核定使用商品第33类:葡萄酒。东方公司授权原告在××、××地区使用"李华"注册商标进行葡萄酒销售。202×年1月13日,被告××厂在《××商报》第2版上刊登了"郑重声明",称"四川省××葡萄酒酿造厂从未授权××李华葡萄酒有限公司为总经销单位。1996年12月起李华牌干红葡萄酒由四川××酿造厂独家生产罐装,从未委托任何其他企业罐装。××李华葡萄酒有限公司委托中国酿酒厂罐装的李华牌干红葡萄酒,并非四川省××葡萄酒酿造厂原酒,本厂不予认可,并保留追究××李华葡萄酒有限公司法律责任的权利。同时从1997年12月1日起,四川××葡萄酒酿造厂将向××市场直供由李华博士提供的先进酿酒工艺酿造罐装的李华系列优质葡萄酒……"该声明给原告的商誉及经济利益造成了损失。被告××商报社对此声明未加审查便予刊登,两被告构成共同侵权,故要求法院判令:①两被告在××的报刊上刊登对原告的道歉声明;②赔偿原告经济损失70万元。

原告对其诉称的事实提供了下列证据:①原告营业执照;②东方公司的"李华"商标注册证;③东方公司与原告的"联合声明";④"李华"商标使用授权书;⑤刊登"郑重声明"的《××商报》;⑥被告××厂驻×代表张×远于202×年1月14日出具的"郑重声明";⑦被告××厂法定代表人王××的谈话笔录;⑧赔偿70万元经济损失的依据。

被告××厂辩称,其从未让××商报社以本厂名义刊登"郑重声明",也未授权其他单位及个人办理相关事宜,且未支付过刊登"郑重声明"的广告费。本厂驻×代表张×远在《××商报》刊登"郑重声明"的次日即出具一份"郑重声明"给原告,内容是:"本人从未授权任何个人和单位在《××商报》代表我厂发表声明,也从未委托《××商报》为我厂发表声明。《××商报》202×年1月13日所刊登的'郑重声明'内容严重失实,对此'郑重声明'引起的一切后果均应由《××商报》负责"。故本厂不应承担侵权责任。

被告××厂的辩解,有证人张×远出庭作证。

被告××商报社辩称,原告未与东方公司签订"李华"商标使用许可合同,未报工商管理部门备案,故原告不具有本案起诉的主体资格;本报刊登的"郑重声明"是被告××厂委托郑×与本社广告部联系刊登的,当时郑×提供了××厂的营业执照"郑重声明"的样稿、××厂1997年11月8日委托××民虹文化传播公司(以下简称民虹公司)代理李华葡萄酒推广工作的"授权书",202×年1月11日委托民虹公司到××商报社办理发表"郑重声明"的"委托书""××市外埠食品进沪销售登记注册批准书""××市卫生防疫站食品卫生检测所检验报告书"等材料,经审查,这些材料符合刊登广告的手续要求,故本社刊登"郑重声明",手续齐全,符合法律规定。1月17日,被告××厂的法定代表人向本社出具了一份声明,确认在《××商报》上刊登的"郑重声明"内容完全属实,故本社未构成对原告的侵权。

被告××商报社对其辩解提供了下列证据:①该社广告经营许可证;②××厂1997年11月8日的授权书;③"郑重声明"样稿;④××厂的营业执照;⑤××厂1998年1月12日的"委托书";⑥"××市外埠食品进沪销售登记注册批准书";⑦"××市卫生防疫站食品卫生检测所检验报告书";⑧××厂交付的广告费发票。

在本案审理过程中,合议庭依法传唤证人郑×作证,郑×的陈述、郑×提供的被告××厂202×年10月29日出具的"委托书"和当事人提交的上述证据均经过当事人各方质证。

经审理查明,原告诉称的其经东方公司授权,在××、××地区使用李华商标进行葡萄酒销售和202×年1月13日《××商报》第2版刊登被告××厂"郑重声明"的事实基本属实,但原告要求赔偿70万元的依据只有原告的书面陈述材料。

又查明,被告××厂于202×年10月29日出具"委托书"1份,委托××攀申商贸有限责任公司(未经工商管理部门核准登记注册,以下简称"攀申公司")在××作为××厂的销售窗口,并处理所发生的事务,委托时间从202×年11月起至202×年10月底止。攀申公司从被告××厂处取得了几份盖有该厂公章的空白信笺。同年11月8日,被告××厂又出具一份"授权书",内容为:"四川××葡萄酒酿造厂全权委托××民虹文化传播公司全权代理李华干红葡萄酒的××市场推广工作。"事后,××市人民政府驻××联络处商贸处处长、攀申公司副总经理郑×书写了"郑重声明"的样稿,并用盖有被告××厂公章的空白信笺,写了一份委托书,内容为:"兹委托××民虹文化传播有限公司到××商报广告科办理发表郑重声明一事,我厂对郑重声明负文字责任,如由此引起法律纠纷,概由我厂负责承担,与××民虹文化传播有限公司无关。"该委托书的落款日期为202×年1月11日。次日郑×持上述"郑重声明"样稿、"委托书"和被告××厂的营业执照、"授权书"等材料与被告××商报社广告部联系刊登"郑重声明",并支付了广告费人民币1000元。1月13日《××商报》第2版上全文刊登了"郑重声明",内容如原告所述,署名是被告××厂,落款时间为202×年12月28日。1月14日,被告××厂驻沪代表张×远以个人名义出具一份"郑重声明"给原告,否认委托他人在《××商报》上刊登"郑重声明"。1月17日,被告××厂法定代表人王××抵达××,在郑×提供的一份打印好的"声明"上亲笔签署了自己的姓名,该"声明"的内容为"××商报:我厂于202×年1月13日在贵报第二版综合新闻内刊登的'郑重声明'内容完全属实。据此,厂家承诺以最好的质量来××直销李华葡萄酒,让××市民得到实惠,回报××市民的厚爱。"

在本案审理过程中,证人郑×在作证时陈述其写的"郑重声明"和"委托书",事先均征得被告××厂法定代表人王××的同意。被告××厂对证人郑×的上述证言予以否认。被告××厂法定代表人王××在庭审中对1月17日"声明"上的签名辩解是其喝了酒又急于想取回攀申公司拖欠的货款才签的名;对《××商报》上刊登的"郑重声明"的内容,被告××厂承认与事实不符,其不是李华葡萄酒的销售单位,无权向××直供李华葡萄酒,亦无权授权原告为李华葡萄酒的销售单位,李华葡萄酒不是由其独家灌装。

本院认为,企业在市场竞争中,应当遵循诚实信用的原则、遵守公认的商业道德;企业在向公众宣传自己的商品时,应当真实、合法,不得损害其他经营者和消费者的权益。本案被告××厂曾委托案外人攀申公司向××市场推广该厂产品,被告××厂与攀申公司实际已形成了委托代理关系。攀申公司在从事代理活动中,超越代理权限,擅自在《××商报》上发布内容与真实情况严重不符的"郑重声明",该声明向公众提供了"李华干红葡萄酒由被告厂××厂独家灌装"的虚假信息,声称"原告的李华干红葡萄酒非被告××厂原酒",该厂"保留追究原告法律责任的权利",并表示该厂将向××市场直供李华系列优质葡萄酒。"郑重声明"的这些言词足以引起公众对原告销售的李华干红葡萄酒的质量及真伪产生误解,给原告的商业信誉、商品声誉造成了损害,该声明想达到分享葡萄酒销售市场份额的意图是明显。根据《中华人民共和国反不正当竞争法》第十一条"经营者不得编造、传布虚假信息或误导性信息,损害竞争对手的商业信誉、商品声誉"的规定,发表该"郑重声明"的行为应属不正当竞争行为。被告××厂的驻×代表虽在《××商报》登载"郑重声明"的次日,否认委托他人刊登"郑重声明",但嗣后,被告××厂的法定代表人却在另一份"声明"上对《××商报》刊登的"郑重声明"重新予以确认,这一确认是该法定代表人的职权行为,应视为对攀申公司超越代理行为的追认。根据《中华人民共和国民法典》的有关规定,超越代理权行为,经过被代理人追认的,被代理人应承担民事责任。故攀申公司在本案中实施的不正当竞争行为的法律责任应由被告××厂承担。被告××厂法定代表人以酒后为取回货款才签名为由否认其追认行为,鉴于该理由不符合《中华人民共和国民法典》关于无效民事行为的条件,故该抗辩理由不能成立。被告××商报社作为广告经营者,应当根据我国法律的规定,查验广告发布者的有关证明文件,核实广告内容,证明文件不全,内容不实的广告不得发布。但被告××商报社未正确履行法定义务,在联系人与委托书中的受托人不相一致,广告内容又明显涉及其他经营者商誉的情况下,未认真审查即予刊登,具有明显的过错。被告××商报社刊登"郑重声明"的行为是造成本案原告损害事实的一个不可缺少的因素,故与被告××厂构成了对原告的共同侵权。被告××商报社认为其已尽审查义务的辩解,因与实际不符,不予采信;本案原告经商标专有权人东方公司授权,在××、××地区使用"李华"商标,销售"李华"葡萄酒,东方公司的这一授权行为,是该公司对其享有的"李华"商标专用权使用权的处分,是该公司真实意思的表示,东方公司许可原告使用"李华"商标,虽未向工商行政管理部门备案,但因备案不是商标使用许可生效的必要条件,故不影响原告使用"李华"商标的有效性,且原告主张被告的行为是对其声誉的损害,并非对其商标使用权的侵害,因此,被告××商报社提出的原告不具备诉讼主体资格的抗辩理由,本院不予支持。原告要求本案两被告登报赔礼道歉、赔偿经济损失,于法有据,应予支持。鉴于原告对其经济损失的数额未提交相关的财务凭证和客户中止合同的有效证据加以佐证,故由本院酌情确定两被告的赔偿数额。经本院审判委员会讨论决定,依照《中华人民共和国民法典》第一百七十九条第一款第一、八、十、十一项,第一一七一条,《中华人民共和国反不正当竞争法》第十一条的规定判决如下:

一、被告四川省××葡萄酒酿造厂、被告××商报社应停止对原告李华葡萄酒有限公司商品声誉、商业信誉的侵害。

二、被告四川省××葡萄酒酿造厂、被告××商报社在本判决生效之日起15日内在《××商报》上刊登声明(版面尺寸 9cm×10cm)向原告赔礼道歉,消除因《郑重声明》而造成的不良影响,道歉声明的内容需经本院审核,登报费用由两被告负担。

三、被告四川省××葡萄酒酿造厂、被告××商报社共同赔偿原告经济损失人民币6万元,其中被告四川省××葡萄酒酿造厂赔偿原告经济损失人民币4万元,被告××商报社赔偿原告经济损失人民币2万元,并承担连带责任。

本案诉讼费人民币12 010元,由原告李华葡萄酒有限公司负担人民币5 490元,被告四川省××葡萄酒酿造厂负担人民币4 347元,被告××商报社负担人币2173元。本案诉讼费已由原告预交,被告四川省××葡萄酒酿造厂、被告××商报社所应负担的费用应于本判决生效之日起七日内向本院缴纳。

如不服本判决,可在判决书送达之日起十五日内向本院递交上诉状,并按对方当事人的人数提出副本,上诉于××市高级人民法院。

审　判　长　蒋××
代理审判员　黎××
代理审判员　汪　×
二〇二×年九月三日
（院印）

本件与原本核对无异

书　记　员　刘　×

十四、第二审民事判决书

（一）规定格式（二审维持原判或改判用）

××人民法院
民事判决书

（××××）×民终字第×号

上诉人（原审××告）……（写明姓名或名称等基本情况。）

被上诉人（原审××告）……（写明姓名或名称等基本情况。）

第三人……（写明姓名或名称等基本情况。）

（当事人及其他诉讼参加人的列项和基本情况的写法,除双方当事人的称谓外,与一审民事判决书样式相同。）

上诉人×××因与被上诉人×××/上诉人×××及原审原告/被告/第三人×××（写明案由）一案,不服××人民法院（××××）×民初字第×号民事判决,向本院提起上诉。本院于×年×月×日立案后,依法组成合议庭,开庭/因涉及……（写明不开庭的理由）不开庭进行了审理。……（写明当事人及其诉讼代理人等）到庭参加诉讼。本案现已审理终结。

×××上诉请求：……（写明上诉请求）。事实和理由：……（概述上述人主张的事实和理由）。

×××辩称：……（概述被上诉人答辩意见）。

×××述称：……（概述原审原告/被告/第三人陈述意见）。

×××向一审法院起诉请求：……（写明原告/反诉原告/有独立请求权的第三人的诉讼请求）。

一审法院认定事实:……(概述一审认定的事实)。一审法院认为,……(概述一审裁判理由)。判决:……(写明一审判决主文)。

本院二审期间,当事人围绕上诉请求依法提交了证据。本院组织当事人进行了证据交换和质证(当事人没有提交新证据的,写明二审中当事人没有提交新的证据)。对当事人二审争议的事实,本院认定如下:……(写明二审法院采信证据、认定事实的意见和理由,对一审查明相关事实的评判)。

本院认为,……(根据二审认定的案件事实和相关法律规定,对当事人的上诉请求进行分析评判,说明理由)。

综上所述,[驳回上诉,维持原判判决书写作:×××的上诉请求不能成立,应予驳回;一审判决认定事实清楚,适用法律正确,应予维持。依照《中华人民共和国民事诉讼法》第一百七十条第一款第一项规定,判决如下:

全部改判用判决书写作:×××的上诉请求成立,予以支持。依据《中华人民共和国×××法》第×条(适用法律错误的,应当引用实体法)、《中华人民共和国民事诉讼法》第一百七十七条第一款第×项规定,判决如下:

部分改判用判决书写作:×××的上诉请求部分成立。本院依照《中华人民共和国×××法》第×条(适用法律错误的,应当引用实体法)、《中华人民共和国民事诉讼法第一百七十七条第一款第×项规定,判决如下:]

……[写明判决结果。分三种情况:

1. 维持原判的,写:

"驳回上诉,维持原判。"

二审案件受理费……元,由……负担(写明当事人姓名或者名称、负担金额)。

2. 二审改判的,写:

"一、撤销××人民法院(××××)×民初字第×号民事判决;

二、……(写明改判的内容,内容多的可分项书写。)"

二审案件受理费……元,由……负担(写明当事人姓名或者名称、负担金额)。

3. 二审部分改判的,写:

"一、维持××人民法院(××××)×民初字第××号民事判决第×项,即……(写明维持的具体内容。)

二、撤销××人民法院(××××)×民初字第××号民事判决第×项,即……(写明撤销的具体内容。)

三、变更××人民法院(××××)……民初××号民事判决第×项为……

四、……(写明新增判项。)"

……(写明一审、二审案件受理费费用的负担。)

本判决为终审判决。

审判长　×××
审判员　×××
审判员　×××
×年×月×日
（院印）

本件与原本核对无异

书记员　×××

（二）案例：义乌市鼎×文体用品有限公司与上海晨×具股份有限公司侵害实用型专利权纠纷二审民事判决书

中华人民共和国最高人民法院
民事判决书

（201×）最高法知民终×号

上诉人（原审原告）义乌市鼎×文体用品有限公司。
住所地浙江省义乌市××工业园区。
法定代表人金××，该公司董事长。
委托诉讼代理人姜××，上海德禾翰通律师事务所律师。
被上诉人（原审被告）上海晨×文具股份有限公司。
住所地上海市奉贤区金钱公路××××楼。
法定代表人陈××，该公司董事长。
委托诉讼代理人邢×，上海市锦天城律师事务所律师。

上诉人义乌市鼎×文体用品有限公司（以下简称鼎×公司）因与被上诉人上海晨×文具股份有限公司（以下简称晨×公司）侵害实用新型专利权纠纷一案，不服上海知识产权法院于2019年7月31日作出的（2018）沪73民初563号民事判决，向本院提起上诉。本院于2019年11月20日立案后，依法组成合议庭，于2019年12月27日公开开庭进行了审理。上诉人鼎×公司的委托诉讼代理人姜××、被上诉人晨×公司的委托诉讼代理人邢×到庭参加诉讼。本案现已审理终结。

鼎×公司上诉请求：1.撤销原审判决；2.依法判决支持鼎×公司的诉讼请求；3.本案诉讼费由晨×公司负担。事实和理由：1.现有技术抗辩的比对基础存在重大瑕疵。从证据本身来看，自行封存的样品不具备证明力，该所谓封存的样品是晨×公司与其代工厂自己封存，自己贴封条，自己签字。从证据提交的时间来看，存在为本案"量身定做"的嫌疑。2.原审判决于法无据，适用法律错误。既然晨×公司的关键证据为封存的样品，存在事后补做的可能和概率，是晨×公司的利害关系人提供的证据,原审法院很容易判断其证明力。原审判决书中"且按照商业惯例产品型号与产品结构一般具有对应关系",认定鼎×公司公证取证的证据与四年前晨×公司的产品结构一致,是罔顾事实,于法无据。

晨×公司辩称,在涉案专利申请日前,被诉侵权产品已经制造并销售,被诉侵权产品的设计在涉案专利申请日前已经公开。

鼎×公司向原审法院提起诉讼,原审法院于2018年7月4日立案受理,鼎×公司请求判令晨×公司:1.停止制造、销售侵犯鼎×公司专利权的产品;2.赔偿鼎×公司经济损失200 000元;3.负担鼎×公司的维权合理费用10 333元。

原审法院认定事实:

一、关于鼎×公司主张的权利方面的事实

鼎×公司于2015年11月6日向国家知识产权局申请名称为"一种自动削笔机"的实用新型专利,并于2016年4月6日被授予专利权,专利号为ZL20152088××××.7,该专利目前仍在有效期内。2018年9月21日,晨×公司向国家知识产权局专利复审委员会就该专利提出无效宣告请求。2019年5月7日,国家知识产权局出具第39954号无效宣告请求审查决定书,维持ZL20152088××××.7号实用新型专利权有效。

涉案专利权利要求书记载的内容包括:1.一种自动削笔机,包括壳体、自动进笔机构和削笔机构,所述的壳体包括前壳和后壳,所述的前壳和所述的后壳固定连接且两者之间形成内腔,所述的自动进笔机构和所述的削笔机构安装在所述的内腔中,其特征在于所述的壳体内设置有将所述的内腔分隔为第一腔室和第二腔室的隔板,所述的隔板上设置有用于铅笔通过的过孔,所述的自动进笔机构安装在所述的隔板上且位于所述的第一腔室内,所述的削笔机构安装在所述的后壳上且位于所述的第二腔室内,削笔时,铅笔从所述的前壳插入后依次穿过所述的自动进笔机构和所述的过孔后被所述的自动进笔机构送入所述的削笔机构中,此时,所述的第一腔室和所述的第二腔室完全隔离。2.根据权利要求1所述的一种自动削笔机,其特征在于所述的自动进笔机构包括安装在所述的隔板上的支架、安装在所述的支架上的送笔机构和用于驱动所述的送笔机构进笔的拨动盘,所述的拨动盘内侧面均匀连续地布满齿条,所述的送笔机构包括两个橡胶齿轮,两个橡胶齿轮分别与所述的拨动盘的齿条啮合,所述的支架上间隔设置有两只卡脚,所述的隔板上间隔设置有两个卡口,所述的卡口的一侧设置有棘齿,将所述的两只卡脚一一对应卡入所述的两个卡口后向所述的棘齿方向转动,所述的卡脚越过所述的棘齿的斜面被固定,此时所述的支架固定安装在所述的隔板上。3.根据权利要求2所述的一种自动削笔机,其特征在于所述的支架中心处具有阶孔,所述的拨动盘和所述的支架之间设置有波形弹性垫圈,所述的拨动盘被所述的橡胶齿轮和所述的波形弹性垫圈夹紧固定,所述的波形弹性垫圈被所述的拨动盘压紧固定在所述的支架中心

处的阶孔中。4. 根据权利要求 2 所述的一种自动削笔机,其特征在于所述的送笔机构还包括两根安装轴和两个滚轮,两根安装轴相互平行安装在所述的支架上且位于所述的拨动盘中心的两侧,每根所述的安装轴上依次套设有一个所述的橡胶齿轮和一个所述的滚轮,两根安装轴上的橡胶齿轮呈中心对称,每根安装轴上的橡胶齿轮与所述的拨动盘上的齿条啮合,所述的滚轮的中部外侧表面向内侧凹陷形成夹持面。

二、关于被诉侵权行为的事实

2018 年 1 月 25 日,鼎×公司的委托代理人余××向浙江省义乌市公证处申请保全证据公证。同日,该公证处公证员、工作人员、拍摄人及余××一起来到位于义乌国际商贸城内的 H4－28701、28702 号商铺。在公证处公证员和公证处工作人员的现场监督下,余××在该店铺内购得"晨×削笔机叭叭 APS90663",余××用现金付清货款,取得一张收银机机打小票,小票上记载"晨×文具义乌配送中心"字样。拍摄人对该商铺的外部现状进行了拍照。所有削笔机连同所取得的单据由公证员于当日下午带回至公证员办公室,余××将 2 只"晨×削笔机叭叭 APS90663"交给公证员进行了封存。拍摄人对所购得上述物品现状、单据现状、样品现状、样品封存后的现状进行了拍照。浙江省义乌市公证处公证员全程监督了上述过程并出具了(2018)浙义证民内字第 1493 号公证书。原审庭审中,晨×公司确认上述购得的产品由其制造。

2018 年 1 月 29 日,鼎×公司的委托代理人余××向浙江省义乌市公证处申请收货证据保全公证。同年 2 月 6 日,该公证处公证员、工作人员、拍摄人及余××一起来到位于义乌市建设三村 38 幢的一处物流公司业务点(该业务点内的标识显示为"申通快递"),余××向其中一名女性工作人员说明前来提取发送到义乌市凤凰山小区的快递,已电话通知快递点要求自取。该名女性工作人员将放在货架上的一个包裹(面粘贴着编号为 3352321113588 申通快递单据,收件人:余××)交给余××签收。该包裹由公证员带回公证处进行封存(包裹内有 2 只"APS90663 削笔机")。公证处拍摄人对取货点现状、取得的包裹现状、包裹内物品现状及样品封存现状进行了拍照。浙江省义乌市公证处公证员全程监督了上述过程并出具了(2018)浙义证民内字第 2303 号公证书。

2018 年 3 月 6 日,余××向浙江省义乌市公证处申请网页证据保全公证。同日,余××使用公证处电脑进入 www.taobao.com 网站,登录账号为"18×××31"的淘宝账户。该账户"已买到的宝贝"页面显示,2018 年 1 月 30 日有一名称为"晨×卷笔刀手摇转笔刀铅笔削笔器小学生卡通铅笔刀儿童文具"的订单,颜色分类为 90663 蓝车子,数量为 2 件,单价为 19.62 元,总价为 39.24 元。"交易详情"页面显示:收货人为余××,收货地址为浙江省金华市义乌市稠江街道江滨西路凤凰山小区,物流信息为申通快递,运单号为 3352321113588,2018 年 2 月 3 日该快递被快递员取出。销售该商品的网店经营者营业执照信息显示为上海讯×贸易有限公司(以下简称讯×公司)。浙江省义乌市公证处对上述过程出具了(2018)浙义证民内字第2552号公证书。原审庭审中,晨×公司确认上述购得的产品由其制造,讯×公司的上述网店是其授权的专卖店。

三、关于侵权比对的事实

鼎×公司主张其经公证购买的APS90663产品落入涉案专利权利要求1—4的保护范围。根据涉案专利权利要求1—4记载,涉案专利为一种自动削笔机,其包括以下技术特征:1.包括壳体、自动进笔机构和削笔机构;2.壳体包括前壳和后壳,前壳和后壳固定连接且两者之间形成内腔;3.自动进笔机构和削笔机构安装在内腔中;4.壳体内设置有将内腔分隔为第一腔室和第二腔室的隔板,隔板上设置有用于铅笔通过的过孔;5.自动进笔机构安装在隔板上且位于第一腔室内,削笔机构安装在后壳上且位于第二腔室内;6.削笔时,铅笔从前壳插入后依次穿过自动进笔机构和过孔后被自动进笔机构送入削笔机构中,此时,第一腔室和第二腔室完全隔离;7.自动进笔机构包括安装在隔板上的支架、安装在支架上的送笔机构和用于驱动送笔机构进笔的拨动盘;8.拨动盘内侧面均匀连续地布满齿条,送笔机构包括两个橡胶齿轮,两个橡胶齿轮分别与拨动盘的齿条啮合;9.支架上间隔设置有两只卡脚,隔板上间隔设置有两个卡口,卡口的一侧设置有棘齿,将两只卡脚一一对应卡入两个卡口后向棘齿方向转动,卡脚越过棘齿的斜面被固定,此时支架固定安装在隔板上;10.支架中心处具有阶孔,拨动盘和支架之间设置有波形弹性垫圈,拨动盘被橡胶齿轮和波形弹性垫圈夹紧固定,波形弹性垫圈被拨动盘压紧固定在支架中心处的阶孔中;11.送笔机构包括两根安装轴和两个滚轮,两根安装轴相互平行安装在支架上且位于拨动盘中心的两侧,每根安装轴上依次套设有一个橡胶齿轮和一个滚轮,两根安装轴上的橡胶齿轮呈中心对称,每根安装轴上的橡胶齿轮与拨动盘上的齿条啮合,滚轮的中部外侧表面向内侧凹陷形成夹持面。经原审法院当庭比对,被诉侵权产品具有涉案专利权利要求1—4的上述全部技术特征,鼎×公司认为二者构成相同,晨×公司认可鼎×公司的比对意见。

四、关于晨×公司主张现有技术抗辩及先用权抗辩的事实

晨×公司主张:本案中,被诉侵权型号为APS90663的产品在涉案专利申请日前就已经完成了设计、制造,并且已经在市场上进行销售,同时符合现有技术抗辩及先用权抗辩的要件。其主张现有技术抗辩及先用权抗辩的依据有:1.2014年3月12日,案外人浙江波斯×文具有限公司(以下简称波斯×公司)与宁海县黄坛新×模塑五金厂(以下简称新×模塑厂)签订《模具加工合同》。2014年3月24日及8月13日,波斯×公司分两次向新×模塑厂通过银行转账共计金额22 000元。晨×公司陈述该模具是型号为APS90663削笔机刀架部分的模具。2.被诉侵权产品外壳及中间隔板部分生产模具的照片。3.被诉侵权产品在涉案专利申请日前的

涉及产品隔板、车身、车轮、屑盒以及进笔机构部分各组成部位的设计图纸电子文档。4.中国商品信息服务平台上查询的商品名称为晨×叭叭削笔机、商品外形为小汽车的产品信息,其中注明该商品厂商识别码的有效期限为2014年1月16日至2020年12月15日,说明该商品于2014年1月16日就已申请了商品条码并准备向市场推出。5.上海市卢湾公证处出具的(2019)沪卢证经字第1286号公证书,公证事项为邢×于2019年4月16日与公证员、公证人员一同前往波斯×公司,对波斯×公司提供的落款日期为2014年6月1日的《上海晨×文具股份有限公司授权书》、落款日期为2014年10月8日的《加工承揽合同》、落款日期分别为2014年11月6日、2014年11月19日的包含了型号为APS90663产品的《"晨×"削笔机加工订单》两份、落款日期为2015年1月至9月间的包含了型号为APS90663产品的《波斯×文具出库单》若干页、记账凭证及发票进行拍照,同时保全了一外壳贴有手写日期"2015.1.3"的封条、车身上粘贴有相关签名的小汽车外形的削笔机。上述公证材料及实物表明,2015年1月3日,被诉侵权产品依照晨×公司及波斯×公司的约定进行了封样留存,说明被诉侵权产品在2015年就已制造且内部结构自2015年起未进行更改。6.波斯×公司业务员章××的证人证言以及波斯×公司的《情况说明》、章××的社保信息查询情况、波斯×公司企业信用信息,章××称其作为波斯×公司的员工参与了被诉侵权产品的制造、封样过程。被诉侵权产品在2014年底至2015年初由波斯×公司首次制造时,由其与晨×公司的员工共同进行了封样,两人均在样品封条上签名并注明封样日期,封样之后该样品一直保存在波斯×公司处,且在此之后的该款产品内部结构与封样时相比未进行更改。7.晨×公司在其订单系统内查询到其曾出售给案外人义乌市晨A文具用品有限公司(以下简称晨兴公司)"晨×叭叭削笔机"商品,并出具发票和销货清单,发票和销货清单日期均为2015年1月26日;还查询到晨A公司曾出售给案外人湖州金×文化用品有限公司"晨×削笔机叭叭APS90663"商品,并出具发票,开票日期为2015年1月30日。8.京东网销售APS90663叭叭削笔机产品的链接,该产品已经下架,但仍然能够看到买家的评价,最早评价的日期为2015年3月17日。

另经当庭勘验,鼎×公司确认(2019)沪卢证经字第1286号公证书所保全的小汽车外形的削笔机内部结构与被诉侵权产品一致。

综合上述证据材料和证人证言,晨×公司认为,本案所涉及的APS90663型号削笔机的技术方案已于涉案专利申请日之前就已设计、制造、销售,其提供的证据已形成完整的证据链并且达到优势证据标准,能够证明涉案产品属于现有技术和在先使用。鼎×公司对晨×公司的主张不予认可,理由为:1.《模具加工合同》仅是刀架加工合同,与鼎×公司主张侵权的被诉侵权产品的技术方案无关;2.晨×公司提交的产品设计图仅显示了APS90663产品的外观,没有体现其内部结构,且这些资料是内部资料,真实性无法确定;3.没有证据证明APS90663产品的内部结构自

2014年底起没有更改过;4.晨×公司提供的对外销售的资料仅来自于其内部系统查询结果,真实性无法确定;5.京东网上的销售资料也仅为网页截屏打印件,真实性无法确定,且用户评价中也没有披露产品的内部结构;6.波斯×公司与晨×公司在业务上有往来,属利益相关方,其所出具的证据公信力存疑,证明力弱;7. APS90663产品生产模具图及CAD图纸均无法证明时间;8.中国商品信息服务平台查询到的信息只能证明晨×公司出售过小汽车外形的削笔机产品,但无法证明产品内部结构。因此,晨×公司不能证明被诉侵权产品在涉案专利申请日之前就已经完成制造、销售,故其主张的现有技术抗辩及先用权抗辩均不能成立。

在原审审理中,鼎×公司明确其考虑到各关联案件对于维权费用的分摊,故在本案中主张支出了律师费8333元,公证费2000元,并提供了相应的发票。

原审法院认为,鼎×公司系名称为"一种自动削笔机"的实用新型专利(专利号为ZL20152088××××.7)的专利权人。本案的争议焦点主要在于:一、被诉侵权产品是否落入涉案专利权的保护范围;二、晨×公司提出的现有技术抗辩及先用权抗辩能否成立;三、本案的民事责任承担问题。

根据前述查明的事实,对APS90663型号的被诉侵权产品,二者在鼎×公司主张的涉案专利权利要求1—4所记载的技术特征均相同,鼎×公司、晨×公司亦确认该比对结论。因此APS90663型号的被诉侵权产品落入涉案专利权利要求1—4的保护范围。

晨×公司提交了相关证据旨在证明型号为"APS90663"的被诉侵权产品在涉案专利申请日前已制造并公开销售,鼎×公司对晨×公司提交的证据不予认可,对此原审法院认为:1.晨×公司提交的波斯×公司于2015年1月向晨×公司开具的载明产品型号为"APS90663"的增值税专用发票、京东网买家于2015年3月对型号为"APS90663"产品的评论截图,可以证明与被诉侵权产品型号相同的产品在专利申请日前已有销售;2.波斯×公司员工章××的证人证言,与波斯×公司提供的《上海晨×文具股份有限公司授权书》《加工承揽合同》《"晨×"削笔机加工订单》《波斯×文具出库单》、记账凭证、发票及外壳贴有手写日期"2015.1.3"的封条、车身上粘贴有相关签名的证物等证据,能相互印证,且按商业惯例产品型号与产品结构一般具有对应关系;鼎×公司虽对上述证据不予认可,但未提交相反证据,故按民事诉讼高度盖然性的证明标准,可以认定被诉侵权产品于涉案专利申请日前已有制造、销售,晨×公司主张的现有技术抗辩成立。而在此情形下,对晨×公司同时主张的先用权抗辩,已无评述的必要。

鉴于晨×公司主张的现有技术抗辩成立,晨×公司生产、销售被诉侵权产品的行为不构成侵害鼎×公司享有的涉案专利权,对于鼎×公司要求晨×公司承担相应民事责任的诉讼请求,不予支持。

综上所述,原审法院依照《中华人民共和国专利法》第十一条第一款、第二十二条第五款、第六十二条,《最高人民法院关于审理侵犯专利权纠纷案件应用法律若干问题的解释》第十四条第一款之规定,判决:驳回鼎×公司的全部诉讼请求。案件受理费4455元,由鼎×公司负担。

二审期间,鼎×公司提交了(2019)浙义证民内字第14237号公证书及实物,用以证明原审法院认定的产品型号不变,产品结构也不变的商业惯例有误。经庭审质证,晨×公司认为该份公证书所对应的实物并非来源于晨×公司授权的供应商,对其真实性存疑;即便认可其真实性,该份公证书所对应的实物内部结构变化也是非常细微的,与整体的结构以及与涉案专利的技术特征没有直接的关联,并且其证明的也是目前的一个状态,与被诉侵权产品已经有一个很大的时间跨度了。

二审期间,鼎×公司还提出了针对样品封条签名及手写日期的笔迹鉴定申请。晨×公司认为,鼎×公司二审期间才提出来笔迹鉴定申请,显然有浪费司法资源的嫌疑,并且其提出的鉴定申请也没有正当的理由。

原审法院查明的事实属实,本院予以确认。

本院认为,根据鼎×公司的上诉请求、理由及晨×公司的答辩情况,本案二审的争议焦点是:晨×公司提出的现有技术抗辩能否成立。

根据《中华人民共和国专利法》第十一条第一款之规定,实用新型专利权被授予后,任何单位或者个人未经专利权人许可,都不得实施其专利,即不得为生产经营目的制造、使用、许诺销售、销售、进口其实用新型专利产品;第五十九条第一款规定,发明或者实用新型专利权的保护范围以其权利要求的内容为准,说明书及附图可以用于解释权利要求的内容。《最高人民法院关于审理侵犯专利权纠纷案件应用法律若干问题的解释》第七条规定,人民法院判定被诉侵权技术方案是否落入专利权的保护范围,应当审查权利人主张的权利要求所记载的全部技术特征。被诉侵权技术方案包含与权利要求记载的全部技术特征相同或者等同的技术特征的,人民法院应当认定其落入专利权的保护范围;被诉侵权技术方案的技术特征与权利要求记载的全部技术特征相比,缺少权利要求记载的一个以上的技术特征,或者有一个以上技术特征不相同也不等同的,人民法院应当认定其没有落入专利权的保护范围。本案中,根据涉案专利权利要求1—4记载,涉案专利为"一种自动削笔机"的实用新型专利,鼎×公司主张其经公证购买的APS90663产品落入涉案专利权利要求1—4的保护范围。经原审法院当庭比对,被诉侵权产品具有涉案专利权利要求1—4的全部技术特征,鼎×公司认为二者构成相同,晨×公司认可鼎×公司的比对意见,APS90663型号的被诉侵权产品落入涉案专利权利要求1—4的保护范围。本院经审查对此予以确认。

《中华人民共和国专利法》第六十二条规定:"在专利侵权纠纷中,被控侵权人有证据证明其实施的技术或者设计属于现有技术或者现有设计的,不构成侵犯专利权。"现有技术抗辩应当由被诉侵权人举证证明其实施的技术属于现有技术。本案中,鼎×公司认为,晨×公司提交的产品设计图仅显示了APS90663产品的外观,没有体现其内部结构,且该资料是内部资料,真实性无法确定;没有证据证明APS90663产品的内部结构自2014年底起没有更改过;晨×公司提供的对外销售的资料仅来自于其内部系统查询结果,真实性无法确定;波斯×公司与晨×公司在业务上有往来,属利益相关方,其所出具的证据公信力存疑,证明力弱。并在二审期间提交了(2019)浙义证民内字第14237号公证书及实物,用以证明原审法院认定的产品型号不变,产品结构也不变的商业惯例有误。因此,晨×公司不能证明被诉侵权产品在涉案专利申请日之前就已经完成制造、销售,故其主张的现有技术抗辩不能成立。

对此,本院认为,为了证明型号为"APS90663"的被诉侵权产品在涉案专利申请日前已制造并公开销售,晨×公司提交了波斯×公司于2015年1月向晨×公司开具的载明产品型号为"APS90663"的增值税专用发票、京东网买家于2015年3月对型号为"APS90663"产品的评论截图、波斯×公司员工章××的证人证言以及波斯×公司提供的《上海晨×文具股份有限公司授权书》《加工承揽合同》《"晨×"削笔机加工订单》《波斯×文具出库单》、记账凭证及外壳贴有手写日期"2015.1.3"的封条、车身上粘贴有相关签名的证物、(2019)沪卢证经字第1286号公证书等证据,通过以上这些相互印证的证据,可以证明与被诉侵权产品相同型号及结构的产品于涉案专利申请日前已有制造、销售,按照商业惯例产品型号与产品结构一般具有对应关系;且经原审法院当庭勘验,鼎×公司确认(2019)沪卢证经字第1286号公证书所保全的小汽车外形的削笔机内部结构与被诉侵权产品一致。在以上证据的基础上,原审法院认定晨×公司主张的现有技术抗辩成立并无不当。

当事人对自己提出的诉讼请求所依据的事实或者反驳对方诉讼请求所依据的事实有责任提供证据加以证明。没有证据或者证据不足以证明当事人的事实主张的,由负有举证责任的当事人承担不利后果。人民法院应当结合案件情况,判断一方提供证据的证明力是否明显大于另一方提供证据的证明力,并对证明力较大的证据予以确认。本案中,尽管鼎×公司对上述证据不予认可,并在二审中提交了(2019)浙义证民内字第14237号公证书及实物用以支持其主张,经审查,本院认为该份公证书所对应的实物并非来源于晨×公司授权的供应商,对该实物的真实性存疑,不能确定无疑为晨×公司的产品;并且,该份公证书所对应的实物内部结构变化也是细微的,对晨×公司所主张的现有技术抗辩并无实质性影响;产品型号不变,产品结构也不变为一般的商业惯例,晨×公司所提交的交易凭证、封存的样品等一系列证据,可以证明涉案专利申请日之前该型号产品的样态。故对鼎×公司关于原审法院认定的产品型号不变,产品结构也不变的商业惯例有误的上诉意见,不予采纳。基于以上理由,亦对鼎×公司在二审期间提出的笔迹鉴定申请不予支持。

综上所述,鼎×公司的上诉请求不能成立,应予驳回;原审判决认定事实清楚,适用法律正确,应予维持。依照《中华人民共和国民事诉讼法》第一百七十条第一

款第一项规定,判决:

驳回上诉,维持原判。

二审案件受理费4455元,由义乌市鼎×文体用品有限公司负担。

本判决为终审判决。

审判长　×××
审判员　×××
审判员　×××
二○二×年五月二十一日
(院印)

本件与原本核对无异

法官助理　×××
书　记　员　×××

十五、再审民事判决书

(一)规定格式(依申请对本院案件按二审程序再审用)

××人民法院
民事判决书

(××××)×民××号

再审申请人(一、二审诉讼地位)……。

被申请人(一、二审诉讼地位)……。

原审原告(或生效判决中的其他称谓)……。

再审申请人×××因与被申请人×××……(写明案由)一案,不服本院于×年×月×日作出(××××)……民终……号民事判决/民事裁定/民事调解书,向本院申请再审。本院于×年×月×日作出(××××)……民监……号民事裁定再审本案。本院依法另行组成合议庭,开庭审理了本案。申请再审人×××与被申请人×××、原审原告×××(写明当事人和其他诉讼参加人的诉讼地位和姓名或者名称)到庭参加诉讼。本案现已审理终结。

×××申请再审称,……(写明再审请求、事实和理由)。

×××辩称,……(写明二审被申请人在再审中的答辩意见)。

×××述称,……(概述原审其他当事人的意见)。

×××向一审法院起诉请求……(写明一审原告的诉讼请求)。一审法院认定事实:……。一审法院判决:……(写明一审判决主文)。

×××不服一审判决,上诉请求:……(写明上诉请求)。二审法院认定事实:……(概述二审认定事实)。二审法院认为,……(概述二审判决理由)。二审法院判决:……(写明二审判决主文)。

围绕当事人的再审请求,本院对有争议的证据和事实认定如下:

……(写明再审法院采信证据、认定事实的意见和理由,对一审、二审法院认定的相关事实进行分析评判)。

本院再审认为,……(写明争议焦点,根据再审认定的案件事实和相关法律,对再审请求进行分析评判,说明理由。)

综上所述,……(对当事人的再审理由是否成立进行总结评述)。依照《中华人民共和国民事诉讼法》第二百一十四条第一款、第一百七十七条第一款第×项……(写明法律文件名称及其条款项序号)的规定,判决如下:

一、……

二、……

(分项写明裁判。)

(写明诉讼费用的负担。)

一审案件受理费……元,由×××负担;二审案件受理费……元,由×××负担;再审案件受理费……元,由×××负担(写明当事人姓名或名称、负担金额)。

本判决为终审判决。

审判长　×××
审判员　×××
审判员　×××
×年×月×日
(院印)

本件与原本核对无异

书记员　×××

(二)案例:新×××公司与实×××管理公司等物业管理纠纷案再审民事判决书

××市第一中级人民法院
民事判决书

(200×)×一中民一(民)再终字第×号

再审申请人(原审原告)××实×××管理有限公司,住所地××市嘉定区××镇××路185号。

法定代表人吕××,董事长。

委托代理人任×,××实×××管理有限公司工作人员。

再审申请人(原审被告)××市徐汇区××大厦业主委员会,住所地××市××南路489号。

负责人何×,主任。

委托代理人曹××,××市徐汇区××大厦业主委员会副主任。

委托代理人邱××,××市徐汇区××大厦业主。

被申请人(原审第三人)××新×××发展有限公司,住所地××市青浦区××镇×××经济开发区。

法定代表人韩××,经理。

委托代理人蒋××,××市×××律师事务所律师。

原审上诉人××新×××发展有限公司(以下简称"新×××公司")与原审被上诉人××实×××管理有限公司(以下简称"实×××公司")、××市徐汇区××大厦业主委员会(以下简称"××大厦业委会")物业管理纠纷一案,××市徐汇区人民法院于200×年10月29日作出(200×)徐民三(民)初字第×号民事判决,新×××公司不服,向本院提出上诉。本院于200×年2月23日作出(200×)沪一中民一(民)终字第×号民事判决,已经发生法律效力。实×××公司、××大厦业委会提出再审申请。经本院审判委员会讨论决定,于200×年8月11日作出(200×)沪一中民一(民)监字第×号民事裁定,对本案进行再审。本院依法另行组成合议庭,公开开庭审理了本案。再审申请人实×××公司的委托代理人任×,再审申请人××大厦业委会负责人何×及其委托代理人曹××、邱××,被申请人新×××公司的委托代理人蒋××到庭参加诉讼。本案现已审理终结。

原判认定:××大厦业委会为本市××南路489号××大厦的业主委员会,系合法成立并经××市徐汇区房屋土地管理局认可,新×××公司为××大厦的前期物业管理公司。在××大厦《业主委员会章程》中,"本会权利"第四项约定:选聘或者解聘物业管理企业,与物业管理企业订立、变更或解除物业管理服务合同。200×年1月15日,××大厦业委会以书面形式通知业委会成员将于200×年1月23日召开××大厦业主委员会会议,并罗列了会议的主要议题。200×年1月23日,业委会会议如期召开,参加会议的有业委会主任何×的代理人邱××、副主任曹××、委员程×的代理人韩×、委员张×、徐×。会议以少数服从多数的方式决定选聘实×××公司担任××大厦的物业管理单位。同日,××大厦业委会与实×××公司签订了物业管理服务合同一份,约定由××大厦业委会委托实×××公司对××大厦进行物业管理,管理期限自200×年2月1日至200×年1月31日。合同签订后,有部分业主在一份"业主意见"中签名,表示对实×××公司的管理能力、水平及服务质量不了解,否定业委会选聘实×××公司对××大厦进行物业管理的决定,认为选聘物业管理公司应召开业主大会表决。新×××公司以此为由认为实×××公司、××大厦业委会所签合同无效,拒绝与实×××公司办理交接,致使×××公司、××大厦业委会所签物业管理服务合同未能履行。实×××公司遂诉至法院,请求××大厦业委会履行合同,如合同无法履行,则解除合同,由××大厦业委会赔偿违约金人民币10万元。

原一审法院认为,××大厦业委会系合法成立的业主委员会,按照××大厦《业主委员会章程》或是按照《××市居住物业管理条例》的相关规定,该业委会均有权选聘或解聘物业管理企业,订立物业管理服务合同。××大厦业委会作为全体业主代表,与实×××公司所签的物业管理服务合同形式合法,内容也未违反国家法律和行政法规的禁止性规定,应为合法有效,并不因部分业主存有异议而致使该合同丧失效力或得以解除。新×××公司系××大厦前期物业管理公司,至业委会与其选聘的物业管理企业签订的物业管理服务合同生效时,前期物业管理服务合同即告终止,继续占有关物业管理资料和设施是非法的。遂作出判决:①××市徐汇区××大厦业主委员会应于判决生效之日起10日内履行与实×××公司签订的物业管理服务合同;②新×××公司应于判决生效之日起10日内撤离本市××南路489号××大厦至其住所地;③新×××公司应于判决生效之日起10日内协助××市徐汇区××大厦业主委员会履行判决第一项规定的义务,向实×××公司办理完毕所有交接手续。案件受理费人民币3510元,由新×××公司负担。

本院二审认为,根据2003年9月1日起实施的国务院《物业管理条例》的规定,选聘、解聘物业管理企业系业主大会履行的职责,而业主委员会是业主大会的执行机构,其职责为代表业主与业主大会选聘的物业管理企业签订物业服务合同,业主委员会并不能作出解聘、选聘物业管理企业的决定。在本案中,××大厦业委会属依法成立的组织,虽然根据1997年施行的《××市居住物业管理条例》的规定,选聘或者解聘物业管理企业属其职责范围,但是按照立法法的原则,上位阶的法律优于下位阶的法律,在《××市居住物业管理条例》与国务院《物业管理条例》规定冲突的情况下,应当适用的法律为国务院《物业管理条例》。本案的纷争虽发生在2003年9月1日之前,但至今未有处理结果,其最终处理办法应当按照国务院《物业管理条例》规定执行。在××大厦物业管理区域78户房屋中,能够清楚表示反对××大厦业委会选聘实×××公司的户数已经超过半数,故××大厦业委会作出的决定不能反映小区广大业主的真实意思。因此,实×××公司与××大厦业委会签订的物业服务合同是无效合同,实×××公司要求继续履行合同,难以支持;实×××公司以合同约定作为主张违约金人民币10万元的依据,丧失了请求权基础。依照国务院《物业管理条例》第十一条、《中华人民共和国民事诉讼法》第一百五十三条第一款第(三)项之规定,二审判决:①撤销××市徐汇区人民法院(200×)徐民三(民)初字第×××号民事判决;②实×××公司要求××市徐汇区××大厦业主委员会履行合同的诉讼请求,不予支持;③实×××公司要求如合同无法履行则解除合同,由××大厦业委会赔偿违约金人民币10万元的诉讼请求,不予支持。一、二审案件受理费人民币7 020元,由实×××公司、××大厦业委会共同负担。

本院再审过程中,××大厦业委会、实×××公司要求撤销原二审判决,维持原一审判决。其主要理由是:××大厦业委会与实×××公司签订的物业管理服务合同已于200×年1月23日成立,业委会选聘实×××公司进行物业管理符合《××市居住物业管理条例》的规定。2003年9月1日施行的国务院《物业管理条例》对上述的法律行为没有溯及力,双方的合同受合同法的保护,原判认定78户业主中有半数业主不支持业委会决定的事实缺乏真实性。

新×××公司则认为,在200×年1月23日业主委员会会议记录中,业委会委员或代表仅在出席情况栏内签名,并没有在会议决定上署名,选聘物业管理单位属于重大事项,应该通过业主大会决定;××大厦业委会与实×××公司签订的合同无效,应根据国务院《物业管理条例》,通过业主大会重新决定选聘物业公司,故要求维持原二审判决,驳回实×××公司的诉讼请求。

经本院再审查明,二审认定事实属实,本院予以确认。

新×××公司为证明200×年1月23日业主委员会决定的效力,提供业委会成员的证言,证明当时并未一致表决选聘实×××公司进行物业管理。

××大厦业委会对该证据的真实性提出异议,认为当时是以少数服从多数的方式决定选聘实×××公司。

鉴于《中华人民共和国民事诉讼法》第二百条第(一)项[现为《民事诉讼法》第二百一十一条第(一)项]规定的"新的证据",是指原审庭审结束后新发现的证据,新×××公司提供的上述证据并不符合"新的证据"的条件,本院不予认定。

本院认为:本案的争议焦点在于法律适用和××大厦业委会行为效力的问题。国务院颁布的《物业管理条例》明确该条例于2003年9月1日起施行,因此该条例对2003年9月1日前已经发生的民事法律行为不具有法律溯及力。××大厦业委会与实×××公司于200×年1月23日签订《物业管理服务合同》,该法律行为在1997年7月1日起施行的《××市居住物业管理条例》调整范围内。根据《××市居住物业管理条例》的规定,业委会对外代表的是业主的意志,业主对业委会的行为对外承担法律后果。业委会具有直接选聘物业公司的权利,××大厦业委会于200×年1月23日召开业委会会议作出决定并与实×××公司订立合同的行为,并不违反《××市居住物业管理条例》及《业主委员会章程》的相关规定,该合同为合法有效。××大厦的业主对业委会的决定有意见,可以通过正当程序行使权利,业委会应对其不当行为承担法律责任,但是部分业主的异议并不能否定业委会决定的效力。现新×××公司并不能提供××大厦业委会的决定已经被合法否决的证据。新×××公司作为××大厦前期物业管理公司,根据《××市居住物业管理条例》的规定,至业委会与其选聘的物业管理企业签订的物业管理服务合同生效时,前期物业服务合同即告终止,新×××公司应当履行搬离××大厦至其住所地、办理所有交接手续的义务。实×××公司要求履行合同的诉讼请求,于法不悖。原一审法院所作判决是正确的,应予维持。原二审判决认为××大厦业委会订立合同的行为在国务院《物业管理条例》的调整范围内,属于适用法律不当,本院应予改判。依照《中华人民共和国民事诉讼法》第一百七十条第一款第(一)(二)项、第二百零七条之规定,判决如下:

一、撤销本院(200×)×—中民—(民)终字第××××号民事判决;
二、维持××市××区人民法院(200×)×民三(民)初字第×××号民事判决。
原一、二审案件受理费人民币7020元,由××新×××发展有限公司负担。
本判决为终审判决。

审　判　长　沙××
审　判　员　丁××
代理审判员　沈××
二〇〇×年九月二十四日
(院印)

本件与原本核对无异

书　记　员　黄××

十六、民事调解书

(一)规定格式(第一审程序用)

××人民法院
民事调解书
(第一审程序用)

(××××)×民初字第×号

原告……(写明姓名或名称等基本情况。)
被告……(写明姓名或名称等基本情况。)
第三人……(写明姓名或名称等基本情况。)
(当事人及其他诉讼参加人的列项和基本情况的写法,与一审民事判决书样式相同。)

原告×××与被告×××、第三人×××……(写明案由)一案,本院于×年×月×日立案后,依法适用普通程序,公开/因涉及……(写明不公开开庭的理由)不公开开庭进行了审理(开庭前调解的,不写开庭情况)。

……(写明当事人的诉讼请求、事实和理由。)

本案在审理过程中,经本院主持调解,当事人自愿达成如下协议/当事人自行和解达成如下协议,请求人民法院确认/经本院委托……(写明受委托单位)主持调解,当事人自愿达成如下协议:

一、……

二、……

(分项写明协议的内容。)

上述协议,符合有关法律规定,本院予以确认。

案件受理费××××元,由×××负担(写明当事人姓名或者名称、负担金额)。调解协议包含诉讼费用负担的,则不写。

本调解书经各方当事人签收后,即具有法律效力/本调解协议经各方当事人在笔录上签名或者盖章,本院予以确认后即具有法律效力(各方当事人同意在调解协议上签名或者盖章后发生法律效力的)。

审判长　×××

审判员　×××

审判员　×××

×年×月×日

(院印)

本件与原本核对无异

书记员　×××

(二) 案例:郑××与廖××离婚案民事调解书

××市××区人民法院
民事调解书

(201×)×民初字第1607号

原告:郑××,女,1978年9月21日生,汉族,××港医院工作,住本市××路×××弄××号×××室。

委托代理人:张××,××市××律师事务所律师。

被告:廖××,男,1976年6月26日生,汉族,××市××针织二厂工作,住本市××路××××号。

委托代理人:潘××,××市第×律师事务所律师。

案由:离婚。

原、被告于2000年4月经人介绍相识恋爱,2004年12月22日登记结婚,2005

年5月生育一女儿廖×静。婚后一段时期夫妻感情尚可,之后双方常为生活琐事相互争吵。2014年9月12日,双方再次发生争执后,原告即离家居住他处至今。其间,双方关系一直未有改善,致使夫妻感情彻底破裂。故原告诉至法院,要求与被告离婚。

本案在审理过程中,经本院主持调解,双方当事人自愿达成如下协议:

一、原告郑××与被告廖××自愿离婚。

二、双方所生女儿廖×静随被告廖××共同生活,原告郑××自2016年10月份起按月承担抚育费人民币250元,至廖×静18周岁时止;原告郑××另外补付自2014年10月份起所欠抚育费人民币4800元。

三、现在各人处的财产归各人所有,被告廖××一次性给付原告郑××财产折价款人民币1万元。

四、离婚后,原告郑××迁居本市××路×××弄××号×××室,被告廖××租赁使用××路××××号,并一次性给付原告郑××房屋补偿款人民币2万元。

案件受理费人民币377元,由原告郑××、被告廖××承担各半。

上述协议,符合有关法律规定,本院予以确认。

本调解书经双方当事人签收后,即具有法律效力。

审判员　赵××
二〇一×年×月××日
(院印)

本件与原本核对无异

书记员　鲍××

十七、民事裁定书

(一)规定格式(不予受理起诉用)

××人民法院
民事裁定书

(××××)×民初字第×号

起诉人……(写明姓名或名称等基本情况。)

×年×月×日,本院收到×××的起诉状。起诉人×××向本院提出诉讼请求:1.……;2.……(明确起诉人的诉讼请求)。事实和理由:……(概述起诉人主张的事实和理由。)

本院经审查认为,……(写明对起诉不予受理的理由。)

依照《中华人民共和国民事诉讼法》第一百一十九条、第一百二十三条的规定,裁定如下:

对×××的起诉,本院不予受理。

如不服本裁定,可在裁定书送达之日起十日内,向本院递交上诉状,上诉于××人民法院。

审判长　×××

审判员　×××

审判员　×××

×年×月×日

(院印)

本件与原本核对无异

书记员　×××

(二)案例:胡××与高××离婚案民事裁定书

××市××区人民法院
民事裁定书

(202×)×民初字第470号

原告胡××,男,1989年2月7日出生,中国××贸易中心物业保安部职工,住××区××条××号。

被告高××,女,1991年7月31日出生,无业,住××区××胡同28号。

胡××与高××离婚一案,本院依法进行了审理,现已审理终结。

原、被告于2007年9月登记结婚,婚后无子女。2021年12月,原告以夫妻感情不和为由起诉来本院,要求与被告离婚。经本院调解,原告撤回起诉。现原告持原诉理由再次诉至本院要求离婚。

本院认为,原告撤诉不满半年,且在没有新情况、新理由的情况下,持原诉理由再次起诉,不符合民事诉讼法规定的受理条件。依据《中华人民共和国民事诉讼法》第一百二十四条第七项的规定不予受理。裁定如下:

一、对胡××的起诉,本院不予受理。

二、案件受理费50元,由原告胡××负担(已交纳)。

如不服本裁定,可在裁定书送达之日起十日内,向本院递交上诉状,并按对方当事人的人数提出副本,上诉于××市中级人民法院。

代理审判员　沈　×

二○二×年×月×日

(院印)

本件与原本核对无异

书　记　员　李××

十八、第一审行政判决书

（一）规定格式（一审请求撤销、变更行政行为类案件用）

××人民法院
行政判决书

（××××）×行初××号

原告……（写明姓名或名称等基本情况）。
法定代表人……（写明姓名、性别和职务）。
委托代理人（或指定代理人、法定代理人）……（写明姓名等基本情况）。
被告……（写明行政主体名称和所在地址）。
法定代表人……（写明姓名、性别和职务）。
委托代理人……（写明姓名等基本情况）。
第三人……（写明姓名或名称等基本情况）。
法定代表人……（写明姓名、性别和职务）。
委托代理人（或指定代理人、法定代理人）……（写明姓名等基本情况）。

原告×××不服××××（行政主体名称）××××（行政行为），于×年×月×日向本院提起行政诉讼。本院于×年×月×日立案后，于×年×月×日向被告送达了起诉状副本及应诉通知书。本院依法组成合议庭，于×年×月×日公开（或不公开）开庭审理了本案。……（写明到庭参加庭审活动的当事人、行政机关负责人、诉讼代理人、证人、鉴定人、勘验人和翻译人员等）到庭参加诉讼。……（写明发生的其他重要程序活动，如：被批准延长本案审理期限等情况）。本案现已审理终结。

被告××××（行政主体名称）……（写明作出具体行政行为的行政程序）于×年×月×日对原告作出××号××××决定（或其他名称），……（简要写明被诉行政行为认定的主要事实、定性依据和处理结果）。

原告×××诉称，……（写明原告的诉讼请求及主要理由以及原告提供的证据、依据等）。

被告×××辩称，……（写明被告的答辩请求及主要理由）。

被告人×××向本院提交了以下证据、依据：1.……（证据的名称及内容等）；2.……。

第三人×××述称，……（写明第三人的主要意见、主要理由以及第三人提供的证据、依据等)。

本院依法调取了以下证据:……(写明证据名称及证明目的)。

经庭审质证(或庭前交换证据、庭前准备会议),……(写明当事人的质证意见)。

本院对上述证据认证如下:……(写明法院的认证意见和理由)。

经审理查明,……(写明法院查明的事实。可以区分写明当事人无争议的事实和有争议的经法院确认的事实)。

本院认为,……(写明法院判决的理由)。依照……(写明判决依据的法律法规)之规定,判决如下:

……(写明判决结果。判决结果是人民法院对当事人之间的行政争议作出的实体处理结论。根据行政诉讼法第六十九条、第七十条、第七十七条等的规定,一审请求撤销、变更行政行为类判决可分为驳回诉讼请求判决、撤销或者部分撤销判决、变更判决等情形。)

第一,驳回原告诉讼请求的,写:

"驳回原告×××的诉讼请求。"

第二,撤销被诉行政行为的,写:

"一、撤销被告×××(行政主体名称)作出的(××××)……字第×××号……(行政行为名称);

二、责令被告×××(行政主体名称)在××日内重新作出行政行为(不需要重作的,此项不写;不宜限定期限的,期限不写)。"

第三,部分撤销被诉行政行为的,写:

"一、撤销被告×××(行政主体名称)作出的(××××)……字第××号……(行政行为名称)的第××项,即……(写明撤销的具体内容);

二、责令被告×××(行政主体名称)在××日内重新作出行政行为(不需要重作的,此项不写;不宜限定期限的,期限不写);

三、驳回原告×××的其他诉讼请求。"

第四,根据行政诉讼法第七十七条的规定,判决变更行政行为的,写:

"变更被告×××(行政主体名称)作出的(××××)……字第××号……(写明行政行为内容或者具体项),改为……(写明变更内容)。"

如不服本判决,可在判决书送达之日起十五日内,向本院递交上诉状,并按对方当事人的人数递交上诉状副本,上诉于××人民法院。

审判长　×××
审判员　×××
审判员　×××
×年×月×日

（院印）

本件与原本核对无异

书记员　×××

附：本判决适用的相关法律依据

（二）案例：张××不服上海市公安局静安分局等罚款处罚决定一审行政判决书

上海市闵行区人民法院
行政判决书

（202×）沪×行初×号

原告张××，男，1953年11月23日出生，汉族，住上海市浦东新区。

被告上海市公安局静安分局交通警察支队，住所地上海市静安区天目中路600号。

负责人顾×，支队长。

参加诉讼的行政机关负责人杨××，副支队长。

委托代理人许××，男，上海市公安局静安分局工作人员。

被告上海市公安局静安分局，住址上海市静安区胶州路415号。

法定代表人马××，局长。

委托代理人林××，男，上海市公安局静安分局工作人员。

原告张××因不服被告上海市公安局静安分局交通警察支队（以下简称静安交警支队）罚款处罚决定及上海市公安局静安分局（以下简称公安静安分局）行政复议决定一案，本院立案后，依法适用简易程序，于2021年9月14日公开开庭进行了审理。原告张××、被告静安交警支队副支队长杨××及委托代理人许××、被告公安静安分局委托代理人林××到庭参加诉讼。本案现已审理终结。

被告静安交警支队于202×年4月8日作出编号为3101061712369327的《公安交通管理简易程序处罚决定书》（以下简称被诉处罚决定），主要内容为：被处罚人张××于202×年4月8日9时49分，在××路××路南约25米实施机动车逆向行驶的违法行为，违反了《中华人民共和国道路交通安全法》（以下简称《道路交通安全法》）第三十五条的规定，根据《道路交通安全法》第九十条，决定处以罚款人民币（币种下同）200元。张××不服提起行政复议后，被告公安静安分局于202×年7月1日作出沪公静复决字〔202×〕0733号行政复议决定书（以下简称被诉复议决定），决定维持前述被诉处罚决定。

原告张××诉称，202×年4月8日9时50分许，其在××路××路南驾驶浙C×××××小型汽车正常行驶，在到达原平路近永和路等待左转信号灯时被执勤民警拦下，并以原告实施了逆向行驶的违法行为予以处罚。其间，原告以并无交通违法行为申辩，但执勤民警仍开具处罚决定书。原告认为，原告无违法行为和违法事实,被告对交通标线的理解有误,被告不听取原告的申辩仍执意开具处罚决定。故请求法院判令:1、撤销被告静安交警支队所作的被诉处罚决定;2、撤销被告公安静安分局所作的被诉复议决定。

被告静安交警支队辩称,202×年4月8日9时49分原告驾驶牌号为浙C×××××的小型轿车在××路××路南约25米实施机动车逆向行驶的违法行为被民警查获。交警部门认定其违反了《道路交通安全法》第三十五条的规定,依法对原告处以罚款200元的行政处罚。被告认定事实清楚,执法程序合法,适用法律正确,请求法院驳回原告的诉讼请求。

被告公安静安分局辩称,其于202×年5月18日收到原告的复议申请后当天即予受理。同年7月1日,该局作出被诉复议决定,对被诉处罚决定予以维持。被诉复议决定正确,请求驳回原告的诉讼请求。

经审理查明,202×年4月8日9时49分左右,原告张××驾驶牌照号为浙C×××××的小型普通客车从××路××路时,驶入对面车道的左转专用车道逆向行驶。被告静安交警支队民警发现后拦停该车辆,现场经事先告知和听取陈述申辩后,认定原告实施了机动车逆向行驶的违法行为,当场作出被诉处罚决定并向原告送达决定书。原告不服,向被告公安静安分局申请行政复议,公安静安分局经全案审查后作出被诉复议决定,对前述被诉处罚决定予以维持。原告仍不服,诉至本院。

以上事实,有静安交警支队提供的现场视频监控、《公安交通管理简易程序处罚决定书》、交通违法经过情况说明、现场照片一组,被告公安静安分局提供的《行政复议申请书》《行政复议申请受理通知书》《行政复议答复意见书》《行政复议决定书》及邮寄凭证,以及各方当事人庭审陈述在案佐证。

本院认为,根据《道路交通安全法》第五条第一款的规定,县级以上地方各级人民政府公安机关交通管理部门负责本行政区域内的道路交通安全管理工作,被告静安交警支队具有作出本案被诉处罚决定的职权和职责。

根据《道路交通安全法》第三十五条之规定,机动车、非机动车实行右侧通行。《道路交通安全法》第九十条规定,机动车驾驶人违反道路交通安全法律、法规关于道路通行规定的,处警告或者二十元以上二百元以下罚款。本案中,从静安交警支队提供的现场视频监控来看,原告驾驶机动车从××路××路驶入对面车道的左转专用车道,实施了逆向行驶的行为。被告静安交警支队据此认定原告实施了机动车逆向行驶的违法行为并根据《道路交通安全法》第九十条之规定处以罚款200元,认定事实清楚,适用法律正确。执法程序方面,被告静安交警支队适用简易程序,于处罚前事先告知违法事实、依据及拟处处罚等,听取原告的陈述和申辩后当场作出处罚决定并予送达,办案程序亦符合相关规定。原告主张其按照国标交通标线的规范,可以借道行驶等辩解意见,无法律依据,本院不予采信。

关于被诉复议决定,被告公安静安分局在收到原告的行政复议申请后予以受理,通知静安交警支队按期答复,经全案审查后在法定期限内作出被诉复议决定,并送达了行政复议决定书。该复议程序合法,复议结论正确。

综上,原告张××要求撤销被诉处罚决定及被诉复议决定的诉讼请求缺乏事实和法律依据,本院不予支持。依照《中华人民共和国行政诉讼法》第六十九条、第七十九条之规定,判决如下:

驳回原告张××的全部诉讼请求。

案件受理费减半收取计25元,由原告张××负担(已付)。

如不服本判决,可在判决书送达之日起十五日内,向本院(立案庭)递交上诉状,并按对方当事人的人数提出副本,上诉于上海市第二中级人民法院。

审判长　×××
审判员　×××
二〇二一年九月二十六日
(院印)

本件与原本核对无异

书记员　×××

十九、第二审行政判决书

(一)规定格式(二审维持原判或改判用)

××人民法院
行政判决书

(××××)×行终×号

上诉人(原审×告)……(写明姓名或名称等基本情况)。

被上诉人(原审×告)……(写明姓名或名称等基本情况)。

(当事人及其他诉讼参加人的列项和基本情况的写法,除当事人的称谓外,与一审行政判决书样式相同)。

上诉人×××因……(写明案由)一案,不服××人民法院(××××)×行初字第××号行政判决,向本院提起上诉。本院依法组成合议庭,公开(或不公开)开庭审理了本案。……(写明到庭的当事人、诉讼代理人等)到庭参加诉讼。本案现已审理终结。(未开庭的,写"本院依法组成合议庭,对本案进行了审理,现已审理终结")。

……(概括写明原审认定的事实、理由和判决结果,简述上诉人的上诉请求及其主要理由和被上诉人的主要答辩的内容及原审第三人的陈述意见)。

……(当事人二审期间提出新证据的,写明二审是否采纳以及质证情况,并说明理由。如无新证据,本段不写)。

经审理查明,……(写明二审认定的事实和证据)。

本院认为,……(写明本院判决的理由)。依照……(写明判决所依据的法律法规)的规定,判决如下:

……[写明判决结果。分四种情况:

1. 维持原审判决的,写:

"驳回上诉,维持原判。"

2. 对原审判决部分维持、部分撤销的,写:

"一、维持××人民法院(××××)×行初字第×号行政判决第×项,即……(写明维持的具体内容);

二、撤销××人民法院(××××)×行初字第×号行政判决第×项,即……(写明撤销的具体内容);

三、……(写明对撤销部分作出的改判内容。如无须作出改判的,此项不写。)"

3. 撤销原审判决,(驳回原审原告诉讼请求的),写:

"一、撤销××人民法院(××××)×行初字第××号行政判决;

二、驳回×××的诉讼请求。"

4. 撤销原审判决,同时撤销或变更行政机关的行政行为的,写:

"一、撤销××人民法院(××××)×行初字第×号行政判决;

二、撤销(或变更)××××(行政主体名称)×年×月×日(××××)×字第×号……(写明行政行为或者复议决定名称或其他行政行为);

三、……(写明二审法院改判结果的内容。如无须作出改判的,此项不写。)"]

……(写明诉讼费用的负担)。

本判决为终审判决。

审判长　×××

审判员　×××

审判员　×××

×年×月×日

(院印)

本件与原本核对无异

书记员　×××

附:本判决适用的相关法律依据

(二)案例:李××不服上海市静安区建设和管理委员会信息公开答复、上海市住房和城乡建设管理委员会行政复议决定第二审行政判决书

上海市第二中级人民法院
行政判决书

(2017)沪02行终35号

上诉人(原审原告)李××,女,1965年12月17日出生,汉族,户籍所在地上海市浦东新区。

被上诉人(原审被告)上海市静安区建设和管理委员会,住所地上海市。

法定代表人李×,上海市静安区建设和管理委员会主任。

委托代理人汤××,男。

被上诉人(原审被告)上海市住房和城乡建设管理委员会,住所地上海市。

法定代表人顾××,上海市住房和城乡建设管理委员会主任。

上诉人李××因政府信息公开申请答复及行政复议决定一案,不服上海市黄浦区人民法院(2016)沪0101行初449号行政判决,向本院提起上诉。本院依法组成合议庭审理了本案,现已审理终结。

原审法院认定,上海市静安区建设和管理委员会(以下简称"静安区建管委")于2016年7月1日收到李××要求获取"安康苑地块旧城区改建项目征收补偿费用的发放和使用情况"的政府信息公开申请。静安区建管委认定李××的上述申请内容不明确,于2016年7月19日作出补正告知书,要求其在规定期限内补正。李××于同月21日进行补正,补正内容为要求获取"2015年安康苑地块旧城区改造安置补偿费用的发放使用情况"。静安区建管委认为李××的补正申请内容仍不明确,遂于2016年7月26日作出编号为SQ×××××××××××××××××01-2的政府信息公开申请答复,告知李××其提交的政府信息申请内容不明确,不符合《上海市政府信息公开规定》(以下简称《规定》)第二十一条规定的政府信息公开申请要求,不适用于上述规定,静安区建管委不再按照该规定作出答复。李××不服,于2016年8月29日向上海市住房和城乡建设管理委员会(以下简称"市住建委")申请行政复议,市住建委受理后于同月30日向静安区建管委出具行政复议答复通知书。静安区建管委于2016年9月5日向市住建委提交行政复议答复书和相关证据材料。市住建委经复议审查后认定,静安区建管委所作政府信息公开申请答复认定事实清楚,适用法律正确,程序合法,并无不当,遂根据《中华人民共和国行政复议法》(以下简称《行政复议法》)第二十八条第一款第(一)项的规定,于2016年10月17日作出沪住建复字〔2016〕223号行政复议决定,维持了静安区建管委所作上述答复。李××收悉后不服,遂向原审法院提起行政诉讼,请求撤销上述政府信息公开申请答复及行政复议决定。

原审法院认为,静安区建管委具有受理和处理向其提出的政府信息公开申请的法定职责。静安区建管委受理李××的政府信息公开申请后,在法定期限内作出答复,行政程序合法。根据政府信息公开有关法律规定,申请人申请公开政府信息的,应当有明确的政府信息内容,包括能够据以指向特定政府信息的文件名称、文号或者其他特征描述。本案中,静安区建管委经审查认定李××申请获取的政府信息经补正后仍不能指向特定、明确的政府信息,遂根据《规定》对其作出答复,并无不当。市住建委受理李××的行政复议申请后,依照《行政复议法》的规定进行审查,在法定期限内作出复议决定,其行政复议程序合法。李××要求撤销被诉政府信息公开申请答复及行政复议决定的诉讼请求,缺乏事实根据和法律依据,不予支持。遂判决驳回李××的诉讼请求。判决后,李××不服,向本院提起上诉。

上诉人李××上诉称:其在政府信息公开申请及补正材料中就需要获取信息所作的描述已经明确了唯一指向性的内容,可以指向特定的政府信息,静安区建管委以申请不明确为由作出被诉政府信息公开申请答复的行为明显错误,市住建委所作行政复议决定亦错误。原审判决认定事实不清,适用法律错误,请求撤销原审判决。

被上诉人静安区建管委辩称:上诉人的政府信息公开申请内容及其补正后的内容,实际是直接复制了相关法律条款的表述,该表述较为笼统、宽泛,无法据以明确指向特定的政府信息,故其所作被诉政府信息公开申请答复并无不当。原审判决正确,请求判决驳回上诉,维持原判。

经审理查明,原审判决认定事实有被上诉人在原审中提供的政府信息公开申请表、补正告知书、补正申请、被诉政府信息公开申请答复及相关邮寄凭证、行政复议申请、行政复议答复通知书、行政复议答复书、被诉行政复议决定书及邮寄凭证等证据证明,本院予以确认。

本院认为,被上诉人静安区建管委具有受理并处理上诉人向其提出的政府信息公开申请的法定职权。静安区建管委收到上诉人的政府信息公开申请后予以受理,依法作出补正申请告知,并于法定期限内作出被诉政府信息公开申请答复,执法程序并无不当。上诉人申请公开"安康苑地块旧城区改建项目征收补偿费用的发放和使用情况"的政府信息,静安区建管委经审查认为该申请内容不明确,发出补正告知书,要求上诉人明确申请公开政府信息的具体内容。上诉人虽在此后向静安区建管委提交了补正材料,但并未实质改变其申请的相关表述,仍不能明确指向特定信息。由于上诉人的申请并不含有特定政府信息的文件名称、文号,对申请内容的特征描述也未能指向特定的政府信息,故静安区建管委认定该申请不符合《规定》第二十一条规定的政府信息公开申请要求,作出被诉行政行为,认定事实清楚,适用法律正确。被上诉人市住建委在收到上诉人提出的复议申请后予以受理,并经审查后在法定期限内作出维持原行政行为的复议决定,程序符合法律规定,并无不当。综上,原审判决驳回上诉人的诉讼请求并无不当。上诉人的上诉请求和理由缺乏事实证据和法律依据,本院不予支持。据此,依照《中华人民共和国行政

诉讼法》第八十九条第一款第(一)项之规定,判决如下:

驳回上诉,维持原判。

二审案件受理费人民币50元,由上诉人李××负担。

本判决为终审判决。

审判长　×××
审判员　×××
审判员　×××
二〇一七年二月二十日

本件与原本核对无异

(院印)
书记员　×××

二十、再审行政判决书

(一)规定格式(再审行政案件用)

××人民法院

行政判决书

(××××)×行再字第××号

抗诉机关××人民检察院(未抗诉的,此项不写)。

再审申请人(写明原审诉讼地位)×××,……(写明姓名或名称等基本情况)。

被申请人(写明原申诉讼地位)×××,……(写明姓名或名称等基本情况)。

原审第三人(或原审中的其他称谓)×××,……(写明姓名或名称等基本情况)。

(当事人及其他诉讼参加人的列项和基本情况的写法,除当事人的称谓外,与一审行政判决书样式相同。再审申请未提及的当事人,按原审判决书中诉讼地位列明。)

原审原告(或原审上诉人)×××与原审被告(或原审被上诉人)×××……(写明案由)一案,本院(或××××人民法院)于×年×月×日作出(××××)×行×字第××号行政判决,已经发生法律效力。……(写明进行再审的根据)。本院依法组成合议庭,公开(或不公开)开庭审理了本案。……(写明到庭的当事人、代理人等)到庭参加诉讼。本案现已审理终结(未开庭的,写"本院依法组成合议庭审理了本案,现已审理终结")。

……(概括写明原审生效判决的主要内容;简述检察机关的抗诉理由,或者当事人的陈述或申请再审要点)。

经再审查明,……(写明再审确认的事实和证据)。

本院认为,……(写明本院判决的理由)。依照……(写明判决依据的行政诉

法以及相关司法解释的条、款、项、目)的规定,判决如下:

……(写明判决结果)。

……(写明诉讼费用的负担)。

……(按第一审程序进行再审的,写明"如不服本判决,可以在判决书送达之日起十五日内向本院递交上诉状,并按对方当事人的人数提出副本,上诉于××人民法院"。按第二审程序进行再审或者上级法院提审的,写明"本判决为终审判决")。

审判长　×××
审判员　×××
审判员　×××
×年×月×日
(院印)

本件与原本核对无异

书记员　×××

附:本判决适用的相关法律依据

(二)案例:戴××不服北京市高级人民法院商标撤销行政纠纷案判决再审行政判决书

中华人民共和国最高人民法院
行政判决书

(201×)最高法行再76号

再审申请人(一审第三人、二审上诉人):戴××,温岭市超波王理发工具厂业主。

委托代理人:薛×,北京市盈科(广州)律师事务所律师。

被申请人(一审原告、二审被上诉人):中山市小×王电子工业公司。住所地:广东省中山市岐××路。

法定代表人:陆××,该公司董事长。

一审被告:国家工商行政管理总局商标评审委员会。住所地:北京市西城区茶马南街1号。

法定代表人:赵×,该委员会主任。

再审申请人戴××因与被申请人中山市小×王电子工业公司(简称小×王公司)、一审被告国家工商行政管理总局商标评审委员会(简称商标评审委员会)商标撤销复审行政纠纷一案,不服北京市高级人民法院(简称二审法院)(2014)高行(知)终字第2886号行政判决,向本院申请再审。本院于2015年10月27日作出(2015)知行字第29号行政裁定,提审本案。本院依法组成合议庭,并于2016年7月11日公开开庭审理了本案。戴××的委托代理人薛×律师到庭参加诉讼,商标评审委员会、小×王公司经合法传唤未到庭参加诉讼,本院依法进行缺席审理,本案现已审理终结。

北京市第一中级人民法院(简称一审法院)审理查明,第3482505号"小×王 XIAO×WANG"商标的申请日为2003年3月11日,核准注册日为2004年9月14日,注册商标专用权人为戴××,核定使用商品为烫发用铁夹、烫发钳、卷发用手工具(非电动)、个人理发推子(电动和非电动)等。

针对该商标,小×王公司向国家工商行政管理总局商标局(简称商标局)提出撤销申请,理由为该商标存在连续三年停止使用的情况,不符合《中华人民共和国商标法》(简称《商标法》)第四十四条第(四)项的情形。

针对该申请,商标局作出撤销201002330号《关于第3482505号"小×王 XIAO×WANG"注册商标连续三年停止使用撤销申请的决定》,认为戴××在规定期限内未向其提交使用"小×王 XIAO×WANG"商标的证据材料。根据《商标法》第四十四条第(四)项及《中华人民共和国商标法实施条例》第三十九条的规定,商标局决定:撤销第3482505号"小×王 XIAO×WANG"商标。

戴××不服,于法定期限内向商标评审委员会申请复审。戴××申请复审的主要理由:戴××没有收到商标局邮寄的使用证据举证通知,商标局程序违法。据此,请求维持"小×王 XIAO×WANG"商标在核定商品上的注册。

在撤销复审程序中,戴××向商标评审委员会提交了戴××所经营的温岭市超波王理发工具厂营业执照、业主证明书复印件、销售照片、印刷合同复印件、产品画册、送货单复印件等证据用以证明"小×王 XIAO×WANG"商标在2007年6月7日至2010年6月6日期间的部分使用情况。

在对上述证据进行审查的基础上,商标评审委员会于2013年12月2日作出商评字〔2013〕第122137号关于第3482505号"小×王 XIAO×WANG"商标撤销复审决定(简称第122137号决定)。该决定认定:商标的使用是指商标的商业使用,包括将商标使用于商品、商品包装或者容器以及商品交易文书上,或者将商标用于广告宣传、展览以及其他商业活动中。商标使用的证据材料包括商标所有人的使用证据和商标被许可人的使用证据。本案中,戴××提交的证据可以证明"小×王 XIAO×WANG"商标在2007年6月7日至2010年6月6日期间进行了公开、真实的商业使用。在对上述证据进行审查的基础上,商标评审委员会作出第122137号决定,认定"小×王 XIAO×WANG"商标在涉案三年期内进行了公开、真实的商业使用。依据《商标法》第四十九条的规定,商标评审委员会作出如下决定:撤销商标局的决定,维持"小×王 XIAO×WANG"商标的注册。

小×王公司不服,于法定期限内向一审法院提起诉讼称,商标评审委员会存在程序违法行为。小×王公司在商标撤销复审阶段,没有收到商标评审委员会的《商标撤销复审答辩通知书》,因此商标评审委员会所作决定程序违法。戴××提交的证据不足以证明"小×王 XIAO×WANG"商标的真实使用。综上,第122137号决定认定错误,请求法院依法予以撤销。商标评审委员会坚持其在第122137号决定中的意见,认为第122137号决定认定事实清楚,适用法律正确,请求法院依法予以维持。戴××认为第122137号决定认定事实清楚,适用法律正确,请求法院依法予以维持。

一审法院认为,2013年8月30日修正的《商标法》已于2014年5月1日施行,鉴于本案第122137号决定的作出时间处于2001年《商标法》施行期间,而本案审理时间处于2014年《商标法》施行期间,故本案涉及2001年《商标法》与2014年《商标法》的法律适用问题。鉴于本案第122137号决定的作出日均处于2001年《商标法》施行期间,因此,依据《中华人民共和国立法法》第八十四条的规定,本案应适用2001年《商标法》进行审理。

关于商标评审委员会是否存在程序违法问题。小×王公司认为商标评审委员会在商标撤销复审阶段未向其下发《商标撤销复审答辩通知书》,因此存在程序违法问题。对此,商标评审委员会在本案庭审过程中,提交了其于法定期限内向小×王公司邮寄的《商标撤销答辩通知书》及相关证据材料,由于小×王公司拒收而退回。此证据经小×王公司当庭质证,并对证据的真实性合法性予以认可,小×王公司仍坚持其上述诉讼请求。一审法院认为,根据有关法律法规规定,当事人对送达文件拒收的,文件退回之日可视为送达。小×王公司没有正当理由,拒收商标评审委员会向其邮寄送达的相关文件可以视为已经送达。小×王公司基于该事实而认为商标评审委员会存在程序违法问题的主张亦不能成立,一审法院依法不予支持。

关于"小×王 XIAO×WANG"商标在涉案三年期间是否存在使用行为。由《商标法》第四十四条第(四)项的规定可知,对于注册商标连续三年停止使用的,商标局可以撤销该注册商标。在本案的诉讼中,一审法院给予了当事人足够的举证期限,戴××在规定的举证期限内没有提供"小×王 XIAO×WANG"商标在复审期限内使用的新证据,因此,本案在审理时以戴××在商标撤销复审阶段向商标评审委员会提交的证据为限进行审理。因此,本案的焦点问题为根据戴××在商标撤销复审阶段提交的证据,是否能够证明其在涉案期间内进行使用行为。对于《商标法》第四十四条第(四)项的适用,一审法院认为,在符合以下两要件的情况下,可以认定商标专用权人的行为符合上述法律规定:一是商标注册人使用商标的行为属于商标意义上的使用行为,二是该商标使用行为须为真实的商业使用行为,而非象征意义的使用行为。对于何种使用行为属于"商标意义上的使用行为",一审法院认为,因商标的本质功能为其识别功能,即通过商标的使用使消费者得以区分商品或服务的不同提供者,故只有能够产生该种识别功能的商标使用行为才属于"商标意义上的使用行为"。因商标的识别主体为消费者,而消费者只有在能够接触到该商标时,才可能对不同商品或服务的提供者予以识别,故通常情况下只有消费者能够接触到的商标使用行为(如销售行为,广告行为等),才能够产生商标的识别作用,才属于"商标意义上的使用行为"。消费者无法接触到的商标的使用行为(如商标交易文书中使用商标的行为、商标标识的加工行为等),因无法起到使消费者识别来源的作用,故不属于《商标法》第四十四条第(四)项规定的"商标意义上的使用行为"。本案中,对于"小×王 XIAO×WANG"商标的使用行为,戴××仅提供了委托印刷合同、印刷盒的送货单及收据,虽然此合同的签订及送货收据显示的日期为涉案期限内,但是并没有其他足够的证据可以作证这些印刷的包装已经在涉案期间内投入到市场中。对于"真实的、善意的商标使用行为"的认定,一审法院认为,该认定属于对商标注册人主观状态的认定,因主观状态通常较难通过直接证据确定,故须结合具体的使用证据对商标注册人的使用行为是否为"真实的、善意的"予以推定。通常而言,如果商标注册人所实施的"商标意义上的使用行为"已具有一定规模,通常应推定此种使用行为系"真实的、善意的商标使用行为"。反之,如果商标注册人虽然实施了"商标意义上的使用行为",但其仅是偶发的,未达到一定规模的使用,则在无其他证据佐证的情况下,通常应认定此种使用行为并非"真实的、善意的商标使用行为"。具体到本案,判断戴××是否对涉案"小×王 XIAO×WANG"商标进行了《商标法》第四十四条第(四)项所规定的使用行为,须以上述判断原则为基础,并结合商标复审程序中的证据等予以分析确定。商标复审程序中戴××提交的商标使用证据中第一类证据均系相关单位及个人出具的证明,因该证据涉及的相关单位负责人及个人并未出庭作证,故一审法院对其所记载内容的真实性无法确认,故该类证据无法证明"小×王 XIAO×WANG"商标在涉案三年期间实际进行了使用行为。第二类证据均系照片,虽然戴××声称这些照片为其在广东省广州市白云区三元里石榴桥路的销售档口实景照片。但是因照片本身具有易修改的特性以及上述照片并没有时间记载,在戴××未提交其他证据佐证的情况下,一审法院亦无法认定这些照片均拍摄于涉案三年期间,故该类证据亦无法证明"小×王 XIAO×WANG"商标在涉案三年期间实际进行了使用行为。一审法院认为戴××在商标撤销复审阶段提交的证据不足以证明在涉案三年期间"小×王 XIAO×WANG"商标在核定使用商品上具有使用行为,因此,商标评审委员会基于以上证据认为"小×王 XIAO×WANG 商标"在 2007 年 6 月 7 日至 2010 年 6 月 6 日进行了"公开、真实的商业使用"有误,一审法院依法予以纠正。

综上,小×王公司的起诉理由部分成立,一审法院依法予以支持。第 122137 号决定认定有误,一审法院依法予以撤销。依据《中华人民共和国行政诉讼法》第五十四条第(二)项之规定,一审法院判决如下:1. 撤销商标评审委员会作出的第 122137 号决定;2. 商标评审委员会针对小×王公司提出的撤销复审申请重新作出决定。一审案件受理费一百元,由商标评审委员会负担。

戴××不服一审判决,向二审法院提起上诉称,戴××在商标撤销复审阶段及诉讼阶段提交的证据可以证明涉案三年期间"小×王 XIAO×WANG"商标在核定使用商品上具有使用行为。小×王公司、商标评审委员会均服从一审判决。

在二审诉讼期间，戴××向二审法院补充提交了小×王美发产品的旧包装盒及实物、百度搜索的关于小×王美发产品的报道等证据，其中百度搜索的关于小×王美发产品的报道中载明："小×王、康夫、美发宝等美容美发器具抽检不合格"。

二审法院经审理查明，一审判决查明事实清楚，证据采信得当，二审法院对一审法院查明的事实予以确认。

二审法院认为，根据《商标法》第四十四条的规定，连续三年停止使用的注册商标，商标局可以责令期限改正或撤销该注册商标。《中华人民共和国商标法实施条例》第三条规定，商标的使用包括将商标用于商品、商品包装或者容器以及商品交易文书上，或者将商标用于广告宣传、展览以及其他商业活动中。本案中，对于"小×王 XIAO×WANG"商标的使用行为，戴××提供了委托印刷合同、印刷盒的送货单及收据，虽然此合同的签订及送货收据显示的日期为涉案日期内，但是并没有其他足够的证据可以证明这些印刷的包装已经在涉案期间内投入到市场中，并经消费者确切地接触到此商标的使用。商标复审程序中戴××提交的商标使用证据中第一类证据均系相关单位及个人出具的证明，因该证据中所涉及的相关单位负责人及个人并未出庭作证，故对其所记载内容的真实性无法确认，故该类证据无法证明"小×王 XIAO×WANG"商标在涉案三年期间实际进行了使用行为。而第二类证据均系照片，在戴××未提交其他证据佐证的情况下，亦无法认定这些照片均拍摄于涉案三年期间，故该类证据亦无法证明"小×王 XIAO×WANG"商标在涉案三年期间实际进行了使用行为。戴××在诉讼期间补充提交的证据亦不能证明"小×王 XIAO×WANG"商标在涉案三年期间实际进行了使用行为。故一审法院据此撤销第122137号决定并无不当。戴××的有关上诉理由不能成立，二审法院不予支持。

综上，戴××的上诉主张缺乏事实及法律依据，其上诉请求二审法院不予支持。一审判决认定事实清楚，适用法律正确，依法应予维持。依据《中华人民共和国行政诉讼法》第六十一条第（一）项之决定，判决如下：驳回上诉，维持原判。一审案件受理费一百元，由商标评审委员会负担；二审案件受理费一百元，由戴××负担。

戴××不服二审判决，向本院申请再审称，二审法院对事实认定错误，法律适用过于机械。戴××使用"小×王 XIAO×WANG"商标属于商标法意义上的使用行为。戴××提交了印制产品包装盒、产品宣传画册、委托加工产品、发货单、收据等证据，能够证明"小×王 XIAO×WANG"商标在商品的流通环节及交易主体间起到了区分商品来源的作用。戴××使用"小×王 XIAO×WANG"商标的行为属于真实的商业使用行为。"小×王 XIAO×WANG"商标注册以来，戴××一直通过温岭市超波王理发工具厂进行生产，通过广州市白云区三元里神科美发工具经营部进行销售。戴××提交了"小×王XIAO×WANG"商标在2007年6月7日至2010年6月6日之间的三年时间里神科美发工具经营部内的实景照片,该照片上清楚显示了拍摄日期、"小×王XIAO×WANG"商标的背景墙、与拍摄日期相对应的货架上出现的"小×王XIAO×WANG"商标的产品。此外,戴春友还提交了第三方物流托运单,该托运单显示发往兰州的部分"小×王XIAO×WANG"商标的产品由全运通物流进行运输,能够证明戴××对"小×王XIAO×WANG"商标真实的商业使用行为。二审法院对戴××二审期间补充提交影响案件审理的关键证据未予采纳,且未作任何说明。戴××补充提交了来自互联网至今还能搜到的一篇新闻报道,即百度搜索"小×王美发产品"可以搜索到"小×王、康夫、美发宝等美容美发器具抽检不合格"的报道。这篇新闻报道中出现的生产商为戴××个人经营的工厂,销售方为戴××在兰州的经销商,该经销商与"小×王XIAO×WANG"商标产品发往兰州的货运单相印证,可以证明"小×王XIAO×WANG"商标在争议的三年期间在市场销售的状态。市场交易活动及交易主体多元化会呈现多样化的使用情形,对于商标使用的理解应符合立法的目的即鼓励商标的使用、防止浪费商标资源。戴××多年来一直从事美发产品的生产与销售,所注册的商标也仅限于第3类、第8类、第11类,并不涉及其他行业。戴××是自然人,经营的个体户在销售制度及财务制度上不会像公司那么规范,戴××已穷尽自己的能力提交能够证明争议的三年期限里使用"小×王XIAO×WANG"商标的证据,足以证明"小×王XIAO×WANG"商标的使用行为。综上,请求法院依法撤销二审判决;驳回小×王公司的诉讼请求,维持商标评审委员会的第122137号决定。

商标评审委员会、小×王公司均未向本院提交答辩意见。

本院在一审、二审法院查明事实的基础上补充查明:

戴××在商标撤销复审阶段、一审期间向法院提交了如下证据:

1. 温岭市超波王理发工具厂营业执照、业主证明书、商标许可使用合同及位于广东省广州市白云区三元里石榴桥路的销售档口实景照;

2. 广州市德福彩印有限公司营业执照、印刷合同、收款收据、小×王系列产品画册,其中收据时间显示为2010年1月25日;

3. 印刷合同、收款收据、送货单、包装盒,其中送货单时间显示为2010年1月25日;

4. 印刷合同、收款收据、送货单、包装盒。

戴××在二审期间向法院提交如下证据:

1. 广州市白云区三元里神科美发工具经营部营业执照、广州红盾信息网个体工商户信息查询页、2007年3月1日至2010年12月31日房屋租赁合同。其中租赁合同显示:戴××从广州兴发商贸中心租赁广州市三元里石榴桥路41号之3房屋共计25平方米,每平方米50元。

2. 广州市白云区三元里神科美发工具经营部内部实景照片显示:拍摄时间分别为 2008 年 12 月 10 日、2009 年 7 月 4 日,背景显示"小×王 XIAO×WANG"商标;货架上摆放着印有"小×王 XIAO×WANG"商标的产品。

3. (2014)粤广白云第 12068、12069 号公证书及封存物品及封存光盘、(2014)粤广白云第 12070—12072 号公证书。上述公证书显示:①2007 年 5 月 18 日、2008 年 5 月 25 日、2009 年 5 月 18 日,西安市长安区佳丽美容美发用品商店分别与广州市白云区神科美发工具经营部(法定代表人戴××)签订三份《产品购销合同》,其中商品名称为:小×王夹板、电棒陶瓷,合计金额分别为:4 608 元、4 104 元、5 400 元;②2007 年 7 月 29 日收据显示:小×王货款 17 000 元;2007 年 8 月 5 日收据显示:小×王产品共计 17 370 元;2010 年 1 月 16 日收据显示:小×王货款 17 460 元;2008 年 8 月 3 日两张收据分别显示:小×王货款 16 460 元;2010 年 1 月 20 日收据显示:小×王货款 17 460 元;2006 年 6 月 21 日收据显示:温岭市超波王理发工具厂烫发夹、电吹风认证款 8 000 元;③2007 年 6 月 20 日、2008 年 6 月 30 日、2009 年 12 月 30 日,广州市白云区三元里神科美发工具经营部戴××分别与温岭市光明电器有限公司签订的三份《加工合同》,由戴××提供小×王标;④广州市白云区石榴桥 41 号 3 店铺的货架上展示有小×王商品;⑤2007—2009 年客户退回的小×王产品。

4. 小×王商标使用的有关单据复印件:①2007 年 5 月 21 日的全运通物流托运单,显示由广州发往兰州,数量:13 件;货品名称:电器;②2008 年 3 月 13 日送货单,显示货品名称:XIAO×WANG 电棒盒,金额:10 654 元;③2008 年 6 月 23 日收据显示:小×王提货运费 500 元;④2009 年 9 月 15 日收据显示:小×王纸盒货款 10 000 元整;⑤2009 年 10 月 19 日收据显示:小×王网站建设尾款 1 000 元整,图片处理费用 200 元,实收 1 200 元;⑥2010 年 2 月 28 日收据显示:小×王画册定金 3 000 元整。

5. 《中国国家强制性产品认证证书》复印件,显示:证书编号:2008010709271447;申请人名称及地址:温岭市超波王理发工具厂、温岭市新河镇东合村 25 号;制造商名称及地址:温岭市超波王理发工具厂、温岭市新河镇东合村 25 号;产品名称和系列、规格、型号:皮肤及毛发护理器具(烫发器);发证日期:2008 年 4 月 11 日;加盖公章:中国质量认证中心。

6. 小×王美发产品的旧包装盒及实物(充电式推剪、负离子烫发器)。

7. 小×王美发产品的喷画、产品图册的原始光盘。

8. 百度搜索的关于小×王美发产品的报道。

9. 淘宝网搜索的小×王美发产品的销售页面,显示日期为 2014 年 10 月 14 日。

10. 百度搜索到 2010 年 8 月 4 日发表的题为"小×王、康夫、美发宝等美容美发器具抽检不合格"的网页文章。该文章显示:第二季度,甘肃质量技术监督局在 2010 年第二季度抽检了兰州市 30 家经销企业的 30 批次电推剪、电吹风、电夹板、卷发器、喷雾机等美容美发器具,其中温岭市超波王理发工具厂生产的、兰州恒星宇商贸有限公司销售的小×王牌负离子烫电夹板被检测为不合格产品。

本院认为,再审期间,本案的主要争议焦点为:戴××的"小×王 XIAO×WANG"商标是否因2007年6月7日至2010年6月6日连续三年停止使用而应予撤销。

《商标法》第四十四条第(四)项规定:"使用注册商标,连续三年停止使用的,由商标局责令限期改正或者撤销其注册商标。"上述法律规定的立法目的在于促使商标注册人将其商标进行公开、真实、合法地使用,发挥其商标的识别功能,避免商标资源的闲置浪费。商标的基本功能是识别,其识别功能是通过实际使用产生并逐步强化的。一个商标在注册之后长期不使用,其显著性无法产生,识别功能无从发挥,即便注册商标曾经使用,甚至取得过较高知名度,但如果长时间停止使用,已经产生的显著性会随时间的推移逐渐淡化,失去商业价值,对于这样的商标,法律没有必要继续给予保护。但是,注册商标毕竟是经商标行政管理部门依法核准注册的商标,我们对于商标权利人的商标使用行为不能过于苛刻,只要进行了连续性公开、真实、合法的连续性使用,就不能轻易撤销一个合法获得注册的商标。本案中,戴××2003年3月11日申请注册第3482505号"小×王 XIAO×WANG"商标,该商标于2004年9月14日经商标局核准注册。小×王公司以该商标在2007年6月7日至2010年6月6日连续三年停止使用为由向商标局提出撤销申请。戴××在商标评审委员会复审期间,提交了温岭市超波王理发工具厂营业执照、业主证明书复印件、销售照片、印刷合同复印件、产品画册、送货单复印件等证据用以证明"小×王 XIAO×WANG"商标在连续三年内的使用情况。二审期间戴××又补充提交了销售店铺实景照片、戴××店铺租赁合同、产品购销合同、加工合同及多份收据、全运通物流托运单、国家强制性产品认证证书、小×王美发产品的旧包装盒及实物、百度搜索的关于小×王美容美发器具抽检不合格的报道等证据。其中,被报道不合格的美容美发器具系由甘肃质量技术监督局在兰州抽检,戴××提交的物流托运单显示部分带有"小×王 XIAO×WANG"商标的产品由全运通运输发往兰州。由于商标评审委员会认可戴××申请复审期间提交证据的证明力,而一审法院予以否认,戴××在二审期间补充提交证据具有合理性,二审法院全部未予考虑和支持,于法无据,有欠妥当。综合考虑戴××在商标评审委员会复审期间及二审期间提交的证据,根据行政诉讼证据规则,上述证据可以形成证据链,足以证明戴××在2007年6月7日至2010年6月6日三年期间实际使用了"小×王 XIAO×WANG"商标,商标评审委员会作出的第122137号决定认定事实及适用法律正确,"小×王 XIAO×WANG"商标应予维持。一审、二审法院对商标使用的证据形式要求过高,不符合商标法设置"连续三年停止使用的商标予以撤销"制度的本意,本院予以纠正。

综上,一审、二审判决认定事实和适用法律错误,依法应予撤销。戴××的再审理由成立,依法应予支持。依照《中华人民共和国商标法(2001年修正)》第四十四条第(四)项、《中华人民共和国行政诉讼法(2014年修正)》第八十九条第一款第(二)项、《最高人民法院关于适用〈中华人民共和国行政诉讼法〉若干问题的解释》第七十六条第一款、第七十八条之规定,判决如下:

一、撤销北京市高级人民法院(2014)高行(知)终字第2886号行政判决;

二、撤销北京市第一中级人民法院(2014)一中知行初字第2140号行政判决;

三、维持国家工商行政管理总局商标评审委员会商评字〔2013〕第122137号《关于第3482505号"小×王 XIAO×WANG"商标撤销复审决定书》。

一、二审案件受理费各100元,均由中山市小×王电子工业公司负担。(于本判决生效之日起七日内交纳)。

本判决为终审判决。

审　判　长　骆　×
代理审判员　李　×
代理审判员　马××
二〇一×年八月二十四日
(院印)

本件与原本核对无异

书　记　员　王　×

二十一、行政赔偿调解书

(一)规定格式

××人民法院
行政赔偿调解书
(一审行政赔偿案件用)

(××××)×行赔初××号

原告……(写明姓名或名称等基本情况)。

法定代表人……(写明姓名、职务)。

被告……(写明被诉的行政名称和所在地址)。

法定代表人……(写明姓名、职务)。

第三人……(写明姓名或名称等基本情况)。

(当事人及其他诉讼参加人的列项和基本情况的写法,与一审行政判决书样式相同。)

原告×××因与被告×××……(写明案由)行政赔偿一案,于×年×月×日向本院提起行政赔偿诉讼。本院于×年×月×日立案后,于×年×月×日向被告送达了起诉状副本及应诉通知书。本院依法组成合议庭,于×年×月×日公开(或不公开)开庭审理了本案(不公开开庭的,写明原因)。……(写明到庭参加庭审活动的当事人、行政机关负责人、诉讼代理人、证人、鉴定人、勘验人和翻译人员等)到庭参加诉讼。……(写明发生的其他重要程序活动,如被批准延长审理期限等)本案现已审理终结。

经审理查明,……(写明法院查明的事实)。

本案在审理过程中,经本院主持调解,双方当事人自愿达成如下协议:

……(写明协议的内容)。

上述协议,符合有关法律规定,本院予以确认。

本调解书经双方当事人签收后,即具有法律效力。

审判长　×××
审判员　×××
审判员　×××
×年×月×日
(院印)

本件与原本核对无异

书记员　×××

(二)案例1:××公司诉江阴进出口商品检验局失实商检造成公司损失一审行政赔偿调解书

××人民法院
行政赔偿调解书

(202×)×行赔初××号

原告中国××实业总公司××公司,地址江苏省无锡市××路××号。

法定代表人冯××,总经理。

被告江阴进出口商品检验局,地址江苏省江阴市××路××号。

法定代表人袁××,局长。

202×年4月20日,中国××实业总公司××公司(以下简称××公司)与加拿大福兰克林有限责任公司签订了色织弹力布的售货确认书。据此,××公司于同年6月1日与江阴市周庄润恒布厂(供方)签订了购销54054米T/R色织弹力布,标的额为人民币1059184元的合同。合同对质量要求、技术标准、供方对质量负责的条件、验收标准均明确约定:"出具商标证书,以商检为标准。"同年7月21日,布厂将生产的191箱53762米T/R弹力布申请江阴商检局签发检验证书。该局接受了申请,实施了检验并签发了商检结果为"符合 FJ51682 标准一等品"的编号为 NO.0235757 号的出口商品检验换证凭单。得到商检肯定后,××公司于同年九月租船将上述货物外运到美国。因外商提出质量问题拒绝收货,致使这批布被迫于 202×年 1 月 8 日从美国返还至无锡,存放于仓库,造成了经济损失。该公司找到生产厂家要求承担经济损失。生产厂家认为,既然商检局经商检已通过放行,经济损失与生产厂家无任何瓜葛,因此不予理睬。××公司遂以商检局为被告提起行政诉讼,认为被告商检局检验时玩忽职守,不负责任,由于失实商检造成公司损失,请求依法撤销被告签的 NO.0235757 出口商品换证凭单,赔偿经济损失。

无锡市中级人民法院受理后,无锡市纺织产品质量监督测试所对经江阴商检局检验合格后放行出口又被外商退回的货物进行检验。结果为:该产品经抽测,对照 FJ51682《色织中长涤粘混纺布》标准,不符合一等品质量。另查,无锡某公司租船至美国又退回无锡用去海运费、仓储费、搬运费、资金占用利息等共计 187 782 元。

经本院调解,双方当事人自愿达成如下协议:

(一)江阴商检局给付××公司经济损失人民币 14.5 万元(于本调解书生效之日起三十日内一次性付讫);

(二)鉴定费人民币 5 000 元由江阴商检局负担。

上述协议,符合有关法律规定,本院予以确认。

本调解书经双方当事人签收后,即具有法律效力。

审判长　×××
审判员　×××
审判员　×××
二○二×年×月×日
(院印)

本件与原本核对无异

书记员　×××

(三)案例 2:徐××与北京市公安局海淀分局海淀派出所行政赔偿争议案一审行政赔偿调解书

北京市海淀区人民法院
行政赔偿调解书

(202×)京 0108 行赔初 15 号

原告徐××,男,1961 年 2 月 25 日出生,汉族,住北京市海淀区×××。

被告北京市公安局海淀分局海淀派出所,住所地北京市海淀区丹棱街 10 号。

法定代表人王×,所长。

委托代理人陈×，北京市公安局海淀分局海淀派出所政委。

原告徐××与被告北京市公安局海淀分局海淀派出所（以下简称海淀派出所）行政赔偿一案，于2021年1月19日向本院提起行政赔偿诉讼。本院于2021年1月20日受理后，依法由审判员申进适用简易程序于2021年2月1日公开开庭进行了审理。原告徐××的个人档案于1985年至今存放于被告海淀派出所。后原告徐××发现其个人档案内的材料缺失，无法办理退休手续。现原告徐××起诉要求被告海淀派出所赔偿人民币5万元。

本案在审理过程中，经本院主持调解，双方当事人自愿达成如下协议：

被告北京市公安局海淀分局海淀派出所于本调解书生效之日起三十日内一次性给付原告徐××人民币五万元整。

上述协议，符合有关法律规定，本院予以确认。

本调解书经双方当事人签收后，即具有法律效力。

审判员　申　×

二○二×年二月一日

（院印）

书记员　史××

二十二、刑事自诉状

（一）规定格式（刑事自诉案件起诉用）

刑事自诉状

自诉人××
被告人×××

案　由

诉讼请求

事实与理由

证据和证据来源，证人姓名和住址

此致

××人民法院

自诉人　×××

×年×月×日

附：本诉状副本×份。

（二）案例：王××诉张××、林××重婚罪刑事自诉状

刑事自诉状

自诉人：王××，女，30岁，汉族，××省××县人，农民，住本县××乡××村。

被告人：林××，男，34岁，汉族，××乡兽医站兽医，住本县××乡××村。

被告人：张××，女，29岁，汉族，××省××县人，农民，住本县××乡××村。

案由和诉讼请求

控告被告人张××、林××犯重婚罪，请依法惩处。

事实与理由

我和被告人林××于201×年自愿登记结婚，婚后感情很好，并已有3个男孩。201×年×月，我家由××乡××村迁居本县××乡××村时，尚留被告人林××一人暂住××乡，做兽医工作。被告人张××乘我迁走之机，便与我爱人勾搭成奸。201×年林××由××乡××村回到××乡××村与我共同生活，而被告人张××以被告人林××是她表叔为由，继续与林××通奸，我敢怒而不敢言。为了达到他俩结婚的目的，张××唆使林××对我进行打骂。同年秋，林××提出和我离婚，并说："你不离我要犯错误。"我未同意，林就借故毒打我，我不堪忍受，曾投沟自杀，被赵××（同村村民）救出。201×年×月的一天，被告人张××从我家刚走，林××又提出和我离婚，我不同意，林说："你不离叫我死，我也不让你活。"林××即用木棍将我的腿打肿，被邻居朱××拉开。201×年1月，林××再一次提出和我离婚，并说："我不与张结婚，张要死。"我仍不同意离婚。同年4月的一天，张××从我家刚走，林××又打我。张××见我坚决不离婚，达不到她与林××结婚的目的，就在同年5月也借故殴打我，并把我的腿打肿，被黄楼集小学李老师、殷××拉开。同年6月，林××、张××两人一同逃至本县方岗乡高村林××的大姐家非法同居。201×年8月，张××为了达到前述目的，又将我的面部打肿。事经法院处理，责成张××改正错误，要林××与我和好。可事后林××与张××仍不改悔，继续通奸，再次逃到外地以夫妻名义非法同居长达一年余，隐瞒婚姻状况，办理了结婚手续，并在此期间生了孩子。

被告人张××明知林××为有妇之夫，而与其通奸，乃至长期非法同居，伙同

林××多次对我进行打骂;被告人林××为了迫使我与他离婚,对我百般虐待,最后二人居然办了结婚手续。又因为林××背弃家庭,加上我缺乏劳动能力,我和3个孩子过着艰难困苦的生活,身心健康严重受损,后果极为严重。依据《中华人民共和国刑法》第二百五十八条的规定,被告人张××与林××的行为已构成了重婚罪,特向你院起诉,请依法判决。

　　此致
××省××县人民法院

自诉人　王××
二○二×年×月×日

附:本自诉状副本×份。

二十三、刑事上诉状

（一）规定格式

刑事上诉状

上诉人×××

　　上诉人因××一案,不服××人民法院×年×月×日(××××)刑初字第××号刑事判决或裁定,现提出上诉。

上诉请求

上诉理由

　　此致
××人民法院

上诉人　×××
×年×月×日

附:本上诉状副本×份。

（二）案例:李××盗窃案刑事上诉状

刑事上诉状

　　上诉人即被告人李××,男,25岁,汉族,××县人,原系××省公路厂×××工人,住本厂职工宿舍。

上诉人因盗窃一案,不服××市××区人民法院202×年1月27日作出的(202×)刑初字第006号判处上诉人有期徒刑3年的一审刑事判决,现提出上诉。

上诉请求

请求法院依法撤销原判,改判上述人缓刑。

上诉理由

1. 原审判决量刑过重

从盗窃的连续时间看,上诉人参与盗窃只不过3个月,属于一时失足,并非屡教不改;从作案的次数看,总共只盗窃4次,其中有一次只窃得冰砖6块,价值不过12元;从盗窃所得的赃款赃物价值看,总计不过人民币3 000元左右,电子计算器1只。虽然已属于"数额较大",但相对说来,在"数额较大"的范围内,还没有达到中等数量,而只是属于低档的;从退赃情况看,已退出410余元,电子计算器1只,退赃数额接近一半;从认罪态度看,上诉人从被公安机关拘押时起,到公安、检察机关的侦查、审查起诉,以至原审法院的开庭审理,全部、如实交代了自己的罪行,认罪服法,坚定了痛改前非之念。

由此可见,上诉人盗窃时间不长,作案次数不多,盗得赃款赃物数额不大,退赃积极,坦白交代彻底,认罪态度较好,情节较轻。而原审根据《中华人民共和国刑法》第二百六十四条之规定,对上诉人在法定刑罚中适用了最重的刑罚;在最重刑罚中的量刑幅度上又取其中线以上的标准定刑。上诉人认为原审量刑过重,没有全面地考虑上诉人"犯罪的事实、犯罪的性质、情节和对社会的危害程度",与《刑法》第五条的精神不符。

2. 原判对本案两被告人的定罪量刑轻重倒置

原审在判决中,对本案的具体事实情节不作任何分析论证,不说明任何理由,就把上诉人列为第一被告,从重处罚,把钱××列为第二被告,从轻处罚,不仅不能令上诉人信服,简直有点令上诉人费解了。事实上,在共同犯罪所处的地位和所起的作用上,钱××比上诉人更重要。结合钱××其他方面的情况来看,钱××的罪行,比上诉人严重。

具体理由有以下几点:

(1) 开始盗窃是钱××提出来的。在201×年夏季的一天,钱××首先向上诉人说:"我们要想办法出去搞点钱(指盗窃)"。尽管现在钱××否认这一点,反诬是上诉人首先提出来的,但这一点并不难于认定,因为钱××在和上诉人共同盗窃之前,就曾盗窃过××农药厂烟酒商店,盗得人民币80余元、粮食34斤。这一点,钱××已供认在案。而上诉人与钱××到省土产日杂果品公司去进行盗窃,则还是第一次。试想,两人共同盗窃作案,其中一人有盗窃作案的经验,尝到过甜头,另一人从未进行过盗窃,那么,共同盗窃究竟谁是主谋,是谁首先提出来的,不是昭然若揭吗?在司法实践中,看到过作案有新手教老手的吗?如果认为上诉人比钱××年龄大3岁,处事比钱××细心,以此而视为作案的主谋,这便属于主观猜测,凭空想象了,不足为据。何况在最后一次偷窃淮河路烟酒商店时,钱××在盗窃的过程中,还暗中从盗得的款项中瞒下30元,装入腰包,说明他是有心计的。

(2) 从4次盗窃的行为过程来看,第一次盗窃省土产日杂果品公司是上诉人提出来的;第二次盗窃冷饮店是钱××提出,并自己先进去打探的;第三次盗窃本厂财务室是钱××说他去买饭菜票时看到财务室有款项的,并且出谋划策说等到11月4日发工资后买饭菜票的人多,款项更多时再去偷;第四次盗窃淮河路烟酒公司商店,是那天晚间看电影后,上诉人不同意去偷,也是钱××坚持要去偷的。上述4次盗窃,有3次是钱××提出来的。从实施盗窃行为来看,第一次,上诉人撕天花板纸,钱××望风;第二次,钱××并未和上诉人商量就潜入冷饮店;第三次,钱××动手撬本厂司务室摇头窗钢筋,上诉人望风;第四次拆卸淮河路烟酒商店窗户玻璃,钱××和上诉人两人都动手了,从犯罪的实施来说,就难分主从了。

(3) 从赃款赃物的保管、使用来看,赃款赃物保存在上诉人房间里,是因为上诉人单独住一间房子,有存放赃款赃物的地利,不易被人发现;而钱××和家里人住在一起,不便存放。所以说,这一点并不意味着以上诉人为主。3 000元赃款的去向是:钱××承认他花了1 000元,上诉人花约1 100元,比他多花百余元,两人购买衣物百余元,拘留审查时,公安机关搜出近200元。上诉人虽比钱××多花百余元,但这次退赃,上诉人比钱××多退百余元,两人花费大体相等。

(4) 畏罪外逃钱××是主谋。201×年11月16日,××路派出所将钱××扣留审查,17日上诉人便得知此事,并未离家出走;18日早晨,钱××从派出所逃出,来到上诉人家说:"派出所马上要抓你了,赶快跑吧!"并与上诉人一道外逃。

(5) 钱××作案次数比上诉人多。钱××除和上诉人共同作案4次外,还单独盗窃过2次,窃得现金2 000元。足见其盗窃罪行比上诉人重。

(6) 钱××过去曾几次受过处分。201×年初夏,他曾在车间偷撬10余个工具箱,将纱头偷出去变卖,为此,曾受到厂方的罚款处分;又曾因打架受过行政拘留处分;同时,还曾因辱骂派出所人员受到过罚款处分。

(7) 此次进行公开宣判时,省公路××厂有一些工人参加旁听,回厂后,纷纷反映原判对上诉人和钱××的处罚是把轻重颠倒过来了。此事,请上级法院派员到厂里去查证。

(8) 看一个人的本质,不能孤立地看他的一时一事,而要看他的全部历史和全部工作。上诉人于201×年底参军,201×年度在部队曾被评为一级技术能手,部队曾发给荣誉证书。该证书上的评语是:"认真学习,钻研军事技术,在战术演习和实弹射击中圆满完成任务,各科成绩均为优秀。"说明上诉人历史上表现是很好的。

综上所述,上诉人罪行、手段和情节尚非严重,与同案被告人钱××相比,罪行较钱××为轻。为此,请求上诉法院撤销原审对上诉人的判决部分,改判比钱××更轻一些的处刑,并且根据我国《刑法》第七十二条的规定,宣告缓刑,以示公允。
此致
××省××市中级人民法院

上诉人　李××
二〇二×年二月三日

附:本上诉状副本2份。

二十四、刑事申诉书

（一）规定格式

刑事申诉书
(刑事案件用)

申诉人××

申诉人对××人民法院×年×月×日(××××)×字第××号刑事判决(或裁定),提出申诉。

请求事项

事实与理由

此致
××人民法院

申诉人　×××
×年×月×日

附:原审判决(或裁定)书复印件×份。

（二）案例:杜××聚众斗殴等案刑事申诉书

刑事申诉书

申诉人杜××,男,21岁,汉族,××省××县人,××市第一橡胶厂工人,住××市××路××号。

申诉人杜××对××省高级人民法院202×年12月25日(202×)刑字第228号刑事裁定,提出申诉。

请求事项

原判认定事实和定罪量刑均属不当,请求撤销原判,另行公正判决。

事实与理由

××省高级人民法院202×年12月25日以(202×)刑字第228号裁定核准××市中级人民法院202×年10月29日(202×)刑×字第6号以聚众斗殴、寻衅滋事罪判处杜××死刑,缓期2年执行,剥夺政治权利终身的刑事判决。原判认定事实和定罪量刑,均属不当,其理由如下:

1. 原判认定:"201×年12月1日晚,王×、杜××为首纠集江×、李×、尹××、潘××(均已判刑)等20余人,携带剑、棍、气枪等凶器砸抄石×苗家。"事实上,那天晚上是张×军来通知我到石家去的,并不是我"为首纠集";同时,我因为与石×苗的父母相处关系很好,去后,为了敷衍王×等人,只拾了一块砖头砸了石家的玻璃窗户,没有砸中任何人,就借故和江×一道走了,此事有张×军和江×两人可以作证。

2. 原判认定:"同年7月25日晚,在杜××提议下,王×、杜××等人殴打了工人陈×。"这与事实完全不符。当晚,我在路×义家吃晚饭,后在回家的路上,是李×提出去打陈×的,我未作声,正好遇到陈×来了,李×窜上去抓住陈×打成一团,我既未"提议"也未动手打陈×。只因我当时跌倒,被陈×一伙围住,迫于无奈,才用水果刀刺了陈×,这属于正当防卫行为,不能认为构成犯罪。

3. 原判认定:"201×年2月18日,杜××与祁×等人打伤郑×波头顶部。"事实上,2月18日晚,我与刘×征到矿务局看电影,途中,看到蒋×永等人追赶郑×波。此事完全与我无关。

4. 原判认定:"201×年6月6日晚,在杜××指使下,龚×斌开霰弹枪击伤了王×元,4粒子弹穿透了肺部。"这也不符合事实。事实是我和刘×斌、杨×在矿务局冷饮室,龚×斌来找我们帮助他运两袋瓜子回家,之后,我和张×军到王×田家喝酒。酒后,在回家的路上,龚×斌提出要去打王×春。到了王家,见到一人从屋里出来,龚×斌举枪要打,我劝他不能乱打,他说:"不管是谁,我都打。"此时,我拣砖头砸了王家窗户的玻璃就走了。我离开现场后才听到枪声,杨×、刘×斌可以作证,此事认定是我"指使",纯属冤枉。

5. 原判认定:"201×年5月18日,杜××用刀捅伤油库工人夏×民的臀部。"其具体经过是:当时我和钮×贵在等候乘汽车,夏×民和钮×贵不知为何扭打起来,我上前劝解,夏×民照我的脸上打了一拳,于是,我接过钮×贵的刀,刺伤了夏×民的臀部,纵然构成伤害,也只能算作防卫过当。

综上所述,原判认定申诉人所进行的5次犯罪活动,其中有两次只动手砸了人家窗户玻璃,并未伤人,没有造成严重后果;用刀刺伤两人的问题,一次属于防卫过当,另一次则是正当防卫;其余一次所谓打伤郑×波一节,则完全与申诉人无关。

由此可见,申诉人在参与聚众斗殴、寻衅滋事的犯罪活动中,只是处于从犯地位,并非首要分子。原判援引《中华人民共和国刑法》第二百九十二条第一款之规定,作为处刑根据,足以说明承认申诉人的行为并未造成"聚众斗殴,致人重伤、死亡"的后果。事实上,申请人只是聚众斗殴的一般参与者,即便对于首要分子和其他积极参加的,按《刑法》第二百九十二条的规定,也只是"处三年以上十年以下有期徒刑"。但原判却判处申诉人死刑,缓期2年执行、剥夺政治权利终身,显然是以第二百九十二条第二款"聚众斗殴,致人重伤、死亡的,依照本法第二百三十四条、第二百三十二条的规定定罪处罚"的规定定罪量刑,从而造成对申诉人的量刑畸重。请求按照审判监督程序予以提审改判,依法从轻处罚。

此致

××省高级人民法院

申诉人 杜××
二〇二×年十二月二十四日

二十五、民事起诉状

(一)规定格式

A. 自然人提起民事诉讼用

民事起诉状

原告

被告

诉讼请求

事实与理由

证据和证据来源,证人姓名和住址

此致

××人民法院

起诉人 ×××
×年×月×日

附:本诉状副本×份。

B. 法人或其他组织提起民事诉讼用

民事起诉状

原告名称

所在地址

法定代表人(或代表人)姓名、职务、电话

被告名称

所在地址、电话

诉讼请求

事实与理由

证据和证据来源,证人姓名和住址

此致

××人民法院

起诉人　×××

×年×月×日

附:本诉状副本×份。

(二)案例A:刘××诉齐××继承纠纷案民事起诉状(自然人提起民事诉讼)

民事起诉状

原告刘××,女,37岁,汉族,××省××市人,××钢铁公司干部,住××市××区××路17号。

被告齐××,女,46岁,汉族,××省××市人,××钢铁公司××厂工人,住××市××区××路46号院。

诉讼请求

1. 判决被告齐××对原告家祖传房产不享有继承权。
2. 判决原告刘××为祖传房产唯一合法继承人。
3. 判决被告齐××承担本案全部诉讼费用。

事实与理由

我父亲刘××与母亲李×生育原告刘××和原告哥哥刘×二人。2006年哥哥刘×与本案被告齐××结婚。2012年哥哥刘×因公死亡,2013年初父亲刘××病逝,遗有祖传房产5间。此后,母亲李×与原告、被告共同生活。

2014年,我与丈夫胡××结婚,并于当年年底搬入夫家另过。被告与我母亲住在一起。但被告脾气古怪,经常与母亲争吵,叫我母亲为她洗衣做饭、操持家务,而她却并无半点孝心。更为恶劣的是,被告自2007年起,先后与多名男人恋爱,甚至把男人带到家中让我母亲做饭侍候,稍不遂意即对我母亲破口大骂。因被告的虐待行为,使我母亲身体状况越来越差,每年都到我家住3~4个月。202×年底,我母亲病逝。我要求继承祖传房产,考虑到被告齐××在此地居住较长时间,我同意齐××继续住东屋2间,但齐××拒不同意,要求与我一起继承并分割房产,双方为此多次发生纠纷。

根据我国《民法典》第一千一百二十五条第三项规定,继承人"遗弃被继承人的,或者虐待被继承人情节严重",丧失继承权。由于被告齐××对公婆未尽赡养义务,并且长期虐待婆婆,情节严重,依照法律规定,当然不应享有继承权。因此,我应当是我家祖传房产的唯一合法继承人。

证据和证据来源,证人姓名和住址

1. 私房房产证,鞍山市××区房管局核发。
2. 证人孙××证言,孙××提供。孙××住址:××市××区××路46号院。
3. 证人李××证言,李××提供。李××住址:××市××区××路46号院。
4. 证人陈×。陈×住址:××市××区××路19号院。

为使纠纷得到解决,特向你院提起诉讼,请依法判决。

此致
××省××市××区人民法院

起诉人 刘××
二〇二×年四月十八日

附:本诉状副本×份;证据材料×份。

(三)案例B:中石化××石油公司诉××信用担保公司委托理财合同纠纷民事起诉状(法人或其他组织提起民事诉讼)

民事起诉状

原告名称:中国石化集团××石油有限责任公司。

所在地址:××市中山一路24路甲。

法定代表人:张××,公司总经理。

委托代理人:王××,男,公司财务资产部。

被告名称:××信用担保有限公司。

所在地址:××市东城区东××街1号××办公楼7层1-4室。

法定代表人:孙××。

企业性质:有限责任公司。

诉讼请求

1. 请求法院判令被告返还原告委托理财本金人民币1282.5万元。
2. 请求被告返还原告上述本金款的银行2017年6月至实际清偿时利息人民币36万元(以上两项合计人民币1318.5万元)。
3. 本案诉讼费由被告负担。

事实与理由

原告和被告于2017年6月中旬签订《委托投资协议书》,协议规定原告(协议甲方)委托被告(协议乙方)投资管理的资金共计人民币2500万元,将其存入甲方名下资金专户(99772)中,并授权被告在该账户内进行证券买卖操作,操作范围限于沪深交易所上市挂牌的股票、国债等有价证券(见《委托投资协议书》第一条)。该协议第二条约定:"甲方委托乙方投资管理的期限为12个月,即自2017年6月12日至2018年6月11日(具体时间以资金实际到账日为准)。被告承诺(支付原告)委托投资管理资产的收益为年利率9.3%。在原告委托被告投资理财期间,被告将自有资金和托管证券市值2500万元存入被告名下的资金专户(99771)中,作为对原告资金的风险保证。"该协议第九条约定:"在协议期间,若原告资金总额低于2000万元人民币时,乙方应于两个工作日内补足,如被告不能及时补足,原告资产总额仍低于2000万元人民币时,被告承诺原告于第三天起可对原、被告名下账户证券进行平仓,平仓所得资金不少于投资本金及支付甲方约定收益之和,并将相应资金划入原告名下账户……平仓后资金若少于投资本金及支付甲方收益之和时,则被告承诺在两个工作日内补足……"协议书第十二条还规定了被告若违反协议书第九条应承担的违约责任等事项。

原、被告双方在签订《委托投资协议书》的同时,还分别与第三方××证券股份有限公司××新沪路证券营业部签订了《授权书》。该《授权书》约定第三方对原告账号为99772的资金账户和被告账号为99771的资金账户内的资产(包括资金及有价证券)进行监管,期限为2017年6月12日至2018年6月11日止。《授权书》约定"当监管账户内资产总值(以当日收盘价计)低于2000万元,营业部须在后一交易日开市前以电话或传真方式通知对方"(原被告账号中的起始资产总值均为2500万元)。此《授权书》实为第三方与原、被告订立的"委托监管合同"。

原、被告之间的《委托投资协议书》及原、被告与第三方的委托监管合同签署后,原告与案外人××正申石油化工有限公司(简称"正申石化")商定以"正申石化"的名称开设资金账户(99772)。在99772账户中共有3000万元的委托投资,其中500万元为正申石化出资,2500万元为原告出资。99772账户于2017年6月12日开户,该资金账号于2017年6月12日以本票形式转入资金3000万元,资金账户下的交易或托管股票账号数为30个,该资金账户买入"世纪××"股票,总计1293252股,无融资及抵押情况。股票买卖事宜全部由被告的代理人李×及被告授权的王×、郑×等操作。

从2018年4月16日起,"世纪××"股票交易出现异常情况,监管方(××证券公司上海新沪路营业部)立即以电话通知被告,征得被告同意后进行平仓。监管方于2018年4月25日将99772账户名下的世纪××股票总计1313252股转入海通证券公司下属单位延安西路营业部(监管方认为延安西路营业部在深交所席位靠前,便于加速抛售)。嗣后监管方将股票卖出所得金额全部转入委托方资金账号名下。至此,原告投资的3000万元仅剩1700万元,股票金额为零。平仓后,监管方公司已将正申石化投资的500万元归还该公司。原告的经济损失达1282.5万元。

在原告与被告签订《委托投资协议书》,并由被告将原告的资财进行证券买卖操作的过程中,被告的法定代表人系刘×甲。刘×甲当时既是中投信用担保有限公司的董事长,也是世纪××控股股东世纪兴业的董事长。被告以原告委托理财和资金3000万元炒作世纪中天股票,违反了我国《证券法》第七十三条、七十六条之规定,系该法规定的禁止交易的行为。2018年4月中旬"世纪××"股票交易出现异常情况,也是由刘×甲涉嫌原贵州省省委书记刘×乙受贿一案,被监察部门审查所引发的。在股票交易出现异常情况时被告也未按《委托投资协议书》第九条、第十二条之规定进行补救和赔偿。

被告的问题给原告造成巨大经济损失后,原告与被告多次交涉,并于2019年8月31日与被告谈判达成以部分股权、部分现金清偿债务(计本金损失1292.5万元和收益损失232.5万元)的协议。但至今被告拒不履行此协议。

综上所述,原告委托被告投资理财,在履行协议过程中,恪守诚实信用原则。而被告在受托理财过程中,作为知悉证券交易内幕信息的知情人员,买入其所持有的该公司的证券,实施法律所禁止的交易行为。最后,被告当时法定代表人刘×甲的个人原因,导致所买入"世纪××"股票的狂跌,造成所购股票暴跌,且被告对原告的损失不采取补救措施,违反了双方的协议,最终给原告造成巨大的经济损失。按照我国《民法典》第五百七十七条之规定,请求法院判令返还原告委托理财本金人民币1282.5万元,并返还原告上述本金款的2017年6月至2020年1月份银行利息人民币36万元,共计人民币1318.5万元。

此致
××市××区人民法院

起诉人　中国石化集团××石油有限责任公司

法定代表人　张××

二〇二×年一月十五日

附:1. 本诉状副本×份。
　　2. 证据材料详见清单(清单及材料一式两份)。

二十六、民事反诉状

(一)规定格式(民事被告提起反诉用)

民事反诉状

反诉人(本诉被告)

被反诉人(本诉原告)

反诉请求

事实与理由

证据和证据来源,证人姓名和住址

此致
××人民法院

反诉人 ×××
×年×月×日

附:本反诉状副本×份。

(二)案例:××食品添加剂应用技术推广站合同纠纷案反诉状

民事反诉状

反诉人(本诉被告)轻工部××食品添加剂应用技术推广站。地址:××市东大街139号。

法定代表人王××,××食品添加剂应用推广站经理。

被反诉人(本诉原告)××省××市××食品有限公司。地址:××省××市××街325号。

法定代表人李××,××食品有限公司经理。

反诉请求

1. 被反诉人应承担本合同纠纷的违约责任,向反诉人支付违约金 23 212 元。
2. 被反诉人应承担因其调走货物由反诉人支付的保管费、运输费、卸车费共计 2 386 元。

事实与理由

反诉人与被反诉人于 202×年 1 月 22 日、1 月 28 日分别签订了两份食品购销合同。合同约定：由被反诉人向反诉人提供 10 200 公斤 cmc 系列食品添加剂，货款共计 22.2 万元。收到货物后，反诉人发现所运货物与合同中约定的类型不符（见证据 1）；包装标准也不符合合同规定（见证据 2）；对部分货物进行化验时，发现混浊体严重，并有异味，属伪劣产品（见证据 3）。基于此，反诉人 202×年 3 月 29 日与被反诉人交涉，双方达成了协议：由××食品有限公司（被反诉人）将全部货物的 96% 自行调走，反诉人承付已售出的 4% 货物货款。202×年 6 月 18 日被反诉人委派销售员刘××来催要货款，反诉人法人代表王××当即表示，货款一定偿付，但钱尚未完全回笼，应宽容几天，并当场认定货款额为 1.3 万元（已远远超过了售出 4% 货物的款额）。但时隔不久被反诉人却突然起诉，要求返还拖欠款 1.8 万元，致使本应自行协商解决的问题变得复杂化了。

反诉人认为：欠债还款乃天经地义之理，但上述货款未能及时兑付的原因却是由被反诉人先行违约造成的，货物种类与合同约定不符，包装标准也与合同规定不符，加之质量低劣，已属严重违约，反诉人为了顾全大局，始终未采用法律手段，但被反诉人却认为反诉人软弱可欺，先行起诉。基于上述事实，依照《中华人民共和国民事诉讼法》第一百四十三条的规定，提出反诉，请××区人民法院依法公正判决，以维护反诉人的合法权益。

此致
××市××区人民法院

反诉人　轻工部××食品添加剂应用推广站
法定代表人　王××
二〇二×年八月二日

附：本反诉状副本 3 份。

二十七、民事上诉状

（一）规定格式（当事人提出上诉用）

民事上诉状

上诉人（原审诉讼地位）：×××，性别，×年×月×日出生，×族，……（写明工作单位和职务或者职业），住……。联系方式：……。

法定代理人/指定代理人：×××，……。

委托诉讼代理人：×××，……。

被上诉人(原审诉讼地位):×××,……。

上诉人因××××(写明案由)一案,不服××人民法院×年×月×日(××××)×民初字第××号民事判决(或裁定),现提出上诉。

上诉请求

上诉理由

此致
××人民法院

上诉人　×××
×年×月×日

附:本上诉状副本×份。

(二)案例:华×甲与辛××遗产继承案原告民事上诉状

民事上诉状

上诉人(原审原告)华×甲,男,61岁,汉族,江苏省××县人,农民,住××县龙水乡湖山村。

被上诉人(原审被告)辛××,女,60岁,汉族,江苏省××县人,暂住××县龙水供销社招待所。

上诉人因遗产分割一案,不服××县人民法院202×年×月×日(202×)×法民初字第143号民事判决,现提出上诉。

上诉请求

请求撤销原审判决,另行公正判决。

上诉理由

上诉人的儿子华×乙与被上诉人的女儿薛××从201×年初开始恋爱,于201×年7月登记结婚共同生活。不料薛××被安排到龙水供销社湖山门市部就业任见习营业员(徒工)以后,见异思迁,经常无事生非,要与华×乙离婚。201×年5月双方又发生争吵,薛××扬言要用柴油烧掉房子,后来竟用1瓶开水向华×乙身上泼去,将华×乙腿部烫伤,致使其治疗休息16天之久。同年8月×日两人又发生争吵,薛××将衣物被子全部运回娘家,并将余下的1条被子浇上柴油,准备放火。华×乙忍无可忍,在极度气愤的情况下,将薛××掐死,然后跳崖自杀。两人死后,对其所遗留的房屋、家具、存款、现金等的归属问题,先由龙水乡公安派出所提出处理意见,但极不合理,因此上诉人拒绝接受,于是诉请××县人民法院解决。该院已判决认定华×乙、薛××属于事实上的婚姻关系,所以将其遗物按家庭共有财产加以处理,并以"华×乙将薛××杀害,使薛××父母在经济上蒙受损失和生活上造成困难"为由,将房屋、家具等判归上诉人所有,将存款7000元和现金等判归被上诉人所有。但对华×乙生前所负债务却避而不提,对债权人华×丙、华×丁等人的合法权益未予保护,致使他们要上诉人还债。上诉人对此判决不服,现将理由表述如下:

1. 上诉人接受原判决关于华×乙、薛××两人夫妻关系的认定。按照《民法典》第一千零六十二条的规定,夫妻在婚姻关系存续期间所得的工资、奖金、劳务报酬,生产、经营、投资的收益等各项财产,归夫妻共同所有,也就是说夫妻共同财产,不包括各方婚前的财产。原判认定房屋和全部家具是201×年10月华×乙和薛××与上诉人分家分得,足见不是婚后购置,而是华×乙的婚前财产。因此判决书中所说的"分家分得"不可理解为其"在婚姻关系存续期间所得"。因为类似这种孩子在结婚以后,与父母兄弟分锅吃饭、自立门户性质的"分家"和那种在父母生前或死后将全部财产分配给几个子女,并以契约形式明确固定各自的财产所有权的"分家"是不相同的。上诉人有4个儿子。201×年时上诉人建造房屋4间,打算将来4个儿子各给1间,当时华×乙年仅10岁,没有劳动收入。该房产权属上诉人所有,生前交由儿子使用,死后才能由其继承产权。华×乙结婚时,上诉人和上诉人的其他3个儿子出于照顾,暂允许其使用两间,他当然不能由此而取得所有权,更不能将此房屋视为他和薛××的共同财产。华×乙死后,上诉人收回房屋只是行使自己对该房的所有权,绝不是继承华×乙的遗产。因此,原判将此房作为华×乙、薛××两人的共同财产加以处置是不合法的。至于家具,虽系上诉人为华×乙置备,但其中亦有华×乙的劳动所得,上诉人愿意承认全部属于华×乙所有。然而此项家具在他们婚前置办,他们成婚也仅1年,而且女方在结婚时置办的被褥等物已由薛××全部拿走。因此,这类婚前财产也应归各自所有,华×乙的家具也就不应作为共有财产与7000元存款一起分割。属于华×乙独自所有的家具由上诉人继承是理所当然的。所以不能因为上诉人收回了房屋和得到了家具就不让再分存款。上诉人有权对7000元存款等提出请求。

2. 华×乙生前所负债务5000元,有充分的证据可以证明,原审法院也已查实认定。此项债务发生在华××与薛××共同生活期间,应以其共同财产清偿。而且事实上这笔7000元的存款中有5000元就是华×乙借来办婚事用掉的。因此该存款应首先用于清偿债务,剩余部分及现金方能作为遗产分别由各自的父母继承。

3. 华×乙犯了杀人罪,应由国家依法追究刑事责任。但因其已自杀身亡,实际上已无法追究。薛××被害确实非常不幸,上诉人也深感悲痛。但如前所述,薛××思想发生变化后,意图对华×乙恶意伤害和准备放火,导致这场悲剧的发生,这也是人所共知的事实。上诉人和被上诉人都因此而遭受同样巨大的精神打击。华×乙确属罪大恶极,但责任应由其自行承担,上诉人并无任何责任,在本案中也丝毫无愧于被上诉人。原判声称被上诉人"在经济上蒙受损失和生活上造成困难",言下之意,在经济上要对被上诉人给予补偿和照顾,所以便把存款、现金全部判归被上诉人,却将债务丢给上诉人负担。这样做不仅不合情理,也是于法无据的。华×乙犯的是杀人罪,其犯罪行为并未造成财产损失的直接后果,如果华×乙没有死亡,受到逮捕法办,被上诉人也没有理由提出附带民事诉讼。何况华×乙业已死亡,被上诉人更谈不上要求任何经济赔偿。原审判决的这种提法是对被上诉人无理要求的无原则迁就,是完全站不住脚的。因此,要求上诉审法院撤销原判,依法另行公正裁判。

　　此致
××省××市中级人民法院

上诉人　华×甲
二〇二×年×月×日

附:本上诉状副本×份。

二十八、民事答辩状

(一)规定格式(自然人对民事起诉提出答辩用)

民事答辩状

答辩人×××

　　答辩人因××××一案,提出答辩如下:

　　此致
××人民法院

答辩人　×××
×年×月×日

附:本答辩状副本×份。

(二)案例:郝××遗产继承纠纷案民事答辩状

民事答辩状

答辩人郝××,男,87岁,汉族,××省×县××乡苑岗村人,原系电力机械制造公司技工学校校长,现已离休,家住本校家属院。

　　委托代理人郝××,50岁,系××省×县××乡苑岗村农民。

你院 201×年 7 月 20 日寄来的诉状副本及应诉通知书,我于 201×年 8 月 18 日收到,现遵嘱提出答辩意见如下:

原告在起诉状声称:答辩人参加八路军后,15 年没有音信,家中老人全由他们夫妻二人侍奉,以此来证明我对家中未尽任何义务,这完全不符合事实。答辩人于 1938 年(15 岁)即参加了八路军,由于革命的需要,十几年出生入死,为解放全中国南征北战,未能回家孝敬父母,这是事实。但是,答辩人认为当时离家的原因是干革命,是为国家做贡献,在个人与国家利益的天平上,我选择了国家利益,这有什么不对呢?况且解放后,我有了工资收入都要定期如数寄回相当数额以赡养老人,并在我工作固定之后,前后两次将母亲接来××住了两年之久。反过来说,既然 15 年无音信未尽任何义务,村派的代耕和"光荣军属"牌又是谁的荣誉?难道赡养只有生活扶助这一项吗?原告声称老人均由他们赡养,我未尽义务,这毫无道理。

原告在诉状中声称:抗战日本鬼子扫荡时期家中的 6 间瓦房被敌机炸去了一半,他们又投资 1200 元,重新将房子盖好。这纯属一派胡言。事实是:当时遇敌机轰炸,并未炸中房屋,只是将房震动了一下,这可以向同村的老年人了解。再说当时二位老人都正值中年,身体健康,是当家人,能轮上原告费这个心吗?更何况在那个时候能拿出 1200 元这个数目不小的钱来翻修房屋吗?由此,原告说他们为此耗费 1200 元翻修房屋完全是为了他个人的需要而捏造出来的谎言。

原告在诉状声称:答辩人与本村张×珍结婚,完全是他们操办的婚事,为此花掉所有积蓄 400 元,之后又供养张×珍上学 2 年。这也是对事实的严重歪曲。真实的情况是:我于 1952 年回村结婚,我已有固定收入,回村结婚所耗钱财,完全是我个人的,根本未花他们的钱,我妻子根本没有由她供养上学,上学时也是吃在娘家,住在娘家,这可由住在同一街的张×兴、张×珍、张×朋作证。原告为了个人需要,如此捏造事实,真是用心良苦。

原告在诉状中还声称:1963 年婆婆病逝,他们借款 250 元、借粮 150 斤,埋葬了老人,而答辩人回家后,将母亲生前药费及埋葬老母花费 550 元,带回××报销,至今未给他们一分。这又是对事实真相的歪曲。事实是:当答辩人获悉老母病逝后,立即汇去 500 元,以作丧葬之用,再说棺木还是答辩人用钱事先就做好的。原告说答辩人将药费及埋葬费 550 元带回去报销,这更经不起推敲,按我国的财务制度规定,药费报销范围只限于在职职工本人,怎能对非职工报销呢?即使可以报销,埋葬费的发票是哪儿给开的,没有发票能报销吗?这是一个简单的常识,这种捏造连起码的常识都不顾了,实在荒谬可笑。

这些年来,我身居外地,对抚育我的故土有着深厚的感情,并未忘记抚养我的亲人。我有 4 个孩子,全家共 6 口人,生活全靠我一人工资维持,生活拮据,尽管如此,几十年来,为家中修房子我曾寄回 150 元,母亲丧葬费寄回 500 元,哥哥来××看病住院动手术花去 350 元,返回家时,车旅费又给 40 元,还不算其他东西的花费。1981年哥嫂来信要买驴让我给予帮助,又寄回120元。1988年接到哥哥突然去世的电报,速寄回200元。自1963年母亲去世后到1981年,为表示做弟弟的一点心意,几乎每年春节都给他们寄回20元,至此,前前后后我共寄回千余元,不但寄钱,还寄过衣物和鞋,包括原告曾穿的小脚矮腰雨鞋,也是我寄去的。由此可见,我不但履行了对父母应尽的义务,还尽了对兄嫂生活的帮助。原告不顾事实,故意捏造歪曲,这是法律所不能容忍的,请法庭明察秋毫,予以公正决断。

原告在诉状中声称:答辩人回家后,骗取了房产手续,卖掉了房子,得款2650元,分文不给她。事实情况是:我母亲病逝后,家中留有房屋7间、油房1间、1块场地。原告在我母亲去世后不久,即擅自将房屋3间、油房1间、1块场地及屋中所有家具什物统统卖掉,只剩下空空的4间房,事前未告知答辩人,所得房钱也被她全部独吞。按照我国继承法有关条款规定,子女对父母的遗产享有平等的继承权利,原告在未经我许可的条件下,将房屋偷偷变卖,对我应是一种侵权行为。不仅如此,她还不满足,去年又谋划将剩余的4间房卖掉,现正在进行变卖过程中(手续已办完,她已拿到800元钱),被本村同族人发现,制止了她的这种行为。之后族人通知我,叫我立即赶回处理此事。当时由于我冠心病发作住医院治疗,未能回去,直到今年6月回到家后,原告主动提出由我卖房,并亲手将房产证交与我说:"卖了房子,你看着办。能给就给两个,不给就算了。"这样我将剩余的4间房子卖掉,共计2650元。我考虑到,虽然她已卖掉了4间房及房中所有家具,得到了她应得的继承份额,但出于情分,我仍给了她400元,但她却突然翻了脸,百般耍赖,声称给钱少了,酿成这场民事纠纷。答辩人认为:我们和兄嫂对父母遗留的房产具有平等的继承权利,在此之前,她已偷偷卖掉4间房及一个场地,因此她应享受的继承权已经实现完毕,剩余的4间理应由我继承,尽管由于卖的时间不一样,价钱随着物价的上涨也不一样,我的房款可能比她卖的多一些,但是,继承的标的应是房屋,而不是卖掉房屋所得钱款。如果原告认为吃亏了,她可以将卖掉的4间房及1个场地收回,现在同时卖掉再平均分配。因此,原告要求分享这4间房屋卖款,是毫无道理的。原想给她400元,这说明我对她确实已经做到仁至义尽,但原告仍不满足,企图完全剥夺我的继承权利,要回房钱,实在是于理于法不容。

关于原告声称打人之事,这更是无中生有,凭空捏造。事情发生的经过是这样:原告从乡司法所回到村,就到我住处找我,问我为什么不到司法所去。我说:"因为有病不能前去,有代理人郝×元去就可以了。"她说:"你给我钱,不给钱不行。"我说:"房子是我的,卖房钱给你400元就不少了。你还嫌少,我一分钱也不给了。"她在屋里坐了一会儿就走了。时隔不久,原告又朝我住处奔来,正巧,被在街上往回走的张×朋看见,张×朋见原告满脸怒气,急忙赶到家将院门锁上,原告进不了院子就在大门外大骂。原告在门外,张×朋在门里就对吵起来。后原告就跑到大门外,躺在街上喊打死人了。在大门锁着的时候,难道院里的人能打到院外的她吗？这简直是泼妇行为,有谁能证明打她了？怎么打的？这纯属捏造事实,真是情理难容。

鉴于以上事实,我恳求法庭依照事实,公正决断,以维护我的合法权益。

此致
××县人民法院良岗法庭

答辩人　郝××
二〇一×年八月十九日

附:本答辩状副本×份。

二十九、民事再审申请书

(一) 规定格式(自然人再审申请用)

民事再审申请书

申请人×××(一、二审诉讼地位):×××,性别,×年×月×日出生,×族,……(写明工作单位和职务或者职业),住……,联系方式:……。

申请人×××根据《中华人民共和国民事诉讼法》第二百零七条第×项之规定,对××人民法院×年×月×日(××××)×字第××号民事判决/民事裁定/民事调解,申请再审。

请求事项

事实与理由

此致
××人民法院

申请人　(签名或者盖章)
×年×月×日

附:本民事再审申请书副本×份。

(二) 案例:葛××房屋产权纠纷案民事再审申请书

民事再审申请书

申请人葛××,女,1950年7月29日生,汉族,××省东台县人,县建筑公司工人(已退休),住城关镇万缘巷15号。

申请人葛××根据《民事诉讼法》第二百一十一条第(六)项之规定,对××省××市中级人民法院202×年4月10日(201×)×民终字第54号民事判决申请再审。

请求事项

1. 请求撤销××地区中级人民法院202×年4月10日(202×)×民终字第54号民事判决。

2. 请求依法改判,确认申请人对××房产的所有权。

事实与理由

1. 我和傅×宝婚姻关系存续期间所买的房子,房款是我独自筹借,也是我独自承担偿还的,有债权人臧××、冯××等人证明。

2. 买房子时,我的丈夫(已故)即被申请人之父傅×宝公开表态:不与我共买此屋,并请沈××代书了不愿共买房子并且不享有买入房屋任何权利的声明。声明报告内容见代书人沈××的书面证明。

3. 第一审、第二审法院只是泛泛地认定事实,援引法律。对于我提供的证人、证据既不调查核对,也不分析、不驳斥,下判时也全部不予采纳。这样的判决怎能使人信服?

4. 夫妻(婚姻关系)存续期间所得财产,应理解为包括双方或一方的劳动所得或其他收益。如属这样的性质,其产权应为夫妻共同所有。我买房子虽在婚姻关系存续期间,但买房用款不是劳动所得或其他收益,而是借债支付,还债又是在我故夫死后。第一审、第二审只引用《民法典》第一千零六十二条第一款,只讲"夫妻在婚姻关系存续期间所得的财产,归夫妻共同所有",而不顾及《民法典》第一千零六十五条第二款"夫妻对婚姻关系存续期间所得的财产以及婚前财产的约定,对双方具有法律约束力"的规定。

根据上述事实与理由,特申请贵院提审此案,依法判决,以保护申请人的合法财产权利并维护法治尊严。

此致
××省高级人民法院

申请人 葛××
二○二×年十二月二日

附:1. 第一、二审判决书复印件各1份。
    2. 房契影印件1份。
    3. 书证8份。

三十、行政起诉状

(一)规定格式

参见民事起诉状。

(二)案例:王××不服××市公安局治安管理处罚决定行政起诉状

行政起诉状

原告王×,男,36岁,汉族,××县××乡××村村民。

被告××县公安局。

诉讼请求

请求××市人民法院依法撤销××市公安局×公(治)决字〔201×〕第 007 号处罚决定书。

事实和理由

202×年 4 月 28 日,杜×承包×工厂扩建厂房的工程,在施工中,杜×事先未征得我的同意,便在我责任田东南角处挖池拌石灰,石灰粉尘及灰水流入我的责任田里,对小麦生长造成一定影响。我当面同杜×交涉,杜×不听劝阻,继续在原地拌灰,并说挖池拌灰"没有在你地里,你管不着",为制止杜×的侵害行为,双方发生口角,并相互撕扯。202×年 6 月 5 日××县公安局依据《中华人民共和国治安管理处罚法》第二十三条的规定,以干扰杜×正常施工,殴打他人,造成杜×轻微伤害为由,对我处以 150 元的罚款。上述事实没有根据。对此,向××县人民法院提起诉讼。

1. 市公安局认定我干扰杜×正常施工与事实不符。202×年 4 月 28 日,杜×在我承包的责任田东南角半米处挖池拌灰,大量的灰粉尘不仅散落在小麦上,且拌灰时溢出的石灰水直接流进麦田,使小麦受害,枝叶枯黄。为此,我与杜×交涉,请求他换个地方,以制止杜×等人不法侵害,保护我的合法权益,根本不存在我干扰杜×的正常施工的问题。市公安局对这一事实的认定是错误的。

2. 市公安局认定我殴打他人,造成杜×轻微伤害,不是事实。在制止杜×不法侵害中,双方确实发生了你拉我扯的现象,但双方均未被对方打伤,有在场劝架的群众可以作证。公安局偏听杜×一方之言,不调查,主观臆断是我造成杜×轻微伤害,这不符合事实。而且对杜×何处受伤,何人致伤以及诊断结论,均不能提供有力的证据。公安局在没有根据的情况下依照《治安管理处罚法》第二十三条第一款之规定,对我处以罚款 150 元的处罚,属于适用法律不当。

综上所述,公安局的处罚决定是错误的,我只是维护了自己的合法权益。因此,请求人民法院撤销公安局×公(治)决字〔202×〕第 007 号处罚决定书,以保护我的合法权益。

此致
××省××市人民法院

起诉人 王 ×

二〇二×年×月×日

附:本起诉状副本×份。

三十一、行政上诉状

(一)规定格式:

参见民事上诉状。

(二)案例:××市卫健委不服撤销行政处罚决定上诉状

行政上诉状

上诉人××市卫健委。

法定代表人×××,主任。

委托代理人×××,药政科副科长。

被上诉人××市医药药材公司。

法定代表人×××,经理。

上诉人××市卫健委因销售假药行政处罚一案,不服××市人民法院201×年×月×日作出的(201×)×法行初×号行政判决,现提出上诉。

诉讼请求

维持我局对被上诉人销售假中药巴×天的〔201×〕第003号行政处罚决定。

上诉理由

一、上诉人对被上诉人的行政处罚事实清楚,有法律依据。

1. 按照预定计划,上诉人派出的药品监督人员在201×年4月20日对被上诉人进行药品监督检查时,查出其销售的巴×天有质量问题,经××地区药检所检验,结论为:本品不符合中国药典(2015年版)之规定。本品不可供药用。故上诉人依据《中华人民共和国药品管理法》第四十八条第二项之规定,"非药品冒充药品或者以他种药品冒充此种药品的",认定被上诉人销售了假巴×天。至于冒充巴×天的是何种植物是技术问题,与确认此巴×天是否是假药无关。

2. 被上诉人认为其销售的巴×天不是假药没有法定依据。

3. 被上诉人认定该药材"应视为国家药品标准未收载,在局部地区有多年生产使用习惯",至今未提供出法定依据。

4. 本省卫健委卫药字(88)122号文件转发国家卫健委《地方性民间习用药材管理办法》(试行)的通知中规定:"省内药材经营、使用单位或个人需要调入和使用外省地方标准收载或未收载的地区性习用中药材,须报我厅审核批准方可使用,违者按《药品管理法》有关规定查处。"而所谓"恩施巴×天"并未经省卫生厅批准使用,理应按假药处理。

5. 被上诉人对××市药检所的检查结论产生怀疑,经我局同意可以重新送检,但必须按药检系统的规定,送×地药检所的上级药检部门省药检所进行检验,否则,难以作为法定依据。

综上所述,被上诉人销售假巴×天事实清楚,依据《中华人民共和国药品管理法》第七十三条之规定,没收假药和非法所得1313.2元,处以该批药品价值3倍的罚款3940元是合法的。

二、上诉人对被上诉人中药批发股副股长罚款300元是合法的。201×年4月20日下午、4月21日上午,上诉人派出的药品监督人员对被上诉人中药批发股进行检查,副股长×××(该批发部的负责人)以经理不在为由,拒绝提供购入巴×天的原始发票,并拒绝我药品监督人员对中药材夏枯草进行检查,致使该药材的进货单位和现存的数量及销售价格得不到查处,所以×××有拒绝检查的事实。鉴于×××是被上诉人中药批发股的主要负责人,在销售巴×天上应负直接责任,故依据(85)卫药字第59号文第一项,即对生产、销售假药品的,没收假药和非法所得,处以该批假药所冒充的药品的货值金额3—5倍的罚款,对制售假药单位的直接责任人员,处以2000元以下的罚款,故对×××处以300元的罚款是合法的,如果被上诉人认为×××不负有直接责任,请指出究竟谁在销售巴×天的问题上负有直接责任,上诉人依法将对其处罚。

三、上诉人201×年4月20日派出的药品监督人员进行正常检查,与省卫健委(××)31号文件精神没有矛盾,况且上诉人于201×年4月11日开始对全市的药品质量进行检查,4月18日才接到省卫健委(××)31号文,4月20日对上诉人检查是在省卫健委(××××)31号文件规定自查时间以前,是药品监督人员正常的监督检查,这里应说明的是,省卫健委的上述文件没有规定不准在自查时间之前进行监督检查。

综上所述,上诉人认为对被上诉人的〔201×〕第003号处罚决定是合法的,法院应予维持。

此致

××市中级人民法院

上诉人　××市卫健委
二〇一×年×月×日

附:本上诉状副本×份。

三十二、行政再审申请书

(一)规定格式

参见民事再审申请书。

(二) 案例:庞××不服维持行政处罚决定行政再审申请书

行政再审申请书

再审申请人庞××,男,30岁,×族,××省××县人,××工厂职工,住本县××镇××街×号。

再审申请人因行政拘留一案,不服××市人民法院202×年××月×日作出的维持原行政拘留处罚决定的(202×)法行初×号行政判决,现提出再审申请。

请求事项

1. 撤销原拘留决定和一审判决。
2. 赔偿申诉人因拘留遭受的经济损失。

事实与理由

××市公安局于202×年×月×日以我参与打群架为由,对我处以行政拘留10日的处分。我对此不服,诉诸市法院。市法院以已解除拘留为由,是非不分,来一个和稀泥,判决维持原行政处罚。我因住医院检查身体,又因在拘留所受委屈,以致精神恍惚,未在上诉期限内提出上诉,现提出申诉。

市公安局和市法院都认定我参与了打群架,实在是天大冤枉。我曾一再申明,当时我是在看热闹、围观,因见何×甲用皮鞭抽打尚××,何×乙又用石头痛击尚××,实不忍睹,便上前推搡何家兄弟,谁知这就认定我参与打群架。我与何家兄弟素不相识,我与尚××也无亲无故,怎么会参与打群架呢?这有当时在场群众周××、夏××、谭××等人可证明。我没参与打架,只是徒手劝架。市公安局不分青红皂白,把我拘留起来,虽经我一再申辩,但还是于10天后才将我释放。可是这10天拘留,使我精神上、物质上受到很大损失,没有上班,作为旷工处理;检查身体看病又是一星期没上班,扣发了奖金,又扣了工资,合计损失5000元。至于精神损失、社会影响就没法估计了。为此,特提出再审申请,请求按照《行政诉讼法》第九十一条第(三)项的规定撤销法院一审判决和××市公安局对申诉人的行政处罚决定,并请求判令××市公安局赔偿经济损失5000元。

此致
××省××市中级人民法院

申请人　庞××
(章)
二○二×年×月×日

附:1. 行政再审申请书副本×份。
　　2. ××县人民法院(202×)×法行字第×号行政判决书复印本×份。
　　3. 证人周××、夏××、谭××证明材料共3份。

三十三、辩护词

（一）案例1：曲××故意伤害案辩护词（无罪辩护）

辩护词

审判长、审判员：

我们接受被告人曲××的委托，担任他的辩护人，现发表辩护意见如下：

××市人民检察院在起诉书中指控："被告人曲××拎镐追打王××，致王××左侧颧骨骨折，经法医鉴定为轻伤。本院认为：被告人曲××持器械故意伤害他人身体健康，其行为触犯了《中华人民共和国刑法》第二百三十四条第一款的规定，已构成故意伤害罪。"我们认为什么是"轻伤"，什么是"轻微伤"，应根据最高人民法院、最高人民检察院、公安部、司法部制定的《人体轻伤鉴定标准》和山东省高级人民法院、山东省人民检察院、山东省公安厅、山东省司法厅制定的《人体轻微伤鉴定标准》认真对照检查，就能正确区别认定什么是"轻伤"，什么是"轻微伤"。我们经认真核实案情，对照两鉴定标准，认为曲××致伤王××的结果，属于"轻微伤"，而不构成轻伤。将事实和理由阐述如下：

一、互殴经过和伤害结果证明王××伤属于轻微伤

201×年6月26日晚8时许，孔家疃村党支部书记甲××带领村干部参加宁海镇冷藏厂义务劳动后，从厂出来，在门前马路西侧，见到王××说："把党支部的公章交回党支部，以便开展工作。"王××蛮不讲理，说："你算老几。"因而发生争执。这时曲××在冷藏厂参加义务劳动，用十字镐刨冷冻库地面冻地，听人喊："外面打架了。"随手拿镐来到厂大门外马路西侧，见王××手持竹扫帚把，其妻孔××手持木锨打甲××。曲××来到王××跟前，王××又用扫帚把扫曲××，曲××用十字镐抢着挡。与曲××一起在冷藏厂干活的人出来了有二三十个，由于人多围着，没有打着王××。王的妻子孔××过来夺他手中的镐，来回夺了几下，镐没有被夺过去。孔××被村治安队员拉走了。曲××面朝西，见不到王××，见到王××的父亲王×民。王×民手持4尺长腊木杆也来帮其子打架。曲××踢了王×民两脚，王×民向北跑去。这是第一次互殴情况。在马路下西胡同内约30来米处，曲××又与王××照面。王用扫帚打曲××，曲××用镐捣了他的腰一下，是用镐的横面捣的。王坐在地上，但立刻两手一撑又站起来，往西朝他家的方向跑。这是第二次互殴情况。第三次互殴情况，王××一边往家跑，一边喊："我回家拿粪叉子叉死你。"由于天黑心急，慌不择路，一下子撞上停在胡同口约50米处的拖拉机上。曲××在后面追，要追上时，王××拐进孔××的院子，往平台上爬，爬了两三个台阶，曲××在地上用镐朝他的后腰部一杵，王××从平台的台阶上摔了

下来,躺在地上。曲××再没有打他。这3次互殴都没有打到王××的头部。曲××在回来的路上,路过王×民的家门口,见门半扇开着,半扇关着,用铁十字镐朝关着的半扇门砍了两下以解气。然后把镐送回冷藏库后回家。

根据曲××与王××互殴时,曲打王的部位和检验结果:王××"左胸肩背部可见数处面积不等的擦皮伤和皮下出血,总面积小于体表面积的5%。"按最高人民法院、最高人民检察院、公安部、司法部《人体轻伤鉴定标准》核对,构不成轻伤。符合山东省人民法院、人民检察院、公安厅、司法厅制定的《人体轻微伤鉴定标准》第三章第二十一条和第二十二条的规定,属于轻微伤。当时情况虽然是互相殴打,但曲××作为青年,遇事应该克制,保持冷静,避免矛盾激化,应该用讲道理的方法或者法律的方法解决纠纷,他不应该参与动武。这样不仅无助于问题的解决,而且给对方造成痛苦,也使自己犯了错误,违反了《中华人民共和国治安管理处罚法》。这是一次深刻的教训,应该认真地吸取。

二、对曲××"致王××左颧骨骨折,构成故意伤害罪"的指控,与事实不符,也不符合两院两部"鉴定标准"

(一)对"致王××左颧骨骨折"的认定,没有事实根据,也不符合科学道理

上面讲了曲××与王××3次互殴情况,均没有说打了王××的头。我们进一步来分析是否打了王××头的问题。我们去看守所会见曲××时,问他是否打了王××的头?曲答:"我没有打王××的头。我是用镐抢着打的。如果打他的头,镐那么重,王××不是就完了嘛!"我们认为这的确是一句老实话。至于王××及其妻孔××、父王×民等都说曲××打了王××的头,不符合事实。理由是:

1. 从使用的器械看。经我们测量分析:十字镐的重量是4公斤,铁镐长53厘米,一头刃宽5厘米,另一头尖1厘米。中间部分高6厘米,长8厘米,把长是93厘米。按物理原理,以等加速度运动着的器械作用于物体,其重量约有100公斤,可以刨开冻土,也可以刨裂水泥地。如果刨在人的头上,绝不止是4厘米长的、平整的肉皮上的线状伤痕和颧弓骨上的裂纹,而会是更为严重的伤势。若用镐的尖头刨,至少打一个窟窿,若用镐刃一头刨,他的伤口也不只是4厘米长,用镐的横断面打,也不只是打上颧弓骨,而是整个颧骨。所以起诉书的认定,不合乎科学道理。凡是科学都是可以反复实验的。试想,以十字镐用抡起来的速度打一个物体,看撞击力有多大,可以看出打在人的头上是什么后果。

2. 从头上的瘢痕看。王××头上左侧颧弓骨上端有一条平整直线状4厘米的皮痕。经过×线检查,下面颧弓骨有一条纵向的线纹。皮伤与骨线方向是不一致的。颧弓骨是一小块非常坚硬的骨头,肉皮上的伤痕很小,不大可能形成颧弓骨骨折。从人的骨骼结构说,人的颧弓骨与颧骨之间都有一条纵型生理线,线的位置有的较前有的稍后,因人而异,王××头上颧弓骨的纵型线是生理线还是骨折线还不能确认,需进一步检验核实。

3. 从致伤的时间看,检验意见说是"陈旧性的骨折"。在医学上从受伤时起,21天后统称为陈旧性的骨折。王××头上的纵向线如是颧弓骨骨折的话,究竟是什么时候形成的?谁打的?用什么打的?需要进一步检验确认。据了解(孔家疃村长孔×松讲),去年4月16日和9月23日王××曾两次带领多人袭击孔家疃村办公楼,曾被人用石块打伤他的头。是否那时受的伤?亦有可能。

4. 从3次检验拍片结果看,王××头上的伤是颧骨骨折,还是颧弓骨骨折?属于轻伤还是轻微伤?应该以科学的方法拍X线照片为准。根据实际拍的X线照片来看,是后者,而不是前者。第一次,6月27日拍X线照片后,8月6日,××市人民检察院认为证据不足,将批捕材料发回市公安局要求补充侦查。第二次,8月9日拍X线照片,颧弓骨有一道纹,认为是颧弓骨骨折。是否属于颧弓骨骨折,是否构成轻伤?公检两机关认识不一致。第三次8月21日X线照片,是市检察院委托市人民医院拍的,也是有一道纹,但意见仍有分歧。这样本应送上一级法医部门鉴定,原来准备将片子寄往上海鉴定,未被批准。于是市主管政法领导,召开了三机关领导及法医参加的会议,采用行政手段,要求"统一认识",定为颧骨骨折,是轻伤。我们认为这种做法本身是违反实事求是的科学鉴定原则的。拍的X线照片是客观存在的,不能用行政手段主观臆断。我们曾两次(201×年10月21日和10月29日)走访县医院向法医门诊主治医师孙大夫咨询,孙大夫查看X照片,均认为是颧弓骨骨折,而不是颧骨骨折,没有功能障碍,不适用《人体轻伤鉴定标准》第十三条。为了对国家法律负责,对一个青年负责,应该听听孙大夫的证言。

(二)最高人民法院、最高人民检察院、公安部、司法部的《人体轻伤鉴定标准》,不包括颧弓骨骨折

《人体轻伤鉴定标准》:该鉴定标准于1990年7月1日颁布施行,到2013年12月31日废止。2013年8月两院两部公布《人体损伤鉴定标准》,原"轻伤鉴定标准"第13条对应的是"损伤鉴定标准"第2、4、5条的轻伤2级。后者第十三条规定:"颧骨骨折或者上、下颌骨骨折"划归于轻伤,没有把颧弓骨骨折列为是轻伤的规定,而颧弓骨不是颧骨。中央司法机关制定伤害鉴定标准,要求是非常严格的,不能随意作扩张解释。王××实际是颧弓骨骨折,起诉书和鉴定上都说成是颧骨骨折,这是没有法律根据的。

(三)曲××承认打了王××的头,是违心做出的供述

本着不枉不纵的精神,我们分析研究了曲××的供词,也到看守所会见了曲××本人,最终我们认为曲××承认打了王××的头是在一定的环境下违心作出的。例如,从7月5日曲××受到不应有的刑事拘留时起,至9月7日被逮捕时止,已被拘禁了两个多月,在历次的讯问中,从没有说过打了王××的头。9月7日讯问他,才说是打了王××的头。他是怎样说的?他说:"我把镐抡起来,一下打在王××的头部。"他是在什么情况下说的呢?我们听了曲××的陈述,分析了审

问人员的问话,认为有主客观两方面因素。从曲××的主观方面来讲,一个23岁的青年,被关押了两个多月,愿得到从轻处理,想早点出去这种心情是可以理解的。从客观方面讲,讯问人员似有诱供之嫌。在我们会见被告人时,他说:"预审员问'有证人说是你打了王××的头,头上有伤'。我答'我说没打就是没打'。预审员说'你承认了没什么大不了的。也不是重伤,是轻伤。如果你不承认就强判'。我答'若是这样,就是我打的'。"曲××认为承认后,很快就可以出去了。因此曲××所说打了王××的头,不是真实的意思表示,所以在律师会见他时,他吐露了真情。

王××头上颧弓骨骨折伤是怎样造成的呢?6月26日,孔××证言××说:"我看见俺村孔××用电棍朝王××头上打了两下。"曲××说,6月26日打架时,王××"朝他家的方向跑,慌不择路,胡同里停一台拖拉机,王××就撞在拖拉机上了,伤没伤我没看见"。也有人说去年王××两次带人袭击孔家疃村办公楼时,曾被人用石块打伤过头。有的医生说可能是生理缺陷。

总之,我国诉讼原则是重证据,不重口供。应根据以事实为根据、以法律为准绳的原则,来判断此案。

综上所述,我们认为曲××与王××互殴,致王××伤是轻微伤,不构成轻伤,不具备"犯罪构成"要件,不属于追诉刑事责任的范围,而是违反了《治安管理处罚法》,应宣告无罪。请法院依法裁决。

此致
××县人民法院

辩护人　北京市××律师事务所
律师　×××
二○一×年十月二十一日

（二）案例2:胡×瀚抢劫、杀人案辩护词（有罪从轻处罚辩护）

辩护词

尊敬的审判长、审判员:

根据《中华人民共和国刑事诉讼法》第三十三条的规定,本律师受浙江省××市中级人民法院指定并征得被告人胡×瀚同意,担任本案被告人胡×瀚的辩护人,依法出庭为被告人胡×瀚辩护。

在发表辩护词前,我首先对"三·三一"案件中的死难者深表同情。

今年3月31日,被告人胡×瀚参与了对"海×号"游船上游客及工作人员的抢劫、杀人活动。"海×号"上的游客24人、导游2人、船上工作人员6人共32人被烧死。今天,被告人胡×瀚被指控构成抢劫罪、故意杀人罪。辩护人依照《中华人民共和国刑事诉讼法》第三十七条关于"辩护人的责任是根据事实和法律,提出犯罪嫌疑人、被告人无罪,罪轻或者减轻、免除其刑事责任的材料和意见,维护犯罪嫌疑人、被告人的诉讼权利和其他合法权益"的规定发表以下辩护意见:

一、关于本案的事实和定性

根据法庭庭审查明的事实,以及辩护人庭前仔细查阅的本案全部卷宗材料,证明三被告人主观上有抢劫、杀人的故意,客观上有抢劫、杀人的行为。三被告人对自己的犯罪事实也已承认。据此,辩护人对××市人民检察院杭检刑诉〔201×〕70号起诉书及公诉词指控三被告人合谋作案,犯有抢劫罪、故意杀人罪没有异议。

二、关于被告人胡×瀚在本案中的地位、作用

本案是一起共同犯罪,且是一起有预谋的共同犯罪。但××市人民检察院杭检刑诉〔201×〕70号的起诉书及公诉词却没有对各被告人在本案中的地位、作用加以划分阐述,违反了《中华人民共和国刑法》的罪责自负的规定。为便于法庭分清各被告人的责任,辩护人想就三被告人在本案中的罪责作一说明,特别是对被告人胡×瀚在本案中所处的地位、作用进行辩护。

本案是一起特大抢劫、故意杀人案,但被告人胡×瀚在本案中与其他二被告人相比,地位相对低一些、作用小一些。

1. 本案的主要作案工具,如摩托艇、枪支、炸药、斧头是由其他被告人准备的。可以这么说,如果没有这些工具,要实施抢劫是不可能的。因此,在本案的犯罪预备阶段,特别是准备犯罪工具方面,被告人胡×瀚的作用相对较小。

2. 本案是抢劫罪与故意杀人罪两罪,后罪比前罪更为严重、恶劣,被告人胡×瀚确实提出抢钱的犯意,但没有提出杀人的犯意。

3. 在整个实施抢劫、杀人过程中,胡×瀚没有开枪,也没有扔炸药包,没有驾驶船只。

4. 在参与抢劫后,当导游宋×霞恳求三被告人"放我们一条生路"时,被告人胡×瀚曾提出中止犯罪的主张,胡×瀚对另两名被告人说:"我们逃吧,反正是蒙面的,抓住了也不会枪毙。"但由于另两名被告人坚持不同意,被否定了。假如被告人胡×瀚的意见被其他被告人接受,那么本案的后果将会减轻好多。但是很可惜,由于其他被告人的反对,被告人胡×瀚只好放弃了只抢钱不杀人的主张。从这里可以看出,被告人胡×瀚在参与杀人犯罪中有消极的一面,在其他被告人实施浇汽油纵火杀人时,被告人已退到摩托艇上观望了。由此可见被告人胡×瀚在杀人犯罪中作用比较小。

三、被告人认罪、悔罪态度较好

被告人的认罪、悔罪态度与量刑是有直接关系的。本案三被告人虽犯有抢劫罪、故意杀人罪,但他们能够认罪、悔罪,这一态度是应当加以肯定的。被告人胡×瀚在案发后,全面交代,彻底坦白,特别是对犯罪动机、作案手段作了详细交代,便于本案的彻底查明。被告人胡×瀚对自己的犯罪有悔罪表现,当本律师会见他时,

他深感自己犯下了不可饶恕的罪行,他痛恨自己,追悔莫及。

可见,被告人胡××瀚确有认罪、悔罪的表现。依照《刑法》第六十七条第三款的规定,"对于罪犯如实供述自己罪行的",可以从轻处罚。

被告人胡××瀚参与抢劫、故意杀人犯罪,且本案后果特别严重,依法应受到惩处,但三被告人具体在本案中的作用是不同的,辩护人请求合议庭在分别处罚本案三被告人时,充分考虑被告人胡××瀚在本案中特别是在杀人犯罪中的地位、作用以及他的犯罪动机、悔罪表现和彻底坦白态度,根据《中华人民共和国刑法》第二十七条、第六十七条规定,依法酌情从轻处罚。

辩护人的发言暂到这里。谢谢。

辩护人　浙江省××律师事务所
律师　×××
二○一×年×月××日

三十四、代理词

案例:周×甲诉庄××遗产继承纠纷案原告诉讼代理词

代理词

审判长、审判员:

我们××市第一律师事务所接受本案原告周×甲的委托,特指派我担任周×甲的诉讼代理人。代理本案后,我查阅了案卷,向有关方面进行了调查,刚才又听取了法庭调查情况,对本案有了较全面的了解。现在,我根据诉讼代理人的职责,本着以事实为根据、以法律为准绳的原则,对本案提出以下意见,供合议庭参考。

一、本案系争财产是庄××名下的银行存款55万元。这笔存款是周×甲同庄××的夫妻共同财产,其理由如下:

(一)这笔财产是庄××本人于201×年以自己的名义存入银行的,而庄××与周×甲早已于201×年结婚。据此,从时间上可以认定该存款是庄××在夫妻关系存续期间所得财产。

(二)周×甲和庄××两人的月薪共计15 000元,两人每月积蓄6 000~7 000元,8年积蓄55万元是绰绰有余的。因此,从经济来源上也可以认定这笔存款是夫妻关系存续期间积蓄的。至于被告庄×(系被继承人庄××之妹)辩称:庄××名下的存款来自70多年前庄家祖上卖房所得款,依据不足。

(三)现在也无充分的证据可以证明庄××与周×甲之间有经济各自独立的约定。尽管被告的亲友凭模糊的记忆作证,证明庄××与周×甲之间有经济各自独立的协议,但原告的亲友、老上级也能据实反证庄××与周×甲两人经济合并,夫妻关系融洽。在双方各凭间接证据各执己见的情况下,只能以原始的"协议书"作为直接证据来断定事实。因为"夫妻财产各自独立"的理由是被告提出的,所以"协议书"的举证责任就在被告一方。既然被告现在举不出证据,"夫妻财产各自独立"的理由就不能成立。据此,依《民法典》第一千零六十二条的规定,庄××名下的财产应确认为庄××与周×甲的夫妻共同财产。

此外还应说明:周×甲与庄××就夫妻共同财产的开支,确有过口头商议,周×甲在自己月薪中留 3 000 元零用,其余交给庄××,周×甲若有来客,招待费从周×甲留用的零用钱中开支;家庭开支由庄××安排,不负担周×甲前妻所生之子的生活费。但是,在形式上,这个口头商议并不等于"书面协议";在内容上,庄××同周×甲的前妻所生子女经济分开,不等于庄××同周×甲之间的经济分开,周×甲留用的零用钱与庄××掌握的家庭开支独立,并不等于周×甲的工资收入同庄××的工资收入各自独立。被告把前者的事实歪曲成后者之说,是严重失实的。

二、本案所争财产,除去周×甲个人所有的一部分,余下的应属庄××的遗产。在无遗嘱的情况下,这笔遗产的第一顺序法定继承人只有两人:一是周×甲,作为配偶,是当然的继承人;二是周×甲与前妻所生子女周×乙,因其与被继承人共同生活过 3 年,已形成了事实上的抚养关系。这两个继承人,理应享有平等的继承权,但在各自的具体份额上,请法院能考虑周××对遗产形成的贡献大,周×乙对继母所尽的义务较少这两个因素。

至于被告庄×的 3 个孩子,尽管庄××在婚后仍对他们或多或少地资助过,但相互间没有形成固定的经济联系,在事实上不构成抚养关系。退一步说,即使庄××生前对他们尽过抚养义务,由于他们在庄××去世时,都已参加工作,有了固定的工资收入,因此,也不具备享有庄××遗产份额的资格。因为,受过继承人抚养的非法定继承人,只有在被继承人去世时无劳动能力或无生活来源的,才能享有继承权。

至于被告庄×,因为是被继承人庄××之妹,应属于庄××遗产的第二顺序法定继承人。在有第一顺序法定继承人的情况下,她无权继承庄××的遗产。

总之,被告庄×不是庄××名下存款的所有人,也不是该遗产的第一顺序的法定继承人,却无理侵占了庄××存款的存折,这侵犯了遗产所有人和继承人周×甲的合法权益。对此,请求法院给予严肃教育,并依法采取措施,保护本案原告周×甲的合法权益。

原告诉讼代理人　×××律师

二〇二×年×月×日

三十五、法律意见书

（一）规定格式（A.股票发行用，B.其他法律事务用）

A. 法律意见书
（股票发行用）

××公司（发行人）：

按照《股票发行与管理规定暂行条例》第十三条的规定，根据贵公司与××律师事务所签订的委托协议书，××律师事务所指派××律师（以下简称本律师）作为贵公司××年度向社会定向发行股权证工作的特聘法律顾问，就有关法律问题，出具本法律意见书。

根据《委托协议书》，本律师审查了如下事项：

1. 发行人发行股权证的主体资格；
2. 发行人的章程（草案）；
3. 发行人的招股说明书；
4. 发行人的重大债权债务关系；
5. 发行人涉及的诉讼、仲裁或行政处罚；
6. 发行人的税务问题；
7. 本次募股资金的运用；
8. 本次股权证发行的批准；
9. 本次定向发行股权证的实质条件；
10. 涉及的其他中介机构等。

为出具本法律意见书，本律师特声明以下事项：

1. 发行人保证已经提供了本律师认为作为出具法律意见书所必需的真实的原始书面材料、副本材料或口头证言。
2. 本律师已证实过副本材料或复印件与原件的一致性。
3. 对于那些对意见书至关重要而又无法得到独立的证据支持的重要事实，本律师依赖于有关政府部门、发行人或其他有关单位出具的证明文件。
4. 本法律意见书仅供发行人为本次股权证发行之目的使用，不得用作任何其他目的。
5. 本律师同意将本法律意见书作为发行人××公司上报申请材料中招股说明书的附录，并依法对我们出具的法律意见书承担责任。

本律师根据《股票发行与交易管理暂行条例》第十八条的要求，按照律师行业公认的业务标准和道德规范，对发行人××公司提供的上述文件和有关事实进行

了核查和验证,现出具法律意见如下:
附则:
1. 本法律意见书出具日为×年×月×日。
2. 本法律意见书正本一式一份,副本一式×份。
3. 本法律意见书在加盖××律师事务所公章且在经办律师签字后方可生效。

××律师事务所
经办律师　×××
×年×月×日

B. 法律意见书
(其他法律事务用)

咨询(或委托)单位名称:

咨询(或委托)事项:

出具法律意见书的依据:

律师对该事项的情况分析:

律师对该事项的处理意见:

律师对相关事项的附带意见:

律师　×××
律师　×××
×年×月×日

(二)案例:××律师事务所关于借款申请人A具备签订借款合同资格的法律意见书

法律意见书
(其他法律事务用)

致:中国建设银行××市分行××支行

作为中国建设银行××市分行××支行的委托指定的个人住房贷款业务法律事务承办机构,××市××律师事务所指派律师王×××、仇××对贷款申请人A先生提供的借款申请资料进行了审查,依据国家和××市的有关法律、法规,出具本法律意见书。

一、借款申请人A先生,购买××花园××号房屋,房屋面积××平方米,总价款为人民币××万元,购房合同编号为××,并选择了"开发商保证"担保方式向中国建设银行××市分行申请个人住房贷款,同时提供了相关的贷款资信文件,具体内容详见附件。

二、出具本法律意见书的主要依据:

(一)《中华人民共和国民法典》;

(二)《中华人民共和国担保法》;

(三)《中国人民银行个人住房贷款管理办法》;

(四)《中国建设银行北京市分行住房担保细则》;

(五)《北京市房地产抵押管理办法》;

(六)《北京市商品房销售价格管理暂行办法》;

(七)《律师事务所、公证处承办个人住房贷款业务中有关法律事务的规范意见》;

(八)中国建设银行北京市分行与北京市公证处签订的《委托协议》;

(九)中国建设银行北京市分行与房地发展商签订的《住房贷款合作协议》。

三、根据本法律意见书第一条所述资信文件(包括复印件)和第二条所述有关法律、法规、规章和协议的规定,并根据我们与A先生的谈话,确认如下事实:

(一)借款申请人A(19××年×月×日出生,身份证号为510872×××××××5307,××学历),现住××市××区××路×号,具有××市城镇正式常住户口。

(二)借款申请人A先生具备必要的还款能力。借款申请人A先生自19××年××月起在××公司工作,任经理职务。其19××年税后月平均收入为××元人民币;×年×月至×月税后月平均收入为××人民币。借款申请人现持有××公司××的股份。该公司于19××年注册成立,注册资金××万元人民币。

(三)借款申请人意思表示真实。

1. 借款申请人填写了《个人住房贷款申请表》;申请20年××万元个人住房贷款,约占购房价款的70%,其余30%的购房款××万元已支付给发展商××房地产开发有限公司。

2. 借款申请人自愿选择"开发商保证"的担保方式申请贷款,并愿以其所购买的××花园××号房屋作为抵押物,于×年×月×日在我们面前分别签署了《承诺书》、预售房屋登记《授权委托书》、办理抵押登记《授权委托书》,借款申请人所填《个人住房借款申请表》中的担保人××房地产开发有限公司之印鉴属实。

3. 抵押物的保险符合《中国建设银行北京分行个人住房担保细则》的规定。

基于以上事实,我们认为借款申请人A先生提供的资料真实、齐备,基本符合中国建设银行××市分行个人住房贷款条件,且初步申贷手续已履行完毕,具备签订个人住房贷款借款合同的资格。

本法律意见书仅用于借款申请人 A 先生向贵行申请个人住房抵押贷款并由贵行办理申请抵押贷款事宜。

本法律意见书正文共三页,其后之附件均为本法律意见书不可分割之组成部分。相关法律文件的复印件与原件无异。

××市××律师事务所

律师　王××

律师　仇××

二〇二×年×月×日

三十六、合同(协议)公证书

案例:张×甲股权赠与协议公证书

(2021年6月26日,张×甲为了将自己名下的股权赠与给自己的儿子张×乙,父子二人来到上海市××公证处申请办理股权赠与协议公证。)

公证书

(××××)×证字第×号

赠与人:张×甲,男,×年×月×日出生,公民身份号码:××××××××。
　　(以下简称"甲方")

受赠人:张×乙,男,×年×月×日出生,公民身份号码:××××××××。
　　(以下简称"乙方")

公证事项:股权赠与协议

甲、乙双方向本处申请办理前面的《股权赠与协议》公证。甲方张某1系乙方张某2的父亲。

经查,甲、乙双方经协商一致订立了前面的《股权赠与协议》。甲、乙双方均具有签订该协议的民事权利能力和民事行为能力。双方订立《股权赠与协议》的意思表示真实,协议内容具体、明确。

甲方持有××管理有限公司10%股权,该股权系甲方的个人财产。甲、乙双方在合同中约定,甲方自愿将上述股权无偿赠与乙方,该股权归乙方个人所有,不属于夫妻共同财产。乙方表示自愿接受该赠与。

依据上述事实,兹证明甲方张×甲与乙方张×乙于×年×月×日在本处,在本公证员的面前,自愿签订了前面的《股权赠与协议》。甲、乙双方的签约行为符合《中华人民共和国民法典》第一百四十三条的规定,该协议的内容符合《中华人民共和国民法典》合同编的有关规定,该协议上张某1、张某2的签名均属实。

中华人民共和国××市××公证处
公证员(签名或签名章)
×年×月×日

三十七、保全证据公证书

案例:上海××××有限公司保全证据公证书

(申请人上海××有限公司因诉讼需要,需对相关微信聊天内容进行固定。为此,申请人的委托代理人梁×于2021年7月29日到上海市××公证处申请办理保全证据公证。)

公证书

(202×)××证经字第××号

申请人:上海××××有限公司
住所:××××
法定代表人:×××委托代理人:梁×,男,×年×月×日出生,公民身份号码:×××××××××。
公证事项:保全证据

申请人上海××××有限公司于二〇二×年七月二十九日向本处申请办理保全证据公证。

根据《中华人民共和国公证法》和司法部《公证程序规则》的规定,本处受理了此项公证申请。

二〇二×年七月二十九日,在本公证员和本处公证员助理××的现场监督下,申请人的委托代理人梁×在本处使用其携带至本处的手机(品牌:华为)通过本处无线网络联入国际互联网进行了如下操作:

一、打开手机;
二、打开"微信"应用软件;
三、以手机号码"××××××××××××"登录微信(微信号:××××××);
四、点击打开名称显示为"×××"的微信用户,查看微信账户信息,并浏览相关聊天记录。

在上述操作过程中,梁×使用上述手机自带屏幕录制软件录制相关操作过程的实时手机屏幕显示(生成视频文件一段),并对部分手机屏幕显示内容进行了截屏;后由本处公证员助理××将上述截屏图片打印生成打印件(见本公证书附件一)。

随后,申请人的委托代理人梁×在本处使用其携带至本处的手机(品牌:iPhone)通过本处无线网络联入国际互联网进行了如下操作:

一、打开手机;

二、打开"微信"应用软件;

三、以手机号码"××××××××××"登录微信(微信号:××××××);

四、点击打开名称显示为"×××"的微信用户,查看微信账户信息,并浏览相关聊天记录。

在上述操作过程中,梁×使用上述手机自带屏幕录制软件录制相关操作过程的实时手机屏幕显示(生成视频文件一段),并对部分手机屏幕显示内容进行了截屏;后由本处公证员助理××将上述截屏图片打印生成打印件(见本公证书附件二)。

上述手机自带屏幕录制软件录制所得的视频文件(共二段)由本处公证员助理××通过本处设备刻录至空白DVD-R光盘中(见本公证书附件三)。

兹证明申请人上海××有限公司的委托代理人梁×操作手机浏览"微信"应用软件中相关内容的过程系在本公证员和本处公证员助理××的监督下进行;本公证书所附截屏图片打印件的内容与上述手机屏幕实际显示内容相符;本公证书所附DVD-R光盘中保存的文件为上述手机屏幕录制软件录制所得视频,该视频文件内容与上述实际操作情况相符。

本公证书仅对上述操作过程的客观性予以证明,对上述操作过程涉及的微信内容不予证明。

附件:一、截屏打印件(共×页,截屏图片共×张)。

二、截屏打印件(共×页,截屏图片共×张)。

三、DVD-R光盘(共×张)。

中华人民共和国××市××公证处

公证员(签名或签名章)

×年×月×日

三十八、现场监督公证书

案例:上海××资产管理有限公司董事会现场监督公证书

(申请人上海××资产管理有限公司的委托代理人王××向上海市××公证处申请对该公司2021年3月29日召开的董事会进行现场监督。)

公证书

(2021)××证经字第××号

申请人：上海××资产管理有限公司
住所：×××××××
法定代表人：×××
委托代理人：×××，男，×年×月×日出生，公民身份号码：××××××××。

公证事项：董事会

申请人上海××资产管理有限公司的委托代理人王××于二〇二一年三月二十九日向本处申请对该公司召开的董事会进行现场监督。

根据《中华人民共和国公证法》和司法部《公证程序规则》的规定，本处受理了申请人的公证申请。上海××资产管理有限公司的受托人孙×受上海××资产管理有限公司董事长I1的委托于二〇二一年三月十九日以电子邮件的形式分别向上海××资产管理有限公司其他董事S、M、K1、K2、I2、张××寄送电子邮件一封，并以本埠特快(EMS)的方式向张××寄送了纸质通知，通知上述董事于二〇二一年三月二十九日上午十时在上海市××××××(地点)参加董事会。

二〇二一年三月二十九日上午十时，本公证员和公证员助理××来到上海市××××××(地点)，对上海××资产管理有限公司的董事会进行现场监督。由本处公证员助理××使用本处摄像机对上海××资产管理有限公司召开的董事会全过程进行了摄像。

上海××资产管理有限公司应到董事七人，实到董事六人，出席会议的董事有：I1、S、M、K1、K2、I2，未出席会议的董事有：张××。会议议案为："×××××××××××"，董事I1、S、M、K1、K2、I2均对上述议案进行表决，董事会表决结果为：I1、S、M、K1、K2、I2均同意上述议案。

兹证明上海××资产管理有限公司于二〇二一年三月二十九日召开董事会的过程系在本公证员和公证员助理××的现场监督下进行。上海××资产管理有限公司董事会的召集和召开程序符合有关法律、法规和公司章程的规定。本公证书所附的《上海××资产管理有限公司董事会会议记录》《上海××资产管理有限公司董事会书面决议》复印件内容与上述董事会过程中形成的《上海××资产管理有限公司董事会会议记录》《上海××资产管理有限公司董事会书面决议》原件相符，所附DVD-R光盘中刻录的视频文件为公证员助理××在上海××资产管理有限公司董事会现场拍摄的录像。

附件：一、《上海××资产管理有限公司董事会会议记录》(共×页)。

二、《上海××资产管理有限公司董事会书面决议》(共×页)。

三、DVD－R 光盘(共×张)。

中华人民共和国××市××公证处
公证员×××(签名或签名章)
×年×月×日

三十九、仲裁协议书

(一)规定格式

仲裁协议书

甲方×××(姓名或者名称、住址)
乙方×××(姓名或者名称、住址)
甲乙双方就×××(写明仲裁的事由)达成仲裁协议如下：

如果双方在履行××合同过程中发生纠纷,双方自愿将此纠纷提交×××仲裁委员会仲裁,其仲裁裁决对双方有约束力。
本协议一式三份,甲乙双方各执一份,×××仲裁委员会一份。
本协议自双方签字之日起生效。

甲方　×××(签字、盖章)
乙方　×××(签字、盖章)
×年×月×日

(二)案例：××省××有限责任公司与××省××县经贸公司仲裁协议书

仲裁协议书

甲方××省××有限责任公司
地址××省××市××路××号
法定代表人洪××,经理
乙方××省××县××经贸公司
地址××省××县××路××号
法定代表人刘××,经理
甲方与乙方愿意请××仲裁委员会按照《中华人民共和国仲裁法》规定,仲裁如下争议：
双方于2021年×月×日签订了《××电视购销合同》。合同履行中,如果买方对卖方提供电视的质量提出异议,导致双方发生争议,经协商解决不成,双方一致同意选择××市××仲裁委员会,由该委员会依据《中华人民共和国仲裁法》及该会仲裁规则,对双方合同中所涉及的电视的质量和双方如何继续履行合同的问题作出裁断。

本协议一式三份,甲乙双方各执一份,××仲裁委员会一份。

本协议自双方签字之日起生效。

甲方　××有限公司
法定代表人　洪××(盖章)
乙方　××县××经贸公司
法定代表人　刘××(盖章)
二○二×年×月×日

四十、仲裁申请书

(一)规定格式

仲裁申请书

申请人
住所
电话
法定代表人　　职务
委托代理人　　单位
被申请人
住所
电话
法定代表人　　职务
委托代理人　　单位
案由(即提起仲裁申请的事由):

仲裁请求

事实和理由

此致
××仲裁委员会

申请人(盖章)
法定代表人(盖章)
×年×月×日

附项:

1. 本仲裁申请书副本×份。
2. 物件×件。
3. 书证×件。
4. 证人姓名、地址、邮政编码。

(二)案例:戴××仲裁申请书

仲裁申请书

申请人戴××,男,28岁,××局干警,家住××市××路86号××园××阁304房

被申请人原××建总房地产开发公司,现××建工集团××房地产开发有限公司

地址××市××路49号建工大厦十二楼

法定代表人杨×,董事长

案由:商品房买卖合同纠纷

仲裁请求

一、房开公司向申请人支付未安装中空玻璃的违约金2190元。

二、房开公司向申请人支付改埋线路费用270元。

三、房开公司向申请人支付因小区的配套、绿化设施未能在202×年3月30日以前投入使用的违约金17388.36元。

以上各项请求共计人民币19848.36元。

四、仲裁费用由被申请人承担。

事实和理由

申请人戴××与被申请人××建工集团××房地产开发有限公司(以下简称房开公司)于202×年2月28日签订《商品房买卖合同》(以下简称合同)买受位于××市××路86号××园××阁304房商品房1套。

一、看房时,售楼人员明确向申请人说明主卧室窗口将安装中空玻璃等一系列配套设施,而202×年11月,房开公司在交付房屋时,未能按合同附件三第五项的装饰标准"临街窗玻为中空玻璃"在主卧室的临街窗玻安装中空玻璃。根据合同第十三条,"达不到约定标准的,买受人有权要求出卖人赔偿双倍的装饰、设备差价",因此卖方应向买方赔偿双倍的装饰设备差价。××园小区的窗玻为南南铝业制造,根据其中空玻璃与普通玻璃的差价为250元/平方,房开公司应向申请人支付:4.38平方×250元/平方×2=2190元。

二、房开公司交付房屋时,预留的空调洞与所埋的空调插座不相符,致使买方

449

无法正常使用,属于不合格履约,应向买方支付改埋线路费用:9米×30元/米=270元。

三、申请人于202×年1月8日入住××园小区,小区绿化设施与住宅楼中的配套设施(根据认购置业计划及合同约定包括:会所、游泳池、儿童游戏场地、小区停车场出入IC卡、住宅入口的安防门、家庭智能防盗系统、住宅的宽带网、住户的报箱等)均未能在202×年3月30日以前投入使用。据我所知,小区的配套、绿化设施投入使用时间包括:

1. 小区停车场出入IC卡于202×年7月15日正式投入使用。

2. 小区的家庭智能防盗系统未能在202×年7月23日以前投入使用,具体投入使用时间不详。

3. 小区住户的报箱和2楼安防门投入使用时间为202×年7月30日,本人领取钥匙时间为2003年8月8日。

4. 小区住户1楼安防门投入使用时间为202×年9月26日,本人领取钥匙时间为2003年9月28日。

5. 小区宽带网入户时间为202×年5月份,正式使用时间为10月份。

6. 小区的会所至今(202×年12月20日)未投入使用。

以上事实表明,小区的配套、绿化设施投入使用时间为2003年9月26日以后,距202×年3月30日推迟了(暂计为)180天。根据合同第十四条"该住宅中相应的配套、绿化设施于202×年3月30日以前投入使用。如果在规定日期内未达到使用条件,双方同意按以下方式处理:即本合同第九条第一种方式'逾期超过60日后,买受人要求继续履行合同的,合同继续履行,出卖人按日向买受人支付已交款万分之四的违约金'"之约定,房开公司应向买方支付违约金:241 505元×4/10 000×180天=17 388.36元。

证人和证据来源:

一、何×,××市××路86号××园××阁301房。

杨×,××市××路86号××园××阁302房。

马××,××市××路86号××园××阁401房。

刘××,××市××路86号××园××阁404房。

伍××,××市××路86号××园××阁902房。

二、与开发商所签购房合同。

三、与销售商所签认购置业计划。(证明开发商承诺的住宅楼中配套设施的项目)

四、申请人自拍录像光盘10张。(证明本人住宅主卧室的窗口为临街窗口,窗口为南南铝业所造,各证人证言,空调预留洞与插座不相符)

五、××物业管理公司所贴通知2份。(证明小区停车场出入IC卡及住宅楼

1楼安防门投入使用时间)

　　六、南南铝业市场指导价清单。

　　七、线路改造费发票。

　　八、安装宽带网发票。

　　此致

××仲裁委员会

申请人　戴××
二〇二×年×月×日

四十一、仲裁答辩书

(一) 规定格式

仲裁答辩书

答辩人
地址
法定代表人职务
委托代理人

　　答辩人×××于×年×月×日收到你会转来的×××的仲裁申请书。现提出答辩如下：

　　(针对申请人的仲裁请求和事实理由,运用具体的事实和证据进行反驳或者答复。)

此致
××仲裁委员会

答辩人　　　　　(盖章)
法定代表人　　　(盖章)
×年×月×日

附项:1. 本答辩书副本×份。
　　　2. 物证或书证(名称)×份。
　　　3. 证人的姓名及住所。

(二)案例:××建工集团××房地产开发有限公司仲裁答辩书

仲裁答辩书

答辩人××建工集团××房地产开发有限公司
住所地××市××路1号
法定代表人杨×,董事长

答辩人于202×年×月5日收到你会转来戴××的仲裁申请书,现提出答辩如下:

一、申请人请求支付未装中空玻璃的违约金没有事实依据。

申请人戴××购买的××园××阁304房不是临街。答辩人在开发××园小区过程中,对××园所有临街房屋的窗户安装了中空玻璃。申请人所购买房子的主卧室面对的是小区道路,不是规划的城市道路,不属于临街的范围。因此,答辩人没有在申请人所购房子的主卧室安装中空玻璃并没有违反购房合同的约定,所以答辩人认为不应该支付违约金2190元给申请人。

二、空调线路改埋费用答辩人只需支付合理的费用。

申请人所购房子内预留的空调洞与所埋的空调插座不相符的问题,在房子交付时,答辩人与申请人双方都没有发现。按照正常的途径,申请人在发现线路不符的问题后,应到答辩人处反映并报修,由答辩人统一进行改装,所需的费用由答辩人承担。申请人在发现问题后没有将问题反映给物业公司,也没有向有维修能力的答辩人反映,而是擅自找人改装。所以答辩人认为,答辩人只应支付相对合理的费用给申请人,不应该全部支付270元给申请人。

三、申请人要求支付配套违约金没有任何依据。

申请人以答辩人在202×年3月30日前没有将小区的配套设施交付使用为由,要求答辩人支付违约金××××元,申请人的要求没有依据。

1. 小区的停车IC卡管理系统问题。小区的停车场出入的IC卡管理系统早已安装使用,系统在3月30日之前已经安装完毕,4月1日至7月15日之间是设备的试运行使用。任何一个系统在安装后都要经过一段试运行和调试,并对在试运行中发现的问题进行整改完善。停车场系统经过几个月的调试验收合格后,物业管理公司于2003年7月11日发布通知,并于7月15日正式投入使用。IC卡是一种集消费、管理于一体的智能卡。由于停车场在7月15日前使用实行免费,因此业主不需要办理IC卡。机器调试、试运行期间,运转正常。该系统现已投入使用,且在此之前没有给包括申请人在内的住户带来任何不便。另外,发放IC卡主要是针对有机动车的住户,由拥有机动车的住户向答辩人提出申请并缴停车费后才发放的。在这一点上答辩人的行为不应算是违约。

2. 小区的家庭智能防盗系统的安装问题。小区的家庭智能防盗系统,申请人与答辩人所签的购房合同的附件(三)中的第10点约定的只是家居防盗系统接口,在开发商所作的装修标准及配套设施说明中关于智能系统的约定只是说小区内实行家庭智能管理。202×年3月30日交房时该防盗系统已经安装到户。住户购买相应的设备,如红外线探头、窗磁、门磁、紧急按钮、煤气泄漏探头等,再向物业管理公司申请开通,该系统才能使用。因此,在这方面答辩人并没有违约,申请人要求答辩人支付违约金的理由不充分。

3. 关于安防门的问题。在答辩人与申请人签的购房合同和与答辩人做的置业计划中,均没有对此作出过约定和承诺。目前一楼安装安防门的位置按设计规范需安装防火门。答辩人已按设计要求安装了防火门。在消防验收合格后,物业公司为了能更好地维护小区的公共安全,向开发商提出了安装安防门的建议,由开发商追加投资进行安装。因此在××园内住宅区内一楼、二楼以及地下停车场安防门的安装不是合同约定要安装的,开发商在2003年3月30日之后再安装一楼安防门并不构成违约。

综上所述,答辩人认为,在申请人提出的赔偿请求项目中,除房屋的空调安装线路由于设计问题存在瑕疵而应向申请人支付合理的改装费用外,其他的违约方面没有造成申请人在财产上的损失,在承担责任方式上不宜采用支付违约金的方式,请仲裁庭依法驳回申请人的除支付改装空调安装线路费用外的其他请求。

此致
××仲裁委员会

答辩人　××建工集团××房地产开发有限公司
法定代表人杨××
二○二×年×月×日

四十二、仲裁调解书

(一) 规定格式

××仲裁委员会
调解书

×仲调字(××××)第×号

申请人
住所地
法定代表人
委托代理人

被申请人
住所地
法定代表人
委托代理人

案件的由来：写明根据申请人与被申请人之间的仲裁协议（或有关合同中的仲裁条款）以及申请人的仲裁申请书受理该案，并应写明受理该案的案由及受理时间。

写明仲裁庭的组成情况、开庭审理情况及双方当事人递交有关补充材料与进行答辩的情况。

简述本案案情及写明双方当事人的仲裁请求。

写明调解达成协议的经过。

写明双方当事人达成协议的具体内容。

写明仲裁庭对当事人达成调解协议的态度。可表述为：如被申请人未在上述期限内自动履行其义务，则申请人可以在上述期限届满之日起一年（或六个月）内，向被申请人所在地或者被申请人财产所在地的人民法院申请强制执行。

写明调解书的法律效力。可表述为：本调解书与裁决书具有同等法律效力。本调解书自双方当事人签收之日起发生法律效力。

首席仲裁员　×××
仲　裁　员　×××
仲　裁　员　×××
×年×月×日
（盖仲裁委员会印章）

（二）案例：××仲裁委员会仲裁调解书

××仲裁委员会
调解书

×仲调字(202×)第×号

申请人××房地产开发公司，地址××市××路××号。

法定代表人刘××，董事长。

委托代理人韦××，××律师事务所律师。

被申请人韦××，男，1970年生，现住××市××路××号，居民身份证号：×××××××××。

委托代理人×××，××律师事务所律师。

××仲裁委员会根据申请人与被申请人于 2020 年 12 月 26 日签订的《商品房

购销合同》中的仲裁条款,以及申请人于202×年10月16日提出的书面仲裁申请,受理了申请人与被申请人之间的商品房购销合同纠纷仲裁案。

根据《××仲裁委员会仲裁规则》的有关规定,申请人选定方××为仲裁员,被申请人选定陈××为仲裁员,双方当事人未能在规定期限内就首席仲裁员人选达成一致意见,本会主任依法指定黄××为首席仲裁员与上述两位仲裁员组成仲裁庭审理本案。仲裁庭审阅了申请人提交的仲裁申请书和被申请人提交的仲裁答辩书及双方所提供的证据材料,于202×年12月20日、202×年3月26日两次对本案进行了公开审理。申请人的委托代理人,被申请人的委托代理人出庭参与了仲裁活动。仲裁庭征询了双方当事人的最后意见。本案现已审理终结。

一、本案简要案情

申请人与被申请人于2020年12月26日签订了《商品房购销合同》(以下简称《购销合同》),2021年1月6日又签订了《商品房购销补充合同》(以下简称《补充合同》)。两合同约定,申请人向被申请人销售位于×路×号的商品房。双方当事人交接该商品房后,因商品房建筑面积及办理房产证问题发生争议,申请人依据合同中的仲裁条款向本会申请仲裁。

申请人称:2020年12月26日,申请人与被申请人签订《购销合同》,2021年1月6日双方又签订了《补充合同》,两合同约定:申请人将位于×路×号商品房出售给被申请人,该商品房每平方米售价3330.04元,暂测面积为177.61平方米,合计591448元。同时两合同还约定:如暂测面积与房产管理局产权登记机关实际测定有差异,售房单价保持不变,实际成交总价款按建筑面积调整,多退少补,不计利息。该商品房交付使用后,经××市房产局指定的××市房地产测绘队测量,2021年5月16日核定出实际面积为178.37平方米,比合同甲方暂定多0.76平方米。按合同约定,被申请人应以合同单价计算补交0.76平方米的面积差价共2531元,但被申请人至今未补交这笔面积差款,此外,按合同约定被申请人必须配合申请人办理产权登记手续,而被申请人既不提交办证材料,也不预交办证费用,导致房屋产权证至今无法办理,从而加重了申请人作为其按揭贷款合同的保证人的保证责任风险。为此要求仲裁庭裁决被申请人支付所购商品房面积差款2531元;依据双方当事人签订的《补充合同》第二十三条第(2)项"任何一方有其他违约行为的,守约方有权选择继续履行合同或解除合同,并可要求违约方向守约方支付实际成交总价款的百分之十的违约金",请求仲裁庭裁决被申请人继续履行合同,配合申请人办理产权证,并支付实际成交总价款10%的违约金59398元。

被申请人在庭审中提出了反请求,称申请人逾期交房,要求仲裁庭裁决申请人偿付逾期交房违约金3085.96元。

二、调解结果

在仲裁庭主持下,双方自愿达成以下协议:

（一）被申请人支付商品房面积差款2531元给申请人；

（二）仲裁申请费2994元由被申请人承担（该款已由申请人支付，被申请人在支付上述商品房面积差款时一并支付给申请人）；

（三）仲裁反申请费293元由被申请人自行承担（该款已支付）；

（四）合同继续履行，应在收到本调解书之日起十日内配合办理产权证；

（五）放弃要求支付59398元违约金的仲裁请求；

（六）放弃其仲裁反申请事项。

上述第一、第二项款项共计5525元，被申请人应在收到本调解书之日起十日内付清给申请人，逾期则按银行同期流动资金贷款利率加倍支付迟延履行期间的利息。

如被申请人未在上述期限内自动履行其义务，则申请人可以在上述期限届满之日起一年内向被申请人所在地或者被申请人财产所在地的人民法院申请强制执行。

本调解书与裁决书具有同等法律效力。本调解书自双方当事人签收之日起发生法律效力。

首席仲裁员　×××
仲　裁　员　×××
仲　裁　员　×××
二〇二×年×月×日
（仲裁委员会印章）

四十三、仲裁决定书

（一）规定格式

××仲裁委员会
决定书

×仲决字（××××）第×号

申请人（仲裁被申请人）

住址

法定代表人

被申请人

住址

法定代表人

写明案件来源及申请人提出的申请内容。这部分简要叙述仲裁委员会何时收到申请人的申请及受理的依据。申请人提出申请的请求及理由，被申请人答辩的内容。

写明查明的事实。针对当事人在申请中提出的事实与理由,查明有关事实。

写明仲裁决定的理由。这部分应根据查明的事实、证据,针对当事人双方争议的事实和理由,依据有关的法律规定,阐明对申请事项的看法,明确表示对有关申请事项支持或不支持。

写明决定的具体内容。

写明本决定书的法律效力,可表述为:"本决定自作出之日起发生法律效力。"

××仲裁委员会
×年×月×日
(仲裁委员会印章)

(二)案例:××仲裁委员会仲裁决定书

××仲裁委员会
决定书

×仲决字(202×)第×号

仲裁异议人××建筑公司,住址××市××路××号。

法定代表人廖××,总经理

仲裁申请人与被申请人于2020年12月24日签订了一份有关25栋天面防水工程的《建设工程施工协议书》,协议书约定由被申请人承建申请人位于××市××路的25栋天面防水工程,后申请人与被申请人就工程的逾期竣工违约金问题发生纠纷而向××仲裁委员会申请仲裁。本会于202×年5月27日依据协议书中的仲裁协议受理了申请人的仲裁请求,并于202×年6月3日向被申请人发出了应诉通知书及案件的有关材料。

202×年6月6日,仲裁异议人(即仲裁被申请人)向本会提交了一份《异议书》,该异议书认为××仲裁委员会对本案无管辖权,主要理由为:一、根据《中华人民共和国仲裁法》第四条,应当由双方当事人自愿达成仲裁协议;二、根据《中华人民共和国仲裁法》第十六条,仲裁协议应当包括仲裁事项,我公司与申请人的合同中并未明确约定,合同的仲裁条款无效;三、此外,本案我公司已先起诉到法院,法院受理后,申请人并未声明有仲裁条款,且已应诉、答辩,且二审已终审,根据《中华人民共和国仲裁法》第二十六条,应视为放弃仲裁协议。

被申请人未就其《异议书》中所述内容向仲裁委员会提供其他证据。

经查,申请人与被申请人于2020年12月24日签订的《建设工程施工协议书》中的第二十一条规定"争议的解决方式:由建设主管部门调解,若调解不成则由××仲裁委员会仲裁。"合同签订后在履行过程中,双方就工程款的支付问题发生纠纷,被申请人作为原告起诉至××人民法院,一审法院判决后,被申请人不服上诉至××市中级人民法院。申请人作为被告在一审、二审期间均未对该案（即合同中工程款的支付问题）提出过管辖异议。

另查明，申请人与被申请人并未将因工程逾期交付所引起的违约金问题提交人民法院审理，人民法院在一审、二审期间亦未对此问题进行过判决。

本会认为：申请人与被申请人（仲裁异议人）在签订仲裁协议时并没有违反《中华人民共和国仲裁法》第四条规定的自愿原则，被申请人亦未为此提供任何证据。被申请人认为仲裁委员会没有管辖权的第二个理由是仲裁协议缺少仲裁事项的内容，本会认为，被申请人所述理由并不成立，因为在双方签订的《建设工程施工协议书》第二十一条规定"争议的解决方式：由建设主管部门调解，若调解不成则由××仲裁委员会仲裁"。该仲裁协议作为《建设工程施工协议书》中的一个条款，它要解决的"争议"当然是指因该协议书发生的争议，不可能是脱离协议书的其他争议。被申请人所述的第三个理由实际上与本案无关，因为人民法院受理并判决的是《建设工程施工协议书》中的工程款部分，而仲裁委员会现在受理的是除此之外的其他事项，和人民法院受理的案件并非同一个事实，《中华人民共和国仲裁法》第二十六条具体运用到此处指的是申请人放弃了对"该案"（即人民法院所审理的工程款支付纠纷一案）的仲裁管辖权，而非完全放弃了《建设工程施工协议书》中的仲裁协议，故申请人因另一事实而提起的仲裁申请，仲裁委员会仍有管辖权。根据《中华人民共和国仲裁法》第十六条、第二十条、第二十六条的规定，本会决定如下：

申请人与被申请人（仲裁异议人）于202×年12月24日签订的《建设工程施工协议书》中的仲裁协议，即"争议的解决方式：由建设主管部门调解，若调解不成则由××仲裁委员会仲裁"为有效的仲裁协议，仲裁委员会对于《建设工程施工协议书》中人民法院已审理部分之外的事项具有仲裁管辖权。

××仲裁委员会
202×年×月×日
（仲裁委员会印章）

四十四、仲裁裁决书

（一）规定格式

××仲裁委员会
裁决书

×仲裁字（××××）第×号

申请人
住址

法定代表人
委托代理人
被申请人
住址
法定代表人
委托代表人
写明受理案件的缘由及受理的时间。
写明仲裁庭的产生和组成情况、仲裁材料、文件和通知的递交、转发和送达情况及案件进行书面审理或者开庭审理的情况。
本案现已审理终结。现将当事人意见、仲裁庭查明的事实、仲裁庭意见、裁决结果分述如下:
写明当事人双方争议的内容及各自陈述的意见。
写明仲裁庭查明的事实和认定的证据。
写明仲裁庭的意见,即仲裁裁决的理由。这部分应写明仲裁庭对本案的态度,对当事人双方的仲裁请求或答辩意见,是支持或是反对,以及仲裁裁决依据的法律。表述为:"本庭认为……根据《中华人民共和国××法》之规定,裁决如下:"
写明裁决结果。表述为:
一、……
二、……
写明本案仲裁费的负担情况。
本裁决为终局裁决。

首席仲裁员　×××
仲　裁　员　×××
仲　裁　员　×××
×年×月×日
(仲裁委员会印章)
书记员　×××

(二)案例:××仲裁委员会仲裁裁决书

××仲裁委员会
裁决书

×仲裁字(202×)第 007 号

申请人汪××,男,汉族,19××年2月16日生,现住××市××路86号××园××阁304号房,居民身份证号:×××××××××。

申请人覃××,女,壮族,19××年12月11日生,现住××市××路××巷×栋604号房,居民身份证号:××××××××。

委托代理人王××,××律师事务所律师。

被申请人××房地产开发有限公司,地址××市××路××号。

法定代表人杨×,董事长。

委托代理人吴×,××律师事务所律师。

委托代理人周××,××律师事务所律师。

××仲裁委员会根据申请人汪××、覃××(以下统称申请人)与被申请人××房地产开发有限公司(以下简称被申请人)于202×年2月28日签订的《商品房买卖合同》中约定的仲裁条款及申请人于202×年2月20日提出的书面仲裁申请,受理了双方之间的《商品房买卖合同》纠纷案。

根据《××仲裁委员会仲裁规则》的规定申请人选定刘××为仲裁员,被申请人选定石××为仲裁员,双方当事人未能在规定的期限内就首席仲裁员的人选达成一致意见,本会主任依法指定范××为首席仲裁员,以上三位仲裁员组成仲裁庭审理本案。仲裁庭在审阅了申请人提交的仲裁申请书、被申请人提交的仲裁答辩书及双方提交的有关证据材料后,于202×年3月25日对本案进行了不公开审理。申请人汪××,被申请人的委托代理人周××出庭参加庭审,双方当事人进行了陈述、举证、质证和辩论。202×年4月9日,仲裁庭对双方当事人提交的补充证据进行质证,申请人汪××,被申请人的委托代理人周××到庭提出了质证意见并进行辩论。仲裁庭征询了双方当事人的最后意见。

本案现已审理终结。当事人意见、仲裁庭查明的事实、仲裁庭意见、裁决分述如下:

一、当事人意见

申请人因与被申请人在履行202×年2月28日签订的《商品房买卖合同》时发生争议,向本会申请仲裁,仲裁请求为:

1. 被申请人向申请人支付未安装中空玻璃的违约金2190元;

2. 被申请人向申请人支付改埋线路费用270元;

3. 被申请人向申请人支付因小区的配套设施、绿化设施未能在202×年3月30日前投入使用的违约金17388.36元;

4. 被申请人承担本案仲裁费用。

申请人主张的事实和理由是:

202×年2月份申请人看房时,售楼人员明确向申请人说明主卧室窗口将安装中空玻璃等一系列配套设施,并随后签订购房合同。202×年11月,被申请人在交付房屋时,未能按照合同附件三第1项的装饰标准"临街窗玻为中空玻璃"在主卧室的临街窗安装中空玻璃。根据合同第十三条的约定被申请人应当向申请人赔偿双倍的中空玻璃设备差价2190元。申请人在202×年12月31日房屋交付时,曾在被申请人提供的房屋整改意见书中明确写明预留的空调洞与所埋的空调插座不相符等一系列房屋存在的问题,并要求被申请人尽快整改,但被申请人并不理会。202×年12月底,申请人请人改装。被申请人在交付房屋时预留的空调洞与所埋的空调插座不相符,致使申请人无法正常使用,属于不合格履约,应向申请人支付改埋线路费用270元。申请人于202×年1月8日入住××园小区,小区绿化设施与住宅楼中的配套设施(根据认购置业计划及合同约定包括:会所、健身房、棋牌室、阅览室、游泳池、儿童游戏场地、小区停车场出入IC卡、家庭智能防盗系统、住宅的宽带网、住户的报箱等)均未能在202×年3月30日以前投入使用,申请人所了解的事实是:(1)小区停车场出入IC卡202×年7月15日正式投入使用。(2)小区住宅的家庭可视对讲机及配套的1楼、2楼安防门属于家庭智能防盗弱电系统。2楼安防门钥匙申请人未能在202×年8月8日前领到,其配套的可视对讲系统也未投入使用。1楼安防门钥匙申请人未能在202×年9月28日前领到,其配套的可视对讲系统也未投入使用。其他家庭智能防盗弱电系统设施至少未能在202×年7月23日以前投入使用。(3)小区绿化设施202×年6月份以前未投入使用;儿童游戏场地202×年7月份以前未投入使用;小区游泳池202×年10月份以前未投入使用。(4)小区宽带网入户时间为202×年6月份,正式使用时间为10月份。(5)小区的会所、健身房、棋牌室、阅览室至202×年2月16日未投入使用。上述事实表明,小区的配套、绿化设施投入使用时间为202×年9月26日以后,距202×年3月30日推迟了(暂计为)180天。根据合同第十四条的约定,被申请人应按日向申请人支付已付款万分之四的违约金17 388.36元。

申请人为证明自己的主张而提交以下证据:

1. 申请人与被申请人于202×年2月28日签订的《商品房买卖合同》,用以证明双方之间的商品房买卖合同关系;

2. ××铝业市场指导价宣传资料清单一份,用以证明申请人安装的中空玻璃与普通玻璃的差价为每平方米250元;

3. 申请人自拍的录像光盘一张,用以证明住宅主卧室窗口为临街,被申请人交付房屋时预留的空调洞与所埋的空调插座不相符,小区的绿化设施、住宅楼中的配套设施均未能按时投入使用;

4. 空调线路改装费发票一张,用以证明申请人因空调洞与所埋的空调插座不相符而支付的改埋线路费用270元;

5. 《××园装修标准及配套设施置业计划》一份;

6. ××物业管理有限责任公司××园管理处202×年7月11日向××园小区业主发出的《通知》;

7. ××物业管理有限责任公司××园管理处202×年9月26日向××园小

区业主发出的《通知》；

8. 安装宽带支付的1020元的收款收据一张；

9. 申请人汪××及部分××园小区业主的书面《证明》一份；

10. 家庭智能防盗弱电系统图一张；

11. 物业管理费收条两张；

12. 申请人汪××与××物业管理有限责任公司工作人员韦××的电话录音带一盒；

13. 由证据12电话录音带形成的文字材料一份。

上述证据5—13用以证明小区停车场出入IC卡、家庭智能防盗系统、住宅宽带网、住户的信报箱及会所、健身房、阅览室等生活配套设施均未能在202×年3月30日前投入使用。

被申请人答辩称：

1. 申请人请求支付未安装中空玻璃的违约金没有事实依据。申请人所购买的××园××阁304房不是临街。被申请人在开发××园小区过程中，对××园所有临街房屋的窗户均安装了中空玻璃，申请人所购买房子的主卧室面对的是小区道路而不是经过规划的城市道路，不属于临街的范围。因此被申请人没有在申请人所购商品房的主卧室安装中空玻璃没有违反合同约定，不应支付2190元违约金给申请人。

2. 申请人在发现房屋内预留的空调洞与所埋的空调插座不相符时，并没有将问题及时反映给物业公司，也没有向有维修能力的被申请人反映，而是擅自改装，故被申请人只需支付相对合理的费用给申请人而不应支付全部的270元。

3. 申请人以被申请人未能在202×年3月30日前将小区的配套设施交付使用为由，要求答辩人支付17388.36元违约金的仲裁请求没有任何依据。(1)小区停车场出入的IC卡管理系统202×年3月30日之前已经安装完毕并投入使用。4月1日至7月15日之间是设备的试运行使用。停车场系统经过几个月的调试验收合格后，物业管理公司于202×年7月11日发布通知，并于7月15日投入使用，被申请人的行为并不算是违约。(2)小区的家庭智能防盗系统，在申请人与被申请人所签订的购房合同的附件(三)中的第10点约定的只是家居防盗系统接口。在开发商所作的装修标准及配套设施说明中关于智能系统的约定只是说小区内实施家庭智能管理。在202×年3月30日交房时该防备系统已经安装到户，该系统是由住户购买了相应的设备(如红外线探头、窗磁、门磁等)并向物业管理公司申请开通后才能使用的，因此申请人要求支付违约金的请求不充分。(3)在双方签订的购房合同和被申请人所作的置业计划中，并没有对安防门问题作出过约定和承诺。在××园住宅区内一楼、二楼以及地下停车场的安防门不是合同约定要安装的，被申请人在202×年3月30日之后再安装一楼安防门并不违约。(4)被申请人在置业计划书中承诺的是宽带入户,被申请人在交房时已经将宽带线拉到户并预留了接口。住户是否开通应视其自身需要,并由业主向电讯部门或物业管理部门申请开通。被申请人认为,宽带网在202×年5月才开通,是由于电讯部门在5月才将线路拉到小区造成的,责任不应该在被申请人。此外,××园小区住宅因各种原因影响延期到202×年10月份交房,被申请人为此已向业主支付了一个月的违约金。因此,被申请人认为,小区的配套设施也应顺延一个月交付使用才合理,故被申请人202×年5月开通宽带网不算违约。(5)会所是由被申请人建好后,提供给小区住户使用,小区的健身房、棋牌室、阅览室设在会所里面。会所的使用是有偿的,由住户根据需要使用,被申请人只是为住户提供方便。会所在202×年3月5日已验收合格并投入使用,只是由于业主不使用,才造成了会所没有投入使用的假象,所以被申请人并没有违约。(6)申请人住所B区的绿化配套及儿童游戏设施被答辩人发包给一家公司施工,已于202×年3月26日经验收合格后投入使用。小区的游泳池也在202×年3月27日验收合格,因此也不存在违约事实。(7)关于申请人提到的邮箱方面,被申请人承认邮箱确实是在202×年3月30日之后才安装的,在没有安装之前被申请人采取了相应的补救措施,业主所订的书刊均由被申请人委托物业公司的保安人员送到住户家中。迟装期间并没有影响到住户的正常生活,所以被申请人并没有构成根本违约,故请求仲裁庭在确定赔偿数额时综合考虑实际情况,不应按照申请人所依据的计算方法来计算赔偿数额。综上,被申请人请求仲裁庭依法驳回申请人的除支付改装安装空调线路费用外的其他仲裁请求。

被申请人为证明其所述属实而提交以下证据:

1. 经××市规划管理局审批的规划图,用以证明申请人所购买房屋的窗口面对的是小区道路而非城市规划道路,不属于临街;

2. 落款时间分别为202×年11月2日和202×年11月11日的《房屋验收表》及《房屋装修申请审批表》,用以证明申请人并未向被申请人提出过空调洞与预埋线路不符的情况;

3. 双方于202×年2月28日签订的《商品房买卖合同》及《××园装修标准及配套设施置业计划》;

4. 《业主资料领取表》;

5. 《智能化弱电系统工程验收表》;

6. ××物业管理有限责任公司给被申请人的《关于××园停车场各栋出入口增设安装安防门的建议函》;

7. 《××园智能化弱电系统施工任务增加协议书》;

8. 《安防门钥匙领取表》;

9. 小区会所《装修合同》及《工程验收报告》;

10. 被申请人与××物业管理有限责任公司签订的《租赁协议》;

11.《游泳池设备验收交接单》;

12. 被申请人给××园林绿化服务有限公司的关于在××园小区内增加儿童娱乐设施的《变更通知》;

13. ××园小区园林景观工程《建设工程质量竣工验收意见书》;

14. 申请人出具的关于收到被申请人支付的逾期交房违约金 217 350 元的《收款收据》;

15. ××电信公司××分公司出具的电话费清单;

16. 202×年3月28日《设备交接通知》;

17. ××物业管理有限责任公司于202×年3月30日出具的关于××园小区宽带网于202×年5月16日开通的《证明》;

18. ××物业管理有限责任公司及公司保安马××、李××出具的《证明》三份;

19. ××园小区业主刘××、林××出具的《证明》两份;

20.《不锈钢工程加工承揽协议书》;

21. ××有限责任公司文件(××建办字〔202×〕29号)及××自治区工商行政管理局202×年11月16日出具的《企业名称预先核准通知书》;

22. 被申请人的企业法人营业执照复印件一份;

23. ××物业管理有限责任公司的企业法人营业执照复印件一份,用以证明其具有主体资格,与被申请人是相互独立的。

上述证据3—17用以证明小区内停车场管理系统、家庭智能防盗系统、安防门、会所、游泳池、宽带网等配套设施均能按照合同约定按时交付使用,不存在申请人所述之违约行为。证据18、19、20用以证明信报箱虽然迟延安装,但被申请人已经采取了补救措施,并没有给申请人带来损失。证据21、22用以证明被申请人的主体资格。

归纳双方当事人的观点,仲裁庭认为本案争议的焦点问题是:1.申请人购买的××园××阁304房主卧室是否属于临街;2.××园××阁该住宅楼中相应的配套设施、小区绿化设施是否按时交付使用,被申请人是否应向申请人支付违约金。

二、仲裁庭查明事实

双方当事人对下列证据没有异议:

1. 申请人提交的证据1、证据4—6。

2. 被申请人提交的证据1—4、证据14、证据15、证据17、证据21—23。

仲裁庭对于上述证据的真实性予以认可并作为本案的定案依据。

被申请人对申请人提交的证据2、证据8、证据9不予认可;对申请人提交的证据3、证据7、证据10—13的内容的真实性没有异议,但是认为不能证明申请人的主张。

申请人对被申请人提交的证据5—13、证据16、证据18—20不予认可。

仲裁庭对双方不予认可的证据的意见是:申请人对被申请人提交的证据13不

予认可,但未提出反证,本庭对该证据的真实性予以认定。对于申请人提交的证据3,本庭认为其所拍内容虽真实,但不能证明申请人的主张。综上,本庭认为双方互相予以认可的证据及被申请人提交的证据13已经足以查明本案事实,故对于双方提出异议的其他证据的真实性不予认定。

经审理查明:申请人与被申请人××房地产开发有限公司于202×年2月28日签订一份《商品房买卖合同》,合同约定申请人作为买受人向被申请人购买××市××路86号××园××阁304号商品房。

另查明:双方所签订的《商品房买卖合同》第八条约定房屋的交付期限是202×年9月30日前,但被申请人迟延至202×年10月30日才将××园××阁304号商品房交付给申请人。为此,被申请人于202×年11月12日向申请人支付迟延交房违约金2173.50元,申请人202×年1月8日入住××园小区。申请人所购买的房屋主卧室面对的是由××路进入××园小区与××园小区的道路,从申请人自拍的录像光盘也看出该路两边有个体商铺,道路上有机动车辆通行、停放,但从被申请人提交的证据1即××市规划局审批的规划图上显示该路未被列为市政规划道路,也没有道路命名。

再查明:××物业管理有限责任公司××园管理处于202×年7月11日通知小区业主,××园停车收费系统202×年7月15日正式投入使用。××园小区宽带网于202×年5月16日开通。

三、仲裁庭意见

1. 关于申请人所购买的××园××阁304号房主卧室窗口是否属于临街的问题。

申请人认为:合同附件三关于门窗的约定是临街窗玻璃为中空玻璃。其所购买的××阁304号房主卧室窗口下面的道路通行机动车辆,正下面是商铺,每天那里人来人往,人声嘈杂,任何一个智力正常的人都会认为这个窗口是临街的窗口。安装中空玻璃的目的是隔绝噪声,被申请人没有安装即是违约。

被申请人认为:申请人所购买的房子面对的是由于××路进入××园与××园的道路,是小区内的一条道路,并非城市街道,城市街道无论其主次,都由市政府的规划部门作出规划,并由民政部门命名。但是本案中申请人所指的街道并没有在市政规划中,也没有命名。因此,它不属于街道,故被申请人认为申请人所购买的房子不属于临街,被申请人不在其主卧室窗口安装中空玻璃并不违约。

申请人再认为:双方对"临街"一词的理解不同,当对格式条款的理解不一致时,根据《民法典》第四百九十八条的规定,应当作出不利于提供格式条款一方即被申请人一方的解释。

本庭认为,合同附件三关于门窗的约定是临街窗玻为中空玻璃。对于该条款的含义,应当按照通常理解予以解释。在城市中对于"街"的通常理解,应该是列入市政规划,由市政部门组织建设和管理的、供全社会通行的道路。判断申请人所购买的商品房是否属于临街,应以此种解释及双方签订合同时的情况为准。从被申请人提交的规划图可以看出,申请人购买商品房的时候这条道路只是两小区之间的道路,未正式列入市政规划,不属于由市政部门建设管理,供全社会通行的街道。申请人称该道路人声嘈杂、噪声很大,该情况是双方合同签订以后形成的事实,不是被申请人的责任。故本庭认为,申请人住宅的主卧室不符合合同约定的临街条件,被申请人没有为申请人所购房屋的主卧室窗户安装中空玻璃的义务,对申请人的主张本庭不予支持。

2. 关于××园××阁该住宅楼中相应的配套设施、××园小区绿化设施是否按时交付使用,被申请人是否应向申请人支付违约金的问题。

在庭审过程中,被申请人明确表示愿意向申请人支付因空调洞与所埋的空调插座不相符而支出的改埋线路费用270元。同时认为除了宽带的接入迟延和邮箱的迟延外,其他设施均已按约交付使用。

申请人称××园小区中的绿化设施、住宅楼中的配套设施均未能在202×年3月30日前投入使用。

本庭认为,根据合同第十四条约定,被申请人关于基础设施、公共配套建筑正常运行的承诺是"……该住宅楼中相应的配套、绿化设施于202×年3月30日投入使用"。另外结合××园的宣传资料《××园装修标准及配套设施置业计划》,被申请人承诺的是住宅楼中相应的配套设施而非小区中的配套设施,申请人所称的配套设施、绿化设施中,除小区停车管理系统、家庭智能防盗系统、宽带网的接入、住户的信报箱及绿化设施外,儿童游戏场地、游泳池、会所、健身房、棋牌室、阅览室均属于小区配套设施,但不属于住宅楼中的配套设施,上述设施何时交付使用,是否交付使用不受合同第十四条的约束,申请人无权要求被申请人支付违约金。故本庭只需审查小区停车管理系统、家庭智能防盗系统、宽带网的接入、住户的信报箱及绿化设施是否按时交付使用。申请人对被申请人提交的证据13不予认可,但未能提出反证,故本庭对被申请人提交的该份证据予以认可,认定小区的绿化设施已经按时交付。根据申请人提交的证据6可以认定小区停车管理系统被申请人没有在202×年3月30日以前交付使用。关于家庭智能防盗系统的交付问题,本庭认为,在双方所签订的购房合同和被申请人所作的置业计划中,并没有对安防门问题作出过约定和承诺,申请人所提交的证据7并不能证明被申请人违约。被申请人在庭审中承认宽带网的接入和住户报箱的交付存在迟延是事实,故本庭予以认定。综上,被申请人仅在小区停车管理系统、宽带网的接入、住户的信报箱的交付上存在迟延,被申请人只应就这些违约事项向申请人承担责任。小区停车管理系统于202×年7月15日交付使用,小区宽带网于202×年5月16日开通,被申请人称住户信报箱于202×年7月15日交付,申请人未能提交住户信报箱迟延交付的证据,故本庭认定住户信报箱的交付时间为202×年7月15日。鉴于××园小区住宅因各种原因影响迟延到202×年10月份才交房,被申请人亦向申请人支付了迟延交房违约金,对于这一事实双方当事人均无异议,故本庭认为,住宅楼的相关配套设施及小区的绿化设施也应顺延一个月交付,因此,被申请人承担违约责任的期限应从202×年4月30日起计算。上述被申请人的违约事项中,以其最后通知业主交付使用小区停车管理系统的日期作为其违约的截止日期。即被申请人的违约责任从202×年4月30日起至202×年7月15日止共77天。根据双方所签订的合同第九条、第十四条的约定,被申请人应承担的违约金数额为7438.35元。考虑到小区停车管理系统、宽带网的接入及信报箱安装的迟延交付只是影响到申请人的生活方便但没有给申请人带来实际损失,申请人亦未能向仲裁庭提交关于上述迟延造成其实际损失的证据,被申请人在开庭过程中提出,《商品房买卖合同》第十四条的每日万分之四的违约金比例约定过高,请求本庭予以调低该比例,本庭予以支持。根据本案具体情况,本庭认为被申请人向申请人支付1500元违约金已足以弥补申请人的损失。

四、裁决

根据《中华人民共和国民法典》第五百七十七条、第五百八十五条第一款,第五百八十八条第二款之规定,裁决如下:

1. 被申请人向申请人支付空调改埋线路费用270元;

2. 被申请人向申请人支付因部分住宅楼配套设施未能按时交付使用的违约金1500元;

3. 驳回申请人其他仲裁请求;

4. 本案仲裁费用共计1048元,由被申请人承担。该费用申请人已预交,被申请人在支付上述款项时一并支付给申请人。

上述款项共计2818元,被申请人应在收到本裁决书之次日起十日内自动履行完毕,逾期则应加倍支付迟延履行期间的债务利息。

如被申请人未能在规定的期限内自动履行其义务,则申请人可在本裁决书生效之日起一年内向被申请人所在地或被申请人财产所在地的人民法院申请强制执行。

本裁决书自作出之日起发生法律效力。

本裁决为终局裁决。

首席仲裁员　×××
仲　裁　员　×××
仲　裁　员　×××
二〇二×年×月×日
(仲裁委员会印章)
书　记　员　×××

四十五、(行政机关)立案审批表

规定格式

××市××局
立案审批表

案件来源			立案号	沪××××环立〔××××〕×号
案由				
当事人	名称或姓名			
	统一社会信用代码		联系电话	
	地址(住址)			
	法定代表人(负责人)		职务	
案情简介及立案理由				
承办人意见			承办人： ×年×月×日	
承办部门负责人审核意见			负责人： ×年×月×日	
实施单位负责人审批意见			负责人： ×年×月×日	
备注				

四十六、案件调查终结审批表

规定格式

××市××局案件调查终结审批表

案由			案件来源		
当事人	名称或姓名				
	统一社会信用代码			联系电话	
	地址(住址)				
	法定代表人(负责人)			职务	
调查时间					
调查部门			调查人		
违法事实					
主要证据					
调查人意见				调查人： ×年×月×日	
调查部门负责人审核意见				负责人： ×年×月×日	
单位负责人审批意见				负责人： ×年×月×日	
备注					

×年×月×日

四十七、行政处罚听证通知书

规定格式

××市××局
行政处罚听证通知书

沪××××环听告〔××××〕×号

当事人:(名称或者姓名,与营业执照、居民身份证一致)

____年____月____日,_____××局(执法总队/大队)现场检查时发现,你(单位)(陈述违法事实,如违法行为发生的时间、地点、具体行为等内容),以上事实,有(列举证据形式,阐述证据所要证明的内容)等证据为凭。

你(单位)上述行为违反了(相关法律、法规、规章)的规定。

依据(相关法律、法规、规章)的规定,我局拟对你(单位)作出如下行政决定:

1. _____;
2. _____。(其中为罚款的,罚款数额大写)

根据《中华人民共和国行政处罚法》第四十四条的规定,对上述拟作出的处罚决定(行政处罚种类和幅度),你(单位)有要求举行听证的权利。如你(单位)要求听证,应当在收到本通知书之日起三日内,将听证回执寄至(组织听证的部门)。逾期未提出听证申请的,视为你(单位)放弃听证。

联系人:_____
电　话:_____
地　址:_____

××市××局

(印章)

×年×月×日

四十八、结案审批表

规定格式

××市××局行政处罚案件结案审批表

案由			案件来源	
当事人	名称或姓名			
	统一社会信用代码		联系电话	

(续表)

	地址(住址)			
	法定代表人(负责人)		职务	
立案时间	年 月 日	行政处罚决定书文号	沪××××环罚〔××××〕×号	
案情简介				
处理依据及结果				
行政复议/行政诉讼情况				
处罚执行情况及罚没财物的处置情况				
承办人意见			承办人： ×年×月×日	
承办部门负责人审核意见			负责人： ×年×月×日	
实施单位负责人审批意见			负责人： ×年×月×日	
备　　注				

四十九、行政处罚决定书

（一）规定格式

××市××局行政处罚决定书

沪××××环罚〔××××〕×号

当事人：(名称或者姓名，与营业执照、居民身份证一致)
统一社会信用代码：(或者营业执照注册号/公民身份号码)
地址：_____
法定代表人(负责人)：_____

____年____月____日，_____××局(执法总队/大队)现场检查时发现，你(单位)(陈述违法事实，如违法行为发生的时间、地点、具体行为等内容)，以上事实，有(列举证据形式，阐述证据所要证明的内容)等证据为凭。

你(单位)上述行为违反了(相关法律、法规、规章全称及条款项)的规定。

我局于____年____月____日以《行政处罚事先(听证)告知书》(沪××××环罚告〔××××〕×号/沪××××环听告〔××××〕×号)告知你(单位)陈述申辩权(听证申请权)。____年____月____日，(叙述陈述申辩及听证过程、当事人意见理由及证据、生态环境部门采纳当事人意见的情况及理由。有从重、从轻或其他有裁量幅度的，说明法定理由和依据。)

依据(相关法律、法规、规章全称及条款项)的规定，我局决定对你(单位)处以如下行政处罚：

1. _____。
2. 罚款(大写)_____元。

你(单位)收到本决定书之日起十五日内将罚款和没收款缴至指定银行和账号(缴款机构，如本市工商银行或者建设银行的具体代收机构)。逾期不缴纳罚款的，我局将依据《中华人民共和国行政处罚法》第七十二条第一项的规定，每日可按罚款数额的百分之三加处罚款。

你(单位)如对本决定不服，可在收到本决定书之日起60日内向上海市生态环境局(生态环境部)或者××人民政府申请行政复议，也可在收到本决定书之日起6个月内向××人民法院提起行政诉讼。申请行政复议或者提起行政诉讼，不停止行政处罚决定的执行。

逾期不申请行政复议，不提起行政诉讼，又不履行本处罚决定的，我局将依法申请人民法院强制执行。

××生态环境局
（印章）
×年×月×日

（二）案例：上海荣×餐饮有限公司未办理食品经营许可证授权单店经营面包房行政处罚决定书

上海市虹口区市场监督管理局
行政处罚决定书

沪市监虹处〔202×〕09202100××××号

当事人名称：上海荣×餐饮管理有限公司
统一社会信用代码（注册号）：91310104552919672R
法定代表人：孙×
住所：上海市徐汇区龙华后马路147号13幢364室
经营场所：上海市虹口区曲阳路555号

2021年11月15日执法人员对虹口区曲阳路555号进行现场检查，发现当事人正在上述地址经营面包房，店招为多×之日，经营面积约50平方米，当事人未办理食品经营许可证，当事人的行为，涉嫌违反了《中华人民共和国食品安全法》第三十五条第一款的规定，遂于2021年11月16日报请本局分管局长批准对其立案调查。

经查：2021年6月15日当事人与多×之日（北京）食品有限公司签订了《单店特许经营合同》，授权单店店址为上海市虹口区曲阳路555号。2021年7月底，当事人从朋友处口头租赁下上海市虹口区曲阳路555号的经营场所。经当事人装修后从2021年8月开始，未取得食品经营许可证即经营面包服务，店招为多×之日，经营面积为50平方米。2021年11月17日当事人停止了经营活动，经营期间当事人营业收入为9016元。当事人购入的原料已制作为面包售出，故违法所得为9016元。当事人员工共6人，店内生产经营工具同为其生活用具。

上述事实，主要有以下证据证明：对当事人检查的现场笔录、对当事人的询问笔录、当事人提供的销售记录、营业执照复印件、《单店特许经营合同》复印件、身份证复印件等证据材料佐证。

2022年1月27日我局向当事人直接送达了《行政处罚告知书》（沪市监虹罚告〔2022〕092021000985号）。当事人在法定期限内未提出陈述申辩意见。

本局认为，当事人租赁下50平方米的营业场所，在未取得食品经营许可证情况下即开展面包服务。当事人的这一行为，违反了《上海市食品安全条例》第四十三条第二款"小型餐饮服务提供者从事食品经营活动,应当依法取得食品经营许可,并遵守食品安全法律、法规、规章和标准的要求"的规定。

根据《上海市食品安全条例》第九十九条第一款"违反本条例第四十三条第二款、第三款规定,小型餐饮服务提供者未依法取得食品经营许可或者未办理临时备案从事食品经营活动的,由市食品药品监督管理部门或者区市场监督管理部门没收违法所得、违法经营的食品和用于违法经营的工具、设备、原料等物品;违法经营的食品货值金额不足一万元的,并处一万元以上五万元以下罚款;货值金额一万元以上的,并处货值金额五倍以上十倍以下罚款"的规定,决定对当事人责令立即改正(改正内容:未取得食品经营许可不得从事餐饮服务),并作出行政处罚如下:

一、没收违法所得玖仟零壹拾陆元;

二、罚款人民币肆万元整。

当事人应当自收到本行政处罚决定书之日起十五日内,将罚没款交至本市工商银行或者建设银行的具体代收机构。到期不缴纳罚款的,依据《中华人民共和国行政处罚法》第七十二条的规定,本局可每日按罚款数额的百分之三加处罚款,并依法申请人民法院强制执行。

如你公司不服本决定,可以在收到本行政处罚决定书之日起六十日内依法向上海市虹口区人民政府申请行政复议;也可以在六个月内依法向上海铁路运输法院提起行政诉讼。申请行政复议或者提起行政诉讼期间,行政处罚不停止执行。

上海市虹口区市场监督管理局
(印章)
二〇二×年二月八日

(市场监督管理部门将依法向社会公示行政处罚决定信息)

本文书一式×份,一份送达当事人,一份归档。

五十、强制执行申请书

(一)规定格式

××市××局行政处罚强制执行申请书

申请执行单位		法定代表人		联系人	
单位地址		邮政编码		电话	
被执行单位		法定代表人		联系人	
单位地址		邮政编码		电话	

(续表)

申请执行的法律文书	文书类型		案由			
	文号		法律文书生效日期		最后履行日	

申请执行内容	
已履行内容	
被执行人拒绝履行的事实和理由	
备注	1. 表上的内容请如实填写； 2. 分期履行的只能申请已到期部分； 3. 附相关法律文书。

申请执行单位(印章)：
法定代表人(签字或印章)：
申请执行日期：
×年×月×日

五十一、行政复议决定书

（一）规定格式

××市××局行政复议决定书

沪××××复字〔××××〕第×号

申请人:(名称或者姓名,与营业执照、居民身份证一致)

被申请人：_____

申请人因不服被申请人于×年×月×日作出的_____向本机

关申请行政复议。本案依法受理,现已审理终结。

　　申请人称：_____
　　被申请人称：_____
　　本机关经审理认为：_____
　　综上,_____
　　维持/撤销被申请人_____

　　申请人如不服本决定,可以在收到本复议决定书之日起十五日内向人民法院起诉。

××生态环境局
（印章）
×年×月×日

　　（二）案例：倪××不服上海市公安局交通警察总队机动支队处罚决定行政复议决定书

上海市人民政府
行政复议决定书

沪府复字〔202×〕第 562 号

　　申请人：倪××

　　被申请人：上海市公安局交通警察总队机动支队

　　申请人因不服被申请人于202×年9月16日作出的公安交通管理简易程序处罚决定书（编号：3143001807761227,以下简称《处罚决定》）,向本机关申请行政复议。本案依法受理,现已审理终结。

　　申请人称：其收到上海交警APP交通违法通知,告知其名下车牌号为沪A＊＊＊2的车辆于202×年8月18日07:26:00在吴中路××路西约190米处,因不按规定使用灯光的违法行为,被本市电子监控设备记录采集。但被申请人在上海交警APP上提供的四张违法事实照片均不能确定该车存在上述违章。故系争《处罚决定》证据不足,请求复议机关予以撤销。

　　被申请人称：202×年8月18日7时26分,车牌号为沪A＊＊＊2的小型汽车在吴中路××路西约190米处,由所在车道向左变道至相邻车道,全程未开启左转向灯,被市民群众拍摄视频举报。经审核,举报视频中该车辆车牌号清晰,违法过程完整,其根据《道路交通安全违法行为处理程序规定》第二十三条的规定将举报视频作为处罚的证据,并于同年8月26日将违法信息录入公安交通违法信息系统,同时上传至上海交警APP等互联网平台,向申请人提供查询。9月16日7时14分,申请人通过网上自助处理平台处理该交通违法行为,经申请人确认无误后,违法自助处理成功。关于申请人认为截图照片无法证明其违法行为的问题,认定违法行为系依据群众举报的违法行为视频资料,目前因技术原因,无法在上海交警APP、交管12123等展示完整视频,截图只是视频的一部分,在申请人接受处理前已向其告知,如对违法事实有异议,可至各交警支队违法审理"窗口"观看完整视频资料。申请人的行为违反了《中华人民共和国道路交通安全法实施条例》(以下简称《实施条例》)第五十七条第一款第(一)项的规定,其依据《中华人民共和国道路交通安全法》(以下简称《道路交通安全法》)第九十条、第一百一十四条和《道路交通安全违法行为处理程序规定》第四十三条第一款的规定,适用简易程序作出罚款壹佰元的处罚决定并无不当。

综上,系争《处罚决定》事实清楚、证据确凿,程序合法,请求复议机关予以维持。

本机关经审理认为:

被申请人为其行政行为提供了违法行为视频资料、系争《处罚决定》等证据材料,本机关对上述证据及事实予以审查确认。

本案中,申请人认为系争《处罚决定》证据不足。本机关认为,根据《实施条例》第五十七条第一款第(一)项的规定,机动车向左转弯、向左变更车道、准备超车、驶离停车地点或者掉头时,应当提前开启左转向灯。本案中,被申请人经核查后发现申请人向左变道至相邻车道时未开启左转向灯,违反了上述规定。上述事实由被申请人提供的违法行为视频证明。被申请人据此根据《道路交通安全法》第九十条、第一百一十四条的规定,作出罚款壹佰元的行政处罚决定,并无不当。关于申请人认为四张违法事实照片均不能证明该车存在上述违章的问题,经查,四张照片系群众举报的违法行为视频截图,而违法行为由该视频证明,被申请人曾在申请人接受处理前向其告知,如对违法事实有异议,可前往违法发生地的公安交管部门办理,交管部门亦为申请人提供了视频查看渠道,然申请人未提出异议,故本机关对申请人此项主张不予支持。

综上,被申请人的行政行为认定事实清楚、证据确凿,适用依据正确,程序合法。根据《中华人民共和国行政复议法》第二十八条第一款第(一)项的规定,本机关决定:

维持被申请人于202×年9月16日作出公安交通管理简易程序处罚决定书(编号:3143001807761227)的行政行为。

申请人如不服本决定,可以在收到本复议决定书之日起十五日内向人民法院起诉。

上海市人民政府
202×年11月11日

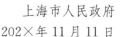

五十二、调查笔录

规定格式

调查(询问)笔录

时间×年×月×日×时×分至×日×时×分
地点
调查(询问)人　　　记录人
被调查(询问)人

调查情况(主要以双方对话实录显示)

被调查人(签名/捺印：×××)
×年×月×日
调查人(签名)　×××
记录人(签名)　×××
×年×月×日

五十三、法庭审理笔录

规定格式

法庭审理笔录(第　次)

时间×年×月×日×时×分至×日×时×分
地点
是否公开审理
旁听人数
审判人员
书记员
审判长(员)宣布开庭审理　　　　　一案。
记录如下：
[开庭时,审判长(员)依照我国诉讼法规定,依次核对当事人是否到庭,宣布案由,宣布审判人员、书记员、公诉人、辩护人、鉴定人和翻译人员名单,告知当事人的权利和义务,是否申请回避等也应记入。]
(当事人各方签名及签名日期)

审判长(签名)　×××

审判员(签名) ×××
审判员(签名) ×××
书记员(签名) ×××

×年×月×日

五十四、合议庭评议笔录

(一)规定格式

合议庭评议笔录(第　　次)

时间×年×月×日×时×分至×时×分
地点
合议庭成员
审判长
审判员(人民陪审员)
……
书记员
案由
记录如下：

审判人员(签名)　×××
书记员(签名)　×××

×年×月×日

(二)案例：××人民法院合议庭评议笔录

××人民法院
合议庭评议笔录

时间:202×年×月×日下午1点30分至2点20分
地点:本院××室
合议人:审判长冯×、审判员唐××、郭××
记录人:刘×
冯×:现在合议沈××、鲁××一案。介绍案情(略,详见汇报提纲)。
唐××:沈××、鲁××二人作案后被抓获,同案的张××现在找到了没有?
冯×:张××现在下落不明,有其工作单位的证明。
从沈××供述情况来看,被害人王××被扎过两刀,且尸检也查出了两个刀口,与供述情况吻合,可以认定为沈××持刀所为。但是没找到凶器。另外,被害人王××头上有一钝器伤,与鲁××供述持锤击被害人头部相吻合。沈××与鲁××二人作用不同,但不分主从犯,系共同犯罪。

郭××:我认为沈、鲁二人分主从犯,虽然没找到凶器,但从尸检及口供上看还是可以认定其二人为共同犯罪。

冯×:沈、鲁二人供述打、扎被害人王××致其失血休克死亡,应由沈、鲁二人共同承担罪责。因此,沈、鲁二人均应认定为故意伤害罪,沈判死刑缓期2年执行,剥夺政治权利终身,鲁考虑被害人不是由其直接致死,判15年有期徒刑,剥夺政治权利3年。

唐××:我同意冯×的意见。

郭××:我也同意上述意见。

冯×:关于民事赔偿,我算了一下,从交来的单据及费用上看5万元多一些,可多判一些,判赔偿55 000元。沈赔10 000元给被害人的父母王××夫妇,鲁赔5 000元给王××夫妇;沈赔20 000元给被害人的妻、女刘××及女儿,鲁赔刘××及女儿20 000元。

郭××:同意。

唐××:同意。

合议庭意见:

被告人沈××犯故意伤害罪,判处死刑,缓期2年执行,剥夺政治权利终身。被告人鲁××犯故意伤害罪,判处有期徒刑15年,剥夺政治权利3年。

沈××赔偿被害人父母王××夫妇10 000元,被害人妻女刘××及女儿20 000元,鲁××赔偿王××夫妇5 000元,刘××及女儿20 000元。

审判长(签名)　　冯　×
审判员(签名)　　郭××
审判员(签名)　　唐××
书记员(签名)　　刘　×
二○二×年×月×日

图书在版编目(CIP)数据

法律文书学教程/潘庆云主编.—4版.—上海：复旦大学出版社,2024.6
(博学法学系列)
ISBN 978-7-309-17377-2

Ⅰ.①法⋯　Ⅱ.①潘⋯　Ⅲ.①法律文书-写作-中国-教材　Ⅳ.①D926.13

中国国家版本馆 CIP 数据核字(2024)第 072345 号

法律文书学教程（第四版）
FALÜ WENSHUXUE JIAOCHENG
潘庆云　主编
责任编辑/周姝欣

复旦大学出版社有限公司出版发行
上海市国权路 579 号　邮编：200433
网址：fupnet@fudanpress.com　http://www.fudanpress.com
门市零售：86-21-65102580　　团体订购：86-21-65104505
出版部电话：86-21-65642845
常熟市华顺印刷有限公司

开本 787 毫米×960 毫米　1/16　印张 31.25　字数 612 千字
2024 年 6 月第 4 版第 1 次印刷

ISBN 978-7-309-17377-2/D·1191
定价：98.00 元

如有印装质量问题，请向复旦大学出版社有限公司出版部调换。
版权所有　侵权必究